V&R

Schriften des Hannah-Arendt-Instituts
für Totalitarismusforschung

Herausgegeben von Thomas Lindenberger
und Clemens Vollnhals

Band 65

Nationalsozialistische Ideologie und Ethik

Dokumentation einer Debatte

Herausgegeben von Wolfgang Bialas
und Lothar Fritze

Vandenhoeck & Ruprecht

Bibliografische Information der Deutschen Nationalbibliothek:
Die Deutsche Nationalbibliothek verzeichnet diese Publikation in der Deutschen Nationalbibliografie; detaillierte bibliografische Daten sind im Internet über https://dnb.de abrufbar.

Umschlagabbildung: Marsch der SA durch das Brandenburger Tor aus „Hans Westmar", 1933
Bildquellennachweis: SZ Photo/Süddeutsche Zeitung Photo

Satz: Hannah-Arendt-Institut für Totalitarismusforschung, Dresden
Druck und Bindung: ⊕ Hubert & Co BuchPartner, Göttingen

Printed in the EU

Vandenhoeck & Ruprecht Verlage | www.vandenhoeck-ruprecht-verlage.com

ISSN 2198-7459
ISBN 978-3-525-37078-0

Inhalt

Einleitung

Wolfgang Bialas / Lothar Fritze

Der Nationalsozialismus ist ereignisgeschichtlich außerordentlich gut erforscht. Zum Verständnis eines historischen Phänomens gehört aber mehr als ein Wissen um das Handeln der Akteure und die dadurch konstituierten Ereignisse. Um wirklich zu verstehen, was der Fall war, ist neben dem äußeren Verhalten auch die Kenntnis der subjekt-internen Seite der Handelnden erforderlich.

Wer nicht nur wissen will, wie Menschen handelten, sondern sich für die Gründe ihres Handelns interessiert, muss nach deren Überzeugungen und Intentionen fragen; er hat die ihnen zur Verfügung stehenden Informations- und Wissensbestände zu erforschen sowie ihre weltanschaulichen beziehungsweise ideologischen Annahmen zu identifizieren. Diese Fragestellung ist selbstverständlich nicht neu; sie ist vielmehr Bestandteil jeder guten Geschichtsschreibung. Im Vergleich zur ereignisgeschichtlichen Aufarbeitung des Dritten Reiches und seiner Folgen ist allerdings die Erforschung der subjektiven Komponenten des Verhaltens der Akteure nicht auf demselben Stand. Dies beginnt, sich zu ändern. Seit mehreren Jahren werden die ideologischen Überzeugungen und moralischen Vorstellungen insbesondere der führenden Nationalsozialisten verstärkt erforscht. Man will wissen, was die Täter dachten und beabsichtigten; man will begreifen, wie es Menschen möglich war, Verbrechen des nationalsozialistischen Ausmaßes zu begehen. Ein wesentlicher Teil dieser Bemühungen sind Forschungen zum moralischen Denken von Nationalsozialisten.

Auch wenn jeder der hier versammelten Texte eine eigene Fragestellung verfolgt, lassen sich doch übergreifende Themen identifizieren, die in der je spezifischen Herangehensweise der Autoren und im Kontext zeitgenössischer Diskurse einen kommunikativen Spannungsbogen zwischen den Texten aufbauen. Im Folgenden sollen einige dieser Themen benannt werden.

Erstens: Diskutiert werden Versuche, die nationalsozialistische Politik und insbesondere die Verfolgung, Diskriminierung und Ermordung der Juden als moralisch gerechtfertigt zu begründen. Ist es sinnvoll, von einer „nationalsozialistischen Ethik" zu sprechen, die sich sowohl durch einen radikalen Bruch mit dem Menschenrechtsuniversalismus als auch durch den ideologisch modifizierten Fortbestand tradierter Mentalitäten, Denkmuster und Ideen konstituierte?

Zweitens: Können ideologiegeleitete Täter, so wird gefragt, die mit gutem Gewissen zum Nutzen von Nation, Rasse und Volk handelten, entlastende Umstände für ihre Taten geltend machen? In welchem methodischen, ethischen und juristischen Referenzrahmen kann den nationalsozialistischen Tätern, die selbst keinerlei Schuldbewusstsein hatten, kriminelle und moralische Schuld nachgewiesen werden? Welche Rolle spielt das moralische Selbstverständnis dieser Täter für die moralische und juristische Beurteilung ihrer Täterpersönlichkeit?

Drittens: Welche Auswirkungen hatte der Holocaust auf Konzepte und Praktiken des historischen Gedächtnisses, der Erinnerungskultur, aber auch die Perspektive einer Moral mit universellem Geltungsanspruch?

Viertens: Worin gründete die interne Plausibilität nationalsozialistischer Ideologie und Moral für ihre Anhänger? Auf welche philosophischen, ethischen, rhetorischen und psychokulturellen Elemente konnte der Nationalsozialismus zurückgreifen, um eine innerhalb seiner Ideologie stimmige Begründungslogik von Antisemitismus und Rassenpolitik zu entwickeln?

Fünftens: In Auswertung der Erfahrungen von Nationalsozialismus und Holocaust werden methodische Grundannahmen der Sozial- und Geisteswissenschaften auf ihre mögliche ideologische Instrumentalisierung zu konstitutiven Elementen einer totalitären Weltanschauung befragt. Zugleich wird nach den soziokulturellen Rahmenbedingungen und inneren Dispositionen gefragt, die mit darüber entscheiden, ob Menschen moralisch handeln oder ob sie bereit sind, ihnen als rechtskonform, professionelle Pflicht oder moralisch unbedenklich nahegelegte Taten auch dann zu begehen, wenn es den normativen Werten bürgerlich-christlicher Moral und Humanität widerspricht.

Der vorliegende Reader hat sich die Aufgabe gestellt, diese Debatte in ihren Grundzügen zu dokumentieren. Die Auswahl der (überwiegend veröffentlichten, teilweise gekürzten und überarbeiteten) Beiträge orientierte sich an zwei Gesichtspunkten. Zum einen sollten einflussreiche Vertreter der Debatte mit wesentlichen Arbeiten zu Wort kommen; zum anderen sollten Arbeiten auf den hauptsächlichen Feldern der Debatte dokumentiert werden. Es dürfte unmittelbar einsichtig sein, dass eine Auswahl, die vor allem auf Repräsentativität abzielt, die ausgewählten Beiträge nicht mit einem Gütesiegel belegt. Beurteilungen dieser Art abzugeben begreifen die Herausgeber nicht als ihre Aufgabe. Sie sind selbst Mitdiskutanten in einer nicht abgeschlossenen Diskussion. Ihre Auswahl ist vermutlich ungenügend, und sie ist subjektiv gefärbt. Nicht aufgenommenen Arbeiten wird damit in keiner Weise ihre Bedeutung abgesprochen.

Die Ereignisse und Vorgänge, die wir heute als „Holocaust" benennen, haben schon frühzeitig Fragen nach ihrem eigentlichen Charakter aufgeworfen. Karl Jaspers hielt sie für einen neuen Typus bisher nicht definierter Verbrechen – für Verbrechen, die in keinem Strafgesetzbuch klar definiert sind. In seinem frühen Beitrag aus dem Jahre 1962 fragt *Herbert Jäger*, worin das Außergewöhnliche der nationalsozialistischen Verbrechen besteht und in welchem Sinne sie doch als Kriminalität verstanden werden müssen. Zur Beantwortung dieser Frage hebt Jäger neun Gesichtspunkte hervor, die diese Verbrechen in ihrer Besonderheit charakterisieren.

Der ideologischen Rationalität des Völkermords widmet sich *Hermann Lübbe*. Für Lübbe ist der nationalsozialistische Völkermord nicht nur ein Vorgang aus technischer Rationalität, sondern ein Vorgang nach Maßgaben ideologischer Rationalität. Insofern seien die totalitären Großideologien zwar keine hinreichende, sehr wohl aber eine notwendige Bedingung der totalitären Massenverbrechen. Durch Hinweis auf höhere Zwecke ermöglichten sie die Legitimierung selbst von Massenverbrechen und erlaubten damit den Tätern, sich ein gutes Gewissen zu verschaffen. Der Glaube an die eigene überlegene Einsicht in geschichtliche Abläufe verhindere, dass die von der Ideologie Überzeugten von Zweifeln überhaupt noch erreicht werden können. In einem zweiten Beitrag widmet sich der Autor der speziellen Bedingung, die die Moral in ihrer totalitären Verfassung politisch destruktiv werden lasse. Im Falle der nationalsozialistischen Rassenideologie ist dies die Annahme, dass nur Angehörige der Vorzugsrasse fähig sind, die Vorzugsrolle dieser Rasse und die daraus resultierenden Handlungsverpflichtungen zu erkennen.

Gesine Schwan unterstellt einen „Dualismus von traditioneller Moral und mörderischer NS-‚Moral'" und fragt, wie trotz des Fortbestehens der traditionellen Moral sich so viele Deutsche an den Verbrechen der Nationalsozialisten beteiligen oder diese zumindest in Kauf nehmen konnten. Die Gründe sieht sie in selbst zu verantwortenden Verblendungszusammenhängen sowie in bestimmten Mentalitätsbeständen (Bereitschaft zur Härte, Abwehr von Mitgefühl, Verabsolutierung von Sekundärtugenden, Gedankenlosigkeit, Karrierestreben etc.). Eine besondere Ideologieanfälligkeit vieler Deutscher, so ihre Vermutung, sei in der deutschen Kultur verankert; die Ablehnung, aus Neigung zu handeln, also auch Gefühlen zu folgen, wurzele in Kants Pflichtethos.

Michael Wildt fragt, ob die Nationalsozialisten Barbaren waren, wobei unter „Barbarei" das der Zivilisation Entgegengesetzte, ihre Negation und Zerstörung, und eigentlich der Vergangenheit Angehörende verstanden werde. Die nationalsozialistischen Verbrechen hätten die Frage aufgeworfen, ob es sich dabei um einen Rückfall in die Barbarei gehandelt habe. Am Beispiel einer berühmt-berüchtigten Rede Himmlers zeigt er, dass Himmler keineswegs die Geltung des Tötungsverbots abgelehnt hat, sondern im Bewusstsein der Nichtneutralisierbarkeit moralischer Intuitionen Rechtfertigungsargumentationen unter den Bedingungen des Ausnahmezustands vorbrachte. Dieses „Konzept eines zivilisierten Barbarentums" stelle die Vermutung infrage, eine moralische Konversion der Täter sei Voraussetzung der Planung und Durchführung des Massenmords gewesen.

Wolfgang Bialas diskutiert das zeitgenössische Spektrum der Versuche, eine neue moralische Ordnung des Nationalsozialismus begrifflich zu bestimmen, die u. a. als eugenische Ethik und selektive Rassenethik, als natürliche Lebensethik und als soldatische Ethik, als deutsche und als biologische Ethik eingeführt wurde. Dabei sei es darum gegangen, das bürgerlich-christliche Wertesystem durch eine selektive rassenbiologische Moral zu ersetzen, deren Geltung ausdrücklich auf die Angehörigen der deutschen Volksgemeinschaft beschränkt war.

Rolf Zimmermann stellt die Frage nach einer angemessenen Charakterisierung der NS-Moral sowohl in inhaltlicher wie auch methodischer Hinsicht. Er präsentiert die Grundzüge der NS-Moral im Vergleich mit der bolschewistischen Moral, insbesondere der von Trotzki. Den normativen Maßstab bildet der egalitäre Menschenrechtsuniversalismus, der den Leitfaden einer historischen Moralbetrachtung abgibt, die in grundsätzlichen moralischen Alternativen denkt. Der Nationalsozialismus, so legt Zimmermann dar, habe eine moralische Transformation hervorgebracht, die zu einem Partikularismus geführt habe, der im Holocaust als Gattungsbruch kulminierte.

Peter Sloterdijk analysiert die erste der von Heinrich Himmler im Oktober 1943 in Posen gehaltenen Reden, in der dieser die „Umrisse zu einer Ethik für die Bloodlands" vorgetragen habe. Danach habe Himmler eine Anpassung der moralischen Normen für kämpfende Kollektive vollzogen. Inmitten akuter Konflikte komme es nach Himmler darauf an, die moralischen Forderungen im Inneren der Kampfgemeinschaft von denen gegenüber dem „Außen" strikt zu trennen, mithin zwischen einer Endo- und Exo-Ethik zu unterscheiden. Allerdings, so Sloterdijk, schlage die gewünschte Empathielosigkeit nach außen in der Krise nach innen durch. Schließlich kontrastiert der Autor Himmlers Rede mit der des bolschewistischen Führers Anastas Mikojan. Dieser hatte anlässlich eines Festaktes 1937 in Anwesenheit der Verantwortlichen für die Massenliquidierungen der letzten Monate die historische Notwendigkeit des gnadenlosen Kampfes gegen die Kulaken begründet.

Dietrich Böhlers Studie versteht sich als eine politisch-moralische Pointierung des Universalismus der transzendentalpragmatisch begründeten Diskursethik. In seiner Kritik der Prinzipienleugnung des Nationalsozialismus zeigt der Autor, dass der Kulturrelativismus bzw. Kontextualismus dem Totalitarismus der Rasse und des Freund-Feind-Schemas widerstandslos ausgeliefert sei oder auch direkt dazu hinführe.

Ernst Tugendhat sieht im Universalismus nicht nur etwas historisch Gewordenes. Er zeigt zugleich, dass mit dem aufklärungsbedingten Fragwürdigwerden der glaubens- bzw. autoritätsbegründeten Moral die Anerkennung wechselseitiger Pflichten, also eines Systems rational begründeter Normen, zu einer anthropologischen Notwendigkeit wurde. Ein solches System der wechselseitigen autonomen Selbstverpflichtung zur Beachtung der gleichen moralischen Normen könne aber nur symmetrisch, das heißt egalitär, und damit auch potenziell universalistisch sein. Dem Universalismus der Aufklärungsmoral korrespondiere das wechselseitige Interesse, die eigene Willkür nur dann in bestimmten Hinsichten einzuschränken, wenn alle anderen dies ebenfalls tun.

Peter J. Haas verfolgt in seinem Text die These, dass ethische Systeme durch eine gemeinsame Denk- und Diskursstruktur verbunden sind, dass es also ihre rhetorische Logik ist, durch die sich ihre Wirkung entscheidet. Für die nationalsozialistische Ethik arbeitet er heraus, dass deren Plausibilität und Überzeugungskraft in ihrer rhetorischen Anknüpfung an bereits als plausibel etablierte Annahmen und Werte und deren Radikalisierung begründet gewesen sei, der Nationalsozialismus also keineswegs einen radikalen Bruch mit solchen als plausibel geltenden Werten und Wahrnehmungen der Wirklichkeit vollzogen habe.

Christian Strub beschreibt eine für das nationalsozialistische Denken charakteristische ideologische Figur, die er als „Gesinnungsrassismus" bezeichnet. Dieser behaupte die absolute Überlegenheit des eigenen Volkes, das deshalb anderen Völkern überlegen sei, weil sein Wille zur Selbsterhaltung als Wille zur Bewahrung des Eigensten in Erscheinung trete. Im Streben nach völkischem Selbst-Sein realisiere sich zugleich der für die Lebensform des deutschen Volkes charakteristische Höchstwert: Ehrenhaftigkeit. Ehrenhaft ist danach jede Handlung, die der Lebensform des deutschen Volkes entspricht und von der ein Deutscher wollen kann, dass die ihr zugrunde liegende Maxime zu einem deutschen Gesetz wird.

Deutschland hat zwischen 1919 und 1989 sechs oder sieben verschiedene politische Systeme mit zugehörigen Verfassungs- und Rechtsordnungen erlebt. *Bernd Rüthers* widmet sich den interpretativen Umdeutungen der deutschen Rechtsordnung im NS-Staat und im SED-Staat sowie der Rolle von Juristen bei Systemwechseln. Der Autor analysiert die Umdeutungsinstrumente und -praktiken, mit deren Hilfe die Gebote der Gesetzgebung im Geiste der jeweiligen Weltanschauung ausgelegt wurden. Die Frage, ob Juristen ideologisch besonders verführbar sind und eine spezielle, professionelle Nähe zu Ideologien haben, beantwortet er mit einem vorsichtigen „Ja!".

In ihrem Beitrag diskutiert *Herlinde Pauer-Studer* die ideologische Moralisierung des Rechts im Nationalsozialismus, wobei sie die tendenziöse Vereinnahmung klassischer philosophischer Positionen und die Funktion der Vereinheitlichung von Recht und Moral im Kontext der totalitären NS-Staatskonzeption aufzeigt. Ausgehend von der unverzichtbaren normativen Trennung von Recht und Moral argumentiert sie, dass die Verbrechen des NS-Regimes auch möglich gewesen seien, weil das NS-Rechtssystem konstitutive Bedingungen der Rechtsstaatlichkeit wie Öffentlichkeit, Transparenz, Verstehbarkeit, Berechenbarkeit und Konsistenz und Kohärenz von gesetzlichen Normen eklatant verletzt habe.

Udo Ebert geht am Beispiel Adolf Eichmanns von der Annahme aus, dass Nationalsozialisten ihre Verbrechen mit gutem Gewissen ausgeführt haben können. Mit der Möglichkeit des Tuns von objektiv Bösem ohne das Bewusstsein und ohne den Willen, böse zu handeln, stellt sich allerdings die Frage nach der Zuweisbarkeit von Schuld und damit nach der Strafbarkeit. Denn ohne dass der Täter die Rechtswidrigkeit seines Tuns kannte (Unrechtsbewusstsein) oder wenigstens seinen Irrtum über das Erlaubtsein seiner Handlung hätte vermeiden können (Vermeidbarkeit des Verbotsirrtums), kann keine Schuld begründet werden und ohne Schuld existiert keine Strafbarkeit. Ebert verweigert den Tätern die Berufung auf einen „Befehlsnotstand". Auch seien diese als Individuen mit eigener Urteilskraft, eigenen Motiven und Antrieben äußeren Kräften und Einflüssen keineswegs wehrlos ausgeliefert gewesen und hätten zudem die Pflicht gehabt, jenen äußeren Kräften und Einflüssen Widerstand entgegenzusetzen. Den Maßstab des Zumutbaren lieferten jene, die sich in das Unrechtssystem des Dritten Reiches nicht haben verstricken lassen.

Am exemplarischen Beispiel des Wirkens des Degussa-Konzerns untersucht *Peter Hayes* die Rolle deutscher Wirtschaftseliten im Nationalsozialismus und zeigt dabei unternehmerische, persönliche und juristische Grauzonen von Verhalten auf, die durch den Rahmen nationalsozialistischer Politik und die Erfordernisse wirtschaftlicher Rationalität bestimmt gewesen seien, ohne dass das die Unternehmen und ihre Protagonisten von ihrer Mitverantwortung für die Verbrechen des Nationalsozialismus entlaste.

Kristen Monroe untersucht in ihrem Beitrag das politische und moralische Verhalten der Täter und Mitläufer des Holocaust, aber auch von Judenrettern. In Auswertung zahlreicher Interviews kommt sie zu dem diese unterschiedlichen Charaktere und Biografien verbindenden Schluss, dass deren jeweils spezifische Identität ihre moralischen Entscheidungen im Nationalsozialismus geprägt habe. Insbesondere die Judenretter hätten ihre Entscheidung zu helfen nicht rational kalkuliert, sondern seien dabei ihren moralischen Intuitionen und Emotionen gefolgt. Für sie sei die Ausprägung einer moralischen Haltung entscheidend gewesen, aus der heraus sie entsprechend gehandelt hätten.

In seinem Versuch, den Holocaust als ein komplexes moralisches Phänomen zu verstehen, geht *Marc Fellman* davon aus, dass die moralische Verantwortung für den Holocaust sich nur im Kontext der Geschichte, Politik, Kultur und des intellektuellen Denkens Europas begreifen lasse. Eben deshalb hätten die Täter des Holocaust im Rahmen des bestehenden Wertesystems einer komplexen moralischen Topografie guten Gewissens handeln können. Der nationalsozialistischen Ideologie sei durch die Entwicklung eines eigenen ethischen Systems die Dehumanisierung der Täter durch die Zersetzung bürgerlicher Moral gelungen.

Geoffrey Scarre geht der Frage nach, ob ideologische Überzeugungstäter des Holocaust entlastende Umstände für ihr Handeln geltend machen können, seien sie doch durch ihre rassenideologische Indoktrinierung überzeugt gewesen, das Richtige zu tun. Nach der Diskussion kontroverser Positionen zu dieser Frage kommt er zu dem Schluss, dass der Grad moralischer Verantwortung eines Menschen neben der Situation von einer Reihe nur bedingt kontrollierbarer persönlicher Faktoren abhänge, was in extremen Situationen dazu führen könne, dass gesellschaftliche Haltungen und Konventionen außer Kraft gesetzt seien.

In seiner Diskussion der Alternative, Tätern des Holocaust zu vergeben, wenn sie ihre Taten aufrichtig bereuen oder aber den Holocaust als ein Verbrechen zu sehen, das nicht vergeben werden kann, verweist *Didier Pollefeyt* auf die unauflösliche Spannung zwischen Barmherzigkeit und Gerechtigkeit, deren moralische Gebote je für sich legitim, aber eben auch unvereinbar seien. Dabei folgt er der Überzeugung, dass verschiedene ethische Sichtweisen des Bösen unterschiedlichen Konzepten von Vergebung zugrunde liegen. Weder die Dämonisierung noch die Banalisierung oder Moralisierung der Täter erkläre, weshalb die Täter ihre Verbrechen nicht als solche erkannten. Entscheidend sei, das Handeln der Täter zu verstehen, ohne Verständnis für ihre Taten zu entwickeln. Fragmentierung und Selbsttäuschung seien dabei die entscheidenden Mechanismen, die es den Tätern ermöglicht hätten, das Böse mit gutem Gewissen zu tun.

John K. Roth argumentiert in seinem Beitrag, dass ohne den Zusammenbruch oder die Korrumpierung ethischer Traditionen der Holocaust nicht hätte geschehen können. Gegen die Relativierung der Moral bestimmt er den Holocaust als das ethisch Absolute, der jedoch zugleich das Bewusstsein der Fragilität der Moral und der Unmöglichkeit, das Gute noch als selbstverständlich vorauszusetzen verstärkt habe. Er schließt seinen Beitrag mit dem Paradox, dass es keine Garantie für die Achtung moralischer Werte und Verpflichtungen gebe, die gerade deshalb als immer gefährdet verteidigt werden müsse.

Lawrence L. Langer diskutiert verschiedene Formen des Gedächtnisses, wobei er insbesondere das tiefe Gedächtnis herausstellt, welches die klaren Grenzen zwischen Leben und Sterben verschwimmen lässt und uns mit dem Nachtod des Holocaust konfrontiert. Für ihn ist es dieses tiefe Gedächtnis, das den inneren Kern der Holocaust-Erfahrung ausmacht, dem sich die Täter verweigerten und zu dessen Beschreibung die Opfer nicht fähig waren.

In seiner Auseinandersetzung mit der moralischen Herausforderung des Holocaust diskutiert *John T. Pawlikowski* u. a. die Frage der Reichweite moralischer Anteilnahme, wobei er die christliche Prägung westlicher Kultur mitverantwortlich für den Holocaust macht. Zugleich könne der Holocaust als Konsequenz einer von religiös begründeten moralischen Rücksichten freien arischen Menschheit begriffen werden, in der sich die Hybris vom Einfluss Gottes befreiter Menschen als von allen Rücksichten befreite menschliche Zerstörungskraft offenbart habe.

In seinem Beitrag zum Holocaust und jüdischer Ethik formuliert *Michael Berenbaum* zunächst eine ethische Verpflichtung, in der sich die Überlebenden des Holocaust einig waren: Sie beschlossen, als Juden zu überleben und die jüdische Geschichte fortzusetzen. In einer Welt der fortgesetzten Relativierung der Werte besetze der Holocaust den Platz des absolut Negativen und Bösen, während für Juden auf absehbare Zeit der Holocaust das analytische Prisma für die Betrachtung der Gegenwart bleiben werde.

In seinem Text zur Nazi-Ethik der Vernichtung geht *Roger S. Gottlieb* der Frage nach den Auswirkungen des Holocaust auf Ethik und Sozialphilosophie nach, die er vor allem in der Erinnerungskultur des Holocaust sowie in den Konsequenzen für Überlegungen zur menschlichen Natur, zur positivistischen Konzeption von Rationalität sowie Fragen der sozialen Gerechtigkeit sieht. Er plädiert für eine neue Ethik nach dem Holocaust, die geprägt durch dessen Erfahrung nicht länger voraussetze, dass die Umsetzung moralischer Werte möglich ist.

Lothar Fritze widmet sich dem moralischen Selbstverständnis von NS-Tätern. Ausgangspunkt ist die Annahme, dass führende Nationalsozialisten subjektiv fähig waren, ihr Handeln in Übereinstimmung mit ihren eigenen moralischen Überzeugungen (scheinbar) zu rechtfertigen. Zur Beantwortung der Frage, wie es möglich ist, Böses mit gutem Gewissen zu tun, werden Mechanismen der Selbstrechtfertigung analysiert. Täter, die mit ihrem verbrecherischen Tun innerlich übereinstimmen, hätten sich auf rational inakzeptable und moralisch illegitime Rechtfertigungen gestützt. Im Ergebnis zeige sich, dass die nationalsozialistischen Selbstrechtfertigungen nur zum Teil auf eine „andere Moral" der Nationalsozialisten zurückzuführen seien. Wichtiger sei der Umstand gewesen, dass die ideologisch überzeugten Nationalsozialisten von anderen außermoralischen Annahmen ausgegangen seien und andere außermoralische Überzeugungen gehabt hätten. Diese Erkenntnis wirft ein Licht auf die Art ihres moralischen Versagens: Insoweit Nationalsozialisten als „Täter mit gutem Gewissen" handelten, hätten sie vor allem kognitive Pflichten verletzt.

Unser Dank gilt den Autoren, die ihre Aufsätze für diesen Band zur Verfügung gestellt haben, sowie den Verlagen und der Sächsischen Akademie der Wissenschaften, die dafür ihre Einwilligung erteilten. Für die Herstellung der Druckvorlagen danken wir Ute Terletzki, Kristin Luthardt und Sebastian Rab. Die Übertragung der englischen Texte ins Deutsche wurde von Wolfgang Bialas besorgt.

Berlin/Dresden, im August 2019 Wolfgang Bialas, Lothar Fritze

I.

Nachdenken über nationalsozialistische Verbrechen

Betrachtungen zum Eichmann-Prozess

Herbert Jäger (†)*

In einem Interview, das kurz nach Beginn des Eichmann-Prozesses veröffentlicht wurde, hat Karl Jaspers die Taten Adolf Eichmanns als einen neuen Typus bisher nicht definierter Verbrechen bezeichnet. „Niemand leugnet", heißt es dort, „dass im Fall Eichmann ein Verbrechen vorliegt. Jeder Staat, jeder Mensch, der öffentlich dazu das Wort ergreift, anerkennt den verbrecherischen Charakter der Taten, um die es bei diesem Prozess geht. Zugleich aber hat dieses Verbrechen die Besonderheit, dass es in keinem Strafgesetzbuch klar definiert vorkommt. Man weiß nicht: Was wird eigentlich verurteilt?" In dieser Äußerung deuten sich bereits die gedanklichen Schwierigkeiten an, vor die uns die besondere Konstellation von Verbrechen, Staatsmacht und überdimensionaler Größenordnung stellt. Sie entspricht auch dem undeutlichen Gefühl der meisten Menschen, dass hier eine Grenze überschritten worden ist, hinter der die herkömmlichen, gesicherten Begriffe nicht mehr ohne Weiteres zutreffen.

Damit werden aber nun auch weitreichenden und sehr unterschiedlichen Deutungsmöglichkeiten und Schlussfolgerungen die Schleusen geöffnet. Ich will hier nur einige besonders charakteristische Standpunkte nennen: Es könnte z. B. zweifelhaft werden, ob es sich überhaupt noch um Kriminalität handelt oder ob bereits das Ausmaß einer geschichtlichen Katastrophe erreicht ist, die sich der individuellen, moralisch und rechtlich beurteilbaren Verantwortlichkeit entzieht. In diesem Sinne wird man Hannah Arendts Bemerkung verstehen müssen, dass für Gaskammern und Konzentrationslager niemand im Ernst verantwortlich gemacht werden könne, da durch sie die Kontinuität der abendländischen Geschichte unterbrochen worden sei. Neben die Kategorie der Geschichte tritt die der Politik. Wahrscheinlich vertrat Eichmanns Verteidiger Servatius keine ganz unpopuläre Meinung, als er dem israelischen Gericht vortrug, es handele sich hier nicht um „einen reinen Kriminalprozess", sondern um die „Aburteilung einer Beteiligung an Vorgängen, die politische Vorgänge waren". Sogar seine Auffassung, Völkermorde habe es schon immer gegeben,

* Der hier leicht gekürzte Beitrag wurde unter gleichnamigem Titel zuerst veröffentlicht in: Monatsschrift für Kriminologie und Strafrecht, 45 (1962) 3/4, S. 73–83. Anmerkung der Redaktion: Die im Text genannten Quellen und Publikationen sind am Ende des Textes aufgeführt. Auf eine Überarbeitung des Textes unter Hinzufügung von Fußnoten mit Quellennachweisen wurde verzichtet.

sie hätten jedoch nicht als offenkundige Verbrechen, sondern als Politik gegolten, und bis zur Schaffung einer Weltregierung werde es auch wohl so bleiben - selbst diese Auffassung findet möglicherweise ein Echo in verbreiteten Empfindungen der Machtlosigkeit und Resignation, die in der ständigen Bedrohung unserer Welt durch die Gefahren des Atomkrieges und der Massenvernichtung ihre Ursache haben. Völlig offen bleibt jedoch, was der Begriff Politik in diesem Zusammenhang letztlich besagen soll. Die Tatsache z. B., dass die nazistischen Menschlichkeitsverbrechen noch weitgehend die Asyl- und Auslieferungsprivilegien politischer Verbrechen genießen, zeigt, wie ungeklärt und vieldeutig diese Frage ist. Weniger weitreichend und sachlich greifbarer ist der von Jaspers unterbreitete Vorschlag, ein solches Verbrechen nicht von einem nationalen Gericht, sondern von einer Menschheitsinstanz aburteilen zu lassen. Auch diese These geht jedoch von der Vorstellung aus, dass der Umkreis dessen, was wir im Allgemeinen Kriminalität nennen, überschritten ist. Weniger beachtet wird die kriminalpolitische Schwierigkeit, dass in einem solchen Falle eigentlich alle Anschauungen, die das abendländische Rechtsdenken über den Sinn der Strafe allmählich entwickelt hat, hinfällig zu werden scheinen. Denn was soll die Bestrafung hier bewirken? Eine nur irgendwie angemessene Vergeltung ist undenkbar. Des Schutzes der Allgemeinheit und der Wiedereinordnung in die Gesellschaft bedarf es bei einem Manne nicht, dessen Taten im Rahmen eines längst in sich zusammengebrochenen Staatssystems begangen wurden und von dem niemand ernstlich neue Verbrechen erwartet. Zweifelhaft erscheint schließlich, ob von einer Verurteilung eine auch nur begrenzte Abschreckungswirkung auf künftige kriminelle Staatsfunktionäre ausgehen kann. Das Ungewöhnliche dieser Verbrechen wird noch deutlicher, wenn man beobachtet, dass sie die verhärteten Fronten der Todesstrafenanhänger und -gegner zum Teil aufzuweichen imstande sind. Gegner der Todesstrafe - wenn auch wohl nur eine Minderheit unter ihnen - finden sich bereit, die Todesstrafe im Falle des „radikal Bösen“, das heißt des die Staatsmacht missbrauchenden Verbrechens, als gerechtfertigten Akt ethischer Hygiene anzusehen (vgl. Noll). Andererseits erheben sich warnende Stimmen, die - jenseits aller Grundsatzdiskussionen - die Befürchtung aussprechen, die Todesstrafe könne hier das Verbrechen bagatellisieren. So begründeten zehn prominente britische Juden ihre ablehnende Haltung gegenüber einer Hinrichtung Eichmanns damit, Eichmann dürfe nicht wie „jemand von irgendwelcher Bedeutung“ behandelt werden. Auch hier werden wieder aus dem Gefühl, dass etwas Beispielloses geschehen ist, das sich nicht mit den gewohnten Maßen messen lässt, ungewöhnliche Konsequenzen gezogen.

Worin liegt aber nun das Außergewöhnliche und Undefinierbare dieser Verbrechen? Und in welchem Sinne müssen sie eben doch als Kriminalität verstanden werden? Mir scheint, dass es für das Überdenken dieser beiden sich ergänzenden Fragen vier verschiedene Ansatzpunkte gibt: die Massenhaftigkeit der Opfer, die besonderen zeitlichen Gesetzmäßigkeiten des Völkermordverbrechens, die Auswirkungen auf das Individuum und schließlich das kollektive Tätersystem, den staatlichen Machtapparat.

I.

Zur Größenordnung des Vernichtungsausmaßes zunächst eine mehr allgemeine Bemerkung. Albert Camus hat einmal gesagt: Die bloße Zahl der vom Staat unmittelbar getöteten Einzelmenschen habe - und zwar allgemeine und lokalisierte Kriege ausgenommen - eine astronomische Höhe erreicht und übersteige bei Weitem die Zahl der „Privat"-Verbrechen. Die nazistische Judenvernichtung ist sicher die eindrucksvollste Bestätigung dieser These. Man muss sich, da statistische Angaben abstrakt bleiben, einmal klarzumachen versuchen, dass die Zahl der jährlich in der Bundesrepublik verübten Tötungsverbrechen bis in die frühe Steinzeit zurückaddiert werden müsste, bevor die Bilanz der sogenannten „Endlösung", die sich nur über drei Jahre erstreckte, erreicht wäre. Und dies bei vorsichtigsten Schätzungen.

Aus mehreren Gründen kommen uns solche Verhältnisse nicht voll zum Bewusstsein. Zunächst ein realpolitischer Grund: Da es sich um Verbrechen handelt, die vom politischen Willen der Staatsführung bestimmt und vom Staatsapparat verwirklicht werden, gehört es zu ihren besonderen Merkmalen, dass sie in einem Zustand teilweiser oder totaler Lähmung der Rechtsstaatlichkeit ausgeführt werden. In völliger Eindeutigkeit tritt aber das Verbrechen - und zwar nicht nur in seiner Realität, sondern auch in seinem Unrechtgehalt - erst durch die kontrastierende Rechtsordnung und ihren lebendigen Vollzug zutage, vor allem also durch die öffentliche Missbilligung, die Verfolgung und die gerichtliche Aburteilung. Das staatlich gelenkte Verbrechen wird dagegen erst mit dem Zusammenbruch der Staatsmacht für alle offenkundig. Da das die Ausnahme ist, bleibt z.B. das globale Ausmaß der totalen Herrschaftsverbrechen jeder statistischen Schätzung entzogen und für die Öffentlichkeit absolut unüberschaubar. Diese Zusammenhänge von Macht und Recht geben der Aburteilung etwas Zufälliges. Galgen oder Orden, meinte Eichmanns Verteidiger, das sei eine Sache des politischen Erfolges. Man sollte sich jedoch vor Augen führen, dass die Bestrafung eines Verbrechers letzten Endes auch sonst immer von äußeren Zufällen abhängt und es sich also nicht um eine Besonderheit handelt, die den bestraften Teilnehmer an staatlichen Verbrechen zum Opfer äußerer Umstände werden lässt.

Die andere Schwierigkeit ist, dass Zahlen, und zwar gerade die vielstelligen, im Bewusstsein keine Spuren hinterlassen. Während Mord ein persönliches Verbrechen ist, bei dem uns der Täter, seine Motive, die Umstände der Tat und die Leiden des Opfers anschaulich und vorstellbar sind, bleibt das Einzelschicksal im Falle des Massenmordes unpersönlich und anonym. Das Unvorstellbare zu beurteilen, stößt auf innere Widerstände, was ein Grund dafür sein könnte, dass von der Größenordnung der begangenen Verbrechen geradezu eine neutralisierende Wirkung auf den moralischen Affekt ausgeht, der sonst, bei den Kapitalverbrechen des Alltags, oft ziemlich schrankenlos zutage tritt. Aus solchen Überlegungen heraus ist gelegentlich gesagt worden, das Jerusalemer Gericht hätte besser daran getan, nicht die „Endlösung" als Ganzes zum Gegenstand der Verhandlungen zu machen, sondern sich auf Einzelschicksale zu beschränken. So überzeugend das der Öffentlichkeitswirkung wegen zunächst erscheinen mag, so gut ist es, dass man diesem Vorschlag nicht gefolgt ist. Es scheint mir die Bedeutung, aber auch das Fatale der Popularität Anne Franks zu sein, dass sie zwar dem Bewusstsein vieler die Wirklichkeit der Verfolgungssituation nähergebracht hat, andererseits aber auch fühlbar werden ließ, dass die Vorstellungskraft nur Verkleinerungen ins Private – und damit aber die Verfälschung – verträgt. Eine solche Übertragung in die Bildhaftigkeit des Einzelschicksals lässt zu leicht die Besonderheiten dieser Verbrechen in Vergessenheit geraten. Völkermord ist nicht einfach Massenmord. Es handelt sich hier eben gerade nicht um einen kriminellen Angriff des Individuums auf das Individuum, sondern um den Versuch eines Kollektivs, eine Gruppe als Ganzes zu vernichten. Der Genozid (oder Völkermord) ist daher inzwischen als besonderer Tatbestand international kriminalisiert worden und auch Eichmann wurde nicht Mord, sondern Völkermord zur Last gelegt. Dieser Unterschied ist für das Verständnis des Geschehens nicht ohne Bedeutung. Der kriminelle Angriff auf Kollektive geht z. B. in seinen Auswirkungen über den Massenmord noch hinaus, da er, wie Jaspers gesagt hat, als Modellfall noch größerer Vernichtungen das Dasein der Menschheit überhaupt bedroht.

II.

Wichtiger noch scheint mir die aktuelle Bedeutung zu sein, die selbst ein begrenzter Angriff auf eine Gruppe, namentlich also auf eine rassische Minderheit, haben kann. Er kann nämlich – und hier wird nun erstmals die zeitliche Dimension der Verbrechen erkennbar – der weithin sichtbare Schritt auf dem Wege zur Entrechtung, Terrorisierung oder Zerstörung der Gesamtgruppe sein und für diese ein Alarmsignal, das eine Gefährdung und Unterhöhlung ihres rechtsstaatlichen Schutzes anzeigt. Es gehen von ihm also immer Reflexwirkungen auf das Kollektiv als Ganzes aus. Entrechtung und Schutzlosigkeit können geradezu als die typischen Vorformen und Begleiterscheinungen des Genozidverbrechens angesehen werden. Dafür ist der Nazismus ein krasses Beispiel. Das Leben der Juden in Deutschland war durch die Staatsführung längst verneint und durch allmählich sich steigernde Diffamierung und Entwürdigung untergraben, bevor von Völkermord im wörtlichen und eigentlichen Sinne die Rede sein konnte: Die Massentötung war nur noch Organisation und Ausführung dessen, was in der Staatswirklichkeit systematisch vorbereitet und im Geiste schon vollendet war; und zwar bereits in dem Augenblick, in dem die Bande der menschlichen Solidarität rissen und das wahnhafte Bild des Juden als eines parasitären Untermenschen und Volksschädlings etabliert war. Ist eine Minorität erst einmal dem Ungeziefer gleichgestellt, dann ist der Schritt bis zum „Ausrottungs"-Vorsatz nicht mehr allzu groß. Dies allein kann erklären, dass die Vernichtung in kalter, nahezu affektfreier Serienhaftigkeit möglich wurde: Ein jahrelanger Entwicklungsprozess brauchte nur in seine letzte Konsequenz vorangetrieben zu werden. Den Opfern waren Menschenwürde und Leben abgesprochen, lange bevor sich ihnen die Gaskammern öffneten.

Wir sehen hier bereits, dass es bei diesen Verbrechen nicht mehr so ohne Weiteres möglich ist, Handlungen als Einzelphänomene abzugrenzen und zu bewerten. Es handelt sich ja nicht um spontane Akte, die plötzlich geschehen, sondern um kollektive Aktionen, die sich über größere Zeiträume erstrecken, um permanente Verbrechenszustände, die planmäßig organisiert werden, sich progressiv fortentwickeln und denen auf der Seite der Minderheit die Verfolgungssituation als andauernder Lebenszustand entspricht. Das kann zunächst für das Anfangsstadium des Genozids Bedeutung haben. Einzelne Übergriffe, die, für sich genommen, verhältnismäßig harmlos erscheinen würden, können bereits Teil eines kollektiven Prozesses sein und erst von hier aus, als Auflösungssymptome des Rechtsstaates, ihr volles kriminelles Gewicht bekommen. Aber auch die Verbrechensausführung selbst ist zeitlich nur schwer eingrenzbar. Das zeigt auch die Urteilsbegründung des Bezirksgerichts Jerusalem, in der die Vernichtungsaktion als „eine einzige allumfassende Handlung“ bezeichnet wird, die nicht in einzelne Taten und Handlungen zergliedert werden könne (Urteil, Nr. 193). Wie sehr übrigens die hinter uns liegenden Ereignisse gerade bei den Betroffenen die Sinne für solche Zusammenhänge geschärft haben, zeigt der Schrecken, der manchen in Deutschland lebenden Juden bei den antisemitischen Einzelvorfällen und Hakenkreuzschmierereien der letzten Jahre in die Glieder gefahren ist, obwohl es an allen Symptomen des potenziellen Völkermordes fehlte und die Übergriffe sogar im Gegenteil die schärfste gesellschaftliche und strafrechtliche Reaktion zur Folge hatten.

III.

Ein weiterer Aspekt scheint mir zu sein, dass unter den besonderen Bedingungen totaler Herrschaft totale Verbrechen möglich werden, die es in der normalen Kriminalität nicht gibt. Eine Gesellschaft, in der rechtsstaatliche Verhältnisse herrschen, kennt nur die Dimension der Teilverletzung des Menschen, das Verbrechen gegen einzelne Lebensgüter, jedoch nicht den Angriff auf den Menschen in seiner Totalität. Wir würden nicht von Mord, Körperverletzung, Diebstahl oder Beleidigung sprechen, wenn wir damit das Verbrechen nicht als Verletzung von Leben, Gesundheit, Vermögen und Ehre einschränken und also im Hinblick auf seine speziellen Wirkungen beschreiben wollten. Nur auf dieser Ebene der Teilverletzungen ist Mord ein Extremfall kriminellen Verhaltens und nur hier mit seiner Begehung und Bestrafung ein Grenzwert unseres Rechtsdenkens erreicht. Terror und Verfolgung, insbesondere aber die Konzentrations- und Vernichtungslager haben uns erkennen lassen, dass es Grenzüberschreitungen in eine andere Dimension gibt, nämlich eine Summierung von Verletzungen, die ein Angriff auf den Menschen selbst ist und ihn mit all seinen menschlichen Attributen auszulöschen vermag. Im Bereich der persönlichen Kriminalität, wie sie in jeder Sozialordnung ständig vorkommt, gibt es dafür keine Entsprechungen, nicht einmal, so merkwürdig das zunächst klingen mag, beim Mord. [...]

IV.

Zu einem Massenverbrechen wurden die Vernichtungstaten nicht nur durch die Zahl der Opfer, sondern auch durch das Täterkollektiv, das sie organisierte und ausführte. Genozid ist ein Verbrechen, das als völlig private Einzeltat schlechterdings undenkbar ist. Darin liegt etwas Neuartiges. So war auch die „Endlösung" eine weitverzweigte Aktion an der eine kaum zu übersehende Zahl von Menschen in sehr verschiedener Weise mitwirkte (Urteil, Nr. 197). Dadurch scheint das Verbrechen zum Werk autonomer gesellschaftlicher Mächte zu werden und sich von seinen Urhebern abzulösen. Die Identität zwischen Täter und Tat wird undurchsichtig, ja zweifelhaft. An die Stelle der Täterschaft in dem uns geläufigen Sinne scheint ein Netz von Funktionszusammenhängen zu treten, in dem der Einzelne und seine persönliche Beteiligung verschwinden.

Mit dieser optischen Täuschung muss die Beurteilung des Einzelfalles fertigzuwerden versuchen. Denn die genauere Betrachtung zeigt: Es gibt den individuellen Anteil durchaus, die Einzelhandlung, die zu dem Verbrechen in ursächlicher Beziehung steht, und es gibt die Kompetenzen, an denen sich nicht nur der Grad individueller Macht, sondern auch die persönliche Verantwortung ablesen lässt. Allerdings sind das Verknüpfungen, denen die Anschaulichkeit der meisten Kriminalfälle fehlt. In dem Riesenbild der verbrecherischen Aktion müssen die Verursacherstränge gewissermaßen erst durch analytische Zergliederung der Gesamtapparatur freigelegt werden. Das ist die schwierige Aufgabe, die ein Gericht in einem solchen Falle bewältigen muss und die für die Öffentlichkeit nicht mehr nachvollziehbar ist, weshalb das verschwommene Bild der anonymen Tat, von der so viel die Rede war, zurückbleibt.

Hier nun ein Detail aus diesem Kollektivgeflecht, gleichsam in Großaufnahme: Als im Juli 1942 ein Transportzug aus Bordeaux von der Pariser Dienststelle zurückgehalten wurde, hatte das einen zornigen Anruf Eichmanns zur Folge. Über das Telefongespräch existiert eine Aufzeichnung. Eichmann bezeichnete die Verzögerung als blamabel, die sofortige Durchführung des Transportes als Prestigeangelegenheit und drohte damit, Frankreich als „Abschubland" fallen zu lassen, falls die übrigen Züge nicht planmäßig fahren würden. Eine merkwürdige Sanktion, so will uns scheinen, an der die Verkehrung aller Maßstäbe fast überscharf erkennbar wird.

An einem solchen Beispiel wird deutlich, dass es ein Unterschied ist, ob man die Apparatur als Ganzes oder aber die Einzelheiten ihres Funktionierens ins Auge fasst. Es treten Handlungen ans Licht, an deren Kausalität für das Vernichtungsgeschehen kein begründeter Zweifel mehr möglich ist. Man sieht auch, dass das „Rädchen im Getriebe", von dem oft ganz unkritisch gesprochen wird, eben doch nur in einem ganz gleichnishaften Sinne verstanden werden darf. Das Bild, so eindrucksvoll es zunächst die Situation des Einzelnen im totalen Staat wiederzugeben scheint, lässt zu leicht vergessen, dass die Maschinerie nicht hätte funktionieren können, wenn sie nicht von Menschen in Betrieb gehalten wäre, die ihre Arbeit „mit vorzüglicher Initiative und der erforderlichen Härte" - wie es in einem Beförderungsvorschlag für Eichmann aus dem Jahre 1941 heißt - ausführten.

V.

Betrachten wir aber nun die Apparatur unter dem entgegengesetzten Aspekt, dem der Gehorsamsverweigerung. Eichmann meinte in seinem Schlusswort, dass es angesichts des Befehlszwanges keinen Ausweg gegeben habe. Sein Verteidiger hielt es sogar für einen charakteristischen Unterschied zwischen Individual- und Kollektivverbrechen, dass bei der Einzeltat der Täter zurücktreten und die Fortsetzung des Verbrechens verhindern könne, während gegenüber dem Befehl des übermächtigen Kollektivs das Opfer sinnlos werde. Richtig an dieser Deutung scheint mir allein zu sein, dass der Einzelne die Vernichtung nicht aufhalten konnte. Er konnte dem totalen Staat aber seinen Anteil an dieser Vernichtung versagen. Der totale Staat hat zwar Machtmittel zu Gebote, die in der rückblickenden Betrachtung allzu leicht unterschätzt werden können. Er zwingt seine Untergebenen jedoch nicht, Karriere zu machen und Machtpositionen einzunehmen.

Die These vom „sinnlosen Opfer" ist aber noch aus einem anderen Grunde eine legendenfördernde Dramatisierung der Wirklichkeit. Bei umfangreichen Untersuchungen des Nürnberger Aktenmaterials, darunter zahlreicher Akten der SS- und Polizeigerichte (insgesamt wohl 10 000 Urkunden), war nicht ein einziger Fall nachzuweisen, bei dem ein SS-Angehöriger wegen Verweigerung eines Erschießungsbefehls selbst erschossen worden wäre. Das Äußerste war ein Vermerk in der Personalakte, eine Beförderungssperre oder eine Versetzung. Schlimmere Folgen - auch Drohungen mit Todesurteil oder KZ - sind nicht nachweisbar. Sie waren auch nicht erforderlich, da es genügend Bereitwillige gab (so Bauer). Das Bezirksgericht Jerusalem ist zu entsprechenden Feststellungen gelangt. Aus dem Material der Ludwigsburger Zentralen Stelle der Landesjustizverwaltungen, die sich mit der Aufklärung nationalsozialistischer Verbrechen befasst, noch einige Einzelbeispiele: Der Führer einer Polizeikompanie lehnte den Befehl, an einer Massenexekution teilzunehmen, für sich und seine Kompanie unter Hinweis auf das Militärstrafgesetzbuch ab. Nachteile entstanden ihm nicht. Ein Kriminalsekretär weigerte sich mit der Begründung, er eigne sich nicht zu solchen Aktionen. Er wurde als ungeeignet für den Osteinsatz zu seiner Heimatdienstelle versetzt. Ein SS-Obergruppenführer erklärte

Reinhard Heydrich, dass er nicht in der Lage sei, die befohlenen Liquidationen der Juden im Baltikum durchzuführen. Er wurde seines Postens enthoben und dem Ostministerium zur Dienstleistung zugewiesen. Diese Beispiele, die sich fortsetzen ließen, lassen die Mechanik der Befehlsmaschinerie in einem etwas anderen Lichte erscheinen.

VI.

Zu den Besonderheiten einer solchen Vernichtungsapparatur gehört es, dass viele der Beteiligten und gerade die Initiatoren nur mittelbar etwas mit dem Massenmord zu tun haben. Auch das erscheint zunächst ungewöhnlich, denn im Allgemeinen halten wir zunächst einmal denjenigen für den Schuldigen, der den Mord eigenhändig ausführt. Diese Verhältnisse scheinen sich hier eher umzukehren. In der Urteilsbegründung des Bezirksgerichts Jerusalem (Nr. 197) finden wir den Satz: „Das Verantwortlichkeitsausmaß wächst, je mehr man sich von demjenigen entfernt, der die Mordwaffe mit seinen Händen in Betrieb setzt, und zu den höheren Befehlsstufen gelangt." Eine solche Distanz der Organisatoren von den Schauplätzen der Vernichtung kann psychologisch nicht bedeutungslos sein. Je größer die Verantwortung wird, desto geringer wird die seelische Belastung, die von der Ausführung ausgeht. Wie sehr die inneren Hemmungen durch solche Wirklichkeitsverluste abgebaut und umgekehrt durch unmittelbare Eindrücke gesteigert werden, illustriert eine Bemerkung des Auschwitz-Kommandanten Höß: „Der Reichsführer der SS schickte verschiedentlich höhere Partei- und SS-Führer nach Auschwitz, damit sie sich die Vernichtung der Juden ansähen. Alle waren davon tief beeindruckt. Einige, die vorher sehr eifrig über die Notwendigkeit dieser Vernichtung dozierten, wurden beim Anblick der Endlösung der Judenfrage ganz still." Aufschlussreich ist auch eine Äußerung Eichmanns während seiner polizeilichen Vernehmung: „Ich wäre schon früher in Konflikte gekommen, wenn ich [...] hinter dem Stacheldraht gewesen wäre und in dem Konzentrationslager Verwendung gefunden hätte, denn da wäre ich ins Geschehen hineingestellt worden." Eine andere Bemerkung bezieht sich auf die Tätigkeit des von ihm geleiteten Judenreferats: „Wir hatten mit keinerlei Gräuel etwas zu tun, sondern haben unsere Arbeit auf anständige Art und Weise bearbeitet." Hierzu vermerkt das Urteil: „Falls er persönlich den Gasbehälter unter die Opfer hätte werfen müssen, wäre sein Gewissen erwacht. Da jedoch der Auftrag darin bestand, die Opfer in den Ländern Europas zu erfassen, um sie nach den Gaskammern zu deportieren, war sein Gewissen ruhig" (Nr. 225).

Mir scheint hier in einem sehr umfassenden Sinne die Situation des „Strategen" geschildert zu sein, der Wirkungen auslöst, die er als Realität nicht erlebt. Bestimmte moralische Hemmungen, so scheint es, sind auf eine begrenztere Reichweite hin angelegt. Atavistische Grundmuster dringen an die Oberfläche, von denen sich unser Rechtsdenken längst entfernt hat, so z. B.

die bei Eichmann immer wiederkehrende Äußerung, „Blutschuld" liege nicht auf ihm und „Tötungen wie Höß" habe er nicht vorgenommen (120. Sitzung). Ich glaube, man verengt das Problem, wenn man hier nur die Verteidigungssituation sieht. Es scheinen hier Vorstellungen wirksam zu werden, die sogar noch die nachträgliche Beurteilung erschweren. Gerade hier könnte aber der Erkenntnisgewinn des Prozesses liegen, dass einer breiteren Öffentlichkeit die abstrakteren Formen des Mordes zum Bewusstsein kommen und deutlich wird, dass auch eine Handlung, die nur in der Unterzeichnung eines Dokuments oder einem telefonischen Anruf besteht, Mord sein kann – und zwar auch nach geltendem deutschen Recht in vollem Umfang und ohne jede Einschränkung.

VII.

Damit ist bereits angedeutet, was ich hier einmal als die Institutionalisierung des Verbrechens bezeichnen möchte und was Hermann Broch das „Trockensystem amtlicher Akten und Kartotheken für registrierten Mord" genannt hat. Zu den Merkmalen dieser Verbrechen gehört ja gerade, dass vorgegebene Formen fast unmerklich mit neuen Inhalten gefüllt werden und Zweifel sich durch den Gedanken betäuben lassen, dass hier im Grunde die Verwaltung nur mit anderen Mitteln fortgesetzt werde. Dass sogar die Folter zur „halb verkappten Institution" werden kann, diese Erkenntnis verdanken wir Jean-Paul Sartres Vorwort zu Henri Allegs Algerien-Schrift „La question" (1958). Hinzu kommt die Tarnsprache, die sicher nicht nur der Verschleierung nach außen diente, sondern auch als bewusste psychologische Umwertungs- und Selbstschutzmaßnahme zu verstehen ist. Es ist nur schwer vorstellbar, wie die SS-Bürokratie hätte funktionieren können, wenn sie bei ihrer Aktenführung und Korrespondenz auf die in der zivilisierten Welt gebräuchlichen Bezeichnungen angewiesen gewesen wäre und nicht auf euphemistische Chiffren wie „Sonderbehandlung", „Endlösung" oder „Umsiedlung" hätte zurückgreifen können.

Wesentlich für die institutionelle Verschleierung ist schließlich noch die Verfügung über den gesellschaftlichen Rahmen. Für die konventionellen Vorstellungen gehört zum Verbrechen ja immer noch die Szenerie der Unterwelt oder doch jedenfalls der asoziale Lebenskreis. Dieses Vorurteil macht den Schauplatz leicht zum Alibi. Gleichsam entschuldigend sagte Göring in Nürnberg zu dem Gerichtspsychologen Gilbert: „Wir waren nicht eine Bande Verbrecher, die sich in schwarzer Nacht in den Wäldern traf, um Massenmorde auszuhecken, wie Typen in einem Zehn-Pfennig-Roman." Dies war in der Tat nicht die Umgebung der damaligen Mordkomplotte. Die Wannseekonferenz z.B., auf der die Durchführung des Vernichtungsprogramms beraten wurde, schildert Eichmann als gesellschaftliches Ereignis, das in der freundlich-höflichen Atmosphäre eines Zusammentreffens hoher Staatsfunktionäre stattfand. Das Institutionelle erweist sich hier doch als zweideutiger, als es eigentlich dargestellt wird. Was es dem Individuum an „Entlastungen" bringt, kann unter normalen Verhältnissen die Sitten festigen, stabilisiert aber auch, wenn der Staatsapparat in kriminelle Hände gerät, das Verbrechen.

VIII.

Gehen wir nun noch einmal von der kollektiven Apparatur zum Einzelnen über. Eine verbreitete Meinung geht ja heute dahin, dass bei einem solchen riesigen Verbrechen alle Eigenschaften und Abnormitäten, die allgemein – wenn auch oft zu Unrecht – dem Individualmörder zugeschrieben werden, bei dem Genozidverbrecher in äußerster Vergrößerung und Monstrosität, jedoch mit gleichem psychologischem Grundmuster wiederkehren müssten. Der israelische Generalstaatsanwalt hat sich dieses Bild zu eigen gemacht, als er Eichmann als ein „blutrünstiges, alles zerstampfendes Raubtier" schilderte (120. Sitzung). Nichts spricht dafür, dass damit der wahre Sachverhalt getroffen wird. Bereits hier zeigt sich, dass sich nicht ohne Weiteres Rückschlüsse vom Gesamtverbrechen auf die persönlichen Motive ziehen lassen. Während der „Endlösung" insgesamt eine wahnhafte, programmierte antisemitische Ideologie zugrunde lag, konnten die Beweggründe für den Einzelnen – wie oft bei Gruppenverbrechen – viel begrenzter sein: Macht- und Geltungsbedürfnisse, Korpsgeist, Aufstiegsmöglichkeiten oder auch wirtschaftliche Vorteile. „Mörderische" Motive im engeren Sinne können durchaus fehlen, was wohl der Grund für die von Jaspers geäußerte, strafrechtlich übrigens unzutreffende Ansicht ist, es handele sich insofern um „weniger als Mord". Ich meine nur, dass sich diese Deutung zu einseitig an den exzessiven Mordmotiven orientiert und die soeben genannten unauffälligeren Egoismen nicht genügend berücksichtigt.

Was die zeitliche Entwicklung betrifft, so glaubte Hannah Arendt für die Anfänge des Regimes ein Überwiegen verbrecherisch-abnormer Elemente aus den Kreisen der SA und Gestapo registrieren zu können, während mit der Übernahme der Konzentrationslager durch die SS die spontane, irrationale Grausamkeit einer kalten, systematischen Vernichtung Platz gemacht habe. In der historischen Forschung, aber auch bei den Ermittlungsbehörden scheint sich zunehmend die Auffassung durchzusetzen, dass das Deutungsschema des abnormen Sadisten für die größere Zahl der Fälle nicht als Erklärung dienen kann. Dies gilt wahrscheinlich auch für Eichmann. Die echten Kriminellen waren sicher in der Minderheit. Andererseits scheint die Häufung gescheiterter Existenzen in den berüchtigten Einsatzkommandos dafür zu sprechen, dass sich in den Vernichtungszentren eine negative Auslese zusammenfand. Viel Verbindliches wird sich heute noch kaum sagen lassen. Sicher ist die Situation der totalen Herrschaft als Ursache verbrecherischen Handelns von großer Bedeutung, wenn auch bisher noch ganz ungenügend durchleuchtet. „Denn schwer ist es", heißt es in Platons „Gorgias", „und vieles Lobes wert, bei großer Gewalt zum Unrechttun dennoch gerecht zu leben; und es gibt nur wenige solche."

IX.

In seinem Plädoyer zum Strafmaß sprach Verteidiger Servatius von der Dynamik der Gruppe und der „politischen Hypnose", unter deren Einfluss die Verbrechen geschehen seien. Zu den Ergebnissen der modernen Gruppenpsychologie, deren Berücksichtigung er forderte, gehört jedoch nicht, dass die Verantwortlichkeit des Einzelnen durch massenpsychologische Einflüsse ausgeschlossen wird. Auch die Gegen-Ethik der SS hat die Gewissensfundamente des Individuums nicht zu zerstören vermocht, sondern allenfalls zum Teil überlagert. Das hat Eichmann in der für ihn charakteristischen Sprache sehr anschaulich so ausgedrückt: „Aus der Einheit der Ethik musste ich in eine der Vielheiten der Moral umsteigen. Ich hatte mich der staatlicherseits vorgeschriebenen Umkehrung der Werte zu beugen" (120. Sitzung). Diese „Umkehrung der Werte" ist besonders eindrucksvoll an jener Rede zu illustrieren, die Heinrich Himmler 1943 vor SS-Offizieren in Posen gehalten hat: „Dies durchgehalten zu haben", heißt es im Hinblick auf Beteiligung an der Judenvernichtung, „und dabei - abgesehen von Ausnahmen menschlicher Schwächen - anständig [!] geblieben zu sein, das hat uns hart gemacht."

Die Bildung der Gruppennormen gehört bereits in den Bereich kollektivpsychologischer Veränderungen. Das klassische Beispiel dafür, dass die gewohnten Normen des moralischen Verhaltens unter bestimmten Voraussetzungen radikal aufgegeben und in ihr Gegenteil verkehrt werden können, ist und bleibt der Krieg. Ich möchte den Krieg hier jedoch nur in einer einzigen Beziehung anführen, nämlich als kollektive Ursache einer möglichen Relativierung in der Bewertung des menschlichen Lebens. Man wird es kaum für Zufall halten können, dass das nazistische Vernichtungsprogramm erst in einem fortgeschritteneren Stadium des Krieges verwirklicht wurde. Das ist nicht allein mit der Abriegelung vom Ausland zu erklären. Wahrscheinlich wäre der systematische Völkermord in diesem Ausmaße nicht möglich gewesen, wenn es nicht die große Freigabe des Tötens gegeben hätte. Man sollte sich hier jenes bitteren Satzes erinnern, den Sigmund Freud schon während des Ersten Weltkriegs in seiner Abhandlung „Zeitgemäßes über Krieg und Tod" niederschrieb: Der Staat habe dem Einzelnen den Gebrauch des Unrechts untersagt, „nicht weil er es abschaffen, sondern weil er es monopolisieren will wie Salz und Tabak". Von diesem Monopol wurde von der nazistischen Staatsführung nahezu unbegrenzt Gebrauch gemacht. Die Freigabe, die sich zunächst nur auf das Töten im Kriege erstreckte, ließ sich fast beliebig ausweiten. Wie bewusst diese Erkenntnis propagandistisch ausgenutzt wurde, zeigt ein Ausspruch Himmlers bei einem Besuch in Auschwitz, den Eichmann erwähnt hat: „Dies sind die Schlachten", heißt es angesichts der Gaskammern und Vernichtungsstätten, „die die kommenden Generationen nicht zu schlagen brauchen."

Gerade die zuletzt angestellten Überlegungen sollten der Anlass dazu sein, noch einmal ganz klar auszusprechen, in welchem Sinne von Kollektivität unter gar keinen Umständen die Rede sein kann. Es liegt ja verhältnismäßig nahe, den Genozid als einen Sonderfall des „totalen Streits der maßlosen Kollektive" zu betrachten, wie Servatius es ausgedrückt hat, und z. B. auf dem Gebiet der politischen Ethik Beziehungen zwischen Auschwitz und Hiroshima zu sehen. Ich will solche Zusammenhänge nun keineswegs schlechthin bestreiten, glaube aber doch, in einer Hinsicht einen radikalen Trennungsstrich ziehen zu müssen. Hiroshima - hier stellvertretend genommen für vieles, was im Kriege geschehen ist - war das grausame Finale einer kriegerischen Auseinandersetzung zwischen zwei Staaten. Auschwitz dagegen ist zum Symbol des Kampfes geworden, den das Kollektiv gegen das hilf- und wehrlose Individuum führt. Obwohl das Genozidverbrechen in dem Individuum letztlich die Gruppe zu treffen versucht, bleibt es in seiner erbarmungslosen Wirklichkeit ein Überfall auf einzelne, zum Teil der eigenen Nation angehörende Menschen, die zu keiner Gegenwehr imstande sind und denen jeder militärische Schutz entzogen ist. Dieser Unterschied sollte auch durch radikalere ethische Schlussfolgerungen nicht verwischt werden.

X.

Kommen wir zum Schluss noch einmal auf den von Jaspers unterbreiteten Vorschlag zurück. Es wäre zweifellos wünschenswert, das Urteil über einen solchen Völkermord einer transnationalen Instanz zu übertragen. Eine solche „Menschheitsinstanz" gibt es jedoch nicht, und nichts spricht dafür, dass sie unter dem Eindruck des Eichmann-Prozesses geschaffen werden könnte. Auch die UNO, die sich überdies in einer schweren Krise befindet, hat diese Möglichkeit nicht. Unter diesen Umständen bliebe ein Urteil, das von dem Vorhandensein einer internationalen Strafgerichtsbarkeit abhängig wäre, ungesprochen.

Gerade das wäre nun aber aus den von Jaspers selbst vorgebrachten Gründen bedenklich; denn auf diese Weise blieben die begangenen Taten weiterhin „undefiniert" und in ihrer rechtlichen Bedeutung unbestimmt. Was immer noch vielfach als Politik gilt - wenn auch als Politik von beispielloser Verwerflichkeit - muss durch einen weithin wahrnehmbaren Schuldspruch eindeutig und offiziell den Makel des Kriminellen bekommen, den es nach den Normen unserer Rechtsordnung bereits hat. Durch den Eichmann-Prozess könnte und müsste sich das Bewusstsein festigen, dass auch solche Handlungen, die die Größenordnung alltäglicher Kriminalität übersteigen, echte Verbrechen sind und dass das Bild des Verbrechens, das nur die persönlichen, alltäglichen Sozialstörungen umfasst, zu eng ist. Dieses Bewusstsein würde nur den bereits verwirklichten Rechtsschöpfungen nachfolgen. Denn mit der Schaffung einer Strafnorm gegen den Genozid, so unklar ihre praktische Anwendung auch sein mag, ist tatsächlich ein „neuer Typus von Verbrechen" entstanden, eine spezifische Form des Mordes, die nur unter den Voraussetzungen totaler Macht möglich ist und die der Welt als rechtliches Phänomen erst noch zum vollen Bewusstsein kommen muss.

Quellen- und Literaturnachweis

Arendt, Hannah: Elemente und Ursprünge totaler Herrschaft, Frankfurt a. M. 1955.
Baeyer, Walter Ritter von: Erlebnisbedingte Verfolgungsschäden. In: Der Nervenarzt, 32 (1961) 12, S. 534–538.
Bauer, Fritz: Das Problem der Schuld am Strafprozeß mit politischem Hintergrund. Unveröffentlichtes Vortragsmanuskript, Loccum 1961.
Bezirksgericht Jerusalem: Strafakt 40/61. Sitzungsprotokolle.
Broch, Hermann: Massenpsychologie, Zürich 1959.
Camus, Albert: Fragen der Zeit, Hamburg 1960.
Gilbert, Gustave M.: Nürnberger Tagebuch, Frankfurt a. M. 1962.
Freud, Sigmund: Zeitgemäßes über Krieg und Tod. In: ders., Gesammelte Werke, Band X, Frankfurt a. M. 1946, S. 324–357.
Jacob, Wolfgang: Gesellschaftliche Voraussetzungen zur Überwindung der KZ-Schäden. In: Der Nervenarzt, 32 (1961) 12, S. 542–545.
Jaspers, Karl: zum Eichmann-Prozeß. In: Der Monat Nr. 152, S. 15 ff.
Just-Dahlmann, B.: Mitschrift eines unveröffentlichten Vortrags. Loccum 1961.
Material der Zentralen Stelle der Landesjustizverwaltung in Ludwigsburg: (Leiter: Oberstaatsanwalt Dr. E. Schüle).
Matussek, Paul: Die Konzentrationslagerhaft als Belastungssituation. In: Der Nervenarzt, 32 (1961) 12, S. 538–542.
Noll, Peter: Die ethische Begründung der Strafe. In: Recht und Staat, H. 244. Tübingen 1962, S. 3–30.
Pendorf, Robert: Mörder und Ermordete. Hamburg 1961.
Police d'Israel, Quartier General, 6-ème Bureau: Vernehmungen Eichmanns durch Hauptmann Less. Tonbandprotokolle, Mai/Juni 1960.
Reitlinger, Gerald: Die Endlösung, 2. Auflage Berlin 1957.
Sartre, Jean-Paul: Vorwort. In: Henri Alleg, Die Folter, Wien 1958.
Servatius, Robert: Verteidigung Adolf Eichmann. Plädoyer. Bad Kreuznach 1961.
Straus, Erwin: Ergebnisse, Kasuistik und Diskussionen. Diskussionsbemerkungen zu vorstehenden Beiträgen von W. v. Baeyer, P. Matussek und W. Jacob. In: Der Nervenarzt, 32 (1961) 12, S. 551 f.
Trautman, Edgar C., Psychiatrische Untersuchungen an Überlebenden der nationalsozialistischen Vernichtungslager 15 Jahre nach Befreiung. In: Der Nervenarzt, 32 (1961) 12, S. 545–551.
Urteil des Bezirksgerichts Jerusalem vom 11./15. Dezember 1961 gegen Adolf Eichmann. Strafakt 40/61 (inoffizielle Übersetzung).

Terror.
Über die ideologische Rationalität des Völkermords

*Hermann Lübbe**

Die Anwendung des Prädikators „rational" auf das Faktum des Völkermords wirkt spontan befremdlich. Am ehesten noch wird man sich über die technische Rationalität der Planung, der Organisation und des Vollzugs des Völkermords verständigen können. In der Absicht, Massentötungen in der kurzen Frist einiger weniger Jahre in der quantitativen Dimension von Millionen zu vollziehen, kann man sich ja nicht an bewährten Handlungsregeln orientieren. Experimente sind unvermeidlich, und experimentiert hat die nationalsozialistische Gesundheitspolitik bekanntlich schon vor dem Holocaust mit geeigneten Techniken massenhafter Gewährung des „Gnadentodes", wie Hitler das in seinem bekannten Befehl nannte, der die psychiatrische Reinigung des Volkskörpers einleiten sollte. Dabei erwies sich die Nutzung von Autoabgasen zur Vergasung der in luftdicht gemachte Autoaufbauten Eingeschlossenen als unzweckmäßig. Experimente mit dieser Tötungsart noch im Beginn des Holocaust bestätigten das: Die räumlichen Dimensionen der Tötungskammern waren in Relation zum Bedarf allzu gering, und dasselbe galt für die temporale Seite der Sache.

Es lässt sich vermuten, dass die Erfindung leistungsfähigerer Gaskammern in der Evolution der Tötungstechnik sich aus Erfahrungen mit den Unzulänglichkeiten der Tötung mittels Autoabgasen erklärt. Todesfabriken, denen man auch im Rückblick diesen Namen wirklich zusprechen muss, verlangten rascher wirkendes Giftgas und Einsatzräume größerer Kapazität. Die Räume wurden errichtet, und die Identifizierung geeigneter Giftstoffe war, in unserem Jahrhundert, eine physiologische, chemieproduktions- und lieferungstechnische Unerheblichkeit. Die Gaskammern hatten auch gegenüber der konkurrierenden Tötungspraxis der Massenerschießung, wie sie die Einsatzgruppen praktizierten, erhebliche psychotechnische Vorteile aufzuweisen. Der Mensch ist – wohl weniger aus Gründen kulturgeschichtlicher Prägung als aus Gründen anthropologisch-naturgeschichtlicher Prädispositionen – tötungsgehemmt. Entsprechend führte – das ist oft berichtet worden – eine Dauerteilnahme an

* Dieser Beitrag ist zuerst unter gleichnamigem Titel erschienen in: Thomas Nipperdey/Anselm Doering-Manteuffel/Hans-Ulrich Thamer (Hg.): Weltbürgerkrieg der Ideologien. Antworten an Ernst Nolte. Festschrift zum 70. Geburtstag. Frankfurt a. M./Berlin: Propyläen 1993, S. 304–311.

Massenerschießungen zu psychischen Dekompositionserscheinungen. Demgegenüber machte die Gaskammer den Tod für die Vollstrecker des Völkermordes sekret, und die Bergung der Leichen wurde bekanntlich Häftlingen überlassen, denen dafür Todesaufschub gewährt war.

Unzweifelhaft also hat der Völkermord seine technische, sogar wissenschaftlich-technische, organisationstechnische und psychotechnische Rationalität. Ohne Perfektionierung dieser Sorte von Rationalität wäre er nicht vollziehbar gewesen.

Auch die technische Rationalität hat freilich ihre Hierarchien, und das erzwingt die Frage, ob der technische und organisatorische Aufwand, der für den Vollzug des Völkermords betrieben wurde, in Relation zum Kriegszweck nicht äußerst unzweckmäßig war. Der von Adolf Eichmann organisierte Abtransport der ungarischen Juden in die Vernichtungslager fand ja erst in späten Kriegsjahren statt. Die Lage an den Fronten war für die Deutschen längst höchst prekär geworden, sodass, unter Kriegszweckgesichtspunkten, alle Anstrengungen sich doch darauf hätten konzentrieren müssen, die Fronten zu halten. Nichtsdestoweniger standen Eichmann die enormen Eisenbahntransportkapazitäten zur Verfügung, die man für das Unternehmen benötigte, nun auch noch Ungarn judenfrei zu machen.

Kriegsführungstechnisch war es also unzweifelhaft irrational, just angesichts der Verschlechterung der Lage an den Fronten, die Anstrengungen zur Liquidation ganzer Völker noch zu vergrößern. Aber das ist es eben: Was kriegstechnisch-strategisch gesehen irrational war, hatte doch seine höhere ideologische Rationalität, und einzig aus der ideologiepolitischen Dominanz dieser Rationalität lässt sich erklären, dass ausgerechnet mit der Wende des Krieges zuungunsten des Deutschen Reiches die nationalsozialistische Führung ihre Anstrengungen mehrte, doch wenigstens noch das rassenhygienische Menschheitsreinigungswerk für den europäischen Teil der Menschheit zu vollenden.

Kurz: Der nationalsozialistische Völkermord war, in seinem Rationalitätsgehalt, nicht nur ein Vorgang aus technischer Rationalität. Er war, vor allem, ein Vorgang nach Maßgaben ideologischer Rationalität. Ohne die Wahrheitsüberzeugungen, wie sie sich bei den totalitären Parteien im Medium der Großideologien unseres Jahrhunderts gebildet haben, blieben die totalitären Massentötungen unverständlich, ja, sie hätten sich gar nicht ereignen können. Es ist banal zu sagen, dass der Rekurs auf die totalitären Ideologien zum Zweck der Erklärung der Massentötungen nicht ausreicht.

Erklärungstechnisch formuliert heißt das: Die ideenpolitische Herrschaft der totalitären Großideologien ist selbstverständlich nicht ein hinreichender Grund für die Massentötungen, die sich zur Lebenszeit der Älteren unter uns zugetragen haben. Aber ein notwendiger Grund totalitärer Tötungspraxis sind die Großideologien unseres Jahrhunderts durchaus. Ohne ihre Herrschaft und Geltung in den Köpfen der ideologisierten Politgläubigen wären die Massenliquidationen mangels Legitimitätsüberzeugung weder planbar noch vollziehbar gewesen.

Entsprechend wäre es auch unangemessen, die totalitären Massenverbrechen und speziell den Holocaust mit Rekurs auf die Herrschaft einer von der Bindung an höhere Zwecke emanzipierten „instrumentellen Vernunft" erklären zu wollen. Der Begriff der instrumentellen Vernunft ist bekanntlich eine konzeptuelle Erfindung Max Horkheimers. Diese Erfindung ist überaus populär geworden. In erster Linie wird sie heute in Versuchen genutzt, die prekären Aspekte des zivilisatorischen Fortschritts auf den Begriff zu bringen. Aber man hat die Kategorie der instrumentellen Vernunft auch für geeignet gehalten, uns die totalitäre Gewaltherrschaft als eine Herrschaft defizitärer, positivistisch reduzierter Vernunft verständlich zu machen.

Das ist irreführend. Was ist denn die Charakteristik der sogenannten instrumentellen Vernunft? Dazu heißt es bei Max Horkheimer wörtlich, diese beschränkte Sorte der Vernunft habe es „wesentlich [...] mit der Angemessenheit von Verfahrensweisen an Ziele" zu tun. Hingegen lege sie „der Frage wenig Bedeutung bei", ob auch „die Ziele als solche vernünftig" seien.

Das klingt plausibel. Unzweifelhaft waren ja die Vollstrecker des Völkermords Eigner einer „instrumentellen Vernunft", die zur Erprobung der Angemessenheit der von ihnen zum Einsatz gebrachten Mittel und Verfahrensweisen sogar in der Absicht experimentiert haben, die Zweckrationalität dieser Mittel- und Verfahrensweisen zu steigern. Wären sie dazu in der Lage gewesen, wenn sie auch einmal über die Zwecke selbst nachgedacht hätten, für die sie ihre überaus leistungsfähigen Mittel und Verfahrensweisen zur Verfügung stellten?

Noch einmal: Das klingt plausibel. Aber der Anschein dieser Plausibilität ist nichts als ein Schein. Woher stammten denn die Zwecke, auf die sich die Exekutoren des Völkermords in der Tat höchst zweckrational bezogen? Diese Zwecke waren doch nicht irgendwelche unvordenklichen Vorgaben ihres Tuns. Sie hatten vielmehr ihre Explikation und Begründung in den ideologischen Hauptschriften der Großdenker und sonstigen Intellektuellen gefunden, über die sich die totalitären politischen Bewegungen legitimierten und ideologisch formierten. Hitler höchstselbst hatte doch, sogar in einer Reichstagsrede, noch vor Kriegsausbruch erklärt, es werde das Ende der jüdischen Rasse bedeuten, wenn es dem Judentum noch einmal gelänge, einen Krieg vom Zaune zu brechen.

Der Antisemitismus war also für die Ideologie der Nationalsozialistischen Deutschen Arbeiterpartei integral. Jeder Pimpf wurde doch in den Schulungslagern, ja in der Schule mit Elementen der rassentheoretischen Begründung dieses Antisemitismus bekanntgemacht. „Die Juden sind unser Unglück" war Dauerüberschrift auf den Aushangkästen des Blattes „Der Stürmer", und selbst auf Dorfplätzen waren diese Aushangkästen aufgestellt.

Wahr ist, dass man mit Ankündigungen der „Endlösung" sich zurückhielt und dass über die Vollzugsformen dieser Endlösung, als sie schließlich anlief, die Öffentlichkeit tunlichst uninformiert gelassen wurde.

Wieso das? Die Pragmatik dieses überwiegend sogar gelungenen Versuchs, die Praxis des Völkermords sekret zu halten, war die, den Volksgenossen die moralische Überforderung zu ersparen, die es mit ungewissen politischen Folgen für die übergroße Mehrheit dieser Volksgenossen hätte bedeuten müssen, wenn man sie in ihren Prägungen durch eine konventionelle, womöglich christliche Herkunftsmoral mit den Tatsachen konfrontiert hätte. Die ideologisch gewiesenen rassenhygienischen Menschheitszwecke waren Zwecke, deren höhere weltgeschichtliche Notwendigkeit einzig der höheren Führerschaft, dem weltanschaulich aufgeklärten Rasseadel uneingeschränkt deutlich war. Und eben dieser Deutlichkeit, dieser Bewusstheit in Bezug auf die höheren Zwecke bedurfte es, um überhaupt imstande zu sein, auf jene extreme Weise gegen die Maßgaben einer konventionellen, auch christlichen Moral zu verstoßen, wie das im Vollzug des Völkermords, leider, unvermeidlich war.

Nicht Zielreflexionsabstinenz, vielmehr ganz im Gegenteil äußerste Anstrengung in der Selbstverschaffung eines guten Gewissens durch Orientierung an den ideologisch gewiesenen höheren Zwecken konstituiert die entscheidende legitimatorische Bedingung der Möglichkeit fürs Tun des beispiellos Schlimmen. Einzig so erklärt sich der moralisierende Respekt, den Heinrich Himmler vor seinen SS-Obergruppenführern am 4. Oktober 1943 in Posen denjenigen zollte, die nun pflichtmäßig tätig geworden seien, „dieses Volk [...], das uns umbringen wollte, umzubringen". „Von Euch werden die meisten wissen, was es heißt, wenn 100 Leichen zusammenliegen, wenn 500 daliegen oder wenn 1 000 daliegen. Dies durchgehalten zu haben und dabei, abgesehen von Ausnahmen menschlicher Schwächen, anständig geblieben zu sein, das hat uns hart gemacht. Dies ist ein niemals geschriebenes und niemals zu schreibendes Ruhmesblatt unserer Geschichte." Sich die Hände schmutzig machen, aber für höhere Zwecke – so verständigt sich über sein Tun nicht ein Subjekt in der Begrenztheit der Reflexionskapazitäten der instrumentellen Vernunft. Hier handelt es sich nicht um die technische „Angemessenheit von Verfahrensweisen an Ziele". Hier handelt es sich vielmehr um die Ableitung außerordentlicher Mittel aus der bindenden ideologischen Verpflichtung der herausgestellten höchsten Zwecke selbst. Himmlers zitierte Worte sind Worte eines im äußersten Sinne Zielgewissen, dessen moralischer Common Sense ideologisch zertrümmert und dessen praktische Urteilskraft infolgedessen durch hochgradigen Wirklichkeitsverlust korrumpiert ist. Nicht in halbierter Rationalität „positivistischer" Indifferenz im Verhältnis zu den praktischen Zwecken unseres Tuns, vielmehr in der von keinem Zweifel mehr erreichbaren Zielgewissheit des ideologischen Fanatikers konnten die nationalsozialistischen Rassenpolitiker sagen: „Wir hatten das moralische Recht" zur Vollstreckung des höheren Sinns der Rassenkampfgeschichte, den zu erfassen der moralische und kognitive Common Sense in der Tat unfähig ist.

Der unüberbotene Fall höherer Zielgewissheit weit jenseits der Reichweite einer bloß „instrumentellen Vernunft" repräsentiert schließlich Hitler höchstselbst. Der Führer der Nationalsozialistischen Deutschen Arbeiterpartei war, wie er längst vor der Machtergreifung in seinem Hauptbuch „Mein Kampf" bekundet hatte, strikter Antipositivist, ein höhnischer Verächter juristischer Verfahrensgerechtigkeit, ein Verspötter des „Objektivitätsfimmels" der Wissenschaftler mit ihrer Selbstbindung an Regeln wertfreier Tatsachenfeststellung. Die Legitimität, die Hitler für seinen „Kampf" in Anspruch nahm, war eine tatsächlich aus jenen höchsten Werten abgeleitete Legitimität, deren absolut verpflichtender Charakter einem aufgeht, sobald man den Lauf der Weltgeschichte als einen den Gesetzmäßigkeiten des Rassenkampfes folgenden Lauf verstanden hat. Absolute Dominanz ideologisch ausgelegter Wertrationalität, Perhorreszierung bloß individueller Interessen, Antipragmatismus - kurz: „Idealismus" in der schlimmen Bedeutung des Wortes prägt das Bewusstsein der großen Politgläubigen unter den Großtätern dieses Jahrhunderts.

Nur vor diesem Hintergrund lässt sich verstehen, was Hitler noch in den letzten Tagen des untergehenden Reiches über seinen Tod hinaus allen seinen Nachfolgern als bindende Verpflichtung testamentarisch auferlegte, nämlich die „peinliche Einhaltung der Rassengesetze" und die Fortsetzung des „unbarmherzigen Widerstands gegen den Weltvergifter aller Völker, das internationale Judentum". „Gespenstisch" - so ist man im historischen Rückblick spontan geneigt, das zu kommentieren. Aber es handelt sich darum, die Rationalität dieses Testaments zu verstehen, und einzig dann, wenn man sie als ideologisch gebundene Wertrationalität versteht, schließt sich der Sinn des Hitler'schen Testaments auf. Das Großdeutsche Reich war verloren, die sowjetischen Granaten trommelten auf den Beton des Bunkers der Reichskanzlei, der Endsieg fiel den Feinden zu. Was ließ sich nun noch erhalten? Einzig das Bewusstsein des höheren Rechts der eigenen Sache, und dieses Bewusstsein musste sich erhalten, weil es den Zusammenbruch der eigenen Subjektivität hätte bedeuten müssen, im Untergang der eigenen Sache überdies anerkennen zu müssen, man habe Millionen und Abermillionen einer ideologischen Obsession wegen in den Tod getrieben.

Noch einmal sei wiederholt, dass die Ideologie des Rassenkampfes keine hinreichende Bedingung des nationalsozialistischen Völkermords ist. Aber eine notwendige Bedingung ist sie. Gläubige Nationalsozialisten existierten geschichtsgewiss. Die kognitive Basis dieser Geschichtsgewissheit war die vermeintliche Einsicht in die naturgeschichtsgesetzliche Bestimmtheit der Kulturgeschichte durch Rassenkämpfe. Es ist eine Frage für sich, welchen Bedingungen man es zuzuschreiben hat, dass diese Absurdität in relevanten Gruppen einschließlich der intellektuellen Führerschaft dieser Gruppen das Bewusstsein zu besetzen vermochte. Nachdem dieses Bewusstsein zum herrschenden Bewusstsein einer Partei und schließlich zum Bewusstsein einer herrschenden Partei geworden war, wurde die fragliche Ideologie sogar zur etablierten Wissenschaft erhoben. Es gab Lehrstühle für Rassenkunde, einschlägige Publikationsorgane und Fortbildungskurse für Lehrer, Ärzte und Parteikader.

Eine strukturelle Spezialität der Rassenkampftheorie der Weltgeschichte ist übrigens, dass sich aus ihr in konsequentem Antipositivismus vollkommene Einheit von Theorie und Praxis ergibt. Was gilt, ist unmittelbar dem erkannten Naturgesetz der Geschichte zu entnehmen. Wer hier widerspricht, irrt nicht einfach; er gibt sich vielmehr als Feind zu erkennen. Jeder Widerspruch gegen die eigene Geschichtsgewissheit intensiviert diese Gewissheit. Der vermeintlich wertfreie Objektivismus wissenschaftlicher Tatsachenfeststellung enthüllt sich als Ideologie dekadenter politischer Desengagiertheit.

Vergegenwärtigt man sich heute diese Zusammenhänge, so verblüfft es noch im Nachhinein, dass es jemals möglich war, den Instrumentalismus und Objektivismus methodisch restringierter Rationalität für ein Prädispositiv ideologischer Engagements zu halten. Der Sachzusammenhang liegt genau umgekehrt: Das ideologisch besetzte Bewusstsein ist ein Bewusstsein absolut dominierender Wertrationalität, die sich aus den Restriktionen des methodischen Objektivismus, desgleichen auch aus den Bindungen sozial kontrollierter Gemeinerfahrung, aus dem Traditionalismus des Common Sense somit radikal emanzipiert hat. Um einen „Rückfall in die Barbarei" handelt es sich somit bei der nationalsozialistischen Gewaltherrschaft gerade nicht. Die Fakten mit dieser leider oft benutzten Formel zu kommentieren hieße, den Völkern, die in der Frühgeschichte Europas „Barbaren" tatsächlich genannt worden sind, noch im Nachhinein Unrecht tun, und schon aus diesem Grund sollte man den nationalsozialistischen Terror nicht „barbarisch" nennen. Dieser Terror war vielmehr ein politisches Phänomen, das einzig im Kontext der modernen Zivilisation verständlich gemacht werden kann, nämlich als politische Konsequenz des Versuchs, den Desorientierungsfolgen des eigenen Gescheitertseins an den Herausforderungen der ohnehin desorientierungsträchtigen Moderne in die Gewissheiten einer Geschichtsideologie zu entkommen, die einen in die Rolle des Endsiegers einsetzt.

Selbstverständlich lässt sich die Analyse dieser Bedingungen des nationalsozialistischen Terrors mutatis mutandis auch auf den internationalsozialistischen Terror übertragen. Prominent hat das schon Karl Popper in seiner Erinnerung an die Millionen Opfer „des Irrglaubens an die Existenz von Geschichtsgesetzen" getan, die er seinem Buch „Das Elend des Historizismus" vorangestellt hat.

Ist das, im Blick auf die Singularität nationalsozialistischer Massenverbrechen, zulässig? Es war bekanntlich Ernst Nolte, der just in jenem Aufsatz, der den sogenannten Historikerstreit auslösen sollte, die Einzigartigkeit des nationalsozialistischen Völkermords prägnant herausgestellt hat. „Die Gewalttaten des Dritten Reiches sind singulär." Die „Vernichtung von mehreren Millionen europäischer Juden – und auch vieler Slawen, Geisteskranker und Zigeuner – ist nach Motivation und Ausführung ohne Beispiel", und sie errege „insbesondere durch die kalte, unmenschliche, technische Präzision der quasi-industriellen Maschinerie der Gaskammern ein Entsetzen ohnegleichen".

Diese Feststellung steht also am Anfang des Historikerstreits, und was es mit dem theoretischen, politischen und moralischen Wert dieses Streites auf sich hat, wird deutlich, wenn man sich vor dem Hintergrund des zitierten Satzes vergegenwärtigt, dass als vermeintliche Quintessenz des Historikerstreits bis heute öffentlich gilt, die Einzigartigkeit des nationalsozialistischen Völkermords gegen die intellektuelle Fraktion relativierender Vergleicher sichtbar gehalten zu haben.

Nach der Zahl der Opfer politischer Massenverbrechen ist freilich der nationalsozialistische Völkermord keineswegs einzigartig. Neben den Rassenkampftoten repräsentieren die Klassenkampftoten nicht ein sozusagen gewöhnliches politisches Normalverbrechen. Um bedauerliche Opfer der „Vertreibung der Kulaken“, wie ein Hauptwortführer des Historikerstreites meinte, handelt es sich hier nicht. Es wäre ein sehr sonderbares Resultat der Bemühung, den nationalsozialistischen Völkermord in seiner Einzigartigkeit zu verstehen, wenn darüber die Einzigartigkeit internationalsozialistischer Massenverbrechen aus unserem Wissen und Erinnern verschwände. Man darf ganz sicher sein: Wer eine Erinnerungspolitik betriebe, die vom Wunsch dieses Verschwindens geleitet wäre, beschädigte langfristig auch die Erinnerung an den Holocaust.

Wussten sie nicht, was sie tun? Die Deutschen in der Zeit des Nationalsozialismus

*Gesine Schwan**

Wissen wir immer, was wir tun, wenn wir gegen moralische Normen verstoßen? Wissen wir es immer zur Zeit der Handlung oder des Verhaltens? Oder zumindest später, wenn wir Anlass haben, erneut darüber nachzudenken? Gibt es in einer geschichtlich und kulturell pluralen Welt überhaupt Normen, die über die verschiedenen Zeiten und Regime hinweg als verbindlich gelten können? Standen die Deutschen in der Zeit des Nationalsozialismus nicht unter einem so intensiven und ununterbrochenen ideologischen Einfluss, dass sie - wie Daniel Goldhagen meint[1] - guten Gewissens Verbrechen begingen, die der NS vorschrieb oder zumindest nahelegte? War in Deutschland vor 1945, wie Hannah Arendt Anfang der 1960er-Jahre behauptete, „was man gemeinhin unter Gewissen versteht, so gut wie verloren gegangen“?[2]

Bevor ich auf die Deutschen in der Zeit des Nationalsozialismus eingehe, möchte ich kurz einige Prämissen meiner Überlegungen klären. Moral, als das System von Werten, die zwischen Gut und Böse unterscheiden und danach das zwischenmenschliche Leben regeln, unterliegt historischen und kulturellen Veränderungen. Gleichwohl gibt es einen Kern von Normen, die sich über die Jahrhunderte durchgehalten haben. Sie bezeichnen den Respekt der Menschen vor der gegenseitigen physischen und psychischen Integrität und die Pflicht, den Schwachen zu helfen. Man kann ihn auch in der sogenannten goldenen Regel zusammenfassen, der zufolge wir anderen nicht antun sollen, was wir selbst nicht erleiden wollen bzw. anderen gegenüber tun mögen, was wir uns selbst (zum Beispiel als Hilfe) wünschen.

Gegen diese Regeln zu verstoßen und sich schuldig zu machen führt zu belastenden Gefühlen, die wir zu vermeiden suchen. Um das klare Bewusstsein von

* Dieser Text, basierend auf einem gehaltenen Vortrag der Tagung „Moral im Nationalsozialismus“ am 3.7.2002 am Hamburger Institut für Sozialforschung, wurde unter gleichnamigem Titel veröffentlicht in: Werner Konitzer/Raphael Gross (Hg.), Moralität des Bösen. Ethik und nationalsozialistische Verbrechen, Frankfurt a. M.: Campus Verlag 2009, S. 140-167.

1 Vgl. Daniel Jonah Goldhagen, Hitlers willige Vollstrecker. Ganz gewöhnliche Deutsche und der Holocaust, Berlin 1996.

2 Hannah Arendt, Eichmann in Jerusalem. Ein Bericht von der Banalität des Bösen. Mit einem Essay von Hans Mommsen: Neuausgabe 1986, 8. Auflage München 1986, S. 138.

Schuld zu umgehen, entwickeln wir Vernebelungs- und Derealisierungsstrategien, die Kant auf den plastischen Begriff gebracht hat: Wir machen uns „blauen Dunst“ vor. Ich nenne dies die Situation beschwiegener Schuld, in der wir den Widerspruch zwischen der früher oder heute anerkannten moralischen Norm und unserem Verhalten im Unklaren lassen und damit auch die Gründe, warum es zu diesem Widerspruch gekommen ist. Der größte Teil der deutschen Gesellschaft hat, so behaupte ich, nach 1945 in dieser Situation gelebt. Diese Behauptung setzt voraus, dass die moralischen Vergehen, die der NS nahelegte oder befahl – die Akteure selbst sind ja immer einzelne Menschen! –, zur Zeit der Tat oder danach als solche erkennbar waren. Zwar kann nur jede Person für sich die Motive und Rechtfertigungen des eigenen Verhaltens rekonstruieren – ein Vorgang, der Jahre in Anspruch nehmen kann. Aber bei aller ideologischen Verblendung blieb doch der Kern der über die Jahrhunderte tradierten europäischen Moral durchaus lebendig und wurde auch erkennbar von vielen Einzelnen zeichenhaft praktiziert. Im Folgenden möchte ich zunächst den Dualismus von traditioneller Moral und mörderischer NS-„Moral“ belegen und dann die Motive zu beleuchten versuchen, warum sich so viele Deutsche an den Vergehen beteiligt oder sie zumindest unterstützt bzw. billigend in Kauf genommen haben. Wie viele Deutsche auf welche Weise involviert waren, lässt sich nicht genau bestimmen. Wir sind hier auf Schätzungen und Plausibilitätsvermutungen angewiesen.

Der Dualismus von traditioneller Moral und mörderischer NS-„Moral“

Schon Ende der 1960er-Jahre hat Herbert Jäger in einer umfassenden und subtilen Analyse bis dahin vorliegender Gerichtsakten, Erinnerungen und verschiedenster weiterer Quellen die Frage nach dem Unrechtsbewusstsein derer, die an nationalsozialistischen Verbrechen beteiligt waren, verfolgt. In seiner Arbeit, die er übrigens Hannah Arendt gewidmet hat, kommt er zu dem Schluss, dass von einem schlichten durchgängigen Gewissensverlust nicht die Rede sein kann.[3]

Allerdings kann man auch in vielen Fällen nicht eindeutig ein „Unrechtsbewusstsein“[4] ausmachen. Vielfach blieb die moralische oder rechtliche Bewertung der Situationen rein gefühlsmäßig,[5] die einzelnen Erkenntniselemente haben sich nicht immer zu einem klaren Bewusstsein der handelnden Personen „verdichtet“.[6]

3 Vgl. Herbert Jäger, Verbrechen unter totalitärer Herrschaft. Studien zur nationalsozialistischen Gewaltkriminalität. Mit einem Nachwort zur Neuauflage von Adalbert Rückerl, Frankfurt a. M. 1982, S. 72 f.
4 Ebd., S. 183.
5 Vgl. ebd., S. 179.
6 Ebd., S. 187.

Sadisten oder Schizophrene, die es in jeder Gesellschaft gibt, die weder die typischen NS-Täter[7] noch zum Beispiel die typischen Täter im Vietnamkrieg[8] darstellten und die einen eher kleinen Anteil an der Gesellschaft haben, werfen nicht das entscheidende Problem auf. Die vielen anderen sind es: denen noch ein (rudimentäres) Gewissen schlägt, denen Reste der traditionellen Moral (Du sollst nicht töten, Du sollst nicht rauben, Du sollst nicht lügen, Du sollst die „goldene Regel" beachten) noch gegenwärtig sind und die sich trotzdem an Mord, Lüge, Verrat beteiligen.

Für den Fortbestand traditioneller Moral auch im Nationalsozialismus und ihre Kollision mit den mörderischen NS-Normen - Jäger nennt diese konflikthafte Parallelität „Dualismus" - spricht viel. Zahlreiche Äußerungen auch hochrangiger Akteure des Systems zeugen davon. Für Heinrich Himmler war die Kollision zwischen traditioneller Moral und NS-Moral ein Hauptgegenstand seiner Sorge, wenn es um die Motivierung und Stimulierung seiner SS-Leute ging. Ausführlich legte er in einer Rede vor SS-Gruppenführern in Posen im Oktober 1943 dar, wie schwer es ist, die Judenvernichtung wirklich durchzuführen:

„Ich meine jetzt die Judenevakuierung, die Ausrottung des jüdischen Volkes. Es gehört zu den Dingen, die man leicht ausspricht. - ‚Das jüdische Volk wird ausgerottet', sagt ein jeder Parteigenosse, ‚ganz klar, steht in unserem Programm, Ausschaltung der Juden, Ausrottung, machen wir!' Und dann kommen sie alle an, die braven 80 Millionen Deutsche, und jeder hat seinen anständigen Juden. Es ist ja klar, die anderen sind Schweine, aber dieser eine ist ein prima Jude. Von allen, die so reden, hat keiner zugesehen, keiner hat es durchgestanden. Von Euch werden die meisten wissen, was es heißt, wenn 100 Leichen beisammen liegen, wenn 500 daliegen oder wenn 1 000 daliegen. Dies durchgehalten zu haben, und dabei - abgesehen von Ausnahmen menschlicher Schwächen - anständig geblieben zu sein, das hat uns hart gemacht."[9]

Sorge hatte er auch, dass es durch die Vernichtungsaktionen gegen die Juden zu einem allgemeinen Umkippen in Zügellosigkeit, Sadismus oder Unmoral kommen könnte.[10] Eigenmächtige Judenerschießungen, die nicht aus rein politischen, sondern aus „eigensüchtigen oder sadistischen bzw. sexuellen Motiven erfolgt" waren, sollten gerichtlich geahndet werden, „und zwar gegebenenfalls auch wegen Mordes bzw. Totschlags".[11] Der Fortbestand traditioneller Moral unter dem Vorzeichen der radikalen Ungleichheit der Rassen und Menschen und der absoluten Vorherrschaft der „germanischen Rasse" ist auch prägnant erkennbar,

7 Vgl. ebd., S. 59, 272; sowie Hermann Langbein, Menschen in Auschwitz, Wien 1987, S. 315.

8 Vgl. Herbert C. Kelman/V. Lee Hamilton, Crimes of Obedience: Toward a Social Psychology of Authority and Responsibility, New Haven 1989, S. 15.

9 Dokument 1919 PS, Rede Himmlers bei der SS-Gruppenführertagung in Posen am 4.10.1943. In: Der Prozeß gegen die Hauptkriegsverbrecher vor dem Internationalen Militärgerichtshof Nürnberg 14. Nov. 1945-1. Okt. 1946, veröffentlicht in Nürnberg 1948, Band XXIX, S. 145.

10 Vgl. Hans Buchheim/Martin Broszat/Hans-Adolf Jacobsen/Helmut Krausnick, Anatomie des SS-Staates, München 1994, S. 278 ff.

11 Ebd., S. 280.

wenn Himmler in derselben Rede die „Tugenden des SS-Mannes" ausführlich beschreibt. Gehorsam zum Beispiel ist selbstverständlich wichtig, aber doch kein blinder: „Wenn jemand glaube, dass ein Befehl auf einer irrigen Erkenntnis des Vorgesetzten oder auf einer falschen Grundlage aufgebaut ist, so ist es selbstverständlich, dass er – also jeder von Ihnen – die Pflicht und die Verantwortung hat, dies zur Sprache zu bringen sowie seine Gründe mannhaft und wahrhaft vorzutragen, wenn er überzeugt ist, dass sie gegen den Befehl sprechen."[12]

Zur Tapferkeit gehört für Himmler das Handeln aus eigener „Treue", nicht aus Furcht vor dem „Kommissar" (wie bei den Russen), und ein wichtiger Teil der Tapferkeit ist die „Zivilcourage" (man soll seine Kritik offen aussprechen).[13] „Wahrhaftigkeit" fordert Himmler ein, zum Beispiel auch im Weitergeben von unangenehmen Kriegsmeldungen,[14] Wort zu halten, Verantwortung zu übernehmen, Gerechtigkeit, Ehrlichkeit.[15]

Freilich steht all dies unter dem Vorrang des rassischen Auslesegedankens, aber die Frage stellt sich doch, ob der nicht mit den genannten Tugenden in Gegensatz geraten musste, wo etwa Wahrhaftigkeit, Ehrlichkeit oder Zivilcourage verlangten, sich an die Erfahrungen der inneren und äußeren Wirklichkeit zu halten, auch wenn sie die von Himmler (nicht nur für die Zukunft) gepredigte Überlegenheit der germanischen Rasse selbst unter dem Gesichtspunkt der eigenen Kriterien nicht bestätigten, sondern sie dementierten. Wenn Himmler selbst davon ausgeht, „dass man jetzt im Kriege in vielen Sparten annehmen kann, dass 95 von 100 Meldungen gelogen oder nur halb wahr oder nur halb richtig sind",[16] dann entspricht die „nordische Rasse" eben nicht dem Bild, das von ihr gezeichnet wird, und dann sind Zweifel an der Richtigkeit der gesamten ideologischen Konstruktion mehr als angebracht. Man kann trotzdem verblendet weiterhandeln, aber auf Kosten von Werten oder Tugenden, die man selbst predigte oder formell akzeptierte. Verblendung heißt dann Zustimmung zur Selbstwidersprüchlichkeit – eben dies ist ein wichtiges *Kennzeichen von Schuld*.

Dass der Widerspruch zwischen der Ideologie und der Erfahrung der Wirklichkeit von der Bevölkerung wahrgenommen wurde, geht unter anderem aus zwei interessanten Beobachtungen hervor. Nachdem Russen und Bolschewisten der deutschen Gesellschaft von den Nationalsozialisten generell als minderwertige Untermenschen „eingetrimmt" worden waren, hat es viele Deutsche überrascht, die Ehrenhaftigkeit, Kompetenz und auch Gläubigkeit vieler Russen zu beobachten, die sie als „Fremdarbeiter" im Alltag kennenlernten. Der Sicherheitsdienst der SS muss dementsprechend in seinen „Meldungen aus dem

12 Dokument 1919 PS, S. 150.
13 Ebd., S. 152 f.
14 Vgl. ebd., S. 153 f.
15 Vgl. ebd., S. 153.
16 Ebd.

Reich" anerkennen, dass der Einsatz sowjetischer Kriegsgefangener und Ostarbeiter im Reich viele Klischees dementiert. Die Russen sind weder so verhungert noch so gottlos, wie man es den Deutschen einzutrichtern versucht hatte. In den Geschlechtsbeziehungen sind sie – insbesondere die Russinnen – viel zurückhaltender, als man es (möglicherweise im Reich gewohnt war und) angenommen hatte,[17] und die technische und praktische Intelligenz vieler russischer Kriegsgefangener verblüfft die Deutschen, die ihre Anerkennung unumwunden bekunden. Kameradschaftsgeist, den Himmler seinen SS-Leuten abverlangt und allein zutraut, wird ebenfalls von den verachteten Ostarbeitern eindrucksvoll demonstriert: Aus Berlin wird „folgender Fall berichtet, den deutsche Arbeiter als Beispiel dafür anführen, dass unter Ostarbeitern auch ein *Kameradschaftsgeist* vorhanden sei: ‚Der Lagerführer der Deutschen Asbest-Zement AG, der bei einem Vortrag vor Ostarbeitern erwähnte, dass diese sich nunmehr noch größeren Fleißes bemühen müssten, erhielt von einem Ostarbeiter den Zuruf: ‚Dann müssen wir mehr zu essen bekommen.' Auf die Aufforderung des Lagerführers, dass der Rufer sich melde, meldete sich zunächst niemand, dann jedoch standen etwa 80 Männer und 50 Frauen auf.'"[18]

Die Fortdauer traditioneller Moralbestände neben der NS-Ideologie bestätigt auch der Generalgouverneur des Generalgouvernements Polen, Hans Frank. Bei der Weitergabe von Hitlers Befehl, die polnische Intelligenz zu ermorden, unterstreicht er in einer Rede 1940: „Meine Herren, wir sind keine Mörder. Für den Polizisten und SS-Mann, der auf Grund dieser Maßnahme *amtlich oder dienstlich* verpflichtet ist, die Exekution durchzuführen, ist das eine furchtbare Aufgabe."[19]

Höß hält in seinen Lebenserinnerungen nicht nur das Grauenhafte der Vergasung, sondern auch die Unterscheidung zwischen Gut und Böse fest, wenn er den Untergebenen, vor allem den Blockältesten – geradezu pervers – attestiert, sie seien die Verkörperung des Bösen gewesen.[20] Der Kommandant von Treblinka, Franz Stangl, bekennt gegenüber seiner Befragerin Gitta Sereny ausdrücklich, er habe beim Anblick der Gasöfen in Polen sofort erkannt, dass mit seiner neuen Aufgabe Verbrechen auf ihn warteten.[21] Jäger dokumentiert darüber hinaus breit und subtil vielfältige Aktionen der Befehlsverweigerung.[22] Im „Wartheländischen Tagebuch" von Alexander Hohenstein (Pseudonym) kann

17 Vgl. Heinz Boberach (Hg.), Meldungen aus dem Reich. Die geheimen Lageberichte des Sicherheitsdienstes der SS 1938–1945, Band 13, Hersching 1984, S. 5128ff.
18 Ebd., S. 5134f. (Hervorhebung im Original).
19 Zitat nach Buchheim/Broszat/Jacobsen/Krausnick, Anatomie des SS-Staates, S. 228 (Hervorhebung im Original).
20 Vgl. Rudolf Höß, Kommandant in Auschwitz. Autobiographische Aufzeichnungen, hg. von Martin Broszat, München 1994, S. 167.
21 Vgl. Gitta Sereny, Am Abgrund: Gespräche mit dem Henker. Franz Stangl und die Morde von Treblinka, München 1995, S. 167.
22 Vgl. Jäger, Verbrechen, S. 94ff.

man das atemberaubende Nebeneinander von traditioneller Moral, Klarsicht und mörderischem Mitmachen mit Erschrecken nachlesen.[23]

Die SS-Normen selbst bekunden, wie gesagt, die partielle Fortführung traditioneller Normen: Ehrlichkeit, Treue, Ehre, Wahrheit – auch wenn sie sie rassistisch umwerteten. Über diese verbalen Bekundungen hinaus sprechen viele Indizien für den Fortbestand traditioneller Moral: die vielfältigen bewussten Geheimhaltungen der Verbrechen, die euphemistischen Sprachregelungen, das „Verteidigungs"-Gewand, in das mörderische Anweisungen gekleidet wurden.

Und noch die „10 Gebote für die Kriegsführung des deutschen Soldaten", die sich in vielen Soldbüchern deutscher Soldaten des Zweiten Weltkrieges befanden, zeugen von der Kontinuität tradierter Wertmaßstäbe. Darin heißt es unter anderem: „1. Der deutsche Soldat kämpft ritterlich für den Sieg seines Volkes. Grausamkeiten und nutzlose Zerstörungen sind seiner unwürdig." Weiter: „3. Es darf kein Gegner getötet werden, der sich ergibt, auch nicht der Freischärler und der Spion. Diese erhalten ihre gerechte Strafe durch die Gerichte." Und: „10. Zuwiderhandlungen gegen die vorstehenden Befehle in Dienstsachen sind strafbar."[24]

Christopher R. Browning zeigt in seiner Rekonstruktion der Morde des Reserve-Polizeibataillons 101 in Polen nicht nur die erschreckende Brutalisierung und Routinisierung der Mordhandlungen, sondern auch das anfängliche Ausscheren einiger Polizisten, denen mithin die Maßstäbe nicht verloren gegangen waren.[25] Freilich – und dies ist von zentraler Bedeutung – zeigt Browning auch, wie *wenige* sich den Morden entgegengestellt oder entzogen haben.

Gründe für die große Bereitwilligkeit der Deutschen, gegen die traditionelle Moral zu verstoßen

Traditionelle Mentalitätsbestände, Gedankenlosigkeit, Angst und banale Feigheiten

Zunächst wirkte sich die bereits in der zitierten Himmler-Rede dokumentierte rassistische NS-Ideologie aus, die den Kern der tradierten Moral, nämlich die Achtung vor der physischen und psychischen Integrität aller Menschen, radikal negierte und in Deutschland an längerfristige antisemitische und rassistische Mentalitätsbestände anknüpfte. Von wesentlicher Bedeutung war auch die Bereitwilligkeit, mit der die Deutschen das nationalsozialistische Verständnis von „Härte" – als Abwehr jeglichen Mitleids und Mitgefühls – für sich als mora-

23 Vgl. Alexander Hohenstein (Franz Heinrich Bock), Wartheländisches Tagebuch aus den Jahren 1941/42, München 1963; ebenso Jürgen Müller-Hohagen, Verleugnet, verdrängt. Verschwiegen. Die seelischen Auswirkungen der Nazizeit, München 1988.

24 Soldat und Volk. Organ des Verbandes deutscher Soldaten e. V., 44 (1995) 7/8, S. 2.

25 Vgl. Christopher R. Browning, Ganz normale Männer. Das Reserve-Polizeibataillon 101 und die „Endlösung" in Polen, Reinbek bei Hamburg 1994, S. 22ff.

lisches Leitbild akzeptierten (einschließlich der dazugehörigen Männlichkeitsideale), ebenso wie die *Verabsolutierung* von Werten wie Opferbereitschaft, Pflichtgefühl, persönliche Treue und Leistungs- bzw. Arbeitswilligkeit, die in der Tradition durchaus ihren Ort hatten, aber als „instrumentelle" Tugenden ihren Wert erst aus dem Bezug zu den bejahten materialen Normen erhielten. Das mörderische Potenzial der Verabsolutierung kam dadurch zur Wirkung, dass sie die Aussetzung des eigenen Gewissens - Buchheim nennt das „ein partiell suspendiertes Unrechtsbewusstsein"[26] - scheinbar moralisch rechtfertigte.

Mehr noch: Auf diese Weise konnten vor allem Himmler, aber auch Heydrich und andere Protagonisten des Regimes die Preisgabe des eigenen Gewissens und die Unterdrückung mitleidiger Gefühle noch einmal ethisch als vorbildliche Opferbereitschaft überhöhen und das Mitleid für die Opfer, die unter der Tat zu leiden hatten, in Selbstmitleid der Täter ummünzen. Beispielhaft ist dafür Himmlers berühmte Antwort an seinen Masseur Kersten, als der ihn fragte, wie er mit seinen schlechten Taten fertig werde.

„Man darf die Dinge nicht unter kleinen ichbezogenen Gesichtspunkten betrachten, sondern muss das Gesamtgermanentum ins Auge fassen, das ja auch sein Karma hat. Einer muss sich opfern, auch wenn dies manchmal sehr schwer ist, und darf nicht an sich denken. Es ist natürlich angenehmer, sich mit den Blumenbeeten statt mir den Kehrichthaufen und der Müllabfuhr eines Staates zu befassen, aber ohne diese Arbeit würden die Blumenbeete nicht gedeihen. Im Übrigen versuche ich, für mich selbst einen Ausgleich zu schaffen, dass ich, wo ich nur immer kann, helfe und Gutes tue, Unterdrückten beistehe und Ungerechtigkeiten beseitige. Glauben Sie, ich bin mit dem Herzen bei all den Dingen, die einfach aus der Staatsräson getan werden müssen?"[27]

Diese Antwort dokumentiert mit der Berufung auf Hilfsbereitschaft, Gerechtigkeit und Staatsräson zugleich den bewussten und gewollten Fortbestand traditioneller Werte, nicht nur, um an sie taktisch „anzuknüpfen", sondern auch weil sie - wie Himmlers Verhalten gegenüber seinen SS-Untergebenen bezeugt - durchaus ihre partielle Geltung behielten und wohl auch funktional für den Zusammenhalt selbst der NS-Gesellschaft nötig erschienen.

Verabsolutierung traditioneller Werte und Bejahung des Härteideals gegenüber den eigenen Empfindungen, gerade auch dem Mitleid, waren wichtige ideologische Brücken, die die beiden theoretisch einander ausschließenden Ethiken der Tradition und des Nationalsozialismus in der Praxis miteinander zu verbinden erlaubten. Insbesondere auf die Bedeutung der Ausschaltung der Gefühle müssen wir noch zurückkommen.

Neben den pseudomoralischen Begründungen gab es psychische Dispositionen, die diese Brückenfunktion ebenfalls auszuführen halfen. Da ist zunächst die offenkundige Ideologieanfälligkeit vieler Deutscher, das heißt ihre Bereitschaft, die vielfältige Wirklichkeit strikt nach systematischen oder scheinbar systematischen Theorien wahrzunehmen und zu beurteilen. Vielfach hat man

26 Buchheim/Broszat/Jacobsen/Krausnick, Anatomie des SS-Staates, S. 279.
27 Ebd., S. 280.

staunend gefragt, wie gerade die Deutschen als ein kulturell hochstehendes „Volk der Dichter und Denker" in der Lage waren, die ungeheuerlichen Verbrechen der NS-Zeit zu begehen. Vielleicht macht die Vermutung Sinn, dass gerade dieser Hang zur Theorie, Philosophie, Systematik, der in der deutschen Kultur tief verankert ist, eine günstige Voraussetzung für die nationalsozialistische Ideologisierung bot, weil das Korrektiv mitleidiger Spontaneität schon lange abgetötet oder zumindest stark abgeschwächt war. Nicht zufällig schreibt Rousseau der Vernunft und der Reflexion die Schaffung und Stärkung der Eigenliebe zu, weil sie das Mitleid, in dem sich der Mensch spontan an die Stelle des anderen setzt, zerstören. Die Philosophie „isoliert" den Menschen; ihretwegen sagt er beim Anblick eines leidenden anderen insgeheim: „Stirb, wenn du willst, ich bin in Sicherheit."

Auffällig oft werden auch die Bereitschaft zu blindem Gehorsam, zur Willfährigkeit, das hohe Anpassungsbedürfnis und der kindliche, geradezu unreife Wille, alles, was einem aufgetragen worden ist, „gut" und „richtig" zu machen, als wesentliche Verhaltensweisen der Täter hervorgehoben. Eichmann zeigt sich gegenüber den israelischen Autoritäten ebenso wie gegenüber dem kanadischen Geistlichen William Hull, der ihn in Jerusalem während des Prozesses noch zu einem Schuldbekenntnis veranlassen und sein Seelenheil retten will, überaus gefügig, höflich, beflissen.[28] Höß war bemüht, so Martin Broszat, „den Vernehmenden in einer fast befremdlichen Weise behilflich zu sein".[29]

Den Treblinka-Kommandanten Stangl empfindet seine britische Interviewerin Gitta Sereny bei der ersten Begegnung als stillen und höflichen Mann.[30] Nicht nur Browning beobachtet, dass deutsche Polizisten und Soldaten mehr Angst davor haben, nicht mitzumachen und als schwach zu gelten, als davor zu morden.[31] Und Monika H., die während der DDR-Zeit unter anderen ihre Freundinnen Katja Havemann und Bärbel Bohley für die Stasi bespitzelt hat, berichtet in ihrer „Beichte", dass eines ihrer Motive war, ihre Arbeit bei der Stasi „gut" zu machen und eine gute Parteigenossin zu sein.[32] Diese Bereitschaft zur Anpassung, die Angst davor, allein dazustehen, das Bedürfnis, von der jeweiligen Autorität anerkannt zu werden und ihr Vertrauen zu gewinnen, zeugen von geringem Selbstwertgefühl. Ein solches Selbstwertgefühl ist aber Voraussetzung für moralische Eigenständigkeit und Nonkonformismus.

In seiner Auswertung von Gestapo-Akten, der zufolge die übergroße Mehrheit von Verfahren auf Denunziationen, nicht auf eigene Recherchen der Gestapo

28 Vgl. William L. Hull, Kampf um eine Seele. Gespräche mit Eichmann in der Todeszelle, Wuppertal 1964, S. 38, 40.
29 Höß, Kommandant in Auschwitz, S. 11
30 Vgl. Sereny, Am Abgrund, S. 19.
31 Vgl. Browning, Ganz normale Männer, S. 124, 175, 229 und 242.
32 Vgl. Irena Kukutz/Katja Havemann, Geschützte Quelle: Gespräche mit Monika H. alias Karin Lenz, Berlin 1990, S. 15 und 30.

zurückgingen, ist Robert Gellately auf eine hohe Bereitschaft der Deutschen gestoßen, den rechtsstaatlichen Grundsatz der Gleichbehandlung aufzugeben und Minderheiten - sittlich Abweichende, Juden, sogenannte Asoziale und rassisch Minderwertige - auszugrenzen und zu demütigen.[33] Psychologisch verweist dies auf das Bedürfnis, den eigenen Wert durch Erniedrigung oder Ausschluss anderer zu bekräftigen. Dieses Motiv scheint wichtiger gewesen zu sein als ein prononcierter ideologischer Antisemitismus.[34]

Eine weitere auffällige Disposition, die traditionelle mit der mörderischen Moral durch eine „Brücke" zu verbinden, war eine hohe Bereitschaft, Feindbilder zu akzeptieren und Sauberkeitsmetaphern als Leitbilder zu übernehmen. Es ist bekannt, wie sehr sich der Antisemitismus und der Rassismus ganz allgemein hygienischer Begriffe und Bilder bedienten - eine wie große Rolle dabei Ziele wie Reinheit („Bluts"- und „Rassenreinheit") bzw. Sauberkeit spielten. Höß verzeichnet in seinen Lebenserinnerungen, dass er in seiner Kindheit einen geradezu „unwiderstehlichen Hang zum Wasser" verspürte: „Auch hatte ich einen unwiderstehlichen Hang zum Wasser, ich musste immerzu waschen und baden. Was nur irgend möglich, wurde von mir gewaschen oder gebadet, im Bad oder im Bach, der durch unseren Garten floss. Ich habe viele Sachen, ob Kleidung oder Spielzeug, dadurch verdorben. Diese Sucht, viel mit Wasser umzugehen, hängt mir heute noch nach."[35]

Man muss kein überzeugter Anhänger psychoanalytischer Theorien sein, um zu erkennen, dass diese Sucht nach Waschen und Sauberkeit auf Schuldgefühle und Strafbedürfnisse schließen lässt und an archaische Mythen des Bösen - des Makels, der Befleckung - unbewusst anknüpft, über deren Fortdauer in der modernen Psyche Paul Ricœur in seiner „Symbolik des Bösen" tiefgehende Überlegungen angestellt hat.[36] Es ist deshalb nicht unangemessen anzunehmen, dass die Anfälligkeit für Ideologeme der Sauberkeit oder der Reinheit durch vorgängige Schuldgefühle und Strafbedürfnisse, die nicht geklärt worden sind, begünstigt wird und worden ist.

Dass darüber hinaus Eigenschaften wie Gedankenlosigkeit, Ehrgeiz und Karrierismus ihren Anteil daran hatten, dass der Gegensatz zwischen traditioneller und mörderischer Moral nur bei so wenig Deutschen zu handlungsanleitenden Gewissenskonflikten geführt hat, verstehe sich fast von selbst. Gellately verweise in seinem Buch „Hingeschaut und weggesehen" auf die Häufigkeit banaler niedriger Motive, die zu Denunziationen bei der Gestapo geführt haben. Zuweilen hat sich sogar die Gestapo dagegen gewehrt. Immerhin nahmen aber auch so banal motivierte Menschen die Gefahr an Leib und Leben für ihre Opfer in

33 Vgl. Robert Gellately, Hingeschaut und weggesehen. Hitler und sein Volk, Stuttgart 2002, S. 93, 140 und 161 f.

34 Vgl. ebd., S. 179 und 207 ff.

35 Höß, Kommandant in Auschwitz, S. 32.

36 Vgl. Paul Ricœur, Symbolik des Bösen. Phänomenologie der Schuld II, Freiburg i. Brsg. 1988.

Kauf.[37] Ich gehe wegen deren leicht durchschaubarer Amoralität nicht näher darauf ein, weil sich im Ernst kein Mensch einbilden kann, unrechtes oder unmoralisches Handeln mit dem Motiv des Ehrgeizes, des Karrierewillens rechtfertigen zu können, und weil Gedankenlosigkeit per se der Gewissensanstrengung entgegensteht, also prinzipiell keine moralische Legitimität beanspruchen kann.

Das Motiv der Angst im totalitären System mache ich hier nicht weiter zum Thema. Zweifellos bestand sie vielfach und hielt Menschen vom Widerstand ab. Aber sie setzt bereits ein klares Bewusstsein von der Unrechtmäßigkeit oder moralischen Verwerflichkeit dessen, woran man sich beteiligt oder was man beobachtet, ohne einzuschreiten, voraus. Sie erkläre nicht, warum so viele Deutsche ohne Zwang mitmachten oder wegsahen und danach dennoch behaupteten, sie träfe keine Schuld. Sie erklärt auch nicht, warum bis in die 1950er-Jahre hinein mehr als 50 Prozent der Deutschen den Nationalsozialismus für eine theoretisch gute Sache hielten. Denn ein Regime (der NS war ja keine „Philosophie"!), vor dem man wirklich Angst hat, wenn man sich seinen eigenen Wertmaßstäben gemäß verhalten will, kann man wohl nicht als eine „gute" Sache einschätzen.

Schließlich steht die Aussage, man habe Angst gehabt, der viel häufigeren, man habe von den Gräuel- und Untaten des Regimes nichts gewusst, entgegen. Denn wenn man Angst hatte einzuschreiten, hat man offenbar *doch* etwas gewusst, das nämlich, wogegen man ohne Angst angeblich vorgegangen wäre. Viele Deutsche mögen im Übrigen von den extremen Gräueln nichts gewusst haben (viele aber doch!). Das Unrechtmäßige und Brutale des Regimes war jedoch in Abstufungen auch in Deutschland jenseits der extremen Gräuel der Vernichtungslager und Massenerschießungen erkennbar, und auch hier führte die traditionelle Moral die meisten Deutschen nicht dazu, dagegen aufzubegehren oder zumindest passiven Widerstand zu leisten.

Die davor erörterten Mentalitätsbestände und psychischen Dispositionen waren dagegen – anders als Karrierismus, Angst, Gedankenlosigkeit oder „Unwissenheit" – für die Bestimmung beschwiegener Schuld insofern wichtig und moralisch „verführerisch", als sie nicht von vornherein als unmoralisch gelten müssen und daher in ihrer Tragweite für den Beitrag zu verbrecherischen Handlungsweisen nicht ohne Weiteres durchschaut werden bzw. „Rechtfertigungen" vor sich selbst sowie Verschleierungen des eigenen Schuldanteils leichter begründen können. Weiteren Aufschluss darüber, welche Faktoren trotz der Kontinuität traditioneller Wertmaßstäbe und trotz der Erkennbarkeit ihres Widerspruchs zur mörderischen NS-Moral die Beteiligung an Verbrechen und damit das Schuldigwerden ebenso wie die Selbsttäuschung darüber begünstigt haben, mögen empirische Beobachtungen und theoretische Interpretationen der Verbrechenssituationen selbst liefern.

37 Vgl. Gellately, Hingeschaut und weggesehen, S. 267 f.

Die Verbrechenssituationen selbst

Waren die Täter in den Verbrechenssituationen ganz und gar böse bzw. psychisch abnorm, hatten sie ihr Gewissen völlig verloren, oder waren sie so wie alle anderen Menschen? Diese Frage stellen sich amerikanische Psychologen und Psychoanalytiker nicht nur in Bezug auf den Nationalsozialismus und den Holocaust.[38] Offenbar waren die meisten Täter etwa in den Konzentrationslagern oder in den Euthanasieprogrammen - auch hohe SS-Leute - keineswegs hermetisch böse, sondern zeigten zwischendurch durchaus menschliche Regungen oder versuchten, die Grauenhaftigkeit des mörderischen Alltags zum Beispiel im Familienleben zu kompensieren. Das nahm zuweilen gespenstische Züge an: Noch 1993 (!) berichtet der deutsch-estnische Funktionär Otto von Kursell ungeniert von den „Instandsetzungsarbeiten" in der ehemaligen Anstalt Schwetz, nachdem die dort untergebrachten polnischen Geisteskranken umgebracht worden waren und die Anstalt zu einem deutschen Altersheim umfunktioniert wurde. Bald konnte er befriedigt feststellen, „dass dieses verschmutzte, heruntergekommene riesenhafte Irrenhaus zu einer hübschen, kultivierten Siedlung unserer alten Menschen geworden war, in der sich die Insassen wohlfühlten".[39]

Auf die Frage, ob und wie er sich an die Vernichtungen im ihm unterstellten Lager Treblinka gewöhnt habe, antwortet Franz Stangl: „Um die Wahrheit zu sagen [...], ja, man gewöhnte sich daran. [...] Nach Monaten. Es dauerte Monate, bevor ich einem von ihnen in die Augen schauen konnte. Ich habe alles verdrängt, indem ich immer weiter baute - immer mehr: Gärten, bessere Baracken, neue Küchen, Reviere, überhaupt alles neu; Friseure, Schneider, Schuhmacher, Tischler. Es gab Hunderte von Möglichkeiten, die Wirklichkeit zu verdrängen. Ich machte von allen Gebrauch."[40]

In den Gaskammern fleht eine Mutter Höß um Erbarmen für ihre Kinder an: „Alles sah auf mich - ich gab dem diensthabenden Unterführer einen Wink, und er nahm die sich heftig sträubenden Kinder auf die Arme und brachte sie mit der herzzerbrechend weinenden Mutter in die Kammer. Ich wäre am liebsten vor Mitleid von der Bildfläche verschwunden - aber ich durfte nicht die geringste Rührung zeigen. Ich musste alle Vorgänge mit ansehen."[41]

Es ist aufschlussreich, dass Höß mit seinem Impuls, „von der Bildfläche zu verschwinden", seine Scham verrät und also auch sein Gespür für das Verbrechen, an dem er teilhatte. Denn für Scham, nicht für Mitleid, spricht das Bedürfnis, unsichtbar zu werden.

38 Vgl. Joel E. Dimsdale, Survivors, Victims, and Perpetrators: Essay on the Nazi Holocaust, Washington 1980, S. 284.

39 Zit. nach Götz Aly, „Endlösung". Völkerverschiebung und der Mord an den europäischen Juden, Frankfurt a. M. 1995, S. 124.

40 Sereny, Am Abgrund, S. 235.

41 Höß, Kommandant in Auschwitz, S. 198.

Der SS-Mann, der mit dem Verbrennen der Leichen in Treblinka beauftragt war, meldete sich immer freiwillig für den Nachtdienst: „Wenn ich Nachtdienst hatte, setzte ich mich gewöhnlich hinter eine der Baracken und schlief. Ich wollte nichts sehen. Ja, ich glaube, einige andere Leute reagierten auch so wie ich. Das war das Positivste, was man tun konnte – den Drückeberger spielen, verstehen Sie."[42]

In seiner eindringlichen Analyse der Lagerwirklichkeiten im Nationalsozialismus und im Stalinismus kommt Tzvetan Todorov über die Täter zu dem Schluss: „Weder Monster noch Bestien – gewöhnliche Menschen." „Die für die Grausamkeiten verantwortlichen Wächter unterschieden weiterhin zwischen Gut und Böse. Ihnen waren nicht im Geringsten ihre moralischen Organe entfernt worden."[43] Allerdings interpretiert Todorov dies so, dass die Wächter vom Staat mit einer neuen Moral ausgestattet worden seien. Die Vollständigkeit bzw. Hermetik dieser „Neuausstattung" ist jedoch, wie die Berichte im Einzelnen zeigen, zu bezweifeln.

Menschen seien nicht aus einem Stück, fasst Primo Levi seine schrecklichen Lagererfahrungen zusammen. „Mitgefühl und Brutalität können in ein und demselben Menschen zu ein und derselben Zeit existieren, wider alle Logik; und im Übrigen entzieht sich das Mitgefühl jeglicher Logik."[44] Darin liegt – jedenfalls gegen eine versteinernde Ideologisierung – gerade sein moralisches Potenzial, seine Chance. Nicht nur Primo Levi drängte sich in Auschwitz Dantes „Inferno" auf.[45] Franz Stangl erinnert sich an seine Ankunft in Treblinka so:

> „Treblinka an diesem Tag war das Fürchterlichste, das ich während der ganzen Zeit des Dritten Reichs gesehen habe. [...] Es war Dantes ‚Inferno' [...] Dantes ‚Inferno' war Wirklichkeit geworden. Als das Auto auf dem Sortierungsplatz stehen blieb, versank ich bis zu den Knien in Geld. Ich wusste nicht, wo ich mich hindrehen sollte, wohin ich gehen sollte. Ich watete in Münzen, Papiergeld, Diamanten, Juwelen, Kleidungsstücken. Die waren überall, sie waren über den ganzen Platz verstreut. Der Geruch war unbeschreiblich. Hunderte, nein Tausende verwesender, zerfallender Leichen."[46]

Ein eindringliches Zeitdokument hat auch der amerikanische Psychologe Gustave M. Gilbert festgehalten, der sich in Nürnberg ausführlich mit den Hauptangeklagten unterhalten hat und deren Reaktionen auf die Vorführung eines NS-Films über Konzentrationslager währenddessen so notierte:

42 Sereny, Am Abgrund, S. 194f.
43 Tzvetan Todorov, Angesichts des Äußersten, München 1993, S. 144.
44 Primo Levi, Die Untergegangenen und die Geretteten, München 1990, S. 55.
45 Vgl. ders., Ist das ein Mensch?, München 1991, S. 134ff.
46 Sereny, Am Abgrund, S. 181.

„(Kelley und ich standen je an einem Ende der Anklagebänke und beobachteten die Gefangenen während der Filmvorführung. Es folgen meine während der Vorführung in Abständen von 1 bis 2 Minuten hastig hingeworfenen Notizen.) Schacht protestiert, Film ansehen zu müssen, als ich ihn bitte, weiterzurücken; kehrt sich ab, kreuzt Arme, blickt zur Galerie hinauf ... (Film beginnt). Frank nickt zustimmend bei im Vorspann des Films gezeigter Beglaubigung ... Fritzsche (der keinen Teil des Films vorher gesehen hatte) sieht bereits blass aus und sitzt entsetzt da, als es mit Szenen beginnt, in denen Gefangene lebend in einer Scheune verbrannt werden ... Keitel wischt sich die Stirn, nimmt Kopfhörer ab ... Heß starrt auf Leinwand, sieht aus wie ein Ghul mit eingesunkenen Augen über der Fußbeleuchtung ... Keitel setzt Kopfhörer auf, starrt aus Augenwinkeln auf Leinwand ... Neurath hat Kopf gesenkt, schaut nicht hin ... Funk bedeckt Augen, scheint Qualen auszustehen, schüttelt den Kopf ... Ribbentrop schließt die Augen, blickt weg ... Sauckel wischt sich Stirn ab ... Frank schluckt krampfhaft, blinzelt mit Augen, um Tränen zurückzuhalten ... Fritzsche sieht gebannt zu mit gerunzelter Stirn, verkrampft auf der Kante seines Sitzes, offensichtlich in Qualen ... Göring lehnt weiter an der Balustrade, schaut meiste Zeit nicht zu, sieht schläfrig aus ... Funk murmelt leise etwas ... Streicher schaut weiter zu, außer gelegentlichem Blinzeln bewegungslos ... Funk jetzt in Tränen, putzt Nase, reibt Augen, blickt zu Boden ... Frick schüttelt den Kopf zu Bildern über ‚gewaltsamen Tod' – Frank murmelt ‚Grausig!' ... Rosenberg zappelt herum, riskiert schnellen Blick, senkt Kopf, guckt hoch, um zu sehen, wie die anderen reagieren ... Seyß-Inquart ganze Zeit stoisch ... Speer sieht tieftraurig aus, schluckt mühsam ... Verteidiger murmeln jetzt: ‚Um Gottes willen – schrecklich!' Raeder schaut zu, ohne sich zu rühren ... Papen hält Kopf in Händen, schaut zu Boden, bis jetzt noch nicht zum Film geblickt ... Heß sieht weiter verwirrt aus ... es werden Berge von Toten in Zwangsarbeitslagern gezeigt ... Schirach gespannt aufmerksam, atmet schwer, flüstert mit Sauckel ... Funk weint jetzt ... Göring trübsinnig, lehnt auf Ellbogen ... Dönitz Kopf gesenkt, schaut nicht mehr zu ... Sauckel schaudert bei Bild vom Krematoriumsofen in Buchenwald ... als Lampenschirm aus Menschenhaut gezeigt wird. Streicher sagt: ‚Ich glaub' das nicht' ... Göring hustet ... Anwälte stöhnen ... Jetzt Dachau ... Schacht schaut immer noch nicht zu ... Frank nickt erbittert: ‚Schrecklich!' ... Rosenberg zappelt immer noch, beugt sich vor, blickt umher, lehnt sich zurück, lässt Kopf hängen ... Fritzsche, bleich, beißt sich auf Lippen, scheint wirklich Qualen zu leiden ... Dönitz hat Kopf in Händen begraben ... Keitel lässt jetzt Kopf hängen ... Ribbentrop schaut auf, als englischer Offizier zu sprechen beginnt: 17 000 Leichen habe er schon begraben ... Frank kaut an Nägeln ... Frick schüttelt ungläubig Kopf, als Ärztin Behandlung und Experimente mit Frauen in Belsen beschreibt ... Als Kramer gezeigt wird, Funk mit erstickter Stimme: ‚Das dreckige Schwein' ... Ribbentrop mit zusammengekniffenem Mund und blinzelnden Augen, schaut nicht hin ... Funk weint bitterlich, schlägt Hände vor Mund, als nackte Frauenleichen in Grube geworfen werden ... Keitel und Ribbentrop blicken auf bei Erwähnung von Traktor, der Leichen wegräumt, sehen es, senken Köpfe ... Streicher zeigt zum ersten Mal Anzeichen von Beunruhigung ... Film zu Ende.

Nach der Vorführung bemerkte Heß: ‚Ich glaube es nicht!' Göring flüsterte ihm zu, still zu sein, seine Lässigkeit ist ganz verschwunden. Streicher meint etwas wie ‚Vielleicht in den letzten Tagen'. Fritzsche erwidert wütend: ‚Millionen? In den letzten Tagen? – Nein!' Ansonsten herrscht düsteres Schweigen, als die Gefangenen den Gerichtssaal verlassen."[47]

47 Gustave M. Gilbert, Nürnberger Tagebuch. Gespräche der Angeklagten mit dem Gerichtspsychologen, Frankfurt a. M. 1995, S. 50 ff.

Auch wenn die an den Verbrechen Beteiligten nicht immer ein klares Unrechtsbewusstsein hatten, spürten sie doch das Unmenschliche ihres Tuns. Notorisch sind die beiden Hauptreaktionen darauf: Schweigen und riesiger Verbrauch von Alkohol. Christopher Browning rekonstruiert den Abend, nachdem die Männer vom Polizeibataillon 101 zum ersten Mal eine Massenerschießung durchgeführt hatten, so:

„Als die Männer wieder in ihren Unterkünften in Biłgoraj ankamen, waren sie bedrückt, empört, verbittert und erschüttert. Sie aßen wenig und tranken viel. Es wurde reichlich Alkohol ausgegeben, und viele Polizisten betranken sich ziemlich stark. Major Trapp ging herum und versuchte, seine Männer zu trösten und wieder aufzubauen, wobei er von Neuem betonte, dass höhere Stellen die Verantwortung hätten. Doch vielen Polizisten konnten weder der Alkohol noch Trapps tröstende Worte das Entsetzen und die Scham nehmen, die sie empfanden. Trapp bat die Männer, nicht darüber zu reden, aber dieser Bitte hätte es gar nicht bedurft. Die Polizisten, die nicht im Wald gewesen waren, wollten keine Einzelheiten hören, und diejenigen, die selbst mit dabei gewesen waren, hatten weder damals noch später den Wunsch, darüber zu reden. So herrschte innerhalb des Reserve-Polizeibataillons 101 die stillschweigende Übereinkunft, über das Massaker von Józefów einfach nicht zu sprechen: ‚Die ganze Sache war ein Tabu.' Die Verdrängung bei Tage konnte aber nicht die Alpträume bei Nacht verhindern. In der ersten Nacht nach den geschilderten Ereignissen schoss ein Polizist im Schlaf in die Decke seiner Stube."[48]

Hineingeraten waren sie - wie viele Täter -, ohne es vorher zu ahnen oder zu wissen. Aber nachdem sie damit begonnen hatten, machten sie weiter, und zwar immer brutaler. Vielfach entwickelte sich geradezu eine Dynamik der Brutalisierung, wenn die entscheidende Schwelle erst einmal überschritten war. Diese Dynamik, das schrittweise Hineingeraten in die Verbrechen, ist auch in anderen Situationen, zum Beispiel im Vietnamkrieg, beobachtet worden. So vermutet der amerikanische Psychologe Herbert C. Kelman, dass die Ermordung von Zivilisten in My Lai psychologisch durch vorangegangene angeordnete Zerstörungsaktionen „legitimiert" worden war.[49]

Zwei Motive lassen sich für diese Dynamik der Brutalisierung anführen. Zum einen bedeutet jeder Ausstieg aus einmal begonnenen unmoralischen oder verbrecherischen Handlungen das - zumindest halb bewusste - Eingeständnis, dass man vorher unmoralisch gehandelt hat. Und dieses Eingeständnis fällt schwer - zumal in Stresssituationen. Viele machen weiter, um sich gerade dies zu verhehlen. Noch wichtiger aber ist die vielfach beobachtete und analysierte Tendenz zur „Entmenschlichung", zur „Dehumanisierung", die nicht einfach als Bestialität oder Sadismus zu erklären ist.

Die Dehumanisierung war offenbar „nötig", um die Morde fortsetzen zu können, ohne sich klar als Mörder begreifen zu müssen. Man musste sich der Wahrnehmung entledigen, dass man es mit Menschen zu tun hatte, die man da

48 Browning, Ganz normale Männer, S. 103.
49 Vgl. Kelman/Hamilton, Crimes of Obedience, S. 17.

quälte und in den Tod trieb. Dazu gehörte der Zwang, dass sich die Opfer nackt ausziehen mussten. So wurden sie, wie Stangl sagt, zur „Ware", zur „riesigen Masse", verloren ihre Individualität. „[I]ch sah sie kaum als Einzelne. Sie waren immer eine riesige Masse. Manchmal stand ich auf dem Erdwall und beobachtete sie auf dem Weg durch den ‚Schlauch' [der schmale Gang, durch den die Opfer ins Gas getrieben wurden; G. S.]. Aber - wie soll ich es Ihnen erklären - sie waren nackt, zusammengepfercht; sie rannten, von Peitschen angetrieben, wie ..."[50] Stangl hat den Satz nicht beendet. Die grauenvollen Torturen durften nicht geändert werden, „weil es funktionierte, war es unabänderlich".[51]

Den Ort des „Übergangs" von den Menschen zur „Masse", die Ausziehbaracken, konnte Stangl bezeichnenderweise nicht betreten. Sie hätten die „Entmenschung" bewusst gemacht: „Die Ausziehbaracken [...] ich habe sie aus meinem tiefsten Inneren heraus gemieden. Ich konnte ihnen nicht gegenübertreten; ich konnte sie nicht belügen; ich vermied um jeden Preis, mit denen zu sprechen, die sterben mussten. Ich konnte es nicht aushalten."[52]

Immer wieder sind es vor allem die Augen der Opfer, zuweilen der dem Erschießen ausgesetzte Nacken, die den Tätern einen Schrecken einjagen, die sie nicht aushalten - weil sich in ihnen die Menschlichkeit und Individualität der Opfer unabweislich bekunden und sie es den Tätern schwierig oder unmöglich machen, sich über den Verbrechenscharakter der Tat hinwegzutäuschen.

Drei Bedingungen machen Kelman und Hamilton aus, die dazu beitragen, die Schwelle zur Gewalt und zum Verbrechen zu überschreiten: „Autorisierung, Routinisierung und Dehumanisierung" („authorization, routinization, and dehumanization").[53] Der Autorität opfert man seine Verantwortung, die Routine bewirkt, dass man keine Fragen mehr stellt, die Dehumanisierung nimmt der Handlung ihre moralische Qualität.

Darüber hinaus haben Soziologie und Psychologie immer wieder auf die bürokratische oder psychische „Departementalisierung" hingewiesen. Sie schafft eine physische oder psychische Distanz zum Opfer und damit zur Verwerflichkeit der Tat. Sie hilft, die eigene Verantwortlichkeit zu verschleiern. Die Wirklichkeit wird so auf- oder abgeteilt, dass die moralischen Probleme ausgeblendet werden können. Auch diesen Vorgang hat Gitta Sereny in ihrem Gespräch mit Franz Stangl sehr anschaulich gemacht.

„Es war eine Frage des Überlebens - immer des Überlebens. Das Einzige, was ich während meiner Bemühungen, da herauszukommen, tun konnte, war, mein eigenes Tätigkeitsfeld auf das zu begrenzen, was ich vor meinem eigenen Gewissen verantworten konnte. [...] Die einzige Möglichkeit, diese Sache zu bewältigen, war, dass ich mein Denken ganz bewusst in verschiedene Abteilungen einteilte."[54]

50 Sereny, Am Abgrund, S. 237.
51 Ebd.
52 Ebd., S. 238.
53 Kelman/Hamilton, Crimes of Obedience, S. 16.
54 Sereny, Am Abgrund, S. 189f.

So konzentrierte sich Stangl – obwohl er der Lagerkommandant war! – ganz auf seine „polizeiliche" Aufgabe der Verwaltung der Wertsachen und achtete darauf, dass nichts Illegales geschah.

„„Das konnte ich, weil mein spezieller Auftrag ja von Anfang an die Verantwortlichkeit für diese Sachen war.'" „„Und was wäre geschehen, wenn Ihr ‚spezieller Auftrag' die Vergasungen gewesen wären?'" „‚Waren sie aber nicht', bemerkte er trocken und fügte in vernünftigem und erklärendem Ton hinzu: ‚Das taten zwei Russen – Ivan und Nicolau – unter dem Kommando eines SS-Mannes mit niederem Rang.'"[55]

Kurz vor seinem Tod, in seinem letzten Gespräch mit Gitta Sereny, hat sich Stangl dazu durchgerungen, diese Selbsttäuschung der Aufteilung aufzulösen und seine Schuld zu bekennen. „Der lautlose Übergang von der Lüge zum Selbstbetrug ist nützlich", hatte Primo Levi notiert.[56]

Unter der Bezeichnung „Doppelung" hat der amerikanische Psychoanalytiker Robert Jay Lifton am Beispiel von Auschwitz-Ärzten, die er interviewt hat, die psychische Verfassung während der Teilnahme an Verbrechen noch etwas differenzierter interpretiert. Diese Ärzte, die ja als Heiler begonnen hatten und nun als Mörder handelten, mussten – so Lifton – ihr Selbst „doppeln", um in Auschwitz psychisch zu überleben. Neben das „Heiler-Selbst" trat das „Auschwitz-Selbst", das gleichsam die „Drecksarbeit" des Tötens übernahm, sodass sich die Ärzte, obwohl sie mordeten, nicht als Mörder begreifen mussten. Schuldgefühle konnten auf diese Weise vermieden werden, nicht weil das Gewissen einfach ausgeschaltet worden wäre, sondern weil man es „transferieren" konnte.[57]

„Die Ansprüche des Gewissens wurden auf das Auschwitz-Selbst transferiert, das seine eigenen Kriterien für gutes Verhalten hatte (Pflichterfüllung, Loyalität zur eigenen Gruppe, zur ‚Verbesserung' der Lage in Auschwitz beitragen etc.) und durch deren Erfüllung das ursprüngliche Selbst von der Verantwortung für das Handeln in Auschwitz befreite."[58]

Wichtig ist, dass es sich dabei nicht um eine trennscharfe Aufspaltung handelte, sondern dass das „Auschwitz-Selbst" vom „Heiler-Selbst" unabhängig und zugleich mit ihm verbunden war. Dies nämlich bewirkte die Radikalisierung und Brutalisierung des Mordens. Denn um die Mahnungen des „Heiler-Selbsts" nicht laut werden zu lassen, mussten die mörderischen Handlungen gleichsam bekräftigt und die „tödliche Kraft" des lauernden Schuldgefühls auf den äußeren Feind, die Juden, abgewälzt werden.

55 Ebd., S. 190.
56 Levi, Die Untergegangenen und die Geretteten, S. 23.
57 Vgl. Robert Jay Lifton, Ärzte im Dritten Reich, Stuttgart 1988, S. 496.
58 Ebd.

„Der Aufruf der Nazis, jeder Jude müsse getötet werden, damit die Überlebenden oder deren Kinder keine Deutschen töten könnten, entstammt derselben Quelle, derselben Angst. Das Auschwitz-Selbst geriet letztlich in einen Teufelskreis des Tötens, drohender Schuldgefühle und bedrohlicher Todesängste und des weiteren Tötens zur Abwehr dieser Gefühle.“[59]

Auf diese Weise bestätigte sich das psychologische Prinzip, „dass Grausamkeit Grausamkeit hervorruft“.[60] Eine Selektion musste der vorangegangenen folgen.

Die Dopplung ist eine Grundmöglichkeit der Menschen ganz allgemein. Partiell praktizieren wir sie alle, sie wird jedoch dort gefährlich, wo wir das destruktive Selbst ganz entbinden und andere zu unseren Opfern machen. Sie ist nicht gleichzusetzen mit der radikalen Spaltung der multiplen Persönlichkeit, die die Verantwortlichkeit infrage stellte, sondern eher ein temporärer Anpassungsvorgang, kein lebenslanges Charaktermuster. Entsprechend lag den Auschwitz-Ärzten nach dem Krieg sehr daran, wieder in ihrem „Heiler-Selbst“ bestätigt zu werden. Diese Bestätigung erwarteten sie sich auch von den Gesprächen mit dem Kollegen Lifton, weshalb sie sich gern dazu bereitfanden.

Dennoch kann man sich nicht einfach mit einer derartigen „stillschweigenden“ Rückkehr zum „Heiler-Selbst“ beruhigen, weil dann jederzeit eine Wiederholung möglich bleibt.

Denn die „Dopplung ist [...] *das* psychologische Mittel zur Beschwörung der bösartigen Potenziale des Selbst. Das Böse ist dem Selbst weder inhärent noch fremd. Die Dopplung anzunehmen und das Böse heraufzubeschwören, ist eine moralische Entscheidung, für die man verantwortlich ist, ganz gleich, mit welchem Grad von Bewusstheit man sie fällt. Mithilfe der Dopplung trafen die Nazi-Ärzte eine faustische Entscheidung für das Böse. Im Vorgang der Dopplung liegt ein Schlüssel zum menschlichen Bösen schlechthin.“[61]

Lifton bestätigt hier aus psychoanalytischer Sicht grundlegende theologische und philosophische Analysen von Schuld und Gewissen: Die wahre Schuld liegt darin, die Aufgabe des Gewissens nicht mehr zu erfüllen, nämlich immer erneut die eigene personale Identität wiederherzustellen, sich mit der Desintegration der eigenen Person *nicht* einzurichten.

Ein wesentliches Mittel, Verbrechen durchzuführen und sich im Nachhinein ihrer gewissenhaften Vergegenwärtigung zu entziehen, ist die Abspaltung, Abtötung, Verrohung des *Gefühls*. Ihr soll wegen ihrer besonderen kulturellen und psychologischen Bedeutung noch ein spezieller Blick gewidmet werden.

59 Ebd., S. 513.
60 Ebd.
61 Ebd., S. 499 (Hervorhebung im Original).

Abspaltung des Gefühls

Als Befund und als Erklärungsgrund für die extremen Verbrechenssituationen gelten Verrohung, Abstumpfung und Abspaltung der Gefühle in der Erinnerungsliteratur und in den Versuchen, die extremen Verbrechenssituationen zu verstehen, als besonders wichtig. Staunend stehen Historiker, Juristen, Zeitzeugen vor der unglaublichen Gefühllosigkeit, mit der unzählige Deutsche die mörderischen Befehle ausgeführt haben.[62] Mit ihr einhergehen der Mangel an Vorstellungsvermögen und Einbildungskraft und der im Gefühl wie im Vorstellungsvermögen enthaltenen Identifizierung mit den Opfern. Hannah Arendt brachte es auf eine Formel des befremdeten Understatements: Eichmann habe sich *„niemals vorgestellt, was er eigentlich anstellte"*.[63]

Aber gerade auch dort, wo man sich hautnah an den Verbrechen beteiligte (und nicht in bürokratischer Distanz blieb wie Eichmann), trat eine zunehmend hermetische Gefühllosigkeit ein: Die Arbeiter in den Krematorien von Treblinka waren immer mehr abgehärtet gegen jegliche Gefühlsregung.[64] Wenn die dennoch aufzukommen drohte, betrank man sich. Browning beschreibt, wie Gefühllosigkeit, Gewöhnung und Brutalisierung bei den sich beschleunigenden Erschießungsaktionen des Polizeibataillons 101 miteinander einhergingen.[65] Im Rückblick erkennt einer der von Lifton befragten Auschwitz-Ärzte die Gefühlsverrohung als den „Schlüssel zum Verständnis des Geschehens in Auschwitz".[66] Weil er als „hart verschrien sein wollte", verbot sich Höß jegliche Gefühlsäußerung. Als er bei der Vergasung zuschaut (aus Pflichtbewusstsein!), tritt ihm deren Verbrechenscharakter nicht ins Bewusstsein. Er hatte sich das Leiden schlimmer vorgestellt! Eine spontane Identifikation mit den Opfern, ein Vergleich mit seiner eigenen Situation als Vater kam ihm nicht in den Sinn.[67] Umgekehrt wandten diejenigen aus dem Polizeibataillon 101, die nicht weitermorden wollten oder konnten, ein, „dass sie selbst Kinder hätten und den erteilten Auftrag nicht weiter durchführen könnten".[68] Hier war die spontane gefühlsmäßige Identifikation noch intakt.

Der Erfahrungsbericht des Leutnants Fischmann – als einer von vielen – zeugt davon, wie schon die Sprache die grundlegende Gefühllosigkeit dafür, dass die Schreiber Menschen quälten und mordeten, zum Ausdruck brachte: „Die Endwaggonierung der Juden in den bereitgestellten Sonderzug auf dem [...] Bahnhof begann um 12.00 Uhr [...] und wickelte sich glatt ab." SS-Ober-

62 Vgl. Jäger, Verbrechen, S. 257.
63 Hannah Arendt, Eichmann in Jerusalem. Ein Bericht von der Banalität des Bösen. Mit einem Essay von Hans Mommsen, München 1992, S. 16 (Hervorhebung im Original).
64 Vgl. Sereny, Am Abgrund, S. 26.
65 Vgl. Browning, Ganz normale Männer, S. 197 und 199.
66 Lifton, Ärzte, S. 529.
67 Vgl. Höß, Kommandant in Auschwitz, S. 189.
68 Browning, Ganz normale Männer, S. 94.

sturmführer Pohl „ließ 51 arbeitsfähige Juden im Alter von 15 bis 50 Jahren auswaggonieren und in ein Arbeitslager bringen".[69] Leutnant Watermann berichtet, dass nach einer Bahnfahrt „der größte Teil der geflüchteten Juden in der Nacht oder am anderen Tage vom Bahnschutz oder anderen Polizeikräften beseitigt worden ist".[70] Insgesamt sind „mindestens 2/3 der geflüchteten Juden erschossen oder auf andere Weise unschädlich gemacht"[71] worden. Tausende solcher Belege ließen sich anführen, die nicht einfach mit der üblichen Knöchernheit bürokratischer oder beamtenmäßiger Vermeidungen gleichzusetzen sind.

Wie wichtig es war, jedes Mitgefühl auszuschalten, wusste auch die SS. In den „Richtlinien des Chefs der Ordnungspolizei zur Partisanenbekämpfung" vom November 1941 heißt es: „Der Feind muss *vollständig vernichtet* werden. Die ununterbrochene Entscheidung über Leben und Tod, verursacht von Partisanen und Verdächtigen, ist auch für den härtesten Soldaten schwer. Es muss gehandelt werden. Richtig handelt, wer unter vollkommener Hinaussetzung [sic!] etwaiger persönlichen Gefühlsanwandlungen rücksichtslos und unbarmherzig zupackt."[72]

Gustave M. Gilbert fasst in Nürnberg seinen Eindruck von Höß so zusammen:

„Bei all den Unterhaltungen ist Höß sehr sachlich und leidenschaftslos, zeige etwas verspätetes Interesse für die Ungeheuerlichkeit seines Verbrechens, mache aber den Eindruck, als ob es ihm nie zum Bewusstsein gekommen wäre, wenn ihn nicht jemand darauf aufmerksam gemacht hätte. Er ist zu apathisch, als dass man noch an Reue glauben könnte, und auch die Aussicht, aufgehängt zu werden, scheint ihn nicht übermäßig zu beunruhigen. Er mache den Gesamteindruck eines Mannes, der geistig normal ist, aber mit einer schizoiden Apathie, Gefühllosigkeit und einem Mangel an Einfühlungsvermögen, wie es kaum weniger extrem bei einem richtigen Schizophrenen auftritt."[73]

Der Psychoanalytiker Joachim Zeiler diagnostiziert in Höß' Lebenserinnerungen eine „affektive Entleerung"[74] von Höß. Diese Gefühllosigkeit war wohl nicht nur die *Folge* der Verbrechenssituation, sodass man sie lediglich als „natürliche" psychische Reaktion auf deren Brutalität – die sie sicher auch war – interpretieren könnte. Viel spricht dafür, dass ihr schon eine Disposition vieler Täter vorausging.

Eine Reihe von Kindern berühmter Nazi-Eltern beschreiben deren Gefühlskälte, vielfach auch die Freudlosigkeit des Elternhauses. Bernward Vesper, der Sohn des NS-Dichters Will Vesper, beschwört die Herzlosigkeit und vor allem die Unerbittlichkeit, mit der seine Eltern die Kinder traktierten. Eine wahre Tortur,

69 Ebd., S. 49.
70 Ebd., S. 53.
71 Ebd., S. 56.
72 Zit. nach ebd., S. 239 (Hervorhebung im Original).
73 Gilbert, Nürnberger Tagebuch, S. 253.
74 Joachim Zeiler, Psychogramm des Kommandanten von Auschwitz: Erkenntnis und Begegnung durch Zerstörung. Zur Autobiographie des Rudolf Höß. In: Psyche, 45 (1991), S. 335–362, hier 345.

die sich über Tage erstreckte, muss Bernward über sich ergehen lassen, weil er den Grießbrei nicht hinunterbringen kann.[75] Wochenlang sprechen die Eltern nicht mit dem Sohn, nachdem er etwas ausgefressen hat. Demütigung und Beschämung sind vorrangige Erziehungsmittel.[76] Der Sohn des SS-Arztes Gauch beobachtet bei seinem Vater den Grundzug eines kalten technischen Denkens.[77] Dörte von Westernhagen rekonstruiert in der Biografie ihres Vaters schon in den 1930er-Jahren eine „Verengung oder Blockierung seines moralisch-emotionalen Reaktionsvermögens".[78] Vieles deutet darauf hin, dass innerhalb der bekannten Tradition des deutschen Autoritarismus (autoritäre Erziehung gab es allerdings auch in anderen europäischen Ländern) die Gefühllosigkeit, die Tradition der Härte, nicht nur als Abhärtung, sondern als *Ver*härtung gegenüber menschlichen Regungen – eigenen wie fremden[79] – eine besondere Rolle spielte und die Bereitschaft, das eigene Gewissen zum Schweigen zu bringen, moralischen Mitleidimpulsen *nicht* zu folgen, begünstigte. Dies möglicherweise auch infolge einer „hochstehenden" philosophisch ethischen Tradition: des Kant'schen Pflichtethos!

Während seines Prozesses in Jerusalem beteuert Eichmann in den Polizeiverhören, sein Leben lang dem Kant'schen Pflichtbegriff gefolgt zu sein.[80] Das habe allerdings nach dem Befehl zur Endlösung aufgehört, weil er dann nicht mehr „Herr über sich selbst" gewesen sei. Hannah Arendt interpretiert dagegen sein weiteres Verhalten so, dass er sich gemäß der Neuformulierung des kategorischen Imperativs durch Hans Frank verhalten habe: „Handle so, dass der Führer, wenn er von deinem Handeln Kenntnis hätte, dieses Handeln billigen würde."[81] Darüber hinaus führt sie Eichmanns penible Gründlichkeit und seine Kompromisslosigkeit in der Verrichtung seiner mörderischen Pflichten auf einen missverstandenen bzw. amputierten Kant zurück. „Gesetz war Gesetz, Ausnahmen durfte es nicht geben" – diese rigide Maxime mag zur Deformierung seines Gewissens beigetragen haben. Für Arendt „ist kein Zweifel, dass das Bewusstsein, Ausnahmen nicht geduldet zu haben, in ihm, was immer an Gewissen bei ihm noch übriggeblieben sein mochte, zum Schweigen brachte. Keine Ausnahmen, keine Kompromisse – das war der Beweis dafür, dass er stets gegen die ‚Neigung' – Gefühle oder Interessen – der Pflicht gefolgt war."[82]

Ich möchte diese Überlegungen als Vermutung radikalisieren: Dass Härte gegen sich selbst und gegen andere unbesehen als ethisch hochstehend galt – und diese Einstellung hat sich nach 1945 in vielen deutschen Familien, auch

75 Vgl. Bernward Vesper, Die Reise, Reinbek bei Hamburg 1995, S. 329 ff.
76 Vgl. ebd., S. 344 f., 401.
77 Vgl. Sigfrid Gauch, Vaterspuren, Frankfurt a. M. 1996, S. 128.
78 Dörte von Westernhagen, Die Kinder der Täter. Das Dritte Reich und die Generation danach, München 1988, S. 85.
79 Vgl. ebd., S. 73.
80 Vgl. Arendt, Eichmann, S. 174 ff.
81 Hans Frank, Die Technik des Staates, 1942, S. 15 f., zit. nach Arendt, Eichmann, S. 174.
82 Ebd., S. 175 f.

solchen, die mit dem NS nichts zu tun oder ihm sogar Widerstand geleistet hatten, fortgesetzt –, geht in Deutschland auf eine lange Tradition zurück. An ihr ist Kants Pflichtethos, insbesondere seine scharfe Ablehnung, bloß aus Neigung zu handeln, nicht unschuldig.

Kein Zweifel kann darüber bestehen, dass ein richtiges Verständnis von Kants Philosophie diametral zum mörderischen Handeln Eichmanns steht. Wenn Kant den sittlichen Willen als vernunftbestimmt und nicht einfach der Neigung folgend definiert, so wendet er sich gegen alles „Gefühlsduselige", ohne deshalb zu übersehen, dass auch die „Achtung fürs moralische Gesetz ein Gefühl" ist; allerdings eines, „welches durch einen intellektuellen Grund gewirkt wird", weil es nicht einfach spontanen Neigungen folge, sondern durch Vernunft (das heißt den kategorischen Imperativ) geprüft ist.[83]

Dennoch legt seine rigorose Entgegensetzung von Neigung (die prinzipiell unter dem Verdacht des Egoismus steht) und moralischem Gesetz den Grund dafür, spontane Mitleidsregungen als ethisch irrelevant, ja möglicherweise als falsch, weil im „höheren" Sinne unmoralisch, auszuschalten oder sogar systematisch „abzutrainieren". Dies wird jedenfalls dann plausibel, wenn man bedenkt, dass komplizierte Philosophien in den Mentalitätsbeständen, in die sie „absinken", immer „verkürzt" tradiert werden. Wenn Himmler mit seiner perversen Idee, dass man den „Opfergang" des Mörders gehen und dabei „sauber" bleiben kann, weil die Abtötung des spontanen Gefühls richtig und notwendig ist, überhaupt Gehör finden konnte, dann doch wohl deshalb, weil Rigorismus und Härte traditionell einen ethischen Bonus hatten. Und dem konnte ein Satz von Kant wie folgender durchaus Vorschub leisten: „Die Handlung, die nach diesem Gesetze, mit Ausschließung aller Bestimmungsgründe aus Neigung, objektiv praktisch ist, heißt *Pflicht*, welche, um dieser Ausschließung willen, in ihrem Begriffe praktische Nötigung, d. i. Bestimmung zu Handlungen, *so ungern, wie sie auch geschehen mögen,* enthält."[84]

Das Wesentliche der verkürzten Tradierung des Kant'schen Pflichtechos ist die strikte Entgegensetzung von Ethik und emotionaler Spontaneität. Sie zeugt von einem tiefen Misstrauen gegenüber der – „verderbten" – Natur des Menschen, und Kant hat dieses Misstrauen durchaus geteilt.

Es ist kein Zufall, dass ein wichtiger Repräsentant angelsächsischen Denkens, Adam Smith, der nicht nur Ökonom, sondern vor allem auch Moralphilosoph war, der Grundlegung seiner Sozialethik den Titel „The Theory of Moral Sentiments" gab.[85] Bei ihm bildet das Gefühl die Grundlage für die Moral deshalb, weil es uns erlaubt, unser begrenztes Ich zugunsten aller anderen zu erweitern,

83 Immanuel Kant, Kritik der Praktischen Vernunft. In: Wilhelm Weischedel (Hg.), Werke in sechs Bänden, Band 4/Schriften zur Ethik und Religionsphilosophie, Wiesbaden 1956, S. 194/A131.

84 Ebd., S. 202/A143 f. (eigene Hervorhebung).

85 Adam Smith, Theorie der ethischen Gefühle, Hamburg 1977.

uns durch Empathie an die Stelle der anderen zu setzen (was Kant über die Vernunft erreichen will). Beide Philosophen verfolgen dasselbe Ziel, die Entwicklung eines tragfähigen Gemeinsinns, aber Smith traut dem Gefühl dafür wesentliche Hilfsdienste zu, während Kant ihm misstraut.

Hier kommt ein wesentlicher Unterschied zwischen der deutschen und der angelsächsischen Tradition der politischen Kultur zum Ausdruck. Jedenfalls bietet die fatale Auswirkung, die die Geringschätzung des Gefühls und die Hochschätzung der Härte in Deutschland hatten, Anlass, sich über die Rolle des Gefühls für eine Ethik des Gemeinsinns erneut Gedanken zu machen. Ernst zu nehmen ist die Beobachtung von Psychologen und Psychoanalytikern, nach der das Gefühl für eine nicht-verengte Wahrnehmung der Wirklichkeit unerlässlich ist. Wo es abstumpft oder „ausgeschaltet" wird, kommt die Wirklichkeit gerade unter moralischem Gesichtspunkt nur noch selektiv in den Blick, weil zunächst die Bedeutung der Geschehnisse und später die Fakten selbst auf diese Weise verleugnet werden können.[86]

Alfred Schöpf nennt Gefühle „Wahrnehmungsorgane unseres Wunsches nach dem Wunsch des anderen".[87] Ohne Grundlage im Gefühl finden wir keine sichere Vernunftgrundlage für sittliches Handeln. Als Zeichen für die Rolle, die das Gefühl nicht nur für die umfassende Wahrnehmung der menschlichen Wirklichkeit, sondern auch als Grund und Indiz für die Integration der Person spielt, führt er an, dass Schizoide keine Schuldgefühle verspüren, weil hier die Integration bzw. Identität der Person nicht hergestellt wird. „Da die bösen Anteile von den guten getrennt bleiben, wird der Betreffende zwischen den beiden Seiten hin- und hergerissen und kann sie nicht als Schuldgefühle integrieren."[88] Damit wird auch der Unterschied der von Lifton ausgemachten „Dopplung" der Auschwitz-Ärzte zu wirklich Schizoiden, also Gespaltenen, deutlich. Das ist vor allem für die im Anschluss zu behandelnde Frage wichtig, ob die Menschen, die sich an den Verbrechen beteiligt haben, bei aller Fragmentierung und Diffusität ihrer Gedanken und Motive doch ein Gespür für ihre Schuld behalten haben, sodass nicht einfach von Schuldlosigkeit oder Schuldunfähigkeit, sondern von „beschwiegener" Schuld gesprochen werden muss.

Immerhin zeigt sich hier zugleich die Bedeutung, die dem Gefühl nicht nur für die Wahrnehmung der menschlichen Wirklichkeit, sondern auch als Grundlage der personalen Integration, der Identität und damit des Gewissens zukommt. Dabei meint Gefühl nicht augenblickhafte oder oberflächliche Sentimentalität – sondern gerade das Gegenteil davon. Es handelt sich um eine Empfindung, die den ganzen Menschen umfasst, die ihm selbst und seiner Umgebung seine Grundhaltung – gegenüber Menschen wie Situationen – mitteilt und sie zum Ausdruck bringt. Wie sehr die Erkaltung, Unterdrückung oder disziplinierte

86 Vgl. Lifton, Ärzte, S. 528.
87 Alfred Schöpf, Emotion und Ethik. In: Arnold Köpcke-Duttler (Hg.), Schuld, Strafe, Versöhnung. Ein interdisziplinäres Gespräch, Mainz 1990, S. 54–63, hier 57.
88 Ebd., S. 60.

Strangulierung der Gefühle zugleich die Fähigkeit zur Liebe und zur moralisch sensiblen Wahrnehmung fremden Leids, das heißt überhaupt zum Gewissen beschädigt, hat Gitta Sereny an Albert Speer beobachtet und erhellt. Dabei wird auch deutlich, dass die Gefühlskälte als solche - rühre sie nun aus beschwiegener Schuld oder aus anderen Ursachen - nicht nur von einer beschädigten Persönlichkeit zeugt, sondern auch destruktiv weiterwirkt. Pater Athanasius, bei dem Speer in Maria Laach mehrfach eingekehrt war, fasst seinen Eindruck von ihm so zusammen: „Ich fragte mich oft, was ihm als Kind geschehen war, dass aus ihm das wurde, was er war: ein glänzend begabter Mensch, unfähig zu abstraktem Denken und, wie ich glaube, unfähig zu sinnlicher Liebe und damit letzten Endes ein unvollständiger Mensch."[89]

Und Gitta Sereny resümiert Speers moralisches Verhalten, zu dem bei aller Differenziertheit seiner Persönlichkeit die Lebenslüge gehörte, er habe von der Ermordung der Juden nichts gewusst, mit folgender Einschätzung:

> „Speer hat niemanden getötet und empfand keine Feindschaft, keinen Hass oder auch nur Abneigung gegen die Millionen Christen und Juden, die in Osteuropa systematisch umgebracht wurden; er empfand nichts. Es mangelte ihm an einer ganzen Dimension: an der Fähigkeit zu echten Gefühlen, die ihm in seiner Kindheit geraubt worden war, sodass er keine Liebe, sondern nur romantisierende Ersatzgefühle für Liebe empfinden konnte. Mitleid, Mitgefühl, Zuneigung und Einfühlungsvermögen waren für ihn Fremdwörter. Er war zwar zu tiefen Empfindungen fähig, aber nur indirekt, über Musik, Landschaft, Kunst und dann auch über das visuell Gigantische: seinen Lichtdom, die Fahnen, die Tausende zu Säulen erstarrten Männer in Hab-Acht-Stellung und die endlosen Reihen blonder Kinder mit strahlenden Augen und ausgestreckten Armen. Das war für ihn Schönheit, und das ermöglichte ihm, als weiterer Liebesersatz, zu *fühlen*."[90]

Im tiefen, tragenden Gefühl vereinigen sich Gewissens- und Integrationsfähigkeit der Person. Ohne Einfühlungsvermögen, ohne Empathie gelingt es uns nicht, andere Menschen als Menschen, die uns prinzipiell gleich und nahe sind, zu erreichen. Nicht von ungefähr bezeichnet eben das Alte Testament Sünde als „Herzenshärte".

„Ich habe doch nur eine Laus umgebracht, Sonja, eine unnütze, widerwärtige, bösartige Laus." So versucht Dostojewskis Raskolnikow zunächst gegenüber Sonja sein Verbrechen zu rechtfertigen. „Ein Mensch soll eine Laus sein!?", antwortet Sonja gefühlssicher. „‚Ich weiß ja auch, dass er keine Laus ist', antwortete er und sah sie sonderbar an. ‚Übrigens rede ich drum herum, Sonja', fuhr er fort, ‚ich rede schon seit geraumer Zeit drum herum ... Das alles ist es nicht; das hast du ganz richtig gesagt. Hier liegen ganz, ganz, ganz andere Gründe vor! ... Ich habe lange mit keinem Menschen gesprochen ... Der Kopf tut mir jetzt sehr weh.'"[91]

89 Gitta Sereny, Das Ringen mit der Wahrheit. Albert Speer und das deutsche Trauma, Frankfurt a. M. 1996, S. 804.
90 Ebd., S. 830 (Hervorhebung im Original).
91 Fjodor Dostojewski, Verbrechen und Strafe, Roman, aus dem Russischen neu übersetzt von Swetlana Geier, 10. Auflage Frankfurt a. M. 2005, S. 563.

Und während Raskolnikow später bei seiner Strafverbüßung über „jenen furchtbaren, jenen unüberschreitbaren Abgrund“[92] erstaunt ist, der ihn in Sibirien von allen anderen Menschen trennt, beobachtet er, dass Sonja, die ihm aus Liebe gefolgt ist, bald die Sympathie aller Sträflinge gewinnt:

„Noch eine Frage blieb für ihn offen: Warum haben sie Sonja so sehr liebgewonnen? Sie hatte ihnen nie geschmeichelt; sie bekamen sie selten zu Gesicht, nur gelegentlich an ihrer Arbeitsstelle, wenn sie auf einen kurzen Augenblick kam, um ihn zu besuchen. Und dennoch kannte sie bereits jeder. [...] Und wenn sie auf einer Arbeitsstelle erschien, um Raskolnikow zu sehen, oder einem Sträflingstrupp begegnete, der zur Arbeit geführt wurde, zogen alle die Mützen und verneigten sich: ‚Mütterchen Sofja Semjonowna, du unser aller Mutter, du Gute, du Barmherzige!‘ sagten die rohen, gebrandmarkten Sträflinge zu diesem schmächtigen Wesen. Sie lächelte und grüßte zurück, und alle liebten es, wenn sie ihnen zulächelte.“[93]

Wenn der Gefühllosigkeit als Voraussetzung für mörderisches Handeln und für die Betäubung des Gewissens in der Verbrechenssituation eine so große Bedeutung zukommt, müssen wir umso genauer danach fragen, was aus ihr nach 1945 wurde und welcher Zusammenhang zwischen ihr und dem Beschweigen von Schuld möglicherweise besteht. Ein tieferer Einblick in diese Zusammenhänge könnte unseren Blick dafür öffnen, welchen Beitrag auch psychoanalytische Deutungen für die politikwissenschaftliche Analyse leisten können.

92 Ebd., S. 737.
93 Ebd., S. 738f.

Sind die Nazis Barbaren? Betrachtungen zu einer geklärten Frage

*Michael Wildt**

Darf die Frage überhaupt noch gestellt werden? Oder vielmehr: Ist sie nicht längst und zwar in aller Deutlichkeit beantwortet? Denn wer, wenn nicht die Nazis, sollten Barbaren gewesen sein. Was dieses Urteil an Gewissheit verspricht, zerrinnt freilich schnell, sobald wir die Dinge näher betrachten und detaillierter nachfragen. Denn zweifellos waren die Nationalsozialisten keine barbarischen Usurpatoren, die aus fernen Ländern hereinbrachen, vielmehr stammten sie mitten aus der zivilisierten Gesellschaft Deutschlands. Wer also konnte zum Barbaren werden? Wie kann Zivilisation in nackte Barbarei umschlagen? Und wie umgekehrt aus Barbarei Zivilisierung entstehen? Die Entschiedenheit der Überzeugung, dass die Nazis Barbaren waren, scheint – so die Ausgangsvermutung dieses Aufsatzes – Vieldeutigkeiten zu verdecken, denen im folgenden nachgegangen werden soll. Insbesondere gilt es, die Rede von den barbarischen Nationalsozialisten mit den barbarischen Reden der Nationalsozialisten in Beziehung zu setzen. Dabei wird sich zeigen, dass auch sie sich des mächtigen Dualismus zwischen Zivilisation und Barbarei nicht entledigen konnten.[1]

I.

Für zahlreiche deutsche Juden, die sich mit der klassischen deutschen Kultur, mit Bach und Beethoven, Schubert und Brahms, Goethe und Schiller in besonderer Weise verbunden fühlten, bedeutete der nationalsozialistische Sieg 1933 nichts weniger als den Einbruch der Barbarei. Anfängliche Beruhigungsversuche, selbst die Nazis hätten sich an politische Spielregeln zu halten, und ihre Versprechungen würden von den denjenigen, die sie gewählt hatten, bald als großsprecherische Seifenblasen durchschaut, wichen schnell dem Entsetzen

* Erstveröffentlichung in: Mittelweg 36, 15 (2006) 2, S. 8–26.

1 Diese Betrachtung entstand aus einem Vortrag, den ich im Seminar von Valentin Groebner an der Universität Luzern zum Thema „Barbaren – eine Spurensuche" am 12.1.2006 gehalten habe. Ich danke den Teilnehmerinnen und Teilnehmern des Seminars, ganz besonders aber Valentin Groebner sowie Martin Bauer für Kritik, Hinweise und Anregungen.

darüber, dass die Nationalsozialisten tatsächlich mit Brachialgewalt darangingen, Deutschland radikal umzugestalten.

Bei Victor Klemperer riefen die Boykottaktionen gegen Geschäfte mit jüdischen Inhabern Anfang April 1933 Bilder von den Pogromen im „tiefsten Mittelalter oder im innersten zaristischen Russland" wach. „Ich habe mich wahrhaftig immer als Deutscher gefühlt. Und ich habe mir immer eingebildet: 20. Jahrhundert und Mitteleuropa sei etwas anderes als 14. Jahrhundert und Rumänien. Irrtum."[2] Deutschland als ein Ort von Kultur und Zivilisation, weit entfernt von barbarischen Räumen wie barbarischen Zeiten, das nun auf ebenso schreckliche wie unerklärliche Weise von der Barbarei eingeholt wurde, ist ein gängiger Topos in den autobiografischen Texten deutscher Juden. Hans Reichmann, Syndikus des Centralvereins deutscher Staatsbürger jüdischen Glaubens, der nach dem Novemberpogrom 1938 ins KZ Sachsenhausen verschleppt wurde und im Frühjahr 1939 nach England ausreisen konnte, schrieb unmittelbar nach seiner Flucht einen ausführlichen Bericht über die Geschehnisse der letzten Jahre und endete: „Als ich zum ersten Mal nach dem Weltkrieg eine französische Gedenktafel sah, die vom Kampf der Humanität gegen die Barbarei sprach, fühlte ich mich peinlich berührt. Heute möchte ich selbst ein Chronist der Untaten werden und ein Fanal entzünden, das die Barbarei ausbrennen hilft."[3]

Offenkundig war das Bewusstsein, einer zivilisierten Nation anzugehören, im Ersten Weltkrieg noch ungebrochen. Alle kriegführenden Parteien entwarfen ein Selbstbild, wonach die eigene Kultur gegen die barbarischen Feinde zu verteidigen sei; während auf alliierter Seite von den deutschen „Hunnen" die Rede war, hing man in Deutschland dem Phantasma an, den Kampf gegen die asiatische Barbarei in Russland führen zu müssen. Zwar mochte die Wechselseitigkeit der Zuschreibungen von Zivilisiertheit und Barbarentum dazu führen, „peinlich berührt" zu sein, doch konnte sie den festen Glauben an die eigene Zivilisiertheit nicht erschüttern. Vielmehr hielt die Reziprozität die Gewissheiten in der Balance.[4]

Nun aber war die Barbarei in der eigenen Nation aufgebrochen. Nicht fremde Barbaren waren über Deutschland hergefallen, die barbarischen Kräfte entstammten unübersehbar der deutschen Gesellschaft selbst. Die Selbstgewissheit nationaler Zivilisiertheit, wie sie im Gefühl der Peinlichkeit beim Blick auf eine französische Gedenktafel ihren Ausdruck gefunden hatte, war mit einem Schlag

2 Victor Klemperer, Ich will Zeugnis ablegen bis zum letzten. Tagebücher 1933–1945. Hg. von Walter Nowojski unter Mitarbeit von Hadwig Klemperer, Band 1, Berlin 1995, S. 15 (Eintrag unter dem 30.3.1933).

3 Hans Reichmann, „Epilog, London, 16. März 1940". In: ders., Deutscher Bürger und verfolgter Jude. Novemberpogrom und KZ Sachsenhausen 1937 bis 1939. Bearbeitet und eingeleitet von Michael Wildt, München 1998, S. 281.

4 Vgl. dazu Uwe Schneider/Andreas Schumann (Hg.), „Krieg der Geister". Erster Weltkrieg und literarische Moderne, Würzburg 2000; Kurt Flasch, Die geistige Mobilmachung. Die deutschen Intellektuellen und der Erste Weltkrieg. Ein Versuch, Berlin 2000; Peter Hoeres, Krieg der Philosophen. Die deutsche und die britische Philosophie im Ersten Weltkrieg, Paderborn 2004.

zerstört. Das Selbstbild fand sich als Trugbild entlarvt. Denn was nach eigenem Urteil beharrlich über Jahrhunderte hinweg und also mühsam an Zivilisation aufgebaut worden war, konnte offenbar buchstäblich in einer Nacht hinweggefegt werden. Mit Schrecken glaubten Hans Reichmann wie Victor Klemperer zu erkennen, wie dünn der kulturelle Firnis in Wirklichkeit war, sodass er jederzeit einbrechen und die Barbarei Raum greifen konnte. Dieser tiefe Riss in der eigenen Biografie, der Zusammenbruch des Sicherheitsgefühls, das die subjektive Gewissheit, in einer zivilisierten Gesellschaft zu leben, verliehen hatte, können nicht unterschätzt werden. Der Affekt in Reichmanns Satz, ein Fanal entzünden zu wollen, das die Barbarei ausbrennen hilft, dokumentiert, als wie verstörend, ja zerstörend der Aufstieg des nationalsozialistischen Regimes erfahren wurde.

Barbarei erscheint hier als das der Zivilisation Entgegengesetzte, ihre Negation und Zerstörerin. Wo die Barbarei herrscht, ist die Zivilisation vernichtet. Die Schärfe der Formulierungen verweist unmissverständlich auf die tiefe Enttäuschung, dass sich die große Erzählung der Moderne, sie würde aufklärend das Licht der Vernunft ins Dunkel tragen und geschichtlich unaufhaltsam fortschreitend barbarische Verhältnisse rationalisieren und pazifizieren, als Illusion herausgestellt hatte. Ist es nicht überaus kennzeichnend, dass zu eben dieser Zeit ein emigrierter deutscher Jude in der Bibliothek des Britischen Museums ein Werk über den Prozess der Zivilisation zu schreiben beginnt?[5]

Mit dem Begriff der Barbarei suchten sich einstmals Griechen wie Römer räumlich abzugrenzen und zu erheben – barbarus war der Fremde, der weder die eigene Sprache noch die eigenen Sitten kannte.[6] Ebenso führte das grimmsche Wörterbuch unter dem Stichwort „bárbareí“ zum einen den „Landstrich in Nordafrika, wo die Berbern, oder jedes Land, wo Barbaren wohnen“ auf, verzeichnete zum anderen die Bedeutung: inhumanitas, crudelitas.[7] In der Moderne hat sich der Gegensatz von Barbarei und Zivilisation zusätzlich verzeitlicht. Nach dem neuzeitlichen Verständnis der Geschichte als eines offenen Prozesses, der sich fortschreitend auf eine gestaltbare Zukunft hin entwickelt, lag die Barbarei in weiter Vergangenheit, von der man sich zivilisatorisch mehr

5 Auf die Frage, ob er mit der historischen Darstellung nicht auch etwas über das Deutschland der 1930er-Jahre sagen wollte, antwortete Norbert Elias 50 Jahre später: „Ja ... ein wenig, ja. Ich hatte immer den Eindruck, dass die extreme Hemmungslosigkeit, zu der man in Deutschland fähig ist, unter anderem damit zusammenhängt, dass die Kultur der deutschen Mittel- und Unterschichten nur wenig durch eine Stufe im Zivilisationsprozess geprägt wurde, die in England und Frankreich sehr wichtig war – die aristokratische Stufe.“ Norbert Elias über sich selbst. A. J. Heerma van Voss/A. van Stolk, Biographisches Interview mit Norbert Elias, Frankfurt a. M. 1990, S. 71.

6 Vgl. Elke Ohnacker, Die spätantike und frühmittelalterliche Entwicklung des Begriffs barbarus, Münster 2003.

7 Der Digitale Grimm. Deutsches Wörterbuch von Jacob und Wilhelm Grimm. Elektronische Ausgabe der Erstbearbeitung. Hg. vom Kompetenzzentrum für elektronische Erschließungs- und Publikationsverfahren in den Geisteswissenschaften an der Universität Trier in Verbindung mit der Berlin-Brandenburgischen Akademie der Wissenschaften, Frankfurt a. M. 2004.

und mehr entfernte.[8] Seither ist neben der geläufigen räumlichen Struktur gleichfalls eine temporale Fortschrittsstruktur untrennbar mit dem Gegensatzpaar Barbarei und Zivilisation verbunden. „Wie unser Gang ein beständiges Fallen ist zur Rechten und zur Linken, und dennoch kommen wir mit jedem Schritt weiter", schrieb Johann Gottfried Herder Ende des 18. Jahrhunderts, „so ist der Fortschritt der Kultur in Menschengeschlechtern und ganzen Völkern." Condorcet sprach sogar von den „progrès naturels de la civilisation".[9]

Nicht nur als Deutungsfigur in autobiografischen Zeugnissen, auch in der Geschichtsschreibung zum Nationalsozialismus erscheint das Gegensatzpaar Zivilisation und Barbarei – hier allerdings als analytische Kategorie. Hans Mommsen erklärte in einem mit „Modernität und Barbarei" überschriebenen Aufsatz aus dem Jahr 1996 das NS-Regime zu einem Rückfall in eine „überwunden geglaubte barbarische Form, worunter in unserem Zusammenhang eine nicht mehr erkennbar interessengelenkte, bloß zynischer Willkür und ideologischer Verblendung entspringende Vernichtungspolitik begriffen werden muss".[10] Entsprechend schilderte Mommsen das NS-Regime als einen fortschreitenden Verfall rationaler Zweck-Mittel-Relationen. Gesetzeshandeln verwandelt sich in Ad-hoc-Maßnahmen, berechenbare Verwaltung löst sich auf und an die Stelle einer Rechtsordnung tritt die Willkür unkontrollierter Machthaber. „Diese Nicht-Struktur, diese tumorhafte Veränderung bestehender politischer Gebilde, endete mit Notwendigkeit in der Ausübung von Gewalt als Selbstzweck."[11] Uta Gerhard hat in ihrem Kommentar zu Hans Mommsen dessen Beschreibung auf den Begriff gebracht: „Verwilderung."[12] Wo bloße Gewalt regiert, herrscht Barbarei.

Mommsens Diagnose ließe sich auch umgekehrt lesen: Zivilisation wäre demnach charakterisiert durch eine spezifisch moderne, will heißen westeuropäische, Staatlichkeit, die sich entsprechend der Theorie Max Webers durch rationales Verwaltungshandeln und ein gesichertes Gewaltmonopol auszeichnet. In zivilisierten Staaten wäre die Gewalt rechtlich wie administrativ eingebunden und würde rein zweckrational eingesetzt. Zwar wäre das politische Handeln von unterschiedlichen, durchaus auch konfligierenden Interessen geleitet, freilich stets rational bestimmbar und in diesem Sinne immer auch nach vernünftigen Erwartungen berechenbar.

8 Vgl. dazu den Eintrag „Zivilisation, Kultur" von Jörg Fisch. In: Otto Brunner/Werner Conze/Reinhard Koselleck (Hg.), Geschichtliche Grundbegriffe. Historisches Lexikon zur politisch-sozialen Sprache in Deutschland, Band 7, Stuttgart 1992, S. 679–774, hier bes. 705–724.

9 Zit. nach ebd., S. 709, 719.

10 Hans Mommsen, „Modernität und Barbarei. Anmerkungen aus zeithistorischer Sicht". In: Max Miller/Hans-Georg Soeffner (Hg.), Modernität und Barbarei. Soziologische Zeitdiagnose am Ende des 20. Jahrhunderts, Frankfurt a. M. 1996, S. 137–155, 138.

11 Ebd., S. 150.

12 Uta Gerhardt, „Charisma und Ohnmacht. Bemerkungen zur These der Verwilderung der Herrschaft als Dynamik der Barbarei". In: Miller/Soeffner (Hg.), Modernität und Barbarei, S. 175–193.

Wer Gewalt geschichtlich so beschreibt, ist am Optimismus des Modernisierungstheorems orientiert.[13] Allerdings verweist der Gedanke, dass NS-Regime bedeute einen „Rückfall“, auf eine Verunsicherung, ja Ungewissheit, ob der Dynamik oder besser: der Nachhaltigkeit des Zivilisierungsprozesses wirklich zu trauen sei. Nun ist diese Skepsis bekanntermaßen von Theodor Wiesengrund Adorno und Max Horkheimer schon während des Zweiten Weltkrieges radikalisiert worden: Die Moderne kann sich nicht von ihrer Negation lösen, sie führt die Barbarei als Kehrseite stets mit sich.

> „Nicht bloß die ideelle, auch die praktische Tendenz zur Selbstvernichtung gehört der Rationalität seit Anfang zu, keineswegs nur der Phase, in der jene nackt hervortritt. [...] Der Bürger, der aus dem kantischen Motiv der Achtung vor der bloßen Form des Gesetzes allein einen Gewinn sich entgehen ließe, wäre nicht aufgeklärt, sondern abergläubisch – ein Narr. Die Wurzel des kantischen Optimismus, nach dem moralisches Handeln auch dort vernünftig sei, wo das niederträchtige gute Aussicht habe, ist das Entsetzen vor dem Rückfall in die Barbarei.“[14]

Alois Hahn hat in seinem Kommentar zu Hans Mommsen an den seit Sokrates nicht erlahmenden Glauben erinnert, dass die Menschen, wären sie nur bei Verstand, das Böse lassen würden. Was aber, fragt Hahn, wenn Einsicht und Bosheit kein Widerspruch wären?[15] Wie stünde es um die Gewissheit einer strikten Dichotomie von Zivilisation und Barbarei, gäbe es eine Rationalität des Bösen? Mommsens Entwurf vom Nationalsozialismus als einem Rückfall in die Barbarei wird von der Überzeugung bestimmt, dass die Rationalität allein der Zivilisation zugehöre. Darum kann auf der Seite der Vernichtung, des Massenmords nur die Anomie herrschen, die Irrationalität, die Willkür. In dem Moment, in dem zugegeben werden müsste, dass die nationalsozialistischen Verbrechen durchaus einer eigenen, rassistischen Rationalität folgten, die sich jenseits jedweder Menschlichkeit einer sozialdarwinistischen Moral vom Recht des Stärkeren verpflichtet glaubt, würde sich Mommsens ausschließliches Verdikt als problematisch erweisen.[16]

13 Zur empirischen Kritik an der These gewaltmindernder Zivilisierung: Thomas Lindenberger/Alf Lüdtke (Hg.), Physische Gewalt. Studien zur Geschichte der Neuzeit, Frankfurt a. M. 1995.

14 Max Horkheimer, Theodor W. Adorno, Dialektik der Aufklärung. Philosophische Fragmente (1944), Frankfurt a. M. 1986, S. 7, 92 f.

15 Alois Hahn, „Dialektik der Aufklärung Revisited“. In: Miller/Soeffner (Hg.), Modernität und Barbarei, S. 156–174.

16 Jan Philipp Reemtsma hat als Vorschlag eines Ausweges aus diesem Problem die spezifische Rationalität des Terrors als „Terroratio“ umrissen: „Es gehört zum Durchsetzungspotenzial terroristischer Handlungen, dass man sie ‚nicht für möglich‘ hält. Wer ihre Logik in ‚normalen‘ Zweck-Mittel-Beziehungen sucht, mit dem Ziel, sie zu antizipieren, sucht dort, wo Licht ist, nicht dort, wo der verlorene Schlüssel liegt. Der Terror zerstört jenes ‚Mindestmaß an antizipatorischen Vertrauen‘, das dazu gehört, sich in nicht-terroristischen Handlungen zurechtzufinden. Der Terror schafft eine Welt aus Handlungen, [...] die darum geschehen, weil solche Handlungen zuvor geschehen sind.“ Jan Philipp Reemtsma, Terroratio. Überlegungen zum Zusammenhang von Terror, Rationalität und Vernichtungspolitik. In: ders., u. a. Falun. Reden & Aufsätze, Berlin 1992, S. 265–301, Zitat S. 295.

Es war Zygmunt Bauman, der in einer diametralen Position zu Mommsen die Überlegungen aus der „Dialektik der Aufklärung“ aufgegriffen und in seinem Buch, das den gewiss signifikanten, nämlich korrespondierenden Titel „Dialektik der Ordnung“ trägt, die Shoah als ein Resultat der Moderne aufgefasst hat. „Der Holocaust wurde inmitten der modernen, rationalen Gesellschaft konzipiert und durchgeführt, in einer hochentwickelten Zivilisation und im Umfeld außergewöhnlicher kultureller Leistungen; er muss daher als Problem dieser Gesellschaft, Zivilisation und Kultur betrachtet werden.“[17] Der Holocaust, so Bauman, entsprang genuin rationalistischen Überlegungen und wurde von einer „Bürokratie in Reinkultur“ produziert. Nicht, dass die moderne Bürokratie zum Massenmord bestimmt sei, Genozide bringe sie nicht mit Notwendigkeit hervor, aber es sei gerade die „bürokratische Kultur“, wo Gesellschaft als ein administratives Objekt begriffen werde, in der sich das Projekt des Massenmords als „Problemlösung“ entwickeln könne.[18]

Ähnlich urteilte übrigens auch Raul Hilberg, nach dessen Einschätzung sich der Vernichtungsapparat nicht grundlegend vom deutschen Gesellschaftsgefüge abhob. „Der Unterschied war lediglich ein funktioneller. Die Vernichtungsmaschine war in der Tat nichts anderes als eine besondere Rolle der organisierten Gesellschaft.“[19] Gerade weil der moderne Rationalisierungsprozess – auch Bauman verweist auf Max Weber – den Einsatz von Gewalt aus normativ-moralischen Einfassungen herausgelöst habe, wohne bürokratischen Strukturen die Tendenz inne, rational begründete Gewalt auch dann einzusetzen, wenn sie verbrecherisch ist. Allerdings nicht in dem Sinn, dass das bürokratische System moralische Normen als solche zerstöre. „Die Bürokratie vereinnahmt die Moral mit dem doppelten Ergebnis, Funktionalität zu moralisieren und alles, was nichtfunktional ist, als moralisch irrelevant hinzustellen.“[20] So habe Adolf Eichmann Wert darauf gelegt, nichts moralisch Verwerfliches getan, sondern sich strikt um die gewissenhafte Ausführung von Befehlen gekümmert zu haben.

Unter dieser Perspektive löst sich der Dualismus von Zivilisation und Barbarei auf, weshalb die nationalsozialistische Vernichtungspolitik als eine mögliche, wenn auch nicht unausweichliche Konsequenz des Modernisierungsgeschehens erscheint. Der Holocaust wird zu einer in der Moderne stets präsenten Eventualität. „Alles ist möglich“ heißt es in Harald Welzers jüngstem Buch über NS-Täter – überall und jederzeit.[21] Unter diesem Gesichtswinkel leben die Menschen der Moderne in der Allgegenwart einer bürokratisierten Gewalt, die in reiner Funktionalität prinzipiell zu den fürchterlichsten Verbrechen in der Lage wäre.

17 Zygmunt Bauman, Dialektik der Ordnung. Die Moderne und der Holocaust, Hamburg 1992, S. 10.

18 Ebd., S. 31 f.

19 Raul Hilberg, Die Vernichtung der europäischen Juden, durchgesehene und erweiterte Ausgabe, Frankfurt a. M. 1990, S. 1061 f.

20 Bauman, Dialektik, S. 175.

21 Harald Welzer, Täter. Wie aus ganz normalen Menschen Massenmörder werden, Frankfurt a. M. 2005, S. 246.

Jede Hoffnung, sich, obwohl mühsam Schritt für Schritt, aber doch unaufhaltsam, vom Zustand barbarischer Gewalt zivilisatorisch zu entfernen, wäre ebenso zerstoben wie die Gewissheit, bestimmte Formen der Gewalt als Negation aller Zivilisiertheit verurteilt und geächtet zu sehen.

Bauman versucht dem in der Moderne selbst angelegten Gewaltlabyrinth zu entkommen, indem er eine Theorie der Moral entwirft, die gegen die Herrschaft der Funktionalität ganz auf das moralische Urteilsvermögen des Individuums setzt. Dessen Quellen meint Bauman in einem vorgesellschaftlichen Zustand freilegen zu können. Im Anschluss an Emmanuel Levinas erklärt er das individuelle Verantwortungsgefühl, die Pflicht gegenüber dem anderen, die kein partikulares Interesse verunstaltet, zum existenziellen Modus humaner Subjektivität. Die Wurzeln einer solchen Moral, die aller Intersubjektivität strukturierend vorhergeht, sollen tiefer reichen als die Gesamtheit der geschichtlichen Ausformungen, in denen sich Herrschaft und Kultur manifestieren.[22] Unversehens ist damit die Barbarei doch wieder in die Konstruktion hineingeschlüpft, freilich nicht mehr in der Gestalt einer ständig drohenden Negation, von der sich die Zivilisation anhaltend zu distanzieren hat, sondern als das andere moderner Negativität, als der Fluchtpunkt eines normativ aufgeladenen Positiven, als Ort einer vorgesellschaftlichen Moral, die unmanipuliert, rein und elementar ist. Es ist Rousseaus Ruf „Zurück zur Natur“, in den Zygmunt Bauman einstimmt, es ist die Figur des „natürlichen, also guten Wilden“, die er als unverfälschten, unkorrumpierten, unzivilisierten Gegenpol zur herrschenden Kultur aufruft. Das Gegensatzpaar Zivilisation und Barbarei wird damit bloß umgekehrt, doch bleibt es in Baumans rousseauistischer Kritik der Moderne als solches erhalten.

Das Bild vom Barbaren, der zivilisatorische Dekadenz bekämpft und überwindet, ist die dritte Möglichkeit, das Verhältnis von Zivilisation und Barbarei zu bestimmen. Üblicherweise ist diese Denkfigur eher versteckt, manchmal hat es sogar den Anschein, als würde sie schamhaft verschwiegen. Dennoch ist sie überaus wirkungsmächtig und präsent. Kein geringerer als Friedrich Nietzsche hat sie scharf und unerbittlich formuliert:

> „Sagen wir es uns ohne Schonung, wie bisher jede höhere Kultur auf Erden angefangen hat! Menschen mit einer noch natürlichen Natur, Barbaren in jedem furchtbaren Verstande des Wortes, Raubmenschen, noch im Besitz ungebrochner Willenskräfte und Macht-Begierden, warfen sich auf schwächere, gesittetere, friedlichere, vielleicht handeltreibende oder viehzüchtende Rassen, oder auf alte mürbe Kulturen, in denen eben die letzte Lebenskraft in glänzenden Feuerwerken von Geist und Verderbnis verflackerte. Die vornehme Kaste war im Anfang immer die Barbaren-Kaste: Ihr Übergewicht lag nicht vorerst in der physischen Kraft, sondern in der seelischen – es waren die *ganzeren* Menschen (was auf jeder Stufe auch so viel mit bedeutet als ‚die ganzeren Bestien‘).“[23]

22 Bauman, Dialektik, S. 198.
23 Friedrich Nietzsche, Jenseits von Gut und Böse. Vorspiel zu einer Philosophie der Zukunft, Neuntes Hauptstück: was ist vornehm? (1886). In: ders., Sämtliche Werke. Kritische Studienausgabe. Hg. von Giorgio Colli/Mazzino Montinari, Band 5, München 1980, S. 205f.

Nietzsche trieb diesen Ursprungsmythos noch weiter, indem er die Barbarei als notwendigen Ausbruch, als wünschenswerten Ausnahmezustand gegenüber dem mediokren Reich der Normalität akzentuiert.

„... und dieselben Menschen, welche so streng durch Sitte, Verehrung, Brauch, Dankbarkeit, noch mehr durch gegenseitige Bewachung, durch Eifersucht inter pares in Schranken gehalten sind, die andrerseits im Verhalten zueinander so erfinderisch in Rücksicht, Selbstbeherrschung, Zartsinn, Treue, Stolz und Freundschaft sich beweisen, – sie sind nach außen hin, dort wo das Fremde, die Fremde beginnt, nicht viel besser als losgelassene Raubtiere. Sie genießen da die Freiheit von allem sozialen Zwang, sie halten sich in der Wildnis schadlos für die Spannung, welche eine lange Einschließung und Einfriedigung in den Frieden der Gemeinschaft gibt, sie treten in die Unschuld des Raubthier-Gewissens *zurück*."[24]

Nietzsches Aphorismus beschwört „die blonde Bestie", wohlgemerkt nicht als den Prototypen des faschistischen Herrenmenschen, sondern als Moment eines Rückfalles und Name für einen Doppelgänger, der die Zivilisierten so begleitet wie der durch und durch böse Mr. Hyde den geachteten Arzt Dr. Jekyll. Die Rede ist von einem Alter Ego, das jedem gesitteten Menschen innewohnt, von einer Instanz, die Freud dann nach Nietzsche auf den Begriff des Unbewussten taufen wird, auch und nicht zuletzt um eine innere Wildnis darzustellen, die von unbearbeiteten Wünschen nach ungezügelter Freiheit und Trieberfüllung zeugt. „Das Tier muss wieder heraus, muss wieder in die Wildnis zurück."[25]

Wer in dieser Weise über Barbarei und Zivilisation spricht, erschreckt und provoziert. Er macht Angst, weil nicht nur der gesellschaftliche Zivilisationsprozess, sondern zumal das eigene zivilisatorische Selbstbild, die individuelle Kulturleistung der Selbstbeherrschung infrage gestellt wird. Und doch werden wir uns der Faszination kaum entziehen können, die von Visionen eines ungehemmten und unbedingten Auslebens der eigenen Wünsche jenseits jeder Gemeinschaftsmoral ausgeht. Vielleicht lässt sich der Nationalsozialismus auch als eine Praxis beschreiben, die den individuellen Wünschen nach schrankenloser Selbstermächtigung durch die die Phantasmen von Herrenrasse und Volksgemeinschaft einen kollektiv gültigen Freibrief ausgestellt und dadurch auf schreckliche Weise erst zur Verwirklichung verholfen hat.

24 Friedrich Nietzsche, Zur Genealogie der Moral. Eine Streitschrift (1887). In: ders., Sämtliche Werke. Kritische Studienausgabe. Hg. von Giorgio Colli/Mazzino Montinari, Band 5, München 1980, S. 274 f.
25 Ebd.

II.

Wie haben die Nazis ihrerseits über Barbarei geredet? Die Antwort fällt weit weniger eindeutig aus als zu erwarten wäre. Dabei hätte allein schon die Frage die Nationalsozialisten vor gewisse Schwierigkeiten gestellt, hatten sie sich ihrem nationaldeutschen Geschichtsverständnis nach doch zu Vorfahren bekannt, die erklärtermaßen „Barbaren" waren. Denn als solche galten die Germanen ja nicht nur in römischer Sicht, sondern auch unter der Perspektive des aufgeklärten Bildungsbürgertums: Sie hatten das Römische Reich zerstört, den Hort abendländischer Zivilisation. Um derartige Assoziationen abzuwehren, bemühten sich insbesondere Heinrich Himmler und die SS, die Germanen zu eigentlichen Kulturträgern umzudeuten. „Ewiger und älter als Rom, ewiger und älter ist Deutschland!" So lautete das historisch wie sprachlich unsinnige SS-Motto anlässlich des Julfests zur Wintersonnenwende 1935, das im neuheidnischen Jahresfestkalender der SS die Alternative zum christlichen Weihnachtsfest darstellte.[26] Und Himmler erklärte 1937, er habe es immer „als ein Zeichen größter Barbarei" empfunden, dass Bonifatius, um die christliche Übermacht gegenüber den heidnischen Göttern zu demonstrieren, eine Eiche bei Hofgeismar umgeschlagen habe, denn „es ist eine Unverschämtheit zu behaupten, dass unsere Vorfahren diese Eiche angebetet hätten".[27]

Hitler hingegen war durchaus anderer Meinung. Wenige Wochen nach Beginn des Vernichtungskrieges gegen die Sowjetunion schwadronierte er bei Tisch: „Italien ist die Heimat der Staatsidee, war doch das römische Weltreich die einzige wirklich große staatspolitische Gestaltung. Die Musikalität des Volkes, ihr Sinn für schöne Verhältnisse und Proportionen, die Schönheit der Menschen! Die Renaissance war doch der Anbruch eines neuen Tages, das Sich-Wiederfinden des arischen Menschen."[28] Aber auch in seiner rassistischen Weltperspektive waren die arischen „Herrenmenschen" aus den barbarischen Stämmen in Nordeuropa hervorgegangen, die sich aufgrund widriger Umweltbedingungen als kämpferischer und überlegener erwiesen als die Völker des Südens, denen alle Lebensmittel gewissermaßen zufielen. Die Entbehrungen des Nordens zwangen die Menschen, so Hitler, zum Prinzip der Arbeit, um sich Kleidung und Wohnungen zu schaffen, zur „Rassenreinzucht", denn nur „ein Geschlecht der Riesen" habe die Chance zum Überleben gehabt und angesichts der äußeren harten Grenzen zu einem „tief innerlichen Seelenleben" gefunden.

26 Vgl. Josef Ackermann, Heinrich Himmler als Ideologe, Göttingen 1970, S. 53.
27 Heinrich Himmler, Rede anlässlich der Gruppenführer-Besprechung in Tölz am 18.2.1937 (NS 19/4004, Bl. 91).
28 Henry Picker, Hitlers Tischgespräche im Führerhauptquartier, vollst. überarb. u. erw. Neuausgabe, Stuttgart 1977, S. 58f. (21.7.1941). Zerstört worden sei die römische und griechische Glanzzeit, so Hitler, durch das Christentum, insbesondere durch den Juden Paulus (ebd., S. 78f. [1.12.1941], 106f. [17.2.1942] u. a. m).

Diese Eigenschaften hätten den „nordischen Rassen" die Fähigkeit verliehen, „staatenbildend über die übrige Welt zu ziehen" und Hochkulturen zu schaffen.[29]

Der Barbar als Krieger, der den alten, ermatteten Zivilisationen den Todesstoß versetzt und eine neue heroische Ordnung schafft, stellte im nationalsozialistischen Denken eine weitere Ausdeutung des Gegensatzpaares von Barbarei und Zivilisation dar. Unter der bezeichnenden Überschrift „Sind wir Barbaren?" setzte sich die SS-Zeitschrift „Das Schwarze Korps" in der Endphase des Krieges im Dezember 1944 in einem langen, allerdings nicht namentlich gekennzeichneten Artikel mit dem alliierten Vorwurf, die Deutschen seien Barbaren, auseinander. Während der Krieg aus der „Zivilisationsperspektive des europäischen Bürgers" „als Sieg der Barbarei" erscheinen müsse, zerbräche, so „Das Schwarze Korps", in Wahrheit nicht das Leben, vielmehr sei die bürgerliche Lebensform an ihr Ende gelangt. Was die Frontsoldaten des Ersten Weltkrieges bereits gespürt hätten, werde nun ganz offenbar: „Ein neues Zeitalter kündigt sich an, und der gestaltende Geist ist auf dem Wege, die neuen Grenzmarken seiner Herrschaft abzustecken. Eine große Lebenslüge entlarvt sich, und während eine Welt, die der Bindung an das Ewige entraten zu können glaubte, unter dem Hohngelächter der Götter zusammenbricht, wird die neue Gestalt des Lebens, die sich aus tieferen, unveränderlichen Gründen speist, in der Kontur bereits sichtbar." Der Krieg, der die bürgerliche Existenz gefährdet, werde zum großen Wandler der Zeit, und nun trete das Bild des Kriegers mit dem Anspruch hervor, die Zukunft der Welt zu gestalten. „Dieses Bild trug – wer wollte es leugnen – barbarische Züge. Wer sich anschickt, eine Welt neu zu gestalten, der muss jedwede Empfindsamkeit aus seinem Leben verbannen, er muss auf jede Art Ballast verzichten, er muss von sich werfen können, was die Gefahr in sich birgt, den Schwung seiner Taten zu hemmen."[30]

Das ist die Losung aller Weltrevolutionäre: Wer eine neue Welt schaffen will, darf sich von der alten keinerlei Bedingungen und Schranken setzen lassen. Die geschichtliche Gewissheit, die Zukunft zu gestalten, verleiht das Recht zu jeder nur erdenklichen Tat, selbst wenn sie in gegenwärtiger Perspektive als Verbrechen erscheint. Müsse für Deutschlands Zukunft, so Heinrich Himmler in seiner berüchtigten Posener Rede 1943, ein Panzergraben gebaut werden und würden dabei „10 000 russische Weiber an Entkräftung umfallen", sei das nur wichtig unter dem Blickwinkel, dass der Panzergraben rechtzeitig fertig werde.

29 Adolf Hitler, „Warum sind wir Antisemiten?", Rede in München am 13.8.1920, dokumentiert in: Hitler, Sämtliche Aufzeichnungen 1905–1924. Hg. von Eberhard Jäckel/ Axel Kuhn, Stuttgart 1980, S. 184–204, hier 185 f.; vgl. auch die ausführliche Interpretation dieser Rede von Klaus Holz, Nationaler Antisemitismus. Wissenssoziologie einer Weltanschauung, Hamburg 2001, S. 359–430.

30 „Sind wir Barbaren?" In: Das Schwarze Korps vom 14.12.1944, S. 4. Ich danke Daniela Siepe für den Hinweis auf diesen Artikel.

„Ob die anderen Völker in Wohlstand leben oder ob sie verrecken vor Hunger, das interessiert mich nur insoweit, als wir sie als Sklaven für unsere Kultur brauchen".[31]

Unversehens findet sich damit der Massenmörder als Kulturträger definiert. Eine neue Version, Zivilisation und Barbarei ins Verhältnis zu setzen, wird formuliert. Der „Herrenmensch" ist nun an die Spitze einer neuen, rassistischen Kultur getreten, während die übrigen Völker als barbarische „Untermenschen" in die Sklaverei gezwungen und eben deshalb per definitionem rücksichtslos für die „höhere Kultur" ausgebeutet werden dürfen. „Ich stelle mir vor", so Himmler 1943 über die eroberten Gebiete im Osten, „dass wir unbarmherzig in der Siedlung sind, denn diese neuen Provinzen müssen germanische, blonde Provinzen Deutschlands werden, müssen nationalsozialistische Provinzen werden."[32] Ganz im Unterschied zur preußischen Germanisierungspolitik, die sich stets auch als Zivilisierungsmission dünkte, um den angeblich unterentwickelten Polen deutsche Kultur zu bringen, verstanden die Nationalsozialisten ihre Eroberungen als zivilisatorische Vorstöße ins barbarische Land. „Es ist eben ein Stückchen Asien, in das wir hereingekommen sind, und wir wollen eben die Grenze Germaniens um einen Schritt weiterschieben; damit die Grenze Europas."[33]

Den dort lebenden Menschen war allenfalls der Status von Arbeitssklaven und Zwangsarbeitern zugedacht. Nur Volksschulbildung sollte es geben, die „einfaches Rechnen bis höchstens 500" und das Schreiben des eigenen Namens vermittelte sowie, so sah es Heinrich Himmler in seiner Denkschrift über die „Behandlung der Fremdvölkischen im Osten" aus dem Mai 1940 vor, „eine Lehre, dass es ein göttliches Gebot ist, den Deutschen gehorsam zu sein und ehrlich, fleißig und brav zu sein. Lesen halte ich nicht für erforderlich."[34] Alle übrigen Menschen, die in der Perspektive der „Herrenmenschen" überflüssig waren, sollten, wie es der berüchtigte „Generalplan Ost" festhielt, zu Millionen deportiert oder ermordet werden. Hier ging es ausschließlich um „Lebensraum"-Politik für die „Herrenrasse", nicht um eine imperiale Zivilisierungsmission. Allenfalls hätten sich für den Fall eines nationalsozialistischen Sieges Züchtungsfantasien eröffnen können, mit denen, um in Himmlers Terminologie zu bleiben, das „gute Blut" für das Germanische Großreich gewonnen werden sollten.

31 Heinrich Himmler, Rede auf der SS-Gruppenführertagung in Posen am 4.10.1943, gedruckt in: Der Prozeß gegen die Hauptkriegsverbrecher vor dem Internationalen Militärgerichtshof, Band 29, Nürnberg 1947, S. 110-173, hier 123.

32 Ebd., S. 142.

33 Rede Himmlers vor Gauleitern und anderen Parteifunktionären am 29.2.1940 in Berlin, in: Heinrich Himmler, Geheimreden 1933 bis 1945 und andere Ansprachen. Hg. von Bradley F. Smith/Agnes F. Petersen, Frankfurt a. M. 1974, S. 115-144, Zitat S. 130.

34 Denkschrift Himmlers „Einige Gedanken über die Behandlung der Fremdvölkischen im Osten", Mai 1940. In: Ackermann, Himmler als Ideologe, S. 298-300, hier 299.

Der „Untermensch“ wurde in der SS-Propaganda eher als Tier denn als Mensch gezeichnet. Im SS-Schulungsheft „Der Untermensch“, das im Jahr 1942 herauskam und an dem Himmler persönlich großen Anteil genommen hatte, hieß es: „Der Untermensch, jene biologisch scheinbar völlig gleichgeartete Naturschöpfung mit Händen, Füßen und einer Art Gehirn, mit Augen und Mund, ist doch eine ganz andere, eine furchtbare Kreatur, ist nur ein Wurf zum Menschen hin, mit menschenähnlichen Gesichtszügen - geistig, seelisch jedoch tiefer stehend als jedes Tier. Im Innern dieses Wesens ein grausames Chaos wilder, hemmungsloser Leidenschaften: namenloser Zerstörungswille, primitivste Begierde, unverhüllteste Gemeinheit. Untermensch - sonst nichts!“[35]

Dieser Kaskade negativer Eigenschaften, die dem „Untermenschen“ zugeschrieben werden, ist unverkennbar die Furcht vor dem eigenen Triebhaften eingeschrieben, ja fast stellt sich der Eindruck einer ungewollten Selbstbeschreibung ein, wo von hemmungslosen Leidenschaften, Zerstörungswillen oder primitivster Begierde die Rede ist. Was Friedrich Nietzsches in einem Vorgriff auf die Psychoanalyse jeder einzelnen, von den Zumutungen der Zivilisation in Anspruch genommenen Person attestiert hatte, zerlegen die Nationalsozialisten wieder in getrennte Zusammenstellungen von Attributen, die einerseits die sich zivilisiert dünkende „Herrenrasse“ auszeichnen und andererseits die angeblich triebhaften „Untermenschen“ abwerten sollen.

Vierte Variation: Auch die Nationalsozialisten variieren den geläufigen Topos, wonach der Krieg gegen die Barbaren barbarisch geführt werden müsse. Immer wieder sprechen Feldpostbriefe deutscher Soldaten im Zweiten Weltkrieg davon, dass man gegen „Wilde“ zu kämpfen habe, deren hinterhältiges Verhalten grausame Reaktionen rechtfertige. Wer als „Zivilisierter“ gegen „Wilde“ kämpft, soll sich jedes Mittels bedienen dürfen, ja wird um des Überlebens im „Dschungel“ willen gezwungen, sich aller zivilisatorischen Rücksichtnahme zu entledigen. In der Vorstellung, gegen einen jüdischen Weltfeind zu kämpfen, kehrt eben diese Rechtfertigung in einem Kontext wieder, in dem der Massenmord an den europäischen Juden legitimiert werden soll. Joseph Goebbels trägt am 27. März 1942 in sein Tagebuch ein: „Aus dem Generalgouvernement werden jetzt, bei Lublin beginnend, die Juden nach dem Osten abgeschoben. Es wird hier ein ziemlich barbarisches und nicht näher zu beschreibendes Verfahren angewandt, und von den Juden selbst bleibt nicht mehr viel übrig. [...] An den Juden wird ein Strafgericht vollzogen, das zwar barbarisch ist, das sie aber vollauf verdient haben. Die Prophezeiung, die der Führer ihnen für die Herbeiführung eines neuen Weltkriegs mit auf den Weg gegeben hat, beginnt sich in der furchtbarsten Weise zu verwirklichen.“[36]

35 Der Untermensch. Herausgeber: Der Reichsführer-SS, SS-Hauptamt, Berlin 1942, S. 1.
36 Die Tagebücher von Joseph Goebbels. Sämtliche Fragmente, im Auftrag des Instituts für Zeitgeschichte hrsg. von Elke Fröhlich, Teil II, Band 3, München 1994, S. 561.

Himmler schärfte seinen SS-Männern immer wieder ein, dass sie unerbittlich und mitleidslos handeln müssten, allein auf den Nutzen des eigenen Volkes bedacht. Selbst wenn die anzuwendenden Mittel barbarisch seien, dürfe es kein Zaudern und Zögern geben. Den Befehl, die Stadt Warschau vollständig zu zerstören, rechtfertigte er 1944 mit den Worten: „Sie können nun denken, ich sei ein furchtbarer Barbar. Wenn Sie so wollen: Ja das bin ich, wenn es sein muss."[37] Und doch ist in Goebbels wie Himmlers Überzeugung, der barbarische Feind nötige zu barbarischen Maßnahmen, kaum die untergründige Befürchtung zu überhören, dass das Barbarische, einmal entfesselt, womöglich nicht mehr einzuhegen sei. Offenkundig wurden selbst die entschlossensten Nationalsozialisten die Furcht vor der Barbarei nicht los. Ihnen erging es nicht anders als den von ihnen verachteten Bürgern: Trotz des ideologischen und propagandistischen Aufwandes, der betrieben wurde, um sich von der eigenen rassistischen Überlegenheit zu überzeugen, blieb die tief sitzende Angst vor der Ansteckungsgefahr durch die Barbarei mächtig.

Ahnungsvoll formulierte Ernst Jünger in seinen Aufzeichnungen über die Inspektionsreise in den von deutschen Truppen besetzten Kaukasus im Winter 1941/42, dass die entfesselte Gewalt, die „Schinderwelt" (Jünger) des Massenmords, das Humanum zerstören könnte. In Woroschilowsk erfuhr er, dass der SD, um für ein medizinisches Institut in einer örtlichen Kolchose Raum zu schaffen, 800 russische Geisteskranke umgebracht hatte. „In einem solche Zuge", notierte Jünger, „verrät sich die Neigung des Technikers, die Moral durch Hygiene zu ersetzen, ganz ähnlich wie er die Wahrheit durch Propaganda ersetzt."[38] Wenige Tage später hält er fest, die Partisanen würden „Wolfsrudeln gleich in ihren Wäldern zur Ausrottung umstellt. Ich hörte hier Dinge, die in die Zoologie einschneiden." Früher habe er selbst dem Gedanken angehangen, dort, wo alles erlaubt sei, ergebe sich „erst Anarchie, dann strengere Ordnung". Wer seinen Gegner willkürlich behandle, dürfe selbst kein Pardon erwarten. Somit bildeten sich „neue, härtere Kampfregeln" aus. Nun treibe die Praxis aber unausweichlich dem Augenblick zu, in dem die Hand gegen Wehrlose erhoben werde. Der Krieg sei „kein Kuchen, den die Parteien restlos teilen; es bleibt immer ein gemeinsames Stück. Das ist der göttliche Anteil, der dem Streit entzogen bleibt und der den Kampf der puren Bestialität und der dämonischen Gewalt entzieht." Der wirklich Starke fühle sich auch für seinen Gegner verantwortlich.[39] Ernst Jünger, der Stoßtruppführer des Ersten Weltkrieges, der den Krieg als grausamen, doch heroischen Zweikampf imaginierte, sich selbst als „ursprünglichen Krieger" (John Keegan) stilisierte, der auch jetzt fortgesetzt

37 Rede Himmlers vor den Wehrkreisbefehlshabern, 21.9.1944 (BArch NS 19/323), zit. nach Ackermann, Himmler, S. 215, Anm. 117.
38 Ernst Jünger, „Kaukasische Aufzeichnungen". In: Sämtliche Werke, Erste Abteilung, Band 2: Strahlungen I, Stuttgart 1979, S. 431, Eintrag unter dem 1.12.1941.
39 Ebd., S. 441, Eintrag unter dem 11.12.1941.

verdrängte, verleugnete, verdeckte, was er täglich sah, fand sich in der kaukasischen Welt des Mordens nicht mehr zurecht. „Ein Ekel ergreift mich dann vor den Uniformen, den Schulterstücken, den Orden, den Waffen, deren Glanz ich so geliebt habe. Das alte Rittertum ist tot; die Kriege werden von Technikern geführt. Der Mensch ist hat also jenen Stand erreicht, den Dostojewski im ‚Raskalnikow' beschrieben hat. Da sieht er seinesgleichen als Ungeziefer an. Gerade davor muss er sich hüten, wenn er nicht in die Insektensphäre hineingeraten will."[40]

Diese Furcht vor der „Ansteckung" mit der selbst entfesselten Barbarei lässt sich sogar in Himmlers berüchtigter Posener Rede vom Oktober 1943 ausmachen. „Wir hatten das moralische Recht", heißt es dort, „wir hatten die Pflicht gegenüber unserem Volk, dieses Volk, das uns umbringen wollte, umzubringen. Wir haben aber nicht das Recht, uns auch nur mit einem Pelz, mit einer Uhr, mit einer Mark oder mit einer Zigarette oder mit sonst etwas zu bereichern. Wir wollen nicht am Schluss, weil wir einen Bazillus ausrotten, an dem Bazillus krank werden und sterben."[41] Himmlers lange, über drei Stunden dauernde Rede vor den etwa 70 SS-Gruppenführern, also vor der Generalität der SS, vermittelte eine dramatische Botschaft. Himmler zeichnete eingangs ein umfassendes und schonungsloses Bild vom Krieg an der Ostfront, der verloren sei, wenn nicht - und dieser Teil bildete den Schwerpunkt der Rede - die SS mit ihren besonderen Tugenden wie Treue, Gehorsam, Tapferkeit, Einsatzbereitschaft und Willen zum Sieg die drohende Niederlage abzuwenden in der Lage sei. „Ein Krieg muss geistig, willensmäßig, seelisch gewonnen werden", insistierte Himmler, „dann ist die körperliche, leibliche, materielle Gewinnung nur eine Folgeerscheinung." Dass allein die SS diese unerbittliche, auch gegen sich selbst rücksichtslose Kraft besitze, habe sie - und das ist der Übergang zur Erwähnung des Massenmords an den europäischen Juden - in der Exekution der „Endlösung" unter Beweis gestellt.

Es ist signifikant für diese Passage, dass Himmler, der als oberster Vorgesetzter die SS-Gruppenführer während der ganzen Rede mit dem förmlichen „Sie" angesprochen hat, nun, und auch nur an dieser Stelle, ins vertrauliche „Du" wechselt. Da es von dieser Rede einen Tonmitschnitt gibt, kann man die abrupte Stille hören, die während dieser Ausführungen im Raum herrscht:

„Es gehört zu den Dingen, die man leicht ausspricht: ‚Das jüdische Volk wird ausgerottet', sagt ein jeder Parteigenosse, ‚ganz klar, steht in unserem Programm, Ausschaltung der Juden, Ausrottung, machen wir.' Und dann kommen sie alle an, die braven 80 Millionen Deutschen, und jeder hat seinen anständigen Juden. Es ist ja klar, die anderen sind Schweine, aber dieser eine ist ein prima Jude. Von allen, die so reden, hat keiner zugesehen, keiner hat es durchgestanden. Von Euch werden die meisten wissen, was es heißt,

40 Ebd., S. 470, Eintrag unter dem 31.12.1941; vgl. dazu Jan Philipp Reemtsma, „Es schneit der Wind das Ärgste zu" Ernst Jünger im Kaukasus. In: ders., Mord am Strand. Allianzen von Zivilisation und Barbarei. Aufsätze und Reden, Hamburg 1998, S. 316-346.

41 Himmler, Rede am 4.10.1943 (Anm. 29), S. 146.

wenn 100 Leichen beisammen liegen, wenn 500 daliegen oder wenn 1 000 daliegen. Dies durchgehalten zu haben, und dabei - abgesehen von Ausnahmen menschlicher Schwächen - anständig geblieben zu sein, das hat uns hart gemacht. Dies ist ein niemals geschriebenes und niemals zu schreibendes Ruhmesblatt unserer Geschichte."[42]

Das ist keine, schon auf die Nachkriegszeit gerichtete Apologie der eigenen Verbrechen, es ist der Legitimationskern der eigenen Taten. Gerade indem Himmler das „Unmenschliche" benannte, das diesen Morden selbst für die Mörder anhaftete, indem er die Vernichtungspraxis nicht beschönigte oder mit falschem Pathos versah, sondern als unausweichliche Notwendigkeit bezeichnete, als Barbarei, die getan werden musste - und die zu tun einem nur erlaubt sei, wenn man sie „anständig", „zivilisiert" begehe, bot er eine Rechtfertigungsfigur an, die es den Mördern gestattete, sich als moralisch integere, nämlich zur „Anständigkeit" befähigte Menschen zu begreifen. Himmlers Formulierung, die Gewissheit, anständig geblieben zu sein, müsse ein Geheimnis bleiben, ein „niemals geschriebencs und niemals zu schreibendes Ruhmesblatt unserer Geschichte", lud seine Zuhörer darüber hinaus zu der Perfidie ein, sich noch und gerade im Nachkriegsdeutschland als anonyme Helden zu verstehen, deren historische Leistung zwar gegenwärtig nicht gewürdigt werden könne - dem stand die Hegemonie der Alliierten und der Opportunismus der Deutschen entgegen -, jedoch bei künftigen Generationen die angemessene öffentliche Anerkennung finden werde.

Himmlers Rede, die gewöhnlich als unverstellter Ausdruck perverser Moralität und verbrecherischen Zynismus herangezogen wird, weist in Wahrheit auf ein konstitutives Element in den Selbstrechtfertigungen nationalsozialistischer Massenmörder hin. Sie waren trotz des entfesselten Mordens nicht zu „Tieren" geworden, hatten sich vielmehr moralisch, nämlich „anständig" verhalten und eine letzte Grenze nicht überschritten. Gerade an solcher Apologetik ist abzulesen, wie sehr die Täter von der Sorge getrieben waren, die Unterscheidung zwischen Mensch und Tier, Kultur und Trieb, Zivilisation und Barbarei getilgt zu haben. So ist es keineswegs überraschend, wenn Heinrich Himmler einen Tugendkatalog männlicher Selbstdisziplinierung bemüht, um bestreiten zu können, dass Mordlust in den exzessiven Gewaltpraktiken am Werk gewesen sei. Wolfgangs Sofskys bestechender und oft zitierter Satz, dass diese Männer nicht mordeten, weil sie mussten, sondern weil sie durften, weist womöglich ebenso wie Dan Diners bekannter Topos vom „Zivilisationsbruch" in eine falsche Richtung. Im Gegenteil, gerade weil sie die Vernichtungspraxis als eine ihnen aufgezwungene Barbarei verstanden, die nicht barbarisch, sondern „zivilisiert", das heißt kontrolliert, diszipliniert und souverän, zu exekutieren sei, waren diese Akteure in der Lage, einen gigantischen Massenmord planmäßig und effektiv zu begehen.

42 Ebd., S. 145.

III.

Am Ende dieser Betrachtung steht nicht die beruhigende Erkenntnis, ein komplexes Problem durch beharrliche Analyse reduziert zu haben. Vielmehr ist das Gegenteil erreicht. Gegenüber dem Dualismus von Zivilisation und Barbarei verhielten sich die Nationalsozialisten nicht anders als die von ihnen gescholtenen und verachteten Bürger. Auch ihnen war die Angst vor dem Chaos, die Sorge, der Tabubruch löse alle Ordnung auf, keineswegs fremd. Wie die Bürger bewunderten sie den Barbaren als einen Heroen, der es mit den Verzärtelungen der Zivilisation, mit ihrer Dekadenz aufnimmt und die Degeneration überwindet. Ebenso schrieben sie sich die Rolle der „Herrenmenschen" zu, die aufgerufen sind, Kultur und Zivilisation gegen die „asiatischen" Barbaren zu verteidigen, die im Kampf gegen die „Untermenschen" die Suprematie ihrer Rasse unter Beweis stellen. In der existenziellen Auseinandersetzung zwischen der Zivilisation und ihren Herausforderern durfte kein Pardon gegeben werden. Die barbarischen Taten sollen sich aus der Natur einer Konfrontation rechtfertigen, die ins Herz der Finsternis führt, dorthin, wo Wildheit und Heimtücke des barbarischen Feindes dem zivilisierten Krieger keine andere Wahl lassen, als es mit allen, so auch den barbarischen Mitteln zu versuchen. „‚Der Nazi' war kein folgsamer Untertan, sondern ein kreativer Barbar, der seine Barbarei als Ausweis seiner Kreativität und umgekehrt ansah."[43]

Detlev Peukert hat dafür plädiert, die Moderne zu denken so wie sich die Römer ihren Gott Janus vorgestellt haben, also mit einem Doppelgesicht. Dieser Gott des Eingangs und Ausgangs kam nur zur Ruhe, wenn Frieden herrschte. Dann durften die Tore seines Tempels geschlossen werden. Dazu sind wir mit Blick auf den Nationalsozialismus nicht autorisiert. Seine Janusköpfigkeit ist irreduzibel, ihn einfach auf die Seite der Barbarei zu schlagen, erzeugte einen falschen Frieden. Mit der Zuweisung, sie seien die Barbaren gewesen, bliebe man der unhinterfragten Dichotomie von Zivilisation und Barbarei ebenso verhaftet wie die Nationalsozialisten selbst. Ihr Versuch, die Polarität auf barbarische Weise zu transzendieren, bekräftigte ja nur den Dualismus.

Selbstverständlich sind historische Besonderheiten und Unterschiede zu notieren. So konzipiert der Nationalsozialismus die Zivilisationsgeschichte rassistisch, sie ist ihm im Kern ein Züchtungsprozess, dessen biologisch begründete Logik mit unausweichlicher Folgerichtigkeit abläuft. Eine zivilisatorische Mission, wie sie etwa der britische Imperialismus als „white man's burden" für sich in Anspruch nahm, kannten die Nationalsozialisten nicht. Ihnen standen barbarische „Untermenschen" gegenüber, die nicht „veredelt", nicht kultiviert werden konnten, sondern ausschließlich zu versklaven und auszubeuten waren. Was Ernst Jünger erahnte, freilich klarsichtiger als Heinrich Himmler zum Ausdruck

43 Jan Philipp Reemtsma, Nationalsozialismus und Moderne. In: ders., Mord am Strand, S. 175–207, hier 194.

brachte, ist signifikant: Wer den Feind zum Ungeziefer erklärt, operiert in der Insektensphäre. Damit mutiert die Bekämpfung der Barbarei, auch der eigenen, zu einem Problem der Hygiene. Die von Himmler beschworenen Tugenden wären in Jüngers Augen nicht mehr als unwirksame Desinfektionsmaßnahmen.

Die unzweideutige Sicht auf die eigenen Barbarismen und die daraus entspringende Furcht, an eben dem „Bazillus" zu erkranken, der „ausgerottet" werden sollte, suchte Himmler mit der Vorstellung einer „zivilisierten Barbarei" zu beruhigen. In ihr legitimierte die geschichtsbiologische Vision einer zur Herrschaft berufenen „Herrenrasse" jede barbarische Tat. Gleichzeitig sollten „Härte" und „Anständigkeit", also die Kardinaltugenden einer Rassenelite, die sich in erster Linie in der SS verkörpert sah, gewährleisten, dass der Bazillus der Barbarei nicht die eigene Zivilisation befällt. Was getan werden musste, so stellte es sich unter Himmlers Perspektive dar, musste jenseits von Gut und Böse, aber nicht außermoralisch getan werden. Damit schien der Massenmord als die geschichtliche Aufgabe, die das Schicksal seiner Generation auferlegt hatte, eine die Täter rechtfertigende Deutung bekommen zu haben.

Himmlers Rede eröffnet eine beunruhige Fragestellung. Denn faktisch reklamierte er ja keine spezifische NS-Moral, die etwa die Geltung des Tötungsverbotes außer Kraft gesetzt hätte. Anders als es jüngst Harald Welzer dargestellt hat, war sich Himmler der Amoralität und Barbarei des Mordens bewusst. Daran lassen seine Ausführungen keinen Zweifel. Gegen diese explizite Einsicht vermochte auch der Appell an die vermeintliche Notwendigkeit und Unabänderlichkeit des Mordens nicht zu immunisieren. Was Himmlers autosuggestive Rhetorik bezwecken will, ist klar. Gerade weil sich die moralischen Intuitionen nicht neutralisieren lassen, wird ein Ausnahmezustand postuliert, dessen Grenzen der „Anstand" der Täter garantieren soll. Dass solche Suggestionen nicht verfangen, dass derjenige, der barbarisch agiert, der Barbarei unweigerlich verfällt, hat Jünger gesehen. Himmler war kein Protagonist einer Ritterlichkeit, von der Jünger gemeint hatte, sie ließe sich als das Ethos des Kriegers verfechten. Insofern stellt Himmlers Konzept eines zivilisierten Barbarentums auch die Vermutung infrage, dass die subjektive Voraussetzung für die Planung und Durchführung des Massenmords eine moralische Konversion der Täter gewesen sei. Offenbar konnte die Selbstzuschreibung besonderer Tugenden das Fortbestehen moralischer Bedenken übertünchen.

Die Idee vom zivilisierten Barbaren, der auf Leichenbergen stehend „anständig" geblieben sei, ist fraglos eine der giftigsten Hinterlassenschaften des Nationalsozialismus. Sie verbietet den offensichtlich allzu leichtfertigen Versuch, den Massenmord im 20. Jahrhundert als atavistischen Rückfall in die Barbarei zu charakterisieren. Er ist mehr und anderes gewesen als die dunkle Seite der Moderne. Soll die Epoche als janusköpfiges, zivilisatorisch-barbarisches Projekt begriffen werden, ist ein Nachdenken verlangt, das die Ordnung dieser Gewalt in den Blick nimmt.

Moralische Ordnungen des Nationalsozialismus

*Wolfgang Bialas**

Konturen einer neuen moralischen Ordnung des Nationalsozialismus wurden sowohl in zeitgenössischen sozial- und geisteswissenschaftlichen, und hier insbesondere in philosophischen und medizinethischen Texten, als auch in ideologischen Texten entwickelt. Fragen nationalsozialistischer Ethik und Moral wurden in ideologischen Kampfschriften, essayistischer Publizistik, Prosa und Lyrik behandelt, deren Autoren mit moralischen Kategorien wie Anstand und Würde, Ehre und Pflicht operierten. Dabei zeigt sich ein variantenreiches Spektrum ihrer begrifflichen Bestimmung:

- Als „eugenische Ethik"[1] sollte sie auf einem „Rassengewissen"[2] gründen.
- Als *selektive Rassenethik* gerichtet gegen eine *widernatürliche* Moral rassenindifferenter Mitmenschlichkeit war ihr Geltungsbereich auf Angehörige der deutschen Volksgemeinschaft beschränkt.[3]
- Als *natürliche Lebensethik* sollte sie die *Steigerung* des Lebens in Übereinstimmung mit Natur- und Lebensgesetzen bewirken.[4]
- Als *soldatische* Ethik stellte sie Kampf, Opferbereitschaft und Charakterstärke gegen „altbürgerliche" Werte einer übersättigten Gesellschaft, die es verlernt habe, ihr Wertesystem an den Herausforderungen der Zeit zu bewähren und es gegen konkurrierende Wertesysteme durchzusetzen.[5]
- Als *deutsche* Ethik sollte sie weder eine *Paragrafen*ethik noch eine *Gesetzes*ethik sein, sondern *Moral der Tat*, eine *Herren-*, *Volks-* und *Kampf*moral.[6]
- Als *biologische* Ethik zielte sie auf die Wiedergeburt des Instinkts, nachdem das Christentum den biologischen Instinkt für geistige Gesundheit und arteigene Moral durch die Ausbildung einer lebensfremden Feindesliebe zerstört habe.[7]

* Dieser Beitrag enthält überarbeitete Passagen aus Wolfgang Bialas, Moralische Ordnungen des Nationalsozialismus, Göttingen: Vandenhoeck & Ruprecht 2014.

1 Ferdinand Canning Scott Schiller, Die Eugenik als sittliches Ideal. In: Archiv für Rassen- und Gesellschaftsbiologie, Band 24 (1930), S. 342–347, hier 342.

2 Vgl. Edgar Weidner, Das neue ärztliche Denken im nationalsozialistischen Staate. In: Ziel und Weg, 4 (1934) 13, S. 486–490; Fortsetzung und Schluss, (1934) 14, S. 524–527.

3 Vgl. Friedbert Schulze, Das Sittengesetz des nordischen Menschen, Leipzig 1933, S. 27.

4 Vgl. Ernst Krieck, Mythologie des bürgerlichen Zeitalters, Leipzig 1939, S. 86.

5 Vgl. Gesetz zur Sicherung der Einheit von Partei und Staat (1.12.1939/3.7.1934). In: Reichsleitung der NSDAP (Hg.), Nationalsozialistisches Jahrbuch, München 1938, S. 148–163, hier 152f.

6 Vgl. Gerhard Hennemann, Grundzüge einer deutschen Ethik, Leipzig 1938.

7 Vgl. Karl Pintschovius, Die Wiedergeburt des Instinktes. In: Das Reich vom 18.8.1940.

Die völkische Rassenethik war unvereinbar mit dem politischen Humanismus der Menschen- und Bürgerrechte und der christlichen Fürsorgeethik unbedingter Nächstenliebe. *Rassenbewusstes Verhalten* sollte durch die Ausbildung *biologischer* moralischer Haltungen und Intuitionen zur fraglos selbstverständlichen Routine werden:

- Die Deutschen sollten dazu befähigt werden, aus einem Rasseninstinkt heraus moralisch im Sinne des Nationalsozialismus zu urteilen, zu handeln und biologische Verantwortung für die Volksgemeinschaft zu übernehmen.
- Während für Angehörige der rassischen Volksgemeinschaft das Prinzip „Gemeinnutz auf Gegenseitigkeit" als zeitgemäße Haltung ausgezeichnet wurde, sollte „Artfremden" und Minderwertigen mit einem rassenbiologisch aufgeklärten Eigennutz begegnet werden.
- Der „neue Mensch" des Nationalsozialismus sollte als politischer Soldat und Rassenkrieger im weltanschaulichen Entscheidungskampf bedingungslos der „moralischen Urteilskraft des Blutes"[8] vertrauen.

Nationalsozialistische Moral hat sich an der Schnittstelle von nationalsozialistischer Ideologie und Herrschaftspraxis entwickelt. Ethik wurde auf Biologie, die Geltung moralischer Werte auf ihre Genese aus rassischer Zugehörigkeit zurückgeführt. Die nationalsozialistische Rassenpolitik zielte auf die Ersetzung des bürgerlich-christlichen Wertesystems, das zum historischen Anachronismus eines vorwissenschaftlichen, die biologischen Gesetze der Rasse ignorierenden Zeitalters erklärt wurde, durch eine selektive rassenbiologische Moral, deren Geltung ausdrücklich auf die Angehörigen der deutschen Volksgemeinschaft beschränkt war.

Moral in Übereinstimmung mit den Lebens- und Naturgesetzen: Rasseninstinkt und moralische Urteilskraft

Die nazistische Kritik rassenindifferenter Menschenrechte, christlicher Nächstenliebe und Fürsorge für Bedürftige zielte auf die Vernichtung des bürgerlichen Gesellschafts- und Wertesystems. Im Kampf ums Dasein sollte die nordische Rasse ihr natürliches Recht zur Herrschaft über die Schwachen und Minderwertigen durchsetzen, ohne sich durch moralische Erwägungen einschränken zu lassen. Das Naturgesetz der Durchsetzung gesunder und starker Lebensformen „auf Kosten der Schwachen und Minderwertigen" dürfe nicht durch *„humanitäre* Begünstigung und Erhaltung Minderwertiger [...] gehemmt werden":[9] Wenn man es nicht durch religiöse und moralische Regeln einschränke, setzten sich im Le-

8 Paul Schultze-Naumburg, Die Bedeutung der Kunst für die rassische Auslese. In: Die Rasse, 1 (1934) 1, S. 27–30, hier 27.

9 Georg Fritz, Politik und Moral. In: Deutschlands Erneuerung, 26 (1942) 10, S. 514–523, hier 522.

benskampf immer diejenigen Arten mit dem stärkeren Lebenstrieb durch.[10] Der von moralischen Hemmschwellen befreite Mensch wurde zum Leitbild einer harmonischen und gesunden Sozialordnung. Gegen eine religiöse Moral des Mitleids mit den Schwachen und der Fürsorge Bedürftigen sollte die Geschichte wieder in Übereinstimmung mit den Natur- und Lebensgesetzen gebracht werden, die frei von moralischen Ressentiments waren. In der aggressiven Rhetorik nationalsozialistischer Ideologie wurde die *natürliche Auslese* des Sozialdarwinismus zur *natürlichen Ausmerze* radikalisiert: Die Übertreibung des karitativen Gedankens verhindere faktisch die „natürliche Ausmerze"[11] nicht gesunder Menschen. Die zeitgenössische Mentalität des korrigierenden Eingriffs in menschliche Kultur und Biologie wurde zu einer ideologischen Politik angewandter Biologie. Diese wies das durch die bürgerlich-christliche Ethik begründete Recht der Schwachen und Bedürftigen auf Fürsorge und Schutz vor Übergriffen mit dem Argument zurück, dass es das natürliche Durchsetzungsrecht der rassisch Höherwertigen, Starken und Gesunden einschränke. Bürgerliche Rassenindifferenz sollte durch einen artgerechten Humanismus abgelöst werden.

Gefordert wurde eine biologische Grundlegung der Moral. Dabei galt die Instinktsicherheit der Triebe als Vorbild nationalsozialistischer Moral. Der kulturell degenerierte Mensch, dem durch universellen Humanismus und Menschheitsreligion biologisches Denken, Fühlen und Verhalten fremd geworden sei, sei dem von seinen Instinkten und Trieben gesteuerten Tier unterlegen und müsse durch die Ausbildung einer den Tieren vergleichbaren natürlichen Triebsicherheit erst wieder zu instinktsicherem moralischen Verhalten konditioniert werden. Die Deutschen müssten erst wieder lernen, in Übereinstimmung mit ihrer biologischen Natur ihrem Rasseninstinkt zu folgen, um „fremden, nicht artgemäßen Versuchungen"[12] zu widerstehen.

Eine biologische Ethik zielte auf die Habitualisierung moralischen Handelns zum Instinkt. Das bürgerlich-christliche Ethos und damit die kulturelle Unsicherheit moralischer Urteilskraft sollte durch *biologische* Intuitionen moralischen Handelns abgelöst werden. Die so konditionierten Deutschen sollten ihrem Rasseninstinkt intuitiv folgen können, ohne Risiken und Konsequenzen ihres Handelns in moralischen Entscheidungssituationen abwägen zu müssen. Geleitet von ihrem Rasseninstinkt und kontrolliert durch ihr Rassengewissen sollte ihnen moralisches Handeln in Übereinstimmung mit ihrer biologischen Natur selbstverständlich werden.

An die Stelle rassisch indifferenter moralischer Intuitionen von Nächstenliebe, Menschenwürde und universellen Menschenrechten sollte die moralische

10 Vgl. Viktor Franz, Entwicklungsgeschichtliche Vervollkommnung und Rassepflege. In: Die Rasse, 4 (1937) 7/8, S. 257–267, hier 257.
11 Heinz Riedel, Vernunft wird Unsinn. In: Ziel und Weg, 9 (1939) 12, S. 377–385, hier 384.
12 Franz Schattenfroh, Wille und Rasse, Berlin 1939, S. 182; vgl. auch o. V., Dem Leben verschworen. In: Das Schwarze Korps vom 20.5.1943.

Urteilskraft des Blutes treten, da sich der Sinn des Lebens nur dem Rasseninstinkt erschließe.[13] Gegen das *Naturrecht* setzte die nationalsozialistische Ethik das *Recht der Natur*. Durch Rassenhygiene und Eugenik sollten in Übereinstimmung mit den Lebens- und Naturgesetzen historische Fehlentwicklungen abgebrochen und die Gesundung der deutschen Gesellschaft eingeleitet werden. Das Naturgesetz des Kampfes ums Dasein sollte auch in der Geschichte gelten, um die Vernichtung minderwertiger Rassen und lebensunwerten Lebens zu sichern. Die gezielte Tötung für lebensunwert befundener Menschen wurde als Akt der Rassenhygiene und Volksgesundheit gerechtfertigt. Nach der Wiederherstellung einer mit den Gesetzen der Natur und des Lebens übereinstimmenden Ordnung werde der Wert der Menschen am Maßstab der Natur bestimmt. In der bürgerlichen Gesellschaft dagegen seien die Menschen gezwungen, gegen ihren eigenen biologischen Rhythmus zu leben.

Mitleid mit den Erbkranken verstoße „gegen die Gesetze der Natur und des Lebens, das sich nirgends und niemals um einzelne Individuen und ihr kleines Schicksal kümmert".[14] Wer Erbkranke künstlich am Leben halte, stelle sich damit auch gegen den Willen Gottes, der die Gesetze des Lebens eben deshalb in brutaler Härte geschaffen habe, damit das Kranke vernichtet werde, ehe es zur Gefahr für den Bestand der Rasse werden könne. Die rassische Ordnung der Welt sei Teil der Schöpfung, weshalb Rassenpflege, Rassenreinheit und Rassenauslese göttliche Gebote seien.[15] Rassenpolitik diene der Bewahrung der Schöpfung. Durch vermeintlich humanistische Eingriffe in die göttlichen Gesetze natürlicher Auslese seien diese in ihrer absoluten Geltung eingeschränkt oder ganz außer Kraft gesetzt worden. Insbesondere die für die Natur und Gott selbstverständliche Ausmerze aus eigener Kraft nicht lebensfähiger Menschen sei dadurch verhindert worden. Die natürliche Auslese belege, dass die Natur selbst in der Lage sei, die Menschen nach ihrer Lebenstauglichkeit im Daseinskampf zu sortieren. Aus Demut und Achtung vor der Schöpfung müsse der Mensch das durch Daseinskampf und natürliche Auslese vollzogene Gottesurteil anerkennen. Die Natur räche sich dafür, wenn die Menschen glaubten, das Leben und die Welt besser machen zu können als ihr Schöpfer.

Die kulturelle Entartung und moralische Degeneration des deutschen Volkes durch die Verhinderung der natürlichen Ausmerze Erbkranker habe zu einer überproportionalen Vermehrung der unheilbar Kranken und Minderwertigen geführt.[16] Ihr müsse durch Rassenhygiene und Erbgesundheitspflege begegnet

13 Vgl. Kurt Hildebrandt, Norm, Entartung, Verfall. Bezogen auf den Einzelnen, die Rasse, den Staat, Berlin 1934, S. 138.

14 Walter Gross, Politik und Rassenfrage. In: Ziel und Weg, 3 (1933) 14, S. 409–415, hier 413.

15 Vgl. Der Reichsführer SS (Hg.), Handblätter für den weltanschaulichen Unterricht, Thema 4: Als Nationalsozialisten glauben wir an eine göttliche Weltordnung, Berlin o. J., S. 2.

16 Vgl. Karl Zimmermann, Biologie und Rasse. In: Der Weltkampf, (1936) 148, S. 145–159, hier 150.

werden. So sei die Sterilisierung kein „unberechtigter Eingriff in die Naturordnung“, da „die große Zahl krankhafter Erbanlagen in den heutigen zivilisierten Völkern sich dadurch erhalten und ausgebreitet hat, dass die früher wirkende natürliche Auslese nicht mehr die Selbstreinigung der Rasse besorgt. [...] Die *Naturordnung* ist also durch die Zivilisation gestört, und die Schäden, die dadurch entstehen, müssen durch die Eugenik korrigiert werden, um die drohende Entartung zu verhindern.“[17] Nur in Übereinstimmung mit den Natur- und Lebensgesetzen des Daseinskampfes könne sich das deutsche Volk zu der ihm möglichen Höhe entwickeln. Die „Ausmerzung jedes unzulänglichen Lebewesens im Kampf ums Dasein“ sei nötig, um die „Erhaltung und Besserung des Lebens“[18] zu sichern. Mitleid aus falscher Humanität habe zur Anhäufung von unsagbarem Elend geführt - zu einer „Anhäufung von [...] Menschen, die aus erblichen Gründen kraftlos und trostlos in die Welt hineingeboren werden und in ihrem ganzen Leben keine Freude und keine Leistungen haben, von denen das deutsche Volk nichts weiß, die lediglich hinter den Mauern der großen Anstalten ihr Leben fristen“.[19]

Mit der ausdrücklichen „Bejahung der Lebensgesetze“ setze der Nationalsozialismus „an die Stelle der alten, zerfallenden, krank und widernatürlich gewordenen kapitalistischen Gesellschaftsordnung eine neue, gesündere, gerechtere und lebensgemäßere“[20] Ordnung. Dieser nationale lebensgesetzliche Sozialismus beruhe auf der „Ungleichheit des inneren Ranges und Wertes“.[21] Für ihn sei es eine Naturtatsache, dass Menschen durch ihre Erbanlagen als ungleich und ungleichwertig geboren würden.[22] Nicht nur seien sie körperlich verschieden, sondern auch hinsichtlich ihrer geistigen und seelischen Werte.[23] Der Sieg des Starken und Gesunden über das Schwache und Kranke ebenso wie die Ausmerze der Schwachen und Minderwertigen durch natürliche Auslese wurde zum biologischen Grundgesetz erklärt, das der nationalsozialistische Staat durch entsprechende Gesetze als geltendes Recht politisch institutionalisiert habe.[24] Dagegen hätten widernatürliches Mitleid und eine verkehrte Humanität es nach der „Seligpreisung der Mühseligen und Beladenen und der Armen im Geiste“[25] zur moralischen Pflicht erklärt, alles Krankhafte besonders zu pflegen

17 Otmar Freiherr von Verschuer, Erbbiologische Erkenntnisse zur Begründung der deutschen Bevölkerungs- und Rassenpolitik. In: Jochen-Christoph Kaiser/Kurt Nowak/ Michael Schwartz (Hg.), Eugenik, Sterilisation, „Euthanasie“. Politische Biologie in Deutschland 1895–1945. Eine Dokumentation, Berlin 1992, S. 183 f., hier 184.

18 Walter Gross, Rasse und Weltanschauung. In: Der Weltkampf, (1938) 171, S. 97–108, S. 103.

19 Ebd., S. 103 f.

20 O. V., Was ist Bolschewismus? In: SS-Leithefte (BA NS 31/421), S. 96.

21 Ebd.

22 Vgl. o. V., Was ist Sozialismus. In: SS-Leithefte (BA NS 31/421), S. 116.

23 Vgl. Gross, Rasse und Weltanschauung, S. 104.

24 Gerhart Schinke, Woran sterben Völker? Auslese und Gegenauslese. In: SS-Leitheft, 5 (1939) 3, S. 15–19, hier 17.

25 Ebd., S. 17 f.

und zu fördern. Das habe durch künstliche Gegenauslese dazu geführt, dass sich Minderwertige und Schwache, die sich im Lebenskampf niemals hätten behaupten und durchsetzen können, stärker als Hochwertige und Starke vermehrt hätten. Damit werde der „Wille der Natur", die keine ethischen Erwägungen und Einschränkungen kenne und eben deshalb auf die „Ausmerze der Kranken und Schwachen ziele",[26] infrage gestellt.

Dabei bediene sich die Natur des Kampfes als Mittel, das Leben stark und gesund zu erhalten. „Denn was im Kampf nicht siegen kann, geht notwendig zugrunde."[27] Eine artfremde Moral rechtfertige „die ungehemmte Entwicklung des erblich und damit moralisch Minderwertigen" durch die „Hochzüchtung des rassisch Verderbten"[28] und verstoße damit gegen das Gesetz des Lebens, alles Schwache und Minderwertige zu vernichten und nur das Starke zur Fortpflanzung zuzulassen.[29] Die natürliche Auslese sichere, „dass allein der Tüchtige und Gesunde durch Zeugung und Kampf sich erhält und vermehrt, dass aber alles Kranke stirbt und vergeht".[30] Durch gezielte Rassenpolitik müsse das Übel rassisch Minderwertiger an seiner *biologischen Wurzel* ausgerottet werden.[31]

Die nationalsozialistische Ethik zielte auf die Herausbildung einer Moral in Übereinstimmung mit der menschlichen Natur, wodurch „die Kultur auf die natürlichen Gesetze des Lebens"[32] gegründet werde. Der korrigierende Eingriff in die naturwidrige Ordnung rassenindifferenter Kultur versprach, kulturelle *Irrwege* und naturgeschichtlich *abwegige* gesellschaftliche Entwicklungen zu korrigieren. Egalitäre Fantasien eines rassenindifferenten Humanismus seien dagegen Ausdruck einer Entgegensetzung des Menschen zu seiner eigenen Natur. Anstatt den zur Führung berufenen Starken die Gelegenheit zu geben, an der Spitze ihres Volkes dessen Interessen in der Auseinandersetzung mit anderen Völkern zu verfolgen, würden diese durch einen solchen Humanismus daran gehindert, die ihnen natürlich zustehende Führungsposition einzunehmen. Ein dadurch in seiner Handlungsfähigkeit eingeschränktes Volk habe keine Chance, diese Auseinandersetzung zu seinen Gunsten zu entscheiden. Deshalb müsse das deutsche Volk von rassenfremden Überlagerungen befreit und für die rassischen Gesetze der Natur sensibilisiert werden.[33] Was die Natur wolle, dem solle sich der Mensch nicht entgegenstellen. Er solle sich hüten, ihr ins Handwerk zu

26 Ebd., S. 18.
27 Gerhart Schinke, Von den ewigen Gesetzen des Lebens. In: SS-Leitheft, 5 (1939) 8, S. 27–29, hier 29.
28 O. V., Arteigene Sittlichkeit. In: Das Schwarze Korps vom 6.5.1937.
29 Vgl. Der Reichsführer SS/SS-Hauptamt/Schulungsamt (Hg.), SS-Mann und Blutsfrage, Berlin 1941, S. 5.
30 Schinke, Woran sterben Völker?, S. 16 f.
31 Vgl. Heinrich Wilhelm Kranz, Die Gemeinschaftsunfähigen, Gießen 1940, S. 51, 75.
32 Erich Rudolf Jaensch, Der Gegentypus – Psychologisch-anthropologische Grundlagen deutscher Kulturphilosophie ausgehend von dem, was wir überwinden wollen, Leipzig 1938, S. XLI.
33 Vgl. Margarete Schaper, Germanisches Blutsbewusstsein und blutsbestimmte Lebensgestaltung. In: Die Rasse, 7 (1940) 5, S. 161–165, hier 161.

pfuschen. Der Mensch bleibe Teil der Natur auch dann, wenn er meine, sich aus falsch verstandener Humanität, Mitleid und unbedingter Fürsorgepflicht für die Lebensuntüchtigen und Schwachen einsetzen zu müssen. Was wie Humanität aussehe, untergrabe in Wirklichkeit die natürlichen Grundlagen menschlicher Existenz. Im Kampf ums Dasein würden sich naturgesetzlich zwingend die Stärkeren gegen die Schwächeren durchsetzen. Je gesünder das Volk sei, umso größer werde auch die Brutalität sein, mit der es seinen Bestand und seine Zukunft sicherstelle. Hier gehe es nur um das Recht des Stärkeren.[34]

Lebensuntüchtige Schwache und Hilfsbedürftige müssten ihrem Schicksal überlassen werden, anstatt durch Fürsorge und Unterstützung den Daseinskampf und damit die Lebens- und Naturgesetze zu verfälschen. Nach den durch humanistische Beweggründe geleiteten Eingriffen des Menschen in die vermeintliche Grausamkeit der Natur gelte es, eine Umkehrbewegung zu initiieren.

> Die „Auslese der besten, lebenstüchtigsten Einzelwesen der Art wurde ursprünglich von der Natur selbst besorgt ... Die ersten menschlichen *Eingriffe* [...], um der Natur in ihrer Arbeit zu helfen [...] waren [...] hart [...], zum Teil grausam [...] Es fragt sich, ob nicht unsere Zeit dadurch, dass sie zu dem entgegengesetzten Extrem gelangt ist, und alles das, was schwach und verkrüppelt ist, pflegt und erhält, eine neue Grausamkeit begeht, die sich mit der alten an Barbarei messen kann. [...] In unseren Tagen hat diese Entwicklung wider die Natur ihren Höhepunkt erreicht."[35]

Durch den „unnatürlichen Schutz der Schwachen" habe sich die Zahl der „Lebensuntüchtigen"[36] gefährlich vermehrt. Dieser Zustand müsse dringend beendet werden, bevor das Volk bleibenden Schaden nehme. Eine dem Prinzip unbedingter Humanität verpflichtete Kultur habe die ursprünglich harten Auslese- und Ausmerzegesetze in ihr Gegenteil verkehrt. Moralischer Verfall und die Verwirrung der natürlichen Instinkte seien die Folge. Nun jedoch würden korrigierende Eingriffe in das Leben und die biologische Konstitution rassisch Minderwertiger nicht mehr moralisch als *Über*griffe denunziert, sondern als sozialhygienische Korrekturen unhaltbarer volksgesundheitlicher Zustände durch eine biopolitische Rassenmoral gerechtfertigt. Die Verhinderung ihrer Fortpflanzung und ihre Vernichtung folge den übergeordneten Interessen der rassischen Volksgemeinschaft, in der sie als Ballastexistenzen kein Lebensrecht hätten.

Nicht nur die Natur und die in der Tierwelt geltenden, von moralischen Ressentiments freien Lebensgesetze des Daseinskampfes, auch die menschliche *Frühgeschichte* wurde bemüht, um den Durchsetzungskampf der Stärkeren gegen die Schwachen und Minderwertigen zu rechtfertigen. So führte Martin Staemmler das Gesetz der Auslese als Instrument der Rassenpflege im

34 Vgl. o. V., Ächtung der Entarteten. In: Das Schwarze Korps vom 1.4.1937 (gemeint sind die Homosexuellen).

35 Alfred Mjöen, Die biologische Lebensauffassung und Sippenpflege. In: Michael Hesch/Günther Spannaus (Hg.), Kultur und Rasse. Otto Reche zum 60. Geburtstag, München 1939, S. 131–139, hier 131 f.

36 Ebd.

nationalsozialistischen Staat auf den Lebenskampf in der Frühzeit der Menschheit zurück: „Hart, mitleidslos, ohne Rücksicht, ohne *Humanität* ist der Kampf. Der Schwächere wird vernichtet, der Stärkere behauptet das Feld. [...] Was schwächlich ist, was erkrankt, geht zugrunde, nur die ganz Widerstandsfähigen bleiben am Leben. [...] Der Kampf ums Dasein [...] vernichtet alles Schwache und Kranke, er lässt es nicht zur Fortpflanzung kommen. Was aber übrig bleibt, das ist hart und fest und gewappnet gegen alle Gefahren."[37] Das alles ändere sich mit der Herausbildung einer vermeintlich „höheren Moral" der Humanität, die mit der Fürsorge für die Kranken und Schwachen zu einer Verschlechterung und Schwächung der Rasse führe. Gegen diese kulturelle Unterdrückung natürlicher Auslese wurde die planmäßige Rassenpflege in Stellung gebracht. „Die *Menschlichkeit* sorgt dafür, dass alles Schwache erhalten bleibt, gehegt und großgezüchtet wird."[38] So könne das nicht weitergehen. Ohnehin setze sich am Ende immer die Natur durch und vernichte alles, was ihren Gesetzen nicht folge. In der Rassenpflege, so das in aller Deutlichkeit getroffene Bekenntnis, sei für Menschlichkeit kein Platz. Dass die Durchsetzung des Gesetzes der natürlichen Auslese als Gestaltungsprinzip der neuen Gesellschaft unmenschlich verfahren musste, stand dabei außer Frage.

Rassenethik und Biopolitik: Aufartung der Hochwertigen und Ausmerze der Minderwertigen

In der symbiotischen Verbindung mit Antisemitismus und völkischem Nationalismus war die Rassenideologie zweifellos das Kernstück nationalsozialistischer Weltanschauung.[39] Als Schnittstelle nationalsozialistischer Ideologie und Herrschaftspraxis kam ihr eine Schlüsselrolle für die Begründung einer neuen Moral zur Rechtfertigung der Vernichtung rassisch minderwertigen Lebens zu. Das Erbmaterial galt als unveränderlich ebenso wie die Zugehörigkeit zu einer bestimmten Rasse als „eine letzte, nicht mehr ableitbare Tatsache des Lebens".[40] Der „anthropologische Rassebegriff" definierte Rasse als „eine Menschengruppe [...], die sich durch den gemeinsamen Besitz erblicher Anlagen körperlicher wie geistig-seelischer Art von anderen Menschengruppen unterscheidet".[41] Ihre Rassezugehörigkeit lege die Lebensbedingungen der Menschen quasi schicksalhaft fest. Rassen entwickelten sich entsprechend der Vererbungsgesetze durch Auslese und Ausmerze. Ein Volk sei eine „erb- und umweltbedingte Schick-

37 Martin Staemmler, Rassenpflege im völkischen Staat, München 1933, S. 36f.
38 Ebd., S. 40.
39 Vgl. George L. Mosse, Geschichte des Rassismus in Europa, Frankfurt a. M. 2006.
40 Richard v. Hoff, Das Grundgesetz nordischer Haltung. In: Die Rasse, 8 (1941) 4, S. 137–150, hier 143.
41 Walter Gross, Zur Lösung der Judenfrage. In: Neues Volk, 9 (1941) 5, S. 4f., hier 4. Eine nahezu identische Formulierung findet sich bei Michael Hesch, Rasse und Körperverfassung (Konstitution). In: Die Rasse, 2 (1935) 10, S. 396–402, hier 397.

salsgemeinschaft bestimmter rassischer Prägung",[42] eine „lebendige Wesens-, Pflicht- und Schicksalsgemeinschaft artgleicher Menschen".[43] Entsprechend sei das deutsche Volk „eine Gemeinschaft von Menschen gleicher Sprache und gleicher Kultur, gefestigt durch Bande des Blutes, durch gemeinsame Ziele und Aufgaben".[44] Die „gemeinnützige Arbeit am Volksganzen"[45] müsse an einer für alle Volksgenossen verbindlichen Ethik ausgerichtet werden. Die Erhaltung der Erbwerte, der sich die Rassenhygiene verpflichtet habe, sei nicht „ohne tiefe Eingriffe in Bestehendes möglich".[46] Rassenhygiene sei „eben nicht bloß Naturwissenschaft, sondern auch biologische Ethik".[47] Ein gesunder Volkskörper müsse durch Sozialhygiene kontrolliert und durch eugenische Eingriffe vor Schaden und Niedergang bewahrt werden. Dazu gehöre es, diejenigen auszumerzen, die seiner Vervollkommnung im Wege stünden.

Durch eine erbgenetische Disposition entwickle jede Rasse spezifische seelische und körperliche Lebens- und Ausdrucksformen. Aus der Zugehörigkeit zu einer bestimmten Rasse entspringe „ein Glauben, eine typische Haltung zu Welt und Mensch, eine Sinnrichtung des Lebens, eine Weise des Erkennens und der Gestaltung der Lebenswirklichkeit: eine Weltanschauung"[48] und mit ihr das Bewusstsein einer Sendung. Der Rassenbegriff bezeichne „die Gemeinschaft von Menschen gleichen Blutes und damit gleicher Wesens- und Charakteranlagen".[49] Rassenunterschiede seien sowohl körperlicher als auch geistiger Natur.[50] So bestimmte etwa Rosenberg die Rasse als Seele in körperlicher Form, in der äußere Erscheinung und innerer Charakter eine Einheit bilden würden.[51] Die Rasse sei verantwortlich für die Bildung eines *Ethos* oder einer *artgerechten Wertordnung*. Jede Rasse schaffe sich eine eigene geistige Welt, in der sie die ihr eigentümliche Art des Menschseins verwirkliche.[52]

42 Der Reichsführer SS/SS-Hauptamt (Hg.), Rassenpolitik, o. O. 1940, S. 25.
43 Emil Meynen, Deutschland. In: Der Schulungsbrief, (1938) 1, S. 1-33, hier 31.
44 Karl Tuppa, Rassenkunde von Niederdonau, St. Pölten 1942, S. 8.
45 E. W. Schmidt, Über die Voraussetzungen biologischer Forschung in der heutigen Zeit. In: Der Biologe, 5 (1934) 1, S. 9-13, hier 13.
46 O. V., Ist der Untergang der Kulturvölker eine biologische Notwendigkeit? Bericht über die Antrittsvorlesung von Prof. Lothar G. Tirala am Institut für Rassenhygiene in München. In: Der Biologe, 5 (1934) 2, S. 52f., hier 52.
47 Ebd.
48 Ernst Krieck, Volkscharakter und Sendungsbewusstsein. Politische Ethik des Reichs, Leipzig 1943, S. 127, 135.
49 Hans Pütz, Rasse - Kultur - Zivilisation - Judentum. In: Der Weltkampf, (1934) 126, S. 172-174, hier 173.
50 Vgl. Walter Gross, Arzt und Judenfrage. In: Ziel und Weg, 3 (1933) 8, S. 186-189, hier 186.
51 Zit. bei Adolf Ehrhardt, Über den Zusammenhang von Rasse und Leistung. In: Die Rasse, 5 (1938) 5, S. 161-169, hier 161.
52 Vgl. Martin Behrendt, Zweierlei Blut - zweierlei Sprache. Ein stilkritischer Beitrag zur Judenfrage. In: Rasse, 6 (1939) 2, S. 41-48, hier 41.

Unterschieden wurde zwischen dem, was durch naturwissenschaftliche Erbgesetze generiert wurde und dem, was durch die kreative rassische Gestaltung der Lebensverhältnisse erst gesetzt werden müsse. Allein naturwissenschaftlich lasse sich die Rasse in der Vielfalt ihrer Erscheinungsformen und Sinnbezüge nicht erfassen.[53] Nur aufgrund von Messungen könne nichts Wesentliches über sie ausgesagt werden. Argumentiert wurde gegen den Rassenmaterialismus, der in Vernachlässigung des Geistigen *körperliche* Merkmale der Rasse in den Mittelpunkt stelle.[54]

In einer Übergangszeit der Mischung verschiedener Rassen müsse man mit Menschen rechnen, deren äußere Erscheinung ihre Zugehörigkeit zur nordischen Rasse nahelege, obwohl es sich bei ihnen um Fremdrassige handle, in der Regel um assimilierte Juden, aber auch mit nordischen Menschen, deren Aussehen weit entfernt von der idealtypischen Phänomenologie der nordischen Rasse sei. In beiden Fällen helfe nur die objektive Feststellung rassischer Erbfaktoren, um die verwirrende Diskrepanz zwischen innerem Charakter und äußerer Erscheinung durch den wissenschaftlichen rassischen Befund aufzulösen.

Unter der Losung „Zurück zur Natur" wurde ein rassenindifferenter Humanismus als kulturelle Verformung der menschlichen Natur diffamiert. Die Rehabilitierung biologischer Instinkte und Gefühle sollte die Deutschen für die Unterschiede zwischen höher- und minderwertigen Menschen sensibilisieren und es ihnen ermöglichen, intuitiv zwischen dem rassischen „Wert oder Unwert eines Menschen"[55] zu unterscheiden. Die Rassenideologie stellte kulturell wirkungsmächtige Bilder bereit, die auch ideologisch ungeschulten Anhängern des Nationalsozialismus ohne ausreichende Sensibilität für den verborgenen Wesenskern der menschlichen Rasse die lebensweltliche Plausibilität des rassenbiologischen Denkens demonstrieren sollte. Die eigentlichen, wesentlichen Dimensionen des Lebens, so wurde betont, seien den menschlichen Sinnen nicht zugänglich, sondern müssten erst durch die Rassenideologie in ihrer kulturellen Bedeutung aufgeklärt werden.

Durch ihr Bekenntnis zum Nationalsozialismus sollten die Deutschen die verloren gegangene Übereinstimmung mit ihrer biologischen Natur wiederherstellen, um ihrer ursprünglichen moralischen *Grundneigung* zu arthaftem Verhalten wieder folgen zu können. Menschen seien in ihrem Handeln nicht frei, sondern abhängig von Art, Rasse und Blut. Rassische Erbanlagen legten eine Disposition für gut oder böse, moralisch oder unmoralisch als Differenzierung höher- und minderwertiger Rassen fest, weshalb es möglich sei, eventuelle rassische Defekte bereits vor der Fortpflanzungsfähigkeit zu identifizieren. Von der Analyse des

53 Vgl. Johannes Eilemann, Weltanschauung, Erziehung und Dichtung, Frankfurt a. M. 1935, S. 6.

54 Vgl. Richard v. Hoff, Rassenmaterialismus? In: Die Rasse, 1 (1934) 4/5, S. 145–151.

55 Friedbert Schultze, So lebst du deutsch! Das Sittengesetz des deutschen Menschen, Stuttgart 1937, S. 63.

Erbmaterials wurde Aufschluss über die menschliche und moralische Qualität seiner Träger erwartet. Sie werde zeigen, „ob Gutes oder Schlechtes in ihnen steckt".[56] Zugleich liege es jedoch in der Verantwortung jedes Menschen selbst, ob und auf welche Weise die in ihm erbbiologisch angelegten Möglichkeiten zum Zuge kämen.[57]

Seine Erbanlagen würden jeden Menschen durch rassenspezifische Verhaltensdispositionen auf eine bestimmte Bandbreite möglichen Verhaltens festlegen. Moralische Haltung wurde mit rassischer Reinheit assoziiert, Rassenmischung dagegen mit moralischem Verfall. Mit der Zugehörigkeit zu einer Rasse seien zugleich auch Grundzüge des inneren Wesens der Menschen festgelegt, aus denen sich ergebe, welche Werte, Haltungen und Handlungen für sie als moralisch oder unmoralisch gelten würden und welches Verhalten von ihnen aufgrund ihrer Zugehörigkeit erwartet werden konnte. Auch die Anlage zu einer bestimmten Moral sei rassenbiologisch bestimmt, der individuelle Spielraum zur Ausbildung einer moralischen Haltung durch die Rassenzugehörigkeit eingeschränkt. „Kein Mensch kann aus seiner Haut, kann aus der Art und Rasse austreten, in die er geboren wurde."[58] Für rassisch hochwertige Menschen bleibe dennoch genug Spielraum, innerhalb dieses biologisch gesetzten Rahmens verantwortlich zu handeln. Sie sollten sich durch „Einsatz, Kampf und Hingabe der Person"[59] in ihrer Zugehörigkeit zur nordischen Rasse bewähren. Eine ausschließlich biologische Lehre vom Menschen ließe keinen Raum für menschliches Handeln in der moralischen Bewährung. Werte, Ideale und Überzeugungen seien Menschen zwar als erbbiologische Dispositionen angeboren, würden sich jedoch erst durch die Ausbildung einer rassenbewussten Haltung und entsprechende Handlungen zu einem rassenethischen Charakter verfestigen.

Die moralische Erziehung der Deutschen zielte darauf, ihnen klarzumachen, dass sie als Angehörige einer Rasse biologischen Gesetzen unterworfen waren. Ihre Einbindung in einen ihr Leben übersteigenden natur- und lebensgesetzlichen Zusammenhang sollten sie als Verpflichtung zu rassengemäßem Verhalten annehmen. Ihre biologische Bestimmung allein sichere sie nicht davor, ihren Rassenwert „durch gemeinschaftswidrige oder -gleichgültige Gesinnung und daraus entspringende Handlungen zu verletzen, in den schwersten Fällen sogar zu vernichten".[60]

Die Übertragung von Darwins These der entscheidenden Bedeutung natürlicher Auslese auf die menschliche Kultur sah auch in Menschen individuelle

56 Ernst Rüdin, Über Erblehre und Rassenhygiene im völkischen Staat. In: Ziel und Weg, 4 (1934) 19, S. 733–738, hier 734.
57 Vgl. Schultze, So lebst du deutsch!, S. 57–61.
58 Walter Buch, Des nationalsozialistischen Menschen Ehre und Ehrenschutz, München 1939, S. 9.
59 Kurt Leese, Rasse – Religion – Ethos, Gotha 1934, S. 16.
60 Heinz Schwulst, Die Aufgaben der Ehrengerichtsbarkeit in der Volksgemeinschaft, Berlin 1938, S. 40.

Träger eines genetisch-rassischen Erbes. Ihr Erbgut stellte hochwertige Menschen unter die Verpflichtung artgemäßen rassenbewussten Verhaltens. Erst im Zusammenspiel von erbbiologischer Auslese und politischer Bewährung bilde sich der nordische Mensch heraus. „Es ist durchaus denkbar, dass ein Mensch, der aus einer erbgesunden Sippe stammt, trotzdem nicht politisch einwandfrei ist."[61] Durch rassisches Fehlverhalten könnten ihrer rassenbiologischen Disposition nach Höherwertige ihre Zugehörigkeit zur nordischen Rasse verspielen und trotz hochwertiger Erbanlagen in der Gruppe der rassisch Minderwertigen enden. Nur wer auch als Person nachweise, dass er seines Erbgutes würdig sei, führe ein Leben auf der Höhe der in ihm liegenden Möglichkeiten.[62] Die Zugehörigkeit zur nordischen Rasse müsse immer wieder aufs Neue durch Haltung und Tat „erworben, erkämpft, bewährt"[63] werden. Herkunft sei ein Privileg, das zu entsprechendem Verhalten verpflichte. Erst in der moralischen Bewährungssituation auch anders möglicher Entscheidungen zeige sich, was die Behauptung unbedingter nationalsozialistischer Gefolgschaft wert sei.

Deutsche hofften nicht auf Erlösung, sondern würden ihr Schicksal selbst in die Hand nehmen. Gegen die christliche Angst, der Mensch sei nicht in der Lage, Versuchungen zu widerstehen, forderten sie ihren Gott ausdrücklich dazu auf: *„Und führe uns in Versuchung!* – damit wir auch die Möglichkeit zur Bewährung haben."[64] Eben weil er sich in Übereinstimmung mit seinem Schicksal wisse, könne der Deutsche selbstbewusst annehmen in der Gewissheit, sich an dem zu bewähren, was es für ihn an Herausforderungen bereithalte. „Du sollst den Kampf für dein Erbgut suchen und dich ihm nicht entziehen."[65]

Die biopolitische Ordnung der deutschen Gesellschaft entlang der Kategorie der Rasse war auf bestürzende Weise effektiv in der ordnungspolitischen Reduktion und Vereindeutigung komplexer gesellschaftlicher Gemengelagen zur Entgegensetzung rassisch hoch- und *minderwertiger* Existenz. Fließende Übergänge oder Grauzonen ungewisser Zugehörigkeit waren in dieser rigiden Zuordnung ausgeschlossen. Konstruiert wurde ein Feld symbolischer Differenzierung und Distinktion, das die einen, *die Juden*, per Definition aus der Volksgemeinschaft ausschloss und die anderen, *die Deutschen*, dazu zwang, die individuelle Berechtigung ihrer Zugehörigkeit zur *Herrenrasse* durch den Nachweis *arischer*

61 Leon Poliakov/Josef Wulf, Das Dritte Reich und seine Denker, Berlin 1959, S. 67. Zit. aus einer Stellungnahme des Rassenpolitischen Amtes der NSDAP zum Problem der erbbiologischen Auslese in ihrem Verhältnis zur Frage der politischen Bewährung vom 19.5.1942 (Hervorhebung im Original).

62 Vgl. Helga Menzel-Tettenborn, Die Rassenseelenforschung der Gegenwart. In: Nationalsozialistische Monatshefte, (1941) 137, S. 695–699, hier 695.

63 Gerhard Stoedtner, Soldaten des Alltags. Ein Beitrag zur Überwindung des bürgerlichen Menschen, Leipzig 1939, S. 27.

64 Ebd.

65 Willi Decker, Der deutsche Weg. Ein Leitfaden zur staatspolitischen Erziehung der deutschen Jugend im Arbeitsdienst, Leipzig 1933, S. 31.

Abstammung sowie die Ausbildung einer artgemäßen Haltung und eines rassenbewussten Verhaltens unter Beweis zu stellen.[66]

Die neue Qualität des nationalsozialistischen Rassismus lag in der originären Verknüpfung tradierter anthropologischer, eugenisch-rassenhygienischer und antisemitischer Rassismen.[67] Diese wurden von der nationalsozialistischen Ideologie *radikalisiert*, als staatliche Politik *institutionalisiert* und durch ihre Operationalisierung zu pragmatischen Prozeduren der Diskriminierung, Verfolgung und Vernichtung aus rassischen Gründen aus der Volksgemeinschaft ausgegrenzter Menschen und Gruppen *normalisiert*. Der Nationalsozialismus konnte dabei an zeitgenössische naturwissenschaftlich-medizinische Entwicklungen und eine ingenieurtechnische Mentalität anschließen, die biologische, eugenische und bevölkerungspolitische Endlösungen sozialer Fragen versprachen.[68] Es gehörte bereits zum kulturell akzeptierten, wenn auch nicht unwidersprochen hingenommenen, Selbstverständnis der Humanwissenschaften, die Gesellschaft als Experimentierfeld praktischer Interventionen zu ihrer Perfektionierung zu begreifen.

Durch die biopolitische Radikalisierung des Sozialdarwinismus und romantischer Konzepte von Nation und Volk wurden naturwissenschaftlich-technische Lösungen tatsächlicher oder ideologisch konstruierter sozialer Probleme als moralisch legitim und wissenschaftlich begründet gerechtfertigt.[69] Der Sozialdarwinismus sah in der menschlichen Geschichte in Analogie zur Natur einen andauernden Kampf zwischen unterschiedlichen Kulturen und Rassen um die Vorherrschaft. Wenn ein Volk in diesem Kampf unterliege und damit zeige, dass es entweder „nicht bereit oder fähig“[70] sei, im Daseinskampf der Völker zu siegen, so müsse dieser Ausgang als Entscheidung der Vorsehung akzeptiert werden.

Nationalsozialistische Rassentheoretiker führten die „biologische Lebenskrise“ Deutschlands auf die überdurchschnittliche Vermehrung erblich Minderwertiger bei gleichzeitiger Kinderverweigerung erblich Tüchtiger durch einen „Zeugungs- und Gebärstreik“[71] zurück. Den kulturellen Niedergang der Deutschen könne nur „ein neuer kategorischer Imperativ biologischer Art, ein *biologisches Sittengesetz*“[72] aufhalten. „Durch Auslesen und Ausmerzen von Individuen mit

66 Vgl. Richard v. Hoff, Seelisches Erbgut der nordischen Rasse. In: Die Rasse, 5 (1938) 6, S. 209–220, hier 209.

67 Vgl. Peter Emil Becker, Zur Geschichte der Rassenhygiene - Wege ins Dritte Reich, Stuttgart 1988; sowie Uwe Hossfeld, Geschichte der biologischen Anthropologie in Deutschland, Stuttgart 2005.

68 Vgl. dazu David Gasman, The Scientific Origins of National Socialism, London 1971.

69 Vgl. Richard Weikart, From Darwin to Hitler: Evolutionary Ethics, Eugenics, and Racism in Germany, Basingstoke 2006.

70 Adolf Hitler, Mein Kampf, München 1938, S. 185.

71 Konrad Dürre, Erbbiologischer und rassenhygienischer Wegweiser für Jedermann, Berlin 1932, S. 6, 83.

72 Ebd., S. 6.

bestimmten Erbanlagen“[73] sollte die Höherentwicklung der nordischen Rasse gesichert werden. Nur die genetische Reproduktion der rassisch Wertvollsten eines Volkes aber könne dessen Fortbestand sichern.

Durch Rassenhygiene und eine „Planwirtschaft des Blutes“[74] sollten rassische Fehlentwicklungen korrigiert werden. Die Übernahme des Zuchtgedankens und der Erbhygiene für die eigene Lebensführung verpflichte jedoch nicht nur zur Qualität, sondern auch zur Quantität, denn am Ende entscheide die Zahl gesunder, rassisch wertvoller Kinder über die Zukunft Deutschlands. Die Missachtung der Rassenhygiene dagegen werde mit der Ausmerzung derjenigen bestraft, die meinten, die Gesetze der Natur in ihrer Lebensführung ignorieren zu können.

„Während die kirchliche Liebestätigkeit eine Vorliebe für Schwache, Kranke, Entartete und Gesunkene hat und eine schwächliche Duldung des Lebensfeindlichen zeigt“,[75] komme Förderung im nationalsozialistischen Deutschland ausschließlich den Gesunden zugute. Die Natur zeige die Richtigkeit des Auslesegedankens: „Ohne Ausmerzung des Krankhaften und Schlechten kann das Gesunde und Gute nicht gedeihen.“[76] Durch die Missachtung biologischer Gesetze sei „alles Erbkranke mit mehr Sorgfalt gepflegt worden als das Gesunde“.[77] Auch seien die Erbkranken nicht daran gehindert worden, sich fortzupflanzen, während sich die körperlich und geistig Gesunden nur zurückhaltend fortgepflanzt hätten.

An die Stelle der Religion sollte „eine neue Ethik des Staatsbürgers“[78] auf biologischer Grundlage treten. Hitler habe „den biologischen Staat“[79] geschaffen, um die Zukunft der Deutschen in Übereinstimmung mit den biologischen Gesetzen des Lebens zu gestalten. Der Sieg über weltanschaulich-politische Gegner könne nur durch die „Beherrschung und Anwendung biologischer Politik und politischer Biologie“[80] gesichert werden. Der Nationalsozialismus gehe vom Primat der Nationalbiologie gegenüber der Nationalökonomie aus, die die nationalen Auswirkungen des biologischen Geschehens in Abhängigkeit von der „Beschaffenheit unserer organischen Erbwerte“[81] untersuche. Notwendig sei eine „biologische Bevölkerungspolitik“, also eine „auf die Lebensvorgänge der Vererbung, der Auslese und Ausmerze gerichtete Erb- und Rassenpflege des Staates.“[82]

73 Reichsführer SS/SS-Hauptamt (Hg.), Rassenpolitik, S. 16.
74 O. V., Schicksal und Erbgut. In: Das Schwarze Korps vom 20.1.1944.
75 Schultze, So lebst du deutsch!, S. 52.
76 Ebd.
77 Gustav Frenssen, Lebenskunde, Berlin 1942, S. 51.
78 Heinrich Jacob Feuerborn, Das Kernstück der deutschen Volksbildung: die Biologie. In: Der Biologe, 6 (1935) 4, S. 99–105, hier 104.
79 G. Timmer, Die Berufung des Arztes. In: Ziel und Weg, 5 (1935) 6, S. 139–141, S. 139.
80 Lothar Stengel-von Rutkowski, Was ist ein Volk? Der biologische Volksbegriff. Eine kulturbiologische Untersuchung seiner Definition und seiner Bedeutung für Wissenschaft, Weltanschauung und Politik, Erfurt 1942, S. 6 (aus dem Vorwort von 1940).
81 Arthur Gütt, Dienst an der Rasse als Aufgabe der Staatspolitik, Berlin 1934, S. 6.
82 Eugen Fischer, Der völkische Staat, biologisch gesehen, Berlin 1933, S. 5.

An Menschen und Völker wurde der gleiche rassenbiologische Wertmaßstab angelegt. Der Wert eines Menschen war aus dieser Sicht durch seine Erbanlagen vorentschieden, deren prägender Kraft er sich nicht entziehen konnte.

Der Biologie kam in der völkischen Revolution der Nationalsozialisten schon deshalb eine besondere Bedeutung zu, weil die Volksgemeinschaft selbst als biologischer Organismus rassisch Gleichgearteter gedacht wurde.[83] Der völkische Organismus sei etwas Lebendiges, habe Glieder, Zellen und Organe. Als biologischer Organismus sei das Volk den gleichen Gefährdungen ausgesetzt wie jeder Mensch. Es könne erkranken und bis zur Handlungsunfähigkeit gelähmt sein oder von Parasiten und anderen Schädlingen befallen werden. Aber wie der Mensch, so könne auch das Volk durch entsprechende Gegenmaßnahmen vor diesen Gefahren geschützt oder im Falle bereits erfolgter Erkrankung erfolgreich therapiert werden und wieder gesunden. *Rassen*bewusstes Verhalten müsse als *gesundheits*bewusstes Verhalten zur biologischen Selbstverständlichkeit werden.

Der Nationalsozialismus habe dem biologischen Denken zum Durchbruch verholfen und gezeigt, „dass das Leben der Völker seine eigene biologische Gesetzmäßigkeit hat".[84] Der nordische Mensch habe nun die Möglichkeit, seine rassische Bestimmung zu leben.[85] Das Volk wurde als biologischer Organismus begriffen, dessen Qualität, Gesundheit und Durchsetzungsfähigkeit sich durch seine Fähigkeit und Konsequenz entscheiden werde, sich intern nach rassischen Kriterien zu organisieren sowie gegen andere Völker und Rassen abzugrenzen und durchzusetzen. Die angestrebte biologische Erneuerung könne nur dann erfolgreich sein, wenn sich eine neue Haltung gegenüber den rassisch Minderwertigen bei der Mehrheit der deutschen Bevölkerung durchsetze. An die Stelle von Fürsorge und Mitmenschlichkeit den Schwachen und Bedürftigen gegenüber sollten Härte und Unbarmherzigkeit treten, um die Lebensgesetze der Rasse durchzusetzen.[86] Die nationalsozialistische Weltanschauung forderte „die Ausmerze alles Erbkranken, alles Unterwertigen, die Gesundung und Höherentwicklung des Volkes".[87] Es sei zum Besten eines Volkes, es durch Auslese zukunftsfähig zu machen und dabei auch jedem Einzelnen die Chance zu geben, das Beste aus sich herauszuholen.[88] Nur hochwertige Menschengruppen sollten erhalten und in jeder Hinsicht gefördert, minderwertige dagegen unterdrückt und wenn nötig ausgemerzt werden.[89] Die Deutschen waren die Nutznießer

83 Vgl. Ludwig Ferdinand Clauß, Rassenseele und Volksgemeinschaft. In: Rasse, 2 (1935) 1, S. 3-19, hier 15.
84 Alfred Straßburg, Volksstaat, Weltstaat und nationalsozialistische Weltanschauung. In: Ethik, 10 (1934) Mai/Juni, S. 310-314, hier 311.
85 Vgl. Stengel-von Rutkowski, Ist der Wille des Menschen erbbedingt oder erbfrei ? In: Rasse, 9 (1942) 4, S. 127-137, hier 135.
86 Vgl. Walter Gross, Volk und Rasse. In: Der Schulungsbrief, (1939) 4, S. 143-148, hier 147.
87 O. V., Abnormitäten unerwünscht. In: Das Schwarze Korps vom 17.2.1938.
88 Reichsführer SS/SS-Hauptamt (Hg.), Rassenpolitik, S. 160.
89 Vgl. Karl Kynast, Eine Hauptgefahr für die nordische Rasse. In: Rasse, 4 (1937) 9, S. 336-344, hier 343.

dieser biopolitischen Neuordnung Deutschlands und Europas, die die Überwindung der existenzbedrohenden bevölkerungspolitischen Krise versprach. Ihnen wurde bedeutet, sie seien als Angehörige der hochwertigen *nordischen Rasse* zu einer rassenpolitischen Neuordnung der Welt nach Kriterien rassischer *Höher-* und *Minder*wertigkeit berufen.

Zahlreiche zucht- und artvergessene Deutsche glaubten an die Lehre von der Gleichheit aller Menschen. Diese Indifferenz gegenüber dem Gesetz der Rasse habe das deutsche Volk in die Krise gestürzt. Ihre Mischung mit anders gearteten Menschen habe die Lebenskraft der Deutschen beschädigt und sie innerlich zerrissen. Nur gleichgeartete Menschen hätten den gleichen Charakter, zu dem „ein artgemäßer Leib, ein Lebensraum, eine Wert- und Lebensordnung“[90] gehörten. Gründe für den biologischen Niedergang eines Volkes seien der Rückgang ihrer Bevölkerungszahl und des Anteils der überdurchschnittlich Wertvollen durch Rassenmischung und Gegenauslese durch *übertriebene Humanität.*[91] „Statt des Besten und Tüchtigsten“ sei in falsch verstandener Humanität „gerade das Schwächliche und Kranke besonders“[92] gepflegt worden. Dadurch sei das Gefühl für die Reinheit des Blutes und die Gegensätze der Rassen verloren gegangen, wodurch Wert und Leistungsfähigkeit des Volkes entscheidend geschwächt worden seien.[93] Um ein Volk zu verstehen, müsse man seinen biologischen Zustand untersuchen, also „seine rassische Zusammensetzung und die innere Bereitschaft seiner Menschen, durch genügende Nachkommenschaft die Erhaltung des Volkes zu sichern, die Vermehrung Minderwertiger zu unterbinden und das Eindringen fremdrassischer Elemente zu verhindern“.[94] Nur durch die Zeugung und Aufzucht zahlreicher rassisch hochwertiger Kinder bei gleichzeitiger Verhinderung der Fortpflanzung Minderwertiger könne die bevölkerungspolitische Krise, in der sich Deutschland befinde, gelöst werden.

Die Notwendigkeit der Ablösung christlicher Fürsorgeethik durch eine „Ethik der Rassenhygiene“ hatte Artur Gütt, einer der geistigen Väter des „Gesetzes zur Verhütung erbkranken Nachwuchses“, prägnant formuliert:

> „Die heute übertriebene Zivilisation und christliche Nächstenliebe verhilft den missratenen und unglücklichen Menschen zur Vererbung und Fortpflanzung, während sie andererseits hochwertige Menschen aus wirtschaftlichen und religiösen Gründen wie aus Gleichgültigkeit daran hindert. [...] Die heutige Sozialethik und bisher geübte Nächstenliebe sind eine Versicherung auf Gegenseitigkeit, eine missverstandene christliche Religion, die durch einseitige Begünstigung der Minderwertigen und körperlich Schwachen und Kranken zum Untergang des deutschen Volkes führen muss.“[95]

90 Krieck, Volkscharakter und Sendungsbewusstsein, S. 154 f.
91 Vgl. Gross, Volk, S. 144.
92 Walter Gross, Der Rassegedanke des Nationalsozialismus. In: Der Schulungsbrief, 2. Folge (1934), S. 6–20, hier 13.
93 Vgl. ebd., S. 13 f.
94 Theodor Arzt, Biologie und Weltanschauung. In: Der Schulungsbrief, (1939) 4, S. 149–155, hier 149.
95 Artur Gütt, Denkschrift über Staatliche Bevölkerungspolitik (1932). In: Kaiser/Nowak/Schwartz (Hg.), Eugenik, Sterilisation, „Euthanasie“, S. 121–124, hier 122.

Es gebe keinen Grund, Bedürftige allein wegen ihrer Bedürftigkeit zu bevorzugen, die doch häufig Folge erblicher Minderwertigkeit sei. Zudem tendierten die Minderwertigen in ihrem Eigennutz dazu, das gesunde Ganze zu dominieren. Dadurch drohe aus einer gemeinnützigen *Sozial*fürsorge eine *Asozialen*fürsorge zu werden. Notwendig sei deshalb die Ausschaltung der Lebensunfähigen, wodurch das „Zusammengehörigkeitsgefühl [...] des Volkes"[96] gestärkt werde. Zur Genesung des Volkes müsse „das unglückliche, lebensunwerte Leben, das sich während der Herrschaft der Minderwertigen"[97] angesammelt habe, wieder entfernt werden. Die seelische und biologische Substanz des deutschen Volkes sei schwer geschädigt, aber nicht vollständig zerstört. Ihre Regenerierung durch die Reinigung der nordischen Rasse von artfremden Einflüssen sollte zur Gesundung des deutschen Volkes führen.

Die bequemliche und egoistische Kinderverweigerung der Liberalen sei der Grund dafür, dass zu wenige Kinder geboren würden. Darüber hinaus werde bei diesen wenigen jede Differenzierung nach rassisch Höher- und Minderwertigen durch ihre rassenindifferente Gleichbehandlung ausgeschaltet, was „gegen die Natur, gegen alles, was göttlich ist",[98] verstoße. Deshalb versuche der Nationalsozialismus, die „Ordnung alles Lebens" durch „die Förderung der Hochwertigen und die Hemmung der Minderwertigen"[99] wiederherzustellen. Dabei müssten der höchstwertigen Rasse die besten Bedingungen für die uneingeschränkte Entfaltung ihrer Anlagen geboten werden.

In der Metaphorik des Gartens wurde dazu aufgefordert, zunächst das sich rasch vermehrende „menschliche Unkraut in der Kultur" zu beseitigen, um die „Verschlechterung der menschlichen Rasse"[100] zu stoppen. Zur Verbesserung von Menschenrasse und Menschenleben bedürfe es jedoch auch einer *positiven* Eugenik zur gezielten Förderung der Besten, Stärksten, Gesündesten und Fähigsten. Ehe und Familie müssten als „Pflanzgarten des Volkes" gesehen werden, an dessen Gestaltung sich die Zukunft des deutschen Volkes entscheiden werde. Zu seiner Gestaltung gehöre auch „die Säuberung dieses Gartens von Unkraut", um „von vornherein ungeeignetes Saatgut und Fremdgewächse aus dem Volksgarten fernzuhalten". Dieser „Reinigungsprozess" sei jedoch nur die Vorstufe zur „unerlässlichen Rodungsarbeit [...] ausmerzender Maßnahmen"[101]

96 Karl Astel, Rassendämmerung und ihre Meisterung durch Geist und Tat als Schicksalsfrage der weißen Völker (Antrittsrede am 19. Januar, Universität zu Jena). In: Nationalsozialistische Monatshefte, (1935) 60, S. 194–215, hier 210.
97 Ebd., S. 214.
98 Walther Brunk, Nationalsozialistische Erbpflege, Blutmaterialismus oder göttliches Naturgesetz? In: Der Schulungsbrief, (1939) 3, S. 356–358, hier 356.
99 Ebd.
100 Schiller, Eugenik, S. 342.
101 „... die unerlässliche Rodungsarbeit". Auszug aus einem Artikel des Jahrbuchs der Caritaswissenschaft, 1937. In: Ernst Klee (Hg.), Dokumente zur Euthanasie, Frankfurt a. M. 1986, S. 58f., hier 59.

gegen Geistes- und Erbkranke, Trinker und Verbrecher.[102] Die „Minderung des Wertarmen und Wertlosen" müsse mit der „Mehrung des Hochwertigen"[103] verknüpft werden. Der „kategorische Imperativ der Naturgesetze"[104] sichere, dass sich die Starken gegen die Schwachen durchsetzten, die aus eigener Kraft Lebensunfähigen aber ausgemerzt würden. Während die sich selbst und ihren Gesetzen überlassene Natur dafür sorge, dass alles Ungesunde und Minderwertige von selber aussterbe, müsse in einer kulturell degenerierten Gesellschaft dem Verfall bewusst rassenpolitisch gegengesteuert werden. An die Stelle übertriebener Fürsorge und künstlicher Verlängerung des Lebens aus eigenen Kräften nicht lebensfähiger minderwertiger Menschen müsse die rassenhygienische Vorsorge treten.

Alfred Ploetz hatte bereits 1895 prognostiziert, dass die Verhütung einer „Neuerzeugung von Schwachen" durch eine effektive „Fortpflanzungshygiene" perspektivisch die „Ausjäte der Schwachen" überflüssig machen werde.[105] Im Interesse einer „biologischen Hebung der Rasse"[106] sollten die Tüchtigen gefördert werden, während die Schwachen und Kranken ihrem Schicksal überlassen werden sollten. Ihr Schutz durch Hygiene, Medizin und Wohlfahrtseinrichtungen führe dagegen „zur allmählichen Entartung"[107] der Rasse, anstatt durch natürliche Zuchtwahl ihre Vervollkommnung zu sichern. Der Greifswalder Rassenhygieniker Günther Just erklärte 1932, die Eugenik ziele darauf, „zukünftiges lebensunwertes Leben nicht erst entstehen zu lassen, statt gegenwärtiges lebensunwertes Leben zu vernichten".[108] Mit der Förderung „artgemäßer Menschenhochzucht"[109] im nationalsozialistischen Staat werde alles Ungesunde bald von selber aussterben, wodurch negative Eugenik perspektivisch überflüssig werde. Die Rassenpolitik dürfe sich nicht damit begnügen, die Minderwertigen und Erbkranken auszumerzen, sondern müsse gleichzeitig die Neuentstehung minderwertigen Lebens verhindern. Die nationalsozialistische Weltanschauung habe ihre tiefsten Wurzeln im biologischen Geschehen. Ihr höchstes Ziel sei die Erhaltung des arteigenen Blutes. Die Natur habe für die Überproduktion von Individuen und die Auslese der Tüchtigsten durch den Kampf ums Dasein gesorgt. Das Eingreifen des Menschen habe diese Auslese abgeschwächt oder aufgehoben und so zur Entartung geführt.

102 Zu den „gärtnerischen Ambitionen" der planenden Gestaltung einer perfekten Gesellschaft vgl. Zygmunt Bauman, Moderne und Ambivalenz. Das Ende der Eindeutigkeit, Hamburg 1992, S. 46–56.
103 Sophie Rogge-Börner, Nordischer Gedanke und Verantwortung, Leipzig 1938, S. 81.
104 Ebd., S. 36.
105 Zit. nach Becker, Zur Geschichte der Rassenhygiene, S. 90.
106 Zit. nach ebd., S. 61.
107 Zit. nach ebd., S. 62.
108 Günther Just, Eugenik und Weltanschauung. In: ders. (Hg.), Eugenik und Weltanschauung, Berlin 1932, S. 7–37, hier 9f.
109 Heinz Neu, Biologische Politik. Deutschland, das künftige Land gesunder Wohlfahrt, sozialer Gerechtigkeit und pflichtbewusster Freiheit. In: Der Weltkampf, (1933) 110, S. 43–51, hier 49.

Eine an Humanismus und Nächstenliebe orientierte Kultur lasse der Natur nur wenig Möglichkeiten, Minderwertiges auszumerzen. So würde die moderne Medizin gerade jene Menschen schützen, die ohne ihre Hilfe nicht überleben könnten. Deshalb müssten die Hochwertigen gezielt gefördert, Minderwertige dagegen in ihrer Entwicklung gehemmt werden, um die biologische Verbesserung des deutschen Volkes, seine *Aufartung*, zu sichern.[110] Der Nationalsozialismus sei gegen das vermeintliche *Menschenrecht* auf Fortpflanzung für jeden Menschen ungeachtet seiner rassischen Komposition und gesundheitlichen Verfassung. Aus Verantwortung gegenüber der Volksgemeinschaft müsse Fortpflanzung dort unmöglich werden, wo sie Leid, Elend und Schaden für den Einzelnen wie für die Gemeinschaft bedeuten würde.[111] Der völkische Staat setze die Rasse in den Mittelpunkt des Lebens und sorge für ihre Reinerhaltung. „Er hat das Kind zum kostbarsten Gut eines Volkes zu erklären. Er muss dafür Sorge tragen, dass nur, wer gesund ist, Kinder zeugt; dass es nur eine Schande gibt: bei eigener Krankheit und eigenen Mängeln dennoch Kinder in die Welt zu setzen."[112] Die „Verhinderung der Zeugungsfähigkeit und Zeugungsmöglichkeit seitens körperlich Degenerierter und geistig Erkrankter" würde in Verbindung mit der „bewussten planmäßigen Förderung der Fruchtbarkeit der gesündesten Träger des Volkstums"[113] den körperlichen und geistigen Verfall des deutschen Volkes stoppen und zu seiner Gesundung führen. Die Korrektur naturwidriger Eingriffe in die Schöpfung sollte durch die bevölkerungspolitisch notwendige „Ausschaltung erbkranken Nachwuchses"[114] die Zukunft des deutschen Volkes sichern.

Die nationalsozialistische Rassenpolitik knüpfte an die Unterscheidung zwischen einer *ausjätenden* und eine *fördernden* Erbpflege bzw. Eugenik an. Unterschieden wurde zwischen negativen rassenhygienischen Maßnahmen der „Hemmung der Minderwertigen (Ausmerze)" und positiven der „Förderung der Höherwertigen (Auslese)",[115] ihrer *Aufartung* oder *Aufnordung*. Während die negative Eugenik der „Verhinderung des erbkranken und asozialen Nachwuchses" diene, ziele die positive auf die „Bevorzugung, Unterstützung und Förderung der erbgesunden und rassisch wertvollen Familien".[116] Vor allem die negative Eugenik sei, wie nicht anders zu erwarten, auf heftigen Widerstand gestoßen. Schließlich verstoße sie „besonders stark gegen den humanitär-christlichen Standpunkt einer bedingungslosen Gleichmacherei".[117] Da die Auslese

110 Vgl. Brunk, Erbpflege, S. 356.
111 Vgl. Walther Gross, Grundfragen nationalsozialistischer Rassen- und Bevölkerungspolitik. In: Nationalsozialistische Monatshefte, (1941) 137, S. 656–666, hier 661.
112 Hitler, Mein Kampf, S. 446.
113 Ebd., S. 448.
114 Karl Kötschau, Ein Beitrag zur nationalsozialistischen Revolution in der Medizin (3. Fortsetzung). In: Ziel und Weg, 4 (1934) 1, S. 11–16, hier 11.
115 Karin Magnussen, Rassen- und bevölkerungspolitisches Rüstzeug, München 1943, S. 117.
116 Gütt, Dienst an der Rasse, S. 19.
117 Gross, Grundfragen, S. 661.

in der humanistisch degenerierten modernen Gesellschaft nicht mehr funktioniere, müsse lebensunwertes Leben gezielt ausgemerzt werden. Diese negative Auslese müsse durch die Aufartung und Züchtung der hochwertigen Rasse ergänzt werden.

Erbkranke Menschen sollten an der Fortpflanzung gehindert, rassisch Hochwertige zu stärkerer Fortpflanzung animiert werden. Zusammen mit der gezielten Vernichtung Minderwertiger, die ohne Unterstützung ohnehin im Lebenskampf unterliegen würden, sollte dadurch die rassische Genesung des deutschen Volks eingeleitet werden. Der Staat habe das Recht und die Pflicht, das Minderwertige auszumerzen. In den zivilisierten Staaten würden Kranke, Schwache, Minderwertige und Verbrecher geschützt und so vor dem Untergang bewahrt, wodurch ihre natürliche Auslese und Ausmerze verhindert werde. Diese dem Tod geweihten Menschen hätten nur deshalb überlebt, weil eine Kultur der unbedingten Erhaltung jeglichen Lebens auch lebensunwertes und aus eigener Kraft lebensunfähiges Leben vor dem Tod bewahrt habe. Die Erlösung von ihren Leiden befreite zugleich die Gemeinschaft von der Last aufwendiger Fürsorge.

Kein Mitleid mit den Schwachen und Minderwertigen: für eine Moral der Stärke

Gegen die naturwidrige Stigmatisierung des Daseinskampfes als unmoralisch setzte die nationalsozialistische Ethik eine Moral der Stärke. Die bürgerlich-christliche Moral habe sich als vor Zugriffen durch die Starken geschützter Raum der Schwachen und Bedürftigen etabliert. Die naturwidrige Moral christlicher Nächstenliebe hindere die Starken durch moralische Erpressung daran, sich im Daseinskampf gegen die Schwachen durchzusetzen. Dadurch würden die Lebensuntüchtigen in ihrer Anmaßung der Schutzbedürftigkeit vor vermeintlich inhumanen Übergriffen durch die rassisch Hochwertigen noch bestärkt.[118]

Diese Verkehrung der natürlichen Werte- und Lebensordnung verkenne, dass nur der Gesunde ein Recht auf Entfaltung habe.[119] Aus Schwäche und Bedürftigkeit erwachse kein Anspruch auf Zuwendung, aus Stärke keine Verpflichtung der Zuständigkeit für die Bedürfnisse der Schwachen. Als Angehörige der nordischen Rasse seien die Deutschen durch ihre überlegenen Erbanlagen zur Führung berufen. Nicht Mitleid, sondern Härte sei gegenüber minderwertigem Leben angebracht. Unnachsichtig gegen menschliche Schwächen, Verweichlichung und Feigheit gelte es, hart und unerbittlich gegen sich selbst und andere zu sein. Diese Haltung schließe die Bereitschaft ein, im übergeordneten Interesse der Gemeinschaft Unfähige aus der Gemeinschaft auszumerzen. Scheu vor

118 Vgl. Ludwig Eckstein, Über den biologischen Sinn der Auslese. In: SS-Leitheft, 8 (1942) 7, S. 34–39.

119 Vgl. Kurt Eggers, Vom mutigen Leben und tapferen Sterben, Oldenburg 1935, S. 25.

unbarmherziger Härte da, wo sie zur Stärkung der Volksgemeinschaft angebracht sei, sei eine verpasste Gelegenheit, eine rassenpolitisch problematische Situation zu bereinigen. Darüber hinaus führe sie zur Verweichlichung rassengesunder Menschen, die zu entschlossenem Handeln in kritischen Situationen nicht mehr fähig seien.[120]

Die Haltung zur Gemeinschaft entschied darüber, ob Menschen als normal, moralisch und gesund oder aber als abartig, unmoralisch und krank galten. Die Diagnose, gemeinschaftsfremd, -schädlich oder -unfähig zu sein, wurde entweder aus der Zugehörigkeit zur jüdischen Rasse oder einer nicht therapierbaren Erbkrankheit abgeleitet. Als dauerhafte Gefahr oder Belastung für die Gemeinschaft bestritt sie den Betroffenen das Lebensrecht. Für eine Übergangszeit der Unterbringung in Ghettos oder Pflege- und Heilanstalten wurden sie von der Gemeinschaft rassisch hochwertiger und erbgesunder Deutscher isoliert, bis sich die Gelegenheit zu ihrer Tötung bot. Die Diagnose „gemeinschaftsfremd" konnte auch diejenigen treffen, deren „Persönlichkeit und Lebensführung" erkennen ließ, dass sie nicht imstande waren, „den Mindestanforderungen der Volksgemeinschaft zu genügen (Versager)".[121] Asozialität und Kriminalität oder auch gemeinschaftsindifferenter Egoismus; rassenindifferente, gleichgeschlechtliche oder ausschließlich lustbezogene Sexualität ohne Absicht der Familiengründung oder Kinderwunsch galten ebenfalls als gemeinschaftsschädlich.

Deshalb müssten alle diese Schädlinge, zu denen auch entartete Asoziale, Ichsüchtige und Kriminelle gehörten, biologisch ausgemerzt werden. Die lebenslange Unterbringung nicht therapierbar Erb- und Geisteskranker in Pflegeanstalten wurde angesichts knapper Mittel für zu teuer und gegenüber dem gesunden Teil der Volksgemeinschaft für unverantwortlich befunden. Nach der Überwindung religiöser und ethischer Bedenken gegenüber der Tötung für lebensunwert befundenen Lebens waren die entsprechend konditionierten Täter bereit, guten Gewissens das *Gottesurteil* natürlicher Auslese zu vollstrecken.

Die künstliche Verlängerung des Lebens Minderwertiger stehe im Widerspruch zum Naturgesetz der Auslese der Tüchtigen bei gleichzeitiger Ausmerze der Lebensuntüchtigen. Ihre Tötung diene der Entlastung des Volkskörpers, der frei von Verpflichtungen gegenüber denen sei, die selbst nichts zum Gemeinwohl beitragen würden. Schon Nietzsche, der Vordenker einer nationalsozialistischen Rassenhygiene, habe in den Kranken die größte Gefahr für die Gesunden gesehen. „Das Leben selbst erkennt keine Solidarität, kein *gleiches Recht* zwischen Gesunden und entarteten Teilen eines Organismus an; letztere muss man ausschneiden, oder das Ganze geht zugrunde."[122] Mitleid mit den Missratenen

120 Vgl. ebd., S. 43.

121 Helma Kaden/Ludwig Nestler (Hg.), Dokumente des Verbrechens. Aus Akten des Dritten Reiches 1933–1945. Band 1, Berlin 1993, S. 234 – zit. aus einem Gesetzentwurf zur Behandlung Gemeinschaftsfremder von 1942, seinerzeit gescheitert und unveröffentlicht.

122 Heinrich Römer, Nietzsche und das Rasseproblem. In: Die Rasse, 7 (1940) 2, S. 59–65, hier 64 f.

wäre „Widernatur selbst als Moral".[123] Es gebe im Menschen *gesunde, wertvolle*, aber eben auch *geringer* wertige Teile. In praktischer Rassenpolitik gehe es darum, „die Fortpflanzung des gesunden, wertvollen Teils" zu sichern, die „Fortpflanzung der nicht erwünschten fremdrassigen oder unterwertigen Teile"[124] dagegen zu verhindern. Im Interesse ihrer Gesundheit müsse die Gemeinschaft alles Ungesunde und Fremde ausmerzen.

Die Konsequenzen des Paradigmenwechsels von einer universellen Vernunftethik zu einer selektiven Rassenethik zeigten sich insbesondere in der Medizin und im Gesundheitswesen, die nach rassenbiologischen Gesichtspunkten neu organisiert werden sollten. So sei der Arzt im nationalsozialistischen Deutschland „Gesundheitsführer", der nicht mehr vor allem „karitative Fürsorge", sondern „produktive Vorbeugung"[125] betreibe. Während der Arzt früherer Zeiten den kranken Einzelmenschen heilen wollte, sei der „nationalsozialistische Mediziner" nicht mehr „Arzt des Individuums", sondern „Arzt der Nation".[126] Nur die rassisch Hochwertigen könnten mit medizinischer Fürsorge rechnen, die unheilbar Kranken und Behinderten verweigert wurde. Rassische Begutachtung werde bestimmen, wer innerhalb eines Volkes als körperlich, seelisch und geistig normal gelte. Der neue Arzt sollte nicht mehr von „liberalistisch humanitätsduseligem weichlichem Mitleid"[127] gegenüber unheilbar Kranken und geistig Behinderten gehemmt sein. Solche Menschen müssten vielmehr härter angefasst und in den Kampf des Lebens hineingestoßen werden. Dass sie ohne Hilfe und Zuwendung den Folgen ihrer Behinderung im Lebenskampf ausgesetzt keine Chance hatten, diesen Kampf zu bestehen, war dabei unterstellt. Aus eigenen Kräften waren sie nicht überlebensfähig. Natürliche Auslese hieß in ihrem Falle Ausmerze.

Ethische und religiöse Bedenken gegenüber Eingriffen in die Lebensrechte Erbkranker wurden als unbegründet zurückgewiesen. Es galt als unmoralisch, aus eigener Kraft nicht lebensfähigen Menschen durch staatliche Fürsorge und Pflege ein Leben zu ermöglichen, das eine Normalität und Akzeptanz ihrer erbgesundheitlichen Behinderung suggerierte, die das rasseneugenische Wertesystem gerade ablehnte. Die nationalsozialistische Gemeinschaft sei keine Wohlfahrtseinrichtung, die soziale und medizinische Dienstleistungen für alle und jeden biete. Sie beschränke sich auch nicht auf das Konservieren des Bewährten und die Verhütung unerwünschter Entwicklungen, sondern sie strebe nach Höherentwicklung und Verbesserung des Bestehenden. Die „Auslese im Daseinskampf" wurde als göttliches Gesetz zur Vernichtung der Untauglichen

123 Ebd., S. 65.
124 Walther Gross, Rassenpolitische Erziehung, Berlin 1935, S. 20.
125 Ehrhardt Hamann, Ärztliche Standesethik im Dritten Reich Ziel und Weg, 4 (1934) 17, S. 641–645, hier 645.
126 Th. Lang, Der Nationalsozialistische Deutsche Ärztebund. In: Nationalsozialistische Monatshefte, (1930) 1, S. 38 f, hier 39.
127 Vgl. Weidner, Denken, S. 489.

und Lebensuntüchtigen über die Heiligkeit menschlichen Lebens gestellt.[128] Die Durchsetzung dieser Gesetze verwirkliche den „Willen des Schöpfers nach Aufstieg und Gesundheit des Menschengeschlechts, den eine falsche und krankhafte Humanitätsduselei durchkreuzt und verraten"[129] habe. Lebensuntüchtige und unheilbar Kranke müssten verpflegt und behandelt, ihre Schmerzen und Leiden gelindert werden. Dennoch dürfe man „der Natur nicht in den Arm" fallen und „lebensunwertes Leben",[130] das zur Ausmerze bestimmt sei, durch übertriebene Fürsorge und finanzielle Aufwendungen künstlich verlängern.

Ziel planmäßiger Rassenpflege sei die „Förderung der Fortpflanzung des Hochwertigen, Ausscheidung des Minderwertigen".[131] Die „Tötung von Minderwertigen" erspare diesen Menschen unerträgliches Leid und setze dabei zugleich das übergeordnete Interesse der Allgemeinheit durch. Gerade mit der Freigabe lebensunwerten Lebens zur gezielten Tötung sichere die nationalsozialistische Rassenpolitik die Heiligkeit und Unantastbarkeit rassisch hochwertigen gesunden Lebens.

Die „biologische Medizin" des Nationalsozialismus bekenne sich zur „Lehre vom Werte des Blutes, der Rasse, der Persönlichkeit sowie der ewigen Auslesegesetze".[132] Dieses Bekenntnis müsse auch dem neuen Ethos des deutschen Arztes zugrunde liegen. Vor Gott mochten alle gleich sein, vor dem deutschen Arzt waren sie es nicht. Seine Zuwendung galt ausschließlich allen „hilfesuchenden deutschen Volksgenossen",[133] und auch hier nur denen, die zur gesunden Erbmasse des Volkes gehörten. Der deutsche Arzt müsse ein „Rassengewissen"[134] ausbilden und ausgehend von diesem „rassenhygienisches Gewissen"[135] Erbkrankheiten und deren Träger ohne konfessionelle oder überholte professionelle Ressentiments eines kranken Zeitgeistes als „biologischer Soldat"[136] bekämpfen. Der Arzt früherer Zeiten sei nur auf das Heilen des kranken Einzelmenschen aus gewesen. Aufgabe des nationalsozialistischen Arztes dagegen sei es nicht nur, erkrankte deutsche Volksgenossen zu heilen, sondern sie auch seelisch nach den Grundsätzen der nationalsozialistischen Weltanschauung zu führen.[137]

128 Vgl. Gunter d'Alquen (Hg.), Auf Hieb und Stich. Stimmen zur Zeit am Wege einer deutschen Zeitung, München 1937, S. 169–174.

129 Gerhard Wagner, Rasse und Volksgesundheit. In: Ziel und Weg 4 (1934) 18, S. 675–685, hier 683.

130 Zit. nach Michael Schwartz, „Euthanasie"-Debatten in Deutschland (1895–1945). In: Vierteljahreszeitschrift für Zeitgeschichte, 46 (1998), S. 617–665, hier 663.

131 Staemmler, Rassenpflege, S. 89

132 Weidner, Denken, S. 486.

133 Ebd., S. 524.

134 Ebd., S. 526.

135 Roderich v. Ungern-Sternberg, Wie verhält sich die Rassenhygiene zur Sozialpolitik? In: Ziel und Weg, 4 (1934) 17, S. 654–656, hier 656.

136 Weidner, Denken, S. 489f.

137 Vgl. o.V., Nationalsozialistische Gesundheitsführung. Richtlinien des Reichsärzteführers Gerhard Wagner. In: Der Schulungsbrief, (1938) 12, S. 420–427, hier 421.

Was für den menschlichen Körper gelte, müsse auch für den Volkskörper durchgesetzt werden. Nur ein gesunder *Volkskörper* sei voll leistungs-, handlungs- und funktionsfähig, weshalb kranke, minderwertige Teile, die von der Volksgemeinschaft unterhalten werden müssten, ohne selbst etwas zu ihrer Prosperität beizutragen, von ihm abgestoßen werden müssten. Das „Schicksal der weißen Völker" hänge davon ab, dass diese Wende zum „naturgesetzlich Notwendigen",[138] so barbarisch, unmenschlich und hart das auch den immer noch vom bürgerlich-christlichen Wertesystem Befangenen erscheinen möge, rigoros und erbarmungslos durchgesetzt werde. Gerade in Alltagssituationen zeige sich die Kraft der moralischen Selbstreinigung von Gemeinschaften. „Wer den Gefährten im Stiche ließ, ihn belog und betrog, wurde, wenn er selbst der Kameradschaft bedurfte, mit Recht im Stich gelassen und ging zugrunde, konnte seine Erbanlagen für Treulosigkeit, für Lüge und Betrug nicht weitergeben an Nachkommen."[139]

Das Eingreifen des Menschen in die natürliche Auslese habe die selbstverständliche Ausmerze rassisch minderwertigen Lebens verhindert. Nun müssten Staat und Gesellschaft immer größere Mittel aufbringen, um Menschen am Leben zu erhalten, die aus eigener Kraft nicht lebensfähig wären, während Gesunde und Arbeitsfähige mittellos auf der Straße lägen. Eine sich selbst überlassene Natur, die das Gesunde und Starke fördere, hätte solche Menschen, die sich selbst und der Gemeinschaft nur zur Last fielen, längst rücksichtslos als lebensunfähig ausgemerzt. Der neue Staat müsse „die hemmungslose Fortpflanzung erblich minderwertigen Lebens verhindern", um „die Gesetze der menschlichen Gesellschaft wieder mit den größeren der Natur und des Lebens in Einklang zu bringen".[140] Übertriebenes Mitleid mit Minderwertigen und Lebensuntauglichen zeige die Hybris des Menschen, der sich anmaße, Lebens- und Naturgesetze ebenso infrage zu stellen wie die göttliche Schöpfung. „Im Kampf ums Dasein siegt das Starke, verschwindet das Schwache."[141] In falsch verstandener Humanität sei der Kampf ums Dasein durch sentimentale Menschheitsverbrüderung und ein gegen natürliche Rangordnungen indifferentes Ethos des Mitleids weitgehend ausgeschaltet worden, statt ihn zu unterstützen und regulierend einzugreifen. Der Schutz auch derjenigen, deren Leben es nicht wert sei, erhalten zu werden, habe die natürliche Auslese von Hoch- und Minderwertigen unterbunden.[142] Eine Moral der Schwäche habe die Natur- und Lebensgesetze daran gehindert, sich im natürlichen Kampf ums Dasein zur Geltung zu bringen. Die biologische Gründung der Ethik sollte rassenindifferente Mitmenschlichkeit und Gegenseitigkeit als unmoralisch, das ist unvereinbar mit der neuen

138 Ebd., S. 197.
139 Astel, Rassendämmerung, S. 203.
140 Walter Gross, Die ewige Stimme des Blutes im Strome deutscher Geschichte, Rundfunkrede vom 14. Juli 1933. In: Ziel und Weg, 3 (1933) 10, S. 257–260, hier 259.
141 Martin Staemmler, Aufgaben und Ziele der Rassenpflege. In: Ziel und Weg, 3 (1933) 14, S. 415–422, hier 418 f.
142 Vgl. ebd.

Rassenmoral, ausschließen. Das Naturgesetz des Kampfes ums Dasein kenne keine Einschränkungen durch moralische Erwägungen. Es sei ein Gesetz, das immer zum Vorteil der Starken wirke. Ihnen verhelfe es zu der ihnen zustehenden Führungsposition in der Gesellschaft. Christliche Moralvorstellungen der Nächstenliebe und bürgerliche Menschenrechte gehörten einem durch den Nationalsozialismus überwundenen Zeitalter an. Bedürftigkeit und Schwäche seien kein Zeichen moralischer Auserwähltheit, sondern zunächst einmal ein Indiz für die Unfähigkeit, sich im Daseinskampf zu behaupten. Übertriebene Fürsorge für die Schwachen und Bedürftigen verfälsche den durch Natur- und Lebensgesetze bestimmten Daseinskampf. Moralische Werte würden nicht für alle gelten, sondern ausschließlich für die Starken, Gesunden und Durchsetzungsfähigen. Die rassisch Höherwertigen werden aufgefordert, ihre naturgesetzliche Führungsposition auf eine entsprechende Herrenmoral zu gründen. Dabei müsse Politik immer dann regulierend zur Unterstützung des Naturgesetzes der Stärkeren eingreifen, wenn dieses Gesetz durch moralische Interventionen geschwächt oder eingeschränkt werde.

Das nationalsozialistische Rassendenken verwies auf die biologische Basisexistenz der Menschen, deren Unterdrückung und Diffamierung als untermenschlich-tierisch sie von den ursprünglichen Quellen ihrer Vitalität abgeschnitten und ihnen ein kulturell gehemmtes Leben aufgezwungen habe. Die stattdessen von einer universellen Menschheitsmoral behauptete gegenseitige Verpflichtung aller Menschen laufe faktisch auf die einseitige Unterstützung Bedürftiger hinaus. Rassisch Hochwertige würden dadurch gezwungen, Energien und Kräfte aus dem Kampf um eine ihnen angemessene Position abzuziehen und auf die Förderung unproduktiver, minderwertiger und parasitärer Existenzen zu lenken.

Das Ethos nazistischer Vernichtungspolitik

Der Rassenkrieg wurde als Wiederherstellung der aus den Fugen geratenen natürlichen Ordnung der Geschichte gerechtfertigt. In diesem ideologischen Raster erschien die Vernichtung der Juden als Vollstreckung eines durch die Natur selbst ausgesprochenen Todesurteils und Exekution eines höheren Willens.[143]

Euthanasie und Holocaust wurden von der nationalsozialistischen Ideologie als notwendige Korrektur rassenbiologischer Fehlentwicklungen damit begründet, „dass die Fremdrasse und ihre innere Vermischung mit dem deutschen Erbgut" das deutsche Volk ebenso zerstört habe „wie das Auftreten von gesundheitlichen Erbschäden".[144] Die Juden galten als Angehörige einer gefährlichen,

143 Vgl. Harold Kaplan, Conscience and Memory, Chicago 1994, S. 18, 50f.

144 Martin Staemmler, Die Sterilisierung Minderwertiger vom Standpunkt des Nationalsozialismus. In: Kaiser/Nowak/Schwartz (Hg.), Eugenik, Sterilisation, „Euthanasie", S. 151-153, hier 151.

minderwertigen und moralisch degenerierten Rasse, denen Assimilierung und Konvertierung verweigert wurden. Ihnen wurde eine rassische Disposition zur Schädigung anderer Völker unterstellt, der durch eine aggressive Rassenpolitik begegnet werden müsse. Während die von den Erbkranken ausgehende Gefahr für die Volksgesundheit an der möglichen Verbreitung von Erbkrankheiten durch Fortpflanzung festgemacht wurde, wurde den Juden die gezielte Kontaminierung der nordischen Rasse vorgeworfen.

Das Judentum sei gemeingefährlich und müsse vollständig unschädlich gemacht werden, „worunter natürlich nicht die allgemeine Abschlachtung verstanden werden soll, sondern nur eine Art von Internierung [...] wie gegen gemeingefährliche Geisteskranke überall üblich: der geschlossene Abtransport des gesamten Weltjudentums auf ein ihm künftig und für alle Zeiten allein vorzubehaltendes Territorium".[145] Ziel müsse es sein, „die jüdischen Bazillenherde aus den erkrankten Körpern der Wirtsvölker [...] zu entfernen".[146] In der antisemitischen Ideologie des Nationalsozialismus wurden die Juden als *Schädlinge* und *Untermenschen* stigmatisiert, die vernichtet werden sollten. Es sei die „heilige Mission" der Deutschen, das „Weltgericht an den Verderbern der Menschheit zu vollziehen" und „dem Weltparasiten den Garaus zu machen, denn er ist kein Mensch, sondern ein Raubtier in Menschengestalt, das kein menschliches Mitleid verdient und das beseitigt werden muss, wenn die Menschheit Frieden auf Erden haben will".[147] Die ideologische Stigmatisierung der Juden, nach der sie nicht mehr als moralische Subjekte galten, wurde mit historischen und naturgesetzlichen, rassischen und bevölkerungspolitischen, volkshygienischen und biologischen Argumenten begründet. Eine rassenindifferente universalistische Moral wurde als *jüdisch* apostrophiert, gleichzeitig wurde die Juden als *unmoralisch* diffamiert. Ihnen wurde vorgeworfen, durch Rassenmischung die moralische Substanz der nordischen Rasse zu schwächen.[148]

Den Juden gegenüber sei Mitleid unangebracht, Verständigung überflüssig, größtmögliche *Härte* angemessen. Im Rassenkrieg gehe es darum, den Gegner zu vernichten oder von ihm vernichtet zu werden. Unterschiedliche Rassen auf gemeinsame moralische Normen zu verpflichten, sei unmöglich. Ein „Kampf zwischen einander artfremden Menschen" müsse mit der „Vernichtung des Gegners"[149] enden. Dieser rassische Weltanschauungskrieg gegen die Juden zielte nicht vorrangig auf die Eroberung von Territorien oder die Ausbeutung ihrer Bevölkerung als billige Arbeitssklaven, sondern auf die Vernichtung des

145 Hans Hauptmann, Erblicher Wahnsinn, das Geheimnis der jüdischen Weltmacht. In: Der Weltkampf, (1934) 132, S. 356f., hier 357.
146 Ebd., S. 356.
147 RSHA 362/159/RG-15.007M, reel 11/159, S. 20, fortlaufende Nummerierung S. 129 (Washington Holocaust Museum).
148 So z. B. Walter Fasolt, Die Grundlagen des Talmud, Berlin 1939.
149 Ludwig Ferdinand Clauß, David und Goliath oder die Gestalt als Schicksal. In: Die Rasse, 4 (1937) 4, S. 137–145, hier 145.

weltanschaulichen Gegners im Überlebensinteresse des deutschen Volkes und der nordischen Rasse. Die Eroberung und Besetzung riesiger Territorien im Osten mit einem hohen Anteil jüdischer Bevölkerung und die Turbulenzen des Krieges boten die Gelegenheit zum Massenmord an den Juden, für die in der nationalsozialistischen, politischen und moralischen Ordnung kein Lebensraum vorgesehen war.

Die Juden wurden aufgrund ihrer Zugehörigkeit zu einer als minderwertig stigmatisierten Rasse gedemütigt, verfolgt und schließlich ermordet. Ihnen wurden zunächst elementare Bürger- und Menschenrechte bestritten, bevor ihnen das Lebensrecht selbst abgesprochen wurde. Dabei galten ihre individuellen Handlungen und Überzeugungen als irrelevant für ihre Behandlung. Ihnen wurde die Möglichkeit abgesprochen, ihre biologische Festlegung auf rassenspezifische Eigenschaften und Verhaltensdispositionen individuell zu modifizieren oder zu widerlegen. Es spielte auch keine Rolle, ob sie gläubige Juden oder zum Christentum konvertiert waren oder aber jeder Religion gegenüber indifferent ihr *Deutsch*sein in säkularer Spiritualität lebten. Immer wieder wurde herausgestellt, dass die Juden „Gegenspieler und Todfeind der höchsten Werte und der tiefsten Ideen der europäischen Völker“[150] seien. Ihre Fremdheit habe nichts mit ihrem Glauben, ihrer Moral oder Erziehung zu tun und könne so auch nicht „durch konfessionelle Übertritte, durch Emanzipation und Assimilation [...] geändert werden“.[151] Durch ihre angeborenen erblich-rassischen Anlagen seien ausnahmslos alle Juden auf ein bestimmtes Verhalten festgelegt.

Der rassenbiologische Antisemitismus stellte den weltanschaulich-ideologischen Begründungsrahmen zur Überführung der sozialdarwinistischen Rhetorik von Daseinskampf und Volksgesundheit in die politische Pragmatik der systematischen Vernichtung der Juden bereit. Die Behauptung einer jüdischen „Erbschuld“ qua rassischer Zugehörigkeit diente als Rechtfertigungsgrund nationalsozialistischer Verfolgungs- und Vernichtungspolitik. Der Vernichtungskrieg richtete sich sowohl gegen die ihre eigene Kultur und Religion lebenden orthodoxen Juden der Shtetl und Ghettos als auch gegen die kulturell assimilierten oder zum Christentum konvertierten, häufig überdurchschnittlich erfolg- und einflussreichen Juden, die sich oft nicht mehr als Mitglieder der jüdischen Gemeinschaft verstanden oder die als liberale Juden assimiliert waren. Es ging in diesem unterstellten Schuldzusammenhang nicht um die Annahme oder den Nachweis individueller Schuld, sondern darum, ihre biologische Konditionierung zu einem genetisch festgelegten, Angehörige anderer Rassen schädigenden Verhalten zu unterstreichen. Dem „Fluch der Rasse“ konnten die Juden nicht durch eigene Anstrengungen entkommen. An ihrer lebensbedrohlichen rassischen Stigmatisierung konnten sie nichts ändern. Ihnen wurde zynisch bedeutet, ihr Schicksal *nicht persönlich* zu nehmen, sondern als Durchsetzung von

150 Gross, Lösung, S. 5.
151 Ebd.

Natur- und Lebensgesetzen zu akzeptieren. Die Rassengesetze fragten nicht danach, ob jemand „Jude sein will oder nicht".[152] Die Juden, jeder Einzelne von ihnen, waren bereits durch ihre Rassenzugehörigkeit als Individuen all dessen schuldig, was ihrer Rasse als Kollektivschuld zugeschrieben wurde. Dass einzelne Juden dem äußeren Anschein nach moralisch, anständig oder harmlos seien, ändere nichts daran, dass das Judentum als Rasse in seiner Gesamtheit parasitär und gefährlich sei. Als Rasse seien die Juden gezwungen, der Stimme ihres Blutes zu folgen und die Herrschaft über andere Völker zu erlangen, um parasitär von deren Arbeit zu leben. In der weltanschaulich-grundsätzlichen Lösung der Frage des Umgangs mit den Juden gehe es dem Nationalsozialismus um eine Gesamtlösung der Judenfrage.[153]

Die Behauptung einer rassenbiologischen Disposition der Juden zur Kontaminierung, Schwächung und schließlichen Vernichtung anderer Rassen und Völker, die die nordische Rasse und das deutsche Volk in ihrer Existenz bedrohe, rechtfertigte die Notwendigkeit ihrer Vernichtung. Mit der Annahme einer jüdischen Weltverschwörung ermächtigte sich die nationalsozialistische Ideologie zur Lösung der Judenfrage im Namen einer von ihr gleichermaßen betroffenen und bedrohten nicht-jüdischen Welt. Solange die Juden assimiliert und unerkannt oder auch sichtbar anders als orthodoxe Juden inmitten ihrer nichtjüdischen Wirtsvölker lebten, würden sie deren rassische Substanz und damit den Kern ihrer Identität in beängstigender Effizienz untergraben. Das deutsche Volk sollte einen auf *biologischen* Haltungen und Gefühlen gegründeten Rasseninstinkt entwickeln und ein „ethnisches Gewissen" ausbilden.[154] „Rassesinn und Rassegefühl" müssten „instinkt- und verstandesmäßig in Herz und Gehirn der [...] Jugend"[155] hineingebrannt werden. Gegen eine diffus christliche oder allgemeinmenschliche Nächstenliebe sollte moralische Empathie auf Angehörige der rassischen Volksgemeinschaft beschränkt werden. Rassisch Minderwertige waren aus dem Geltungsraum gegenseitiger moralischer Verpflichtungen ausgeschlossen.

Wurde Menschen aus *ideologischen* Gründen ein Platz in der neuen Ordnung verwehrt, waren sie aus *biologischen* Gründen in ihrer Leistungsfähigkeit eingeschränkt oder bestanden sie *eigensinnig* darauf, sich in ihrem Menschsein nicht auf ihre Zugehörigkeit zu einer bestimmten Rasse reduzieren zu lassen, so hatten sie damit das Recht auf ein Leben in der neuen Ordnung verspielt. Sie galten als ökonomisch überflüssig, biologisch minderwertig oder als anachronistische Relikte einer Vergangenheit ohne Zukunft. Schließlich wurde ihnen selbst das Recht zu leben abgesprochen. Rein ökonomisch *unbrauchbar*, rein biologisch ein *Ärgernis*, rein ordnungspolitisch eine *Provokation*, war ihre Ver-

152 Hans Hauptmann, Jüdische Überheblichkeiten. In: Der Weltkampf, (1934) 126, S. 176–179, hier 177.
153 Vgl. o. V., Die Legende vom anständigen Juden. In: Das Schwarze Korps vom 13.1.1938.
154 Claudia Koonz, The Nazi Conscience, Cambridge 2005, S. 108.
155 Hitler, Mein Kampf, S. 475.

nichtung dann nur noch eine Frage der passenden Gelegenheit und geeigneter technischer Prozeduren. Effizienz bei der Umsetzung rassenpolitischer Ziele, deren Berechtigung nicht infrage gestellt wurde, trat an die Stelle der Anerkennung kultureller Differenzen und Perspektiven von Menschsein. Die Rassenzugehörigkeit wurde zum Kriterium biopolitischer Ordnung und Selektion, nach dem der ökonomische und biologische *Lebenswert* der Menschen neu vermessen wurde.

Das nationalsozialistische Deutschland sei „entschlossen, in ruhiger und überlegter, aber absolut zielbewusster und unerbittlicher Weise für die ganze europäische Welt" eine „definitive, [...] endgültige und zweckentsprechende Lösung"[156] der Judenfrage zu finden, so hieß es etwa in Walter Gross' „Voraussetzungen zur Lösung der Judenfrage". Soweit es um die Juden in Europa gehe, sei ihre „Todesstunde unwiderruflich gekommen".[157] Bisherige Lösungsversuche der Judenfrage, ob als ihre Austreibung oder teilweise physische Vernichtung, seien räumlich und zeitlich eng begrenzt gewesen, ohne jede zielbewusste Planung und deshalb letztlich ohne Erfolg. Spontanen Ausbrüchen des Judenhasses seien sehr schnell wieder Gleichgültigkeit, Toleranz oder gar Mitleid gefolgt.[158] Dieser wenig verlässlichen Abfolge von spontanem Judenhass und Indifferenz gegenüber der Judenfrage wurde die nüchterne rassenwissenschaftliche Diagnose des Judenproblems entgegengestellt, das nur durch ihre Beseitigung gelöst werden könne. Die notwendige „endgültige Ausscheidung des Judentums aus Europa"[159] sei die einzig angemessene Reaktion auf die den Juden eingeborenen erblich-rassischen Anlagen, die sich durch keinerlei Einflussnahme verändern ließen.

Eine Vernichtungspolitik dieses Ausmaßes, so die Unterstellung ihrer möglichen Rechtfertigung durch rationale Gründe, reagierte auf eine durch die Opfer verkörperte tödliche Gefahr für das eigene Gemeinwesen. Als Verkörperung dieser Gefahr hätten die Juden ihr Schicksal selbst provoziert. Der radikale Präventivschlag zur Verteidigung der eigenen völkischen und nationalen Existenz wurde zu einer Frage des Überlebens erklärt. Für das Selbstverständnis der nationalsozialistischen Bewegung war es von außerordentlicher Bedeutung, sich als politische Bewegung in der Bedrohung durch einen skrupellosen, verschlagenen und unberechenbaren Gegner darzustellen, dem mit konventionellen Methoden nicht beizukommen war und der jeden Versuch, den Konflikt durch Kompromisse zu lösen, als Zeichen der Schwäche mit umso größerer Härte beantwortet hätte.

156 Walter Gross, Die rassenpolitischen Voraussetzungen zur Lösung der Judenfrage. In: Der Weltkampf (1941) 1/2, S. 52–63, hier 52.
157 Ebd.
158 Vgl. ebd., S. 53.
159 Ebd., S. 58f.

Die Verfolgung und Vernichtung der Juden wurde mit einer von ihnen ausgehenden Existenzbedrohung für das deutsche Volk begründet, die extreme Maßnahmen zur Abwehr dieser Bedrohung erforderlich gemacht habe. Deshalb behaupteten die Täter, sie hätten in der Überzeugung gehandelt, Vernichtungsplänen gegen das deutsche Volk und die nordische Rasse zuvorkommen zu müssen, bevor es zu spät sei. Angesichts der tödlichen Gefahr für die deutsche Volksgemeinschaft, die von den Juden ausgehe, müssten diese mit rücksichtsloser Härte an ihren Vernichtungsplänen gehindert werden. Ihnen wurde vorgeworfen, eben jene Vernichtung zu planen, die für sie selbst bereits beschlossen war. „Als sie gegen das deutsche Volk den Plan einer totalen Vernichtung fassten, unterschrieben sie damit ihr eigenes Todesurteil.“[160]

Die nationalsozialistische Rassenbiologie bestritt der für minderwertig und nicht kulturfähig erklärten jüdischen Rasse das Lebensrecht. In einer bilanzierenden Schrift zur nationalsozialistischen Rassenpolitik wurde 1943 nüchtern festgestellt: „Durch den Krieg, der uns große Erfahrung in der Lösung völkischer Probleme durch Umsiedlung brachte, wird auch die endgültige Lösung der Judenfrage eine Beschleunigung erfahren.“[161] „Es musste der schwere Entschluss gefasst werden, dieses Volk von der Erde verschwinden zu lassen“[162] – so Himmler in seiner Rede vor den Reichs- und Gauleitern in Posen am 6. Oktober 1943.

160 Joseph Goebbels, Der Krieg und die Juden. In: ders., Der steile Aufstieg. Reden und Aufsätze aus den Jahren 1942/43, München 1944, S. 263–270, hier 270.
161 Magnussen, Rüstzeug, S. 54.
162 Heinrich Himmler, Rede vor den Reichs- und Gauleitern in Posen am 6.10.1943. In: ders., Geheimreden 1933–1945. Hg. von Bradley F. Smith und Agnes F. Peterson, Frankfurt a. M. 1974, S. 162–183, hier 169.

II.

Politische Massenmorde in vergleichender Perspektive

Politischer Moralismus totalitär

*Hermann Lübbe**

Politische Massenmorde. Über Einzigartigkeiten

In seinem sogenannten „Schwarzbuch des Kommunismus“ unternahm der französische Historiker Stéphane Courtois in Zusammenarbeit mit Kollegen eine Schätzung der Zahl der Toten, die den totalitären Herrschaftssystemen, die die Weltgeschichte des 20. Jahrhunderts mitgeprägt haben, zum Opfer gefallen sind.[1] Das Buch wirkte in Deutschland anstoßerregend. Es verstieß gegen mehrere Correctness-Regeln, die in der deutschen politischen Publizistik eine Rolle gespielt haben und das aus signifikanten Gründen relikthaft auch heute noch tun.

Unbeschadet naheliegender Vorbehalte wider die totalitarismustheoretische Parallelisierung rechter und linker Massenliquidationen sind sie doch zumindest in ihren quantitativen Dimensionen vergleichbar. Summiert man sie, so gelangt man nach den Berechnungen Courtois' und seiner Kollegen gesamthaft auf eine Zahl von weit über 100 Millionen. Wohlgemerkt: Es handelt sich dabei um Opfer politischen Terrors und nicht um Kriegstote und auch nicht um Menschen, die „Revolutionswirren“ nicht überlebten. Dabei dürfte die Zahl der Kriegstoten sogar niedriger sein als die Anzahl der Opfer totalitärer Volksreinigungen – zumal im Kontext der großen chinesischen Kulturrevolution und im Kontext der Exekutionen ohnehin, die nach ihrem Sieg die kambodschanische Befreiungsfront für unumgänglich hielt.

Die totalitären Regime sind inzwischen zusammengebrochen oder existieren nur noch auf absehbare Zeit mit der Anmutungsqualität musealer Relikte auf Cuba oder in Nordkorea – Cuba immerhin als derzeit reaktiviertes Vorbild neuer lateinamerikanischer Volksführerschaften, die bereits im Erblühen verblassen, und Nordkorea als grausame politische Kuriosität, die uns massenmedial die Ästhetik totalitär organisierter Massen in Erinnerung hält. Die Frage, wie das alles möglich war und sich relikthaft erhalten kann, ist unbeschadet der

* Textauszug aus: Hermann Lübbe, Zivilisationsdynamik. Ernüchterter Fortschritt politisch und kulturell. Basel: Schwabe, 2014, S. 83–100.

1 Stéphane Courtois/Nicolas Werth/Jean-Louis Panné/Andrzej Paczkowski/Karl Bartosek/Jean-Louis Margolin, Das Schwarzbuch des Kommunismus. Unterdrückung, Verbrechen und Terror, München 1998. – Das französische Original des Werkes erschien 1997.

Dominanz mächtiger Herausforderungen ganz anderer Art, die die Weltpolitik inzwischen hauptsächlich beschäftigen, fortdauernd aktuell geblieben.

Immanuel Kant war sich sicher gewesen, „die Namen derer", die im Kontext der Französischen Revolution die egalitäre Geltung der Bürgerrechte proklamiert und als Anspruch dauerhaft gemacht hätten, würden „für den Tempel des Nachruhms aufgespart" werden und so unvergesslich bleiben.[2] Für die Inauguratoren und Exekutoren der totalitären Rassen- und Klassenmorde gilt, komplementär dazu, dauerhafte Unvergesslichkeit ihrer Taten erst recht. Auch Schandmale machen als Denkmale Erinnerungen dauerhaft. Gedenktage sichern sie rituell. Literatur und Kunst halten, was sich nicht mehr vergessen lässt, lesbar und sinnlich manifest. Die Forschung sammelt und hütet die Dokumente, die belegbar halten, wie es wirklich gewesen ist. Die einschlägige wissenschaftliche Literatur füllt längst Bibliotheken und macht die unabweisbare Frage beantwortbar, wie sich denn das historisch beispiellose Faktum der totalitären Massentötungen erklären und somit verstehen lasse. Sogar zu einem einzigen Satz ließe sich inzwischen diese Antwort verdichten, bliebe aber in dieser Kürze missverständnisträchtig. Man muss etwas ausführlicher werden.

Der Begriff des Totalitarismus bündelt sehr verschiedene Systeme schrankenloser Einheitsparteiherrschaft, deren detaillierter Vergleich verfügbare Expertenkompetenz rasch überfordern müsste, fand Leonid Luks[3] mit Berufung auf Stéphane Courtois und fügte hinzu, etliche Fehler, die auch Courtois in seinem Diktaturvergleich unterlaufen seien, bestätigten die Richtigkeit seiner Skepsis. Wie sich gleichzeitig in individueller Gelehrtenarbeit über europabezogenes Wissen hinaus auch noch Spezialkenntnisse Chinas, gar Indochinas oder Koreas sollten mobilisieren lassen, bleibt zwangsläufig ungewiss. Aber das ist auch trivial, und ebenso trivial wie elementar ist das Faktum, dass Bemühungen um Konsens über Resultate des Diktaturvergleichs immer wieder einmal schon an Wortgebrauchsdifferenzen gescheitert sind - an den Differenzen der Tätigkeiten des Unterscheidens einerseits und des Identifizierens andererseits, die doch die Basis jeder Vergleichstätigkeit sind. Zumal in der deutschen Diktaturvergleichsforschung ist dabei das Interesse unübersehbar, dem nationalsozialistisch exekutierten Völkermord Einzigartigkeit zuzusprechen.

Selbstverständlich ist der Holocaust einzigartig. Indessen: Der Prädikator „einzigartig" ist nun einmal eine ontologische Universalie, die allen individuellen Fakten und Ereignissen historischer Prozesse zukommt, und entsprechend verstrickte man sich in der verbalen Praxis, dem Holocaust Einzigartigkeit zuzusprechen, dem Massentod auf den „killing fields" aber abzusprechen, in Sinnwidrigkeiten. Kurz: Die zuerst von Johann Wolfgang von Goethe sogenannte In-

2 Kants Handschriftlicher Nachlass, Band VI: Moralphilosophie, Rechtsphilosophie und Religionsphilosophie, Ed. Preuss. Akademie der Wissenschaften XIX, S. 605.
3 Leonid Luks, Zwei Gesichter des Totalitarismus. Bolschewismus und Nationalsozialismus im Vergleich. 16 Skizzen, Köln 2007, S. 9.

effabilität des Individuellen[4] ist es, die alles, was ist oder gewesen ist, irreduzibel einzigartig sein lässt, und das unbeschadet seiner Teilhabe an Eigenschaften, die auch anderen Individuen zukommen.[5]

Ersichtlich verlangt die aufdringliche Frage, wie sich denn nun die mannigfachen totalitären Massenliquidationen des jüngst vergangenen Jahrhunderts erklären und damit verstehen lassen, den Versuch, die normative Verfassung der totalitären Politiken zu beschreiben, die sich zu Massentötungsaktion legitimiert, ja verpflichtet wissen, und das unbeschadet des Unterschieds, den es macht, ob es sich bei den Opfergruppen um Klassengegner oder um Rassenfeinde, um Renegaten oder um sonstige Reaktionäre, um Abweichler oder um sonst wie Hinderliche handelt. Auf die Spur der einschlägigen normativen Verfassung totalitärer Vernichtungspolitik gelangt man rasch und verlässlich in Vergegenwärtigung von Versuchen der Deutung totalitärer Gewalt, die sich spontan als unzulänglich erkennen lassen. Aus der Fülle einschlägiger Missverständnisse totalitärer Gewalt erwähne ich vier.

Politische Mordmoral – „barbarisch", „vormodern-konventionell", „übertrieben", „positivistisch"?

Das erste Missverständnis totalitärer Gewalt begegnet uns in der einschlägigen historisch-politischen Literatur selten, drängt sich aber gelegentlich auf unter dem Druck der populären und nichtsdestoweniger irreleitenden Rhetorik, die „Rückfälle in die Barbarei" vermutet. Diese Rhetorik verletzt fälligen Respekt vor denjenigen Völkerschaften, die gemäß alteuropäischen Traditionen jeweils „Barbaren" genannt worden sind – die benachbarten oder auch fernen anderen nämlich, deren Sprache man nicht verstand, deren Kultur man nicht schätzte und derer man sich dann und wann zu erwehren hatte. Weniger kultiviert – das ist insoweit „barbarisch". Das kann sich gewiss auch mit Schreckensängsten verbinden, aber mit Vorstellungen der Vorzüge einfachen Lebens gleichfalls, und solche Nostalgie des einfachen Lebens ist keineswegs ein Exklusivphänomen der Moderne. So oder so: Die politischen Massentötungen totalitärer Exekution und Observanz wären als Rezidiv vormoderner barbarischer Zeiten grotesk missverstanden. Sie sind ganz im Gegenteil spezifisch modern, weder „barbarisch" noch auch „mittelalterlich", weder „hunnisch" noch „tatarisch". Statt über Studien zur Geschichte „barbarischer" Völkerschaften kommt man

4 „Hab' ich Dir das Wort Individuum est ineffabile, woraus ich eine Welt ableite, schon geschrieben?" So Johann Wolfgang von Goethe in einem Brief an Johann Kaspar Lavater vom 20.9.1780.

5 Zur Wissenschaftstheorie und Ontologie historischer Individualität siehe das Kapitel „Geschichten – Prozesse der Systemindividualisierung". In: Hermann Lübbe, Geschichtsbegriff und Geschichtsinteresse. Analytik und Pragmatik der Historie, 2., um eine neue Einleitung erweiterte Auflage Basel 2012, S. 105–118.

dem Verständnis totalitärer Gewalt näher über die Lektüre jakobinischer Maßgaben zum fälligen Umgang mit den Bürgern Lyons wegen ihrer antirevolutionären Betätigung, oder auch über die Beschäftigung mit der Politisierung des modernen Rassebegriffs, einschließlich amerikanischer Varianten dieses Phänomens, über die 1933, sozusagen passend zur sogenannten Machtergreifung Adolf Hitlers in Berlin, in Wien Eric Voegelin berichtete.[6]

Um eine intellektualisierte Variante der Erklärung totalitärer Gewaltherrschaft aus ihrer Vormodernität handelt es sich bei dem sonderbaren Versuch, speziell den Nationalsozialismus als ein Phänomen residualer Stammesmoral zu deuten, die in Deutschland gewalttätig geworden sei, indem hier der moralevolutionär fällige, „(welt-)geschichtliche Übergang zur postkonventionellen Moral" nicht rechtzeitig gelang, der die nationalen Orientierungen durch menschheitliche Solidaritäten zu ersetzen gehabt hätte.[7] Das war gewiss gut gemeint, verkannte aber, dass die nationalen Orientierungen, die in der Tat im Nationalsozialismus zu einer totalitären Ideologie gerannen, ihrerseits doch gerade nicht einen aggressiv gewordenen Rest traditionaler Kollektivbildung repräsentierten. „Nation" - das ist ein neuzeitliches politisches Format.[8] Auch in der sozialistischen Staatstheorie bleibt der Begriff der Nation bekanntlich konstitutiv, und die Verfassung der Union der Sozialistischen Sowjetrepubliken war in ihrer Fassung vom Oktober 1977 sogar die einzige Verfassung europäischer Föderalstaaten, die den in sie integrierten Nationen nach Wunsch uneingeschränkte nationale Selbstbestimmung anbot. „Jeder Unionsrepublik bleibt das Recht auf freien Austritt aus der UdSSR gewahrt" - so lautete der Artikel 72 dieser bemerkenswerten Verfassung. Das alles bedeutet: Die totalitäre Grenzenlosigkeit, zu der sich in den Ländern des real existent gewesenen Sozialismus die Volksgewalt erhob, bliebe, wie der Nationalsozialismus, als Relikt archaischer Kollektivbildungen unverständlich. Sie ist also ihrerseits ganz modern und legitimiert sich mit Rekurs auf Ideologeme, die erst im 19. Jahrhundert intellektuell breitenwirksam und im 20. Jahrhundert über Machtergreifungen totalitärer Bewegungen politisch herrschend geworden sind.

Ein marginales Interesse verdient auch der Versuch, zwischen rechtstotalitären Massentötungen einerseits und linksrevolutionären Gewalttaten ande-

6 Eric Voegelin, Rasse und Staat, Tübingen 1933.

7 So aber Karl-Otto Apel, Zurück zur Normalität? Oder könnten wir aus der nationalen Katastrophe etwas Besonderes gelernt haben? Das Problem des (welt-)geschichtlichen Übergangs zur postkonventionellen Moral in spezifischer deutscher Sicht. In: Forum für Philosophie Bad Homburg (Hg.), Zerstörung des moralischen Selbstbewusstseins. Chance oder Gefährdung? Praktische Philosophie in Deutschland nach dem Nationalsozialismus, Frankfurt a. M. 1988, S. 91-142.

8 Die Funktion des Begriffs der Nation im europäischen Prozess der Herausbildung souveräner Volksstaaten schildert Hagen Schulze, Staat und Nation in der europäischen Geschichte, München 1994. Der Mythos, dass der deutsche Begriff der Nation vom Begriff der Nation französischer Prägung sich unterscheide, zersetzt sich bei der Lektüre von Anne-Marie Thiesse, La création des identités nationales. Europe XVIIIe-XXe siècle, Paris 1999.

rerseits einen prinzipiellen moralischen Unterschied erkennen zu wollen. So musste ich mir von dem prominenten und stets aburteilsfreudigen Historiker Hans-Ulrich Wehler vorhalten lassen, mit Rekurs auf „platten Pragmatismus" für den moralischen Unterschied blind zu sein, der doch evidenterweise die Opfer des „industriellen Massenmords" im nationalsozialistischen Deutschland und damit „in einem hochentwickelten Mitgliedsland des okzidentalen Kulturkreises" einerseits und jenen Menschen andererseits bestehe, die gewisse „Exzesse des russischen Bürgerkriegs", die politisch übertriebene Gewalt revolutionärer Eiferer also, bedauerlicherweise nicht überlebt hatten.[9] Dieser Tadel wäre in der Tat unwidersprechlich, wenn, was sich in der Sowjetunion ereignet hat, sich im Unterschied zum Holocaust als Bürgerkriegsexzess zutreffend beschreiben ließe - von den Massenliquidationen nach der Niederschlagung des Streiks der Arbeiter zu Kronstadt im Frühjahr 1921[10] über den prästalinistischen Massenterror gemäß Anordnungen Lenins[11] bis hin zur Hunger-Liquidation der Kulaken[12] -, um für einmal vom Terror zur Zeit der stalinschen Schauprozesse zu schweigen.[13] Das alles in der ebenso überflüssigen wie ungeeigneten Absicht, die Singularität des Holocaust zu markieren, unter den Begriff der Bürgerkriegsexzesse subsumieren zu sollen, enthält die Zumutung, die Schrecken linksrevolutionärer Gewalt überhaupt für erklärungsunbedürftig zu halten. Dass revolutionäre Volkserhebungen dann und wann auch von Exzessen begleitet sein können, ist in der Tat nicht überraschend. Überraschend wäre es aber sehr wohl, dies dem Terror der leninistisch-stalinistischen Gewaltherrschaft moralisch zugute halten zu sollen.

Besonders irrtumsproduktiv ist ein viertes Missverständnis totalitärer Gewalt, das Max Horkheimer prominent gemacht hat. Im Kontext der wissenschaftlich-technischen Zivilisation habe sich ein „Positivismus" breitgemacht, der die „Fähigkeit" der Vernunft, „Wahrscheinlichkeiten zu berechnen und dadurch einem gegebenen Zweck die richtigen Mittel zuzuordnen", perfektioniere, hingegen unvermögend sei, ja es für „sinnlos" halte, „den Vorzug eines Ziels über anderen [...] zu diskutieren". Dieser Amoralismus sei das Charakteristikum der „instrumentellen Vernunft".[14] „Der Fortschritt" sei darüber ziellos gewor-

9 Hans-Ulrich Wehler, Entsorgung der deutschen Vergangenheit? Ein polemischer Essay zum „Historikerstreit", München 1988, S. 249.

10 Siehe dazu Alexander Bergman, Die Kronstadt Rebellion. In: Johannes Ch. Traut (Hg.), Alle Macht den frei gewählten Sowjets, Band I Dokumente (1917-1921), München 1974, S. 179-226.

11 Siehe dazu exemplarisch Peter Scheibert, Lenin an der Macht. Das russische Volk in der Revolution 1918-1922, Weinheim 1984, S. 75 ff.: „Instrumente der Repression".

12 Siehe dazu Robert Conquest, The Harvest of Sorrow. Sovjet Collectivization and the Terror-Famine, New York 1986.

13 Siehe dazu kurz und deutlich Manfred Hildermeier, Geschichte der Sowjetunion 1917-1991, Entstehung und Niedergang des ersten sozialistischen Staates, München 1998, S. 444 ff.

14 Max Horkheimer, Zur Kritik der instrumentellen Vernunft. Aus den Vorträgen und Aufzeichnungen seit Kriegsende, hg. von Alfred Schmidt, Frankfurt a. M. 1967, S. 30, 17.

den und im politischen Endeffekt „von einem Prozess der Entmenschlichung begleitet".[15] Als Klassiker dieses moralisch ruchlosen „Positivismus" wird zum Beispiel verblüffenderweise John Locke benannt. Als unüberbotener Praktiker dieses Positivismus gilt Adolf Hitler. „Auch sein Gott" sei „die Vernunft" gewesen, die instrumentelle nämlich in ihrer Unfähigkeit zu denken, was doch in letzter Instanz zu „verwirklichen" sei – „die Idee des Menschen".[16]

Höchstmoral als Gewaltlizenz – real und literarisch

Auch der horkheimersche Versuch, die Diktatur der Nationalsozialistischen Deutschen Arbeiterpartei und ihres Führers einschließlich ihrer Kriege und Massenvernichtungsaktionen zur Konsequenz einer zielreflektionsabstinenten Vernunft zu erheben, ist erstaunlich lebensfremd. Vor dem Hintergrund dieser und der zuvor schon zitierten Befremdlichkeiten erkennt man spontan, was stattdessen der Fall ist: Je rücksichtsloser sich die totalitäre Gewaltherrschaft über gemeinhin bekannte Regeln von Recht und Moral traditionaler Geltung hinwegsetzt, umso anspruchsvoller wird der Rechtfertigungsbedarf, der ideologiepolitisch und damit zugleich normativ bedient sein will. Die Theorie der instrumentellen Vernunft macht aus den totalitären Massenverbrechen stattdessen ein Tun von zielreflexionsabstinenten „Positivisten". Es ist absurd, sich auf diese Weise den Moralstatus der Planung und Exekution von Völkermorden erklären zu wollen. Wie sich stattdessen die Täterschaften totalitärer Massenverbrechen vor sich selbst oder auch vor der Öffentlichkeit zu rechtfertigen wussten, ist wohlbekannt. Zwei der prominentesten einschlägigen Zitate, die die moralische Selbstgewissheit der politischen Großtäter belegen, seien kontrapunktisch zur Theorie der instrumentellen Vernunft auch hier noch einmal in Erinnerung gebracht: „Wir hatten das moralische Recht, wir hatten die Pflicht gegenüber unserem Volk, dieses Volk, das uns umbringen wollte umzubringen" – so äußerte sich bekanntlich Heinrich Himmler am 4. Oktober 1943 in Posen gegenüber seinen dort versammelten SS-Obergruppenführern zur „Endlösung" der „Judenfrage". Und er versäumte auch nicht, die Exekutoren moralisch zu rühmen, die im Tun des Unvermeidlichen hart, aber „anständig" geblieben seien.[17] Einen noch ungleich höheren moraltheoretischen Anspruch sicherte sich für ihre Vollstreckungen öffentlich bereits 1919 die Organisation

15 Ebd., S. 13.

16 Zur näheren Charakteristik der Positivismus-Philosophie Max Horkheimers siehe meine Abhandlung „Instrumentelle Vernunft. Max Horkheimers trivialitätsscheue Anti-Positivismus". In: Hermann Lübbe, Philosophie in Geschichten. Über intellektuelle Affirmationen und Negationen in Deutschland, München 2006, S. 225–247.

17 Die einschlägige Ansprache Himmlers ist seit dem Nürnberger Hauptkriegsverbrecherprozess bekannt und in der frühen Gesamtdarstellung des „Faschismus in seiner Epoche" zitierte sie aus den Akten dieses Prozesses Ernst Nolte, Der Faschismus in seiner Epoche. Die Action Française. Der italienische Faschismus. Der Nationalsozialismus, München 1963, S. 483, 611.

zur Zerschmetterung der Konterrevolution „Tscheka" in ihrem Organ „Rotes Schwert" vom 18. August mit dem Anspruch „Uns ist alles erlaubt". Wer darf das von sich sagen? Die leninistisch geprägte moralische Antwort auf diese Frage lautet: „Unsere Humanität ist absolut". „Wir erheben zum ersten Mal das Schwert [...] im Namen der allgemeinen Freiheit [...] die die Freiheit der endgültig befreiten Menschheit sein wird."[18]

Banalerweise besagt der in solchen offiziellen Bekundungen sich äußernde totalitäre Moralismus nicht, dass auch die Vollstrecker des Terrors regelmäßig von jener höheren Moral erfüllt und geleitet gewesen wären, die den Terror als unvermeidlich gebietet. Insoweit betätigen sich in der Realität totalitärer Systeme Mitläuferschaften aller Art - von der Gehorsamsbereitschaft aus Angst bis zur Gleichgültigkeit und von der opportunistischen Nutzung von Chancen der Vorteilsverschaffung bis zu Extremfällen pathologischer Lust an Grausamkeiten, über die es bekanntlich gleichfalls Berichte gibt. Der ideologisch normierte Standardfall der Mitläuferkarriere ist moralistisch geprägt, und das gehört zu den Bedingungen, die die populäre amerikanische TV-Holocaust-Serie in Deutschland besonderes eindrucksvoll und erfolgreich sein ließen. Dr. Dorff, der in diesem Film die SS repräsentiert, war zu dieser führertreuesten aller NS-Formationen in verbreiteter Weise opportunistisch gelangt - in Wahrnehmung einer Anstellungschance als arbeitsloser Jungakademiker in den späten Jahren der Weimarer Republik. Nachdem die Hitler-Diktatur errichtet war, hatte man sich nun, ideologisch elitär in Anspruch genommen, mit den Zumutungen terroristischer Vollzüge bis hin zum Schlimmsten zu arrangieren, und es gab, vom überaus kostenträchtigen Widerstand abgesehen, nur eine einzige Möglichkeit, der Misslichkeit zu entkommen, sich in der Rolle eines Mittäters als moralisches Subjekt unter das Niveau traditioneller konventioneller bürgerlicher Moral hinabsinken zu sehen: die Selbsterhebung zum Glauben an jene ideologisch gewiesene höhere Moral, die einem abverlangt, was bürgerlichem Gemeinsinn unbegreiflich hätte bleiben müssen.

Dieser Triumph der höheren Gesinnung über die pragmatisch stabilisierte Urteilskraft[19] ist keineswegs ein ephemeres amerikanisches TV-Konstrukt. Politische Gewissenstäterschaft - das ist bekanntlich ein traditionsreicher Tatbestand, und im Kontext moderner politischer Lebenswelten wird die Gewissenstäterschaft spektakulär durch intellektuelle Geltungsgewinne sich ausbreitender politischer Weltanschauungen. In Deutschland beschäftigte man sich bereits über das ganze 19. Jahrhundert hinweg immer wieder einmal mit den Motiven des braven Theologiestudenten Karl Ludwig Sand, der am 23. März 1819 zu Mannheim, wissend, dass ihn das seinen Kopf kosten würde, dem überaus erfolgreichen, ebenso populären wie politisch harmlosen Lustspieldichter August von Kotzebue den Dolch in den Hals stieß. Warum? Kotzebue hatte als zeit-

18 Zitiert bei Scheibert, Lenin an der Macht., S. 85.

19 Zu diesem Thema siehe mein kleines Buch „Politischer Moralismus. Der Triumph der Gesinnung über die Urteilskraft", 2. Auflage Berlin 1989.

weiliger russischer Konsul zu Königsberg an die Regierung des Zaren Berichte über frühdemokratische Bewegtheiten deutscher Studenten erstattet, also mit der Vormacht der nachnapoleonischen europäischen Restauration kollaboriert, und das genügte: „Das Böse muss fallen."[20]

Ihrer singulären existenziellen Qualität wegen konnte die gewissensapprobierte Tötung eines anderen Menschen im 20. Jahrhundert auch literarisch zu einem großen Thema werden. Musterhaft steht dafür Bertolt Brechts Stück „Die Maßnahme", das von der fälligen Tötung eines idealisch gesinnten Junggenossen berichtet, der, von Impulsen traditioneller Moral fehlgeleitet, vom großen Marsch der Genossen in die Zukunft hinein dann und wann wegspringt, um Elenden rechts oder links zu helfen, und sich eben dadurch für die Exekution höherer Zwecke als unzuverlässig erweist. Das einbekennt er sogar selbst noch, bevor ihn der väterlich um ihn bemühte gefestigte Alt-Genosse erschießt.[21] Auch Heiner Müllers Stück „Mauser" traktiert in analoger Weise die höhere Moral ideologisch korrekter Tötungshandlungen: „Ein Mensch ist etwas, in das man schießt/bis der Mensch aufsteht aus den Trümmern des Menschen."[22]

Tötungsmoral rechts und links – ein verbleibender Unterschied

Kraft ihrer existenziell konstitutiven Bedeutung wirkt die Moral unter angebbaren Bedingungen zugleich als destruktive Gewalt – nicht, weil Individuen und organisierte Kollektive den bekannten und anerkannten Normen der Moral nicht entsprochen hätten, viel mehr genau umgekehrt just in rigoroser Erfüllung dieser Normen.[23] Unter welchen Bedingungen ist das der Fall? Vor der Beantwortung dieser Frage sei noch gesagt, dass die Destruktivität politisch totalitär gewordener Moral den Unterschied linker und rechter Totalitarismen keineswegs einfachhin auflöst. „Links" und „rechts" kann man auch totalitarismustheoretisch nicht verwechseln, und in der öffentlichen Präsenz totalitärer moralischer Normen bleibt der fragliche Unterschied manifest – in der Praxis totalitärer Schauprozesse zum Beispiel. Der Liquidation der Widerstandskämpfer ging vor dem nationalsozialistischen Volksgerichtshof in Beschimpfungen durch seinen Präsidenten Freisler die Demonstration ihrer moralischen Nichtswürdigkeit voraus und damit ihre Erniedrigung zu Unpersonen. Das ist oft beschrieben worden, und Hitler höchstselbst hielt es für angemessen, sein Vertrauen zur Rol-

20 Siehe dazu meine Abhandlung „Idealismus exekutiv. Wieso der Dichter August von Kotzebue sterben musste". In: Lübbe, Philosophie in Geschichten, S. 44–58.

21 Bertolt Brecht, Die Maßnahme. In: ders., Gesammelte Werke. Band 2, Frankfurt a. M. 1967, S. 652.

22 Heiner Müller, Mauser. In: ders., Texte 6, Berlin 1978, S. 55–69, 64.

23 Zur Anthropologie der Moral als destruktiv wirkender Gewalt siehe Norbert Bischof, Moral. Ihre Natur, ihre Dynamik und ihr Schatten, Wien 2012.

le Freislers mit dem Ausspruch „Das ist unser Wyschinski“[24] zu bekunden. Das muss man differenzierter sehen – wie es Anton Antonow-Owssejenko tat, der in seiner Stalin-Biografie, der moralischen Verfassung des Sowjetsystems näher, den Tag der Hinrichtung des Heerführers Jona Jakir im Juni 1937 als insoweit erreichten „Höhepunkt“ im Leben des großen Diktators beschrieb. Wieso? Jakir selbst kommentierte nämlich noch den guten Grund und damit die Fälligkeit seiner eigenen Liquidation mit dem Ausruf: „Es lebe der Genosse Stalin!“[25]

Anders als im nationalsozialistischen Schauprozess wird damit am guten Ende aller Irrtümer und Schwächen die Einheit des Menschengeschlechts unter den endgültigen Normen ihrer Hochmoral wiederhergestellt. Ein solches Prozessende verheißt die moralische Wiederaufrichtung aller. Die Parallelität mit Brechts bereits erwähnter literarischer „Maßnahme“ ist unübersehbar. Eine solche menschheitliche internationalsozialistische Allversöhnung wäre im Nationalsozialismus tatsächlich undenkbar gewesen. Was das praktisch bedeutet, vergegenwärtigt man sich freilich am besten über einen Versuch, die Perspektive der jeweiligen Opfer einzunehmen.

Totalitäre Moral als Geschichtsgesetzgehorsam

Die Frage verbleibt, welches denn nun die spezielle Bedingung sei, die die Moral in ihrer totalitären Verfassung politisch destruktiv werden lässt. Bei der Exzellenz der verfügbaren Literatur zum Totalitarismus[26] lässt sich dazu grundlegend Neues gar nicht sagen. Es lohnt sich aber, dann und wann den Versuch zu machen, wohlbekannte und differenziert analysierte ideologiehistorische und politische Tatbestände auf Quintessenzen zu bringen. Dafür eignet sich der Ausgang von einem sehr kleinen, aber berührendem Text des Philosophen Karl R. Popper. Popper ist bekanntlich ein weltweit wirksam gewordener Wissenschaftstheoretiker. Ein produktiver Nutzer professionellen historischen Wissens war er hingegen eher nicht und nicht einmal als Philosophiehistoriker wird man ihn schätzen – seine Versetzung Hegels zum Beispiel in die Reihe der „falschen Propheten“ mit ihrem neuen „Mythos von der Horde“.[27] Die historischen Kenntnisse Poppers reichten nicht aus, ihn sehen zu lassen, dass doch Hegel als Staatstheoretiker dem Frühkonstitutionalismus zuzuordnen ist und dass Hegels

24 So gemäß einem Bericht bei Joachim Fest, Hitler. Eine Biographie. Zweiter Band. Der Führer, Frankfurt a. M. 1976, S. 970.

25 Anton Antonow-Owssejenko, Stalin. Porträt einer Tyrannei, München 1980, S. 286.

26 Jüngst noch Lothar Fritze, Anatomie des totalitären Denkens. Kommunistische und nationalsozialistische Weltanschauung im Vergleich, München 2012.

27 Karl R. Popper, Die offene Gesellschaft und ihre Feinde. Band II. Falsche Propheten. Hegel, Marx und die Folgen, Tübingen 1992, S. 5 ff.: „Der Aufstieg der orakelnden Philosophien“.

Rechtsphilosophie den Entwurf einer Verfassung darstellt, die den Rechtsrahmen für die Freiheiten der bürgerlichen Gesellschaft bieten sollte.[28]

Von dieser Verkennung des historischen Orts der politischen Philosophie Hegels bleibt aber in ihrer Prägnanz und Knappheit die totalitarismustheoretische Einsicht unberührt, die sich der Widmung entnehmen lässt, die Popper seinem Buch über das Elend des Historizismus vorangestellt hat. Die Widmung lautet: „Dem Andenken ungezählter Männer, Frauen und Kinder, aller Länder, aller Abstammungen, aller Überzeugungen, Opfer von nationalsozialistischen und kommunistischen Formen des Irrglaubens an unerbittliche Gesetze eines weltgeschichtlichen Ablaufs."[29] Dem Andenken der Opfer von Nationalsozialismus und Kommunismus lässt sich gewiss auch eine wissenschaftstheoretische Abhandlung widmen. Einige Kenntnis der Geschichte des Christentums wie anderer Religionen vorausgesetzt wird man spontan überdies auch plausibel finden, dass „Irrglaube" unheilsträchtige Folgen haben kann – in der Gewalt der Irrglaubensverbreitung wie der Irrglaubensverfolgung. Wieso aber die Annahme von Geschichtsgesetzen den Charakter eines politisch gefährlichen Irrglaubens haben könne – das ist nicht selbstverständlich und nicht von jener Selbstevidenz, die der gute Sinn jedes Totengedenkens widmungshalber haben sollte. Wäre denn nicht die Frage, was man sich denn unter „Gesetzen" weltgeschichtlicher Abläufe überhaupt vorstellen solle, ob es solche Gesetze tatsächlich gäbe oder eben auch nicht – wäre das nicht zunächst einmal im philosophischen Seminar zu erörtern oder auch, anspruchsvoller, zum Gegenstand eines Forschungsprojekts kompetenter Experten zu machen?

So ließe sich fragen. Aber dabei handelte es sich dann um Fragen, deren Erörterung die politisch verlässlich gewährleistete kulturelle und politische Unabhängigkeit veranstalteter kognitiver Prozesse zur Voraussetzung hat – freie Kenntnisnahme dessen also, was der Fall ist, und damit freie Fortschreibung und Revision solcher Kenntnisnahmen. Just diese Unabhängigkeit der Erkenntnispraxis gegenüber sonstiger Lebenspraxis und speziell der Politik ist im spezifisch totalitären Ideal der Einheit von Theorie und politischer Praxis nicht mehr gegeben. Längst vor der Herausbildung von totalitären Institutionen der Wahrheitskontrolle und der Erweckung wahrheitsgeleiteter Überzeugungen und Gewissheiten realisiert sich das Ideal bruchloser Einheit von Theorie und politischer Praxis in den großen Bekenntnisschriften der Klassiker totalitären Denkens. „Reinster Idealismus deckt sich unbewusst mit tiefster Erkenntnis" – so for-

28 Das fügt sich zu Hegels Philosophie der Französischen Revolution, wie sie 1956 wirkungsreich Joachim Ritter vorgelegt hat: „Hegel und die französische Revolution". In: ders., Metaphysik und Politik. Studien zu Aristoteles und Hegel, Frankfurt a. M. 1969, S. 183–255. „Kurios" nennt hier, keineswegs zu scharf, Ritter Poppers Bemerkung zur Geschichtsphilosophie Hegels, die angeblich zeige, „how easily a clown may be a ‚maker of history'", S. 241.

29 Karl R. Popper, Das Elend des Historizismus, 2., unveränderte Auflage Tübingen 1969, S. V.

muliert es Adolf Hitler in seinem Hauptbuch,[30] und in endloser Wiederholung werden die Zentralgehalte dieser „Erkenntnis" ausgebreitet. Sie sind heute in Deutschland jedem Primarschüler bekannt - vom Rassenkampfcharakter der Weltgeschichte über die Kulturträgerrolle der Arier bis hin zum „gewaltigsten Gegensatz", in welchem sich dazu „der Jude" befände. Hitler beanspruchte keineswegs, ein Wissenschaftler zu sein. Aber Rassenkundler unter den Wissenschaftlern, die ihn bestätigten, gab es ja unter seinen Anhänger alsbald auch noch. Man kennt ihre Namen und Werke, ihre Institute und Lehrstühle.

Der totalitäre Charakter der geschichtstheoretischen Rassenkampfdoktrin beruht dabei keineswegs auf den Nonsensgehalten, das heißt auf der unbegründeten Fiktionalität der in diese Doktrin eingegangenen Wirklichkeitsannahmen. Auch die politische Privilegierung dieser Doktrin nach der Machtergreifung der Partei ihrer Gläubigen allein ist es nicht, die dann die kognitiven Gehalte des propagierten Parteiglaubens zur totalitären Ideologie werden ließ. Die Eigenschaft des Totalitären prägt die fraglichen Doktrinen längst vor den Machtergreifungen ihrer Gläubigen. Sie hängt an kognitiven Prätentionen, die den Glauben der Gläubigen in der Selbstgewissheit der Gläubigen unwiderleglich macht. Im Falle der Rassenideologie heißt das: Man muss der Rasse, die im Kampf der Rassen schließlich obsiegen wird, selber angehören, um der Einsicht in diese Vorzugsrolle und in ihre politischen Verpflichtungskonsequenzen überhaupt fähig zu sein. Umgekehrt bedeutet das: Wer widerspricht, beweist eben damit real Abhängigkeit vom Feind und begründet den Verdacht rassischer Bindung an ihn. Kurz: Man muss selbst Arier sein, um der Gewissheit teilhaftig werden zu können, dass der Arier der Endsieger der Rassenkampfgeschichte sein werde.

Der Erweis der Richtigkeit des eignen parteilichen Glaubens durch den bereits glaubensgemäß erwarteten Widerspruch des glaubenskonsequent identifizierten Feindes - das ist die Quintessenz der berühmten Einheit von Theorie und politischer Praxis. Nicht nur die Rassenideologie organisiert sich um diese Quintessenz. Für die Klassenkampftheorie der Weltgeschichte gilt Analoges, und es gilt unbeschadet des im Vergleich mit den Rassentheorien hochelaborierten theoretischen Status der Lehre vom Klassenkampfcharakter der Weltgeschichte mit der vermeintlich gesetzmäßigen Abfolge ihrer Epochen bis hin zum Endübergang vom Sozialismus zum Kommunismus, der nach herrschender Lehre auch im real existent gewesenen Sozialismus 1990 noch nirgendwo schon erreicht worden war. Karl Marx höchstselbst hat seine einschlägige Klassenkampftheorie schon in ihrem Frühstadium unüberboten eindrucksvoll formuliert. Die Doktrin des historischen Materialismus war eben keine Offerte für die Eröffnung philosophischer, historischer oder auch ökonomischer Diskurse, die politischen Konsens durch Wahrheitsevidenzen zwingend machen.

30 Adolf Hitler, Mein Kampf. Zwei Bände in einem Band. Ungekürzte Ausgabe, 102-106. Auflage München 1934, S. 328.

Sie war vielmehr „eine Waffe. Ihr Gegenstand" war der *„Feind"*, „den sie nicht widerlegen, sondern *vernichten*" wollte.[31]

Das also ist es, was Karl Popper „Historizismus" genannt hat – der Glauben an die Existenz von Geschichtsgesetzen, deren Erkenntnis allein denjenigen Subjekten zufällt, denen gemäß eben diesen Gesetzen die Zukunft gehört. Bis in das Liedergut der allzeit marschbereiten Junggenossen der wahrheitsprivilegierten Parteien spiegelt sich das: „Mit uns zieht die neue Zeit" oder auch „Du musst die Führung übernehmen". Karl Popper ist auch darin zuzustimmen, dass die enormen theoriebildungspraktischen Niveaudifferenzen zwischen den Rassentheorien einerseits und der Klassentheorie andererseits den entscheidenden totalitären „historizistischen" Charakter dieser Theorien gar nicht berührten. Entsprechend ist auch der nicht zuletzt in Deutschland einflussreich gewesene Versuch, den Begriff des Totalitarismus als ineins unwissenschaftlich wie politisch gefährlich aus dem Verkehr zu ziehen, alsbald gescheitert.

Die Totalitarismustheorie habe „den Deutschen die Selbstbestimmung gestohlen", fand 1987 Erhard Eppler.[32] Zutreffend war ja, dass sich das System des damals noch real existierenden Sozialismus längst, mit unsicherem Ausgang, dramatisch zu wandeln begonnen hatte und dass der Kalte Krieg in einen Kalten Frieden überging. Das hatte selbstverständlich auch den Charakter einer theoretischen Herausforderung, aber das doch nicht mit dem Ziel, die wohlbegründete Einsicht in übereinstimmende totalitäre Strukturen von Nationalsozialismus einerseits und Internationalsozialismus andererseits endlich als einen Irrtum zu kassieren. Sogar in ihrem Anspruch, Sozialismus verwirklicht zu haben, machten sich doch die beiden totalitären Systeme Konkurrenz. „Gegen Moskau – für den Sozialismus" – so schloss der deutsche Alt-Kommunist Karl I. Albrecht sein Buch „Der verratene Sozialismus", das alsbald nach dem deutschen Angriff auf die Sowjetunion in deutschen Gymnasien Schülern zur Belehrung über den wahren Sozialismus ausgehändigt wurde.[33] Als „der größte Sozialist aller Zeiten" ließ sich Adolf Hitler in diesem Buch feiern[34] – in Übereinstimmung auch mit der schon in die Frühzeit nationalsozialistischer Herrschaft fallenden Maßregelung Oswald Spenglers, „den zweiten Teil des Namens ‚Nationalsozialismus' nicht ernst" genug genommen zu haben.[35] Der Versuch,

31 Karl Marx, Zur Kritik der hegelschen Rechtsphilosophie. Einleitung. In: ders./Friedrich Engels: Werke, Band 1, Berlin 1977, S. 378–391, hier 380.

32 So in einem Podiumsgespräch. In: Deutscher Evangelischer Kirchentag Frankfurt 1987. Dokumente. Hg. im Auftrag des Deutschen Evangelischen Kirchentages von Konrad von Bonin, Stuttgart 1987, S. 705.

33 Karl I. Albrecht, Der verratene Sozialismus. Zehn Jahre als hoher Staatsbeamter in der Sowjetunion, Volksausgabe Berlin 1941.

34 Ebd., S. 5.

35 So Johann von Leers, Spenglers weltpolitisches System und der Nationalsozialismus, Berlin 1934, S. 6.

den Begriff des Totalitarismus aus dem Verkehr zu ziehen, blieb also, zumal in Deutschland, zwangsläufig ephemer. Ein Blick in das Literaturverzeichnis in das oben[36] zitierte Buch von Lothar Fritze lässt das erkennen.

Politische Religion oder Anti-Religion

Einen Glauben, einen Irrglauben näherhin, hatte Popper die „historizistische" Annahme der Existenz von Geschichtsgesetzen genannt - eine Annahme, die in der Tat verkennt, wieso historische Prozesse nie über die Angabe einer Regel vergegenwärtigt werden können, denen sie in ihrer Abfolge von Ereignissen oder Zuständen gehorchen. Sie müssen stattdessen stets beschrieben und näherhin erzählt werden.[37] Poppers zitierte Kennzeichnung des Historizismus als „Glaube" gibt Anlass, abschließend noch einmal die durch Eric Voegelin vertretene und überaus wirksam gewordene These aufzugreifen, bei den totalitären Ideologien handle es sich um „politische Religionen".[38] Die Anwendung des Prädikators „Religion" auf die totalitären Systeme drängt sich tatsächlich auf, vor allem in ritenphänomenologischer Hinsicht - von der kirchenjahrsanalogen Besetzung des Kalenders mit Hochfesten über Buchkulte und Kanonisierung maßgebender Normenkataloge, Märtyrerverehrung, Heiligung von Relikten bis hin zur Aufbahrung unvergänglich gemachter Toter in den Zentren der Macht, Dankadressen für Verschaffung von Sieg, Frieden und Brot, bis hin zur Einladung an alle Gutwilligen, sich bei gegebenen Voraussetzung im Lager der Zukunftsmenschheit, im Weltfriedenslager also einzufinden usw. usf. Eindrucksvoll hat das für den Nationalsozialismus Claus-E. Bärsch beschrieben - mit eindrucksvollen Belegen nationalsozialistischer Integration von Bekenntnisresten christlicher Herkunft.[39] Nichtsdestoweniger empfiehlt sich die Konzession nicht, die man zuordnungspraktisch den totalitären Regimen macht, wenn man sie unter den Begriff der Religion subsumiert. Begriffe - das bleibt hierbei wichtig - sind nicht wahr oder falsch, vielmehr zweckmäßig oder unzweckmäßig, und es bleibt

36 Fritze, Anatomie des totalitären Denkens, cf. Anm. 26

37 Zu diesem geschichtswissenschaftstheoretischen Problem der Struktur historischer Prozesse siehe das Kapitel „Was heißt ‚Das kann man nur historischer erklären'?" In: Hermann Lübbe, Geschichtsbegriff und Geschichtsinteresse. Analytik und Pragmatik der Historie, 2., um eine neue Einleitung erweiterte Auflage Basel 2012, S. 49-61.

38 Eric Voegelin, Die politischen Religionen. Hg. und mit einem Nachwort versehen von Peter J. Opitz, München 1993. Voegelins Buch erschien bekanntlich zuerst 1938. Siehe dazu Dietmar Herz, Die politischen Religionen im Werk Eric Voegelins. In: Hans Maier (Hg.), Totalitarismus und Politische Religionen. Konzepte des Diktaturvergleichs, Paderborn 1996, S. 191-209.

39 Claus-E. Bärsch, Die politische Religion des Nationalsozialismus. Die religiöse Dimension der NS-Ideologie in den Schriften von Dietrich Eckart, Joseph Goebbels, Alfred Rosenberg und Adolf Hitler, München 1998.

deskriptiv unplausibel und politisch in potenziell folgenreicher Weise missverständlich, Systeme „Religionen" nennen zu sollen, die es, wie der Bolschewismus, für angemessen hielten, in einer Leningrader Kirche eine „Darstellung des Heiligen Geistes" durch ein „Emblem der Kommunistischen Jugendinternationale" zu ersetzen,[40] oder auch, wie die Nationalsozialisten im oldenburgischen Kirchenkampf, anzuordnen, in den Schulen das ohnehin obligate Führerbild von der Konkurrenz verbreiteter evangelischer Lutherbilder oder katholischer Kruzifixe zu entlasten.[41]

Zu den partiell noch nicht einmal hinreichend gewürdigten Verdiensten von Eric Voegelin gehört seine frühe Berichterstattung über Herkunft und Verbreitung der politisierten Rassenlehre.[42] Seine Kennzeichnung der totalitären Systeme als „politische Religionen" hingegen bleibt ein konzeptueller Missgriff. „Anti-Religionen" sollte man die totalitären Systeme stattdessen nennen.

40 So nach Hildermeier, Geschichte der Sowjetunion 1917–1991, S. 332.
41 Siehe dazu Joachim Kuropka (Hg.), Zur Sache – Das Kreuz! Untersuchungen zur Geschichte des Konflikts um Kreuz und Lutherbild in den Schulen Oldenburgs, zur Wirkungsgeschichte eines Massenprotests und zum Problem nationalsozialistischer Herrschaft in einer agrarisch-katholischen Region, Vechta 1986.
42 Siehe dazu Voegelin, Rasse und Staat.

Nationalsozialistische Moral im Vergleich

*Rolf Zimmermann**

Der Nationalsozialismus bringt herkömmliche Vorverständnisse über Moral ins Wanken, da seine Untaten als „präzedenzlos“[1] gelten. Doch auch im Bolschewismus/Stalinismus sind moralische Katastrophen zu verzeichnen, die als beispiellos empfunden werden. In beiden Fällen geraten Vorverständisse von Moral nicht deshalb ins Wanken, weil es keine Maßstäbe gäbe, um den Holocaust oder den Holodomor als moralisch verwerflich zu beurteilen, sondern weil die Motive der Protagonisten dieser Massenverbrechen auf eine scheinbar paradoxe Diagnose verweisen. Je mehr das Selbstverständnis der leitenden oder beteiligten Akteure oder der Sympathisanten totalitärer Bewegungen in den Blick kommt, desto mehr wird die Einsicht bestärkt, dass die Vernichtung der Juden oder Kulaken unter normativen Vorzeichen geschieht, die sich zum Bild einer je anders gearteten Moral verdichten. Daher halte ich es für angebracht, von Rassenmord oder Klassenmord *aus Moral* zu sprechen und die Problematik des Moralischen, die sich damit eröffnet, einer genaueren Analyse zu unterziehen.

Elemente einer solchen Analyse möchte ich im Folgenden in vier Schritten darlegen:

1. dadurch, dass ich eine Begrifflichkeit aufzeige, die zur Thematisierung der Dimension des Moralischen im Nazismus und Bolschewismus angemessen erscheint;
2. durch methodische Klarstellungen zu den Erfordernissen einer sowohl deskriptiven wie normativen Rede über Moral;
3. durch die Interpretation einer neuen Moral bei Leo Trotzki im Vergleich zur NS-Moral;
4. indem ich den moralischen Universalismus in den Rahmen einer historischen Moralphilosophie stelle.

* Dieser Text, hier leicht gekürzt, wurde zuerst veröffentlicht unter dem Titel: Rolf Zimmermann, Totalitäre Ideologie und Praxis als Problem der Moralphilosophie. In: Frank-Lothar Kroll/Barbara Zehnpfennig (Hg.), Ideologie und Verbrechen. Kommunismus und Nationalsozialismus im Vergleich, München: Wilhelm Fink Verlag 2014, S. 13–40.

1 Yehuda Bauer, Die dunkle Seite der Geschichte. Die Shoah in historischer Sicht. Interpretationen und Re-Interpretationen. Aus dem Englischen von Christian Wiese, Frankfurt a. M. 2001, S. 42.

Die Radikalität moralischer Transformation

Ich beginne mit dem Vorschlag, auf die historisch-moralische Erfahrung, die aus der nazistischen Ideologie und Vernichtungspraxis deutlich wird, mit einer Begriffsbildung zu antworten, die traditionelle Vorstellungen einer einheitlichen Menschheitsmoral infrage stellt. Mein Begriff des *moralischen Gattungsbruchs* soll die Besonderheit der nazistischen Radikalisierung und ihrer rigorosen Konsequenzen in Gestalt des Holocaust im Kontext historischer Forschungen reflektieren.[2] Der Sinn dieser Charakterisierung besteht darin, die sich mit dem NS vollziehende moralische Zäsur herauszuheben. In dieser Zäsur manifestierte sich ein Projekt zur moralischen Transformation des Menschen, die nicht nur die als „jüdisch" denunzierten Ideen menschlicher Gleichheit verwarf, sondern ebenso Werte der christlich-humanistischen Tradition. Nicht nur für den Reichsführer-SS Himmler war das Christentum ein dem Judentum vergleichbarer Gegner, den es zu überwinden galt.[3]

Wichtig ist ferner, die moralischen Entgrenzungen, zu denen der NS führte, als Bestandteil der Utopie eines neuen Menschentums zu sehen, von dem mit der Perspektive eines 1000-jährigen Reiches die Rede war. Um die darin enthaltene Dynamik der moralischen Veränderung zu unterstreichen, spreche ich von nazistischer Transformationsmoral, die sich bis in einzelne Täterprofile verfolgen lässt.[4]

Hinzu kommt, dass die wertsetzende Kraft des NS stark genug war, das Selbstverständnis vieler Menschen so zu prägen, dass eine entsprechende moralische Transformation real möglich erschien, die sich nicht zuletzt in Identifikationen mit einer rassistisch geprägten exklusiven Volksgemeinschaft niederschlug. So war es keineswegs abwegig, zu gegebener Zeit selbst auf die Akzeptanz der physischen Judenvernichtung durch eine Mehrheit von Deutschen - und nicht nur von Deutschen - zu setzen, zumal der alltäglichen Deportation von Juden und anderen Menschen nichts Entscheidendes entgegengesetzt wurde. Hierin liegt die Erfahrung der Brüchigkeit und Schwäche der herkömmlichen Moralvorstellungen, deren Erosion sich an den verschiedenen Phasen der Diskriminierung, Entrechtung, Misshandlung, Verfolgung und Vernichtung von Juden und anderen Menschen aufzeigen lässt.

Selbst wenn der Entwicklung zu Auschwitz keine Zwangsläufigkeit innewohnte, so war doch erkennbar, dass die nazistische Ideologie und ausgrenzende Praxis gegenüber den Juden die *exterministische Option*, die später zur sogenannten Endlösung führte, in sich barg. Dass diese „genozidale Mentali-

2 Vgl. im Näheren Rolf Zimmermann, Philosophie nach Auschwitz. Eine Neubestimmung von Moral in Politik und Gesellschaft, Reinbek bei Hamburg 2005, Kap. 1.
3 Vgl. Peter Longerich, Heinrich Himmler. Biographie, München 2008, Teil III.
4 Harald Welzer, Täter. Wie aus ganz normalen Menschen Massenmörder werden, Frankfurt a. M. 2005.

tät"[5] bei einer breiten Mehrheit keineswegs zum Anlass genommen wurde, sich der psychosozialen Dynamik der Integration in die Volksgemeinschaft zu widersetzen oder zu entziehen, ist ebenso ein Tatbestand. Insofern lässt sich neben der Zäsur des Gattungsbruchs ein Gattungsversagen konstatieren, das in der wie immer gearteten Bereitschaft zum Ausdruck kommt, den Ausschluss der Juden aus der menschlichen Gattung zu akzeptieren oder zu tolerieren. Gattungsbruch und Gattungsversagen stellen so die zwei Seiten einer moralischen Transformation dar, die der Nazismus durch seinen antijüdischen Gattungsnegativismus ideologisch präformierte und praktisch umsetzte.

Mit dem Begriff des *Gattungsbruchs* möchte ich eine Schicht freilegen, die tiefer reicht als der von Dan Diner geprägte Begriff des „Zivilisationsbruchs".[6] Diner verwendet diesen Begriff, um die aus Sicht der Opfer nicht nachvollziehbare kognitiv-rationale Inkohärenz des Nazismus herauszuarbeiten, die er darin sieht, dass die Nazis die Vernichtung der Juden entgegen ihren eigenen wirtschaftlichen Interessen und Zwängen der Kriegsführung vorantrieben. Nach Diner ignorierten die Nazis die kognitive Orientierung an Zweckrationalität und an Selbsterhaltung und begaben sich aus der westlichen Zivilisation hinaus. Insofern verhielten sie sich nicht einfach irrational, sondern bezogen eine Position des „Gegenrationalen", die beispielsweise verhinderte, dass die von einzelnen Judenräten verfolgte Strategie der „Rettung durch Arbeit" erfolgreich sein konnte, auch wenn Teilerfolge möglich blieben. Der Rückgriff auf die außermoralische Rationalität des Homo oeconomicus, wenigstens als nützlicher Arbeitssklave zu überleben, prallte an der Gegenrationalität des Nazismus ab, die solches Zweck-Nutzen-Denken zurückwies. So weit Dan Diner.

Sobald man sich klarmacht, dass das von Diner aufgezeigte „Gegenrationale" auf einem eigentlich „Gegenmoralischen", das den Gattungsbruch beinhaltet, basiert, kommt selbst der kognitiv-rationalen Inkohärenz noch eine düstere innere Logik zu. Hierin liegt auch die Erklärung dafür, dass der Begriff des Zivilisationsbruchs inzwischen eher zum Signum für „moralischen Bruch", sprich Gattungsbruch, geworden ist. Wenn etwa Bundeskanzlerin Angela Merkel vor der Knesset (2008) von Zivilisationsbruch spricht und zugleich die deutsche Verantwortung für die „moralische Katastrophe" der Schoah betont, so thematisiert sie den moralischen Bruch, um den es geht.

Die Relevanz dieses Bruchs verlangt nach moralisch-gesellschaftlichen Beschreibungen, die den bereits von Hannah Arendt betonten Sachverhalt, dass der NS als Alternative zum „moralischen Gefüge der westlichen Welt" zu lesen

5 Ian Kershaw, Hitler's Prophecy and the „Final Solution". In: Mosche Zimmermann (Hg.), On Germans and Jews under the Nazi Regime, Jerusalem 2006, S. 49–66, hier 52, 66.

6 Dan Diner, Zwischen Aporie und Apologie. Über Grenzen der Historisierung des Nationalsozialismus. In: ders. (Hg.), Ist der Nationalsozialismus Geschichte? Zu Historisierung und Historikerstreit, Frankfurt a. M. 1987, S. 62–73.

ist, weiter analysieren.[7] Man kann sagen, dass es der wertsetzenden Kraft des NS gelungen ist, eine Art von moralisch-revolutionärer Vergemeinschaftung, eine *moralische Vergemeinschaftungsform*, ins Werk zu setzen, die im welthistorischen Maßstab als Konkurrenz zu anderen moralischen Vergemeinschaftungsformen verstanden werden kann. Hieran lässt sich der systematische Vergleich zwischen moralischen Vergemeinschaftungsformen knüpfen, den ich idealtypisch an drei Elementen orientiere:

Erstens ist ein moralisches Grundverständnis anzusetzen, das als dominierendes Zentrum für jeweilige Ich- und Wir-Perspektiven als verbindlich angesehen wird. Für die universalistisch-westliche Form der moralischen Vergemeinschaftung heißt das: Jeder Mensch schreibt sich selbst denselben moralischen Status wie jedem anderen Menschen zu und versteht sich als Mitglied einer Wir-Gemeinschaft, in der jedes Mitglied diesem Selbstverständnis folgt. Ausdruck dafür ist die wechselseitige Anerkennung gleicher Rechte für jeden Menschen. Diesem egalitär-universalistisch definierten Zentrum setzt der Nazismus sein eigenes Zentrum entgegen: Die Deutschen oder Arier beanspruchen einen höheren moralischen Status als Nicht-Deutsche oder Nicht-Arier und folgen dem Selbstverständnis einer Wir-Gemeinschaft, die diesen Anspruch durchsetzt. Das partikularistische Selbstverständnis ist der existenziell-konkrete Widersacher egalitär-universalistischer Selbstverständnisse, die als „jüdisch“ abgelehnt werden.

Zweitens gibt es ein mit dem moralischen Zentrum verbundenes Netz an gesellschaftlichen Normen und Institutionen, was für die universalistische Form in Stichworten bedeutet: gewaltfreies Zivilleben, gesellschaftlich-öffentliche Ächtung von Diskriminierungen und ein an Menschenrechten orientiertes Rechtssystem, das auch die demokratisch verfasste politische Sphäre der jeweiligen Gemeinschaft nach innen und außen bindet. Demgegenüber gilt im Nazismus die Ausrichtung allen gesellschaftlichen und politischen Lebens auf die Stärkung der arisch-deutschen Volksgemeinschaft nach dem Führerprinzip. Weder nach innen noch nach außen existieren rechtliche Schranken zur Durchsetzung der Interessen der Volksgemeinschaft. Im Gegenteil: „Der Führer schützt das Recht“ wie Carl Schmitt formulierte, er nimmt für die Gemeinschaft sozusagen das „wahre Recht“ in Anspruch.[8]

Drittens geht es um das Verhältnis zur Gewalt, das eine moralische Vergemeinschaftungsform für dominant erklärt. Die universalistische Form verlangt – idealtypisch gesprochen – die gewaltfreie Austragung von Konflikten im Innern jeweiliger Wir-Gemeinschaften und die Respektierung des staatlichen Gewaltmonopols. Für die nazistische Vergemeinschaftung ist Gewalt ein legitimes Mit-

7 Hannah Arendt, Besuch in Deutschland, Berlin 1993, S. 23; als Hintergrund immer noch wichtig: dies., Elemente und Ursprünge totaler Herrschaft, 5. Auflage München 1986, Teil III. Zur Diskussion von Arendts Begriffsbildungen des „Radikal Bösen“ und der „Banalität des Bösen“ vgl. Zimmermann, Auschwitz, 2005, S. 25 ff. Die viel diskutierte Problematik dieser Begriffsbildungen wird durch meine Komplementärbegriffe von Gattungsbruch und Gattungsversagen vermieden.

8 Carl Schmitt, Der Führer schützt das Recht. Zur Reichstagsrede Adolf Hitlers vom 13. Juli 1934. In: Deutsche Juristen-Zeitung, 39 (1934) 15, Sp. 945–950.

tel, um die innere Homogenität der Wir-Gemeinschaft gegen „artfremde“ Gegner durchzusetzen. Ebenso gibt gewaltsamer Rassenkampf nach außen die Grundorientierung zur Erhaltung und Fortentwicklung der arisch-deutschen Volksgemeinschaft ab und rechtfertigt Angriffskriege, die als Notwehraktionen kaschiert werden. Demgegenüber ist für die universalistische Form militärische Gewalt nur im Verteidigungsfall und in Einklang mit dem Völkerrecht akzeptabel.

Die Existenz einer moralischen Vergemeinschaftungsform, deren Grundzüge mit dem westlich inspirierten Menschenrechtsuniversalismus in einem unaufhebbaren Konflikt stehen, stellt ein systematisches Problem für die Moralphilosophie dar. Es scheint kaum noch möglich, von einer quasi allgemein verbürgten menschlichen Moral im Singular zu sprechen. Die durch historische Erfahrung belegte, tief reichende moralische Veränderbarkeit von Menschen setzt die für sicher gehaltenen überhistorischen Moralgrundsätze, wie etwa Kants kategorischen Imperativ, einer historischen Einschränkung aus.

Diese Problematik wird dadurch verschärft, dass neben dem Nazismus noch ein anderer Widerpart des Menschenrechtsuniversalismus im welthistorischen Maßstab auf den Plan getreten ist. Auch der Bolschewismus/Stalinismus hat eine antiwestliche Vergemeinschaftungsform hervorgebracht, die für eine epochale moralische Zäsur steht. Das mit der Oktoberrevolution eingeleitete Projekt zur Schaffung einer neuen Gesellschaftsordnung wird getragen von einem Selbstverständnis, das dem kommunistischen Menschheitsideal eine eigene revolutionäre Moral zuweist, die als normatives Zentrum der Transformation in eine proletarische Vergemeinschaftungsform fungiert. Neben die damit verbundenen gesellschaftlich-institutionellen Umgestaltungen tritt auch hier der brutale Einsatz von Gewalt als unvermeidliches operatives Instrumentarium des Klassenkampfs, dessen Exzesse im Stalinismus ins Extrem getrieben werden. Der Holodomor der Jahre 1932/33 als Folge der Zwangskollektivierung der Landwirtschaft, der Ausbau des Gulag als Ort der Rechtlosigkeit und Arbeitssklaverei sowie der Terror der Jahre 1936 bis 1938 markieren die Großkatastrophen der stalinistischen Kulturrevolution im Namen der Befreiung der Menschheit.

So sehr diese Katastrophen der Utopie einer befreiten Menschheit Hohn sprechen, so sehr muss man sie in den Zusammenhang bolschewistischer Utopie-Produktionen stellen, aus denen die Motive einer radikalen Transformation des Menschen stammen. Es gibt eine Kontinuität von Lenins Satz, dass der Mensch so gemacht werden kann, „wie wir ihn haben wollen“,[9] über Trotzkis Zielsetzung eines „höheren gesellschaftlich-biologischen Typus“, eines – so wörtlich – „Übermenschen“,[10] bis hin zu Stalins Begriffsbildung, in denen die bolschewistischen Kader als „Ingenieure der Seele“ zur Schaffung neuer Menschen und deren psychomoralischer Ausstattung bestimmt werden.[11]

9 Orlando Figes, Die Tragödie eines Volkes: Die Epoche der russischen Revolution 1891 bis 1924, Berlin 1998, S. 775.

10 Jörg Baberowski, Der rote Terror. Die Geschichte des Stalinismus, 2. Auflage Berlin 2004, S. 94f.

11 Ebd., S. 112.

Für die *moralphilosophische Interpretation* von Bolschewismus und Stalinismus ist wichtig, dass deren Moral als partikularistisch charakterisiert werden muss. Hierin kommt der Gegensatz zum klassischen Marxismus zum Ausdruck. Universalistisch kann der Marxismus insofern verstanden werden, als die Aufhebung der Klassengesellschaft auf teils evolutionärem, teils revolutionärem Wege gedacht wird. Das lässt es im Prinzip zu, dass die überwundene kapitalistisch-bürgerliche Klasse in die neue Gesellschaft integrierbar ist und nicht ihre soziale oder moralische Mitgliedschaft verliert, auch wenn die Kritik des Marxismus an den vermeintlich „bürgerlichen" Menschenrechten ein ungelöstes Problem moralischer Verbindlichkeit bleibt. Aber immerhin: Man kann Marx' Utopie universalistisch formulieren, sodass das Postulat „jedem nach seinen Fähigkeiten, jedem nach seinen Bedürfnissen" nicht zur Phrase verkommen muss.

Im Bolschewismus und Stalinismus hingegen mutiert die marxistisch-universelle Orientierung zu einem Partikularismus der gesellschaftlichen und moralischen Ausgrenzung, die in physischen Vernichtungsstrategien endet. Der marxistisch-universalistische Idealtypus wird zum ideologischen Schein des bolschewistischen Partikularismus. Die bolschewistische Entwicklung mit ihrer Zuspitzung im Stalinismus ist partikularistisch, weil in ihr keine gesellschaftliche oder moralische Vermittlung von Gegensätzen oder Unterschieden übrig bleibt. Der wahre neue Mensch und die wahre neue Freiheit sind erst möglich, wenn der letzte Klassenfeind vernichtet ist.

Im Unterschied zum Nazismus war der Bolschewismus nicht nur auf einen Hauptgegner ausgerichtet, sondern kannte viele aktive Gegner. Daher kann man im Fall des Bolschewismus von Gattungszersplitterung statt Gattungsbruch sprechen. Das jeweilige gegnerische Kollektiv (Adel, Bürgertum, Kulaken, innerparteiliche Opposition) muss vernichtet werden, aber es ist auch möglich, Teile davon abzuspalten und auf die eigene Seite zu ziehen. Es handelt sich um Soziozide, welche die gesellschaftliche Transformation durch fortschreitende Säuberung vorantreiben.[12]

Wieweit mein obiger Begriff des Gattungsversagens, der auf die sukzessive Erosion herkömmlicher Moralverständnisse abhebt, für die sowjetische Bevölkerung anwendbar ist, kann ich nur als Frage an die historische Forschung weitergeben. Einerseits war die sowjetische Bevölkerung sicherlich weit weniger zivilisatorisch homogen als die deutsche Bevölkerung und man kann bezweifeln, ob die bolschewistische Durchdringung insgesamt gelang. Andererseits zeigte sich die wertsetzende Kraft des Bolschewismus in den städtischen Regionen, dem Umfeld der landesweiten Parteikader und der Kultur. Diese Kraft reichte offenbar aus, um ein Zusammenbrechen der moralischen Schranken gegenüber Diskriminierung, Verfolgung und Vernichtung von „Klassenfeinden" zu induzieren, ohne dass die Gattungszersplitterung in Form von Sozioziden nicht möglich gewesen wäre.

12 Gerd Koenen, Utopie der Säuberung. Was war der Kommunismus?, Berlin 1998.

Moralen: deskriptiv und normativ

Mit den so weit dargelegten Charakteristika der Transformationsmoralen von Nazismus und Bolschewismus wende ich mich in meinem zweiten Schritt der *methodischen Reflexion* auf die Rede von Moral und infrage stehende Moralvergleiche zu. Wenn es einleuchtet, dass sich der egalitäre Menschenrechtsuniversalismus der nazistischen oder bolschewistischen Moral strukturell gegenüberstellen lässt, dann öffnet sich die Perspektive auf einen geschichtlichen Vergleich von Moral im Plural. Bei diesem Vergleich halte ich es für die fruchtbarste Vorgehensweise, wenn man von dem eigenen normativen Standpunkt der egalitär-universalistischen Moral ausgeht und von daher die konträren Moralen des Nazismus oder Bolschewismus aufschlüsselt. Dabei kann die moralische Ablehnung dieser Moralen durchaus einhergehen mit ihrer deskriptiven Analyse, wie sie sich aus dem Selbstverständnis der Protagonisten der alternativen Moralen ergibt oder unter Berücksichtigung unterschiedlicher Akzentsetzungen oder Divergenzen mit Wahrscheinlichkeit darlegen lässt.

Es ist kein Widerspruch, wenn man einerseits die nazistische oder bolschewistische Moral wertend als inakzeptabel ablehnt und sich andererseits analytisch mit deren Grundnormen und selbstgewähltem moralischem Vokabular befasst. Man kann fragen und analysieren, in welcher Bedeutung die Protagonisten des NS von Moral sprechen, man kann jedoch nicht bestreiten, dass sie moralische Selbstverständnisse artikulieren. Um nur ein etwas abgelegenes Beispiel zu nennen: In einem Aufsatz aus dem Jahr 1936 führt Roland Freisler im Brustton der Überzeugung aus, dass „Moral" im Sinne der „völkischen Sittenlehre" den „Nährboden des Rechts" darstelle.[13]

Der Klarheit halber sollten drei Ebenen bei der Analyse von Moral bzw. Moralen unterschieden werden. Erstens die Frage nach einem formal-allgemeinen Begriff von Moral wie etwa Ernst Tugendhat betont, wenn er vorschlägt, dass ein angemessener allgemeiner Moralbegriff darin zu sehen sei, wie sich Mitglieder einer Gemeinschaft als moralische Gemeinschaft definieren, indem sie wechselseitig verbindliche Imperative akzeptieren, deren Einhaltung bzw. Missachtung durch ebenfalls wechselseitig anzusetzende Affekte von Empörung, Schuld, Lob/Tadel sowie Bewertungen in gut und schlecht getragen werden.[14] Am Beispiel eines solchen Vorschlags leuchtet ein, dass sich die Frage nach einem allgemeinen Moralbegriff von spezifisch inhaltlich-moralischen Ausprägungen unterscheiden lässt.

13 Roland Freisler, Gedanken zur Technik des werdenden Strafrechts und seiner Tatbestände. In: Zeitschrift für die gesamte Strafrechtswissenschaft, Band 55 (1936), S. 503-532, hier 511.

14 Ernst Tugendhat, Anthropologie statt Metaphysik, 2. Auflage München 2010, S. 120ff.

Zweitens wird damit deutlich, dass sich meine obige Charakterisierung von gegensätzlichen moralischen Vergemeinschaftungsformen auf der Ebene eines inhaltlichen Moralvergleichs bewegt, der mit der Frage nach einem formal-allgemeinen Moralbegriff nicht in Widerspruch, sondern in einem Ergänzungsverhältnis steht. Allerdings ergibt sich aus einer inhaltlich-deskriptiven Aufnahme der Moralen des Nazismus und Bolschewismus hinsichtlich eines allgemeinen Moralbegriffs die Anforderung an Adäquatheit: Der allgemeine Begriff muss so angesetzt sein, dass er diese Ausprägungen von Moral mit umgreift. Dass historische Untersuchungen inzwischen dem Sprachgebrauch folgen, im deskriptiven Sinn von NS-Moral zu reden,[15] entspricht der Ebene inhaltlicher Moralvergleiche, wie sie auch für die bolschewistische Moral relevant ist.

Drittens geht es um die angemessene Bestimmung und normative Rechtfertigung des egalitären Universalismus als moralischem Zentrum der oben herausgestellten Vergemeinschaftungsform. Bei der Bestimmung der universalistisch-westlichen Vergemeinschaftungsform sollte beachtet werden, dass es dabei um eine seit dem 18. Jahrhundert sukzessiv etablierte Form moralisch-gesellschaftlicher Praxis geht, um eine geschichtlich situierte Praxisform also, die nicht mit „universalen Moralvorstellungen", die auch für andere Kulturkreise geltend gemacht werden können, zusammenfällt. Die realgeschichtlichen Besonderheiten der euro-amerikanischen Entwicklungen, ohne die nicht von der Etablierung einer moralisch-gesellschaftlichen Praxisform zu reden wäre, gilt es festzuhalten.[16] Zugleich wird dadurch der idealtypische Charakter der oben gegebenen Kennzeichnung des moralischen Zentrums der universalistisch-westlichen Vergemeinschaftungsform unterstrichen.

Im jetzigen methodischen Kontext sei vorab gesagt, dass die metaethische Vokabel „Relativismus" meine Position verfehlt, zumal wenn sie mit pejorativen Untertönen verbunden wird. Angemessen ist es, von einer Pluralität historisch konkurrierender Moralen zu sprechen, in deren Spektrum sich die Rechtfertigung des egalitären Universalismus zu bewähren hat. Das Gegensatzpaar Relativismus – Objektivismus/Absolutismus sollte ersetzt werden durch den Gegensatz von moralischem Pluralismus versus Monismus.

Schließlich der Vollständigkeit halber mein Sprachgebrauch von „Moral" und „Ethik": Moral oder Moralen stellen den Gegenstandsbereich dar, mit dem sich die philosophische Disziplin der Ethik befasst.

15 Neuere Beispiele, die mit deskriptiver Unbefangenheit von NS-Moral sprechen, sind: Welzer, Täter; Wolfgang Bialas, Die moralische Ordnung des Nationalsozialismus. Zum Zusammenhang von Philosophie, Ideologie und Moral. In: Werner Konitzer/Raphael Gross (Hg.), Moralität des Bösen, Jahrbuch Fritz Bauer Institut, Frankfurt a. M. 2009, S. 30–60; Raphael Gross, Anständig geblieben. Nationalsozialistische Moral, Frankfurt a. M. 2010.

16 Vgl. Rolf Zimmermann, Replik: Moralisch-geschichtliche Selbstauslegung als Problem der Ethik. In: Erwägen Wissen Ethik, 20 (2009) 3, S. 485–496, hier 489.

Trotzkis Paradigma einer neuen Moral im Vergleich zur NS-Moral

Als herausragendes Beispiel für die Selbstinterpretation einer neuen Art von Moral als Zentrum einer unter bolschewistischen Vorzeichen stehenden Vergemeinschaftung können Leo Trotzkis Reflexionen in der Schrift „Ihre Moral und unsere" gelten.[17] Außerdem wird dadurch die obige idealtypische Gegenüberstellung von moralischen Vergemeinschaftungsformen in ihrer Unterschiedlichkeit bestärkt. Es geht um das bolschewistische Paradigma, das nicht nur für die Zeit anzusetzen ist, in der Trotzki der enge Weggefährte von Lenin war, sondern das gleichermaßen auch die Entwicklung des Bolschewismus unter Stalin betrifft. Die bolschewistische Familienähnlichkeit übergreift die ansonsten zwischen Trotzkismus und Stalinismus bestehenden Differenzen.

In Übereinstimmung mit der marxistischen Grundlehre bestimmt Trotzki Moral in Abhängigkeit vom Klassenkampf, dessen Antagonismen mehr als alle anderen gesellschaftlichen Beziehungen das Verhalten der Menschen und den Gang der Geschichte prägen. Damit geht die Absage an eine „Moral über den Klassen" einher, die für Trotzki mit abstrakten Normen wie dem kategorischen Imperativ der „Mechanik des Klassenbetrugs" Vorschub leistet. Dieser allgemein-marxistischen Sicht von Moral fügt Trotzki spezifische Elemente hinzu, in der die bolschewistische Radikalisierung sichtbar wird.

Denn der Bürgerkrieg im Gefolge der russischen Revolution ist der „Kulminationspunkt des Klassenkampfes [...], der alle moralischen Bande zwischen den feindlichen Klassen in die Luft sprengt".[18] Es entsteht eine unaufhebbare moralische Klassen-Dichotomie, wobei die „Schaffung der revolutionären Partei des Proletariats" die „völlige Unabhängigkeit von der Bourgeoisie und ihrer Moral" verlangt. Die revolutionäre Partei verkörpert in einem die völlige Abkehr von der bürgerlichen Moral und das Machtpotenzial zur Schaffung der neuen Moral, sodass für Trotzki feststeht, „dass für einen Bolschewiken die Partei alles bedeutet", weil nur sie zu einer Gesellschaft „ohne soziale Widersprüche" führen kann. Dies ist nur unter Anwendung von revolutionären, das heißt gewaltsamen, Mitteln erreichbar, in einem „Kampf auf Leben und Tod". Die Partei ist für den Bolschewiken „eine Waffe zur revolutionären Umgestaltung der Gesellschaft, einschließlich ihrer Moral". Zwischen der „persönlichen Moral und den Interessen der Partei" kann es keinen Widerspruch geben, „da in seinem Bewusstsein die Partei die höchsten Aufgaben und Ziele der Menschheit verkörpert". Ganz ähnlich spricht auch Georg Lukács von der „moralischen Sendung der kommunistischen Partei".[19]

17 Leo Trotzki, Ihre Moral und unsere. In: John Dewey/Karl Kautsyky/Leo Trotzki, Politik und Moral. Die Zweck-Mittel-Debatte in der neueren Philosophie und Politik. Hg. von Ulrich Kohlmann, Lüneburg 2001, S. 113–159.

18 Ebd., S. 123 f. Die folgenden Zitate S. 140, 151.

19 Georg Lukács, Taktik und Ethik. Politische Aufsätze I (1918–1920). Hg. von Jörg Kammler/Frank Benseler, Darmstadt 1975, S. 219 ff.

Für Trotzki steht so die Moral der proletarischen Revolution und ihrer Partei in welthistorischer Einmaligkeit da: „Der historische Sinn und die moralische Größe der proletarischen Revolution bestehen darin, dass sie den Grundstein für eine klassenlose, erstmals wahrhaft menschliche Kultur legt."[20] Die Bolschewiki sind die „eingefleischten Krieger der sozialistischen Idee",[21] deren „dialektische Auffassung der Moral als eines abhängigen und vergänglichen Produkts des Klassenkampfes" eine „höhere Qualität des Intellekts" als den „gesunden Menschenverstand" erfordert, der nicht einsehen will, dass die von Lenin praktizierte Verwerfung herkömmlicher Moral in Wahrheit „Synonym für eine höhere menschliche Moral" ist.

Trotzkis Reflexionen zeigen auch im Abstand von 20 Jahren nach der russischen Revolution die Kontinuität seiner bolschewistischen Grundüberzeugungen, die einer tief reichenden moralischen Transformation Ausdruck verleihen, deren Leitbegriffe sich nicht grundsätzlich von denen Stalins oder Bucharins unterscheiden.[22]

Das interne Defizit dieser Konstruktion besteht in dem Verzicht auf moralische Individualität zugunsten der jeweiligen Parteiführung, die Standards von moralischer Verbindlichkeit beliebig variierbar macht. Die revolutionäre Partei – wie immer deren Führung auch besetzt sein mag – erhält unter dem Vorzeichen der dialektischen Bewegung des Klassenkampfs eine Blankovollmacht, die im Namen höherer Moral Entgrenzungen Vorschub leistet, deren fatale Auswüchse auch die stalinistische Kulturrevolution prägen.

Dem Verzicht auf eine Klärung von moralischen Kriterien und Regeln der Verbindlichkeit im Zuge des Klassenkampfs korrespondiert die Absage an demokratische Regeln innerhalb der Partei. Von Lenins innerparteilichem Fraktionsverbot (1921), das Trotzki unterstützte, bis zu Stalins späterem „demokratischen Zentralismus" lassen sich die demokratischen Defizite verfolgen. Das schließt nicht aus, dass faktisch Diskussionen in der Partei und auf Parteitagen stattfinden, doch es bleibt beim systematischen Verzicht auf einen Kanon moralischer Verbindlichkeit, der sich auch in institutionalisierten Formen innerparteilicher Demokratie wiederfinden müsste.

Das systematische Ausblenden der moralischen Abwägungsproblematik und ihre institutionelle Verdrängung im Rahmen der bolschewistischen Partei, die für Trotzki „alles" ist, markiert die moralische Leerstelle der bolschewistischen Moral und so das moralisch andere in der von Trotzki selbst gesetzten Alternative „Ihre Moral und unsere". Das in dieser Weise artikulierte moralische Selbstverständnis kann man als den Grund für den skrupellosen Einsatz von

20 Leo Trotzki, Literatur und Revolution, Berlin 1968, S. 13.
21 Trotzki, Moral, S. 120. Die folgenden Zitate S. 127 ff., 152.
22 Vgl. Josef Stalin, Zu den Fragen des Leninismus, Frankfurt a. M. 1970; Nikolai Bucharin, Theorie des historischen Materialismus, Hamburg 1922.

Gewalt ansehen, der bereits zu Lenins und Trotzkis Zeiten praktiziert wurde und in den oben angeführten Katastrophen der Stalinzeit (Holodomor etc.) seine Fortsetzung fand. Stalins Satz über die kommunistische Partei als „eine Art Schwertritterorden innerhalb des Sowjetstaates, der die Organe des letzteren anführt und deren Tätigkeit beseelt",[23] entspricht gleichermaßen der Auffassung Lenins wie Trotzkis.

Das Beispiel Trotzkis ist nicht nur aussagekräftig unter dem Vorzeichen einer zum egalitären Universalismus konträr stehenden Vergemeinschaftungsform. Darüber hinaus lassen sich erstaunliche Parallelen zum Nationalsozialismus aufweisen, wenn man wesentliche Strukturelemente aus Trotzkis Konzeption abstrahiert und ihnen nazistische Äquivalente zuordnet. Diese sind:

- Menschheitsideal,
- Theorie des Kampfes,
- Moralische Träger des Kampfes und höhere Moral,
- Gewaltoptionen.

Diese Elemente bilden unter nazistischen Vorzeichen einen Zusammenhang, der sich folgendermaßen wiedergeben lässt: Das Menschheitsideal eines arisch fundierten „höheren Menschentums" verlangt nach einem Rassenkampf im weltgeschichtlichen Maßstab, der nur zu gewinnen ist, wenn eine unter dem Führerprinzip agierende revolutionäre Bewegung und ihre Elite (SS) bereit ist, christliche oder sonstige allgemein menschliche Bindungen hinter sich zu lassen, um gemäß den Gesetzen des Rassenkampfs dem Hauptfeind in Gestalt des Weltjudentums und seinen Verbündeten einen Kampf auf Leben und Tod zu liefern, der nur durch die Vernichtung der Feinde beendet werden kann. Insofern könnte man die moralische Alternative auch auf die Trotzki-ähnliche Formel bringen: ihre Moral und unsere Treue zum Ariertum. Die bolschewistische Militanz wird unter nazistischen Vorzeichen zu einer militanten Moral der arischen Ehre und Treue.

Als Beleg für diese Charakterisierung führe ich die Interpretation an, die Barbara Zehnpfennig in ihrem detaillierten Textkommentar zu „Hitlers *Mein Kampf*" entwickelt hat. Am Leitfaden dieser Analyse werden insbesondere die beiden erstgenannten Elemente und ihre Verbindung deutlich.[24] Für Hitler verkörpert die arische Rasse den prometheischen Antrieb des Menschen als Kulturschöpfer. Der Arier ist der Urtyp des Menschen, der sich im Gegensatz zu den bloß kulturtragenden oder kulturzerstörerischen Rassen befindet. Hieraus ergibt sich eine Geschichtsdynamik, ein Schema vom Aufstieg und

23 Zitiert nach Sergej Slutsch, Macht und Terror in der Sowjetunion. In: Volkhard Knigge/Norbert Frei (Hg.), Verbrechen erinnern, München 2002, S. 111–123, hier 113.

24 Barbara Zehnpfennig, Hitlers *Mein Kampf*. Eine Interpretation, München 2000. Im Folgenden gebe ich eine knappe Heraushebung einiger zentraler Punkte. Vgl. Rolf Zimmermann, Moral als Macht. Eine Philosophie der historischen Erfahrung, Reinbek bei Hamburg 2008, S. 113 ff.

Niedergang der Kulturen, das an Spengler erinnert und folgenden Verlauf zu erfassen sucht: In der ersten Phase unterwerfen die Arier ein fremdes Volk, in der zweiten Phase gestalten die Arier eine Kultur aufgrund der vorliegenden Umstände des anderen Volkes und der eigenen schöpferischen Kräfte. Der Niedergang beginnt in der dritten Phase, wenn sich die Kulturschöpfer mit den Einheimischen vermischen und damit zur vierten Phase, der Erstarrung, überleiten. Hieran kann sich eine fünfte Phase anschließen, in der sich die kulturschöpferische Rasse auf ihre Wurzeln besinnt und durch ihren Willen erneut zum Niveau des Herrenvolks zurückkehrt. Dies ist die Kurzfassung zu Hitlers Geschichtstheorie, der das weltgeschichtliche Geschehen nur zur Äußerung des Selbsterhaltungstriebs der Rassen und damit zu einer Geschichte des Rassenkampfs wird.

Rassenkampf statt Klassenkampf ist das leitende Prinzip der Geschichte, das Hitler entdeckt zu haben glaubt und das die offenkundige Antithese zum Marxismus darstellt. Trotz dieser inhaltlichen Antithese bleibt die Parallele bestehen, dass das Menschheitsideal des arischen Kulturschöpfers mit einer spezifischen Theorie des Kampfes verbunden wird, die den Rassenkampf zum Geschichtsprinzip erklärt. Sobald man nach der Begründung für diese Konzeption fragt, tritt neben ihrer Schwäche auch die Ambivalenz des Rassenbegriffs hervor. So wenig die Theorie des Rassenkampfs und das Postulat der Reinheit der arischen Rasse zu überzeugen vermag, wenn sich Hitler auf den „Willen der Natur" beruft, um seinem Gedanken der rassischen Abgrenzung eine biologische Grundlage zu verschaffen, so wird dabei auch deutlich, dass der biologische Begründungsversuch der Rassentheorie in Wahrheit eine Projektion von vermeintlichen Erfahrungen aus dem menschlichen Bereich auf die Natur darstellt. Zehnpfennig kommt zu dem wichtigen Ergebnis, dass Hitlers Rassismus nur scheinbar biologisch ist und sein Rassenbegriff im Grunde die „Homogenität seelischer Qualitäten" meint. Hitler, so kann man sagen, begeht keinen naturalistischen Fehlschluss, indem er geschichtliche Rassengesetze aus der Natur ableitet, sondern einen normativistischen Fehlschluss, indem er seine Vorstellung von Rasse-Homogenität auf die Natur überträgt. Dem entspricht, dass auch der Rassenkampf als eine Auseinandersetzung gesehen werden muss, bei dem sich Rassen als homogen gedachte existenzielle Widersacher, die durch unterschiedliche seelische Qualitäten definiert werden, gegenüberstehen. Der Rassenkampf ist Kampf zwischen sich unversöhnlich entgegenstehenden Wesenseigenschaften.

Daher kann man sagen, dass im Judentum und Deutschtum quasi zwei Daseinsweisen Rasse geworden sind, die einen Kampf um die Selbsterhaltung ihrer Wesensart zu führen haben. Das Judentum steht für das Sinnliche, Materielle, Irdische, Egoistisch-Individualistische – das Deutschtum (als Spitze des Ariertums) für das Höhere, Idealistische, Schöpferische, Edel-Gemeinschaftliche. Der Gegensatz zum Judentum bildet deshalb den innersten Kern von Hitlers Weltanschauungslehre, weil er in ihm die Lebenshaltung zu erkennen meint, die der seinen diametral widerspricht und die für ihn den Bestand der Menschheit gefährdet.[25] Der Marxismus ist nur der Widerschein des Judentums, der dessen Eigenarten durch eine Gleichheitsideologie verbreitet.

Der so weit erläuterte Zusammenhang von Menschheitsideal und Rassenkampf wird unterlegt durch eine Heroisierung des Kampfes als eines solchen. Der Staat wiederum hat die Funktion der Selbsterhaltung der Rasse, er ist kein Selbstzweck. Wenn der Staat diese Funktion nicht erfüllt, so führt Hitler im dritten Kapitel von „Mein Kampf" aus, dann ist Rebellion nicht nur das Recht des Volkes, sondern Pflicht, denn die Bewahrung ihrer Art ist der höchste Zweck des Daseins der Menschen. Dabei wird eine solche Situation entschieden durch Gewalt und den Erfolg. Hier wird nicht nur deutlich, dass „Art" nicht im biologischen Sinn zu verstehen ist, sondern im Sinn von „Eigenart". Hinzu kommt, dass in diesem Kontext der Satz zu lesen ist: „Menschenrecht bricht Staatsrecht."[26] Hitler bemüht eine eigene normative Bestimmung von „Menschenrecht" im Verständnis der „Bewahrung der Eigenart eines Volkes", um daran die Aufforderung zum Kampf um das so verstandene Menschenrecht zu knüpfen und ein mögliches Scheitern in diesem Kampf als Beleg der „ewig gerechten Vorsehung" zu interpretieren.

Gewalt wird moralisch in den Kampf um die richtige Weltanschauung integriert, wenn Hitler den „Programmatiker" der Weltanschauung in eine Reihe mit Religionsgründern stellt, bei denen es zunächst nur um die Grundidee geht, mit der die Richtung einer „allgemeinen menschlichen Kultur-, Sittlichkeits- und Moralentwicklung" zu geben versucht wird. Die Umsetzung der Idee ist eine Sache für sich und verlangt für die Weltanschauung die Ergänzung des Programmatikers durch den Politiker. Damit kommt die Ebene der Führung und Gliederung von Partei und nationalsozialistischer Bewegung sowie von deren organisatorischen Formen ins Spiel. Da gemäß dem Führerprinzip und der sich daraus ergebenden Abstufung von Verantwortungsgraden die einzelnen Organisationen unterschiedliche Zusammensetzungen und Aufgaben haben, stellt sich von selbst die Frage, welcher organisatorischen Einheit der erste Rang im Rassen- und Weltanschauungskampf gebührt.

Es kann kein Zweifel bestehen, dass der Aufbau der SS und ihre Fortentwicklung zur Waffen-SS als „Hitlers Politische Soldaten"[27] den höchsten Organisationsgrad bei der Integration von Weltanschauung und Rassenkampf darstellt.

25 Das entspricht der von Heinsohn vertretenen These, dass der geistig-moralische Gegensatz zum Judentum entscheidend für Hitler gewesen ist, eine These, der ich durch meine Unterscheidung konträrer Moralen Rechnung getragen habe. Heinsohn formuliert drastisch, dass Hitler die „Hardware" des Judentums - Männer, Frauen und Kinder - zertrümmerte, um dessen „Software" zu zerstören, die jüdische Moral des Lebensschutzes: Gunnar Heinsohn, What makes the Holocaust a uniquely unique genocide? In: Journal of Genocide Research, 2 (2000) 3, S. 411-430, hier 426. Die Frage nach der historischen Interpretation der jüdischen Moral lasse ich offen. Es gibt Zweifel, ob man sie immer schon universalistisch verstehen kann.

26 Adolf Hitler, Mein Kampf, 248-251. Auflage München 1937, S. 105.

27 Bernd Wegner, Hitlers Politische Soldaten: Die Waffen-SS 1933-1945. Leitbild, Struktur und Funktion einer nationalsozialistischen Elite, Paderborn 1982.

Doch die SS steht nicht nur für die Organisationsform einer politischen Avantgarde, sondern für das elitäre Vorbild der nationalsozialistischen Persönlichkeit und ihres psychomoralischen Selbstverständnisses. Bei aller Emphase für Volksgemeinschaft und Rasse darf nicht übersehen werden, dass Hitler und der Nazismus kein simples kollektivistisches Persönlichkeitsideal vertreten, sondern die starke Einzelperson - natürlich in Rückbindung auf ihre Rassengemeinschaft - hochhalten. So preist Hitler am Ende von „Mein Kampf" die „Achtung vor der Person" und den persönlichen Wert des Menschen, weil nur diesem Ideen und Schöpferkraft zu verdanken seien. Führerprinzip, elitär-hierarchische Stufung von Verantwortlichkeiten nach persönlicher Befähigung und fanatische Massenbewegung sollen eine Einheit bilden.[28]

An den Grundsätzen der SS und ihrem Ehrenkodex lässt sich exemplarisch nachvollziehen, welches Potenzial zur psychomoralischen Transformation der Nazismus entfalten konnte und langfristig in eine entsprechende Erziehung des ganzen Volkes umzusetzen gedachte.[29] Für das Tugendideal ist entscheidend, dass die Begriffe von Treue, Gehorsam, Ehre oder Kameradschaft in eine direkte Beziehung zur Person Adolf Hitlers gesetzt wurden. In der uneingeschränkten Personifizierung dieser Begriffe, die sich in der Eidesformel des SS-Mannes niederschlug, in der Hitler „Treue bis in den Tod" gelobt wurde, vollzieht sich eine Entmoralisierung des Einzelnen zugunsten einer höheren Bindung, die nun als die wahre Moral gilt. Der Wahlspruch „SS-Mann, Deine Ehre heißt Treue" bringt diese Verschiebung zum Ausdruck, die noch deutlicher wird, wenn sie in die Form der ersten Person Plural gebracht wird: *Unsere* Ehre heißt Treue.

Man kann diesen Vorgang auch so beschreiben, dass damit die Suspendierung eines christlich geprägten Gewissensbegriffs einhergeht, der die moralische Reflexion des Individuums für nicht mehr relevant erklärt und so die Voraussetzung schafft, dass herkömmliche moralische Grenzen im Namen höherer Ziele überschritten werden können. Insofern steht Himmlers Charakterisierung des Christentums als der „größten Pest", die überwunden werden muss, exemplarisch für den Entwurf einer anderen Moral, die zur Überwindung der weltanschaulichen Gegner unabdingbar ist. Auch bei Hitler kann an der Überwindung des Christentums zugunsten der eigenen Weltanschauung das Bewusstsein einer epochalen moralischen Transformation abgelesen werden, denn der „Zusammenbruch des Christentums" ist für ihn „eine der größten Umwälzungen, welche die Geschichte kennt".[30]

28 Frank-Lothar Kroll, Utopie als Ideologie. Geschichtsdenken und politisches Handeln im Dritten Reich, Paderborn 1998, S. 69 ff., vergleicht aufschlussreich die Avangarde-Theorien von Hitler und Lenin.

29 Vgl. Alfred Rosenberg, Der Mythus des 20. Jahrhunderts. Eine Wertung der seelisch-geistigen Gestaltenkämpfe unserer Zeit, 75.-78. Auflage München 1935, S. 19: „Die staatspolitische Revolution ist beendet, die Umwandlung der Geister aber hat erst begonnen."

30 Rainer Zitelmann, Hitler. Selbstverständnis eines Revolutionärs, Stuttgart 1987, S. 104 f.

Was Himmlers Charakterprofil des SS-Mannes und des Mitglieds der Waffen-SS angeht, so ist es ein idealtypisches Leitbild, bei dem es auch für die Waffen-SS weniger um militärische Perfektion, sondern um die Ausprägung einer Charakterhaltung geht, die exemplarisch in einer oft zitierten Passage zum Ausdruck kommt:

„Es musste der schwere Entschluss gefasst werden, dieses Volk von der Erde verschwinden zu lassen. Für die Organisation, die den Auftrag durchführen musste, war es der schwerste, den wir bisher hatten. Er ist durchgeführt worden, ohne dass - wie ich glaube sagen zu können - unsere Männer und unsere Führer einen Schaden an Geist und Seele erlitten hätten. Diese Gefahr lag sehr nahe. Der Weg zwischen den beiden hier bestehenden Möglichkeiten, entweder zu roh zu werden, herzlos zu werden und menschliches Leben nicht mehr zu achten oder weich zu werden und durchzudrehen bis zu Nervenzusammenbrüchen - der Weg zwischen dieser Scylla und Charybdis ist entsetzlich schmal.“[31]

Die Vernichtung des Judentums zu betreiben, ohne dabei der eigenen moralischen Integrität verlustig zu gehen, ist kein Zynismus, sondern das in völligem Ernst gesprochene idealtypische nazistische Selbstverständnis, das die führenden Protagonisten der Kampfbewegung wie Hitler und Himmler mit dem Idealtypus der konkreten kämpfenden Einheiten in Gestalt der Waffen-SS zusammenschließt.[32] Die militante Moral der Ehre und Treue der SS korrespondiert so Trotzkis „eingefleischten Kriegern der sozialistischen Idee“ auf der Ebene der kämpfenden Kader der Bolschewiki. Die Gewaltoptionen, die der Verwirklichung der jeweiligen Menschheitsideale als zwingend erforderlich eingeschrieben wurden, haben ihre personalen Träger in Gestalt neuer psychomoralischer Charaktere gefunden, die für ein moralisches Anderssein stehen.

Wenn man in dieser Weise die Moralkonzeptionen von Nazismus und Bolschewismus vergleicht, dann erreicht man eine weitere Vertiefung der idealtypisch gefassten unterschiedlichen Formen moralischer Vergemeinschaftung und ihrer Dynamik. Dabei wird der partikularistische Charakter sowohl von Bolschewismus wie Nazismus bestätigt. Die Orientierung an Menschheitsidealen, die beiden Moralen zuzuschreiben ist, darf nicht über deren pseudouniversalistischen Charakter hinwegtäuschen.

31 Heinrich Himmler, Geheimreden 1933 bis 1945 und andere Ansprachen. Hg. von Bradley A. Smith/Agnes F. Peterson mit einer Einführung von Joachim C. Fest, Frankfurt a. M. 1974, S. 169f. Vgl. hierzu auch das Prinzip des „heroischen Realismus“, das im Umkreis der „politischen Theorie der SS“ entwickelt wurde und darauf hinauslief, den völkischen Gegner radikal und rücksichtslos zu bekämpfen, ohne ihn zu hassen: Ulrich Herbert, Best. Biographische Studien über Radikalismus, Weltanschauung und Vernunft 1903-1989, Bonn 1996, S. 218. Dies stimmt zwar nicht mit Hitlers offen ausgesprochenem Hass auf die Juden in „Mein Kampf“ überein, war aber der Versuch, Hitlers früherer Formel vom „Antisemitismus der Vernunft“ eine „rationale“ Ausführung zu geben.

32 Jürgen Matthäus/Konrad Kwiet/Jürgen Förster/Richard Breitman, Ausbildungsziel Judenmord?, Weltanschauliche Erziehung von SS, Polizei und Waffen-SS im Rahmen der „Endlösung“, Frankfurt a. M. 2003.

Denn „Menschheit" steht idealiter für einen normativ eingeschränkten Begriff im Sinne eines neuen „wahren Menschentums" oder der „befreiten Menschheit", der keineswegs die menschlichen Faktizitäten so repräsentiert, wie sie sind. Gemäß diesem Verständnis gehören Juden und Klassenfeinde nicht zur Menschheit. Der „universalistische" Anspruch von Nazismus und Bolschewismus im Sinne von weltumspannenden Konzeptionen von Vergemeinschaftung und politischer Ordnung läuft daher auf den universellen Dominanzanspruch von je bestimmten Lebensformen hinaus, die weltweit ins Werk gesetzt werden sollen. Globale Lebensformdominanz steht jedoch im Gegensatz zum Begriff einer universalistischen Moral und universalistischen Menschenrechten, deren Kennzeichen gerade in der fraglosen Einbeziehung jedes menschlichen Wesens in die menschliche Gattung und der Anerkennung menschlicher Vielgestaltigkeit besteht.

Historischer Universalismus

Damit komme ich zur Stellung des moralischen Universalismus im Rahmen einer historischen Moralphilosophie. Wie ich schon deutlich gemacht habe, lassen die historischen Erfahrungen des Nazismus und Bolschewismus und ihrer Transformationsmoralen das Festhalten an einem einheitlichen moralischen Bild des Menschen als äußerst fragwürdig erscheinen. Wir sind mit der Problematik konfrontiert, dass moralische Selbstauslegungen von Menschen von großer Unterschiedlichkeit sein können. Sobald beide Totalitarismen als Gegenkonzepte zu der egalitär-universalistischen Form von Vergemeinschaftung durchsichtig werden, die ich oben als normative Orientierung zugrunde gelegt habe, kommt deren eigene geschichtliche Entwicklung seit dem 18. Jahrhundert in den Blick. Darüber hinaus wird die philosophische Begründungsfrage für die Identifikation mit der egalitär-universalistischen Vergemeinschaftung neu aufgeworfen. Beide Aspekte, historische Entwicklung wie Begründungsproblematik, suche ich mit der Begriffsbildung des historischen Universalismus zu treffen.[33]

In dem Maß, in dem man sich über die moralischen Alternativen klar wird, die durch eine egalitär-universalistische Vergemeinschaftung auf der einen Seite und ihre radikal-partikularistischen Gegenspieler in Gestalt von Nazismus und Bolschewismus auf der anderen Seite repräsentiert werden, in dem Maß kann man auch in moralischen Begriffen zwischen einer liberalen und illiberalen Moderne unterscheiden, wie es neuere vergleichende Untersuchungen nahelegen.[34] Nicht nur, dass sich daraus weitere Perspektiven für historische

33 Vgl. zum Folgenden Rolf Zimmermann, Moralischer Universalismus als geschichtliches Projekt, Hauptartikel mit kritischer Diskussion. In: Erwägen Wissen Ethik, 20 (2009), S. 415–485.

34 Peter Fritzsche/Jochen Hellbeck, The New Man in Stalinist Russia and Nazi Germany. In: Michael Geyer/Sheila Fitzpatrick (Hg.), Beyond Totalitarianism. Stalinism and Nazism Compared, Cambridge/Mass. 2009, S. 302–341.

Forschungen zur Moralgeschichte ergeben, vielmehr dient ein solches Denken in Alternativen auch einer wichtigen Einsicht in die Ambivalenz, mit der die innovative Leistung des Menschenrechtsuniversalismus seit dem 18. Jahrhundert behaftet zu sein scheint: dass nämlich die Veränderbarkeit des Menschen im Sinne einer revolutionär-emanzipatorischen egalitären Moral auch Entwicklungen zur Veränderung des Menschen in ganz andere normative Ordnungen evozieren kann, die sich in den Transformationsmoralen von NS und Bolschewismus niedergeschlagen haben.

Dass diese Moralen ihre weltgeschichtliche Relevanz verloren haben, macht den Menschenrechtsuniversalismus im Sinne einer praktischen Falsifikation seiner Gegner stark, nicht jedoch im Sinne des theoretischen Nachweises seiner objektiven Gültigkeit. Historisch-moralische Erfahrungen ernst nehmen, heißt, grundsätzliche moralische Alternativen offenlassen. Im Rahmen einer historisch reflektierenden Moralphilosophie mag diese These nicht überraschen. Sie ist jedoch gegen monistische Moralauffassungen immer neu zu verteidigen.[35]

Historische Erfahrung legt außerdem nahe, das Vertrauen in die praktisch gelebte Vergemeinschaftsform des moralischen Universalismus angemessen abzusichern: Wenn Moral von dieser Welt sein soll, dann ist sie nicht ohne Macht zu denken.[36]

35 Vgl. dazu die kritischen Beiträge zu meiner Position und meine Replik: Zimmermann, Universalismus, Replik, 2009.

36 Vgl. Rolf Zimmermann, Radikales moralisches Anderssein als historische Erfahrung und begründungstheoretische Herausforderung. In: Thomas Gutmann/Sebastian Laukötter/Arnd Pollmann/Ludwig Siep (Hg.): Genesis und Geltung. Historische Erfahrung und Normenbegründung in Moral und Recht, Tübingen 2018, S. 155–172.

Heinrich Himmler: Posen, den 4. Oktober 1943. Eine Episode aus der Geschichte der Drift ins Bodenlose

*Peter Sloterdijk**

Posen, den 4. Oktober 1943

Der bekannteste Satz aus „Mein Kampf" von 1925: „Ich aber beschloss nun, Politiker zu werden", belegt nicht nur den privaten Mythos eines Unruhestifters, der nach der Kapitulation der deutschen Armee im November 1918 während eines Aufenthalts im Lazarett von Pasewalk einen Rückfall in eine temporäre, möglicherweise hysterisch motivierte Erblindung erlebte. Hitler war, als er dies notierte, bereits mehr als ein bloßer Verursacher kommender Ärgernisse. Viel eher war er ein Träger, um nicht zu sagen ein exemplarischer Patient der Unruhe, die aus dem Weltkrieg in die folgenden Jahrzehnte übergriff. Sein Satz illustriert, wie ihr nachmals wichtigster österreichisch-deutscher Akteur sich die *idée-force* seines Jahrzehnts, die Zwangsvorstellung des Fortsetzungskriegs, einverleibte. Ähnlich wie zahllose Zeitgenossen von 1918 war Hitler von der Unmöglichkeit der Demobilisierung durchdrungen. Wenn er sich nach seiner Entlassung aus dem preußischen Lazarett, von der Schädigung seiner Sehkraft geheilt, an der Ablegung der Waffen und der Uniformen beteiligte, erfüllte ihn, nun als Scheinzivilisten, weiterhin die Entschlossenheit, dem Krieg ein anderes Gesicht – man würde heute sagen: ein anderes Format – zu geben. Als Epigone Lenins und Mussolinis suchte Hitler nach eigenen Mitteln und Wegen, den unterbrochenen Krieg in einen Fortsetzungskrieg umzuwandeln.

Mit der Gründung des nationalsozialistischen Aufbruchs – in seiner obligaten Doppelgestalt als Bewegung und Partei – entwarf Hitler ein strategisches Konzept, das, im Rückblick betrachtet, einer deutschen Version des Langen Marschs gleichkam. Dieser führte, opportunistisch und unbeirrt, charakterlos und unbelehrbar, durch die labilen parlamentarischen Institutionen der Weimarer Republik bis in den Vorhof der Macht. Nach seiner Ernennung zum Reichskanzler im Januar 1933 waren die Voraussetzungen geboten, unter denen der Aufmarsch in Aufrüstung übergehen konnte. Vom Herbst 1939 an legte Hitler

* Textauszug aus: Peter Sloterdijk, Die schrecklichen Kinder der Neuzeit. Über das anti-genealogische Experiment der Moderne, Berlin 2014, S. 179–195.

vor der Welt offen, auf welche Weise er das in „Mein Kampf" entwickelte Drehbuch des Fortsetzungskriegs zu inszenieren gedachte.

Es ist kein Zufall, dass der emblematische Satz Hitlers anlässlich des Überfalls der deutschen Armee auf Polen am 1. September 1939 die Behauptung enthielt, es werde von den frühen Morgenstunden an „zurückgeschossen". Seit den Mobilmachungen der europäischen Mächte im Gefolge des Attentats von Sarajevo war alle große Politik ein immerwährendes Zurückschießen geworden. Der Feind bedeutete nicht mehr nur „die eigene Frage als Gestalt" - nach dem bekannten Vers Theodor Däublers, den Carl Schmitt hin und wieder zitierte. Die Pflege von Feindbeziehungen lieferte seit Längerem die notwendigen und zureichenden Gründe, ein beliebiges Feuer mit Gegenfeuer zu erwidern. Die Hitler'sche Form des Zurückschießens setzte der zeitgemäßen deutschen Variante des Fortsetzungskriegs, über die naheliegende Revanche für den November 1918 hinaus, das hochmütige Ziel, ein Weltimperium der Deutschen zu schaffen, regiert aus einer Reichskanzlei zu Berlin, deren Kuppel die des Kapitols von Washington und des römischen Petersdoms in den Schatten stellen wollte.

Nach der Niederwerfung ganz Nord- und Westeuropas durch die deutschen Truppen zwischen 1940 und 1942 hatte sich die entscheidende Front des vorgeblichen Gegenfeuers weit in den Osten verlagert, wo Hitlers Armeen im Bodenkampf erstmals auf ernsthaften Widerstand trafen. Die fünfmonatige Schlacht um Stalingrad - vom 23. August 1942 bis zum 2. Februar 1943 - markierte für das Deutsche Reich die Wende in die Niederlage, die 27 Monate später eine vollendete Tatsache war.

Am 4. Oktober 1943, acht Monate nach dem Verlust der 6. Armee im Kessel von Stalingrad, hielt der damalige Reichsinnenminister Heinrich Himmler, seit 1929 Reichsführer der nationalsozialistischen Schutzstaffel (SS) und seit 1936 Chef der Deutschen Polizei im Reichsministerium des Innern, zugleich seit 1939 „Reichskommissar für die Festigung des deutschen Volkstums", im Rathaus der polnischen Stadt Posen vor 92 SS-Leuten eine jener „Geheimreden", durch die die Nachwelt in die Gedankenwelt deutscher Fortsetzungskrieger Einblick nehmen kann.

Von einem heutigen Standpunkt aus ist leicht zu erkennen, dass der Fiktion eines tausendjährigen „Dritten Reichs" das forcierte Missverständnis zugrunde lag, seine Gründung beruhe auf filiationstauglichen Prinzipien. In Wahrheit hätte von Anfang an evident sein müssen, dass hier, ähnlich wie beim Sowjetismus, nicht mehr als eine hastige Improvisation auf den Weg gebracht wurde, deren rascher Zerfall im Modus ihrer Zusammenraffung angelegt war. Es handelte sich beim Hitlerismus faktisch um eine Form des politischen Somnambulismus, den seit der ersten Minute der Machtergreifung eine Dosis suizidalen Hazards durchzog. In der Sache war er ein Experiment zur Beantwortung der Frage, ob auch Staaten mitsamt ihren Gesellschaften zum Selbstmord fähig sind.[1]

1 Über den wagnerianischen Faktor in diesem Experiment siehe Peter Sloterdijk, Die schrecklichen Kinder der Neuzeit. Über das anti-genealogische Experiment der Moderne, Berlin 2014, S. 387 f.

Himmlers anhand von Stichworten weitgehend frei gehaltene dreistündige Rede[2] - sie soll auch als Tondokument erhalten sein - liest sich heute wie ein Mustertext korporativer Rhetorik. In ihr geht die breit angelegte Situationsanalyse schulbuchmäßig zum Selbstbefund und das *mission statement* des Unternehmens über, um in eine pathetische Einschwörung von Redner und Publikum auf eine Zukunftsperspektive zu münden.

Himmler evoziert vor seinen Posener Zuhörern die Vision eines *clash of civilisations*, auf den sich Europäer spätestens gegen Ende des 20. Jahrhunderts gefasst machen müssten: Dabei werde die asiatische „Masse Mensch" in einer Stärke von l bis 1,5 Milliarden auf das dann hoffentlich 200 bis 300 Millionen Menschen zählende „germanische Volk" prallen, das im günstigsten Fall die übrigen europäischen Völker zum Endkampf um sich scharen könne - in einem Volumen von maximal 700 Millionen. „Wehe, wenn das germanische Volk ihn nicht bestehen würde. Es wäre das Ende der Schönheit und der Kultur." Wer auf dem Rücken starker Bilder reitet, kann sich und den Seinen effektvoller die Sporen geben: „Deswegen tun wir fanatischer denn je, gläubiger denn je, tapferer, gehorsamer und anständiger denn je unsere Pflicht." Deren Erfüllung hängt von der bedingungslosen Bindung zu einem vom Schicksal auserwählten Manne ab: „Nun gedenken wir des Führers, unseres Führers Adolf Hitler, der das germanische Reich schaffen und uns in die germanische Zukunft führen wird."

Man kann die autohypnotische Funktion dieser Sätze besser würdigen, wenn man einige vorangegangene Ereignisse in Betracht zieht: Himmler gehörte zu den NS-Exzellenzen, die seit dem Frühjahr 1943 verstanden hatten, dass der Krieg militärisch nicht mehr zu gewinnen war. Ein Vierteljahr *vor* der Posener Ansprache hatte er bereits Kontakte zu möglichen Hitler-Attentätern aufgenommen, mit denen er Perspektiven für das Reich und seine Rolle darin nach einer eventuellen Ausschaltung des „Führers" sondierte.

Das hinderte den Redner nicht daran, vor den SS-Offizieren von Posen zu dozieren, man müsse an Defaitisten im Heer und zu Hause strenge Exempel statuieren: am besten, indem man von Zeit zu Zeit einem von ihnen den Kopf „vor die Füße legt". Das bringe die übrigen Kampfmüden für eine Weile zum Schweigen. Bekanntlich hatte das NS-Regime die Guillotine in Deutschland solide eingemeindet und von ihr bei der Hinrichtung von Systemgegnern und anderen Unwillkommenen reichlich Gebrauch gemacht - man geht von circa 12 000 Exekutionen aus. Freilich wurde der französische Name des Geräts vermieden, man zog es vor, von der echt deutschen „Fallschwertmethode" zu sprechen.

Himmler ließ sich nicht anmerken, dass er in diesem Augenblick von seinen persönlichen Zweifeln am deutschen Endsieg redete. Mit einer Mischung aus Drohungen, Humoresken und Soldatenzynismen versuchte er, das gebannte und geduckte Publikum auf seine Seite zu bringen. Das wusste er wie jeder größere Chef: Führung ohne Verführung bleibt wirkungslos. Ihm stand vor Au-

2 Vgl. Rede des Reichsführers SS bei der SS-Gruppenführertagung in Posen am 4.10.1943 (https://www.1000dokumente.de/index.html?c=dokument_de&dokument=0008_pos&object=translation&st=POSEN&l=de; 14.2.2017), dort auch folgende Zitate.

gen, dass Furcht die Hälfte des Gehorsams ist. Der Appell ohne ergreifende Einschwörung prallt an den Angesprochenen ab.

In der späteren Rezeption der berüchtigten Rede hat man sich fast ausnahmslos auf die skandalöse Passage konzentriert, in der von einem „Ruhmesblatt" deutscher Kämpfertugend die Rede ist, das leider nie offiziell geschrieben werden dürfe: Mit eigenen Augen habe man gesehen, wie nach Tötungsaktionen unter der jüdischen Bevölkerung Osteuropas hundert, fünfhundert oder tausend Leichen beisammenlagen, und die Ausführenden seien dabei, aller psychischen Belastung ungeachtet, aufs Ganze gesehen doch „anständig geblieben". Der Passus stellt eine der wenigen Äußerungen dar, in denen ein hoher Funktionär des „Dritten Reichs" sich ohne Umschweife zur Judenausrottung bekannte, als wäre diese eine selbstverständliche Zutat des Fortsetzungskriegs, in den die Akteure des Nationalsozialismus sich einberufen wähnten.

Himmlers Rede wies aber einen viel allgemeineren Fokus auf: Sie könnte - von den Ausführungen zur geopolitischen Lage abgesehen - als ein Traktat über die Ethik für den vom „Schicksal" diktierten Krieg um die Weltherrschaft gelesen werden. Da Menschen mit authentisch germanischen Wurzeln - vor allem solche aus dem genetisch begünstigten westfälischen Raum - nach Himmlers Ansicht von der Natur selbst zu Krieg und Sieg berufen sind, liege auf der Hand, dass deren angemessenes Portrait zugleich das Idealbild des SS-Manns von heute und morgen ergebe.

Was Himmler in seiner ersten Posener Rede bietet, sind nicht weniger als wüste Prolegomena zu einer Kritik der Kollektivmoral im Zeitalter militärischer Massenaufgebote. Hochfliegende Spekulationen über kommende Expansionen schließen sich den kriegsmoralischen Thesen mühelos an: Die längerfristige Aufgabe der SS sei naturgemäß in der Nachzucht einer neuen Elite für die wachsenden deutschen Kolonien zu sehen.

„Wir müssen in 20 bis 30 Jahren wirklich die Führungsschicht für ganz Europa stellen können. Wenn die SS zusammen mit den Bauern, wir zusammen mit unserem Freund Backe, dann die Siedlung im Osten betreiben, großzügig, ohne jede Hemmung, ohne jedes Fragen nach irgendwelchem Althergebrachten, mit Schwung und revolutionärem Drang, dann werden wir in 20 Jahren die Volkstumsgrenze um 500 Kilometer nach Osten herausschieben."

Die Bildungspolitik im Zeichen des Totenkopfs wollte einen an den Haaren herbeigezogenen Ahnenkult mit neusachlicher Hemmungslosigkeit vereinen. Den Verlust von Stalingrad könne die deutsche Armee verschmerzen, ja, dieser sei geradezu „notwendig" gewesen, wenn es auch grausam klinge, dergleichen auszusprechen, weil mit ihm eine kriegsentscheidende Frontverkürzung teuer, jedoch letztlich lohnend bezahlt worden sei. Auch die Landung alliierter Truppen bei Salerno bilde ein Indiz für den baldigen Zusammenbruch des Feindes, weil dieser sich eine Operation solcher Größenordnung nicht noch einmal leisten könne.

Ohne Umschweife nimmt Himmler für das deutsche Volk die höchsten Werte der Humanität in Anspruch. Es ist ihm nichts zu drastisch, um die Grenzen des eigenen Kollektivs als die Grenzen des Geltungsbereichs höherer Moral eindeutig zu markieren. Er wählt nun den brutalen Ton, weil er weiß, wie der den Hörern in die Knochen fährt. „Ob bei dem Bau eines Panzergrabens 10000 russische Weiber an Entkräftung umfallen oder nicht, interessiert mich nur insoweit, als der Panzergraben für Deutschland fertig wird." In einer kämpfenden Welt dürfe es Pflichten ausschließlich dem eigenen Volk gegenüber geben. Jeder Versuch, Ostmenschen oder gar Juden in den Kreis der Humanität einzubeziehen, läuft auf die Schwächung der nationalen Kampfkraft hinaus. Wahrer SS-Mann könne nur sein, wer die Werte deutscher Ethik mit freudiger Selbstverständlichkeit verkörpere. Sehr ausführlich, als ob er endlos beim Thema bleiben wollte, spricht Himmler dann von den Tugenden der kommenden germanischen Elite: von Treue, Gehorsam, Tapferkeit, Zivilcourage, Wahrhaftigkeit, Ehrlichkeit, Kameradschaft, Verantwortungsfreudigkeit, Fleiß und alkoholischer Abstinenz. Die Forschung hat bisher kaum wahrgenommen, dass Himmler in der ersten Posener Geheimrede - er hielt zwei Tage später eine weitere, etwa halb so lange Ansprache über ähnliche Themen vor anders zusammengesetztem Publikum - Umrisse zu einer Ethik für die Bloodlands vortrug. Er vollzog mit ihr eine Anpassung der moralischen Normen für kämpfende Kollektive an die Erfordernisse des Daueraufenthalts in der Massakerzone. Als ob er Lehrbücher der Kulturanthropologie studiert hätte, entwickelte er die Intuition, dass es inmitten akuter Konflikte darauf ankommt, eine hochgespannte Binnen-Ethik für die eingeschworene Kampfgemeinschaft mit der brutalsten Enthemmung gegenüber dem „Außen" zu kombinieren. Die Bloodlands zwingen ihren Akteuren die strikte Trennung von Endo-Ethik und Exo-Ethik auf. Hieraus ergibt sich ein rigoroses Empathieverbot gegenüber den Opfern der „notwendigen" Auslöschungen, nicht zuletzt Kindern und Frauen, um von den jüdischen Opfern nicht zu reden. Am strengsten muss jedoch die Einfühlung in jene Teile der feindlichen Truppen verboten werden, denen sich die SS-Elite aufgrund ihrer teilweise analogen Funktionen am meisten verwandt wissen konnte. Dies mag einer der Gründe dafür sein, warum Himmler seine Aufmerksamkeit an den empfindlichsten Stellen des Vortrags auf die Politoffiziere in der sowjetischen Armee richtete, jene „Kommissare", die den regulären sowjetischen Truppen als ideologische Kampfkraftverstärker beigeordnet waren.[3] In ihnen erkannte er die Spiegelung der eigenen Organisation, die er als „politische Soldaten" bezeichnete.

3 In den jüngeren Dokumentationen über die Verbrechen der Wehrmacht im Zweiten Weltkrieg wurde u.a. auf den sogenannten „Kommissarbefehl" Hitlers vom 30.3.1941 hingewiesen, nach welchem gefangen genommene Politoffiziere ausnahmslos liquidiert werden sollten - ein Befehl, der nicht nur in die Kategorie „Kriegsverbrechen" fiel, sondern sich als kontraproduktiv erwies, weil er die Kampfmoral des Gegners intensivierte, sodass ihn Hitler auf Drängen der Generalität im Juni 1942 aufhob. Vgl. Felix Römer, Der Kommissarbefehl. Wehrmacht und NS-Verbrechen in der Ostfront 1941-1942, Paderborn 2008.

Bei diesen Hinweisen erreicht Himmlers SS-Ethik den kritischen Punkt: Hier musste die alles entscheidende Differenz zwischen den noblen Exekutoren hier und ihrem vulgären Double dort statuiert werden. Der Russe – „Er macht eben den ganzen Krieg mit seiner brutal durchgebildeten Führungsschicht von politischen Offizieren, von Offizier-Kommissaren oder Kommissar-Offizieren".[4] Die stellen die knechtische Durchführung von Moskauer Befehlen sicher. In ihnen ist die Verkörperung einer feindlichen Variante der mörderischen Exo-Ethik zu erkennen, der man selbst, obschon unter anderem Vorzeichen, meint gehorchen zu müssen. Der Deutsche darf freilich bei seinen Exterminierungshandlungen äußerer Kontrolle nicht bedürfen. „Die Kontrolle darf bei uns nicht und niemals – wie in Russland – der Kommissar sein. Der einzige Kommissar, den wir haben, muss das eigene Gewissen sein." Das deutsche Gewissen bildet den Kampfplatz, auf dem die Grenze zwischen dem erhabenen Ethos fürs Innere und dem groben Ethos fürs Äußere mit den stärksten Mitteln zu befestigen war. Da man einem Feind gegenüberstand, der von seinem Standort aus eine analoge Grenzziehung praktizierte, war der Versuch, sich über ihn zu erheben, so unverzichtbar wie vergeblich. Der Feind war in der Tat „die eigene Frage als Gestalt". Stärker als alle Differenzen zwischen den kremlgesteuerten sowjetischen Kommissaren und den gewissensgesteuerten „politischen Soldaten" der SS war ihre gemeinsame Funktion, sich als ideologische und operative Speerspitzen der Bloodland-Operationen ins Gefecht zu werfen.[5]

Die gewünschte Empathielosigkeit nach außen schlägt in der Krise nach innen durch. In einer der enthemmtesten Passagen seiner Skizze für eine Bloodlands-Ethik verfügt Himmler: „Wir müssen letzten Endes den Willen haben und wir haben ihn, denjenigen, der an irgendeiner Stelle nicht mehr mittun will in Deutschland [...] kühl und nüchtern umzubringen." Diejenigen jedoch, die sich für die deutsche Sache kräftig ins Zeug legen, sollen eine „rassische Oberschicht" bilden, aus der „die zahlreichste Nachzucht hervorgeht". Der pflichtbewusste SS-Mann habe darum stets in größeren Zusammenhängen zu denken. Den fernen Enkeln möge er das gereinigte, in kriegerischen Prüfungen zurückgekreuzte rassische „Erbe unserer Ahnen" weitergeben.

Himmler hatte inmitten der nationalsozialistischen Improvisationen bei sich schon früh ein Faible für etwas entdeckt, was er für „germanisches Ahnenerbe" hielt. Darum erhob er den Anspruch, auch bei seinen Mitarbeitern ein „Verständnis" für bio-historische Zusammenhänge wecken zu dürfen. Die Wör-

4 Zitiert nach Heinrich Himmler, Geheimreden 1933 bis 1945 und andere Ansprachen. Hg. von Bradley F. Smith/Agnes F. Peterson, Berlin 1974, S. 162–183.

5 Dass die emergente Bloodlands-Ethik – als Verfallsform des soldatisch heroischen Kodex – sich nicht in der Symmetrie der Verrohungen zwischen den beiden Hauptkombattanten erschöpfte, sondern einen dritten Pol der Enthemmung erzeugte, zeigt die Äußerung des amerikanischen Präsidenten Harry Truman am Tag nach dem Überfall Hitlers auf die Sowjetunion: „Wenn wir sehen, dass Deutschland am Gewinnen ist, müssen wir Russland helfen, und wenn Russland am Gewinnen ist, müssen wir Deutschland helfen, damit sie gegenseitig so viele Menschen wie möglich umbringen." In: New York Times vom 24.6.1941.

ter „Jahrhundert" und „Jahrtausend" gingen ihm bei seinen Fabulationen von deutscher Zukunft mühelos über die Lippen. In Wahrheit überdeckten seine Vorstellungen über die Erblichkeit der rassischen Substanz das von Grund auf artifizielle, psychodynamisch-moralische und juristische Wesen der Filiation mit haltlosen pseudobiologischen Fabrikationen.

Wie Himmler tatsächlich über die deutsche Zukunft dachte, geht aus einem Hinweis seiner Witwe hervor, wonach er seit Beginn des Krieges stets eine Zyankalikapsel in einer Zahnlücke des Unterkiefers mit sich führte. Er wird sie wohl auch während seiner Posener Rede im Mund getragen haben. Anderthalb Jahre später, am 23. Mai 1945, beging er mit ihrer Hilfe Selbstmord, nachdem er auf der Flucht mit falschen Papieren von britischen Militärpolizisten aufgegriffen worden war und in einer Lüneburger Villa verhört werden sollte.

Was eine explizite Ethik für die bis zum Ural entgrenzten Bloodlands angeht – jener unglücklichen Zone Osteuropas, in der die mobilisierten Massen zweier entgegengesetzter Stürze nach vorn zusammenprallten –, war die sowjetische Seite ihren Beitrag nicht schuldig geblieben. Sie hatte ihn bereits sechs Jahre zuvor erbracht, am 20. Dezember 1937, anlässlich der Feiern zum 20-jährigen Bestehen des „Volkskommissariats für innere Angelegenheiten" (NKWD), dessen Vorläuferorganisation Tscheka seit dem 20. Dezember 1917 existierte.[6] Das Jubiläum fiel in eine Periode dienstlicher Vollbeschäftigung, da die Stalin'schen Säuberungen seit dem Sommer 1937 ihren Höhepunkt erreichten. Noch am Vortag waren in Moskau auf dem stets intensiv genutzten Exekutionsfeld Butowo mindestens 152 Menschen erschossen worden.[7]

Bei dem Festakt waren die Logen des Bolschoi-Theaters in Moskau gefüllt mit den Verantwortlichen für die Massenliquidierungen der letzten Monate. Das *Who's who* des Vernichtungsapparats, Kaganowitsch, Redens, Andrejew, Schkirjatow, Woroschilow, Schdanow, Jeschow, Bratanowski, Molotow und Dimitroff, hatte auf der Bühne Platz genommen, bereit, das eigene Tun zu feiern. Stalin selbst erschien zum Konzert nach der Pause. Eine junge Arbeiterin aus den Stalin-Autowerken trat auf und versicherte, das NKWD könne sich stets auf die Unterstützung des Sowjetvolks verlassen. In allen Tonlagen wurde die Verbindung zwischen den Tschekisten und den werktätigen Massen beschworen. Wenn es galt, vorgebliche Saboteure dem Liquidationsapparat auszuliefern: Der revolutionäre Staat sollte sich auf das wache Volk verlassen dürfen.

Die Hauptrede des Abends war dem armenischstämmigen Genossen Anastas Mikojan zugefallen, auch sie ein Muster der korporativen Rhetorik mit den obligaten Elementen: historischer Rückblick, Besprechung der aktuellen Lage, Selbst-Gratulation für Geleistetes und Einschwörung auf das Ethos der Institution. In einer Orgie von Härte-Vokabeln dozierte Mikojan die historische Notwendigkeit des gnadenlosen Kampfs gegen die widerspenstigen Kulaken, die

6 Siehe Sloterdijk, Die schrecklichen Kinder der Neuzeit, S. 152 f.

7 Die hier wiedergegebene Schilderung des Festakts, insbesondere der Jubiläumsrede Mikojans, folgt der Darstellung in: Karl Schlögel, Terror und Traum. Moskau 1937, München 2008, S. 653–657.

sich mit wachsender Bösartigkeit und listiger Verstocktheit der Kollektivierung widersetzt hätten. Nie habe es eine größere Aufgabe gegeben als die von Stalin geleitete Kampagne: Sie hatte sich zum Ziel gesetzt, 100 Millionen bäuerliche Kleineigentümer, die jahrhundertelang nur für sich selbst und die Ihren gewirtschaftet hatten, auf den Weg der Kooperation im Kollektiv zu zwingen. Der rasche und grandiose Erfolg in diesem Kampf habe freilich manche Genossen zu vorschneller Siegesgewissheit verführt, sodass der Feind, das „Abstumpfen der Klassenwachsamkeit" ausnutzend, in die Organe der eigenen Bewegung eindringen konnte.

Jeder im Saal verstand die Anspielung: Im Herbst 1936 war der bisherige Chef des NKWD, Giengrich Jagoda, aus dem Amt entfernt und durch Nikolai Jeschow ersetzt worden, einen kleinwüchsigen Verwaltungsbeamten mit authentisch sadistischen Obsessionen, der sich auf dem Höhepunkt des Großen Terrors als Stalins beste Kraft hervortat, bis er selbst im Februar 1940 dem System der Scheinanklagen mit nachfolgender Erschießung zum Opfer fiel. Immer wieder von stürmischem Beifall unterbrochen, erinnerte Mikojan an die Erfolge des NKWD bei der Verhinderung von Sabotage-Akten, die nicht zuletzt durch Hinweise aus dem Volk rechtzeitig aufgedeckt wurden. In seinem von Applaus umtosten Schlussappell gratulierte der Redner allen Mitarbeitern des Terrorapparats dazu, dass sie stets auf der Höhe der Zeit geblieben waren. Sie hätten der Versuchung widerstanden, „auf das Niveau politischer Spießbürger herab(zu)sinken" – der Spießbürger schreckt ja vor dem Töten zurück. Stattdessen seien sie jederzeit furchtlos gewesen im Kampf gegen die Konterrevolutionäre, durchwegs erbarmungslos „gegenüber den Feinden des Volkes" und dennoch „frei von aller Panik".

Den ersten, nie übertroffenen Kommentar zu den Denkfehlern, die den Ausführungen redelustiger Apologeten „notwendiger Gewalt" wie Mikojan und Himmler zugrunde lagen, hatte Arthur Koestler schon im Jahr 1940 in seinem Roman „Sonnenfinsternis" („Darkness at Noon") vorgelegt, den er nach seiner 1938 erfolgten Lossagung vom Kommunismus unter dem unmittelbaren Eindruck der Moskauer Schauprozesse verfasste. In der Nacht vor seiner Hinrichtung zieht der Held des Buchs, Nicolas Rubaschow, eine Nicolai Bucharin nachempfundene Figur,[8] die Summe seines Lebens und seiner Prinzipien.

„Wenn er jetzt auf seine Vergangenheit zurückblickte, schien es ihm, dass diese ganzen vierzig Jahre ein einziger Amoklauf gewesen waren – der Amoklauf der reinen Vernunft

Vierzig Jahre hatte er unter strikter Beachtung der Ordensgelübde der Partei gelebt. Er hatte sich an die Regeln des logischen Kalküls gehalten: Er hatte die Reste des alten unlogischen Moralgefühls mit der Säure der Vernunft aus seinem Bewusstsein gebrannt."

„Vielleicht war es unzuträglich, sich von allen Fesseln zu befreien, die Bremsen des ‚Du sollst nicht' und ‚Du darfst nicht' zu lockern und hemmungslos aufs Ziel zuzugehen."

„Es war ein Fehler im System; vielleicht lag er in dem Satz, den er bisher für unwiderlegbar gehalten hatte, in dessen Namen er andere geopfert hatte und selbst geopfert

8 Siehe Sloterdijk, Die schrecklichen Kinder der Neuzeit, S. 170 f.

wurde: in dem Satz, dass der Zweck die Mittel heiligt. Dieser Satz war es, der die große Fraternität der Revolutionäre getötet hatte und sie alle Amok laufen ließ. Wie hatte er einst in seinem Tagebuch geschrieben? ‚Wir haben alle Konventionen über Bord geworden, unsere einzige Richtschnur ist die der logischen Konsequenz; wir segeln ohne ethischen Ballast.'"

„Vielleicht lag hier der Kern des Übels. Vielleicht war es den Menschen nicht bekömmlich, ohne Ballast zu segeln."

„Vielleicht kam jetzt die Zeit der großen Finsternis."

„Vielleicht wird erst später, viel später die neue Bewegung erstehen – mit neuen Bannern, erfüllt von einem neuen Geist, der von beidem wusste: von der ökonomischen Fatalität und vom ‚ozeanischen Gefühl'. Vielleicht werden die Mitglieder der neuen Partei Mönchskutten tragen, und ihre Lehre wird sein, dass nur die Reinheit der Mittel das Ziel heiligt."[9]

Koestler vermochte noch nicht in Betracht zu ziehen, dass der Amoklauf der üblen Mittel zum besten Zweck, den er früher und hellsichtiger als die meisten Sympathisanten der kommunistischen Bewegung diagnostizierte, das Symptom einer von weit her kommenden Tendenz zur Erzeugung immer größerer, immer weniger kompensierbarer Asymmetrien im Zivilisationsprozess war, freigesetzt durch die unermesslichen Energien, die sich unter dem scheinharmlosen Begriff der „bürgerlichen Gesellschaft" und dem nicht mehr harmlosen, weil alles legitimierenden Leitwort „Revolution" und seinem Postulat einer Gesellschaft neuer Menschen verbargen. Diese Tendenz war für die Entsicherungen verantwortlich, die aus dem vormaligen „Du sollst nicht" ein vorwärtstreibendes „Du darfst", ja geradewegs ein „Du musst" erzeugten.

Den enthemmenden Imperativ trugen Individuen wie Jurowski, der Exekutor des Zaren, in sich; ebenso Maggo, der Mann, der Bucharin liquidierte; Wyschinski, der Advokat der Säuberungen; Himmler, der Organisator der „Endlösung"; Mikojan, der Laudator des Stalin'schen Mordapparats und Hunderttausende andere, die sich als Akteure im klaffenden Hiatus hervortaten. Sie konzipierten sich selbst, um mit Sartre zu sprechen, als Subjekte, die ihre Freiheit „engagiert" hatten in Bindungen an improvisierte Heilsunternehmen großen Stils. Sie waren ausnahmslos bereit gewesen, „ihre Seele zu opfern um der Seele willen", wie es Georg Lukács schon 1915 in einem Gedankenexperiment zur Rechtfertigung des Terrorismus erwogen hatte.[10] Für sie war das Notwendig-Werden des Verbrechens der neue Geist der Zeit. Ihrer Bereitschaft zur Kooperation mit den voranstürzenden Tendenzen ist es zu verdanken, dass in ihren Tagen keine Infamie je befürchten musste, unbegangen zu bleiben.

9 Arthur Koestler, Sonnenfinsternis, Coesfeld 2011, S. 210–212.

10 Georg Lukács, Briefwechsel, 1902–1917, Stuttgart 1982, S. 352. Vgl. ders.: „Nur die mörderische Tat des Menschen, der unerschütterlich und alle Zweifel ausschließend weiß, dass der Mord unter keinen Umständen zu billigen ist, kann tragisch-moralischer Natur sein." In: ders., Geschichte und Klassenbewusstsein, Werke, Band 2, S. 52. Was Lukács „Zweite Ethik" nennt, ist in der Sache die geschichtsphilosophisch camouflierte Exo-Ethik des Fortsetzungskriegs.

Im Jahr 1924 hatte Thomas Mann in dem Roman „Der Zauberberg“ das Prinzip der Exo-Ethik einer seiner düstersten Romanfiguren, dem Fanatiker Leo Naphta, *expressis verbis* in den Mund gelegt. Von ihm hieß es, sie sei Georg Lukács nachempfunden – was angesichts prägnanter Ähnlichkeiten zwischen der realen und der fiktiven Gestalt keine bloße Unterstellung zu sein scheint. Thomas Manns Porträt enthüllte die präzisen Züge des zeitgemäßen Typus extremistischer Intellektueller. Es charakterisierte diesen, dass er der angewandten Unmenschlichkeit die dogmatischen Grundlagen an die Hand gab. Tatsächlich hatte Lukács schon während des Ersten Weltkriegs über eine im Tötungsgebot fundierte „Zweite Ethik“ spekuliert. Auf dem Höhepunkt seiner fortsetzungskriegerischen Verblendung könnte auch er gesagt haben, was der Romancier Leo Naphta in den Mund legt: „Nicht Befreiung und Entfaltung des Ich sind das Geheimnis und das Gebot der Zeit. Was sie braucht, wonach sie verlangt, was sie sich schaffen wird, das ist – der Terror.“[11]

11 Thomas Mann, Der Zauberberg, Frankfurt a. M. 2003, S. 507.

III.

NS-Verbrechen als Herausforderung für die Moralphilosophie

Über den Geist hinter Auschwitz.
Relativistische bzw. dezisionistische Auflösung, totalitäre und rassistische Bekämpfung des politisch-ethischen Universalismus

*Dietrich Böhler**

I Historistischer Kulturrelativismus und Rassismus

Schon in der Gründungsurkunde der Rassentheorie, in Graf Gobineaus „Essai sur l'inégalité des races humaines", spielt der Kulturrelativismus eine unentbehrliche vorbereitende Rolle für den Rassismus.[1] Gobineaus einflussreiches Opus ist als Lehre einer objektiven Gesetzmäßigkeit der Geschichte zwar (in Karl Poppers) Sinn historizistisch, vertritt in diesem Rahmen jedoch einen dezidiert kulturrelativistischen Standpunkt. Als *Kulturrelativist* zieht Gobineau gegen den universalistischen Anspruch der Philosophie zu Felde: Die philosophische Suche nach einem allgemeinen Prinzip bzw. nach Universalien sei einem Scheinproblem aufgesessen. Den kulturrelativistischen Standpunkt untermauert er durch eine biologistische Determinationsthese: Aufgrund ihres Intellektualismus hätten die nach Universalien suchenden Philosophen übersehen, dass alles von natürlichen, substanziellen Kräften, von denen die Rasse die stärkste sei, bestimmt werde. In Wahrheit hänge alles von der Tatsache der Rasse ab, die ihrerseits keine bloße Idee sei. Von der Determinationskraft der Rasse seien Religion und Moral, Philosophie und Kunst, Nation und Staat substanziell abhängig.

* Dieser Text geht zurück auf Dietrich Böhler, Die deutsche Zerstörung des politisch ethischen Universalismus. Über die Gefahr des – heute (post-)modernen – Relativismus und Dezisionismus. In: Forum für Philosophie Bad Homburg (Hg.), Zerstörung des moralischen Selbstbewußtseins: Chance oder Gefährdung? Praktische Philosophie in Deutschland nach dem Nationalsozialismus, Frankfurt a. M. 1988, S. 166–216, © Suhrkamp Verlag Frankfurt a. M. 1988. Der ursprüngliche, im Frühjahr 1988 abgeschlossene Text wurde vom Autor gekürzt und redigiert. Nach 1988 erschienene Literatur ist mit Ausnahme der in Fn. 60, 62, 64, 67, 70 und 72 genannten begründungsphilosophischen Bücher bzw. Aufsätze nicht berücksichtigt. Die Bad Homburger Entstehungsphase bzw. den ersten Entwurf des hier vorliegenden Textes haben, wofür ich herzlich danken möchte, Gertrud Nunner-Winkler, Micha Brumlik, Hauke Brunkhorst und Gunnar Skirbekk kritisch begleitet.

1 Graf Arthur Gobineau, Die Ungleichheit der Menschenrassen, Berlin 1935. Zu meiner Kritik vgl. das im Frühjahr 1945, kurz vor seinem Tode, abgeschlossene Buch Ernst Cassirers, Vom Mythus des Staates, Zürich 1949, besonders S. 299ff.

So wird die kulturrelativistische Einebnung der universalen Geltung von Prinzipien durch einen biologistischen Determinismus gerechtfertigt, der die Kulturen und kulturellen Besonderheiten auf die Rasse zurückführt. Gobineaus Doppelschritt, der den genetischen Fehlschluss des Kulturrelativismus (erster Schritt) gleichsam rechtfertigt und unterbaut durch einen biologistischen Determinismus (zweiter Schritt), wurde in Deutschland von vielen bürgerlichen Nationalisten und von der nationalsozialistischen Ideologie übernommen. Wir können geradezu von einem Schema der deutschen nationalistisch-rassistischen Ideologie sprechen, das durch eine *Anwendung* dieses Doppelschritts auf Recht und Politik (dritter Schritt) zu einem praktischen Orientierungsschema erweitert wird.

Gobineaus Enkelschüler, der Nazi-Chefideologe Alfred Rosenberg, bestreitet in kulturrelativistischer Einstellung die Möglichkeit und Gültigkeit universaler Prinzipien bzw. Ideen: Er greift direkt den erkenntnistheoretischen Relativismus auf, indem er zunächst die Geltung von Ideen mit ihrer Entstehung, ihren Geltungsbereich mit ihrem Entstehungsbereich gleichsetzt (erster Schritt). Dann setzt er den Geltungs- und Entstehungsbereich von Ideen und Normen, im Sinne eines biologischen Determinismus, wiederum mit dem Lebensbereich einer Rasse gleich. Er trägt also eine rassistische Spielart des *genetisch-naturalistischen* Fehlschlusses vor: den Schluss von der rassischen Genese eines Ideellen auf dessen Geltung. Demgemäß ist eine auf dem Kulturboden der nordischen Rasse entwickelte Idee (Genese) auch nur gültig für den Kulturraum dieser Rasse (Geltung).

So sind für Rosenberg Ideen „rassisch ebenso bedingt wie die willenhaften Werte. Denn eine bestimmte Seele und Rasse tritt dem Weltall mit einer auch besonders gearteten Fragestellung entgegen. Fragen, die ein nordisches Volk stellt, bilden für den Juden oder den Chinesen überhaupt kein Problem. [...] Auf allen demokratischen Konzilen hört man noch heute den Lehrsatz von der Internationalität der Kunst und Wissenschaft verkünden. Die geistig Armen, die das ganze 19. Jahrhundert mit diesen Zeugnissen der Lebensfremdheit und rasselosen Wertelosigkeit blamiert haben, kann man natürlich nicht mehr über die Beschränktheit dieser ‚Allweltlichkeit' belehren."[2]

In einem dritten Schritt wendet Rosenberg den Relativismus und den genetisch-naturalistischen Fehlschluss eines rassentheoretischen Determinismus auf das Recht an, indem er den Standpunkt eines rassistischen Volksutilitarismus einnimmt, für den das Recht und ebenso die Moral nur noch *Instrument zum Nutzen des höchstrassischen Volkes* sein kann. Weil auch das Recht immer „an ein gewisses *Blut* geknüpft ist, mit dem es erscheint und mit dem es vergeht", könne es auch nur als „dienendes [...] Glied innerhalb des Gesamtbaus eines Volkstums" gelten. Deshalb müsse es eindeutig in den „Dienst *unseres rassischen Höchstwerts*" gestellt werden.[3]

2 Alfred Rosenberg, Der Mythus des 20. Jahrhunderts. Eine Wertung der seelisch-geistigen Gestaltenkämpfe unserer Zeit, München 1933, S. 120.
3 Ebd., S. 572 und 574.

Dass nun „*wir*" es sind, die Arier und damit die Deutschen, welche angeblich den rassischen Höchstwert besitzen, wird, wie schon bei Gobineau, durch *petitio principii* suggeriert. Es sei denn, man wollte Hans Günthers „Rassenkunde des deutschen Volkes" und Hitlers (in manchen Formulierungen eingestandenermaßen) hypothetische Behauptungen über die Kulturführerrolle „des Ariers" als Begründung eines Kriteriums für den Wert einer Rasse ansehen. Doch eine Begründung ist auf dem Boden des Kulturrelativismus und auf dem des Rassismus nicht möglich. Möglich ist nur mehr eine - zum Beispiel rassenkundlich oder sozialdarwinistisch verdeckte - *Entscheidung* für den Höchstwert der Arier und damit eine dogmatische Setzung dessen, was erst zu beweisen wäre.[4]

II Von der Dezision für die Rasse zur Dezisionsherrschaft über Recht und Moral

Der theoretischen Willkür, der bloßen Dezision für den Höchstwert des eigenen Volkstums und damit für dessen Nutzen als dem obersten Maßstab für das Rechte, entspricht die praktische *Willkürherrschaft* über das Recht und eine dezisionistische Entrechtlichung des Staates. Aus dem dezisionistischen Charakter des Denkens ergibt sich eine totalitäre Praxis. Diese macht das Recht zum bloßen *Instrument der Rassen- und Volkstumspolitik* in den Händen des Volksführers bzw. der Volksführung und hebelt die Herrschaft der Gesetze aus, indem sie den Staat nicht länger als eine Ganzheit rechtlich normierter Verfahren und Institutionen gelten lässt, sondern ihn einer Führungsmacht unterwirft. Die gängige Redeweise vom totalen Staat übersieht, dass das Totalitäre am Nationalsozialismus gerade in der uneingeschränkten Dezisionsgewalt „des Führers" über den Staat und in der Herrschaft „des Führerwillens" *über* das Recht bestand.

4 Der zunächst bürgerlich deutschnationale, dann nationalsozialistische „Klassiker" der Rassenkunde, Hans F. K. Günther, der 1930 zum Professor für Sozialanthropologie an die Universität Jena berufen wurde, spricht den zugleich dezisionistischen und relativistisch-reduktionistischen Charakter der Rassentheorie deutlich aus, wenn er am Schluss seiner „Rassenkunde des deutschen Volkes" in der 14. Auflage sagt: „Es gilt doch die Entscheidung für das wertvollste in uns, für das Blut, das der deutschen Art und Geschichte Sinn und Bedeutung [!] gegeben hat und das allein wieder Sinn und Bedeutung erwirken [!] kann: die Entscheidung für das nordische Blut. All die Werte und Güter unseres Wesens und unsere Gesittung, die wir als eigentlich deutsch, als den echtesten Ausdruck des Deutschtums erkennen, und die am meisten zur Festigung unseres Eigenwertes beitragen, sind erwirkt durch den nordischen Geist [...] Sinn und Bestimmung deutschen Lebens, Sinn und Bestimmung der Deutschheit, muss daher sein: das Streben nach nordischem Ausdruck, die immer klarere und mächtigere Verwirklichung nordischen Wesens im deutschen Volkstum und durch das deutsche Volkstum. [...] Dies möge gleichsam die *faustische Sendung des deutschen Volkes* sein: sich aus dem Willen zu reiner nordischen Rasse neu zu schaffen!" Hans F. K. Günther, Rassenkunde des deutschen Volkes, München 1930, S. 474 f.

II.1 Carl Schmitts gemeinschaftstotalitärer Dezisionismus mit Freund-Feind-Politik

Den ersten und gedanklich entscheidenden Schritt sowohl zur Entrechtlichung des Staates durch Unterwerfung unter die Entscheidungsgewalt des Machthabers als auch zur Entuniversalisierung und Instrumentalisierung des Rechts hat Carl Schmitt schon 1922 vorbereitet; und zwar mit Rückgriff auf absolutistische Staatsdenker wie Bodinus und Hobbes ebenso wie auf den spanischen Reaktionär Donoso Cortés. Denn in seiner „Politischen Theologie" unterscheidet er das normative und das dezisionistische Element des Rechts, um letzterem den Primat zuzusprechen: „Jede Ordnung beruht auf einer Entscheidung, und auch der Begriff der Rechtsordnung, der gedankenlos als etwas Selbstverständliches angewandt wird, enthält den Gegensatz der zwei verschiedenen Elemente des Juristischen in sich. Auch die Rechtsordnung [...] beruht auf einer Entscheidung und nicht auf einer Norm."[5]

Nicht etwas normativ Geltendes, nicht etwas, das kraft universaler Gründe und kraft seiner Legitimation durch die Idee der Gerechtigkeit *geltungswürdig* ist, sieht Schmitt als Grund einer Rechtsordnung an, sondern vielmehr eine personale Entscheidungsgewalt. Dabei beruft er sich auf den „klassischen Vertreter des (wenn ich dies Wort bilden darf) dezisionistischen Typus" der „juristischen Wissenschaftlichkeit", auf Hobbes: Auctoritas, non veritas facit legem (Leviathan, Kap. 26).[6]

Diese Hobbes-Rezeption ergänzt Schmitt ein Jahr später durch eine einseitige Interpretation Rousseaus. Mit Hobbes hat er den Dezisionismus als den vermeintlichen Grund der Rechtsordnung ins Spiel gebracht. Mit Berufung auf Rousseau behauptet er nun, das Wesen der Demokratie liege - erstens - in der „Homogenität" als einer „Substanz der Gleichheit", die „seit dem 19. Jahrhundert vor allem in ... der nationalen Homogenität" bestehe; und es liege - zweitens - in der Fähigkeit, das Heterogene auszuscheiden.[7] In dieser Perspektive wird Rousseau zur Fundgrube eines Homogenitäts- oder Gemeinschaftstotalitarismus. Nur die Fassade von Rousseaus Staatskonstruktion sei liberal:

> „Begründung der Rechtmäßigkeit des Staates auf freiem Vertrag. Aber im weiteren Verlauf der Darstellung und bei der Entwicklung des wesentlichen Begriffes, der volonté générale, zeigt sich, dass der wahre Staat nach Rousseau nur existiert, wo das Volk so homogen ist, dass im wesentlichen Einstimmigkeit herrscht ... Die volonté générale, wie Rousseau sie konstruiert, ist in Wahrheit Homogenität. Das ist wirklich konsequente Demokratie. Nach dem Contrat social beruht also der Staat, trotz des Titels und trotz der einleitenden Vertragskonstruktion, nicht auf Kontrakt, sondern wesentlich auf Homogenität. Aus ihr ergibt sich die demokratische Identität von Regierenden und Regierten."[8]

5 Carl Schmitt, Politische Theologie. Vier Kapitel zur Lehre von der Souveränität, 1. Auflage München/Leipzig 1922 und 2. Auflage 1934, S. 16.
6 Ebd., S. 44.
7 Ebd., S. 14.
8 Carl Schmitt, Die geistesgeschichtliche Lage des heutigen Parlamentarismus, 5. Auflage Berlin 1979, S. 19f.

Carl Schmitt präsentiert einen Rousseau, der eine *totale* Herrschaft der Mehrheit möglich macht. Eine Demokratie aber, die eine Mehrheitsdespotie zulässt, steht in diametralem Widerspruch zur Idee der Demokratie als *rechts*staatlicher Republik. Dieser Widerspruch ist Schmitt nicht nur nicht verborgen geblieben, er hat ihn ausdrücklich geltend gemacht. So bekennt er sich am Schluss der Schrift zur angeblichen Wahrheit des politischen Homogenitätsmythos bei Sorel und Mussolini. Und im Vorwort zu der 1926 erschienenen zweiten Auflage der Parlamentarismusschrift macht er ganz klar, dass er den angeblichen „Gegensatz" zwischen dem parlamentarischen Liberalismus - mit dem vernunftrechtlichen Prinzip der „Gleichheit aller Menschen als Menschen" und den politischen „Prinzipien der Diskussion und der Öffentlichkeit" - und der Demokratie herausarbeiten und die Demokratie aus der Verbindung mit Liberalismus und Parlamentarismus lösen will.[9]

„Die Gleichheit aller Menschen als Menschen ist nicht Demokratie, sondern eine bestimmte Art Liberalismus, nicht Staatsform, sondern individualistisch-humanitäre Moral und Weltanschauung. Auf der unklaren Verbindung beider beruht die moderne Massendemokratie."[10]

Zwar räumt Schmitt ein, dass es „ein Unrecht wäre, die menschliche Würde jedes einzelnen Menschen zu missachten",[11] löst aber den Staatsbegriff, den Demokratiebegriff und den Begriff des Politischen gänzlich von den universalistisch-normativen Grundlagen ab, die diese Begriffe im naturrechtlichen Humanismus, in der naturrechtlichen Aufklärung und in den grundrechtlich-republikanischen Strömungen des (angelsächsischen wie auch des kantischen) Liberalismus erhalten haben. Die Folge ist, dass er die menschliche Würde und die daraus abgeleitete menschenrechtliche Gleichstellung aller nicht mehr als Legitimationsmaßstab eines Staates, einer Politik und einer Demokratie zur Verfügung hat. Er kann Menschenrechte, vernunftrechtliche Maßstäbe des Politischen nicht mehr denken. Er will es auch nicht, zählt er sie doch zum Arsenal seiner Feindbilder: „Liberalismus" und „individualistisch-humanitäre Moral".

Was sich hingegen in Schmitts Rahmen von 1923 bzw. 1926 denken lässt, ist eine von keinem normativen Maßstab mehr begrenzte, insofern grenzenlos unmenschliche Politik: eine Herrschaft des Gemeinschaftstotalitarismus, die als solche zugleich Feindbestimmungs- und Feindbekämpfungspraxis ist, also ein System permanenten Terrors nach innen und totalen Krieges nach außen möglich macht. Schmitts Demokratiebegriff (von 1923/1926) und sein Politikbegriff (Begriff des Politischen, 1927) sind ein Zug ohne Bremsen auf der Fahrt in eine Politik, die das Nicht-Homogene vernichtet.

9 Ebd., S. 5 f.
10 Ebd., S. 18 f.
11 Ebd., S. 17.

„Jede wirkliche Demokratie", proklamiert er 1926, „beruht darauf, dass nicht nur Gleiches gleich, sondern mit unvermeidlicher Konsequenz, das Nichtgleiche nicht gleich behandelt wird."[12] Mit denselben Worten wird er 1933 die „Reinigung des deutschen Beamtentums von fremdgearteten Elementen" befürworten.[13] 1926 fährt Schmitt an der zitierten Stelle fort:

„Zur Demokratie gehört also notwendig erstens Homogenität und zweitens – nötigenfalls – die Ausscheidung oder Vernichtung [sic!] des Heterogenen. [...] Die politische Kraft einer Demokratie zeigt sich darin, dass sie das Fremde und Ungleiche, die Homogenität Bedrohende zu beseitigen oder fernzuhalten weiß. Bei der Frage der Gleichheit handelt es sich nämlich nicht um abstrakte, logischarithmetische Spielereien, sondern um die *Substanz der Gleichheit*."[14]

Hiermit gibt er eine rassenmythische Begründung seiner politischen Grundkategorie Freund-Feind. Ersetzt man im letzten Satz nur den Ausdruck „Demokratie" durch den Ausdruck „starker Staat", hat man die Kernthese der Schmitt'schen Entfaltung von „Führertum und Artgleichheit als Grundbegriffe des nationalsozialistischen Rechts" aus dem Jahre 1933 vor sich.[15] Es ist daher mehr als erstaunlich, dass die Parlamentarismusschrift Schmitts von manchen seiner zahlreichen, in der alten Bundesrepublik einflussmächtigen Schüler[16] als geradezu republikanisch-demokratisch dargestellt wurde.

So verwahrten sich Rüdiger Altmann und Johannes Gross dagegen, in dieser Schrift einen „Angriff auf das parlamentarische System überhaupt" zu sehen. Schmitts Kritik richte sich nur „auf den Übergang vom liberalen Parlamentarismus zum Parteienstaat".[17]

In seiner Demokratiedefinition von 1926 macht Schmitt bereits von seinem politiktheoretischen Grundgedanken Gebrauch, den er 1927 als „spezifisch politische Kategorie" einführt:

12 Ebd., S. 13f.

13 Carl Schmitt, Staat, Bewegung, Volk. Die Dreigliederung der politischen Einheit, Hamburg 1933, S. 33.

14 Schmitt, Parlamentarismus, S. 14.

15 Vgl. das Schlusskapitel von Schmitt, Staat, Volk, Bewegung.

16 Zu den in der alten Bundesrepublik einflussreichen Schülern bzw. Verehrern Carl Schmitts gehörten bzw. gehören die Öffentlichrechtler Ernst Forsthoff und Klaus Stern, die Staatsrechtler Josef Isensee, Roman Schnur sowie die politischen Philosophen und Politologen Nikolaus Lobkowicz, Bernard Willms und Gerd-Klaus Kaltenbrunner, die Publizisten Rüdiger Altmann, Johannes Gross, Friedrich Karl Fromme sowie der Hermeneutiker Jacob Taubes.

17 Rüdiger Altmann/Johannes Gross, „Was bleibt von Carl Schmitt?" In: Frankfurter Allgemeine Zeitung vom 4.10.1986. À propos Schmitt und parlamentarische Demokratie: Ist es möglich, dass Schmitts Jünger bzw. Verteidiger über den internen Zusammenhang von dessen Demokratiedefinition und dessen erst nationalistischem, dann rassistischem Gleichheitsmythos (in der Vorbemerkung zur zweiten Auflage von 1926) und auch über den Schluss der Schrift (1923) einfach hinweggelesen haben? Sollten die Schüler, Lobredner und Bewunderer Carl Schmitts – Juristen und Philosophen, Politologen und Politiker – Grundgedanken ihres Lehrers ignoriert haben?

„Die spezifisch politische Unterscheidung, auf welche sich die politischen Handlungen und Motive zurückführen lassen, ist die Unterscheidung von FREUND und FEIND [...] insofern sie nicht aus anderen Kriterien ableitbar ist, entspricht sie für das Politische den relativ selbstständigen Kriterien anderer Gegensätze: Gut und Böse im Moralischen; Schön und Hässlich im Ästhetischen usw. [...] Die Unterscheidung von Freund und Feind hat den Sinn, den äußersten Intensitätsgrad einer Verbindung oder Trennung, einer Assoziation oder Dissoziation zu bezeichnen; [...] der politische Feind braucht nicht moralisch böse, er braucht nicht ästhetisch hässlich zu sein; [...] er ist eben der andere, der Fremde, und es genügt zu seinem Wesen, dass er in einem besonders intensiven Sinne existentiell etwas anderes und Fremdes ist.“[18]

Aus der Freund-Feind-Bestimmung des Politischen ergibt sich eine prinzipielle Kritik am Parlamentarismus als der – illusionären – Idee eines *government by discussion*, die Schmitt 1926 in der Vorbemerkung zur Neuauflage noch einmal zuspitzt. Auch die Einführung von Sorels und Mussolinis politischem Gleichartigkeitsmythos, aus dem die Gewaltanwendung gegen den Feind fließt, fügt sich passgenau in Schmitts Freund-Feind-Konzept und seine Homogenitätsprämisse. Sorels und Mussolinis Mythos bezieht eine totalitäre Gegenposition nicht etwa nur zur parlamentarischen Regierungsform, sondern insgesamt zu einer republikanischen Verfassung, die als solche den freund-feindlosen Raum der öffentlichen Auseinandersetzung und der öffentlichkeitsabhängigen Regierung garantiert. Der verfassungsgeschützte Raum der *res publica* ist insofern wesentlich politisch, als in ihm nicht Feinde, sondern nur Gegner Platz haben sollen, und als in ihm nicht das uneingeschränkt strategische Verhalten der Feindbestimmung und Feindbehandlung herrschen soll, sondern die zugleich kommunikativ orientierte (dementsprechend auch rechtlich normierte) Interaktion von Interessenvertretern und Machtrepräsentanten als *Bürger* und *Rechtspersonen*. Hannah Arendt, Karl Jaspers und die von Jürgen Habermas wie auch von Karl-Otto Apel initiierte Philosophie des öffentlichen Diskurses haben diesen Begriff des Politischen *als* des Republikanischen mit Rückgriff auf den normativen Liberalismus Kants entfaltet.[19]

18 Carl Schmitt, Der Begriff des Politischen, 1927, 2. Auflage 1932, Nachdruck Berlin 1963, S. 26f.

19 Karl Jaspers, „Thesen über politische Freiheit“. In: Dolf Sternberger (Hg.) unter Mitwirkung von Karl Jaspers und Werner Krauss, Die Wandlung, I (1946) 6, S. 460ff.; ders., Wohin treibt die Bundesrepublik?, München 1966. Hannah Arendt, Vita activa oder Vom tätigen Leben, München o. J., besonders zweites Kapitel. Dies., Macht und Gewalt, 4. Auflage München 1981. Jürgen Habermas, Strukturwandel der Öffentlichkeit, 2. Auflage Neuwied 1965; ders./Ludwig v. Friedeburg/Christoph Oehler, Student und Politik, 3. Auflage Neuwied 1969, S. 11ff. („Über den Begriff der politischen Beteiligung“); Jürgen Habermas, Technik und Wissenschaft als ‚Ideologie‘, Frankfurt a. M. 1968, S. 104ff. und 120 ff.; ders., „Legitimationsprobleme im modernen Staat“. In: ders., Zur Rekonstruktion des Historischen Materialismus, Frankfurt a. M. 1976, S. 271ff.; ders., Kleine politische Schriften I–IV, Frankfurt a. M. 1981; ders., „Herbst 83 – oder die moralische Neutralisierung des Rechts“. In: ders., Die neue Unübersichtlichkeit, Frankfurt a. M. 1985, S. 79–117. Karl-Otto Apel, „Zurück zur Normalität? Oder könnten wir aus der nationalen Katastrophe etwas Besonderes gelernt haben?“ In: Forum

Auch außenpolitisch ist Carl Schmitts Freund-Feind-Schema, das die Vernichtung des Feindes impliziert, sachlich illegitim und stellt in der politischen Theorie ein skandalöses Novum dar. Zwischen Machiavelli und Carl von Clausewitz, ja meines Wissens nirgendwo in der Geschichte des politischen Denkens, ist der strategische Charakter des Politischen auf einen Begriff von Feindschaft zurückgeführt worden, der als „seinsmäßige Negierung eines anderen Seins" definiert ist.[20] Dass die reale Möglichkeit des aus Feindschaft hervorgehenden Kampfes und damit der Vernichtung „immer vorhanden sein muss, damit von Politik gesprochen werden kann", konnte Schmitt nicht im Blick auf die politische Philosophie plausibel machen. Er konnte es jedoch vor dem Hintergrund des sozialdarwinistisch gestimmten deutschen Nationalismus und Imperialismus, an dem auch Nationalliberale wie Max Weber und Friedrich Naumann ihren Anteil hatten, durchaus mit Hoffnung auf Konsens vorbringen. Der deutsche Nationalliberalismus konnte sich sowohl historisch-relativistisch oder lebensphilosophisch-romantisch auf die nationale Substanz des „Volksgeistes" bzw. der „Volksseele" berufen wie auch naturalistisch-sozialdarwinistisch auf den Auslesekampf, der nun einmal zwischen den nationalen Arten stattfinde. So sahen Nationalliberale wie Max Weber den „letzten Wertmaßstab" des Politischen im nationalen Machtkampf.[21]

Jener Wertmaßstab war in der Tat die letzte ethisch-politische Orientierung, die dem deutschen Geist, nachdem er in Gestalt von Savigny und Ranke jedem Universalismus abgesagt und sich dem historischen Relativismus verschrieben hatte, noch geblieben war: Wenn alle normativen Prinzipien oder Wertmaßstäbe nichts als Ausdruck des jeweiligen „Volksgeistes" bzw. Ausprägung des nationalen Wesens sind, dann besitzt man eben nur noch die geistesgeschichtliche Methodenperspektive des Historismus mitsamt einer politisch angeeigneten Evolutionstheorie des Darwinismus. Interpretiert man dementsprechend die politische Geschichte als Auslesekampf der „nationalen Arten" und nimmt dabei für die eigene Nation das „Recht des Stärkeren" als hobbesianisch-nietzschea-

für Philosophie Bad Homburg (Hg.), Zerstörung des moralischen Selbstbewußtseins: Chance oder Gefährdung? Politische Philosophie in Deutschland nach dem Nationalsozialismus, Frankfurt a. M. 1988, S. 91–142; ders., „Die Konflikte unserer Zeit und das Erfordernis einer ethisch-philosophischen Grundorientierung". In: ders./Dietrich Böhler/Alfred Berlich/Gerhard Plumpe (Hg.), Praktische Philosophie/Ethik. Reader zum Funk-Kolleg, Band 1, Frankfurt a. M. 1980. Vgl. Dietrich Böhler, „Kritische Moral oder pragmatische Sittlichkeit, ‚weltbürgerliche' Gesellschaft oder ‚unsere' Gesellschaft?" In: Karl-Otto Apel/Dietrich Böhler/Karlheinz Rebel (Hg.), Funkkolleg Praktische Philosophie/Ethik: Studientexte, Band 3, Weinheim 1984, S. 845 ff.

20 Carl Schmitt, Der Begriff des Politischen, Berlin 1963, S. 33. Im Zusammenhang lautet das Zitat: „Die Begriffe Freund, Feind und Kampf erhalten ihren realen Sinn dadurch, dass sie insbesondere auf die irreale Möglichkeit der physischen Tötung Bezug haben und behalten. Der Krieg folgt aus der Feindschaft, denn diese ist seinsmäßige Negierung eines anderen Seins. Krieg ist nur die äußerste Realisierung der Feindschaft."

21 Max Weber, Gesammelte Politische Schriften, 3. vermehrte Auflage, hg. von Johannes Winckelmann, Tübingen 1958, S. 11 ff., besonders S. 14.

nisches „Naturrecht" der Selbstbehauptung in Anspruch, dann muss man konsequenterweise „das letzte und entscheidende Votum den ökonomischen und politischen Machtinteressen unserer Nation und ihres Trägers, des deutschen Nationalstaates", anheimgeben.[22]

Kein Extremer, sondern ein hervorragender Vertreter der deutschen Mitte, Max Weber, hat 1895 diese nationalistische und imperialistische Konsequenz des Historismus vorgetragen: Politik könne nur entschlossene Feindbekämpfung sein, „ewiger Kampf um die Erhaltung und Emporzüchtung unserer nationalen Art".[23] Die Analogie zur Denkbewegung der Rassisten, von der kulturrelativistischen Einstellung zum Totalitarismus der Rasse und des Freund-Feind-Schemas, ist frappant.

II.2 Politische und rechtsethische Konsequenzen von Schmitts Demokratie- und Politikbegriff: Legitimation eines Staatsterrorismus und Rechtsinstrumentalismus

Die Voraussetzung des Freund-Feind-Konzepts der Politik ist das mythisierende Konzept der substanziellen Gleichheit, welches die Menschen nicht mehr als *gleichberechtigte Bürger* eines Rechtsstaates, sondern als *gleichgeartete Glieder* einer Gemeinschaft versteht. Wenn die Gleichheit der Gemeinschaftsglieder nicht formal und präskriptiv, nämlich als Rechtstitel im Sinne der Gleichheit der verschiedenen Individuen vor dem Gesetz, bestimmt wird, wenn sie vielmehr inhaltlich und deskriptiv als ein empirisches Merkmal, nämlich als vermeintlich *seinsmäßige Gleichartigkeit* von Volksgenossen, verstanden wird, dann hat man den freiheitlich-rechtsstaatlichen Sinn der demokratischen Gleichberechtigung, die liberale Idee der *égalité* von 1789, ersetzt durch die Gleichheitszumutung blutsmäßiger Gemeinschaft. Mit anderen Worten: Dann hat man den liberalen Sinn der Demokratie durch einen *totalitären* ersetzt.

Das totalitäre Prinzip einer substanziellen Gleichheit der Gesellschaft suggeriert das Feind-Verhältnis einer solchen Gesellschaft nach außen. Dieses wiederum wirkt freiheitszerstörend auf das Innere der Gesellschaft zurück und kann geradezu als Instrument zur Erzeugung substanzieller Gleichheit der Gemeinschaftsglieder eingesetzt werden. Da aber Pluralität und Verschiedenheit die

22 Ebd., S. 15.

23 Ebd., S. 14. Eine Generation später, nach Pareto und Sorel, konnte Oswald Spengler das Abendland in seine Apotheose der politischen Gewalt untergehen lassen: „Ein Volk ist wirklich nur in Bezug auf andere Völker. Aber das natürliche, rassehafte [sic] Verhältnis zwischen ihnen ist eben deshalb der Krieg. Das ist eine Tatsache, die durch Wahrheiten nicht verändert wird. Der Krieg [sic] ist die Urpolitik alles Lebendigen, und zwar bis zu dem Grade, dass Kampf und Leben in der Tiefe eins sind und mit dem Kämpfenwollen auch das Sein erlischt." Oswald Spengler, Der Untergang des Abendlandes, Band 2, München 1922, S. 549f. So auch Carl Schmitt – fünf Jahre später.

innere Wirklichkeit einer Gesellschaft bestimmen, Gleichheit und Homogenität hingegen nur an der Verschiedenartigkeit auftreten, sodass sie „an sich" eine Fiktion sind, kann mit einer als nationalpolitischem Instrument eingesetzten Freund-Feind-Politik nicht die Homogenität des Volkes erzeugt, wohl aber ein *Terror* der Einschüchterung und Gleichschaltung verbreitet werden. So kann die, von Schmitt behauptete, „Substanz der Gleichheit", wiewohl sie fiktiv ist, zum furchtbar realen Instrument eines totalitären Systems werden: Die Homogenitätsfiktion dient als Rechtfertigungsmittel des Terrors gegen die Nicht-Homogenen - eines Terrors, der als ständige Drohung über den Köpfen aller schwebt.[24]

Gewiss hat sich Carl Schmitt die staatsterroristische Funktion eines substanzialistischen Gleichheitskonzepts nicht als Gefahr vor Augen gestellt. Jedoch erwähnt er, dass „die ideelle Gefahr derartiger Irrationalitäten groß" ist. Aber er tut nichts, um dieser Gefahr zu begegnen. Vielmehr beharrt er darauf, dass man das Mythische „als gegenwärtige starke Tendenz [...] nicht ignorieren" könne - und offenbar auch nicht solle bzw. dürfe.[25] Die Feindbestimmung und die Feindvernichtung besorgt der nationale Mythos, so sieht er es 1923, am besten. 1933 wird er dem rassistisch-nationalen Mythos die größte Homogenisierungs- und Feindausscheidungskraft zusprechen.[26]

Schmitts Parlamentarismusschrift von 1923 schließt mit Georges Sorels Theorie vom politischen Mythos und der daraus fließenden „unmittelbaren Gewaltanwendung": „Die Theorie vom Mythos ist der stärkste Ausdruck dafür, dass der relative Rationalismus des parlamentarischen Denkens seine Evidenz verloren hat."[27] Freilich geht Schmitt mit Mussolini über Sorel hinaus: Mussolini hat mit dem „Mythos der Nation" geradezu „das Prinzip der politischen Wirklichkeit ausgesprochen".[28] Wie politisch aus dem Mythos der Gleichartigkeit die Auflösung der freiheitlich-öffentlichen Republik folgt, so ergibt sich rechtsethisch die Ersetzung des formalen Rechtsuniversalismus durch einen nationalen Rechtsinstrumentalismus. Denn der Universalismus des Rechts ist mit dem Partikularismus eines politischen Mythos unvereinbar. Das Nationale zu mythisieren heißt, den ethisch-politischen Partikularismus heiligsprechen: *Wright or wrong - my country*. 1933 wird Carl Schmitt diese Konsequenz ziehen und das nationalsozialistische „Recht" ausdrücklich legitimieren[29] - und damit den volksutilitaristischen Standpunkt „Recht ist, was dem deutschen Volk nützt".

24 Vgl. Hannah Arendt, Elemente und Ursprünge totaler Herrschaft, München 1986 (amerikanisches Original New York 1951), Teil III: „Totale Herrschaft".
25 Schmitt, Parlamentarismus, S. 89.
26 Schmitt, Staat, Bewegung, Volk, besonders S. 42,45.
27 Schmitt, Parlamentarismus, S. 89.
28 Ebd.
29 Schmitt, Staat, Bewegung, Volk, vor allem das Schlusskapitel.

III Wie lässt sich die Situation von Auschwitz verstehen? Oder: Kontextualismus und Relativismus gegen Universalismus

Die philosophische, insbesondere moralphilosophische Diskussion war in der Postmoderne von der Detranszendentalisierung bzw. Entuniversalisierung im Sinne einer weichen Spielart der sprachpragmatischen und hermeneutisch-pragmatischen Wende bestimmt, die vom Prinzipiellen Abschied nahm[30] und einen Kontextualismus der Praxisformen bzw. Lebensformen vertrat.[31] Die Verfechter des *Kontextualismus* bestritten zunächst die praxiskonstitutive Funktion von Regeln und damit die Normierungskraft universaler ethischer Prinzipien. Darüber hinaus verneinten sie – zuweilen in einem unmerklichen Übergang von der Beschreibung des pragmatischen Kontextes einer Regel zur Thematisierung ihrer Gültigkeit und Verbindlichkeit, also von Seins- zu Sollensfragen – die Gültigkeit und Verbindlichkeit universaler Prinzipien als Einsichten der Vernunft und den möglichen Erweis ihrer Verbindlichkeit durch reflexive Argumente. Hier sehe ich den Übergang vom pragmatischen oder auch hermeneutischen Kontextualismus zum Relativismus. Ein Kontextualismus tendiert zum Relativismus, ja, er ist ihm ausgeliefert, insofern er:

a) über keine universalen Kriterien zur Beurteilung praktischer Kontexte wie einer Lebensform verfügt oder wenn er
b) prinzipiell die Irrelevanz bzw. die Unverbindlichkeit universaler Kriterien für die Lebenspraxis behauptet.

Pikanterweise suggerieren Kontextualisten und explizite Relativisten, ihr Anti-Universalismus sei geradezu der Garant der Toleranz und Denkfreiheit, Garant auch einer fröhlichen Skepsis und einer treffenden Kritik der Moderne. Den universalistischen Ethikern werfen sie Regelformalismus vor.[32] Zudem

30 Vgl. Odo Marquard, Abschied vom Prinzipiellen. Philosophische Studien, Stuttgart 1981; ders., Skepsis in der Moderne. Philosophische Studien, Stuttgart 2007.

31 Zu der fatalen Analogie, die zwischen der nationalsozialistischen Berufung auf die partikulare Konsensbasis des „gesunden Volksempfindens" und dem anti-universalistischen Rückgang auf den *common sense* besteht, den in der Postmoderne ein amerikanischer Republikaner wie Richard Rorty als Konsequenz des *pragmatisch-hermeneutischen Relativismus* vorschlug, nimmt Karl-Otto Apel Stellung in: Zurück zur Normalität?, bes. S. 118, 122f., 104f., 113ff.

32 Dass der Einwand des Regelformalismus gegen die transzendentalpragmatische Form der Diskursethik nicht stichhaltig ist, unterliegt inzwischen wohl keinem begründeten Zweifel mehr; vgl. die Beiträge von Apel, Böhler und Kuhlmann zum Funkkolleg, besonders Apel, S. 606ff. Vgl. Dietrich Böhler, Rekonstruktive Pragmatik, Frankfurt a. M. 1985, S. 296ff., 328ff., 359ff. Ferner Karl-Otto Apel, Kann der postkantische Standpunkt der Moralität noch einmal in substantielle Sittlichkeit „aufgehoben" werden? In: Wolfgang Kuhlmann (Hg.), Moralität und Sittlichkeit. Das Problem Hegels und die Diskursethik, Frankfurt a. M. 1986, S. 217ff. Ferner Dietrich Böhler, Moral und Politik. In: Thomas Meyer/Karl-Heinz Klär/Susanne Miller/Klaus Novy/Heinz Timmermann (Hg.), Lexikon des Sozialismus, Köln 1986, S. 442ff. Vgl. die Beiträge von Jon Hellesnes und Dietrich Böhler in: Dietrich Böhler/Tore Nordenstam/Gunnar Skirbekk (Hg.), Die pragmatische Wende, Frankfurt a. M. 1986, S. 171ff., besonders 182ff. und 294–301, sowie 281–286.

behaupten sie, der universalistische Standpunkt einer Prinzipienethik sei untauglich zur moralischen Analyse und Beurteilung von nicht universalistisch orientierten Lebensformen (schwächere These) oder aber von Lebensformen überhaupt, weil er fälschlich unterstelle, Lebensformen würden von Regeln bestimmt, wohingegen sie doch – und damit auch das Verständnis und die Anwendung ihrer Regeln – von der jeweiligen Lebenspraxis bestimmt seien (stärkere These). Während die schwächere These zu dem ethnologischen Vorwurf führt, ethische Universalisten seien halt Eurozentristen, ist die zweite These prinzipieller Natur und führt in einen Brennpunkt des Streites um die *pragmatische Wende* von Philosophie und Wissenschaftstheorie.[33] Im folgenden untersuche ich vor allem die prinzipielle These am Beispiel des wittgensteinianischen Kontextualismus, den Viggo Rossvær auf den Nationalsozialismus angewandt hat.[34]

III.1 Elemente der antiuniversalistischen Moraltheorie und Moralpolitik der Nazis

Der Wittgensteinianer Viggo Rossvær hat zur Kritik der ethischpolitischen Bedeutung einer universalistischen Prinzipienethik, die mit Kant den kategorischen Imperativ oder mit Apel die Grundnorm der argumentativen Konsensbildung zum Kriterium des Moralischen macht, folgende These aufgestellt: Eine solche Prinzipienethik „zieht nicht ernsthaft in Betracht, dass wir uns in einer Gesellschaft befinden können, in der man durchaus mit Formulierungen, die unserem kategorischen Imperativ entsprechen, operiert [...], wo aber trotzdem die Praxis keineswegs dem entspricht, was wir als eine Befolgung des kategorischen Imperativs bezeichnen würden".

Diese These leitet er von Wittgensteins Einsicht ab, dass eine jede *Regel* ihre Basis erst in der komplexen Grammatik einer *Lebensform* als ganzer habe, sodass sich die Praxis nicht aus der Regel selber ableiten lasse. Eine Regel könne daher auch nicht als Paradigma der Moral fungieren. Als extremes Beispiel für die sich daraus ergebende mögliche Diskrepanz zwischen einem moralischen Prinzip, das als universale Regel beibehalten wird, und einer gesellschaftlichen Praxis, die gleichsam unterhalb jener Regel betrieben wird, wiewohl sie dieser nicht entspricht, führt Rossvær Auschwitz an. Er stellt die Frage: Wie müssen wir die „Situation von Auschwitz" analysieren, wenn

33 Vgl. besonders die Beiträge von Johannessen, Meløe, Nordenstam, Rossvær und Böhler in: Böhler/Norderstam/Skirbekk (Hg.), Die pragmatische Wende.

34 Viggo Rossvær, Transzendentalpragmatik, transzendentale Hermeneutik und die Möglichkeit, Auschwitz zu verstehen. In: Böhler/Nordertam/Skirbekk (Hg.), Die pragmatische Wende, S. 187–201.

„die Nazis die Juden erst gar nicht als menschliche Wesen betrachten, wenn in ihrer Welt die Juden nicht als Menschen zählten? In diesem Fall könnten die Nazis durchaus der Meinung sein, dass sie den kategorischen Imperativ als universales Gesetz praktizierten. Ich hege den Verdacht, dass in diesem Fall kein bloßes *Argument* sie davon hätte überzeugen können, dass sie falsch handelten. Ihnen würde dann immer noch die Grammatik fehlen, durch die unsere eigenen Argumente sowie der kategorische Imperativ für sie erst die nötige Überzeugungskraft erhielten. Wenn wir über Auschwitz nachdenken, müssen wir einsehen, dass es für alle, die dorthin verschleppt wurden, die Endstation einer Reise in die Entmenschlichung darstellt. [...] Diejenigen, die in Auschwitz ankommen, verlieren dort alle Rechte; das heißt nun keineswegs, dass die Wachen dort sich von uns darin unterscheiden würden, dass sie anderen moralischen Regeln folgen. Es bedeutet auch nicht, dass der kategorische Imperativ als *universale* Regel dort außer Kraft gesetzt wurde. Der springende Punkt ist vielmehr der, dass der kategorische Imperativ als universale Regel beibehalten wurde, aber aufgrund einer Praxis, die sich von der unsrigen unterschied. Keine *Regel* allein, auch wenn sie uns und die Nazis umfassen sollte, kann als Paradigma der Moral auftreten und die Verwerflichkeit dieser Handlungen der Nazis beweisen. Die Regel wird immer erst durch eine Praxis, sei es die unsrige oder die ihre, bindend."[35]

Im Vorhinein lässt sich klarstellen, dass ein diskursethischer Universalismus strikt unterscheidet zwischen:

- (A) *den Problemen der Begründung moralischer Normen,* und zwar (1) der Begründung der *Meta-Normen* für Diskurse, die sich nur durch transzendentalpragmatische Reflexion auf das Argumentieren erweisen lassen, und (2) der Rechtfertigung *konkreter Normen* für die Handlungsorientierung, und zwar durch argumentative Überzeugung in realen *Diskursen,* deren Resultate freilich immer dann fallibel sind, wenn Situationseinschätzungen in die Argumente eingehen, und
- (B) *den Problemen der Realisierbarkeit bzw. Anwendbarkeit* begründeter und gerechtfertigter Normen. Nicht etwa zur Begründungsproblematik (A), wie auch Carl Friedrich Gethmann und Jürgen Mittelstraß unterstellen,[36] sondern ausschließlich zur Problemebene (B) gehört die Frage, ob jemand bereit oder nicht bereit ist, sich von Argumenten der Begründung und Rechtfertigung (A) auch *überzeugen* zu lassen – und das heißt: ob er den *guten Willen* mitbringt oder verweigert, auf Argumente zu hören und sie als verbindlich für seine Handlungsorientierung anzuerkennen. Hier, an der Schwelle zwischen gutem Willen und dessen Verweigerung, bösem Willen also, liegt die Grenze jeder Ethik: Als Ethik kann sie nicht erzwingen, sondern nur – bei

35 Ebd., S. 197.
36 Carl Friedrich Gethmann, Zur formalen Pragmatik der Normenbegründung. In: Jürgen Mittelstraß (Hg.), Methodenprobleme der Wissenschaften vom gesellschaftlichen Handeln, Frankfurt a. M. 1979, S. 47; Jürgen Mittelstraß, Gibt es eine Letztbegründung? In: Peter Janich (Hg.), Methodische Philosophie, Mannheim 1984, S. 25. Dazu Karl-Otto Apel, Transformation der Philosophie, Band 2, Frankfurt a. M. 1973, S. 413; ders., Grenzen der Diskursethik? In: Zeitschrift für philosophische Forschung, 40 (1986), S. 4 f.

gutem Willen – überzeugen. Daraus ergibt sich ein Doppeltes: besondere Sorgfaltspflicht für alle, die sich an der Normenbegründung (A) beteiligen und also guten Willen investieren; aber auch die Legitimation und die rechtsmoralische Pflicht, jene, die sich durch Argumente nicht überzeugen lassen wollen, sondern strafbare Handlungen vollziehen, rechtsverfahrensförmlich zu bestrafen oder aber sie – wenn sie den Rechtsstaat suspendieren *oder* wie die Nazis liquidieren – mit angemessener Gewalt zu bekämpfen.

Unabhängig von dieser notwendigen Klärung scheint mir eine lebensformpragmatische Analyse der Situation von Auschwitz, wie sie Rossvær skizziert, eine Herausforderung für die deutsche Philosophie zu sein. Von den Beiträgen, die von Karl Jaspers und vor allem aus dem Umkreis der Frankfurter Schule stammen, einmal abgesehen, hat sie die Aufarbeitung der Vergangenheit, in die ihre nicht-kantianischen und nicht-neomarxistischen Richtungen doch tief verstrickt waren, zumeist verweigert. Fruchtbar ist diese Herausforderung, weil sich Rossværs These nur prüfen lässt, wenn man die Hauptbestandteile des nationalsozialistischen Selbstverständnisses historisch rekonstruiert (III.1) und überdies Grundannahmen des heute verbreiteten Kontextualismus diskutiert, insbesondere das Verhältnis von konstitutiven Regeln und Praxis bzw. von Moralprinzipien und Praxis klärt (III.2). Historisch enthält Rossværs Analyse meines Erachtens drei elementare Irrtümer, die sich auf drei Hauptbestandteile der nationalsozialistischen Moraltheorie und Moralpolitik beziehen.

III.1.1 Ersetzung des ethischen Universalisierungsprinzips durch die „kategorischen Imperative" des Rassismus und des Führerwillens

Die Nazis wussten sehr wohl, dass sie den kategorischen Imperativ nicht praktizierten. Der 1935 von Alfred Rosenberg mit dem neu geschaffenen Preis für „Wissenschaft der NSDAP" ausgezeichnete Rassenkundler Hans F.K. Günther hatte in seinem 1920 veröffentlichten (und 1928 in dritter Auflage verbreiteten) Buch „Ritter, Tod und Teufel. Der heidnische Gedanke" die Moral der „heldischen Rasse" verkündet. Dieses und die anderen Bücher Günthers, nicht zuletzt seine Rassenkunde des deutschen Volkes, dürften, worauf Gerhard Sauder hinweist, vor allem von den nationalsozialistischen Studenten rezipiert worden sein, die aus ihnen die „12 Thesen" ihrer „Aktion wider den undeutschen Geist", nämlich der Bücherverbrennung am 10. Mai 1939, abgeleitet haben.[37] In seinem Buch von 1920 zog Günther das Fazit: „So ergibt sich ein Sittengesetz [sic!] für Volk und Staat und jeden Einzelnen, und wir fassen es derart: *Handle so, dass Du die Richtung Deines Willens jederzeit als Grundrichtung einer nordrassischen Gesetzgebung denken könntest.*"[38]

37 Gerhard Sauder, Die Bücherverbrennung. Zum 10. Mai 1933, München 1983, S. 45ff. Dort auch S. 92f. Abdruck der 12 Thesen „Wider den undeutschen Geist".
38 Hans F. K. Günther, Ritter, Tod und Teufel. Der heidnische Gedanke, 1920, S. 151.

Adolf Eichmann, der Kants kategorischen Imperativ im Jerusalemer Prozess vorzutragen wusste, antwortete auf die Frage des Richters Raveh, ob seine Tätigkeit bei der Deportation der Juden dem kategorischen Imperativ entsprochen habe: „Nein, das in keiner Weise." In dieser Zeit habe er ja unter Zwang gehandelt; nach seiner Ansicht gelte der Grundsatz jedoch nur, „soweit ich Herr über mich selbst bin". Weiter gefragt, ob etwa das blinde Befolgen von Befehlen dem kategorischen Imperativ entspreche, antwortete er, „es kann nicht im Sinne der Kant'schen Forderung liegen, Menschen gewaltsam zu töten". Vielmehr habe er sich „den Kant'schen Imperativ für den Hausgebrauch des kleinen Mannes" zurechtgemacht, nämlich seiner eidlichen Verpflichtung gemäß, in Treue und Gehorsam den *Befehlen zu folgen* und persönlich ein ordentliches, *anständiges Leben* zu führen.[39]

Der protestantisch erzogene und ein wenig gebildete Eichmann zog den kategorischen Imperativ ins Privatleben zurück, als wäre er eine Regel der einfachen Sittlichkeit, die sich in privaten Tugenden ausdrückt und nur in der apolitischen Form des Befehlsgehorsams politisch wirksam ist. Der Bereich des Politischen und alle Handlungen, die im Dienst getan werden, wären demnach von Eigenverantwortlichkeit frei. Im Dienst und im Politischen gölten nur konventionelle Tugenden wie Treue und Gehorsam, die im republikanischen Sinne apolitisch wie im prinzipienethischen Sinne streng genommen amoralisch sind.

Eine Orientierung des Handelns nur an Treue und Gehorsam ist amoralisch, weil sie kein Prinzip, wie den kategorischen Imperativ, als Kriterium zur Beurteilung der Gehorsams*würdigkeit* eines Befehls und der Treue*würdigkeit* eines Menschen, einer Institution oder eines Systems einbringen kann. Insofern ist sie unmoralischen Praktiken ausgeliefert. Diese Auslieferung ist selbst verschuldete praktische Unvernunft. Es ist der eingewöhnte Verzicht auf den praktischen Diskurs, der den moralischen Konflikt zwischen apolitischen Gruppentugenden wie Treue und Gehorsam und der universalen Verpflichtung, die Menschenwürde aller zu achten, argumentativ durcharbeiten und an der Richtschnur des kategorischen Imperativs auch lösen würde.

Die Abschaffung des praktischen Diskurses war das moralpolitische Ziel der nationalsozialistischen Moraltheorie, die in der Formulierung eigener Moralgrundsätze und sogar eines eigenen kategorischen Imperativs gipfelte. Wenn Hermann Göring trompetete: „Ich habe kein Gewissen. Mein Gewissen heißt Adolf Hitler",[40] so war das zwar Selbstausdruck eines infantilen Großsprechers, entsprach aber genau der moraltheoretischen Strategie, mit der die Nazis den Führerwillen als letzten Maßstab durchsetzen wollten. Diese Strategie lässt sich

39 Zit. nach „Eichmann macht beträchtliche Eingeständnisse" (Bericht aus Jerusalem) . In: Frankfurter Allgemeine Zeitung vom 22.7.1961. Vgl. ferner Jochen von Lang, Das Eichmann-Protokoll. Tonbandaufzeichnungen der israelischen Verhöre, Berlin 1982, S. 159, 144f., 260, 261 und andererseits S. 49, 74, 166.

40 Hermann Rauschning, Gespräche mit Hitler, Zürich 1940, S. 77. Dazu: Alexander Mitscherlich, Auf dem Wege zur vaterlosen Gesellschaft, München 1967, S. 353f.

wohl auf die Formel bringen: *Entmoralisierung des Politischen durch Entautonomisierung der moralischen Person und Entuniversalisierung der Moral.*

Der Führer der „Deutschen Rechtsfront", Dr. Hans Frank, der - um Carl Schmitt zu zitieren - auf dem deutschen Juristentag 1933 „in einer hinreißenden Ansprache den Gedanken der Rasse [...] in den Mittelpunkt gestellt" und damit „den Grundsatz der Artgleichheit" als Fundament des nationalsozialistischen Staates und „seines Rechtslebens" charakterisiert hatte,[41] führte einen neuen kategorischen Imperativ ein. 1942, als er Reichsleiter der NSDAP und Generalgouverneur Polens war, setzte er an die Stelle von Kants Verallgemeinerungsprinzip der autonomen Vernunftwesen nicht mehr das Rassenprinzip der nordischen Wesen, sondern direkt das Führerprinzip.

Frank beschreibt es als absolute Verpflichtung der Parteigenossen und insbesondere der Beamten, den Staat - und hier zitiert er Carl Schmitt - als „den wirksam funktionierenden Befehlsmechanismus sicherzustellen":

„Heute können wir [...] in unserem nationalsozialistischen Staat als das Fundament auch der Technik des Staates ansehen die Bezogenheit jedes amtlichen Handelns zum Führerwillen. Weit über den juristischen Bereich des von dem Gesetzgeber Adolf Hitler aufgestellten legislativen Staatswillens ist ja die Persönlichkeit des Führers ganz allgemein auch die sittlich und moralisch jedes öffentliche Handeln bestimmende vorbildliche Persönlichkeit. Der kategorische Imperativ des Handelns im Dritten Reich lautet: *‚Handle so, dass der Führer, wenn er von Deinem Handeln Kenntnis hätte, dieses Handeln billigen würde.*'"[42]

Diese oberste NS-moralische Richtschnur setzt die Parteigenossen und Beamten als Antizipatoren und Vollstrecker des Führerwillens ein. Wohlgemerkt des *Willens* und nicht etwa präziser Anordnungen, Befehle oder gar Gesetze des Führers.[43] Denn diese würden den Führer selbst festlegen und dadurch seine Macht einschränken. Die Partei- und SS-Dienstanweisungen beruhten auf dem Grundsatz einer nicht festlegbaren Führerautorität, die als solche eine *totalitäre* Gewalt, nämlich uneingeschränkte Willkürherrschaft, sein konnte: „Der Wille des Führers ist oberstes Gesetz."[44]

41 Schmitt, Staat, Bewegung, Volk, S. 42.
42 Hans Frank, Technik des Staates, Schriftenreihe des Instituts für die Technik des Staates an der Technischen Hochschule München. Hg. von Ernst Letzgus, Berlin 1942, S. 9, 15.
43 Inkonsistent ist Franks Schrift, insofern sie einerseits den Staat als Befehlsmaschinerie entwirft, andererseits aber nicht eine Befehlsgewalt mit entsprechender Befehlshierarchie als Struktur des Staates einführt, sondern den strukturlosen „Willen des Führers" und dessen intuitive Antizipation bzw. Realisation als Grundlage des Staates ansetzt.
44 Zit. nach Hannah Arendt, Elemente und Ursprünge totaler Herrschaft, München 1968, S. 576, wo als Quelle genannt wird: Otto Gauweiler, Rechtseinrichtungen und Rechtsaufgaben der Bewegung, 1939.

III.1.2 Ersetzung des normativen Begriffs der Menschheit bzw. der Menschenwürde durch das Kriterium der guten Rasse

Zwar haben die Nazis von sich und von der arischen Herrenrasse, zumal ihren deutschen Vertretern, als von Übermenschen, hingegen von den Slawen und auch den Juden als Untermenschen gesprochen, aber das taten sie nicht, weil sie dem Begriff des Menschen oder der Humanität noch einen normativen Sinn beigemessen hätten. Auch ihre Rezeption von Nietzsches Begriff des Übermenschen hatte in erster Linie rassistisch-völkische und in zweiter Linie sozialdarwinistische Voraussetzungen. Die Voraussetzung für die Feindbestimmung einer Menschengruppe als eines der Vernichtung anheimgestellten Objektes, die es nur noch zu einer Frage der Zweckmäßigkeit machte, ob bzw. wann die Vernichtung der jeweiligen Gruppe durchzuführen sei, war gerade die *Abschaffung* des Menschenbegriffs bzw. *Humanitätsbegriffs als des obersten normativ-ethischen Kriteriums*. Ob jemand Menschenantlitz trug, war für die Nazis belanglos.

Die „moralische" Voraussetzung der Judenvernichtung ist nicht darin zu suchen, dass „die Nazis die Juden erst gar nicht als menschliche Wesen betrachteten". Nicht die „Menschheit in jedermanns Person", also die „menschliche Würde", die im Sinne Kants mit der Vernunft- und Moralfähigkeit jedes Menschen gegeben ist, zählte für die Nazis als Kriterium, sondern allenfalls die Zugehörigkeit zur arischen Rasse. Von daher legitimierten sie ihre „Menschenbehandlung".[45] Schon dieser Ausdruck verrät die totale Unterwerfung des Humanen unter eine moralfreie Zweckrationalität, die nicht auf ethische Prinzipien verpflichtet und an rechtliche Normen gebunden ist, sodass sich nun der normlose Wille zur Selbstbehauptung und Gewalt austoben kann.

In „Mein Kampf" bemisst Hitler „den Wert des Menschen nach seiner Rassenzugehörigkeit", und daraus folgert er: „Was nicht gute Rasse ist auf dieser Welt, ist Spreu."[46] Zwar haben die Nazis die Juden wie auch die Slawen als Menschen betrachtet; aber es hatte für die Nazis keine moralische Bedeutung, jemanden als Menschen anzusehen, weil sie Ernst machten mit dem Schritt vom Relativismus zum Rassismus. Denn *menschliche Würde* - Bezugsbegriff des christlichen Humanismus, des rationalistischen Naturrechts, das daraus Menschenrechte ableitete,[47] und der normativen Ethik Kants, die daraus die Selbstzweckformel des kategorischen Imperativs gewann[48] - kann nicht mehr

45 Vgl. Dolf Sternberger/Gerhard Storz/Wilhelm E. Süskind, Aus dem Wörterbuch des Unmenschen, München 1962, S. 83 ff.

46 Adolf Hitler, Mein Kampf, 3. Auflage München 1930, S. 492, 324.

47 Vgl. Ernst Bloch, Naturrecht und menschliche Würde, Frankfurt a. M. 1961.

48 Immanuel Kant, Grundlegung zur Metaphysik der Sitten, Akademie-Ausgabe, Band 4, S. 429; ed. Vorländer, S. 52; ed. Weischedel, Frankfurt a. M. 1968, Band 7, S. 61: „Handle so, dass du die Menschheit, sowohl in deiner Person als in der Person eines jeden anderen, jederzeit zugleich als Zweck, niemals bloß als Mittel brauchest."

als verbindliches Kriterium gelten, wenn die Möglichkeit universaler Gültigkeit und ethischer Verbindlichkeit relativistisch bestritten *und* rassendeterministisch zerstört worden ist. Der Begriff der Menschenwürde bezeichnet dann nur noch eine moralphilosophische und moralische Leerstelle, die beliebig, also beispielsweise rassentheoretisch, ausgefüllt werden kann. Die Nazis setzten an die Stelle der Würde des Menschen die Güte der Rasse.[49] In Hitlers Worten:

„Es wäre ein Wahnwitz, den Wert des Menschen nach seiner Rassenzugehörigkeit abschätzen zu wollen, mithin dem marxistischen Standpunkt: *Mensch ist gleich Mensch* den Krieg zu erklären, wenn man dann doch nicht entschlossen ist, auch die letzten Konsequenzen zu ziehen. Die letzte Konsequenz der Anerkennung der Bedeutung des Blutes, also der rassenmäßigen Grundlage im Allgemeinen, ist aber die Übertragung dieser Einschätzung auf die einzelne Person."[50]

III.1.3 Moralpolitik zur Neutralisierung moralischer Konflikte oder: Entmoralisierung durch Moralpolitik

Die Nazis spürten und wussten, dass es einer äußersten Anstrengung bedürfte, das Kriterium der Rassenzugehörigkeit als moralisches Abgrenzungskriterium *durchzusetzen,* weil es sogar für Anhänger der Rassenlehre, ja selbst für SS-Männer mit der *personalen Identität* und dem *moralischen Gefühl* kaum zu vereinbaren war, aus dem Kriterium der Rasse „auch die letzten Konsequenzen zu ziehen".[51] Das zeigt sich etwa an Adolf Eichmanns Jerusalemer Aussage über sein Entsetzen beim Anblick einer Grube erschossener jüdischer Menschen und über seine Beschwerden gegenüber SS-Führern in Lemberg und Berlin: „Wie kann man denn einfach da hineinknallen auf eine Frau und Kinder? [...] [D]as ist keine Lösung der Judenfrage. Obendrein erziehen wir unsere Leute zu Sadisten. Wir brauchen uns gar nicht wundern, [...] wenn das lauter Verbrecher werden."[52] Noch stärker zeigt sich die Unvereinbarkeit des Rassenprinzips mit dem moralischen Gefühl in Heinrich Himmlers Rede auf der Posener SS-Gruppenführer-Tagung am 4. Oktober 1943. Himmler bestätigte die, wie Eichmann es nannte, „innere Spaltung" zwischen dem menschlichen „Gewissen" und der Dienst-„Pflicht" des Rassisten:

49 Die Güte der Rasse konnte freilich innerhalb des nationalsozialistischen Systems, das als totalitär-dezisionistisches keinerlei normative Verbindlichkeit anerkannte, sondern alles – selbst die Werte der Bewegung – dem Willen des Führers unterwarf, auch nicht als *unbedingter* Wert gelten. In der Umgebung des Führers wurde daher auch die Rassenzugehörigkeit der Entscheidungswillkür unterstellt. Charakteristisch dafür ist Hermann Görings Ausspruch „Wer Jude ist, bestimme ich"; ein Ausspruch, den er bekanntlich in die Praxis umgesetzt hat.

50 Hitler, Mein Kampf, S. 492.

51 Ebd., S. 493.

52 Vgl. Lang, Das Eichmann-Protokoll, S. 74.

„‚Das jüdische Volk wird ausgerottet', sagt ein jeder Parteigenosse, ‚ganz klar, steht in unserem Programm, Ausschaltung der Juden, Ausrottung, machen wir.' Und dann kommen sie alle an, die braven 80 Mill. Deutschen, und jeder hat seinen anständigen Juden. [...] Von Euch werden die meisten wissen, was es heißt, wenn hundert Leichen beisammen liegen, wenn 500 daliegen oder wenn tausend daliegen. Dies durchgehalten zu haben und dabei - abgesehen von Ausnahmen menschlicher Schwächen - anständig geblieben zu sein, das hat uns hart gemacht. Dies ist ein niemals geschriebenes und niemals zu schreibendes Ruhmesblatt unserer Geschichte."[53]

Auch wenn das moralische Gefühl der Achtung des Andersrassigen als eines Menschen von der persönlichen Beziehung zu diesem abhängen mag, zeigt doch der, von manchem Nazi erlebte, Konflikt zwischen dem Achtungsgefühl und der Verpflichtung auf das Rassenkriterium, dass *in* solchen Gefühlen die *moralische Universalität* der Achtung alles Menschlichen antizipiert wird.

Wenn das zutrifft, dann haben die Nazis den kategorischen Imperativ außer Kraft gesetzt, gerade *weil* sie seine bindende Wirkung spürten und fürchteten, dass diese sich durchsetzen könnte. Demnach erweist sich die Perspektive des normativen Universalismus als unentbehrlich für eine Analyse der Situation von Auschwitz und dessen, was man die *Moralpolitik* der Nazis nennen kann. Darunter verstehe ich die methodischen Bemühungen, zumal bei der SS ein hartes Rassenethos hervorzubringen, bei den meisten anderen Volksgenossen aber Stillhalten zu erreichen. Offenbar hat die nationalsozialistische Führung systematisch Energien darauf verwendet, jene moralischen Konflikte aufzufangen und zu neutralisieren, die sich aus der Unvereinbarkeit der Universalität des Moralbewusstseins mit der Exklusivität einer Rassenorientierung ergeben müssen und sich tatsächlich ergeben haben. Man war darum bemüht,

a) den von Beteiligten, auch von SS-Männern empfundenen, Konflikt des Rassenethos und einer Moral der Menschenwürde (im Sinne von Kants Imperativ) durch Heroisierung der konkreten Ideale eines Ordensgeistes - wie Ehre als Treue, Gehorsam und Unerbittlichkeit - aufzufangen;[54]

53 Zit. nach Walther Hofer (Hg.), Der Nationalsozialismus. Dokumente 1933-1945, Neuausgabe Frankfurt a. M. 1982, S. 114.

54 Dass selbst die SS auf institutioneller Ebene damit rechnete, dass SS-Männer jenem Konflikt ausgesetzt sein würden und ihn auch gegen den Dienstbefehl der Judenermordung würden stellen können, zeigt sich daran, dass es keineswegs als todeswürdiges Vergehen galt, wenn SS-Angehörige eine Beteiligung an der Erschießung von Juden ablehnten. Der Leiter der „Zentralen Stelle der Landesjustizverwaltung für die Aufklärung von NS-Verbrechen" in Ludwigsburg, Oberstaatsanwalt Streim, führte dazu vor dem Lyoner Schwurgerichtsprozess gegen Barbie aus: „Unsere Zentralstelle hat alle diese Fälle [von Tötungsverweigerung] geprüft. Sie ist zu dem Schluss gelangt, dass SS-Männer sich weigern konnten, an der Ermordung von Juden teilzunehmen." Wer sich weigerte, habe nicht mit der Erschießung, sondern mit einem Einsatz an der Ostfront zu rechnen gehabt. Todeswürdige Vergehen seien nach den Gepflogenheiten der SS vielmehr die Feigheit vor dem Feind, das Verlassen des Postens und die Fahnenflucht gewesen. „In Verfahren gegen ehemalige Nazis in der Bundesrepublik beruft sich die Verteidigung schon seit längerer Zeit nicht mehr auf den Befehlsnotstand", ergänzte Streim. Zit. nach Frankfurter Allgemeine Zeitung vom 21.5.1987, S. 6.

b) den Kreis derer, die in einen solchen Konflikt hätten geraten können, möglichst kleinzuhalten. Das ergab sich z. B. in den Verhandlungen des Lyoner Schwurgerichts gegen den damaligen Gestapo-Chef von Lyon, Barbie. Der dort als Zeuge aussagende Kölner Oberstaatsanwalt Holtforst erklärte zur Frage, ob der Lyoner Gestapo-Chef gewusst habe, was der Ausdruck „Endlösung" bedeutete: „Es gibt kein schriftliches Dokument, aber man geht von der Annahme aus, dass Hitler mündliche Anweisungen erteilt hatte und dass dann verschlüsselte Hinweise benutzt wurden, deren Bedeutung nur den Eingeweihten bekannt waren."[55] Ferner war Hitlers Zentrale bemüht,
c) einen solchen Konflikt bei den beteiligten Verwaltungsbeamten durch totale Funktionalisierung bereits der Sprache – man denke an Sprachregelungen wie „Endlösung", „Sonderbehandlung" und andererseits „Greuelhetze" (zur Abwehr wahrheitsgemäßer Berichte über die Judenvernichtung) – und durch zweckrationale Neutralisierung der Absichten zu unterlaufen. Selbst der Ausdruck „Endlösung" wurde im „Wannsee-Protokoll" als „zweckentsprechender Arbeitseinsatz im Osten" mit „natürlicher Verminderung" und „entsprechender Behandlung des Restbestandes" umschrieben;[56]
d) einen solchen Konflikt bei der Bevölkerung durch gezielte Desinformation und Verharmlosung gar nicht erst aufbrechen zu lassen. So erging am 11. Juli 1943 aus dem Führerhauptquartier die Anweisung: „Bei der öffentlichen Behandlung der Judenfrage muss jede Erörterung einer künftigen Gesamtlösung unterbleiben. Es kann jedoch davon gesprochen werden, dass die Juden geschlossen zu zweckentsprechendem Arbeitseinsatz herangezogen werden."[57]

Freilich gab es, wie in vielen Bereichen des eigentümlich strukturlosen Nazi-„Systems", das immer mehr von einer dezisionistischen Freund-Feind- und Führer-Bewegung an sich hatte, so auch in der Moralpolitik keine einheitliche Linie; jedenfalls nicht in den Verlautbarungen gegenüber der Bevölkerung. Die von Martin Bormann unterzeichnete Anweisung aus dem Führerhauptquartier vom 11. Juli 1943 soll offenbar der martialischen Offenheit entgegensteuern, mit der 1942 und 1943 Unterführer die totale Feindbehandlung der Juden hinausposaunt hatten, sodass die Bevölkerung von der Vernichtung des Judentums informiert worden war.[58]

Insgesamt dürfte die Moralpolitik, die Hitlers Zentrale gegenüber der Bevölkerung betrieb, vor allem als eine Strategie der Neutralisierung bzw. Verdrängung moralischer Konflikte zu verstehen sein.

55 Zit. nach ebd.
56 Vgl. „Wannsee-Protokoll". In: Hofer (Hg.), Der Nationalsozialismus, S. 303 ff. Lang, Die Eichmann-Protokolle, Anhang: Dokumente: Rundschreiben Bormanns Nr. 33–43g.
57 Richtlinien zur technischen Durchführung der Evakuierung von Juden nach dem Osten, Reichssicherheitshauptamt, Berlin, 20. Februar 1943.
58 Dazu Carola Stern, In den Netzen der Erinnerung. Lebensgeschichten zweier Menschen, Reinbek bei Hamburg 1986, S. 194: „Im Juli 1942 erklärte Gauredner Stubenbaum in einer Kundgebung auf Usedom, der Krieg habe ‚allein die Vernichtung des

III.2 Keine widerspruchsfreie Praxis ohne moralischen Universalismus

Moralphilosophisch scheint mir Rossværs These in mehrerer Hinsicht falsch zu sein.

1. Eine wittgensteinpragmatische Deutung des kategorischen Imperativs, die diesen nur im Sinne einer strikten Unterscheidung *Regel versus Praxis/ Lebens*form fasst, wird Kant nicht gerecht. Denn sie isoliert den kategorischen Imperativ von jener moralischen Praxis, auf die Kant ihn selbst bezogen hat, nämlich von der Urteilspraxis vernünftiger Wesen *als* Mitglieder eines „Reichs der Zwecke". Erst durch den Bezug auf eine solche (ideale) Vernunftgemeinschaft und ihre moralische Beurteilungspraxis gewinnt der kategorische Imperativ seine Orientierungskraft. Dank dieser Verknüpfung der moralischen Grundnorm mit einer strikten Vernunftpraxis ist Kants Einführung des kategorischen Imperativs als moralisches Kriterium meines Erachtens mit Wittgensteins Einsicht vereinbar, dass eine Regel nicht *allein* als Paradigma einer Praxis fungieren kann, weil sie erst vom Kontext der ihr zugehörigen Praxis näher bestimmt und ihr *Sinn* von diesem getragen werde. Für die transzendentalpragmatische Begründung des Diskursprinzips der argumentativen Konsensbildung ist diese Vereinbarkeit in noch höherem Maße gegeben – eben weil es sich um eine transzendentalpragmatische Begründung, nämlich um eine Rekonstruktion der Grundnorm *aus* der für sie konstitutiven dialogischen Praxis des Diskurses handelt.
   Schon Kant jedoch nimmt die Einstellung des rekonstruktiven Moralphilosophen in Anspruch. Denn die ursprüngliche Einsicht der *Grundlegung zur Metaphysik der Sitten* besteht offenbar darin, dass der kategorische Imperativ immer schon von der inneren Diskurspraxis der „gemeinen Menschenvernunft" getragen ist und vom Philosophen nur rekonstruiert wird.[59]
2. Viggo Rossværs These, die Nazis hätten durchaus der Meinung sein können, sie befolgten den kategorischen Imperativ – freilich in einer anderen Lebensform bzw. Welt als wir, sodass „sie den kategorischen Imperativ einer anderen Grammatik gemäß in Anwendung brachten",[60] – widerspricht

Juden und des ihm Hörigen zum Ziel'. Dabei könne ‚im Innern wie im Waffengang kein Mittel scharf genug sein, die Vernichtung restlos durchzuführen'. So gab es die Zeitung wieder. Knapp ein Jahr später fanden überall Betriebsappelle statt, um eine von allen Ländern übertragene Rede Robert Leys zum 10. Gründungstag der DAF [Deutsche Arbeitsfront] zu hören. ‚Wir schwören', sagte dieser, ‚wir werden nicht eher den Kampf aufgeben, bis der letzte Jude in Europa vernichtet und gestorben ist.' Schon längere Zeit davor hatte das Kreisblatt [gemeint ist die Zeitung des Pommerschen Landkreises Usedom] registriert, dass alle Juden Odessas in ein KZ gebracht worden seien. Das konnte eigentlich niemanden überraschen, wusste man doch, dass die Juden auch in Deutschland ‚abgeholt' und in Konzentrationslager eingeliefert wurden. ‚Allen war es zur Gewohnheit geworden, sich selbst zu betrügen, weil dies eine Art moralischer Voraussetzung zum Überleben geworden war' (Hannah Arendt, Eichmann in Jerusalem)."

59 Kant, Grundlegung zur Metaphysik der Sitten, Akademieausgabe, S. 395, 397, 402 ff.

60 Rossvær, Transzendentalpragmatik, S. 199.

der Logik des sozialen Handelns, für die eine *Wechselbeziehung* von Regeln/Normen (mitsamt den zugrundeliegenden normativen Gehalten der impliziten Geltungsansprüche a priori[61]) und Handlungsweisen bzw. Lebensformen charakteristisch ist. Als performatives Begleitwissen bleibt es zwar vielfach implizit, muss aber expliziert werden *können*. Die Tatsachen in der sozialen Welt sind von denen der naturwissenschaftlichen Objektwelt dadurch unterschieden, dass das Gewusstwerden der sozialen bzw. institutionellen Tatsachen seitens möglicher Akteure ein konstitutiver Bestandteil dieser Tatsachen ist. Darin zeigt sich die *reflexiv-pragmatische Funktion* der kommunikativen Erfahrung als konstitutiv für soziales Handeln.[62]

Daraus folgt, dass die Unterscheidung *know how* versus *know that* keine Dichotomie, sondern nur eine analytische Trennung dessen sein kann, was in der Praxis notwendigerweise je schon zusammengehört.

Wenn sich – in der sozialen Welt – zwei Lebensformen bzw. die Praxis P1, und die Praxis P2 wesentlich unterscheiden, dann müssen sich auch deren konstitutive Regeln unterscheiden, in denen sich die jeweilige Praxis gewissermaßen als Form manifestiert. Wir können diese Wechselseitigkeit als soziales Urphänomen ansehen, weil eine soziale Praxis *nicht* wie ein *know how* von dem Regelwissen eines *know that* prinzipiell getrennt werden kann. Eine Praxis P1 ausüben können, heißt nämlich auch, wissen und ausdrücken zu können, *was es besagt*, P1 auszuüben. Ein Subjekt der Praxis P1 muss *im Prinzip* auch die Form von P1 artikulieren und ihre tragende(n) Regel(n) darlegen können. (Wie wir etwa an Hans Frank und Adolf Eichmann gesehen haben, war das auch bei den Nazis der Fall.)

3. Das implizite Normenwissen der Handlungssubjekte macht auch rekonstruktive Moralphilosophie erst möglich. Und das entsprechende mögliche Normenwissen der Diskurssubjekte (Denksubjekte als Argumentationssubjekte) macht eine rekonstruktive Dialogphilosophie möglich.[63]

   Das *Sich-als-Kommunikationssubjekt-Wissen* ist eine Erfolgsbedingung der Kommunikation und zwar sowohl der Kommunikation der Lebenspraxis wie auch der Kommunikation in der Diskurspraxis, die schließlich ein integraler Bestandteil der Lebenspraxis ist. Kommunikation kann deshalb als eine

61 Dazu inzwischen die reflexiv diskurspragmatische Analyse der universalen Geltungsansprüche und ihrer Verwobenheit mit den impliziten Dialogversprechen eines Diskurspartners, welche zum Handlungswissen eines Akteurs gehören: Dietrich Böhler, Verbindlichkeit aus dem Diskurs. Denken und Handeln nach der Wende zur kommunikativen Ethik – Orientierung in der ökologischen Dauerkrise, Freiburg i. Brsg. 2014, besonders S. 294–299, 316 f., vgl. S. 188 f. Vgl. Alberto Damiani, Handlungswissen. Eine transzendentale Erkundung nach der sprachpragmatischen Wende, Freiburg i. Brsg. 2009.

62 Das ist auch in Elizabeth Anscombes und John R. Searles Begriff der institutionellen Tatsache impliziert. Vgl. dazu Böhler, Rekonstruktive Pragmatik, S. 364 f., 369, 372 f., 378 f., 380.

63 Ebd., S. 296 ff., 328 ff., besonders S. 356 ff. Wolfgang Kuhlmann, Reflexive Letztbegründung, Freiburg i. Brsg. 1985, S. 145 ff., 181 ff. Inzwischen auch Damiani, Handlungswissen.

Zwei-Rollen-Praxis aufgrund der doppelten Kompetenz des *know how* und des *know that* der Kommunikation definiert werden. Aber eine solche Definition reißt noch die beiden Elemente auseinander, die ein Kommunikationspartner zusammenbringen können muss: Denn als Kommunikationspartner müssen Kommunikationssubjekte ein *reflexives Zugleich der Handlungsrolle* des *Über-etwas-Kommunizierens* (als Praktizieren eines Sprachspiels wie Befehlen oder Argumentieren) und der theoriefähigen *Artikulations- oder Rekonstruktionsrolle* des *Sich-auf-die-Kommunikationshandlung-Beziehens* (als Charakterisieren und Erläutern der Kommunikationshandlung in Aussagen) verwirklichen können. Von daher ist auch die kontextrelativistische These zurückzuweisen, dass es prinzipiell unmöglich sei, einen Verteidiger des Rassismus - sei es des Nationalsozialismus, sei es der Apartheid - allein durch Argumente davon zu überzeugen, dass die von ihm verteidigten Handlungsweisen falsch seien. Eine Überzeugung durch Argumente sei deshalb nicht möglich, sagt Rossvær, weil ein Verteidiger des Rassismus eben nicht unsere Lebensform teile und daher auch nicht die Grammatik habe, durch die unsere eigenen Argumente sowie der kategorische Imperativ erst die nötige Überzeugungskraft erhielten.

Sollte damit gemeint sein, dass sich der Rassist eben einer Gruppe und einer Praxis angeschlossen habe, die davon lebt, dass über ihren Rahmen - ihre rassistische Weltanschauung und Sittlichkeit - einfach *nicht* mehr diskutiert wird, dann hat der Rassist sich für eine Lebensform *entschieden,* welche moralische Diskurse über diese Lebensform ausschließt. Diese Ausschließung ist ein Kernstück des Rassismus:[64] Als politisch-ethischer Anti-Universalismus schließt er das freie und kritische Gespräch über seine Voraussetzungen aus und denunziert diejenigen, die es eröffnen, als blutleere Rationalisten, als verjudete Intelligenzler, als Marxisten, als Verräter usw.

Aber das kann Rossvær nicht ausschließlich gemeint haben. Denn er nimmt ja bereits einen Verteidiger des Rassismus an; das heißt jemanden, der *über* den Rassismus *redet* und dadurch die diskussionslose und diskussionsprohibitive Lebensform Rassismus distanziert, indem er sie diskutiert. Zudem führt Rossvær den Rassisten als Beispiel *in* seiner eigenen Argumentation an. Es wird also schon diskutiert. Das heißt: Auch ein über den Rassismus redender Rassist ist in die Meta-Lebensform *Diskurs* bereits eingetreten und kann nicht umhin, der Grammatik des Diskutierens als eines argumentativen, auf Geltungsansprüche bezogenen Kommunizierens zu folgen. Anderenfalls verstrickt er sich in Selbstwiderspruch und sinnlose Rede.

64 Micha Brumlik schrieb mir zu diesem Punkt: „Von Arnold Gehlen wird erzählt, dass er in den fünfziger Jahren ein Lokal verließ, weil sich darin zu viele Juden aufgehalten hätten. Was also, wenn der Rassist in bestimmte Diskurse erst gar nicht eintreten will? Dann verhält er sich wohl pragmatisch selbstwidersprüchlich oder auch unlogisch, aber das ist ihm gleichgültig. Vielleicht besteht eben darin der Rassismus!"

Wenn das Kommunizieren eine *Zwei-Rollen-Praxis* ist, kann das Kommunizieren mit Argumenten, auch in diesem äußerst schwierigen Falle, nicht von *vornherein* aussichtslos sein. Auch der Verteidiger des Rassismus oder Nationalsozialismus, der als solcher in einem Diskurs auftritt und Argumente vorbringt, stützt sich auf ein Regel- bzw. Normenwissen vom Argumentieren - darauf etwa, dass er weiß, was es heißt, einen Anspruch auf Geltung zu erheben und einzulösen, statt etwa einen Befehl zu geben. Es ist daher prinzipiell möglich, dieses von ihm in Anspruch genommene Wissen, diese Grammatik, mit ihm zu explizieren. So lässt sich einmal zeigen, dass seine argumentativen Akte *universale* Geltungsansprüche notwendigerweise einschließen und dass sie ihn ähnlich wie ein Versprechen kommunikativ binden, indem sie ihn zur *Anerkennung* derjenigen Gemeinschaft und ihrer Normen verpflichten, in die er durch sein Argumentieren eingetreten ist: der nicht begrenzbaren Argumentationsgemeinschaft mitsamt ihren logischen Regeln sowie dialogischen Normen.

In einem zweiten Schritt lässt sich dann, im Blick auf jene Regeln und Normen, auch zeigen und einsehen, dass eine argumentative Verteidigung des Rassenprinzips mit diesen Regeln und Normen nicht vereinbar ist, sondern auf einen Bruch des *Quasi-Versprechens a priori* bzw. der Selbstverpflichtung hinausläuft, die der Verteidiger durch sein - *universale Geltung* beanspruchendes - Argumentieren immer schon eingegangen ist.[65] Ein Verteidiger des Rassismus verletzt nämlich die dialogische Selbstverpflichtung, seine Ansprüche auf *universale Geltung,* also auf eine Intersubjektivität, die Gegenargumente und damit auch alle möglichen Diskursgegner einschlösse, argumentativ einzulösen. Inwiefern? Insofern er mit seinen *Thesen* von vornherein einen Teil der Menschheit aus der Diskursgemeinschaft und damit ihre Argumente aus dem Diskurs ausschließt. Denn er befindet ja *über* andere Menschen als Angehörige einer „minderwertigen Rasse" und setzt sich von vornherein über deren Ansprüche und möglichen Argumente hinweg. Er exkommuniziert sie.

4. Der Kontextualismus von Lebensform- bzw. Lebensweltpragmatikern und relativistischen Hermeneutikern mündet in die These der Inkommensurabilität der Lebensformen, die das Richtig-Verstehen einer Praxis an das *know how* ihrer Lebensform-Grammatik bzw. an das „Erleben im Vollzug" (Gehlen) bindet und davon auch die Beurteilbarkeit einer Praxis abhängig macht.
Unter Voraussetzung der Inkommensurabilität der Lebensformen kann man nur noch mit folgender Alternative auf die Frage nach einem allgemeinen Kriterium für die Richtigkeit einer Praxis reagieren: Entweder man begeht

65 Für eine Explikation dieser reflexiv-maieutischen Überlegung vgl. einstweilen: Dietrich Böhler, Wohin führt die pragmatische Wende? In: ders./Nordenstam/Skirbekk (Hg.), Die pragmatische Wende, S. 261-316, hier 294-299, 281-285. Inzwischen: ders., Verbindlichkeit aus dem Diskurs, S. 294-299.

eine *petitio principii* – so verfährt der rassistische Kulturrelativist (seit Gobineau), indem er den Maßstab für die Vorzüglichkeit einer Rasse in *eine* Rasse (die arische) hineinverlegt; oder aber man muss die Frage nach allgemeinen Kriterien gleich als apraktische und damit sinnlose Frage *verwerfen*. Dazu neigen pragmatische bzw. hermeneutisch-pragmatische Kontextualisten; so etwa Rossvær, wenn er sagt: „Es gibt keine Rationalität, auch keine moralische Rationalität, die uns unabhängig von Praxis wirklich binden könnte."[66] Abgesehen einmal von der Interpretationsfähigkeit der Ausdrücke „wirklich binden" und „unabhängig von Praxis", scheint damit die Idee einer im geltungslogischen Sinne verbindlichen praktischen Vernunft und insofern das Unternehmen einer universalistischen Ethik verabschiedet zu werden. So oder so müssen bloße Lebensweltpragmatiker und Kulturrelativisten die Vernunft preisgeben: Unter „dem Aspekt der Vernunft" (Horkheimer) können sie nicht gegen den Praktizismus einer rassistischen Volksgemeinschaft Stellung nehmen. Damit haben sie aber nicht etwa irgendeinen Aspekt aus der Welt der möglichen Aspekte – nämlich den der Vernunft –, auch nicht etwa nur eine abendländische Denkrichtung aufgegeben. Nein, sie haben sich der Möglichkeit beraubt, überhaupt anders als *zufällig* und *willkürlich* auf eine rassistische Praxis zu reagieren. Wenn es gut geht, haben sie in einer Falte ihres Herzens bzw. in ihrem sozialisationsabhängigen moralischen Gefühl doch universalisierungsfähige Sittlichkeit, also humane Orientierung genug, um gegen rassistische Praxis Stellung zu beziehen. Wenn es gut geht. In Deutschland ging es böse.

III.2.1 Das Diskursmoralprinzip: argumentative Konsenswürdigkeit und Verantwortbarkeit

Auf Zufall und Willkür lässt sich Ethik nicht gründen. Dazu bedarf es argumentativer Intersubjektivität in Gestalt praktischer *Vernunft* –, dieser Gegenwelt der universalen Maßstäbe, als deren Bürger wir die Autonomie gewinnen, in erwartbarer (weil argumentativ für jeden Menschen nachvollziehbarer) Weise die Unzumutbarkeiten und Unverantwortlichkeiten zu erkennen und als solche zu verwerfen, die in unseren besonderen Lebensformen und Gesellschaftsformen immer wieder auftreten.

Um den Aspekt der Vernunft für das Verstehen (als Richtig-Verstehen) und für das Beurteilen von Handlungen fremdartiger Lebensformen zu gewinnen und dabei den vernünftigen Bedenken der Universalismuskritiker, ihrem Formalismus- und Unzumutbarkeitseinwand, Rechnung zu tragen, schlage ich folgende mehrstufige Verhältnisbestimmung von Regel und Praxis vor:

66 Rossvær, Transzendentalpragmatik, S. 199.

1. *Sinn*bedingung einer Regel ist ihr Bezug auf eine mögliche Praxis und Lebensform, Sinnbedingung von Handlungsweisen ist deren Bezug auf (eine) konstitutive Regel(n) einer (möglichen) Praxis und Lebensform.
2. Kriterium für die *faktische soziale Richtigkeit* von Handlungsweisen/Handlungsvorschlägen ist deren Vereinbarkeit mit einer praxiskonstitutiven Regel und letztlich mit dem normativ geladenen Kontext einer Praxis bzw. Lebensform. Was aber faktisch in einer besonderen Lebensform als sozial „richtig" angesehen wird, kann unter dem Aspekt der Vernunft unrichtig und insofern unmoralisch sein. Das führt zur Frage nach Maßstäben praktischer Vernunft (3 und 4):
3. Kriterium für die *logische Gültigkeit* (als Geltung aus Gründen) von Handlungsweisen/Handlungsvorschlägen ist deren Prüfbarkeit anhand der letztbegründbaren, weil mit sinnvollen Argumenten nicht mehr bestreitbaren Regeln des argumentativen Dialogs bzw. Diskurses, die sich zusammenfassen lassen in dem regulativen Prinzip der Geltungsprüfung in Diskursen: *„Prüft,* ob für die in Frage stehende Handlungsweise/Regel *ein Konsens der sinnvollen Argumente möglich oder aber nicht möglich ist*; das heißt ein Konsens, der insbesondere die denkbaren guten Gründe der möglichen Betroffenen einschließt, sodass er auch unter Bedingungen einer idealen Kommunikationsgemeinschaft, nach denen ihr streben sollt, zustande käme."[67]
   Was aber unter idealisierten Diskursbedingungen als das Gesollte ausgezeichnet wird, ist längst nicht immer auch das, was unter realen, vielfach anti-idealen gesellschaftlich-politischen Bedingungen den Zeitgenossen *gegenwärtig zumutbar* ist (4a). Und ebenso wenig ist es immer das, was den möglichen Betroffenen, zu denen meist die Nachgeborenen gehören, als Mitgliedern des endlichen und gefährdeten, daher prospektiv schutzbedürftigen Ökosystems Erde *langfristig zuträglich* ist (4b). So stellen sich die Probleme der kurzfristigen Erfolgsverantwortung (vgl. Max Webers Problem einer Verantwortungsethik des Staatsmanns)[68] und der langfristigen Folgenverantwortung, ja sogar der unbegrenzten sozioökologischen Zukunftsverantwortung,

67 Dazu: Apel, Grenzen der Diskursethik?, S. 3–20; ders., Das Problem der philosophischen Letztbegründung im Lichte einer transzendentalen Sprachpragmatik. In: Bernulf Kanitscheider (Hg.), Sprache und Erkenntnis, Innsbruck 1976, S. 55–82; Böhler, Rekonstruktive Pragmatik, S. 359 ff.; ders., Ethik. In: Meyer/Klär/Miller/Novy/Timmermann (Hg.), Lexikon des Sozialismus, S. 156 ff.; Kuhlmann, Reflexive Letztbegründung, S. 181 ff.

68 Zu Max Weber: Dietrich Böhler, Instrumentelle und praktische Vernunft – das ethische Dilemma der Neuzeit. In: Apel/Böhler/Rebel (Hg.), Funkkolleg, Band 2, S. 418 f., und ders., Verantwortungsethik versus Gesinnungsethik. In: Apel/Böhler/Rebel (Hg.), Funkkolleg, Band 3, S. 987 f. Ders., Moral und Politik. In: Meyer/Klär/Miller/Novy/Timmermann (Hg.), Lexikon des Sozialismus, S. 442 ff. Ders., Entweder Gesinnungs- oder Verantwortungsethik? Auflösung eines vermeintlich unauflöslichen Dilemmas. In: Pastoraltheologie, 107 (2018) 1, S. 36–61.

worüber am eindrücklichsten Hans Jonas gesprochen hat.[69] Das führt uns zur Frage nach verantwortungsethischen Maßstäben (4):

4. Das Kriterium für die praktische Verantwortbarkeit von Handlungsweisen bzw. Regeln oder Vorschlägen ergibt sich aus einer Vermittlung des idealisierenden Diskursprinzips mit der Berücksichtigung jener realen gesellschaftspolitischen und ökologischen Bedingungen, welche die Anwendung des Diskursprinzips der argumentativen Konsenswürdigkeit gefährden:

> „Prüft, ob für die in Frage stehende Handlungsweise/Regel/Maßnahme bzw. für das diskutierte Projekt ein Konsens *jener* Argumente möglich oder nicht möglich ist, welche (a) die Grenzen der Zumutbarkeit für die gegenwärtig Betroffenen und (b) die Grenzen der (sozio-)ökologischen Zuträglichkeit für mögliche künftige Betroffene beachten - die aber dort, wo diese Grenzen unbekannt sind, weil sie jenseits des prognostischen Wissens liegen, (c) das Prinzip Vorsicht[70] walten lassen, sodass keine folgenirreversiblen Handlungsweisen legitimiert werden, die nicht irren dürfen, weil ihr Irrtum lebensgefährdend oder diskurszerstörerisch und unkorrigierbar wäre.[71] *Insofern* gilt *‚in dubio contra projectum*‘[72] und *(zur Gefahrenabwehr) ‚konsenswürdige Konterstrategien*[73] *statt Dialog mit den Gefährdern*‘!“

69 Hans Jonas, Das Prinzip Verantwortung, Frankfurt a.M. 1979.

70 Dazu ebd., bes. die Kapitel über die „Heuristik der Furcht“ und vor allem über das Denkexperiment „der Wette im Handeln“, S. 63, 70-74 und 76-82, vgl. S. 218ff.

71 Beispiele dafür sind die de facto irreversiblen Folgelasten der Atomenergie und die nur äußerst kostspielig, aber kaum restlos reversiblen Klimazerstörungen sowohl infolge der traditionellen Wirtschafts- und Industriepolitik, der industrialisierten Agrarwirtschaft als auch der auto- und flugzeugzentrierten Verkehrspolitik.

72 Zur Einführung und Rechtfertigung der In-dubio-Formel als Diskursregel: Dietrich Böhler, Erörterungen. In: ders./Rudi Neuberth (Hg.), Herausforderung Zukunftsverantwortung. Hans Jonas zu Ehren, Münster 1992, S. 34ff. und 90ff., bes. S. 94; ders., „Verantwortung, Dialog und Menschenwürde. In dubio pro vita - quia semper pro responsibilitate“. In: Andreas Frewer (Hg.), Verantwortung für das Menschliche. Hans Jonas und die Ethik in der Medizin, Erlangen 1998, S. 41ff. Auch: Dietrich Böhler (Hg.), Ethik für die Zukunft. Im Diskurs mit Hans Jonas, München 1994, S. 244ff., bes. S. 267ff.

73 Zuerst: Karl-Otto Apel, Ist die philosophische Letztbegründung moralischer Normen auf die reale Praxis anwendbar? In: Apel/Böhler/Rebel (Hg.), Funkkolleg, Band 2, S. 626ff.; ders., Diskurs und Verantwortung, Frankfurt a.M. 1988, S. 134ff. und 259ff.; ders., Transzendentale Reflexion und Geschichte, Frankfurt a.M. 2017, S. 141ff.

Nazismus und Universalismus. Ist die universalistische Moral historisch erklärbar?

*Ernst Tugendhat**

Wenn wir an den Nazismus zurückdenken, sehen wir uns nicht nur mit einem schrecklichen Geschehen konfrontiert, sondern mit einer schrecklichen Mentalität. Man kann, um nicht gleich wertend zu erscheinen, statt dem Wort „schrecklich“ das Wort „merkwürdig“ verwenden. Dass diese Mentalität in so großem Ausmaß ein noch nicht sehr lange zurückliegendes Stück deutscher Geschichte bestimmt hat, stellt eine Herausforderung für die Historiker dar: Wie ist das Aufkommen einer solchen Mentalität zu verstehen und zu erklären?

Aber man kann dieses historische Phänomen auch als eine Herausforderung für die Philosophen ansehen. Die Philosophen beschäftigen sich mit allgemeinen Strukturen des menschlichen Verstehens und so auch mit dem, was man als Moral bezeichnet. Alle menschlichen Gemeinschaften haben irgendwelche Überzeugungen über das gehabt, wie sich Menschen zueinander verhalten sollen, und man hat in den letzten Zeiten im Allgemeinen gemeint, dass Menschen zwar nicht allen Menschen gegenüber die gleichen Pflichten haben, aber dass doch gegenüber allen gewisse Minimalnormen bestehen. Diese Auffassung, dass die moralischen Normen oder ein Teil von ihnen Verpflichtungen sind, die man gegenüber allen Menschen hat, wird als Universalismus bezeichnet. Die Nazis haben den Universalismus verworfen. Für sie bestand die Geschichte in einem Kampf der Rassen, und die moralischen Normen einer Rasse seien ausschließlich Binnennormen; gegenüber Außenseitern bestehe keine moralische Verpflichtung.

Diese Anschauung lässt sich im Gegensatz zum Universalismus als Partikularismus bezeichnen: Nur die eigene Gruppe zählt, ob man sie nun als Nation oder Rasse versteht. Der Nazismus war ein extremes Beispiel des Partikularismus. Da die heutige Moral und speziell die von den Philosophen unterstellte Moral weitgehend universalistisch ist, stellt das Phänomen des Nazismus eine Herausforderung an die Philosophen dar. Hält der Philosoph, wie es meist der Fall ist, wie selbstverständlich am Universalismus fest, dann ist, wie im Nazismus gedacht und gehandelt worden ist, zunächst nur eine Herausforderung an

* Dieser Text wurde bereits unter gleichnamigen Titel veröffentlicht in: ders., Anthropologie statt Metaphysik. Zweite, erweiterte Auflage München: C. H. Beck, 2010, S. 206–224.

sein Vorstellungsvermögen angesichts des Ausmaßes von Unmoral. Die philosophische Herausforderung des Nazismus erscheint aber wesentlich tiefer, wenn der Philosoph darauf reflektiert, dass der Partikularismus auch eine Form von Moral zu sein scheint: Der überzeugte Nazi glaubt, so handeln zu *sollen.* Die Herausforderung an den Philosophen besteht jetzt darin, dass die Existenz partikularistischer moralischer Überzeugungen ihn in seiner eigenen Überzeugung von universalistischen Normen verunsichern kann. Ist der moralische Universalismus vielleicht selbst nur eine kontingente, zufällige Erscheinung, oder worauf gründet er sich?

Während also die Herausforderung des Nazismus an den Historiker nur eine Herausforderung ist, jenen, den Nazismus, zu verstehen, sieht man sich als Philosoph zu einer Reflexion auf sich selbst zurückgeworfen und auf das allgemeine universalistische Moralverständnis unserer Zeit. Was hat es für eine Basis?

Ich will von einem Buch von Rolf Zimmermann ausgehen, das im Jahr 2005 unter dem Titel „Philosophie nach Auschwitz" erschienen ist.[1] Das moralische Konzept der Nazis, das zu den Vernichtungslagern geführt hat, stellt nach Zimmermann einen „Gattungsbruch" dar, weil es die Juden und andere „Andersartige" nicht mehr als Menschen ansehe. So sei das einheitliche Menschenbild, das im Humanismus enthalten und insbesondere in der kantischen Moral vorausgesetzt war, „zerrissen". Und Zimmermann folgert: „Der Riss im moralischen Bild des Menschen lässt keine Hoffnung auf apriorische Geltungsgewissheiten mehr zu."[2]

Bei diesem Gedankengang habe ich zwei Schwierigkeiten: Die erste besteht darin, dass sich Zimmermann an Substantiven orientiert wie Menschheit, Universalismus, Gattungseinheit, Gattungsbruch, ohne den Unterschied zwischen deskriptiv und normativ zu machen. In der universalistischen Moral ist der an sich deskriptive Begriff Menschheit stark normativ aufgeladen, wie besonders im Adjektiv deutlich wird: Man behandelt jemanden menschlich, das heißt gütig, „human", aber ebenso kann man natürlich unter Menschheit einfach die menschliche Spezies meinen. Es ist in der Literatur über den Nazismus vielfach üblich z. B. zu sagen: Die Nazis haben die Juden nicht wie Menschen behandelt, und man findet diese Redeweise mitunter auch bei den Nazis selbst, aber in genuin nazistischer Denkweise ist die Rede von Menschen nicht normativ aufgeladen: Dass die Juden Menschen sind, haben die Nazis nicht bestritten, aber das hatte nur einen rein deskriptiven Sinn. Das Schlimme an den Juden war für die Nazis nicht, dass sie aus der Spezies Mensch herausfielen, sondern dass sie eine fremde und bösartige Rasse seien, die eine Gefahr für die gutartige Rasse der Arier sei.

Meine größere Schwierigkeit ist die zweite. Zimmermann meint: Weil die Nazis – und so auch die anderen extremen Partikularismen – der Auffassung

1 Rolf Zimmermann, Philosophie nach Auschwitz, Reinbek bei Hamburg 2005. Vgl. auch ders., Moral als Macht, Reinbek bei Hamburg 2008.
2 Zimmermann, Philosophie nach Auschwitz, S. 11.

sind, dass es für sie gegenüber andersartigen Menschen keine moralischen Normen gibt, sei auch der Humanismus erschüttert; es könne dann nicht, wie z. B. Kant meint, eine universalistische Moral geben, die eine prinzipielle Grundlage hat. Man muss aber auch bei der Rede von „Universalismus" zwei Bedeutungen unterscheiden. Bezeichnet man eine Moral als universalistisch, so ist damit gemeint, dass ihre Gebote gegenüber allen Menschen gelten, aber das heißt natürlich nicht, dass sie in dem Sinn universalistisch wäre, dass alle Menschen diese Moral akzeptieren. Man kann natürlich der Auffassung sein, dass die universalistische Moral so, wie Kant sie begründet, nämlich aus dem Begriff der Vernunft, nicht begründet werden kann, ja man kann auch der Auffassung sein, dass eine Moral und speziell der moralische Universalismus überhaupt nicht rein begrifflich begründet werden kann, aber das lässt sich seinerseits nur prinzipiell begründen, es muss schon vorausgesetzt werden und kann sich nicht daraus ergeben, dass es eine empirische Tatsache ist, dass es auch nicht-universalistische Moralen gibt. Letzteres ist eine Selbstverständlichkeit. Es gab schließlich nicht nur die modernen Partikularismen wie den Nazismus, sondern in alten Zeiten waren wohl die meisten Moralen partikularistisch. Ein Kantianer kann durchaus zugeben, dass es nicht-universalistische Moralen gibt und kann gleichwohl meinen, dass sie dann eben nicht in dem Sinn begründet waren, die er für seine, die universalistische Moral in Anspruch nimmt.

Es ist also nicht richtig, dass die partikularistischen Moralen durch ihre bloße Existenz die universalistische Moral widerlegen; gleichwohl kann man sich, wenn unser Glaube an eine immanent philosophische Begründung der Moral ohnehin erschüttert ist, mit Zimmermann durch die Existenz des Nazismus und anderer partikularistischer Ideologien veranlasst sehen, darauf zu reflektieren, dass die universalistische Moral ihrerseits ein historisches Phänomen ist. Sie ist gewiss historisch entstanden.

Zimmermann weist hier auf ein unleugbares Faktum hin, zu dem sich auch diejenigen Philosophen, die von einer begrifflichen Begründung des Universalismus ausgehen, irgendwie stellen müssen, und es ist diese Frage, der ich hier nachgehen möchte. Auch wenn das historische Gewordensein des Universalismus unleugbar ist, ist doch zunächst völlig offen, was das heißt, nämlich, wie die entsprechenden historischen Erklärungen aussehen müssten, und es ist nicht gesagt, dass, wie Zimmermann meint, dieses empirische Faktum eine prinzipielle Erklärung ausschließt.

Zimmermann hat sich weitgehend mit Gedanken des amerikanischen Philosophen Richard Rorty identifiziert.[3] Rorty versteht sich zwar nicht als Universalist, sondern als „Liberaler", aber man kann mit Zimmermann über diesen Unterschied hinweggehen. Rorty ist der Auffassung, dass, wenn er nach der Begründung seines Universalismus/Liberalismus gefragt wird, er ihn auf nichts, insbesondere nicht auf Vernunft gründen, sondern nur antworten kann, er befinde sich eben in einer Tradition, die so denkt. Er bezeichnet daher seinen

3 Ebd., S. 61–75.

Universalismus als „ethnozentrisch“: Der moralische Universalismus sei ebenso historisch kontingent und provinziell wie der Nazismus oder irgendein anderer Partikularismus. Man muss sich fragen, ob die Alternative einleuchtet, die Rorty aufstellt, dass der moralische Universalist nur entweder wie Kant auf ein rein begriffliches Fundament verweisen oder aber seine Auffassung nur aus der Zufälligkeit seiner Erziehung verstehen kann.

Es ist mir nicht deutlich geworden, ob und wieweit sich Zimmermann von Rorty unterscheidet. Es ist natürlich für einen Deutschen nicht so leicht wie für einen Amerikaner, einfach auf Tradition und Erziehung zu verweisen. Gleichwohl verwendet Zimmermann wie Rorty ein scheinbar selbstverständliches „wir“. *Wir* seien natürlich Universalisten. Man fragt sich: Wer wir? Vor Kurzem waren die meisten Deutschen doch noch Nazis.

Es erscheint mir aber wichtig, dass Zimmermann nicht einfach von Kontingenz spricht, sondern die historischen Zusammenhänge betont. Es wäre ja denkbar, dass eine angemessene historische Erklärung der universalistischen Moral auch auf prinzipielle Aspekte verweist. Zimmermanns Betonung des historischen Charakters des Universalismus würde also eine Erforschung der Art nahelegen, wie man sich die historische Genese des moralischen Universalismus denken muss. Zimmermann hat dieses Desiderat durch seine Forderung nach einer „Realgeschichte“ des Universalismus ausgesprochen, aber konkret sind daraus bei ihm nur zwei Gedanken erwachsen, die er vage als „Vermittlungen“ bezeichnet.[4]

Der erste ist, dass der Horror angesichts des Genozids der Nazis zu einem Bewusstwerden des moralischen Universalismus führe. Obwohl an diesem Gedanken psychologisch etwas richtig sein mag, besonders in Deutschland, so ist er doch nicht logisch einleuchtend. Die Beurteilung eines Geschehens als unmoralisch setzt die entsprechende moralische Überzeugung voraus, man kann das nicht umkehren.

Der zweite Gedanke Zimmermanns zur „Realgeschichte des Universalismus“ besteht in dem Hinweis auf die politischen Umwälzungen in der zweiten Hälfte des 18. Jahrhunderts und auf die damals erfolgten Deklarationen der gleichen Rechte aller Menschen.[5]

Gewiss, in dieser Tradition steht der heutige Universalismus, aber kann das von Zimmermann geforderte Eingehen auf seine Realgeschichte in der bloßen Feststellung bestehen, wann die Rede von Menschenrechten begonnen hat, politisch wichtig zu werden? Die Frage ist doch, erstens, warum wir, die wir auch inegalitäre und partikularistische Stränge in unserer Tradition haben, am Egalitarismus festhalten, und ebenso, zweitens, warum der Egalitarismus des 18. Jahrhunderts, der seinerseits schon eine egalitaristische Vorgeschichte hatte, sich eben nicht auf diese Vorgeschichte berufen hat, sondern die Gleichheit aller Menschen – zumindest in abstracto – für selbstevident hielt? Worin, so muss

4 Ebd., S. 11.
5 Ebd., S. 75–86.

man doch fragen, bestand und besteht diese Evidenz? Und wieso erscheint uns der Egalitarismus auch heute noch, wie Zimmermann einmal sagt, als „unhintergehbar"?[6] In der tatsächlichen Geschichte war er es ja nicht, wie die Rückfälle in partikularistische Anschauungen zeigen.

Hier kann ich an einen Gedanken anknüpfen, auf den Zimmermann mit Recht verweist, nämlich an die eigentümliche Dynamik des Egalitarismus, insofern er, wenn er auf immer neue Personengruppen angewandt worden ist, wie Rassen oder Frauen, jedes Mal argumentativ unwiderlegbar schien. Es erscheint einerseits unbestreitbar, dass diese Emanzipationsschübe jeweils unter bestimmten historischen Bedingungen erfolgt sind, andererseits lassen sich diese historischen Bedingungen nicht als Grund oder Ursache für die jeweils erneute Anwendung der Egalitarismusidee verstehen. Man kann z. B. nicht sagen, dass im 19. Jahrhundert die Sklaverei der Schwarzen deswegen für moralisch unakzeptabel gehalten wurde, weil diese Form der Ausbeutung wirtschaftlich nicht mehr rentabel war. Man merkt sofort, dass so ein Weil-Satz für eine normative Überzeugung unpassend ist, und das liegt offenbar nicht daran, dass, wie Rorty meinen müsste, eine normative Überzeugung nicht begründbar sei, sondern daran, dass eine normative Meinung nur normativ begründet werden kann.

Hier lassen sich zwei strukturelle Eigentümlichkeiten feststellen: erstens, die Beweislast scheint bei dem zu liegen, der sich gegen den Egalitarismus, die Gleichbehandlung wehrt. Zweitens, obwohl hier offensichtlich empirische Bedingungen im Spiel sind, lassen sie sich nicht als Gründe ansehen, man kann sie nicht durch ein „weil" mit der Überzeugung verbinden, daher lassen sich die historischen Bedingungen offenbar nur als Anlässe bezeichnen, als Anlässe dafür, dass man zu der Auffassung kommt, dass bestimmte Einstellungen moralisch unakzeptabel sind. Diese Auffassung erhebt einen objektiven normativen Anspruch. Vielleicht ist er unbegründet, aber das lässt sich weder mit Rorty subjektiv im Sinn von relativ verstehen, noch lässt sich mit Zimmermann sagen, dass sie in den historischen Bedingungen gründen. Das mag noch ziemlich unklar erscheinen, die Unterscheidung zwischen Gründen und bloßen Anlässen mag künstlich wirken.

Man könnte auch einwenden, bisher habe ich nur von der Überzeugung derjenigen egalitären Sätze gesprochen, die sich aus der *Anwendung* der abstrakten egalitären Idee verstehen lassen, der Idee, die in dem Satz zum Ausdruck kommt „alle Menschen haben die gleichen Rechte", noch nicht von der Überzeugungskraft dieser allgemeinen Idee selbst. Wenn nun Zimmermann von dieser allgemeinen Idee des Egalitarismus sagt, sie sei ihrerseits „das Resultat einer spezifisch historischen Entwicklung",[7] so kann man zunächst nur konstatieren, dass er das nirgends gezeigt hat. Natürlich hatte der Egalitarismus des 18. Jahrhunderts eine Vorgeschichte, aber diese scheint mir eine bloß philosophische gewesen zu sein oder, wenn man noch weiter zurückgeht, vielleicht eine

6 Ebd., S. 68.
7 Ebd., S. 85.

religiöse. Man könnte allerdings auf das Interesse des Besitzbürgertums des 18. Jahrhunderts an Rechtsgleichheit und Schutz des Eigentums verweisen. Aber wollte man den Egalitarismus auf dieses historische Klasseninteresse reduzieren, würde man gerade den Überschuss übersehen, den die abstrakte egalitäre Idee über dieses besondere Stadium hinaus aufgewiesen hat. Wäre die Idee des Egalitarismus auf die konkrete Ausgestaltung reduzierbar, die sie im 18. Jahrhundert hatte, wären die weiteren Anwendungen, die in der Folgezeit so unwiderlegbar erschienen, nicht verständlich. Wie kommt es, so muss man sich also fragen, dass die abstrakte Idee der normativen Gleichheit aller Menschen sowohl in der Epoche der aufkommenden Moderne wie auch für uns heute eine Evidenz zu haben scheint?

Um diese Frage zunächst aus der Perspektive der aufkommenden Moderne zu beantworten, so ist hier meiner Meinung nach zu beachten, dass die Ablösung von den feudalen Normen zugleich den allgemeineren Sinn hatte, dass die religiöse Vorstellung, dass die moralischen und politischen Normen von der Tradition oder von Gott vorgegeben seien, nicht mehr einleuchtete. Noch allgemeiner formuliert: Wie zu denken und zu handeln sei, ließ sich nicht mehr als *vorgegeben* ansehen; man war nicht mehr bereit, sich im Denken einer Autorität zu unterwerfen; nur was man sich selbst einsichtig machen kann, sollte gelten. Es ist das, was man als *Aufklärung* versteht, sowohl im theoretischen wie im praktischen Denken, und dieser Schritt des Sichfreimachens von Tradition, von bloß geglaubten Wahrheiten, ist in unserer Geschichte sowohl im 5. vorchristlichen Jahrhundert bei den Griechen erfolgt wie in dem, was wir die neuzeitliche Moderne nennen. Und in beiden Fällen ist in der Aufklärung die Idee des normativen Egalitarismus aufgekommen.

Die Aufklärung – der Schritt zum eigenständigen Denken – ist also das allgemeine Phänomen, und so gewinnen wir jetzt einen Leitfaden, um zu verstehen, woran es liegt, dass der normative Egalitarismus evident erscheinen kann. Ich meine, es lässt sich zeigen, dass der Egalitarismus eine sei es notwendige, sei es plausible Folge der Aufklärung, des Selbstdenkens ist. Natürlich ist die Aufklärung ihrerseits ein historisch gewordenes Phänomen, das unter historischen Bedingungen entstanden ist und auch unter bestimmten Bedingungen zurückgedrängt werden kann. Man wird aber diese Bedingungen auch hier, wie wir das schon bei den späteren Egalitarismusschüben in der Anwendung gesehen haben, als bloße Anlässe auffassen müssen, ähnlich wie man bei der Entwicklung eines Kindes die das eigenständige Denken ermöglichenden Ursachen nicht als Gründe ansprechen wird, warum es dann die Dinge so sieht, wie es sie sieht. Wenn das Kind erkennt und begründen kann, dass 8 plus 8 gleich 16 sind und das nicht mehr nur nachplappert, werden wir nicht sagen: Es meint das, weil es ihm beigebracht wurde, sondern, weil es selbst die Gründe erkennt, warum es so ist. Und nun liegt es nahe zu vermuten: Wie es dem eigenständig denkenden Kind einsichtig ist, dass diese Summe wahr ist, so ähnlich wird es wohl verstanden werden müssen, dass die Moral unter Bedingungen des Selbstdenkens als egalitär verstanden werden muss.

„So ähnlich“, sagte ich, denn der Satz von der Gleichheit der Menschen ist ein normativer Satz, und da kann die Sachlage nicht einfach analog zu der Erkenntnis eines mathematischen Satzes sein. Was an der Kritik des moralischen Apriorismus bei Zimmermann und Rorty richtig ist, ist, dass die Art der Evidenz eines normativen Satzes nicht nach der Analogie der Evidenz eines mathematischen Satzes verstanden werden kann, und ebenso wenig nach der Analogie der Erkenntnis eines empirischen Satzes. Was in allen drei Fällen gleich ist, ist nur der erste Schritt, dass man das Behauptete nicht nachsprechen, nicht aus einer vorgegebenen Tradition übernehmen will.

Aber was das im Fall der Moral positiv bedeutet, ist nicht so klar, und es ist eben deswegen verständlich, dass die Meinung aufkam - und in dieser Tradition steht Rorty -, dass wenn die Moral nicht mehr als durch Religion begründet angesehen werden kann, sie überhaupt nicht begründbar ist. In aller älteren Kultur erschien es selbstverständlich, dass das moralisch Gesollte etwas von einer Autorität Gebotenes ist, und so war es, wenn die Moral nicht mehr autoritär verstanden werden kann, für viele Philosophen naheliegend, entweder zu denken, dass sie dann wegfällt oder dass sie beliebig wird. An dieser Stelle kommt man nicht weiter, wenn man sich nicht klarzumachen versucht, was es denn überhaupt heißen soll, eine Moral zu begründen, und das wiederum setzt voraus, dass man verstehen muss, was eine Moral überhaupt ist, also wie moralische Sollsätze zu verstehen sind.

Hier ist also ein Exkurs darüber erforderlich, was eine Moral ist und was es heißen können soll, sie zu begründen. Wenn man, wie Zimmermann es tut, von der universalistischen Moral andere Moralen, wie die des Nazismus, unterscheidet, muss man sagen können, was unter *einer* Moral formal-allgemein zu verstehen ist, das heißt, man muss ein Kriterium angeben, was sowohl einer traditionalistisch-religiösen als auch einer universalistischen sowie schließlich einer partikularistischen Moral gemeinsam ist.

Dazu findet sich in der philosophischen Literatur fast nichts. Es gibt jedoch in der Soziologie den Begriff des sozialen Drucks. Im Anschluss an diesen Begriff habe ich vorgeschlagen,[8] eine Moral im formal-allgemeinen Sinn durch die wechselseitigen Imperative zu definieren, die innerhalb einer Gruppe bestehen, sodass diese insofern eine moralische Gemeinschaft ausmacht. Das Charakteristische dieser spezifisch moralischen Imperative besteht darin, dass sie wechselseitig sind, getragen durch die wechselseitigen Affekte von Empörung und Schuld, womit dann zugleich Lob und Tadel verbunden sind, wechselseitige Bewertungen als gut und schlecht. Von daher lässt sich auch ein noch ganz formaler Begriff des moralischen Gewissens definieren sowie die Rede von moralischer Wertschätzung und Geringschätzung. Da ein solches System wechselseitiger Normen die Willkür der Individuen einschränkt, muss es ihnen gegenüber begründet werden. Was so begründet wird, ist, das wechselseitige

8 Tugendhat, Anthropologie statt Metaphysik, S. 120ff.

Normensystem einzugehen, das heißt, bereit zu sein, sich und andere zu tadeln, wenn man gegen diese Normen verstößt, bzw. sie hochzuschätzen, wenn man sie einhält. Woraufhin man sich hoch- oder geringschätzt, macht das jeweilige Konzept des moralischen Gutseins aus. Alle Moral stützt sich also auf ein Begründetsein, aber dieses Begründetsein ist nicht theoretisch, sondern praktisch zu verstehen: Die Gründe geben an, dass alle Motive haben, dieses wechselseitige Forderungssystem gemeinsam einzugehen.

Nach diesem Exkurs über den formalen Begriff einer Moral und über das, was es heißt, dass eine Moral begründet wird, kann ich jetzt zu der Frage übergehen, ob und wie Moral in der Situation der Aufklärung begründet werden kann. In der Zeit vor der Aufklärung wurde Moral und damit zugleich politische Herrschaft religiös-traditionalistisch und das heißt autoritär begründet. Dieses traditionalistische Begründetsein kann – und muss, nach meiner Meinung – als *eine* Möglichkeit innerhalb der eben beschriebenen Struktur verstanden werden: weil die maßgebende Autorität, an die gemeinsam geglaubt und die für heilig angesehen wurde, der moralischen Gemeinschaft das Normensystem vorgegeben hat, war man durch den Glauben motiviert, diese Moral, wie immer sie inhaltlich aussehen mochte, gemeinsam einzugehen und die vorgegebene Herrschaft zu akzeptieren. In einer Zeit, die bis dahin nur eine solche glaubens- und das heißt autoritätsbegründete Moral kannte, kann es leicht so scheinen, dass Moral, wenn die Autorität wegfällt, nicht mehr begründbar ist, eben weil man gewohnt ist, Begründetsein als Begründetsein durch eine geglaubte Autorität anzusehen. So hieß es im 19. Jahrhundert: Wenn Gott nicht existiert, entfällt auch die Moral.

Aber das war ein irriger Schluss. Es erweist sich für Menschen, wenn sie nicht in einem Zustand des Krieges aller gegen alle existieren wollen, als nicht möglich, ohne Moral und das heißt, ohne eine für alle begründete normative Einschränkung von Willkür zu leben. Mit dem Wegfall einer bloß auf Glauben gegründeten Moral ergibt sich, was man als anthropologische Ursituation bezeichnen kann, und in dieser ergibt sich für die Mitglieder einer Gruppe die Notwendigkeit, diejenigen Normen der wechselseitigen Willkürbeschränkung einzugehen, die sie sich wechselseitig begründen können. Man kann sich diese autonom wechselseitige Begründung an den Regeln veranschaulichen, auf die sich Menschen einigen würden, die sich nach einem Unfall in der Wildnis plötzlich aufeinander angewiesen sehen, oder z. B. an den Regeln, auf die sich Kinder in einem liberal geführten Kinderheim verständigen würden. In der sozialen Ursituation, auf die in der Aufklärung rekurriert wird, kann die Geschichte keine Rolle mehr spielen. Die in ihr eigenständig gemeinsam Überlegenden wissen zwar, dass sie in einer Geschichte stehen, aber diese hat für sie keine Relevanz mehr für die normative Begründung. Es widerspricht einer nicht mehr autoritätsbezogenen gemeinsamen Begründung von wechselseitigen Normen, sich auf Historisches zu berufen, und es ergibt daher auch keinen klaren Sinn, ein solches Vorgehen von außen als historisch bedingt anzusehen. Die historischen Ursachen (wie der Flugzeugabsturz für die in der Wildnis plötzlich aufeinander

Angewiesenen) können nur als Anlässe verstanden werden, sich vom autoritären normativen Denken zu befreien, so wie es Anlässe gab, dass sich das Kind von einem autoritären Verständnis der Arithmetik gelöst hat.

Die Motive, die bei einer solchen autonomen Begründung von Moral und Herrschaft maßgebend sind, sind erstens das Eigeninteresse und das heißt das kontraktuelle Moment: Man will die eigene Willkür in bestimmten Hinsichten einschränken, wenn das auch für alle anderen gelten soll, und zweitens, dass dies symmetrisch geschieht und das heißt, dass alle wechselseitig dieselben Pflichten und daher auch dieselben Rechte haben. Sie müssen sich, um sich ein Normensystem wechselseitig begründen zu können, als normativ Gleiche anerkennen. Würden sie sich nicht als Gleiche anerkennen, wäre das moralische Normensystem bzw. die Herrschaft nicht mehr wechselseitig begründbar, das heißt, sie beruhte dann auf Willkür, auf einseitiger Macht. Der Sinn einer Moral oder jedenfalls einer autonomen Moral scheint also zu sein: einseitige Macht einzuschränken. Diejenige Moral, die sich bei eigenständigem gemeinsamem Denken ergibt, ist daher notwendig egalitär, während eine traditionalistische Moral zwar auch egalitär sein kann, aber nicht muss, denn was dort als gerecht geglaubt wird, ist das, was die Autorität als gerecht verfügt, und da kann man dann natürlich sinnvoll nach historischen Ursachen fragen. Ist nun die autonome Moral egalitär, so ist sie auch universalistisch, denn wenn sie es nicht wäre, wäre sie den Außenstehenden gegenüber nicht begründbar; es läge dann wieder, wie wenn sie nach innen inegalitär ist, ein Machtfaktor zugrunde.

Dass wir im sogenannten Naturzustand, also in dem, was ich die Ursituation nannte, motiviert sind, einen Kontrakt der Machteinschränkung einzugehen, erscheint offensichtlich. Dass ein solcher Kontrakt auch symmetrisch und das heißt egalitär und infolgedessen dann auch potenziell universalistisch sein muss, erscheint weniger selbstverständlich und wird häufig geleugnet. Doch wenn er es nicht ist, das heißt, wenn er für manche stärker als für andere begründet ist, lastet auf ihm das Odium der einseitigen Macht. Dass es für Menschen in der Ursituation eine Motivation nicht nur zum Kontraktuellen, sondern auch zum Symmetrischen gibt, gründet darin, dass man das Odium der Ungerechtigkeit fürchtet, und das hängt damit zusammen, dass bei einem ungerechten Normensystem der Zustand von Willkür und Macht nur einseitig überwunden wäre; ein solches System wäre zwar begründet, aber unausgewogen begründet.[9]

Jetzt kann ich zu der Auseinandersetzung mit Zimmermann und Rorty zurückkommen. Die Aufklärungsmoral mit ihrer Orientierung an der Idee von gleichen Rechten und Pflichten ist nicht die konkrete Moral einer bestimmten historischen Epoche, sondern sie ist eine Idee von Moral, die aufgekommen

9 Zur Auseinandersetzung mit dem „bloßen" Kontraktualismus vgl. Ernst Tugendhat, Wie sollen wir Moral verstehen? In: ders., Aufsätze 1992-2000, Frankfurt a. M. 2001, S. 163-184, und ders., Der Ursprung der Gleichheit in Recht und Moral. In: ders., Anthropologie statt Metaphysik, S. 136-155, sowie ders., Noch einmal über normative Gleichheit. In: ebd., S. 225-239.

ist, als die autoritär vorgegebenen religiösen Moralen unglaubhaft geworden sind, eine Idee, die auch für uns heute noch genauso einsichtig ist, wenn wir eigenständig denken, und die nicht einfach das konkrete historische Bewusstsein und die konkreten institutionellen Normen einer bestimmten Epoche widerspiegeln, sondern Rahmenbedingungen darstellen, die einzugehen Menschen motiviert sind, wenn sie sich einfach nur als miteinander leben wollende Menschen verstehen. Dass diese Rahmenbedingungen damals maßgebend geworden sind und jetzt noch maßgebend erscheinen, ist ein historisches Faktum, gewiss, aber da dieses Faktum einen einsichtigen zeitlosen normativen Begründungsanspruch enthält und da dieser Begründungsanspruch über die Zeiten hinweg bestehen bleibt, lässt es sich nicht auf eine historische Vorgeschichte zurückführen, so wenig wie die Aufklärungsidee als solche.

Der Universalismus lässt sich also nicht, wie Zimmermann meint, als „Resultat einer spezifisch historischen Entwicklung“[10] verstehen, und er lässt sich auch nicht, wie Rorty meint, den modernen partikularistischen ethnozentrischen Ideologien wie dem Nazismus relativistisch gleichordnen.

Es ist dieses Problem der partikularistischen Moralen in der Moderne, auf das ich jetzt noch eingehen muss. Es sind nur die modernen Partikularismen, also die, die bereits auf dem Boden der Aufklärung stehen, die für die Auseinandersetzung mit Rorty und Zimmermann relevant sind. Die alten, traditionalistisch begründeten Moralen waren allemal weitgehend partikularistisch, aber durch diese Tatsache sieht sich der Universalismus nicht angefochten. Auch die monotheistische Moral war zunächst partikularistisch: als die Hebräer Kanaan eroberten, hat ihr Gott ihnen bei jeder Stadt befohlen, die vorgefundene Bevölkerung mit Kind und Kegel auszurotten.

Dass dann das Christentum egalitär-universalistisch wurde, war wohl eine Folge des stoisch-hellenistischen Einflusses auf das damalige Judentum. Zimmermann hat übersehen, dass das, was er Gattungsbruch nennt, historisch die Normalität gewesen ist. Es wäre eine reizvolle Aufgabe, auch in den partikularistischen Moralen früherer Zeiten und anderer Kulturen den universalistischen Zügen, die sie meist auch hatten, weil das wohl anthropologisch unvermeidbar war, nachzugehen, aber das liegt außerhalb der jetzigen Thematik.

Auch für die Moderne, also im Umkreis der Aufklärung, gilt, dass sich Partikularismus und Universalismus nicht einfach ausschließen.[11] Was sich innerhalb der Moderne als Partikularismus ansprechen lässt, ist nicht primär etwas Moralisches, sondern das allgemein menschliche Bedürfnis nach einer überschaubaren Gruppenidentität. Sich als zugehörig zu einer Gruppe anzusehen, z. B. zu einer Nation oder Kultur, ist mit dem moralischen Universalismus kompatibel. Doch der Partikularismus hört auf, aus der Perspektive des Universalismus moralisch

10 Zimmermann, Philosophie nach Auschwitz, S. 85.

11 Vgl. Tugendhat, „Partikularismus und Universalismus“. In: ders., Aufsätze 1992-2000, S. 57-66.

harmlos zu sein, sobald er eine Abwertung der Außenstehenden impliziert.[12] Es erscheint also sinnvoll, vom Partikularismus als solchem diejenige Haltung zu unterscheiden, in der die Identifizierung mit der Gruppe dazu führt, gegenüber den Außenstehenden nicht mehr die universalistischen Normen einzuhalten: Das Partikularistische wird dem Universalistischen nicht mehr untergeordnet, und das kann im Extrem, wie in der Nazi-Ideologie, dazu führen, dass den Außenstehenden gegenüber überhaupt keine moralischen Einschränkungen mehr anerkannt werden.

Was macht das spezifisch Moderne dieser neuzeitlichen partikularistischen Moralen oder Ideologien aus? Sie unterscheiden sich von traditionalistischen Partikularismen erstens dadurch, dass sie sich im Negativen mit der Aufklärungsmoral auf einer Ebene befinden, sofern auch sie davon ausgehen, dass die religiöse Begründung von Moral nicht mehr überzeugt. Zweitens, sie unterscheiden sich von den traditionalistisch begründeten partikularistischen Moralen auch dadurch, dass die Differenz zwischen der eigenen Gruppe und den anderen nicht so selbstverständlich vorgegeben erscheint und deswegen teilweise künstlich konstruiert werden musste (z. B. im Nazismus waren die „Wir“ nicht die Deutschen, sondern die Arier). Damit hängt drittens zusammen, dass die modernen Partikularismen nicht nur, wie die vormodernen partikularistischen Moralen, nicht egalitär, sondern anti-egalitär sind: Sie haben den Egalitarismus bereits als Hintergrund, von dem sie sich nun aber weniger argumentativ als emotional abheben: Die ethnozentrischen modernen Partikularismen sind in ihrer Motivation von Emotionen gespeist, die sich aus den Beschwernissen ergeben, die der Egalitarismus mit sich gebracht hat.

Die modernen partikularistischen Ideologien haben also dieselbe negative Bedingung wie die Aufklärungsmoral, dass die Verbote der religiös fundierten herkömmlichen Moral keine Überzeugungskraft mehr haben, aber womit diese Leerstelle ausgefüllt wird, ist nicht eine dem Kontraktualismus und Egalitarismus vergleichbare, nur inhaltlich andere Reflexion auf die anthropologische Ursituation, sondern es ergibt sich aus einem Konglomerat konkreter, in einer bestimmten historischen Situation vorhandener Ressentiments und Sehnsüchte einer Gruppe. Für die partikularistischen Ideologien wie Nazismus und Faschismus, ob man sie nun als Moralen bezeichnen kann oder nicht, gilt deswegen, was für die Aufklärungsmoral nicht gilt, dass sie sich historisch erklären lassen. Sie

12 Dieses Kriterium der Abwertung und Demütigung erscheint mir besser als Zimmermanns Rede von einem Gattungsbruch, vor allem, weil es umfassender ist. Zimmermann hat sich, verstärkt noch in seinem zweiten Buch, in erster Linie an den großen genozidalen Katastrophen orientiert. Was wir brauchen, ist aber ein Kriterium, das die zwischenmenschliche Haltung betrifft. Wie Primo Levi schrieb, gibt es eine menschliche Haltung, die in ihrer Konsequenz zum Vernichtungslager führt, führen kann, aber was uns in erster Linie interessiert, ist nicht die Konsequenz, sondern die Haltung. Zimmermann gelangt durch seine Orientierung an den großen Katastrophen zu Vergleichen, die ich für irrig halte. Die sowjetischen Massenmorde waren auch ideologisch bedingt, aber nicht partikularistisch, sondern durch die Vorstellung, dass der Zweck die Mittel heiligt.

haben eine nachvollziehbare motivationale Vorgeschichte, und wenn sich die historischen Bedingungen ändern, lösen sie sich auf. Während die Aufklärungsmoral auf einer Motivation beruht, die an sich zeitlos ist, aber auch verdrängt werden kann, verweisen die Motive, auf die sich Nazismus und Faschismus stützen, auf spezielle historische Bedingungen, wie man sie sich z. B. anhand der deutschen Geschichte in den Jahrzehnten vor 1933 veranschaulichen kann.

Jetzt bin ich so weit, dass ich sagen kann, was mir an Rortys Relativismus richtig erscheint und was nicht. Rorty meinte, die egalitäre Moral und die partikularistischen Moralen seien gleichermaßen unbegründbar, während ich meine, dass beide, wie auch die traditionalistischen Moralen, ihre internen Gründe haben, nur eben verschiedene. Eine traditionalistische Moral hat ihre Begründung im Glauben an eine religiöse Autorität, die egalitäre Moral hat ihre Begründung in der Motivation, die sich aus der Reflexion auf die anthropologische Ursituation ergibt, in Beantwortung der Frage, was für wechselseitige Normen Menschen als Menschen motiviert sind zu wollen, um miteinander auszukommen; eine partikularistische Moral hat ihre Begründung in einem Konglomerat historisch kontingenter Affekte einer Gruppe. Die Begründung einer partikularistischen Moral weist von sich aus auf eine historische Erklärung zurück, die Begründung der symmetrisch-kontraktualistischen Begründung nicht.

Die egalitäre Moral hat also eine klar fassbare Auszeichnung sowohl gegenüber traditionalistisch begründeten Moralen als auch gegenüber partikularistischen Ideologien: Es ist diejenige Moral, die sich in der Reflexion auf menschliches Zusammensein als solches ergibt und die, wegen ihrer egalitär verstandenen kontraktualistischen Basis, allen Menschen gegenüber einsichtig zu machen ist. Sie ist wegen ihrer Begründung auf dem Eigeninteresse von jedem auch im allgemeinen praktischen Interesse, dies Letztere freilich besonders dann, wenn bestimmte sozioökonomische Bedingungen wie Mobilität und Globalisierung gegeben sind. Vom Standpunkt der Aufklärungsmoral aus erscheint eine traditionalistische Moral, auch wenn sie universalistisch ist, also unabhängig von ihrem Inhalt, wegen ihres heteronomen Begründungscharakters, als defizient, während eine partikularistische Moral vom Standpunkt der aufgeklärten Moral aus verworfen wird, weil sie ihr inhaltlich widerspricht.

Auch die aufgeklärte Moral repräsentiert einen subjektiven Standpunkt, darin gebe ich Rorty recht. Es gibt in der Moral keinen absoluten Standpunkt. Das moralisch verstandene „so muss man" gehört *in* die jeweilige Moral, man kann eine Moral nicht durch ein noch tiefer liegendes „Muss" begründen, wie Kant das meinte. Auch und gerade in der Reflexion in der anthropologischen Ursituation ergibt sich kein absolutes Muss, das reflektierende Individuum kann auch gegen die Moral und für die uneingeschränkte Macht optieren, der Weg des Tyrannen ist immer eine Option, und das kann ebenso wie die Macht eines Individuums auch die einer Gruppe sein, und darauf läuft der Partikularismus hinaus.

Dass sich die Option der Macht nicht ausschließen lässt, ändert aber nichts an der Besonderheit der egalitären Moral, dass sie diejenige Moral ist, die sich unabhängig von historischen Bedingungen in der anthropologischen Ursituation ergibt und deren Eigentümlichkeit es ist, gleichermaßen für alle begründet zu sein. Daher kann Rortys Auffassung, der Liberale könne nur sagen, er denke so, weil er so erzogen wurde oder weil er in dieser Tradition stehe, nicht einleuchten. Das „weil" des Universalisten hat einen anderen, einen nicht-kausalen Sinn, den eines internen Begründetseins, und dieses interne „weil" kann auch von demjenigen, der diese Position in dritter Person erklärt, nicht übergangen werden.

Für den Gegner von Rortys Position wäre es verlockend, einen Schritt weiterzugehen und zu behaupten, dass es einen Argumentationsweg gibt, auf dem der Partikularist dahin gebracht werden kann, zum Universalisten zu werden, und nicht umgekehrt einen, der den Universalisten in den Partikularismus führen könnte. Ich will das offenlassen, weil ich mir vorstellen kann, dass ein Nazi argumentativ dahin gebracht werden könnte, seine eigenen Annahmen fallen zu lassen, aber kaum so weit, die Position des Universalisten zu akzeptieren, weil diese nicht erzwingbar ist. Es gibt immer die Option der Macht.

Wollte man daher die Aussage von Rorty darauf reduzieren, dass es keine Letztbegründung von Moral gibt, müsste man ihr zustimmen. Es kann für eine moralische Überzeugung nicht einen absoluten Aufhänger geben, man kommt hier über „Wenn"-Sätze nicht hinaus. Wenn man sagt, der Egalitarismus ist die Moral, die sich in der Sicht der Aufklärung ergibt, so heißt das: Sie ergibt sich, *wenn* man vom autonomen Selbstdenken ausgeht. Was wir in der philosophischen Reflexion erreichen können, ist immer nur eine möglichst adäquate Artikulation der verschiedenen Möglichkeiten. Am Ende stößt man notgedrungen auf Alternativen, wie die zwischen autonom und autoritär und die zwischen Moral und Macht; das sind Alternativen, die prinzipielle menschliche Haltungen betreffen und sich nicht historisch verstehen lassen.

Die Moral von Auschwitz.
Moralische Sprache und die nationalsozialistische Ethik

*Peter J. Haas**

Der Holocaust scheint eine besondere Herausforderung für die moderne Moralphilosophie zu sein. Die moderne westliche Spekulation über die Natur des guten Lebens geht davon aus, dass alle ethischen Systeme auf Annahmen beruhen, die das Gute oder Richtige auf eine Weise definieren, die universell akzeptierbar ist. Die Frage, ob diese Wahrheiten oder Werte deontologisch oder zweckmäßig bzw. vernünftig sind, ist dabei sekundär. Selbst Deontologen und Utilitarier müssen darin übereinstimmen, dass es eine Reihe vernünftiger Voraussetzungen gibt, auf denen alle ethischen Systeme aufbauen. Es gibt also eine Gemeinsamkeit, auf die sich alle Menschen einigen können, die so etwas wie eine objektive Grundlage bilden, auf der aufbauend alle vernünftigen und denkenden Menschen Handeln beurteilen können. Ich möchte zeigen, dass der Holocaust diese Annahme radikal in Frage gestellt hat. Der Holocaust zeigt, dass vernünftige, gebildete und kultivierte Menschen, darunter viele Juristen, Ärzte, Lehrer usw., unbeschreiblich brutal handelten und sich dabei immer noch in einem weithin akzeptierten ethischen System bewegten. Ich möchte im Folgenden untersuchen, was das für die Ethik und Moralphilosophie bedeutet. Dabei argumentiere ich, um mein Ergebnis vorwegzunehmen, dass ethische Systeme nicht durch eine gemeinsame rationale Substanz verbunden sind, sondern durch eine gemeinsame Denk- und Diskursstruktur. Mit anderen Worten, ein ethisches System ist nicht durch seinen Inhalt überzeugend und einflussreich, sondern durch seine rhetorische Logik, die es für das Denken, Bestimmen und Reden über das Richtige und Falsche entwickelt. Wie der Holocaust zeigt, kann nahezu jeder Inhalt innerhalb der Struktur eines solchen Diskurses ausgedrückt werden.

Bevor ich fortfahre, möchte ich einige Begriffe bestimmen, die ich verwenden werde. Ich verwende das Wort „Ethik" und seine Ableitungen im Sinne des

* Aus dem Englichen übersetzt von Wolfgang Bialas. Dieser Text ist eine Zusammenstellung aus zwei Essays. Das Kapitel „Die Wissenschaft und die Bestimmung des Guten" ist erschienen unter dem Titel „Science and the Determination of the Good" in: John K. Roth (Hg.), Ethics after the Holocaust: Perspectives, Critiques, and Responses. St. Paul: Paragon Houses 1999, S. 49–89, hier 51–56. Die weiteren Kapitel dieses Textes wurden zuerst veröffentlicht unter dem Titel „The Morality of Auschwitz: Moral language and the Nazi Ethic" in: Holocaust and Genocide Studies, 3 (1988) 4, Oxford: University Press, S. 383–393.

systematischen Verstehens von richtig und falsch bzw. gut und böse, welches das Verhalten einer Gesellschaft prägt. Das Wort „Moral" dagegen benutze ich zur Bezeichnung jener Werte, von denen wir meinen, dass eine Ethik sie beinhalten oder entwickeln solle. Mit dieser Unterscheidung ist es mir möglich, den Holocaust als eine Ethik zu beschreiben, ohne ihm damit zugleich zuzugestehen, dass er moralisch war. In meinem Text konzentriere ich mich nur darauf, was man vom Holocaust über die Natur der Ethik lernen kann und klammere dabei zunächst jede Spekulation über die Existenz oder den Inhalt einer den Holocaust übergreifenden Moral aus. Ich gehe davon aus, dass selbst dann, wenn es eine moralische Realität gäbe, die Menschen es dennoch vor allem mit einer Ethik zu tun haben. Wenn die Menschen in konkreten Situationen gut und böse, richtig und falsch bestimmen, dann auf der Grundlage einer Ethik. Durch die Untersuchung des Holocaust möchte ich herausfinden, was eine Ethik ist, wie sie funktioniert und in welcher Beziehung sie zur Moral steht. Ich denke, Spekulationen über die Moral sollten aufgeschoben werden, bis wir ein besseres Verständnis der Natur menschlicher Ethik haben.

Ich sehe den Holocaust als ein ethisches System, weil ethische Systeme zunächst einmal Maßstäbe und Verfahren dafür entwickeln, zu bestimmen, was richtig und falsch in einer Kultur ist. Sie stellen damit Mittel zur Verfügung, mithilfe derer sich bestimmen lässt, ob die Politik, Programme und Handlungen als gut oder schlecht, als tolerierbar oder nicht akzeptabel gewertet werden können. Um das in einer überzeugenden Weise zu leisten, scheinen ethische Systeme im Allgemeinen eine kohärente Struktur zu haben. Das heißt, sie organisieren ein breites Spektrum von vorhersehbaren Handlungen und Aktivitäten. Weiterhin scheinen ethische Systeme auf äußeren Rechtfertigungen zu gründen, also auf wissenschaftlichen, religiösen oder anderen Sichtweisen, die ethische Urteile in der kulturellen Wahrnehmung der Realität im weiteren Sinne verankern. Aus meiner Sicht ist es diese Verankerung, die einem ethischen System Überzeugungskraft und Evidenz gibt. Natürlich kann es innerhalb eines ethischen Systems auch Differenzen geben. Nicht alle Menschen innerhalb einer Ethik werden alles in exakt der gleichen Weise sehen. In nahezu allen Fällen bildet das ethische System selbst jedoch den Rahmen der Nichtübereinstimmung insofern, als Argumente nur dann sinnvoll sind, wenn sie innerhalb der Parameter und Definitionen dieses Systems entwickelt werden. Argumente bezüglich der Voraussetzungen und Definitionen der Ethik werden dagegen mit großer Wahrscheinlichkeit als marginal oder als Ausdruck eines bestimmten Fanatismus betrachtet. Ein ethisches System stellt also ein Diskursuniversum zur Verfügung sowie Denk- und Handlungsmuster, innerhalb derer die Individuen Werturteile äußern und beurteilen.

Die Wissenschaft und die Bestimmung des Guten

Der Holocaust ist ein wichtiges Beispiel dafür, was passiert, wenn Wissenschaft und Religion getrennt sind und wissenschaftliche Paradigmen absolute Autorität erlangen. Der Wissenschaft wurde uneingeschränkte moralische Autorität übertragen, was meiner Meinung nach der Grund dafür war, dass ein modernes, westliches und kultiviertes Volk im 20. Jahrhundert meinte, dass der Völkermord an anderen Europäern seine Probleme lösen würde. Die Nationalsozialisten konnten behaupten, dass ihre Politik auf fraglos gültigen wissenschaftlichen Prinzipien gegründet war, wodurch es ihnen möglich wurde, Universitätsstudenten, Professoren, Ärzte, Juristen und Theologen, Väter (und Mütter) davon zu überzeugen, mit der Vernichtung der Juden und auch der Zigeuner zu leben, so unangenehm das auch sein mochte, da diese Vernichtung von der Wissenschaft als notwendig begründet wurde.

Dic Nationalsozialisten konnten so ihre radikale Ethik etablieren, weil keine andere Lösung der anstehenden Probleme zu funktionieren schien. Schließlich erlebte die deutsche Nation und Gesellschaft einen ernsthaften Zusammenbruch in den 1920er- und 1930er-Jahren. Als Folge ihrer Niederlage im Ersten Weltkrieg wurde ihr eine Regierung aufgezwungen, die durch Konflikte zwischen den Parteien gelähmt war. Ihre Wirtschaft stagnierte und stand am Rande des Zusammenbruchs, gesellschaftlich stand sie am Rande des Bürgerkrieges. Vor diesem Hintergrund erschien der Nationalsozialismus als vielversprechende Alternative. Viele durchaus gebildete Menschen fanden ihn auch deshalb faszinierend, weil er eine verständliche, stimmige und, vielleicht am wichtigsten, eine anscheinend wissenschaftliche Herangehensweise zu bieten hatte. Den Nationalsozialisten gelang es, die Deutschen davon zu überzeugen, dass die Tötung der Juden und anderer Rassenfeinde eine wissenschaftlich begründete und deshalb die am meisten entwickelte Strategie zur Lösung ihrer Probleme darstelle. Zu einer Zeit, als eine konventionelle Politik scheiterte und die Menschen großes Vertrauen in Wissenschaft und Technologie hatten, fanden viele, insbesondere auch Intellektuelle, diese Elemente der nationalsozialistischen Ethik unwiderstehlich. Unter diesen Bedingungen musste nur noch jede äußere Kritik unterdrückt werden.

Diese „nationalsozialistische Ethik", wie ich sie nenne, war deshalb erfolgreich, weil normale Menschen sich entschieden, ihr moralisches Erbe zu ignorieren und sich stattdessen ausschließlich auf eine vermeintlich kohärente und überzeugende wissenschaftliche Theorie zu verlassen. Diese Theorie war natürlich der Sozialdarwinismus, der Elemente der vorherrschenden Biologie und des Darwinismus auf der einen und romantische Theorien der Nation und des Volksgeistes auf der anderen Seite zusammenfügte, um eine wissenschaftliche Erklärung für die gesellschaftliche Krise Europas vorzulegen. Sie stellte ein Paradigma zur Verfügung, das neue wissenschaftliche Erkenntnisse als mögliche Lösung der katastrophalen gesellschaftlichen Situation erscheinen ließ. Am Ende des 19. und zu Beginn des 20. Jahrhunderts beanspruchte sie, den plausibelsten und stimmigsten Ansatz für das Begreifen der gesellschaftlichen Wirklichkeit und deren Meisterung und Erneuerung zu bieten. Die nationalsozialistische Rassenpolitik war damit nicht viel mehr als ein groß angelegter und weitestgehend erfolgreicher Versuch, dieses wissenschaftliche Paradigma als Gesellschaftspolitik zu institutionalisieren. Da jegliche religiöse und philosophische Kritik dieses Paradigmas zum Schweigen gebracht worden war und sich zugleich die gesellschaftliche, wirtschaftliche und militärische Situation Deutschlands mit der nationalsozialistischen Machtübernahme entscheidend zu verbessern schien, genossen die Dogmen der Nationalsozialisten uneingeschränkte Autorität. Im Folgenden möchte ich genauer erörtern, wie dieses wissenschaftliche Paradigma die politische und ethische Sicht der Nationalsozialisten bestimmte, während es gleichzeitig die religiöse Tradition außer Kraft setzte.

Durch die Mechanismen der Anpassung und des Überlebens der Stärksten hatte Darwin detailliert nachgewiesen, wie Veränderung bei Lebewesen sowohl möglich war als auch schlüssig vonstattenging. Er entwickelte ein wissenschaftlich durchdachtes System, das die natürliche Welt aus der Sicht menschlicher Klassifizierung und Beschreibung darstellte.

Darwin dachte dabei natürlich nur an Lebewesen der Natur. Einige Gesellschaftswissenschaftler meinten jedoch, dass auch der Kampf der Kulturen in der menschlichen Geschichte durch dieses System wissenschaftlich erklärt werden könne. Sie behaupteten, dass, ebenso wie verschiedene Pflanzen und Tiere in der Natur miteinander kämpften, auch verschiedene Menschengruppen in der Geschichte gegeneinander um den Zugang zu Ressourcen kämpfen würden. Es gehörte nicht viel dazu, Darwins Ideen der natürlichen Auslese und des Überlebens der Stärksten auf den Menschen anzuwenden. Dazu musste man nur annehmen, dass verschiedene Kulturen, ebenso wie verschiedene Arten, miteinander um die Vorherrschaft kämpften. Dabei würden überlegene Kulturen, ebenso wie überlegene Arten, sich in der Reproduktion und der Erweiterung ihres Lebensraums durchsetzen, während andere dabei marginalisiert oder vernichtet werden würden. Weiterhin könne jede Kultur sich entsprechend der Bedingungen verändern oder anpassen. Und schließlich sei auch das Wesen oder der innere Kern einer Kultur unveränderlich und könne historisch auf seine Anfänge zurückverfolgt werden, ebenso wie Genotypen in der Natur ihre wesentlichen Merkmale, trotz äußerer Veränderungen, beibehalten würden. Deshalb könne man unterschiedliche Nationen, Kulturen oder Rassen bei den Menschen in der gleichen Weise untersuchen, wie unterschiedliche Tierarten in der Natur. Die Vielfalt heutiger Kulturen könne nach Rassen unterschieden werden, ähnlich der Klassifizierung der natürlichen Flora und Fauna nach Arten, wobei als Unterscheidungsmerkmale z. B. Hautfarbe, Sprache, kulturelle Schöpferkraft und Ähnliches verwendet werden könnten. Weiterhin könne die historische Entwicklung heutiger Rassen anhand „verfestigter" Hinterlassenschaften wie Kunst, Literatur und Architektur und anderer archäologischer Daten rekonstruiert werden. Aus dieser Sicht könne man nicht nur bestimmen, welcher „Art" oder „Rasse" ein moderner Mensch angehört, sondern auch, über welche inneren Verhaltensdispositionen und geistigen Merkmale dieser Mensch verfüge.

Die Betrachtung der menschlichen Gesellschaft aus der Perspektive wissenschaftlicher Biologie führte dazu, soziale Unruhen und Kriege nicht mehr als ökonomische oder politische Ereignisse zu sehen, sondern als Ausdruck biologischer Notwendigkeiten, als Wirken des Gesetzes des Überlebens der Stärksten in der menschlichen Gesellschaft. Aus dieser Sicht hatten die Träger starken genetischen Materials, ob nun die höheren Klassen in einer Nation oder weiter entwickelte Nationen gegenüber weniger entwickelten das natürliche Recht, ja die Pflicht zur Vorherrschaft, um die Kultur und Zivilisation voranzubringen. Wenn auf der anderen Seite der Genpool einer Gruppe, weshalb auch immer, degenerierte, wäre die Bevölkerung nach diesen Naturgesetzen zum Untergang bestimmt und könne vernichtet werden. Eine solche genetische Degenerierung könne aus inneren Gründen entstehen, wenn etwa minderwertige Klassen zu viele Kinder hätten oder aus äußeren Gründen, wie die genetische Mischung von Angehörigen höher- und minderwertiger Gruppen. Um das Überleben und den Erfolg einer Nation zu sichern, war aus dieser Sicht eine wissenschaftliche Sozialpolitik sorgfältiger eugenischer Maßnahmen erforderlich. Das waren die vermeintlich unangreifbaren Konsequenzen einer institutionalisierten Sozialethik, die auf den wissenschaftlichen Hypothesen Darwins gründete.

Es waren genau solche Maßnahmen, die die Nationalsozialisten vorschlugen, um Deutschlands Probleme zu lösen, wobei sie behaupteten, dafür die am weitesten fortgeschrittenen Einsichten der Biologie auf die Gesellschaft anzuwenden. Deutschlands Niedergang, so erklärten sie, sei das Ergebnis der Zerstörung seines Genpools, weshalb nach dem Gesetz des Überlebens der Stärksten das deutsche Volk bzw. die deutsche Rasse unvermeidlich marginalisiert oder vernichtet werden würde, wenn seine Degenerierung nicht umgekehrt würde. Dabei würden die Naturwissenschaften ein zweigleisiges Vorgehen nahelegen, um eine Erneuerung des Erbbestandes der Deutschen zu bewirken. Zum einen müssten Träger minderen oder geschädigten Erbmaterials durch eine Reihe eugenischer Maßnahmen, einschließlich der Tötung oder Sterilisierung unerwünschter oder degenerierter Elemente der Bevölkerung, an der Fortpflanzung gehindert werden. Zum anderen müsse die Vermischung und dadurch Verwässerung des genetischen Erbes der Deutschen, also des sogenannten arischen Genotyps, verhindert werden. Das konnte nur durch die Identifizierung und Isolierung von Nichtariern erreicht werden, was unvermeidlich zum nationalsozialistischen Programm der Errichtung von Ghettos, Konzentrations- und Vernichtungslagern führte.

Im Folgenden möchte ich die bisherige Argumentation und einige ihrer wichtigsten Konsequenzen zusammenfassen. Zunächst und vor allem hatte der Sozialdarwinismus als Gesellschaftstheorie tiefe Wurzeln in der Wissenschaft und insbesondere der Biologie. Deshalb haben der Sozialdarwinismus und die eugenischen Wissenschaften, die er kreierte, ein umfassendes, in sich stimmiges und vermeintlich objektives Weltbild begründet. Hatte man dieses biologische

Paradigma einmal akzeptiert, war es aus sich heraus nicht mehr zu widerlegen. In einer technologisch entwickelten Gesellschaft wie Deutschland war ein solches Weltbild durchaus überzeugend. Und schließlich konnte der Sozialdarwinismus leicht zu einer scheinbar wissenschaftlich begründeten Sozialpolitik weitergeführt werden. Im Ergebnis schien dieses sozialdarwinistische Weltbild unwiderstehlich in einem Deutschland, das durch die Kriegsniederlage, gesellschaftliche Anarchie und den ökonomischen Zusammenbruch aus der Bahn geworfen worden war. Dieses umfassende, vorgeblich wissenschaftliche System konnte nicht nur das Geschehen erklären, sondern auch verlässliche Orientierung bieten, wie die Probleme zu lösen waren. Und so wurde Auschwitz Schritt für Schritt von ganz gewöhnlichen Menschen eingeführt, die guten Gewissens handelten und dachten, das Richtige für das große Ganze zu tun und dabei in Übereinstimmung mit Naturgesetzen zu handeln.

Auch wenn dieses Paradigma durchaus plausibel erscheint, war seine Anwendung doch nicht unvermeidlich. Diejenigen, die das Darwinsche Modell der Gesellschaftspolitik akzeptierten und verbreiteten, waren dabei auch mit Gegenpositionen konfrontiert. Deshalb geht es hier nicht einfach darum, die Frage zu beantworten, warum Menschen, die einmal die nationalsozialistische Ethik akzeptiert hatten, dann auch entsprechend handelte. Das lässt sich relativ einfach erklären. Die interessantere Frage ist, warum sie diese Ethik akzeptierten. Schließlich hatte dieses Paradigma schreckliche politische Konsequenzen, die jedem bewusst waren, der an ihnen interessiert war. Es etablierte die moralische Notwendigkeit eines Rassenkrieges, es rechtfertigte die Versklavung vermeintlich Minderwertiger, es forderte die Sterilisierung oder Tötung derjenigen, die für gesellschaftlich überflüssig erklärt wurden und es verlangte die Ermordung der Rassengegner, ob nun Einzelner oder ganzer Gruppen. Es muss daran erinnert werden, dass diejenigen Denker, die dieses Paradigma entwickelt oder akzeptiert haben, sich seiner Konsequenzen voll bewusst waren. Die wirklich wichtige Frage ist deshalb, warum der Sozialdarwinismus überhaupt akzeptiert wurde, war es doch dieses Gesellschaftsparadigma, das den Holocaust begründet hat. Nachdem dieses Paradigma einmal akzeptiert war, war die Entwicklung zum Rassenkrieg und Völkermord unvermeidlich, die Akzeptanz des Sozialdarwinismus war es nicht.

Das wirft die Anschlussfrage auf, ob es ähnlich überzeugende, wissenschaftliche Gründe gab, auf deren Grundlage die Menschen das nationalsozialistische Paradigma hätten ablehnen können. Ich denke, die gab es in der Tat. Warum Menschen sich entschlossen, diese zu ignorieren, ist wiederum eine andere Frage, der ich hier nicht nachgehen kann. Ich denke jedoch, die Wahl des nationalsozialistischen Paradigmas war eher emotional als rational begründet. Es wurde also nicht aus objektiven Gründen gewählt, für die Interessen keine Rolle spielten. Vielmehr wurde es übernommen, weil es eine vermeintlich wissenschaftliche Begründung für Konsequenzen bot, denen viele Deutsche schon verpflichtet waren, zum Beispiel die, dass sich die Deutschen in ihrem Wesen von anderen Europäern wie den Juden und Slawen unterschieden und dass sie sich in einem Überlebenskampf mit ihren Nachbarn befanden, den sie um jeden Preis gewinnen mussten. Der Sozialdarwinismus hat solche Annahmen als richtig begründet und systematisiert. Die Zustimmung zu ihm wurde ihrerseits durch die Macht des Staates und die Kontrolle der Medien unterstützt.

Der Holocaust als ein ethisches System

Mir scheint, dass der Holocaust in diesem Sinne alle Merkmale einer Ethik aufweist, die mit einer systematischen Definition von gut und böse operierte und in der Lage war, mithilfe dieser Standards Verhalten als gut oder böse zu prägen und zu bewerten. Außerdem bezog diese Ethik Glaubwürdigkeit von einer Reihe äußerer „wissenschaftlicher" Rechtfertigungen und ermöglichte innerhalb bestimmter Grenzen eine Debatte und abweichende Interpretationen. Die Tatsache, dass Millionen von Menschen und unzählige Institutionen dazu gebracht werden konnten, nach diesem Verständnis von richtig und falsch zu handeln, zeigt die Wirkungsmächtigkeit dieser Ethik.

Diese beeindruckende Funktionsfähigkeit des nationalsozialistischen Systems ist das wichtigste Problem, das hier verfolgt wird. Die nationalsozialistische Ethik hat einerseits den geltenden ethischen Diskurs fortgesetzt, zugleich aber innerhalb dieses Diskurses eine Ethik mit einem neuen Inhalt entwickelt. Dass die Ethik des Holocaust nicht im Widerspruch zu einem normalen Leben stand, wirft beunruhigende Fragen nach der Natur der Ethik und ihrer Beziehung zur Moral auf. Zwei Voraussetzungen scheinen berechtigt: Einerseits legt die nationalsozialistische Ethik nahe, dass die Lebenskraft einer Ethik unabhängig von ihrem Inhalt ist, dass also jeder akademische Versuch, eine Reihe von Eigenschaften zu bestimmen, die allen ethischen Systemen gemeinsam sind, vergeblich ist. Der Inhalt einer Ethik scheint völlig unbestimmt zu sein. Auf der anderen Seite ist entscheidend, was eine Ethik zusammenhält. Anders gesagt, es ist die Syntax und Semantik ihres Diskurses, die über die Kohärenz und Überzeugungskraft einer Ethik entscheidet. Mit Syntax meine ich die fundamentalen und noch unausgesprochenen Behauptungen, die einer Ethik zugrunde liegen. Für die nationalsozialistische Ethik bedeutet dies, dass die Überzeugungen sozialer Gruppen für sie wichtiger sind als die von Individuen. Diese syntaktischen Überzeugungen sind nicht das Ergebnis rationalen, bewussten Denkens, sondern werden bewusst als selbstverständliche unwiderlegbare Wahrheiten angenommen. Solche nichtartikulierten amorphen Tendenzen bekommen linguistische Substanz durch eine bestimmte Semantik, die Verwendung von Wörtern und deren besonderen Konnotationen. Auf diese Weise zeigt sich erneut die Überzeugung der nationalsozialistischen Ethik, dass soziale Gruppen moralische Angelegenheiten durch aufgeladene Wörter wie Staat, Nation und Rasse verfolgen. Dieser Diskursmodus wiederum ist der Mechanismus, durch den die fundamentale Syntax auf andere übertragen oder in ihnen gestärkt wird. Diese Worte ihrerseits haben Überzeugungskraft, weil sie ausdrücken, was jeder

„syntaktisch" schon weiß. Daraus folgt, dass wir durch die Untersuchung der Eigenschaften von Syntax und Semantik der nationalsozialistischen Ethik etwas über die Denk- und Sprachstrukturen erfahren, die dem Funktionieren aller ethischen Systeme zugrunde liegen.

Um meine bisherige Argumentation zusammenzufassen: Ich schlage eine Theorie der Ethik vor, die unser Verständnis von richtig und falsch vor allem als Funktion des Diskurses begreift, also der Denk-, Sprach- und Handlungsformen. Das heißt, unser Anspruch, etwas als richtig oder falsch bzw. als gut oder böse zu bewerten, beruht darauf, wie wir die Welt und die Worte, die wir vorab zu ihrer Analyse und Beschreibung benutzen, betrachten. Daraus folgt, dass die Sprache, die die Nationalsozialisten für die Juden benutzten, nicht lediglich politische Rhetorik war, sondern vielmehr beschreibt, wie die Menschen tatsächlich die Welt betrachtet haben. Deshalb konnte die Tötung der Juden nur von „Tätern mit gutem Gewissen" ausgeführt werden. Darauf werde ich zurückkommen, wenn ich die Vorteile einer solchen Diskursethik für die Betrachtung des Holocaust darlegen werde. Ich möchte schon jetzt betonen, dass wir aus dieser Sicht nicht länger davon ausgehen können, dass eine Ethik als Ergebnis logischen Denkens, das auf bestimmte moralische Sätze angewendet wird, begriffen werden kann. Vielmehr sind wir dazu aufgefordert, eine Ethik als Bedeutungsfeld einer sprachlichen Struktur zu begreifen. Das ist der Grund, weshalb die nationalsozialistische Ethik mit ihrem umgekehrten Inhalt existieren und funktionieren konnte.

Der Holocaust als das absolute Böse

Um meinen eigenen Ansatz zu verorten, möchte ich zwei andere Versuche der Konzeptualisierung von gut und böse in der Auseinandersetzung mit dem Holocaust und moralischer Theorie vorstellen, die ich nicht überzeugend finde und deshalb ablehne. Eine extreme Position hat das nationalsozialistische System zur Inkarnation des Bösen erklärt. Auch wenn das emotional befriedigend ist, verfehlt dieser Ansatz doch den Charakter der Kultur des Holocaust. Es bleibt die Tatsache, dass der Holocaust auf der Zustimmung eines ganzen Landes, ja, eines ganzen Kontinents, beruht hat. Das hat die professionelle Kooperation einer ganzen Generation von Juristen, Ärzten, Politikern, Journalisten, Beamten, Lehrern und Managern der Industrie eingeschlossen. Diese Kultur hat verschiedene Bereiche der modernen Industriegesellschaft über einen längeren Zeitraum erfasst, und das nicht nur in Deutschland, sondern auch in Österreich, Frankreich und anderen Ländern. Anzunehmen, dass das Ausdruck des Bösen ist, dass alle diese Menschen im Inneren Massenmörder waren, scheint mir verfehlt. Das Gegenteil scheint der Fall gewesen zu sein, finden wir doch immer wieder Belege dafür, dass selbst diejenigen, die persönlich und unmittelbar in die Kultur des Holocaust verstrickt waren, in anderen Zusammenhängen fürsorgliche und sensible Menschen waren. Sie wurden nicht plötzlich 1941 zu

Monstern, um dann 1945 zu ihrer Menschlichkeit zurückzufinden. Sie haben weiterhin zuverlässig und engagiert ihre Arbeit erledigt, ein normales Familienleben geführt und waren normal funktionierende soziale Wesen. Das ist einer der Gründe, weshalb ich die Annahme des Holocaust als des absolut Bösen als banal und oberflächlich zurückweise. Auf der persönlichen Ebene war das einfach nicht der Fall.

Ein anderer Grund, weshalb ich diese Bestimmung ablehne, ist, dass wir dadurch eine zu große Distanz zwischen uns und dem Holocaust errichten. Die Ereignisse in Europa erscheinen dann als Abweichung und Diskontinuität vom normalen Gang westlicher Geschichte. Den Holocaust als Beispiel für das absolut Böse zu sehen, macht es unmöglich, ihn zu begreifen. Er erscheint dann als Tat einiger verrückter, perverser Menschen und hat nichts gemein mit dem normalen Charakter der menschlichen Gesellschaft, die nichts aus ihm lernen kann, außer vielleicht der Banalität, Verrückte nicht an die Macht kommen zu lassen. Der Holocaust ist nur dann relevant, wenn er nicht als Abweichung verstanden wird, als ob Europa zeitweise in die Dimension einer anderen Raum-Zeit übergegangen wäre. Der Holocaust hat nur dann eine Bedeutung für uns, wenn er etwas mit unserer eigenen Wirklichkeit zu tun hat.

Die Zurückweisung der Banalität des Bösen

Am anderen Ende des Spektrums steht das Verständnis des Holocaust als Ausdruck der Banalität des Bösen, um die Formulierung Hannah Arendts zu gebrauchen. Bei dieser Konzeptualisierung, die ich ebenfalls ablehne, sehe ich zwei Probleme: Eines ist die Dezentrierung der Ethik, also die Behauptung, dass der Holocaust ohne wirkliche ethische Überlegungen der Täter passiert sei, die einfach einer Tätigkeit nachgegangen seien, ohne groß darüber nachzudenken. Das würde bedeuten, dass der Holocaust irrelevant ist für die Ethik und Moralphilosophie, da er außerhalb der Ethik stattgefunden habe. Wenn sich überhaupt etwas aus dem Holocaust lerne ließe, dann wäre es aus dieser Sicht, dass Menschen ganz gut auch ohne einen ethischen Diskurs auskommen. Die Existenz der Ethik als Disziplin ist schwer vorstellbar, wenn sie als zwar mögliche, letztlich aber unnötige Redeweise verstanden wird. Wenn der Holocaust als banal abgetan werden kann, dann ist die Ethik in der Tat irrelevant für das Begreifen menschlichen Verhaltens.

Damit komme ich zu meinem zweiten Vorbehalt gegenüber dem Begriff der Banalität des Bösen. Die Annahme, dass eine Gesellschaft ohne eine Ethik auskommt, ist meiner Meinung nach ein Widerspruch in sich selbst und sicherlich nicht durch den Bezug auf den Holocaust begründbar. Der Holocaust offenbart weder einen Mangel der Verpflichtung auf Ideale noch die Abwesenheit eines ethischen Diskurses. Die verschiedenen Akteure im Drama des Holocaust zeigen mitnichten Banalität oder Indifferenz. Vielmehr waren viele von ihnen überzeugt davon, dass das, was sie taten oder was um sie herum geschah, notwendig und sogar gut war. Sie gingen ihrer Tätigkeit mit einer Leidenschaft und Entschlossenheit nach, die sich kaum als banal bezeichnen lässt. Vielmehr fällt auf, wie viele der wichtigen Akteure in diesem Drama in ihren Tagebüchern oder Erinnerungen davon sprachen, wie schrecklich das war, was sie mit ansehen mussten und wie schwer es ihnen fiel, weiterzumachen. Dennoch machten sie weiter und verwiesen darauf, dass sie das, was sie taten, für richtig hielten. Diese Tatsache widerlegt die Idee, dass der Holocaust banal war und wirft vielmehr gerade die Frage der Ethik auf: Warum fanden ehrenwerte, sensible, nichtbanale Europäer den Holocaust tolerierbar oder sogar wünschenswert?

In meiner Antwort möchte ich zunächst noch einmal darauf verweisen, dass der Holocaust ohne die Mitwirkung von Millionen von Menschen über einen langen Zeitraum in ganz Europa bzw. dem Westen, wenn man die Rolle Kanadas und der Vereinigten Staaten bei der Verhinderung jüdischer Emigration aus Europa einbezieht, nicht möglich gewesen wäre. Ist es wirklich plausibel, anzunehmen, dass all diese Menschen routiniert an etwas beteiligt waren, das sie für die Inkarnation des Bösen hielten? Würde man das bejahen, wäre der Begriff des Bösen jeden Inhalts beraubt. In der Ethik wird zu Recht angenommen, dass Worte wie „böse" oder „falsch" auf Handlungen verweisen, von denen den Akteuren klar ist, dass sie diese unterlassen sollten. Zu sagen, dass Menschen engagiert etwas taten, das sie selbst für ethisch falsch hielten, würde die wichtigsten Begriffe der Ethik ihrer Bedeutung entkleiden. Ganz im Gegenteil scheint ein solches kulturell übergreifendes Ereignis wie der Holocaust nur dadurch möglich gewesen zu sein, weil eine hinreichende Anzahl von Menschen ihn nicht als falsch und unmoralisch sahen, die sich selbst vielmehr als im Grunde moralische Menschen verstanden. Ein gutes Beispiel dafür ist, dass die SS noch in den 1940er-Jahren die willkürliche Tötung von Juden als Mord ahnden konnte. Selbst mitten im Holocaust hatte die Ethik also noch nicht ihre Bedeutung verloren.

Ein solches Verständnis des Holocaust als ethisches System vermeidet die offensichtlichen Probleme, die sich aus den beiden anderen Ansätzen ergeben. Es ermöglicht uns, die massenhafte und fortgesetzte Mitwirkung am Holocaust zu erklären, ohne entweder die Europäer für im Grunde unmoralisch zu deklarieren oder aber davon auszugehen, dass sie ohne eine wirkliche Ethik auskamen, die ihr Denken und Handeln geleitet hätte, sodass der Holocaust als eine außer Kontrolle geratene Banalität erscheint. Ich behaupte, dass Menschen immer eine Ethik haben, an der sie ihr Handeln und Denken orientieren und dass die Europäer weit davon entfernt waren, den Holocaust als etwas Banales zu sehen. Diese Annahme, dass es eine nationalsozialistische Ethik gab, stellt eine Verbindung zwischen den Tätern und Mitläufern des Holocaust zu uns selbst her. Was im Holocaust geschehen ist, kann hierdurch nicht mehr als ohne Bedeutung für unsere eigene Situation abgetan werden.

Eine alternative ethische Theorie

Die bisherigen Überlegungen lösen zwar einige der Probleme, werfen aber auch neue Fragen auf. Insbesondere wird die Frage, warum Menschen etwas tun, von dem sie wissen oder wissen könnten, dass es unmoralisch ist, gegenstandslos und ersetzt durch die Frage, woher die Menschen eigentlich wissen, was unmoralisch ist. Auf der Agenda einer neuen ethischen Theorie steht deshalb nicht die Frage, warum so viele Menschen im nationalsozialistischen Europa unmoralisch gehandelt haben, sondern warum sie den Holocaust nicht als etwas Unmoralisches erkannt und deshalb ihr Mittun verweigert haben. Meine Antwort auf diese Frage ist, dass der vorherrschende ethische Diskurs, so wie er sich im Denken, in der Sprache und im Handeln ausgedrückt hat, die Menschen dazu konditioniert hat, die Juden in einer bestimmten Weise zu sehen und Versuche zu ihrer Vernichtung als Beitrag zur Durchsetzung eines höheren Gutes zu akzeptieren. Es gab eine Art Selbstverständnis über den Gang der Dinge, der die Menschen in einer bestimmten Weise handeln ließ. Sie waren bewusst und gewissenhaft dabei, da der Diskurs einer Ethik, und nicht ihr Inhalt ein bestimmtes Verhalten als richtig und überzeugend erscheinen lässt. Das möchte ich im Folgenden erläutern.

Ich gehe davon aus, dass Bedeutung und Sinn einer Ethik letztlich durch die Beziehungen zwischen bestimmten Größen entschieden werden. Wir verstehen, was etwas ist oder bedeutet dadurch, wie wir es bezeichnen oder beschreiben und damit in Beziehung zu anderen Dingen setzen. Das ist so, weil etwas nur innerhalb eines begrifflichen Universums bewertet und mit einer Bedeutung versehen wird, wenn es also als etwas Bestimmtes im Unterschied zu etwas Anderem verstanden wird. Kurz, ein Ding, eine Handlung oder ein Phänomen ist nur in einem bestehenden systematischen Raster verständlich, durch das die Fülle und Komplexität der Wirklichkeit so organisiert und reduziert wird, dass sie überschaubar wird. Etwas erscheint dann als unverständlich oder verwirrend, wenn es nicht oder noch nicht Teil eines verständlichen Universums ist. Die Begriffe, die uns zur Beschreibung von etwas Neuem zur Verfügung stehen, ebenso wie die Bedeutungen und Konnotationen bereits etablierter Begriffe beeinflussen immer die Art und Weise, in der wir etwas Neues betrachten.

Dieses Verständnis von Bedeutung trifft nicht nur auf die Beschreibung von Ereignissen und Gegenständen zu, sondern auch auf Wertungen. Nur wenige der Wertungen, die uns abverlangt werden, sind objektiv und wissenschaftlich begründbar. Üblicherweise machen wir solche Wertungen auf der Grundlage unserer Persönlichkeit und unserer Erfahrungen, etablierter Beziehungen, kultureller Denkfiguren, rechtlicher und sozialer Regeln und allgemein akzeptierter sprachlicher Konventionen. Und wenn wir aufgefordert sind, unser Denken und Handeln zu rechtfertigen, beziehen wir uns normalerweise nicht auf das Absolute oder objektive Strukturen des Universums, sondern auf unsere Wahrnehmungen und soziokulturelle Erwartungen. Ich gestehe zu, dass einige unserer wichtigsten Werte tatsächlich objektiv begründet sind. Ich akzeptiere auch die

Annahme, dass Mord nicht deshalb schlecht ist, weil wir das behaupten, sondern weil er gegen das göttliche Gesetz verstößt, und weil ich davon ausgehe, dass das für die vorherrschenden ethischen Systeme irrelevant ist. Auch wenn solche transzendenten Wirklichkeiten existieren mögen, so meine Annahme, beziehen wir uns in unserem Denken und unseren ethischen Entscheidungen nicht auf sie. Wenn ein moralisches Subjekt vor der Entscheidung steht, einen anderen Menschen zu töten oder nicht, wird es die Entscheidung, was richtig ist, mit Hilfe einer Definition des Richtigen, auf der Grundlage gesellschaftlicher Konventionen und bezogen auf den Kontext seiner Entscheidung treffen. Es wird sicher wissen, dass Mord per Definition falsch und unmoralisch ist, es ist sich aber auch bewusst, dass es Umstände gibt, unter denen die Tötung eines anderen Menschen akzeptabel ist oder sein kann. Welche Art Handeln eine bestimmte Situation erfordert, hängt ab von den vorherrschenden ethischen Standards, die ihrerseits durch die Sprache und durch sich von selbst verstehende Konventionen des Denkens bestimmt sind, nicht aber wissenschaftlich begründet sind.

Noch einmal, ich behaupte nicht, dass unsere moralischen Urteile ausschließlich durch unsere Diskurskultur bestimmt sind. Vielmehr sind wir immer noch in hohem Maße moralisch autonom. Diese Autonomie üben wir jedoch innerhalb bestimmter Parameter aus. Das Verhalten von Menschengruppen zeigt, dass gesellschaftliche und sprachliche Normen ebenso wie die plausible Beschreibung einer Situation ein bestimmtes Spektrum von Möglichkeiten eröffnen und Wahrscheinlichkeiten bestimmen lassen, wie unabhängige moralische Subjekte in einer bestimmten Situation urteilen und handeln werden. Es ist auch klar, dass das Wissen ebenso wie sprachliche Assoziationen und Rhetorik sich verändern und damit auch die Beurteilungen eines Subjekts. Was zu einer bestimmten Zeit akzeptabel ist, mag zu einer anderen Zeit als schockierend wahrgenommen werden. Was zu einer beliebigen Zeit gesellschaftlich möglich ist, entscheidet sich durch die vorherrschenden gesellschaftlichen, sprachlichen und institutionellen Konventionen.

Die Entstehung einer nationalsozialistischen Ethik

Meine bisherige Argumentation lässt sich darin zusammenfassen, dass ein kulturelles Ereignis wie der Holocaust deshalb möglich war, weil Millionen von Menschen ihn akzeptiert haben, und zwar, so meine These, im Rahmen ihrer Alltagsethik. Diese Menschen waren weder banal noch böse, sondern normal funktionierende moralische Wesen. Deshalb sind ihre Entscheidungen relevant für die Untersuchung der Ethik. Sie stehen nicht außerhalb dieser Ethik, sondern erhellen vielmehr innerhalb ihrer Grenzen die Strukturen und den Prozess des menschlichen ethischen Denkens. Ihr Beispiel gibt mindestens Aufschluss über zwei Aspekte dieses Prozesses, denen ich mich nun zuwenden möchte. Der erste hat mit den Elementen eines solchen Diskurses zu tun. Welche gesellschaftlichen, intellektuellen, sprachlichen oder anderen Einflüsse haben diesen

Diskurs geprägt? Der zweite Aspekt beschäftigt sich mit dem Verhältnis dieser Ethik zu anderen gesellschaftlichen Diskursen. Ich möchte beschreiben, wie die transzendente Ethik der Nationalsozialisten mit anderen Ethiken wie etwa dem ethischen Diskurs der Kirche interagiert. Darauf werde ich zurückkommen.

Die wichtigsten Säulen der nationalsozialistischen Ethik beruhen auf bestimmten kulturellen Gegebenheiten, auf die sie, als bereits eingeführte, sich von selbst verstehende Wahrheiten, zurückgreifen konnten. Drei von ihnen sind besonders wichtig und sollen hier näher betrachtet werden, nämlich der wissenschaftliche Rassismus, der Faschismus und der Judenhass. Durch eine Verbindung dieser Diskurse hat es die nationalsozialistische Bewegung verstanden, den Inhalt der modernen Ethik unter Beibehaltung seiner Form zu verändern. Es blieb möglich, über gut und böse zu sprechen, obwohl sich die Bedeutung beider Konzepte änderte und die Menschen das Gute intuitiv auf andere Weise angingen.

Eines der wichtigsten Merkmale der nationalsozialistischen Ethik ist zweifellos ihre Zurückweisung der Fokussierung der Aufklärung auf das Individuum als Gegenstand der Moral, an dessen Stelle sie die Gesellschaft ins Zentrum rückten. Die nationalsozialistische Ethik setzte einige Strömungen des 19. Jahrhunderts, wie die Romantik und den Marxismus, fort, die dem Individuum nur als Teil der Gesellschaft Bedeutung zugestanden. Aus dieser Sicht konnte das Gute nur auf der Ebene der Gesellschaft über das Böse triumphieren, nicht im einzelnen Individuum. Gut und richtig wurden als gesellschaftliche, nicht als individuelle Tugenden gesehen. Diese Sichtweise steht im Widerspruch zum Denken der Aufklärung, das das syntaktische Niveau des ethischen Diskurses prägte. Das wird deutlich daran, wie diese Sicht der Realität eine Reihe verschiedener intellektueller Strömungen ins Leben rief. Besonders auffällig ist dabei das öffentliche Verständnis zeitgenössischer wissenschaftlicher Rassetheorien.

Der wissenschaftliche Rassismus ergänzte den allgemeinen Fokus auf Gruppen von Individuen durch eine Reihe semantischer Eigenschaften und Konnotationen. Die erste knüpfte an die Hegelsche Idee des Fortschritts als Reflexion eines historisch aktiven Geistes an, die durch die Entdeckung Afrikas und Asiens besondere Bedeutung gewann. Was auch immer Hegel selbst damit gemeint haben mag, im allgemeinen Verständnis der Zeit wurde aus dieser Perspektive der Schluss gezogen, dass Kulturen und Zivilisationen nicht nur unterschiedlich, sondern einige den anderen objektiv überlegen seien. In dieser Denkweise meinte „überlegen" mehr als einfach nur fortgeschrittener, nämlich ein höheres Niveau menschlicher Selbstverwirklichung, das niedrigere Kulturen nicht oder noch nicht erreicht hatten. Die Frage war natürlich, warum sie nicht Schritt gehalten hatten, worauf Charles Darwins naturalistische Theorien eine Antwort zu geben schienen. Der mehr technische Prozess, den Darwin mit dem einprägsamen Schlagwort vom „Überleben des Stärkeren" beschrieben hatte, wurde nun erweitert zur einfachen Idee, dass der Bessere den Unterlegenen erobert und die ganze Natur ein großes Schlachtfeld sei, auf dem es weder Mitleid noch Gefangene gäbe. Alle Gesellschaften, die ihre Angehörigen ernähren und unterstützen, stehen im ständigen Kampf mit anderen Gesellschaften. Das ist jedoch kein Kampf zwischen Gleichen, da klar ist, dass einige Gesellschaften anderen unterlegen sind und das eiserne Gesetz der Natur dazu führt, dass die überlegenen die unterlegenen Gesellschaften rücksichtslos erobern. Da dieser ungleiche und unbarmherzige Kampf in Übereinstimmung mit der Natur steht, ist er immanent gut oder zumindest richtig und letztlich der Grund dafür, dass Fortschritt überhaupt möglich ist. Diese Beschreibung, die die Bedeutung der zuvor eingeführten syntaktischen Wahrheit ausbaut, wird in der nationalsozialistischen Ethik zum wichtigsten Bestandteil ihrer Erklärungskraft.

Das wissenschaftliche Rassendenken behauptet weiterhin, dass das Kulturniveau einer Gesellschaft durch ihr genetisches Erbe entschieden wird, von dem jede Rasse über ein bestimmtes Potenzial verfügt, das ihr mögliches Entwicklungsniveau bestimmt. Dieses noch unausgereifte Verständnis wurde durch die Begrifflichkeit von Nation und Staat substantiell angereichert. So beschreibt das Wort Nation eine erbbiologische Gruppe von Individuen, denen ein bestimmtes kulturelles Potenzial gemeinsam ist. Dieses einer Nation immanente Potenzial finde sich in jedem Element der Kultur einer Nation, etwa in ihrer Sprache und ihren Gesetzen, ihrer Religion, Literatur und Philosophie. Jedes dieser Elemente könne als Maßstab für den Charakter und die inneren Möglichkeiten einer Bevölkerung dienen. Der Staat auf der anderen Seite sei einfach der politische Ausdruck einer bestimmten Gruppe. Natürlich war es das Ziel einer jeden Nation, ihre eigene Kultur zu kreieren und ihr eigenes Schicksal durch die Macht ihres Staates zu bestimmen: Frankreich für die Franzosen, Italien für die Italiener usw. Alles das wurde als natürlicher Gang der Dinge angesehen. Organisiert durch die zugrunde liegende Syntax, die das Gewicht auf das Schicksal der Gemeinschaft legte, und unterstützt durch die geltende politische und kulturelle Rhetorik konnte diese Sichtweise tatsächlich als gut und richtig gesehen werden.

Damit kommen wir zum Faschismus, wobei sich die Frage stellt, wie der Charakter und das Potenzial einer Nation sich in ihrem Staat ausdrücken. Der interne und scheinbar ewige Streit der Parlamente schien nahezulegen, dass demokratische Regierungsformen durch bestimmte Interessengruppen geprägt sind und deshalb nicht die klare und eindeutige Stimme des Volkes waren. Die faschistische Rhetorik behauptete, dass die Verbindung zwischen der Nation als einer Gruppe und den staatlichen Machtformen sich auf natürliche Weise aus dem Volk ergeben müsse, dessen Wille sich ohne politische Einschränkung entfalten können müsse. Praktisch hieß das, die innere Dynamik einer Nation durch einen Führer als Repräsentanten des Volkes auszudrücken. Dieser Führer wäre dazu ermächtigt, die Politik eines Staates im Namen der nationalen Gemeinschaft festzulegen. Dabei galt es zu dieser Zeit als selbstverständlich, dass jedes Individuum dazu bereit war, seine Bedürfnisse zum Wohle der Nation denen der Gruppe unterzuordnen. Das passt sehr gut zur Herausstellung der Gruppe gegenüber dem Individuum. Dieses Ideal einer zentralen staatlichen Autorität, dem sich das Individuum in seinem eigenen Interesse unterzuordnen habe, entsprach der Überzeugung, dass das Konzept des Guten sich auf die Gruppe bezog. Wieder wurde ein bereits bestehender Diskurs durch die syntaktische Überzeugung der nationalsozialistischen Ethik so umorganisiert, dass er zu einer kohärenten Bestimmung von richtig und falsch bzw. gut und böse führte.

Ergänzt durch den Judenhass nahm die Struktur des moralischen Diskurses zur Unterstützung des Holocaust Gestalt an. Damit sollte das allgemeine System klar sein. Deutschland sah sich als Ausdruck der kulturellen Bedürfnisse des deutschen Volkes. Dieser Staat hatte u. a. die Pflicht, das deutsche Volk in seinem Überlebenskampf mit anderen Völkern zu schützen. Obwohl Deutschland dabei durch die Überlegenheit seiner Sprache, Philosophie, Religion usw. hätte siegen sollen, wurde es tatsächlich besiegt und zerstört. Der deutsche Staat hatte gegenüber dem Volk und damit allen Angehörigen der Nation die Pflicht, das wieder in Ordnung zu bringen. Klar war auch, dass jedes Individuum die Pflicht hatte, dem Staat dabei zu helfen. Schon die Art der Beschreibung legte nahe, dass diese Sicht der Dinge selbstverständlich und richtig war.

Die verschiedenen Varianten, in denen die Juden hier als Ursache allen Übels identifiziert wurden, muss sicher nicht wiederholt werden. Als Semiten waren sie eine ausländische Rasse, die das deutsche Volk schwächten; als liberale Demokraten untergruben sie die Möglichkeit der Nation, sich unmittelbar und authentisch durch einen natürlichen Repräsentanten des Volkes auszudrücken; als Gründer des Bolschewismus hatten sie sich der rassischen Zerstörung Deutschlands verschrieben usw. Indem es die Juden in eine bereits existierende, vermeintlich stimmige ethische Rhetorik einfügte, war das nationalsozialistische System in der Lage, die moralische Energie der Menschen zu nutzen und in eine bestimmte Richtung zu lenken.

Auf der anderen Seite befanden sich die Deutschen und andere in einer Position, in der das Nachdenken über die Juden mit ethischen Konnotationen verbunden war, die die Judenfrage von vornherein von anderen Fragen unterschied. Über die Juden dachte man einfach anders, weshalb hier mehr möglich war, bevor man die Grenzen moralischen Anstands überschritt. Natürlich gab es auch hier Ausnahmen. Es gab Nationalsozialisten und andere, die kein Problem damit hatten, die Grenzen auch dieser Ethik zu überschreiten, um Schmerz und Leiden zu verursachen. Einige der Täter handelten aus schierer Bösartigkeit und Sadismus. Andere wussten, dass ihr Handeln falsch war, sahen sich aber durch die Umstände gezwungen, weiter so zu handeln.

Es entstand eine Ethik, die es Millionen Menschen ermöglichte, die Vernichtung der europäischen Juden zu billigen. Nachdem ein solcher Diskurs etabliert war, ließen sich die Ereignisse des Holocaust mit seiner Hilfe als ethisch berechtigt verstehen, während gleichzeitig, durch eben diesen Diskurs, gegenteilige Wertungen für unberechtigt, irrelevant und unsinnig erklärt wurden.

Das Zusammenspiel mit anderen Wertesystemen

Die bisherige Analyse legt ein weiteres vielversprechendes Feld der Untersuchung nahe, und zwar die des Zusammenspiels verschiedener Wertesysteme und ihrer zumindest zeitweisen gegenseitigen Unterstützung. Zu Beginn meiner Darstellung habe ich argumentiert, dass der ethische Diskurs nicht nur in sich kohärent ist, sondern auch mit anderen Diskursen interagiert, um seine Ethik anschlussfähig an übergreifende Beschreibungen der Wirklichkeit zu machen. Ich habe dabei auch darauf verwiesen, dass sich ein ethischer Diskurs mit anderen kulturellen Diskursen und Wertesystemen arrangieren oder sie in den eigenen integrieren muss, um sich durchzusetzen. Am Beispiel des Holocaust lässt sich zeigen, wie das funktioniert.

Damit wenden wir uns der Frage zu, worin die Überzeugungskraft ethischer Systeme gründet. Ein ethischer Diskurs kann meine Motive beeinflussen, da er plausible Wahrnehmungen der Wirklichkeit zu bieten scheint, in der ich mich bewege. Damit eine solche Wahrnehmung tatsächlich angemessen erscheint, muss sie mit anderen mir bereits vertrauten und plausibel erscheinenden Wahrnehmungen dieser Wirklichkeit übereinstimmen. Diese vorherigen Beschreibungen sind selbst Teil anderer Diskurse und Denkmodelle, die ich benutze: der Berufsethik, religiöser Sprache, politischer Slogans und dergleichen. Um überlegene Überzeugungskraft zu erlangen, muss ein ethisches System wie das der Nationalsozialisten das alles zusammenführen und mit ihren Forderungen und Werten übereinstimmen. Gleichzeitig verleihen diese anderen Diskurse der neuen übergreifenden Ethik Glaubwürdigkeit und Überzeugungskraft – sie stützen sich gegenseitig. Die der zeitgenössischen politischen Philosophie zugrunde liegenden Überzeugungen haben bestimmte Definitionen und Konnotationen der Begriffe Staat und Nation eingeführt, auf die die Nationalsozialisten in ihrer Begründung politischer Notwendigkeiten zurückgreifen konnten. Gleichzeitig veränderten sich natürlich Bedeutung und Inhalt dieser Begriffe durch ihren Anschluss an die nationalsozialistische Ethik. Auf diese Weise bezog die nationalsozialistische Ethik Glaubwürdigkeit aus dem vorherigen politischen Diskurs, dem sie zugleich eine neue Prägung gab.

Ein Grund für die Überzeugungskraft der nationalsozialistischen Ethik war, dass sie implizit und auch explizit auf Werte und Annahmen zurückgriff, die bereits Teil der Wirklichkeitswahrnehmung der Menschen waren. Hätte die nationalsozialistische Ethik einen totalen Bruch mit anderen Diskursen vollzogen, wäre sie mit hoher Wahrscheinlichkeit marginal und unwirksam geblieben. Sie wurde deshalb so wirkmächtig, weil sie auf intuitiv bereits als richtig und plausibel geltende Einsichten und Wahrnehmungen zurückgriff und diese neu organisierte. Darin zeigt sich, dass es für den Inhalt, den eine Ethik artikulieren kann, entscheidend ist, auf welche Diskurse sie dabei zurückgreifen kann.

Es geht darum, zu verstehen, weshalb die wissenschaftsgläubige und kultivierte deutsche Gesellschaft den Holocaust unterstützt hat. Die internen Diskurse der Kirchen, der Medizin und der akademischen Disziplinen gingen weiter, veränderten sich allerdings im Kontext der neuen übergreifenden Ethik, in die sie integriert wurden. Religiöse, medizinische und akademische Werte unterstützten, was auch immer ihre internen Ethiken nahelegten, letztlich die übergreifende nationalsozialistische Ethik. So fanden medizinische, juristische, religiöse und andere Berufsverbände keinen Weg, eine eigene Berufsethik zu artikulieren, die als Gegendiskurs zur nationalsozialistischen Ethik die breite Öffentlichkeit überzeugt hätte. Deshalb wurden die Geistlichen, die Ärzte und Professoren Teil der vorherrschenden Ethik, die die Grenzen dessen, was als kohärent und akzeptabel erschien, immer weiter verschob.

Wenn die Betrachtung des Holocaust uns dabei hilft zu verstehen, wie ethische Diskurse funktionieren, müssen wir uns stärker mit der Frage beschäftigen, wie Begriffe wie „wahr" und „falsch" entstehen, kommuniziert und an Beispielen durch Denk- und Diskursmuster verdeutlicht werden. Damit befindet sich diese Untersuchung der Moral und ethischer Systeme in Übereinstimmung mit Entwicklungen auf dem Feld der Religionsgeschichte, auf dem religiöse Werte und Weltanschauungen ebenfalls als Ergebnis von Denk- und Diskursmustern erscheinen, weshalb sich auch für sie eine Analyse ihrer Struktur und Semiotik anbietet. Ich schlage vor, auch den ethischen Diskurs als Werte- und Bedeutungssystem zu untersuchen, das auf die gleiche Weise konstruiert ist, wie das religiöse Universum von Bedeutungen. Damit gewinnt die ethische Wirklichkeit, in der wir uns bewegen, Sinn und Bedeutung nur durch die Art und Weise, in der unser kulturelles und intellektuelles Erbe es uns erlaubt, diese Realität in eine stimmige Ordnung zu bringen. Um eine Ethik und insbesondere die nationalsozialistische Ethik zu verstehen, müssen wir auch auf sie jene Werkzeuge anwenden, die sich auf anderen Feldern menschlicher Angelegenheiten bewährt haben.

Zusammenfassung

Letztlich erkennt diese Sicht menschlicher Ethik nach Auschwitz an, dass unser komplexes Leben als moralische Subjekte auf diesem Planeten problematisch ist. Es gibt keine minimale Ethik des Universums, der wir unbedingt vertrauen könnten. Bestenfalls verfügen wir über eine moralische Sensibilität, die durch unseren kulturellen Diskurs geprägt ist. Was wir jetzt brauchen, ist die wissenschaftliche Anerkennung, wie kontingent und sogar gefährlich, aber eben auch mächtig, diese Rhetorik sein kann. Der Holocaust legt nahe, dass wir unsere Energie nicht mit der aussichtslosen Suche nach vermeintlichen Grundlagen einer jeden Ethik verschwenden, sondern uns, stattdessen, den Implikationen und Konsequenzen unserer Alltagssprache widmen sollten. Schließlich entscheidet diese Sprache darüber, was unsere Gemeinschaft toleriert oder nicht toleriert.

Zu Beginn habe ich gesagt, dass es mir darum geht, zu verhindern, dass der Holocaust in der Zukunft als irrelevant erscheint, entweder, weil er als einzigartig erscheint oder aber, weil das mit ihm verbundene Böse als banal gesehen wird. Dabei habe ich mich auf die übergreifende menschliche Fähigkeit konzentriert, in ethischen Diskursen moralische Urteile, auf der Grundlage dieser Diskurse und bestimmter Denkfiguren, zu erreichen. Das scheint die Schlussfolgerung nahezulegen, dass wir davon ausgehen können, dass immer ein ethischer Diskurs das Verhalten der Menschen bestimmt. Offen sind die Grenzen dieses Verhaltens. Letztlich ist alles möglich. Insofern der Holocaust uns dazu zwingt, die Verantwortung für unser Handeln zu übernehmen und uns unserer Welt und unseren Mitmenschen als denkende Wesen zuzuwenden, ist schwerlich etwas vorzustellen, das relevanter wäre.

Gesinnungsrassismus.
Zur NS-„Ethik“ der Absonderung am Beispiel von Rosenbergs „Der Mythus des 20. Jahrhunderts“

*Christian Strub**

Ich halte die Beschreibung der im Folgenden Gesinnungsrassismus genannten Figur für wichtig, weil sie mir wie in einem Brennglas das zu zeigen scheint, was man in der Beschreibung der NS-Ideologie nicht ausblenden kann: Das Gemisch aus Großmannssucht, Schutzbehauptung und schrankenlosem Vernichtungswillen anderer. Ich möchte diese Figur an Rosenbergs „Mythus des 20. Jahrhunderts“ entwickeln. Die Überzeugungskraft alltäglicher NS-Schlagworte wie „Unsere Ehre heißt Treue“, „Die Treue ist das Mark der Ehre“ (Hindenburg) oder „Das nützt dem deutschen Volk“ kann zumindest auch mit dieser ideologischen Figur beschrieben werden. Ich behaupte damit nicht, dass diese Figur das „Wesen“ des NS erfassen soll – denn das setzte ein falsches Konzept hinsichtlich der Geschlossenheit von Ideologien, Kulturen und Gruppenüberzeugungen voraus.[1]

1. Gesinnungsrassismus

Eine eigentümliche Faszination scheint von dem Versprechen auszugehen, endlich zu seinem Eigensten kommen zu können, wenn auch dieses Eigenste inhaltlich völlig unbestimmt bleibt. Man sollte meinen, gerade die inhaltliche Leere sollte ein solches Versprechen als völlig bedeutungslos entlarven. Das Gegenteil ist der Fall. Ein gutes Beispiel hierfür ist Heideggers Beschreibung des Rufs des Gewissens, weil es so explizit ist: Der Ruf des Gewissens ist völlig inhaltsleer – was allein zählt, ist die sozusagen authentische Form: Wenn der Ruf wirklich einer des Gewissens ist, dann verspricht er, mit allen Droh- und „Es geht ums

* Dieser um den ersten Abschnitt gekürzte Text wurde bereits unter gleichnamigem Titel veröffentlicht in: Werner Konitzer/Raphael Gross (Hg.), Moralität des Bösen. Ethik und nationalsozialistische Verbrechen, Frankfurt a. M.: Campus Verlag 2009, S. 171–196.

1 Vgl. Christian Strub, Keine Kulturbewertung. Was sollen wir anerkennen, wenn wir ‚eine fremde Kultur anerkennen‘? In: Hans-Helmuth Gander (Hg.), Anerkennung. Zu einer Kategorie gesellschaftlicher Praxis, Würzburg 2004, S. 127–154; ders., Kultur als Organismus, Kultur als Collage und unser unabweisbares kulturelles Bedürfnis. In: Internationale Zeitschrift für Philosophie, 15 (2006) 2, S. 36–58.

Letzte"-Gebärden ausgestattet, endlich die Einkehr in sich selbst - das, was man, so dieser Ruf, immer schon eigentlich gewollt hat.[2]

Ich schlage als zwei notwendige Bedingungen für das, was sinnvoll, das heißt ethisch begründbar,[3] Moral genannt werden kann, Folgendes vor: 1. Eine Moral muss eine Menge von Normen sein, in denen deutlich wird, dass die Personen, die sie befolgen, auch zu etwas anderem als nur zu sich selbst stehen; 2. eine Moral kann deshalb nicht etwas sein, dessen einziger Zweck darin besteht, sich selbst zu schützen. Beide Bedingungen erfüllt die NS-„Moral" nicht; deshalb ist in ihr auch nichts ethisch zu begründen (sondern nur „ethisch" zu „begründen"; zum Inhalt dieser „Begründung" s. S. 222). Die NS-„Moral" ist ein Diskurs der Absonderung. Das Kollektiv soll sich gegen etwas wehren, sich abschotten, sich auf das Eigene zurückziehen: Nur so könne „das deutsche Volk" in einer Zeit der Krise als Entität sui generis „überleben". Auf die Frage, warum das „deutsche Volk überleben" solle, gibt dieser Diskurs zwei Antworten. Die erste Antwort setzt die Menschheit als Vielfalt natürlich verfasster Kollektiv-„Gestalten": „Rassen" - und behauptet, „das Leben" der Menschheit sei in seiner Geschichte als „Kampf" zwischen diesen „Rassen" zu begreifen. Jede „Rasse" habe ein natürliches und deshalb nicht weiter analysierbares Interesse an Selbsterhaltung, und dieses sei einzig durch die Bekämpfung der anderen „Rassen" zu befriedigen. Das „Grundgesetz des Lebens" kennt keine Ausnahme; allenfalls die Kampfmittel können variieren und deshalb von der einzelnen „Rasse" gewählt werden. Wenn das „deutsche Volk" überleben soll, so deshalb, weil sich alles Lebendige „naturgesetzlich" in seiner Existenz erhalten will. Die zweite Antwort behauptet die Existenz von Kollektivgestalten: „Völkern" - eigens „ableiten" und weiter zeigen zu können, dass sich ein ganz bestimmtes, nämlich das „deutsche" Volk in seiner ursprünglichen Verfasstheit, seinem „Deutschtum" erhalten muss. Denn mit dem Untergang des „deutschen Volkes" geht angeblich die Menschheit *als Menschheit* insgesamt unter. Gegen eine ihrer eigenen Behauptung nach strikt naturalistisch-rassistische Moralvorstellung (etwa bei Ernst Krieck) steht also eine starke sich von Fichte herschreibende konservative Strömung, für die der Gebrauch des Begriffs Menschheit völlig geläufig war - und zwar *ohne* dass sie ihre Überzeugung aufgeben mussten, die jeweiligen Normen, um die es in der ‚Moral" geht, seien von eingeschränkter Gültigkeit.[4, 5]

2 „*Was* ruft das Gewissen dem Angerufenen zu? Streng genommen - nichts. Der Ruf sagt nichts aus, gibt keine Auskunft über Weltereignisse, hat nichts zu erzählen. [...] Dem angerufenen Selbst wird ‚nichts' *zu*gerufen, sondern es ist *aufgerufen* zu ihm selbst, das heißt zu seinem eigensten Seinkönnen." (Martin Heidegger, Sein und Zeit, Tübingen 1979, § 56, S. 273 [Hervorhebung im Original]).

3 Das Verhältnis von Moral und Ethik wird in der Literatur recht verschieden gesehen, vgl. Christian Strub, Sanktionen des Selbst. Zur normativen Praxis sozialer Gruppen, Freiburg i. Brsg. 2005, S. 747-750, Anm. 38. Ich verwende hier „Moral" als die Gesamtheit der faktisch in einer sozialen Gruppe geltenden Handlungsmuster und „Ethik" als die Benennung der Begründungsstrategien für diese Handlungsmuster.

4 In keiner der beiden Spielarten ist die NS-Moral „partikularistisch" (wie man sie gern unter dem vorausgesetzten Gegensatzpaar Universalismus/Partikularismus kennzeichnet).

Beide Antworten unterscheiden sich im Ergebnis nicht, denn sie legitimieren es gleichermaßen, alle diejenigen, die als „undeutsch" kategorisiert werden, „mit aller Härte", das heißt, mit allen denkbaren Mitteln, die „selbstverständlich" auch die Ermordung einschließen, auszugrenzen. Und sie stimmen darin überein, dass diese Menschen *jetzt* ausgegrenzt werden müssen - sei es, um den drohenden „Tod" des „deutschen Volkes", sei es um den der „Menschheit" zu verhindern. Sie befriedigen jedoch die Sehnsucht nach der Gemeinschaft, danach, dass die eigene „Rasse" bzw. das eigene „Volk" unter sich bleibt, verschieden: Die erste bedient sich neuester naturwissenschaftlicher, vor allem medizinischer Paradigmen und gibt sich damit den Anschein von Zeitgemäßheit,[6]

Denn auch der extreme Partikularismus postuliert ein allgemein - das heißt allen, die der moralisch-politischen Sphäre angehören - gleichermaßen einsichtiges Prinzip, nämlich maximale Toleranz gegenüber anderen Lebensformen. Die NS-Philosophen behaupten hingegen durchweg, dass ein solches Toleranzprinzip nicht begründet werden könne, die Annahme seiner Gültigkeit sogar moralisch-politisch schädlich sei. Vgl. etwa Ernst Krieck: „Der Nationalsozialismus endet gerade darum nicht im Relativismus, weil er den Weg des römischen Absolutismus und der jesuitischen Wahrheit nicht gehen wird! [...] Von jeher habe ich den Relativismus mit aller Schärfe bekämpft und abgelehnt." (Ernst Krieck, Jesuitischer Relativismus. In: Volk im Werden, 3 [1935], S. 316-319, hier 317f.) Krieck sieht den NS vielmehr als Überwinder eines falschen Gegensatzes von Universalismus und Relativismus („Der Absolutismus, dessen ergänzendes Gegenstück der Relativismus darstellt." [ebd., S. 317]), die eine „römische Erfindung" seien: „Wir Nationalsozialisten sind über alle menschlichen Göttlichkeits- und Absolutheitsansprüche hinaus. Damit sind wir aber auch radikal frei geworden vom Gegengespenst: vom Relativismus. Dieser Gegensatz ist für uns zur völligen Sinnlosigkeit entartet." (ebd., S. 318) Die Begründung: „Weil wir mit unserer Wahrerkenntnis [!] tiefer, nämlich in unsere eigene Beschränktheit, Bedingtheit und Gebundenheit sehen. Nur: Wir sind gerade aus unserer Wahrerkenntnis heraus, die keinen Relativismus und keinen Absolutismus gestattet, *ehrlicher, wahrhaftiger und bescheidener* als jene." (ebd., S. 318 [Hervorhebung im Original]) Die Begründung besteht also in dem Hinweis auf die prinzipiell historische Bedingtheit der menschlichen Existenz: „Wir sind nichts anderes als Menschen und damit unterstellt dem Gegensatz des Werdens und Vergehens, des geschichtlichen Gestaltwandels, der naturhaften Bedingtheit und Gebundenheit. [...] Wir sind die Werdenden, die Kämpfenden, die um Vollendung Ringenden und stehen damit im Gegensatz zu allen Besitzenden, zu allen Absolutisten, deren Angst, Schwäche, Unsicherheit und Halbheit doch aus jedem Satz wider Willen hervorspringt." (ebd.) „Der Nationalsozialismus ist rassisch-völkisch-patriotische Bewegung und damit dynamische Weltanschauung", der „in der echten, realen, geschichtlichen Spannung zwischen vorgefundener Notlage und vom Schicksal auferlegter, geschichtsbildender Gesamtaufgabe steht." (Ernst Krieck, Ist der NS universalistisch? In: Volk im Werden, 3 [1935], S. 185).

5 Die Unterscheidung beider Antworten geht in etwa parallel mit Slugas Unterscheidung zwischen „revolutionären" und „konservativen" Philosophen des NS, die sich vor allem auf Nietzsche oder Fichte als Ahnherren berufen; vgl. Hans Sluga, Heidegger's crisis: philosophy and politics in Nazi Germany. Cambridge, Mass. 1993, S. 11. Eine analoge Zweiteilung nimmt schon Gerhard Lehmann, Die deutsche Philosophie der Gegenwart, Stuttgart 1943 vor, wenn er „Auflösung und Übergang" (2. Teil, der die „Konservativen" behandelt, S. 205-340) den „Aufbau" (3. Teil, der die „Radikalen" behandelt, S. 341-548) folgen lässt.

6 Diese Antwort benutzt durchgehend ein organizistisches Paradigma: Jede einzelne Kollektivgestalt „Rasse" wird als ein lebender *Körper* gesehen, der zum einen genügend „Lebensraum" braucht und sich zum anderen gegen „Krankheiten" - mögen sie innerliche oder äußerliche Ursachen haben - wehren muss. Die Stärke und letztlich das

die zweite bedient sich des ganzen Arsenals des „Deutschen Idealismus" und adelt damit die Sehnsucht nach der Gemeinschaft als „Einsatz" für die Menschheit. Sie gibt sich philosophisch anspruchsvoller; eine ihrer „exoterischen" Züge ist so gut wie durchgängig die vornehme Absetzung gegen einen kruden „Naturalismus" und „Materialismus", der vorgeblich nur in der ersten Antwort zum Ausdruck komme.[7] Politisch hatte der NS mit dieser Differenz kein Problem, die beiden Antworten wurden ideologisch nicht gleichgeschaltet: Wie er in seiner Frühphase die Empörung über „wilde" antisemitische Ausschreitungen ganz gezielt als Legitimation dazu benutzte, die Brutalität der „gesetzlich geregelten" Ausgrenzung und Vertreibung aller „Nichtdeutschen" zu erhöhen,[8] so wurde die zweite Antwort dazu benutzt, die Gebildeten unter den Rassisten zufriedenzustellen: Die Ausgrenzung „des" Undeutschen sei „philosophisch" legitimierbar.[9]

Die ideologische Figur, die für den zweiten Antworttyp zentral, für den ersten Antworttyp nicht unwichtig ist, möchte ich als *Gesinnungsrassismus* bezeichnen. Sie besteht kurz gefasst darin, die absolute Überlegenheit des eigenen Volkes nicht aufgrund materialer, das heißt inhaltlich bestimmter Eigenschaften, Werte und Normen zu behaupten – dies läge nahe: x ist besser als y (bzw. alles andere) aufgrund der Eigenschaften A, B, C (die angegeben werden müssen) –, sondern aufgrund eines Sich-Verhaltens zu diesen Eigenschaften: Das deutsche Volk ist deshalb allen anderen Völkern überlegen, weil es zu sich selbst kommen und bei sich selbst bleiben will. Die Deutschen sind das Volk, das als einziges die Chance hat, so zu leben, wie alle anderen Völker leben sollen: für sich. Genau dies ist der Grund, warum das deutsche Volk auch der (einzige) Repräsentant der Menschheit ist.

Was die affektiven Vorteile einer solchen völkischen „Wir wollen zu uns kommen und bleiben"-Ideologie sind, mag man individualpsychologisch an Heideggers Eigentlichkeitsfetischismus studieren; die materialen Vorteile hinsichtlich ethischer Begründungsverpflichtungen liegen auf der Hand: Normen und Verhaltenskodizes müssen nur noch und ausschließlich daraufhin legitimiert werden,

Überleben eines solchen Körpers hängt davon ab, dass er sich genügend Raum verschaffen und sich gesund erhalten kann. Vgl. Robert N. Proctor, Racial Hygiene. Medicine under the Nazis. London 1988, bes. S. 223–250.

7 Vgl. die Darstellung bei Christian Tilitzki, Die deutsche Universitätsphilosophie in der Weimarer Republik und im Dritten Reich, Berlin 2002, S. 427–433, 1041–1055. Zum hier wissenschaftstheoretisch zentralen Begriff der „Gestalt" vgl. äußerst erhellend Ralf Klausnitzer, Fallstudien als Instrument der interdisziplinären Wissenschaftsforschung. Am Beispiel der disziplinübergreifenden Rezeption des ‚Gestalt'-Konzepts in den 1930er/1940er Jahren. In: Jörg Schönert (Hg.), Literaturwissenschaft und Wissenschaftsforschung, Stuttgart 2000, S. 209–256.

8 Vgl. Ulrich Herbert, Best. Biographische Studien über Radikalismus, Weltanschauung und Vernunft 1903–1989, Bonn 1996, S. 203–208, 218–221.

9 Darüber hinaus wird die erste Antwort fast nie vertreten ohne einen deutlichen Kulturrassismus, der den Ausgang des „Rassenkampfes" schon voraussagen zu können glaubte. Sie behauptet, dass die Kulturleistungen der eigenen Rasse so hochwertig seien, dass daraus schon das Ende des Kampfes abgelesen werden könne. Insofern treffen sich beide Antworten im Ergebnis.

dass sie *wirklich deutsch* sind - jede andere Art der Begründung ist gleichgültig oder gefährlich. Die einzig gültige Begründungsstrategie sind dann genealogische Erzählungen aus dem, was als „deutsche Geschichte" ausgegeben wird. „Ethik" ist damit ein Konglomerat von historischen Erzählungen über das, was „die Deutschen" angeblich immer schon waren. Die begründungstheoretisch betrachtet vollständige inhaltliche Beliebigkeit „moralischer" Normen wird überhöht durch die „ethische" Behauptung ihrer Abstammung aus dem völkischen Leben selbst und der Behauptung, sie seien (deshalb) auch „selbstverständlich".

Dieses „selbstverständlich" geht bis zur Lizenz der schrankenlosen Vernichtung derer, die nicht zur Volksgemeinschaft gehören. In seinem Buch über die Quellen des Holocaust weist Raul Hilberg darauf hin, dass in der Korrespondenz der NS-Funktionäre das Adverb „selbstverständlich" immer wieder erscheint, „und in praktisch jedem Fall war es ein Signal, dass keine ausdrücklichen Begründungen erforderlich waren".

„Für einen hohen Ministerialbeamten im Reichsministerium für Wissenschaft, Erziehung und Volksbildung war es beispielsweise ‚selbstverständlich', dass ein Deutscher und vor allem ein Parteigenosse nicht ‚beim Juden' kaufte. Desgleichen war es für einen deutschen Abwehroffizier ‚selbstverständlich', dass deutsche Soldaten gegenüber jüdischen Zwangsarbeitern eine Haltung der Unbarmherzigkeit und der Distanz an den Tag legten. Als Reinhard Heydrich, Chef des Reichssicherheitshauptamts, kurz vor dem Überfall auf die Sowjetunion von einem seiner untergebenen Führer gefragt wurde, ob die Juden erschossen werden müssten, antwortete dieser Augenzeugenberichten zufolge: ‚Selbstverständlich.' Und in zwei Erlassen, die er nach dieser Unterredung aufsetzte, gebrauchte Heydrich das Wort viermal in Verbindung mit der Identifikation von zwei Gruppen in dem neu eroberten Territorium, von denen die eine möglicherweise nützlich war und die andere erschossen werden sollte."[10]

2. Ehre bei Rosenberg

2.1. Ehre als „Höchstwert"

Ethik hat, wie gesagt, die Aufgabe, eine Begründung für die Berechtigung von moralischen Forderungen zu liefern. Die Auskunft, eine Handlung solle vollzogen werden, weil sie gut sei, ist keine Begründung; diese wird erst durch die Angabe von Gründen für die angebliche Güte der Handlung geliefert. Die Gründe müssen systematisch so verbunden sein, dass sie auf eine endliche Menge von Prinzipien oder Kriterien für die Güte von Handlungen zurückgeführt werden können. Eine Ethik hat ihre Aufgabe dann erfüllt, wenn sie auf die Frage „Was soll ich tun?" folgende Antwort geben kann: „Alle Handlungen, die das Kriterium K erfüllen, sind gut und deshalb zu vollziehen." Um an den ethischen

10 Raul Hilberg, Die Quellen des Holocaust. Entschlüsseln und Interpretieren, Frankfurt a. M. 2002, S. 119f.

Jargon der 1920er-Jahre anzuschließen, formuliere ich diese Antwort um: „Alle Handlungen, die den ‚Grundwert' oder ‚Höchstwert' W verwirklichen/realisieren, sind gut und deshalb zu vollziehen."

Wenn man behauptet, es gebe eine NS-„Ethik", dann muss sich in den Texten, die sich selbst als Beitrag zu einer NS-„Ethik" verstehen, ein solches „Kriterium" für die Güte von Handlungen finden lassen. Es lautet für den NS: *Ehrenhaftigkeit.* Dies ist nicht nur die dezidierte Auskunft Rosenbergs im „Mythus des 20. Jahrhunderts", sondern zeigt sich auch in der Flut von ethischer und juristischer Literatur zum Ehrbegriff und in der Umgestaltung der Rechtsprechung.[11] Bei Rosenberg taucht der Ehrbegriff systematisch im letzten Satz des ersten Kapitels des ersten Buchs des „Mythus" zum ersten Mal auf: „Erblicken wir in der heldisch-künstlerischen Haltung hier das Wesentliche, gleich ob es sich um Krieger, Denker oder Forscher handelt, dann wissen wir auch, dass *alle*

11 Max Wundt, Die Ehre als Quelle des sittlichen Lebens in Volk und Staat, Langensalza 1927, 2. Auflage 1937, Rez. dazu Joachim Ritter. In: Blätter für Deutsche Philosophie, 12 (1938-9), S. 109-113); Max Wundt, Die Ehre als sittliche Grundlage des Volks- und Staatslebens. In: Deutsches Adelsblatt, 44 (1926), S. 2 f.; Walther Gehl, Ruhm und Ehre bei den Nordgermanen. Studien zum Lebensgefühl der isländischen Saga, Berlin 1937; Gerhard Hennemann, Grundzüge einer Deutschen Ethik, Leipzig 1938, Kap. 5; Erwin Schmidt, Das Wesen der Ehre, Breslau 1940; Erich Keller, Die Ehre als Mittelpunkt des deutschen Ethos. In: Deutscher Glaube, 8 (1941), S. 139-147. Vgl. Jörg Ernst Waldow, Der strafrechtliche Ehrenschutz der NS-Zeit, Baden-Baden 2000; Michael Ley, „Zum Schutze des deutschen Blutes ...", Bodenheim 1997; Arnold Zingerle, Die ‚Systemehre'. Stellung und Funktion von ‚Ehre' in der NS-Ideologie. In: Ludgera Vogt/ders. (Hg.), Ehre. Archaische Momente in der Moderne. Frankfurt a. M. 1994, S. 96-116; Friedrich Zunkel, Ehre, Reputation. In: Geschichtliche Grundbegriffe, Band 2, Stuttgart 1975, S. 1-63; Harald Weinrich, Mythologie der Ehre. In: Manfred Fuhrmann (Hg.), Terror und Spiel: Probleme der Mythenrezeption, München 1971, S. 341-356.
Im renommierten „Historischen Wörterbuch der Philosophie" (HWbPh) blendet der Artikel „Ehre" (Band 2, Basel 1972, Sp. 319-323) die Geschichte des Begriffs nach Schopenhauer vollständig aus. Der Artikel ist geschrieben von Hans Reiner, dem „wie keinem anderen deutschen Philosophen das Verdienst [gebührt], in den Jahrzehnten zwischen 1930 und 1970 durch seine Schriften die Tradition der Ethik als einer ernst zu nehmenden philosophischen Disziplin in Deutschland aufrechterhalten zu haben", so der Herausgeber der Festschrift für Reiner, Norbert Huppertz, einen N. Huerster zustimmend zitierend (Die Wertkrise des Menschen. Philosophische Ethik in der heutigen Welt. Meisenheim am Glan 1979, S. VIII) - wohl ohne recht zu wissen, was er da schreibt. Reiner hat 1938 einen Aufsatz mit dem Titel „Kants Ethik im Licht des Ehrbegriffs" veröffentlicht (in: Ethik, 14 [1938], S. 150-162); was seine offiziellen Biografien verschweigen, ist der leicht veränderte Wiederabdruck des Textes in der NS-Zeitung „Erzieher im Braunhemd" (ebd., 7 [1939], S. 278-282; 306-308). Dass seine Hochschulkarriere im NS nicht gerade glänzend war (vgl. Tilitzki, Universitätsphilosophie, S. 331 f., 584 f.), ist dabei ohne Relevanz. Seine Schriften auch aus der Zeit vor 1933 versuchen, der NS-Ideologie bzw. ihren völkisch-nationalen Vorläufern im Bereich der Ethik eine philosophische Weihe zu geben. Auch wenn man Tilitzkis Darstellung (ebd., S. 760-762) Glauben schenkt, dass Reiners politisches Engagement allein aus Karrieregründen erfolgte und er deshalb sein frühes demokratisches Engagement im „Reichsbanner" rechtfertigen musste, kann dies für die Analyse des Gehalts seiner Schriften nicht ausschlaggebend sein. In dem erwähnten Kant-Aufsatz wird 1938 als „Zeichen des Umbruchs und des Aufbruchs", „im Zusammenhang mit der allgemeinen politi-

Heldenhaftigkeit sich um *einen* Höchstwert gruppiert. Und dies ist immer die Idee der geistig-seelischen *Ehre* gewesen." (S. 143f.)[12] Vorher heißt es: „Und das germanische Europa beschenkte die Welt mit dem leuchtendsten Ideal des Menschentums: mit der Lehre vom *Charakterwert* als Grundlage aller Gesittung, mit dem Hochgesang auf die höchsten Werte des nordischen Wesens, auf die Idee der Gewissensfreiheit und der *Ehre*." (S. 115) Und am Schluss: „Heute verlangt diese echt organische Weltanschauung inmitten der zusammenbrechenden atomistischen Epoche mehr als früher: ihr Recht, ihr *Herren*recht: vom Zentrum der Ehre als Höchstwert der nordisch-abendländischen Welt soll sie mit beschwingter Seligkeit ihren Mittelpunkt erleben und sich das Leben unerschrocken neu gestalten." (S. 694f.)[13] Zentral zur Erläuterung des Ehrbegriffs ist der Beginn des zweiten Kapitels des ersten Buchs, überschrieben mit „Liebe und Ehre" (S. 146–155). Das zentrale „seelen-, staaten- und kulturbildende" Motiv für die nordische Rasse sei „in erster Linie der Begriff der Ehre und die Idee der mit ihr untrennbar verbundenen, aus dem Bewusstsein der inneren Freiheit stammenden Pflicht" (S. 147).[14] Die Analogie zu Kant ist unverkennbar: ehrenvolle Handlungen statt Handlungen aus Pflicht, innere Freiheit statt Freiheit als Autonomie (Gehorsam gegenüber dem Sittengesetz).

Der zentrale Metabegriff in den obigen Zitaten, mit dem Rosenberg arbeitet, ist der des „Höchstwerts", von dem alle anderen Werte hierarchisch abhängen sollen. Nun gilt das Theorem vom „Höchstwert" nicht nur für das deutsche, sondern für jedes Volk: „Kulturen [...] sind blutvolle Schöpfungen,

schen Erneuerung unseres Lebens in Deutschland [als] eine ethische Neubesinnung" bezeichnet, in der aber auch eine „Besinnung" auf die „grundsätzlichen Probleme der Begründung der Sittlichkeit überhaupt" nicht fehlen dürften. Die „ethische Neubesinnung" sei keine Erfindung neuer Werte, sondern eine Rückbesinnung auf „altes Erbgut der Deutschen", nicht nur im Sinn einer kontingenten Tradition, sondern im Sinn eines (ewigen) „Charakters", und damit auf das „Blutserbe unserer Vorfahren". Hier sei der „Gedanke der Ehre [...] in der Sittlichkeit der Germanen der alles beherrschende Grundgedanke" gewesen (S. 150f.). Hierfür wird Alfred Heusler zitiert – noch im Artikel „Ehre" für das HWbPh herangezogen, allerdings unverdächtiger mit den Nazis Gehl und de Vries für die Wortherkunft. Kant – „einer der ganz Großen" – nun sei mit diesem Grundgedanken zu verknüpfen, denn er habe mit seinem „Pflichtgedanken [...] in seiner Ethik gerade Urdeutsches zum Ausdruck gebracht" (S. 151). Der kantische Gedanke sei heute „neu, vor allem von den neu zur Geltung gekommenen uralten Sittlichkeitsanschauungen unseres Volkes aus" zu bedenken (ebd.). Zu Rosenbergs Verbindung von Kant und Ehrbegriff s.u.

12 Ich zitiere nach: Alfred Rosenberg, Der Mythus des 20. Jahrhunderts. Eine Wertung der seelisch-geistigen Gestaltenkämpfe unserer Zeit, 115.–118. Auflage München 1937 (Hervorhebung im Original).

13 Vgl. die Rede von dem „auf Freiheit der Seele und der Idee der Ehre ruhenden nordische Abendland" (S. 118); „Auch in dieser Hinsicht zeigt sich die Ehre als der höchste Maßstab des nordischen Menschen" (S. 598); „[...] für den Höchstwert unseres Volkes [...]: für die Ehre des deutschen Namens" (S. 701).

14 Der Zusammenhang zwischen beiden: „Sehen wir [...] das Motiv der Ehre als Gehalt und das der inneren Freiheit als wichtigstes Gestaltungsgesetz auftreten" (S. 217).

die *da* sind, jede in ihrer Weise (rational und irrational) metaphysisch verwurzelt, um ein unfassbares Zentrum gruppiert, auf *einen* Höchstwert bezogen" (S. 116 [Hervorhebung im Original). Dieser „Höchstwert" „fordert eine bestimmte, durch ihn bedingte Gruppierung der anderen Lebensgebote, d. h., er bestimmt den Daseinsstil einer Rasse, eines Volkes, einer dieser Nation verwandten Völkergruppe" (S. 116 f.). „Die Rassenseele zum Leben erwecken, heißt, ihren Höchstwert erkennen und unter seiner Herrschaft den anderen Werten ihre organische Stellung zuweisen: in Staat, Kunst und Religion." (S. 2) Höchstwerte werden umstandslos als inkompatibel behauptet: „Ein räumliches und zeitliches Nebeneinander aber zweier oder mehrerer auf verschiedene Höchstwerte bezogenen Weltanschauungen, an denen die *gleichen* Menschen [gemeint ist: Menschen eines gleichen Volkes] teilhaben sollen, bedeutet eine Unheil verkündende Zwischenlösung, die den Keim eines neuen Zusammenbruchs in sich trägt." (S. 117 [Hervorhebung im Original]) Diese allgemeine Formulierung wird anhand des 19. Jahrhunderts konkretisiert. Hier werden drei „Systeme" diagnostiziert, die sich einander ausschließen: das „auf Freiheit der Seele und der Idee der Ehre ruhende nordische Abendland", „das vollendete römische Dogma der demutsvollen, unterwürfigen Liebe im Dienste einer einheitlich regierten Priesterschaft", „der schrankenlose, materialistische Individualismus mit dem Ziel einer wirtschaftspolitischen Weltherrschaft des Geldes als einigende, typenbildende Kraft" (S. 118). „Die Idee der Ehre - der Nationalehre - wird für uns Anfang und Ende unseres ganzen Denkens und Handelns. Sie verträgt kein gleichwertiges Kraftzentrum, gleich welcher Art, neben sich, weder die christliche Liebe, noch die freimaurerische Humanität, noch die römische Philosophie." (S. 514)

Die faktische Nichtbeachtung einer solchen Inkompatibilität führt zum Untergang, das heißt zur Zerstörung der „rassischen Substanz". Dass die Höchstwerte inkompatibel sind, das heißt die Realisierung des einen die Realisierung des anderen Höchstwertes ausschließt, heißt, dass diejenigen, die andere Höchstwerte realisieren wollen, weder überzeugt noch verstanden werden können, sondern *praktisch bekämpft* werden müssen: „Dieses Bekenntnis und die Zustimmung wenigstens zu den Grundgedanken derselben [Höchstwerte] kann nur aus gleichen, verwandten, aber bisher geblendeten Seelen kommen, die anderen werden und müssen es ablehnen, und wenn sie es nicht totschweigen können, mit allen Mitteln bekämpfen. [...] Allein wir haben nur die Wahl: zu ersticken, oder den Kampf für die Gesundung aufzunehmen." (S. 124) „[Der Mythus des Blutes] fordert für das deutsche Volk, dass die zwei Millionen toter Helden nicht umsonst gefallen sind, er fordert eine Weltrevolution und duldet keine anderen Höchstwerte mehr neben sich." (S. 699)

2.2 Deutsche Ehre

Der „Höchstwert" des „deutschen Volkes" war und ist die Ehre. Sie „begründet" in einer NS-„Ethik", „moralische" Forderungen. In einer solchen „Ethik" ist Ehrenhaftigkeit eine Eigenschaft einzelner Handlungen von Individuen.[15] Eine einzelne Handlung ist genau dann gut, wenn sie ehrenhaft ist. Sie ist ehrenhaft, wenn sie die Volksehre verwirklicht, das heißt, zum Vorschein bringt, stärkt und bewahrt. „Die Volksehre" muss das „bestimmende Zentrum" sein (S. 573). „Im Mythus von Volksseele und Ehre liegt der *neue* bindende, gestaltende Mittelpunkt." (S. 624 [Hervorhebung im Original])[16] Sie ist - mit einem schon damals gebräuchlichen Begriff[17] - zunächst nichts anderes als eine bestimmte Lebensform mit ihren Wahrnehmungsmustern, ihrer Sprache, ihren Gebräuchen, Gepflogenheiten und Normen (die selbst als Aufforderungen zur Realisierung bestimmter Werte begriffen werden müssen). Statt von „Lebensform" ist häufig auch von „Ethos" die Rede.[18] Verwirklichung des Wertes „Volksehre" bedeutet also: so handeln, dass die jeweilige völkische Lebensform verwirklicht wird.[19]

Die individuelle Ehrgesinnung ist die Gesinnung, sein Eigenstes mit allen Mitteln bewahren zu wollen: ein Wille zur Selbsterhaltung. Aus dem eben Gesagten folgt aber, dass dieses Eigenste nicht ein individuell Eigenstes sein kann, sondern nur das Eigenste eines Kollektivs, das heißt des deutschen Volkes. Das individuell Eigenste muss deshalb eines sein, dass als kollektiv Eigenstes eingesehen wird, sonst wird die Gesinnung der Ehre zu einer Fremdbestimmung. Die Gesinnung der Bewahrung des Eigensten kann deshalb mit „Treue zu sich selbst *als* Treue zum Eigensten des deutschen Volkes" beschrieben werden. Dieses „als" ist wichtig, denn sonst käme eine Fremdbestimmung des Eigensten ins Spiel. „Man hat das Wesen des Germanen in seiner Treue erblicken wollen; natürlich meinte man damit nicht die Leichnams-Treue des Loyola, wohl aber die Treue zum ‚selbstgewählten Herrn'. [...] *Treu ist nur, wer seiner eigenen Freiheit*

15 „Ehre" ist also zunächst ein Handlungsprädikat. Es ist von hier aus auch ein Prädikat, das einer Person aufgrund ihrer Handlungen zugeschrieben wird - insofern zu unterscheiden von dem des „Gewissens". Parallelbegriffe sind die der Haltung und der Gesinnung.

16 So heißt es auch, dass „die Möglichkeit, die Idee der persönlichen Ehre, der Sippenehre, der Stammesehre zu steigern zum allgemein germanischen Ehrbewusstsein [...] dank dem römischen Christentum" verpasst worden sei (S. 401).

17 Vgl. etwa Karl Weber, Ernst Krieck. In: Nordische Stimmen Jg. 2 (1932): „Neben den vielen Gemeinschaftsformen, die alle irgendeine Seite des Menschen erfassen, muss es eine totale Lebensform geben, die dieser Vielseitigkeit die einheitliche Lebensgrundlage, den einheitlichen Sinn und die einheitliche Richtung gibt. Diese totale Lebensform ist das Volk."

18 Etwa Werner Knuth, Das Ethos des heroischen Lebensgefühls, Hamburg 1936.

19 Zu unterscheiden ist also die Zuschreibung des Ehrbegriffs an Individuen und an Kollektive. Demnach ist zu unterscheiden zwischen Rassenehre und Reinhaltung des deutschen Volkes von fremden Einflüssen; Ehre der Volksgenossen und Treue zur Gemeinschaft (Rasse). „Artgemäß" leben heißt also ehrenhaft leben.

treu bleibt. [...] ‚Das eine über alles: sei dir selber treu', gilt *allein,* wenn eine innere und äußere deutsche Wiedergeburt erfolgen soll [...]. Ehre und Freiheit sind Ideen, die Treue eine Betätigung. Ehre äußert sich in freier Treue zu sich selbst." (S. 622f. [Hervorhebung im Original])

Die Ehre als „Höchstwert" des deutschen Volkes muss geschützt werden, das folgt aus der Semantik von Höchstwert.[20] Ehre ist etwas zu Bewahrendes in zweierlei Hinsichten: nach *innen* dadurch, dass man für die richtige „Haltung" der Individuen sorgt, und nach *außen* dadurch, dass man verhindert, dass andere diese Ehre angreifen. Nach *innen*: Hier spielen die Tugenden von *Treue* und *Gehorsam* eine Rolle: „Ehre und Treue in allen ihren Schattierungen erscheinen gleich am Anfang der nordischen Kunst als die bewegenden Kräfte." (S. 310, vgl. S. 312 die Figur Rüdigers) Diese Treue ist ein Ausfluss der „Treue zu sich selbst", nämlich eine Treue zur personalen Verkörperung des Eigensten des deutschen Volkes, also zum Führer, Befehlshaber, Vorgesetzten. Auch diese Treue ist also keine „Leichnamstreue", sondern die restlose Unterwerfung des eigenen individuellen Willens unter den Willen eines anderen – eben *weil* in diesem anderen Willen sich das Eigenste des deutschen Volkes verkörpert. Nach *außen*: Hier spielt die Idee der *Selbsthilfe* eine ausschlaggebende Rolle: Ausgangspunkt sei „der Angriff auf die Ehre des einzelnen", „diese Selbsthilfe wurde dann ausgedehnt auf die Wahrung der Interessen und Ehre der Sippe. [...] Ein naturgegebener Schritt von dem Ehrenschutz des einzelnen zum Schutz der Sippe wäre die Verkündung des Ehrenschutzes des Volkes gewesen." (S. 564) Beklagt wird, dass die „Beschimpfung der Volksehre" bis jetzt nicht unter Strafe gestellt sei (S. 564). So hat der deutsche Richter die erste Pflicht, „die Volksehre durch Spruch vor jedem Angriff zu sichern, und die Politik hat die Pflicht, einen solchen Spruch restlos durchzuführen" (S. 574). „Eine germanische Rechtsauffassung hat jedem Volksangehörigen das Recht zuzusprechen, mit Wort und Tat die Ehre der Nation zu vertreten, auch durch tätliche Selbsthilfe, wenn die Umstände das Einwirken der Gerichte nicht zulassen." (S. 565, vgl. auch S. 580 den Vorschlag, ehrlose Handlungen von anderen Vergehen streng zu trennen) „Aus der Forderung nach dem Ehrenschutz des Volkes folgt als Wichtigstes die rücksichtslose Durchführung des Volks- und Rassenschutzes." (S. 575)

2.3 Gesinnung

Wenn Ehre nichts anderes ist als die Bewahrung des Eigensten, dann ist sie ein Wert, den jedes Volk haben sollte (auch wenn es ihn de facto nicht hat). Wieso ist die Ehre aber der spezifisch deutsche Höchstwert? Rosenberg koppelt den Ehrbegriff umstandslos mit dem der Gesinnung und dem der Pflicht. Das „echte nordische Wesen" ist gekennzeichnet durch eine Kultur der *Gesinnung.*

20 Vgl. etwa S. 111: „Freiheit heißt Artgebundenheit, nur diese kann die höchstmögliche Entfaltung verbürgen. Artgebundenheit aber fordert auch Schutz dieser Art."

Genau diese soll die deutsche Lebensform wesentlich von anderen Kulturen unterscheiden, „deren Höchstwert nicht Gesinnung, und das ist für uns gleichbedeutend mit Ehre und Pflicht, ist, sondern ein anderer Gefühlswert, eine andere Idee, um die ihr Leben kreist" (S. 154). „Das Wort Fichtes, ‚Wahre Kultur ist *Gesinnungs*kultur', deckt unser echtes nordisches Wesen auch gegenüber anderen Kulturen auf" (S. 154 [Hervorhebung im Original]). Als Beispiele werden genannt: Russland mit seiner „Idee einer Kirchlichkeit, eines Religionsgefühls"; Frankreich und Italien, die „formal-ästhetisch an das Leben" herangehen; England, das stolz ist „auf seine folgerichtige geschichtliche Entwicklung, auf Überlieferung, feste typische Lebensformen" (S. 154 f.). „Bei uns aber spricht man trotz vieler unheiligen Eigenschaften immer auch mit gleicher Inbrunst von ‚Deutscher Treue', was beweist, dass unser metaphysisches Wesen noch immer das ‚Mark der Ehre' als seinen ruhenden Pol empfindet." (S. 155) Rosenberg behauptet damit, dass der Höchstwert Gesinnung, mit dem Ehre, Pflicht und Treue engstens verbunden sein sollen, das *Spezifikum* der Lebensform des deutschen Volkes ist.

Der Begriff der Gesinnung kennzeichnet einen individuellen mentalen Zustand, der inhaltlich gefüllt werden muss: Gesinnung in Bezug worauf? Gesinnung ist seit Kant ein Grundbegriff der philosophischen Ethik und bei ihm auch genau bestimmt: Der moralische Wert von Handlungen bestehe nicht „im Vorteil und Nutzen, den sie schaffen, sondern in den Gesinnungen d.i. den Maximen des Willens, die sich auf diese Art in Handlungen zu offenbaren bereit sind, obgleich auch der Erfolg sie nicht begünstige".[21] Eine „Maxime des Willens" kann bekanntermaßen nur dann eine moralisch wertvolle Handlung hervorbringen, wenn sie zu einem Gesetz verallgemeinert werden kann, das heißt, wenn man, so lautet die Grundformel des „kategorischen Imperativs" (AA 421), „wollen kann, dass sie ein allgemeines Gesetz werde". Nur eine Handlung, die aus einer solchen verallgemeinerbaren Maxime erfolgt, kann eine Handlung „aus Pflicht" und damit moralisch sein. Die kantische Definition von „Pflicht" lautet deshalb: „Pflicht ist die Notwendigkeit einer Handlung aus Achtung fürs Gesetz" (AA 400). Die Neuheit der kantischen Ethik besteht in der Behauptung, dieses zu achtende Gesetz habe keinen materialen Gehalt, sondern einzig und allein seine eigene Form zum Thema. Die Form jedes Gesetzes ist für Kant anzugeben mit: „Alle sollen ..." (AA 402). Das einzige Kriterium für die Moralität von Handlungen lautet deshalb: Sie müssen aus Maximen entstanden sein, die als Gesetze gedacht werden können müssen.

Die Charakterisierung der „Ethik" der Ehre als Gesinnungsrassismus kann im Ausgang von Kant verständlicher gemacht werden. Die kantische Formel „Pflicht ist die Notwendigkeit einer Handlung aus Achtung fürs Gesetz" wird an dem alles entscheidenden Punkt in sein Gegenteil verkehrt, nämlich in der Auffassung davon, was die Form eines Gesetzes ist. Nach der völkischen Grund-

21 Immanuel Kant, Grundlegung zur Metaphysik der Sitten, zitiert nach der Akademie-Ausgabe, Band 4, Berlin 1911: AA 435.

überzeugung gibt es zwar allgemeine Gesetze des Lebens, aber diese bestehen darin, Gesetze zu generieren, die nur für ein ganz bestimmtes Volk und eben kein anderes gelten; sie gelten also nicht allgemein, sondern haben einen – biologisch determinierten – Adressatenkreis, eben die Mitglieder eines Volkes und niemanden sonst. Und so ersetzt die „Ethik" der Ehre die kantische Pflichtformel durch die Formel: „Ehre ist die Notwendigkeit einer Handlung aus Treue zum Gesetz – nämlich dem Lebensgesetz des deutschen Volkes." Max Simoneit formuliert deshalb unverfroren in seiner „Wehrethik": „Handle so, dass die Maxime deines Handelns immer zugleich auch oberstes Prinzip einer *allgemeinen*, die Existenz, Ehre und Kulturidee *deines Volkes* schützenden und fordernden Gesetzgebung werde; das allein ist der Weg, auf dem du auch dein eigenes *Glück* finden wirst."[22] Offensichtlich setzt sich eine solche Formel aus kantischer Perspektive direkt dem Vorwurf aus, dass sie die Autonomie, das Grundkonzept der kantischen Ethik, in gröbster Weise verletzt. Denn das „Lebensgesetz des deutschen Volkes" ist ein Naturgesetz, also heteronom, und keines, das sich ein vernünftiges Wesen selbst gegeben hat. Es ist aber Grundbedingung des kantischen Sittengesetzes, dass die Person, die sich diesem Gesetz unterwirft, es sich selbst gibt. Die NS-„Ethiker" haben dies gesehen und zum einen behauptet, dass die „Rassenlehre" kein „Materialismus", man kann sagen: kein Determinismus ist.[23] Das Gesetz des deutschen Volkes determiniert nicht, man kann sich frei zu ihm verhalten. Deshalb ist die Formel „Handle ehrenhaft!", das heißt so, dass die Lebensform des deutschen Volkes verwirklicht wird, ein Imperativ und keine Beschreibung einer naturgesetzlichen Kausalität. Allerdings müssen sie dann den Begriff der Freiheit völlig unkantisch bestimmen, nämlich nicht als Autonomie, sondern als Einsicht in die „natürliche" Bestimmung des Volkes. Daher die unzähligen Publikationen zum Schicksalsbegriff der Germanen[24] und

22 Max Simoneit, Wehr-Ethik. Abriß ihrer Probleme und Grundsätze, Berlin 1936, S. 76 [Hervorhebung im Original]; Otto Dietrich, Die philosophischen Grundlagen des Nationalsozialismus. Ein Ruf zu den Waffen deutschen Geistes, Breslau 1935, S. 23: „Kants Sittengesetz: ‚Handele so, dass die Maxime deines Willens jederzeit zugleich als Prinzip einer allgemeinen Gesetzgebung gelten kann,' ist die geradezu klassische Formulierung nationalsozialistischer Ethik." Vgl. allerdings Volker Böhnigk, Kant und der Nationalsozialismus. einige programmatische Bemerkungen über nationalsozialistische Philosophie, Bonn 2000, S. 36–41, Ausführungen zu Dietrich und Rosenberg. Es würde sich lohnen, eine Geschichte der NS-Rezeption des kategorischen Imperativs zu schreiben: Man wollte auf Kant nicht verzichten, konnte ihn aber in die „deutsche" Tradition nur um den Preis der vollständigen Verkehrung des Sinns des kategorischen Imperativs in sein Gegenteil einbinden. Bis in die Schulbücher ist Eichmanns „Missbrauch" des Kategorischen Imperativs mittlerweile gedrungen, vgl. etwa Zugänge zur Philosophie, Band 1 (Neue Ausgabe), Berlin 2004, S. 295–298.

23 Vgl. etwa Paul Bommersheim, Warum ist die Rassenlehre kein ‚Materialismus'? In: Monatsschrift für höhere Schulen, 35 (1936), S. 233–297; Hans Alfred Grunsky, Blut und Geist. Sind wir ‚Rassematerialisten'? In: Der Schulungsbrief, 3 (1936), S. 87–89.

24 Vgl. etwa Hans Pichler, Schicksal, Freiheit und Fügung. In: Blätter für Deutsche Philosohpie, 3 (1929–30), S. 367–381; Walter Gehl, Ruhm und Ehre bei den Nordgermanen. Studien zum Lebensgefühl der isländischen Saga, Berlin 1937; Heinrich Knittermeyer, Freiheit und Schicksal. Eine grundsätzliche Verwahrung gegen Hans Heyses ‚Idee und

die Behauptung, die Freiheit des deutschen Menschen sei die Einsicht in sein Schicksal. Kantisch aber bleibt die „Ethik" der Ehre in der Konstruktion ihres „Höchstwertes": Wie für Kant der einzige Inhalt des kategorischen Imperativs die Form des Gesetzes selbst ist, so auch für sie; nur ist die Form des Gesetzes hier nicht mehr mit „Für alle ...", sondern mit „Für alle Mitglieder des deutschen Volkes und niemanden sonst ..." anzugeben.

3. Als Volk leben

Es war die Behauptung Rosenbergs, dass das Spezifikum der Lebensform des deutschen Volkes die Kultur der Gesinnung sei. Damit hat er nicht nur einen faktisch „vorgefundenen" Höchstwert gegen andere gesetzt, sondern er hat viel mehr behauptet, dass das deutsche Volk das einzige Volk ist, dessen Wesen darin besteht, zu wissen, was es heißt, *als Volk* zu leben. Dessen Imperativ lautet nach dem bisher Gesagten: „Handle nur nach derjenigen Maxime, durch die du zugleich wollen kannst, dass sie ein deutsches Gesetz werde", das heißt, er hat zum Inhalt nichts anderes als die einzig richtige Form des Gesetzes: „Für alle Mitglieder des deutschen Volkes und niemanden sonst ...". Während die anderen Völker ihren „Höchstwert" material verschieden bestimmen, kann allein das deutsche Volk so leben, dass deutlich wird, was es heißt, überhaupt einen durch die „Volksseele" bestimmten Höchstwert zu haben. Das deutsche Volk ist das einzige Volk, das durch seine Lebensform ausdrücken kann, was es heißt, *als Volk* mit einer einheitlichen Lebensform zu leben. Die Ehre eines jeden Volkes besteht darin, sich selbst treu zu sein, und genau dieses Prinzip kann die Lebensform des deutschen Volkes als einzige deutlich machen. Deshalb ist die Formel „Meine Ehre heißt Treue" keine propagandistische Façon de parler, sondern bezeichnet wirklich ein Konstitutivum der NS-Weltanschauung: Das einzige Kriterium für die Begründbarkeit der Richtigkeit einer Handlung ist ihre Herkunft aus einer Maxime, die als Gesetz für alle Deutschen gelten kann. Die Ehrenhaftigkeit einer Handlung verdankt sich der Herkunft aus einer Maxime, die lautet: „Sei der Lebensform des deutschen Volkes treu." Die Treue des einzelnen Individuums ist die Treue zu dem Prinzip, sich selbst als Deutscher treu zu sein. Diese Treue ist nichts anderes als die Treue zu dem Prinzip, als Mitglied eines bestimmten Volkes zu leben.

In Fichtes „Reden an die deutsche Nation" von 1807/08 taucht die Idee von den Deutschen als dem „Volk schlechtweg" zum ersten Mal auf; er spricht hier von „der Nation, die bis auf diesen Tag sich das Volk schlechtweg oder Deutsche

Existenz'. In: Zeitschrift für Theologie und Kirche N.F., 17 (1938–9), S. 1–30; Hans Buttgereit, Die Schicksalsauffassung der Germanen. In: Zeitschrift für deutsche Bildung, 15 (1939), S. 197–206; Karl Groos, Willensfreiheit oder Schicksal? München 1939; Wilhelm Grebe, Der Germanische Schicksalsgedanke. Eine philosophische Betrachtung. In: Deutscher Glaube, 8 (1941), S. 6–17; Hans Alfred Grunsky, Schicksal, Freiheit und Eigenwelt. In: Deutscher Glaube, 10 (1943), S. 62–67.

nennt".[25] Die Auszeichnung „der Deutschen" ist ein affektiv hoch besetzter selbstreferenzieller Akt: In ihr kommt das sich auszeichnende Kollektiv erst zu sich selbst. Es wird endlich das, was es eigentlich immer schon war und nie wirklich sein konnte oder durfte. Die „eigentliche Bestimmung" des deutschen Volkes als Vertreter des „Menschengeschlechts" ist es, „dass es mit Freiheit sich zu dem mache, was es eigentlich ursprünglich ist".[26] Deshalb sind Fichtes Reden Erinnerungsreden: Er erinnert seine deutschen Zuhörer daran, dass ihre wesentliche Eigenschaft *als Deutsche* die Absonderung ist: Hauptmerkmal „der deutschen Nation" sei es, „ihr eigenthümliches Seyn nur für sich zu behalten und zu behaupten, keineswegs aber andern es aufzudringen", „indem nur sie, als Nation, [...] die meiste Kraft haben, in sich sich zurückzuziehen, und still auf sich selber zu ruhen".[27] Diese Absonderung ist „natürlich": „Die Absonderung des Preußen von den übrigen Deutschen ist künstlich, gegründet auf willkührliche, und durch das Ohngefähr zu Stande gebrachte Einrichtungen; *die Absonderung des Deutschen von den übrigen Europäischen Nationen ist begründet durch die Natur. Durch gemeinschaftliche Sprache, und gemeinsamen NationalCharakter, welche die Deutschen gegenseitig vereinigen, sind diese von jenen getrennt.*"[28] „Freiheit war ihnen [i.e. den ‚von den Römern Germanier genannten Deutschen'] dass sie eben Deutsche blieben [...]. Es verstehe sich von selbst, setzten sie voraus [...], dass ein wahrhafter Deutscher nur könne leben wollen, um eben Deutscher zu sein und zu bleiben [...]."[29] Deshalb kann Friedrich Meinecke 1908 schreiben: „Wir sind, was wir geworden sind, und wollen uns aller Welt zum Trotz darin erhalten."[30] Rosenberg sagt am Ende des „Mythus", dass wir „zum erstenmal *als ganzes Volk* wir selbst werden wollen: ‚Eins mit sich selbst', wie es Meister Eckehart erstrebte" (S. 699 [Hervorhebung im Original]).

25 Fichte, Reden, S. 374. Dies soll auch die etymologische Bedeutung von „deutsch" sein (S. 359). Vgl. zum Übergang zum Menschengeschlecht auch S. 383 f., 496 („Weltherrschaft"). Ich zitiere nach der Fichte-Sohn-Ausgabe: Johann Gottlieb Fichtes sämtliche Werke, hg. von I. H. Fichte, Band VII, Berlin 1846, S. 258–499. Vgl. insgesamt Christian Strub, Absonderung des ‚Volks der lebendigen Sprache' in deutscher Rede. Die Performanz von Fichtes ‚Reden an die deutsche Nation'. In: Philosophisches Jahrbuch, 111 (2004), S. 384–415.

26 Fichte, Reden, S. 306.

27 Fichte, Die Republik der Deutschen (1807). In: Akademie-Ausgabe, Stuttgart-Bad Cannstatt, 1962 ff., Abt. II, Band 10, S. 411.

28 Fichte, Der Patriotismus und sein Gegentheil. Patriotische Dialoge (1806/7). In: Akademie-Ausgabe, Abt. II, Band 9, S. 403 (Hervorhebung im Original).

29 Fichte, Reden, S. 389. Die Deutschen können sich absondern aufgrund ihres besonderen Sprach- und Verstehensvermögens: Sie sprechen und verstehen deutsch. Für Fichte ist das Definiens von „Volk" ein bestimmtes Sprachvermögen (Reden, S. 315); vgl. die Gleichsetzung von „die Deutschen schlechtweg" und „alle, die die deutsche Sprache reden" (ebd., S. 437 und vor allem S. 460). Die deutsche Sprache ist wesentlich durch ihre Fähigkeit zur Absonderung bestimmt: In ihr kommt es „allein [darauf an], dass dort [das heißt im Deutschen] Eigenes beibehalten, hier [das heißt in den anderen gegenwärtig gesprochenen Einzelsprachen] Fremdes angenommen wird" (ebd., S. 314).

30 Friedrich Meinecke, Fichte als nationaler Prophet (1908). In: ders., Preußen und Deutschland im 19. und 20. Jahrhundert. Historische und politische Aufsätze, München 1918, S. 134–149, hier 135, vgl. auch S. 142 f.

Die ideologische Figur vom „Volk schlechtweg“ hat den Vorteil, dass sie völlig inhaltsleer ist - ein Standardvorwurf, den man schon Kants Sittengesetz gemacht hat. Kant hatte sich aber wenigstens bemüht, das Verfahren anzugeben, mittels dessen material bestimmte Maximen auf ihre Moraltauglichkeit überprüft werden können, nämlich das Verallgemeinerungsverfahren: Wenn ich nicht wollen kann, dass eine Maxime ein allgemeines Gesetz wird, das heißt aber: ein solches Wollen nicht einmal konsistent denken kann, ist die Maxime zu verwerfen (AA 423f.). Offensichtlich kann ein solches Verfahren für den völkischen „kategorischen Imperativ“ nicht angewandt werden, denn die Behauptung, ich könne als Deutscher nicht wollen, dass die Maxime x zu einem deutschen Gesetz werde, kann nur dann zum Widerspruch führen, wenn genau definiert ist, was „deutsch“ heißen soll. Da aber die Volksseele nicht spricht, müssen andere Instanzen einspringen, bevorzugt das Phantasma einer frühen germanisch-deutschen Geschichte, in der sich zeigen soll, was wirklich „deutsch“ ist, oder Äußerungen des Führers. Die offensichtliche Willkür dieser Verfahren liegt auf der Hand. Aber sie wird eben verdeckt: Durch die Behauptung, die „deutschen Werte“ seien das auf seinen wahren, nämlich „organischen“, sprich völkischen Kern reduzierte kantische Sittengesetz.

Ein affektiver Vorteil dieser Konzeption liegt in ihrer behaupteten Ehrwürdigkeit: Die entsprechenden historischen Phantasmen sollen beweisen, dass das Konzept, das Kant als Erster in aller Klarheit beschrieben und die Nationalsozialisten auf den wirklichen, nämlich völkischen Boden gestellt haben, „immer schon“ der Kern der Lebensform des „deutschen Volkes“ gewesen ist. Somit hat die frühe germanische Geschichte zwei Funktionen: Einerseits soll sie zeigen, was die wirklichen material bestimmten „deutschen Werte“ sind, andererseits soll sie zeigen, dass der von den Nationalsozialisten manifest gemachte deutsche Höchstwert Ehre „immer schon“ der deutsche „Höchstwert“ gewesen ist. Dies ist wichtig unter der völkischen Behauptung, dass alle Werte durch die „Volksseele“ bedingt und damit „ewig“ sind. Deshalb dürfen in der „Ethik“ der Ehre auch keine neuen Werte erfunden werden. Seinem eigenen Verständnis nach macht (nicht nur) Rosenberg nur eines: manifest, was immer schon latent vorhanden war. Als Motto zum „Mythus“ wählt er ein Zitat von Meister Eckehart: „Diese Rede ist niemand gesagt, denn der sie schon sein nennt als eigenes Leben, oder sie wenigstens besitzt als eine Sehnsucht seines Herzens.“ Endlich sollen ‚die Deutschen“ unter sich bleiben können.

Der zweite affektive Vorteil dieser Konzeption liegt in der Behauptung der prinzipiellen Überlegenheit des deutschen Volkes über alle anderen Völker: Weil es seinem Wesen nach das einzige ist, das so leben kann, dass deutlich wird, was es heißt, eine spezifische Lebensform zu haben. Die Überlegenheit des deutschen Volkes besteht vielleicht auch in einer inhaltlich zu bestimmenden Überlegenheit hinsichtlich kultureller Leistungen, im Letzten jedoch darin, das Prinzip völkischen Lebens überhaupt zum Prinzip der eigenen Lebensform machen zu können.

Wenn eine Kulturleistung um so höherwertig ist, je mehr sie sich der Beschränktheit der Werte, nach denen sie erfolgt, bewusst ist, sind die deutschen Kulturleistungen die höchsten. Die niedrigsten Kulturleistungen sind diejenigen, die sich der Beschränktheit der Werte, nach denen sie erfolgen, nicht nur nicht bewusst sind, sondern sie sogar vehement bestreiten. Kurz: Es sind die Kulturleistungen, die nach Maßgabe *universeller* Werte erfolgen. Solche Kulturleistungen können nach der NS-Ideologie niemals originär, sondern immer nur „nachschaffend", das heißt, parasitär zu den Kulturleistungen sein, die im Bewusstsein der Beschränktheit der Werte erfolgen. Die Überzeugung von der universellen Struktur von Werten ist in ihrem Ursprung und Kern die *jüdische* Überzeugung. Katholizismus, Kapitalismus, Bolschewismus, Materialismus, Individualismus sind – zumindest bei Rosenberg – alle aus dieser jüdischen Überzeugung herzuleiten. Deshalb gebe es *letztlich* nur zwei Lebensformen: diejenige, die nach dem völkisch-beschränkten, und diejenige, die nach dem unvölkisch-universellen Prinzip organisiert sei.

Die Gegnerschaft beider Lebensformen ist unversöhnlich. Diese Unversöhnlichkeit resultiert jedoch nicht direkt aus der entgegengesetzten Auffassung von der Struktur der Werte, sondern aus dem sich daraus ergebenden Umgang mit der jeweils anderen Lebensform. Die nach völkisch-beschränkten Prinzipien organisierte Lebensform ist nämlich nach ihrer eigenen Ideologie *selbstgenügsam*: Sie kümmert sich nur um das Eigene und lässt das andere, auch wenn sie es für schlechter halten mag, in Ruhe. Die nach unvölkisch-universalen Werten organisierte Lebensform hingegen ist ihrem Wesen nach *expansiv*: Sie muss dafür sorgen, dass alle anderen genau nach den universellen Werten leben, die sie selbst für richtig erkannt hat. Deshalb ist nach dem Verständnis des NS das „Wesen" der nach unvölkisch-universalen Werten organisierten Lebensform Angriff und Übergriff. Und deshalb versteht die NS-Weltanschauung ihre Aggressivität als eine um den Preis des „Untergangs des deutschen Volkes" gerechtfertigte notwendige Reaktion auf die Angriffe des „Judentums". „Der Deutsche" hat nichts gegen „den Juden", aber er etwas gegen ihn, und dagegen muss er sich schützen. So ist der Vernichtungswille der NS-Weltanschauung die Außenseite einer angeblich selbstgenügsamen völkischen Beschränkung, die sich mit ihrem einzigen Gegner, dem expansiven Universalismus, konfrontiert sieht.

IV.

NS-Verbrechen als Herausforderung für die Theorie des Rechts

Hatte die Rechtsperversion in den deutschen Diktaturen ein Gesicht?

*Bernd Rüthers**

Systembrüche und Verfassungswechsel führen zu Rechtserneuerungen und Wendeliteraturen. Die großen Umdeutungen der deutschen Rechtsordnung im NS-Staat und im SED-Staat sind nicht automatisch abgelaufen. Sie hatten „Gesichter". Denen geht dieser Beitrag nach.

Die Ausgangslage

Die deutsche Jurisprudenz und Justiz haben zwischen 1919 und 1989 sechs oder sieben verschiedene politische Systeme mit zugehörigen Verfassungs- und Rechtsordnungen erlebt: Kaiserreich, Weimar, NS-Staat, Besatzungsregime, Bundesrepublik alt, DDR, Bundesrepublik neu mit wachsender Integration in die supranationale Ordnung der EU. Mit mehreren dieser Systemwechsel waren tief greifende militärische, ökonomische, währungspolitische, soziale und sozialpsychologische Erschütterungen, ja Katastrophenlagen verbunden. Die Einzelheiten sind oft beschrieben.[1] Ich setze sie hier voraus. Meine erste von 15 Hypothesen: Das deutsche National- und Rechtsbewusstsein wird bis heute maßgeblich durch diese Ereignisse geprägt.

Mindestens vier dieser Systemumbrüche betrafen die zentralen Grundwerte der bis dahin geltenden, geglaubten oder doch etablierten Grundwerte und Weltanschauungen, also auch der Verfassungs- und Rechtsordnungen (1919; 1933; 1945/49; 1989/90). Verfassungsumbrüche dieser Art bedeuten nicht nur Rechtskrisen, sondern auch Juristenkrisen, und zwar individuell und kollektiv. Der Umbruch wechselt die bis dahin gültigen und befolgten juristischen Grundwerte und „Glaubenswahrheiten" aus. Von den amtlich und öffentlich tätigen

* Dem Text liegt ein Vortrag an der Deutschen Richterakademie in Wustrau zur Tagung „Die nationalsozialistische Justiz und ihre Aufarbeitung" am 26.2.2007 zugrunde. Der hier um die Hypothesen 11 und 12 gekürzte Text wurde zuerst unter gleichnamigem Titel veröffentlicht in: Juristenzeitung, 62 (2007) 11, S. 556-564.

1 Bernd Rüthers, Die Wende-Experten. Zur Ideologieanfälligkeit geistiger Berufe am Beispiel der Juristen, München 1995; ders., Entartetes Recht. Rechtslehren und Kronjuristen im Dritten Reich, 3. Auflage München 1990; ders., Geschönte Geschichten – Geschonte Biographien. Sozialisationskohorten in Wendeliteraturen. Ein Essay, Tübingen 2001.

Juristen wird nach jedem Systemwechsel erwartet, dass sie, wenn sie im Amt bleiben wollen, ein neues Glaubensbekenntnis ablegen und ein Mindestmaß an Loyalität gegenüber dem neuen System zeigen. Zwei oder mehr Amtseide abzulegen, das war ein Massenschicksal deutscher Beamter.[2] Zweite Hypothese: Grundlegende Wechsel von Verfassungen und politischen Systemen bewirken nicht nur einen Wechsel der Staatsideologien und der Verfassungsgrundwerte, also eine Umwälzung der gesamten Rechtsordnung;

Sie bedeuten u. a.:

- einen Wechsel oder mindestens eine Überprüfung der politischen und gesellschaftlichen Führungseliten. Radikalste Beispiele waren das sogenannte „Gesetz zur Wiederherstellung des Berufsbeamtentums" vom April 1933 und die Verdrängung fast aller vor 1945 amtierenden Juristen nach 1945 in der sowjetischen Besatzungszone und der DDR;
- einen Wechsel der Geschichtsbilder und der nationalen Heldengestalten, der Opfergruppen bis zum Kampf um die Straßennamen und die Gedenkstätten des Widerstandes;
- Systemwechsel bewirken schließlich Krisen des Rechtsvertrauens und Identitätskrisen der in das alte System verstrickten Führungsstäbe von Justiz, Verwaltung und Rechtswissenschaft.[3]

Der verdrängte Zusammenhang von Recht und Weltanschauung

Besonders aufschlussreich ist die Analyse der Umwandlungen des Rechts in *totalitären* Systemen. Die Perversionen der gesamten Rechtsordnung im NS-Staat und im SED-Staat sind bis heute nicht voll erkannt und verarbeitet, weder in der Bevölkerung noch von der Rechtswissenschaft noch in der Juristenausbildung. Sie werden in den Lehr- und Handbüchern überwiegend wie peinliche Betriebsunfälle behandelt oder verschwiegen. Dadurch drohen wichtige Einsichten verloren zu gehen:

1. Einmal etablierte Systemideologien wirken über den Bestand des zugehörigen politischen Systems hinaus. Je nach der Dauer von dessen Existenz und der Intensität ihrer Verwurzelung in Köpfen und Herzen wirken sie bisweilen noch Generationen später.
2. In der Ausnahmelage, sei es der *völkischen*, sei es der *sozialistischen* Rechtserneuerung, treten bestimmte Funktionszusammenhänge des Rechts und seiner Umwertungsmethoden deutlicher hervor als in der Normallage. Sie sind dort ebenfalls wirksam, werden aber oft nicht wahrgenommen. Das gilt etwa für die intensive Verknüpfung des Rechts mit wechselnden *außerrechtlichen* Glaubenssätzen und Wertvorstellungen.

2 Vgl. Fritz Hartung, Jurist unter vier Reichen, Köln 1971.

3 Vgl. Bernd Rüthers, Ideologie und Recht im Systemwechsel. Ein Beitrag zur Ideologieanfälligkeit geistiger Berufe, München 1992.

Gerade im vergangenen „Jahrhundert der Ideologien" (Karl Dietrich Bracher) liegt hier das ebenso spannende wie oft verdrängte Problemfeld der Verschränkung von *Recht und Metaphysik* oder besser *Recht und Ideologie*. Dritte Hypothese: Die jeweils politisch etablierte Systemideologie („Systemphilosophie") prägt die zentralen Inhalte der ihr zugehörigen Rechtsordnung; sie definiert in der Normallage die systemspezifische „Rechtsidee" und das von den Staatsorganen, speziell der Justiz, verwirklichte Leitbild von „Gerechtigkeit".

Das jeweils justizförmig durchgesetzte Gerechtigkeitsideal ist also nicht eine *überzeitliche* Gerechtigkeit, sondern sie ist an der *jeweiligen* Systemideologie ausgerichtet. Der Staat verwirklicht nicht die *eine, zeitlose, „ewige" Gerechtigkeit* – wer kennt sie? – sondern *seine*, an die eigene Metaphysik gebundene *Systemgerechtigkeit*.

Damit sind die berufsspezifische Ideologieanfälligkeit der Rechtswissenschaft und die spezielle Rolle der Juristen in Unrechtssystemen angesprochen.

Die Rolle von Juristen bei Systemwechseln

1978 wurde die eingängige, anklagende Formel von den „furchtbaren Juristen" geprägt.[4] Seit sie 1987 zu einem Buchtitel[5] verarbeitet wurde, hat sich im öffentlichen Bewusstsein die Überzeugung von der ganz *besonderen* Schuld dieser Berufsgruppe festgesetzt. Was dann aus der Strafrechts- und Vollzugspraxis der DDR-Staatsanwaltschaften und der DDR-Gerichte stückweise an das Tageslicht gelangte, scheint erneut geeignet zu sein, pauschale Verurteilungen eines ganzen Berufsstandes zu bestätigen.

Die Epoche der Verdrängung und Verschweigung des NS-Unrechts nach 1945 war in Westdeutschland durch die vielen in den Rechtsfakultäten weiterhin tätigen Kollegen, ebenso durch die Richter, Staatsanwälte, Beamten und auch Rechtsanwälte aus der NS-Zeit beinahe programmiert. Sie dauerte etwa bis zur Mitte der 1960er-Jahre. Bis dahin war das Thema „Recht im Nationalsozialismus" an vielen westdeutschen Rechtsfakultäten ein beinahe absolutes Tabu.

Auch beim Aufbau der DDR spielten Juristen von Anfang an eine maßgebliche Rolle bei der Organisation und Legitimation des staatlichen Unrechts. Diese stabilisierende Funktion der Juristen blieb bis zum Ende des Regimes quer durch den gesamten Staatsapparat der DDR erhalten.[6]

4 Rolf Hochhuth, Schwierigkeiten, die wahre Geschichte zu erzählen. In: Die Zeit vom 17.2.1978, S. 41.

5 Ingo Müller, Furchtbare Juristen. Die unbewältigte Vergangenheit unserer Justiz, München 1987.

6 Zu den systeminternen Konflikten unter den DDR-Juristen vgl. die beiden aufschlussreichen Bücher von Marcus Howe, Karl Polak – Parteijurist unter Ulbricht, Frankfurt a. M. 2002; sowie Uwe-Jens Heuer, Im Streit – Ein Jurist in zwei deutschen Staaten, Baden-Baden 2002; dazu die Rezension von Bernd Rüthers, Juristen unter wechselnden Verfassungen. In: Juristenzeitung (JZ), 58 (2003), S. 82–89, hier 83.

Vergleiche zwischen Systemen, die staatlich verübtes Unrecht und Menschenrechtsverletzungen in ihr Herrschaftsprogramm aufgenommen haben, sind in Deutschland oft heftiger Kritik ausgesetzt. Deshalb ist zu betonen: Der vorstehende Hinweis auf die analoge Rolle von Rechtswissenschaft und Justiz in der Herrschaftspraxis des NS-Staates und des SED-Staates beruht nicht auf der These, diese beiden Systeme seien in ihrem Unrechtscharakter identisch. Das wäre schon deshalb falsch, weil die beiden totalitären Weltanschauungen, welche diese Systeme rechtfertigen sollten, grundverschieden waren.

Der Marxismus-Leninismus lässt sich als transzendentale Geschichtsphilosophie ungeachtet seiner fundamentalen Irrtümer nicht mit dem primitiven Rassenbiologismus der nationalsozialistischen Weltanschauung auf eine Stufe stellen. Aber die Herrschaftspraktiken totalitärer Systeme weisen bei aller Unterschiedlichkeit ihrer Basisideologien oft verblüffend ähnliche Strukturen auf.

Angesichts der normativen Praxis beider deutscher Diktaturen im 20. Jahrhundert stellt sich die Frage: Sind Juristen ideologisch besonders verführbar, mehr als andere Disziplinen und Berufe? Haben sie eine spezielle, professionelle Nähe zu Ideologien und deshalb eine besondere Anfälligkeit? Meine Antwort ist ein vorsichtiges „Ja!".

Recht als normativ verfestigte („geronnene") Politik

Die zentrale Aufgabe juristischer Berufe ist die Mitwirkung bei der Recht*setzung* und bei der Rechts*anwendung*. Letzteres bedeutet die Umsetzung von Rechtsvorschriften in gesellschaftliche und politische Wirklichkeit. Jede – ich betone: jede! – Rechtsnorm ist vom Normsetzer auf ein bestimmtes *politisches Gestaltungsziel* gerichtet. Recht ist immer (auch) ein Instrument zur Gestaltung und Steuerung gesellschaftlicher und politischer Lebensbereiche nach weltanschaulich begründeten Vorverständnissen. Diese Gestaltungsfunktion ist aus der Sicht der normsetzenden Instanzen die zentrale Funktion des Rechts überhaupt. Vierte Hypothese: Alle (!) Rechtsnormen sind ein Stück normativ verfestigter Weltanschauung (Systemideologie) und Rechtspolitik der Normsetzer. Recht ist also eine zutiefst politisch und weltanschaulich geprägte Kategorie. Weltanschauungsfreies („wertfreies") Recht kann es nicht geben. Wertfreies Recht wäre buchstäblich wertlos.

Der Ideologiebezug juristischer Berufe – Die Entstehung von Wendeliteraturen

Juristen sind bei der Anwendung der Rechtsnormen an „Gesetz und Recht" gebunden. Das gilt für alle Staatsordnungen. Das deutsche Grundgesetz gebietet das für die Richter in den Art. 20 Abs. 3, 97 Abs. 1. Nach der DDR-Verfassung von 1968/74 war die „sozialistische Gesetzlichkeit" mindestens als

Lippenbekenntnis ein tragendes Prinzip des sozialistischen Staates (Art. 19, 87, 90 Abs. 1, 97).[7]

Juristen in amtlichen Funktionen sind wegen dieser von der Verfassung gebotenen Gesetzesbindung weisungsgebundene „Diener" der normativ verfestigten Politik der Normsetzer. Das gilt sowohl in einem Rechtsstaat wie in einem Unrechtsstaat. Die praktische Jurisprudenz hat, realistisch betrachtet, in *allen* Staatsformen eine affirmative, *systemkonservative Funktion*. Sie verwirklicht mit der Rechtsanwendung die durch Rechtsnormen auf Dauer angelegte Politik der Normsetzer.

Bei einem Systemwechsel prüft das jeweils neu etablierte politische System aus seiner Sicht, ob die Juristenkader des alten Systems geeignet und gewillt sind, die Ziele der gewollten grundlegenden „Rechtserneuerung" glaubwürdig zu verwirklichen. Fünfte Hypothese: Juristen leben gefährlich, weil sie professionell in der Nähe, ja im Bannkreis der jeweils herrschenden Systemideologie und der jeweiligen „Machthaber" handeln.

Sie sind Systemfunktionäre im Dienst der jeweils konkreten Herrschaftsordnung, sei diese „gerecht" oder „ungerecht", ein Rechtsstaat oder ein *Unrechtsstaat*, wie immer das definiert werden mag.

Verfassungswechsel bringen in vielen wissenschaftlichen und literarischen Disziplinen eine *spezifische Literaturgattung* hervor. Ich nenne sie *Wendeliteratur*. Das trifft für die Jurisprudenz in besonderem Maße zu, aber nicht nur für sie. Das Phänomen gilt für nahezu alle Verfassungsumbrüche der letzten 100 Jahre. Beschränken wir uns hier auf die Wendeliteraturen in der *Jurisprudenz*. Ihre Beiträge füllen unmittelbar nach dem jeweiligen Umbruch die ersten Jahrgänge aller einschlägigen Fachzeitschriften.

Inhaltlich geht es dabei um die kritische Analyse und Kritik der alten, abgelebten Ordnung, ihrer Schwächen oder Verbrechen, sowie um den Aufbau und die Legitimation des neuen, als „besser" angesehenen Systems.

Wendeliteraturen haben in der Regel starke autobiografische Elemente und Motive. Sie entstehen in kollektiven und subjektiven Krisenlagen. Die juristischen Grundwerte und Glaubensbekenntnisse werden nach einer Wende neu definiert. Weil der Gesetzgeber das kurzfristig nicht oder allenfalls in wenigen Ansätzen schafft, müssen die alten, überkommenen Gesetze neu interpretiert, umgedeutet werden. Dazu braucht es Leitsätze, Handreichungen für die Gerichte, die Verwaltungen und den Rechtsunterricht. Eine überzeitlich gültige Parole in solchen Lagen lautet:[8] „Wir denken die Rechtsbegriffe um. [...] Wir sind auf der Seite der kommenden Dinge."

Verkündet wurde sie 1934 von *Carl Schmitt*, dem „Kronjuristen" des Dritten Reiches.[9] Hier sind wir bei der Kernfrage unseres Themas.

7 Gleiches verkündete die Verfassung der Sowjetunion in Art. 112.

8 Carl Schmitt, Nationalsozialistisches Rechtsdenken. In: Deutsches Recht (DR), 4 (1934), 325 (329).

9 Näheres zu Schmitt in Bernd Rüthers, Carl Schmitt im Dritten Reich, 2. Auflage München 1990.

Welches „Gesicht" hatten die Rechtsperversionen in den beiden deutschen Diktaturen?

Waren diese mehreren Umdeutungen ein entpersönlichter, anonymer, gleichsam „automatischer" Vorgang? Oder gilt der Satz, Männer und Frauen machen Geschichte?

Es seien im Folgenden einige vorsichtige, tastende und widerlegbare Antworten versucht. Was ich vortrage, sind keine wissenschaftlich erwiesenen Wahrheiten, sondern, um es mit *Karl Raimund Popper* zu sagen, der letzte Stand meiner möglichen Irrtümer. Sechste Hypothese: Die Hauptagenten des Umdenkens ganzer Rechtsordnungen in Wendezeiten sind:

- die Autoren der juristischen Fachliteratur in den führenden Fachzeitschriften und in zahlreichen, eifrig und eilig produzierten, rechtspolitisch wie weltanschaulich besonders engagierten Beiträgen sowie ferner
- Leitentscheidungen aller Gerichtszweige, besonders aller letzten Instanzen zur Rechtsumbildung.

Beide arbeiten, oft unter administrativer oder wissenschaftlicher Anleitung, in einem vorauseilenden Gehorsam zusammen. Dabei sind einerseits der Sog und andererseits der Druck des jeweils neuen Systems oft schwer zu unterscheiden. Beides geht fließend ineinander über.

Auffällig ist: Die Autoren der literarischen Legitimation und Lobpreisung des jeweils neuen Staates, seiner Rechtsidee, seiner Rechtsquellen- und Begriffslehre tragen überwiegend bekannte, oft wissenschaftlich besonders *angesehene Namen*. Sie können nicht selten als Spitzenvertreter ihrer Disziplinen gelten. Es handelt sich also nicht um wissenschaftliches Mittelmaß oder gar eine Negativauslese, sondern im Gegenteil überwiegend um *fachlich exzellente* Autoren. Ähnlich war es übrigens nach 1945/49 in der DDR und in der Bundesrepublik, ebenso nach 1989 in der DDR.

Bei einer ersten Analyse der Umdeutung des Zivilrechts im Nationalsozialismus 1967 hielt ich diese „unbegrenzte Auslegung" für einen historisch *einmaligen* Vorgang: Eine kleine Zahl, meistens berühmter, einflussreicher Autoren, hat nach 1933 die gesamte deutsche Rechtsordnung interpretativ „umgedreht" auf die Ziele der NS-Weltanschauung. Das wiederholte sich aber bei näherem Hinsehen in ähnlicher Weise nach 1945. Pikant wird es, wenn, wie nicht selten, dabei dieselben Autoren, die schon das *vergangene* System bedient hatten, nach der Wende als Sendboten und Instruktoren der neuen Grundwerte des *gegensätzlichen* Systems auftreten. Das war und ist bis heute keine Seltenheit.

Die Beschäftigung der Nachgeborenen mit den Auslegungskünsten der vorangehenden Juristengeneration in und nach Systemwechseln hat oft einen Hang zur anklagenden *Personalisierung* und *Pönalisierung* der Vorgänge. Es werden „Sündenböcke" für die totalen Rechtsumdeutungen gesucht und gefunden, die es in der Regel auch gab und gibt. Der Gegentrend unter den in das alte System Verstrickten geht dahin, diese Vorgänge möglichst zu verschweigen und zu verdrängen, das „Nest" der Disziplinen sauber zu halten, „Nestbeschmutzer" auszugrenzen. Ich versuche im Folgenden, auf die Vielfalt der Faktoren und Zusammenhänge aufmerksam zu machen, die eine andere Perspektive nahelegen.

Auslegung oder Einlegung als Programm?

In den Ausnahmelagen von Systemwechseln werden bestimmte Grundelemente und Funktionen des Rechts, der Rechtswissenschaft und der Justizpraxis besonders deutlich. Sie sind zwar auch in der staatsrechtlichen Normallage existent und wirksam, bleiben aber durch die Routine des Üblichen meistens unerkannt und den Handelnden unbewusst.

Rechtssätze sind vor allem *Gebote* der Gesetzgebung an die Rechtsanwender mit dem Zweck, einen bestimmten Lebenssachverhalt nach den Vorstellungen der Normsetzer zu regeln. Sie sind, zumal in der Demokratie, das Instrument der Politikverwirklichung und der Sozialgestaltung. Ihr Inhalt soll nach der Verfassung dem weltanschaulichen „Geschmack" und dem Streben mancher Rechtsanwender, ihre persönlichen Gerechtigkeitsvorstellungen an die Stelle der Normzwecke zu setzen, entzogen sein. Das ist der Sinn der Gesetzesbindung.

Die Rechtsanwender sind Diener der Gesetze, nicht Herren der Rechtsordnung. Sie sind zu „denkendem Gehorsam" gegenüber dem Gesetz verpflichtet. Das wollen neuerdings manche Autoren angesichts des gewachsenen Richterrechts und der bewusst gewordenen Macht der letzten Instanzen nicht mehr wahrhaben.[10] Aber so steht es in der Verfassung. Die Gesetzesauslegung ist ein *aliud* gegenüber der Deutung von literarischen, philosophischen oder historischen Texten. Die Auffassung, die Richter seien bei der Anwendung von Gesetzen virtuosen Pianisten bei der Interpretation von Kompositionen vergleichbar,[11] ist eine verfassungsfremde Fehlvorstellung.

10 Vgl. Günter Hirsch, Der Richter im Spannungsverhältnis von Erster und Dritter Gewalt. In: Die Zeit vom 8.10.2003, S. 41. Dazu Bernd Rüthers, Methodenrealismus in Jurisprudenz und Justiz. In: JZ, 61 (2006) 2, S. 53–60.

11 So Günter Hirsch, Zwischenruf – Der Richter wird's schon richten. In: Zeitschrift für Rechtspolitik (ZRP), 39 (2006), S. 161; ders., „Die europäische Gemeinschaft hat ein Demokratiedefizit" – Die Rechtssprechung des EuGH ist „natürlich" eher integrationsfreundlich (Interview). In: ZRP, 40 (2007) 2, S. 69 f., hier 69; dagegen Bernd Rüthers, Zwischenruf aus der methodischen Wüste: „Der Richter wird's schon richten"(?). In: JZ, 61 (2006) 19, S. 958–960, hier 958.

Die Instrumente außergesetzlicher Rechtsumbildung

Siebte Hypothese: Die sprachlichen und rechtsmethodischen Instrumente zur Umdeutung einer überkommenen („alten“) Gesetzesordnung auf neu etablierte rechtspolitische Grundwerte und Ziele sind die folgenden:

1. die Proklamation einer neuer „Rechtsidee“;
2. die Konstruktion neuer „Rechtsquellen“ zur Verdrängung oder Veränderung der „alten“, aber noch „geltenden“ Gesetze;
3. die Neuinterpretation unbestimmter Rechtsbegriffe und „Generalklauseln“ (sprachliche Leerformeln mit wechselndem Inhalt wie „Treu und Glauben“, „gute Sitten“, „wichtiger Grund“);
4. die Umdeutung von Rechtsgrundbegriffen (z. B. „Rechtsfähigkeit“, „subjektives Recht“, Vertrag, „Gemeinschaft“, „Menschenwürde“, Ehe, Familie, „Persönlichkeitsrecht“, „Grundrechte“);
5. die Konstruktion neuer oder konkurrierender Auslegungsmethoden. Proklamation der angeblich „objektiven“ Gesetzesauslegung („Wille des Gesetzes“; „vernünftiger Sinn des Gesetzes“).

Diese Umdeutungsinstrumente und -praktiken sind vor allem für den Systemwechsel 1933 ausführlich beschrieben.[12] Sie dienten dem Ziel der uneingeschränkten Herrschaft der NS-Weltanschauung: „Das gesamte heutige deutsche Recht [...] muss ausschließlich und allein vom Geist des Nationalsozialismus beherrscht sein. [...] Jede Auslegung muss eine Auslegung im nationalsozialistischen Sinne sein.“[13]

„Grundlage der Auslegung aller Rechtsquellen ist die nationalsozialistische Weltanschauung, wie sie insbesondere im Parteiprogramm und in den Äußerungen des Führers ihren Ausdruck findet.“[14]

Bemerkenswert sind die augenscheinlichen methodischen Parallelen bei allen Systemwechseln, speziell nach 1933 und nach 1945/49.[15] Beherrschend wurde unter der Führung von *Carl Schmitt, Karl Larenz, Ernst Forsthoff* und anderen ein Trend zur sogenannten *objektiven* Methode. Die Gesetze sollten nach ihrem *vernünftigen Sinn im Anwendungszeitpunkt,* also allein aus dem *Geist der Weltanschauung des Nationalsozialismus* und nach dem *Willen des Führers* ausgelegt werden.

12 Vgl. Bernd Rüthers, Die unbegrenzte Auslegung. Zum Wandel der Privatrechtsordnung im Nationalsozialismus, 1968, 5. Auflage 1998; ders., Entartetes Recht - Rechtslehren und Kronjuristen im Dritten Reich, München 1994, S. 183-212.
13 Carl Schmitt, Nationalsozialismus und Rechtsstaat. In: Juristische Wochenschrift (JW) 1934, 713 (717).
14 Georg Dahm/Karl August Eckhard/Reinhard Höhn/Paul Ritterbusch/Wolfgang Siebert, Leitsätze über Stellung und Aufgabe des Richters. In: Deutsche Rechtswissenschaft (DRW), 1 (1936), S. 123 f., hier 123.
15 Rüthers, Die Wende-Experten, S. 162-197.

Der politische Systemwechsel führt regelmäßig zum „Abbruch" der alten, „abgelebten" und zur Errichtung und Durchsetzung einer neuen Wertordnung.[16] Es liegt daher nahe, dass nach Systemwechseln die *tragenden Grundbegriffe der Rechtsordnung neu definiert werden.* Im Nationalsozialismus fand man für die völkisch-rassische Neukonstruktion der Grundbegriffe so wohlklingende neue Namen wie „konkretes Ordnungsdenken" *(Schmitt)* oder „konkret-allgemeine Begriffe" *(Larenz).* Der Sache nach ging es um die Bereitstellung „ideologischer Gleitklauseln" - den bekannten Währungsgleitklauseln nicht unähnlich -, die es erlaubten, die neuen (rassisch-völkischen) Grundwerte der NS-Ideologie ohne den Großeinsatz des Gesetzgebers als Bestandteile und Leitsterne des überkommenen Gesetzesrechts auszugeben.

Die juristische Literatur in der DDR in den ersten Jahren nach 1949 weist unter anderen Etiketten dieselben Phänomene einer - dort marxistisch-leninistisch betriebenen - Umdeutung der gesamtem Rechtsordnung und aller Rechtsgrundbegriffe auf. Besonders die Rechtsprechung zum „Wesen der Ehe" nach dem Ehegesetz von 1938 gibt dazu frappierende Einblicke, weil seine insoweit unveränderten Vorschriften in vier verschiedenen Staatssystemen (NS-Staat, Österreich, Bundesrepublik und DDR) über Jahre hin mit gegenläufigen Ergebnissen angewendet wurden.[17]

Der Vorgang ist in der Rechtsgeschichte alles andere als neu. Im Gegenteil: Alle sogenannte Wesensbegriffe, Generalklauseln, Argumente aus einer angeblichen „Natur der Sache" sind darauf angelegt, die jeweilige Gesetzesordnung an eine *außergesetzliche, weltanschaulich gefüllte Wertordnung* anzuschließen. Sie sind nichts anderes als Zuleitungen einer außergesetzlichen Ideologie in die juristische, normative Geltung. Es handelt sich dabei, entgegen den falschen Etiketten, nicht um Auslegung, sondern um *Einlegungen*, sprich: verkappte neue Normsetzungen. Darin liegt die formale rechtstechnische Leistungsfähigkeit solcher Begriffskonstruktionen und Interpretationen, wie immer man ihre Inhalte politisch und moralisch beurteilen mag.

Lange, teils bis in die jüngste Zeit hinein, hat man unter Juristen als auch unter den Rechtsgenossen geglaubt, ein geschriebenes Gesetz verbürge mit seinem Inkrafttreten einen ein für allemal festen und verlässlichen Regelungsinhalt.

Die Irrigkeit der Vorstellung eines durch den Gesetzestext dauerhaft verbürgten Gesetzesinhalts war schon in der zweiten Hälfte des 19. Jahrhunderts von scharfsichtigen Beobachtern wie *Lorenz von Stein*[18] und *Oskar Bülow*[19] erkannt

16 Vgl. Bernd Rüthers, Rechtsordnung und Wertordnung - Zur Ethik und Ideologie im Recht, Konstanz 1986.

17 Vgl. dazu Bernd Rüthers, Wir denken die Rechtsbegriffe um ... - Weltanschauung als Auslegungsprinzip, Zürich 1987; ders., Die unbegrenzte Aufklärung, 6. Auflage Tübingen 2005, S. 277 ff., 400 ff.

18 Lorenz von Stein, Gegenwart und Zukunft der Rechts- und Staatswissenschaft Deutschlands, Stuttgart 1876.

19 Oskar Bülow, Gesetz und Richteramt, Leipzig 1885.

worden. Von Steins einprägsame Formulierung lautet: „[...] alle positiven Rechtsbegriffe sind ihrer Form nach gleich, ihrem Inhalt nach aber gesellschaftliche und damit je nach der Gesellschaftsordnung verschiedene Rechtsbegriffe und müssen als solche begriffen und gelehrt werden."[20]

Es hat dann fast 100 Jahre gedauert, bis diese gesellschaftliche und politische Beweglichkeit juristischer Begriffsinhalte wirklich begriffen und – noch zögernder – auch gelehrt wurde. Heute ist es – nach den Erfahrungen der Umbrüche in Europa – eine gesicherte Erkenntnis, dass Gesetzestexte niemals bestimmte, vom historischen Normgeber gewollte Regelungsinhalte oder Regelungsziele dauerhaft verbürgen können.

Auch für Gesetze gilt die allgemeine textwissenschaftliche („hermeneutische") Erkenntnis, dass Texte interpretationsoffen sind. Insofern ähneln sie den Partituren der Musik. Sie sind, um zum Adressaten zu gelangen, angewiesen auf das Verständnis des Rezipienten, auf die Deutung des Interpreten. Diese Deutung wird unvermeidbar vom Zeithorizont und vom Vorverständnis des Rechtsanwenders abhängig.

Aber dieser hat eine andere Stellung gegenüber dem Gesetz als der künstlerische virtuose Musiker oder Regisseur gegenüber einer Partitur oder einem dramatischen Text. Zwar gilt auch für den Richter die Erkenntnis der allgemeinen Rezeptionstheorie: Der Akt des Lesens, also für ihn der Gesetzesauslegung, ist nicht nur ein reproduktiver, sondern zu erheblichen Teilen ein produktiver Akt der Sinngebung durch die erforderliche Konkretisierung der abstrakt-generellen Norm auf den zu entscheidenden Fall. Der entscheidende Unterschied besteht darin: Der Rechtsanwender hat eine *dienende* Aufgabe im Rahmen der politischen Gesellschaftsgestaltung durch Normen. Literarische Texte und Musikstücke sind der mehr oder weniger virtuosen, künstlerischen Deutung ihrer Interpreten anheimgegeben. Moderne Klassiker-Aufführungen bieten von *Shakespeare* bis *Mozart* für die Breite solcher Deutungen in Theatern und Konzerten ein umfangreiches Anschauungsmaterial. Im Gegensatz dazu sind Rechtsnormen zielgebundene Gestaltungsgebote des Souveräns – in der Demokratie des Parlaments – an die Richter. Diese sind nicht in der Rolle virtuoser Künstler. Sie sind der Gesetzgebung – das sei gern wiederholt! – zu denkendem Gehorsam verpflichtet, und zwar auch und gerade dort, wo sie, wären sie die Normgeber, eine Frage gern anders regeln würden als die Gesetzgebung.

Diese Frage ist, wie die Praxis der Gerichte und die Diskussion dazu zeigt, ein höchst aktuelles Problem. Der jüngste Streit über den Inhalt von Grundbegriffen des Rechts wie *Menschenwürde, Persönlichkeitsschutz, Ehre, Ehe, Familie, Privatautonomie, Diskriminierung* und vieler anderer belegt die immer aktuelle Relevanz dieses Themas auch *außerhalb* von staatsrechtlichen Ausnahmelagen.

20 Stein, Gegenwart und Zukunft, S. 135 f.

Methodenfragen als Verfassungsfragen

Achte Hypothese: Gesetzestexte sind wie Kleiderhaken, an denen durch die Richtersprüche wechselnde weltanschauliche Zeitmoden aufgehängt werden können. Die Gegenmeinung, ein Gesetz könne durch die schriftliche Niederlegung einen ein für allemal festgelegten Regelungsinhalt fixieren, hat sich als ein überholtes und widerlegtes Dogma juristischer Metaphysik und Romantik erwiesen.

Der Blick auf die wiederholten Phasen des Aufbruchs, der ekstatischen Begeisterung und der Schwärmerei in den Wendeliteraturen nach 1933 und gleich in doppelter Weise nach 1945/49 (Bundesrepublik und DDR), drängt dazu, nach den tiefer liegenden Ursachen zu fragen. Denn die Juristen und die Wende-Experten, die in fast allen Disziplinen am Werke waren, entstammten demselben Volk. Und in jedem System finden wir, vor allem in der Anfangszeit nach dem Umbruch, begeisterte Zustimmung zur neuen Macht- und Wertordnung, sowohl zu Rechtsstaaten wie zu Unrechtsstaaten oder totalitären Diktaturen. Sollten wirklich aus demselben Volkskörper in zwei totalitären Diktaturen jeweils zufällig zwei kriminelle Generationen intellektuell besonders begabter Mittäter von Staatsverbrechen bereitgestanden haben? Waren die Planer, Organisatoren und Legitimatoren von totalitärer Unterdrückung bis hin zum Massenmord *geborene Verbrecher oder ideologisch Verführte*? Ich lasse das hier noch offen.

Eine andere Einsicht drängt sich angesichts unserer Geschichte der häufigen Systemwechsel auf. Die neunte Hypothese: Juristische Methodenfragen sind immer Verfassungsfragen. Die Wahl der Auslegungsmethode bestimmt das Auslegungsergebnis. Die Auslegungsmethode bestimmt und verschiebt die Grenze der Machtverteilung zwischen Gesetzgebung und Justiz. Es geht also um die verfassungsgesetzliche Gewaltentrennung.

Eine kritische Reflexion der methodischen Vorgänge bei der Perversion des Rechts in den beiden deutschen Diktaturen steht bis heute weithin aus. Die methodischen Traditionen, Kontinuitäten und Erfahrungen aus dieser Zeit werden gern übersehen. Ich zitiere dazu beispielhaft den Münsteraner Kollegen *Thomas Hoeren*:

> „Zum einen hat Karl Larenz sein unheilvolles Werk nicht nur in der nationalsozialistischen Zeit angerichtet. Vielmehr haben er und seine Schüler gerade nach 1945 verhindert, dass sich neue Entwicklungstendenzen in der Rechtstheorie und Rechtsphilosophie entwickeln konnten. Erschreckend ist hier gerade die Analyse Schoppmeyers, der Larenz nachweist, dass dieser nach 1945 nicht nur nichts dazu gelernt hat, sondern noch von den gleichen philosophischen Wurzeln wie in der NS-Zeit gezehrt hat. Dass seine Schüler ihren Meister heilig sprechen wollen, macht die Sache noch schlimmer. [...] Doch selbst ein Mann wie Larenz kann nicht alleine den Niedergang der deutschen Rechtstheorie verschuldet haben. Dazu trägt vielmehr auch das allgemeine gesellschaftliche Umfeld bei, das auf ein erschreckendes Desinteresse an der gesamten Fragestellung hinweist. Eine theoretische Fundierung der Jurisprudenz ist nicht mehr gefragt. Juristische Methode ist keine Lebensaufgabe mehr, sondern nur noch eine ars moriendi.

Rechtsphilosophische und rechtstheoretische Lehrstühle werden im Jahrestempo eliminiert, um endlich das von ignoranten Ministerialbürokraten gewünschte Fachhochschulniveau an Universitäten zu erreichen."[21]

Die zehnte Hypothese: Die obersten Bundesgerichte *(BVerfG, BGH, BAG)* und die herrschende Meinung in der Lehre haben die Grundpositionen der falsch etikettierten, angeblich „objektiven" Auslegung von *Larenz* unbesehen übernommen, von einem Autor, der die völkische Rechtserneuerung in der NS-Zeit maßgeblich theoretisch geprägt hat. Sie dominiert seit 50 Jahren eine Praxis, die das Bewusstsein ihrer Pflicht zur Gesetzesbindung zunehmend verloren hat.

Sozialisationskohorten

Aus der Soziologie und der Zeitgeschichte ist das Phänomen und die Wirkungsmacht von sogenannten *Sozialisationskohorten* bekannt. Es spielt auch für die Rolle der Juristen in solchen historischen Prozessen eine bemerkenswerte Rolle.

Die Analyse der methodischen Vorgänge bei den „Rechtserneuerungen" in den Wendezeiten nach 1918/19, 1933, 1945/49 und 1989/90 bringt *zwei Neuigkeiten* zutage.[22] Die eine ist bereits mit der Skizzierung der Gattung „Wendeliteratur" angedeutet. Die zweite betrifft die Existenz und Wirksamkeit von bestimmten *Autorengruppen*, welche diese Literaturgattung prägen.

Wer in einer systemnahen Wissenschaftsdisziplin nach einem einschneidenden Systemwechsel weiterhin in der neuen fachlichen „Bundesliga" mitspielen wollte, gab zu erkennen, dass er die neuen Glaubenswahrheiten und Machtstrukturen anerkannte. Das galt nicht nur für die Juristen. Auch die Historiker, die Germanisten, die Philosophen, die Soziologen, ja sogar die Biologen, die Mediziner, Theologen und andere verhielten sich ähnlich - von den Journalisten ganz zu schweigen. Und in der „schönen Literatur" sind ebenfalls ähnliche regimetreue „Ergüsse" zu verzeichnen.

Der Aufbau neuer politischer Systeme erzeugt erfahrungsgemäß gerade in autoritären Staaten/Diktaturen bei den Beteiligten so etwas wie literarische Rauschzustände. Die Autoren fühlen sich auf der Seite der guten, siegreichen Sache. Sie wirken mit am Heil der Menschheit. Das „alte", „morsche" System ist besiegt. Sie ziehen in eine neue bessere Welt. In die Sprache juristischer Beiträge mischen sich irrationale, lyrische Töne.

Damit ist der Begriff der „Sozialisationskohorten" hinreichend angedeutet. Die Begriffe „Kohorte" oder „Generation" lenken den Blick *weg* von den Einzelautoren und *hin* auf die Gruppe, die sich maßgeblich an der Produktion dieses Literaturtyps beteiligt.

21 Thomas Hoeren, Rezension zu Heinrich Schoppmeyer, Juristische Methode als Lebensaufgabe - Leben, Werk und Wirkungsgeschichte Philipp Hecks (http://www.inp.jura.uni-koeln.de/sites/inp/user_upload/2005_Schoppmeier__Juristische_Methode__in_forum_historiae_iuris.pdf; 25.2.2019).

22 Rüthers, Geschönte Geschichten.

Gemeinsame Erlebnisse, Kindheits- und Jugendmuster sowie Katastrophenerlebnisse und Leiderfahrungen führen zu gemeinsamen Weltbildern, Gefühlswelten und Handlungsmaximen.[23]

[...]

Zur Schuldfrage und Juristenmoral – die Einzelverantwortung im Sog und Druck des Zeitgeistes

Meine dreizehnte Hypothese: Die Beurteilung der individuellen Moralität oder schuldhaften Verstrickung von einzelnen Angehörigen intellektueller, „öffentlicher" Berufe oder gar ganzer Berufsgruppen in Zeiten staatlichen Unrechts ist äußerst schwierig. Pauschale Verurteilungen oder pauschale Rechtfertigungen ganzer Berufsgruppen im Sinne von die „furchtbaren Juristen" oder die „gesetzestreuen Juristen" werden der Komplexität der Handlungszwänge und der Rahmenbedingungen, insbesondere in totalitären Systemen, nicht gerecht.

Man darf annehmen, dass die deutschen Juristengenerationen von 1910, 1930, 1950 und 1970 (also in der Weimarer Republik, im NS-Staat, in der Bundesrepublik und auch in der DDR) im Grundsatz von gleicher, mindestens vergleichbarer moralischer Qualität der Einzelpersonen gewesen sein dürften. Ihre Schicksale, ihre beruflichen Rahmenbedingungen waren allerdings grundverschieden.

Daraus folgt: Systemwechsel sind Phasen der Hochkonjunktur für Verletzungen und Enttäuschungen von Gerechtigkeitserwartungen. Das gilt für die Opfer wie für die Funktionäre (Täter) des abgelebten Systems.

Das Strafrecht ist insgesamt als Instrument zur Aufarbeitung von Unrechtsstaaten nach den vorliegenden Erfahrungen nur sehr beschränkt tauglich und wirksam. Es ist jedoch auch nicht schlechthin verzichtbar.

Die Frage nach der individuellen Verstrickung, Schuld und strafrechtlichen Verantwortung der Einzelnen erfasst nur einen Teil jener Probleme, die sich nach dem Zusammenbruch eines totalitären Staates stellen. Der Einzelne steht bei der Frage, ob er sich in ein solches System integrieren soll, in der Regel nicht vor einer freien, innerlich und äußerlich unabhängigen Entscheidung. Durch seine Sozialisation, seine Berufsausbildung, seinen Familienstand, seine gesellschaftlichen und wirtschaftlichen Existenzbedingungen ist sein Entscheidungsspielraum unter Umständen vielfältig eingeschränkt.

Mit *Bertolt Brechts* Mahnung an die Nachgeborenen ist zu bedenken: Die Märtyrerquote liegt in allen menschlichen Gesellschaften weit unter 1 Promille, auch heute.

Das ist keine pauschale Entschuldigung oder gar Rechtfertigung für die in das Unrecht des Regimes Verstrickten, zumal wenn dessen verbrecherischer

23 Ein grausiges Beispiel schildert Ulrich Herbert, Werner Best. Biographische Studien über Radikalismus, Weltanschauung und Vernunft. 1903–1989, Bonn 1996, S. 191 ff. Er beschreibt die Kohorte der juristischen SS-Elite bürgerlicher Herkunft 1934, die später die „Einsatzgruppenleiter" bei der „Endlösung der Judenfrage" stellte (Einsatzgruppen-Prozess in Nürnberg 1947/48).

Charakter durch öffentliche Taten für jeden nüchternen Beobachter erkennbar geworden war. Zu berücksichtigen ist aber, dass die Zugehörigkeit zu einer bestimmten Generation („Sozialisationskohorte") mit gemeinsamen politischen, gesellschaftlichen und ökonomischen Erlebnissen einen starken Druck zu bestimmten Verhaltensmustern ausüben kann. Vierzehnte Hypothese: Juristen wirken bei der Gestaltung und Vollstreckung des jeweiligen politischen Systems entscheidend mit. Sie tragen daher eine besondere Verantwortung, einzeln wie als Gruppe, der sie sich nicht mit dem Verweis auf die ähnliche ideologische Anfälligkeit anderer öffentlich tätiger Berufe entziehen können.

Juristen sind nicht generell verführbarer oder „furchtbarer" als andere intellektuelle Berufe. Sie unterliegen jedoch bei Systemwechseln besonderen Berufsrisiken wegen ihrer professionellen Nähe zur jeweiligen Staatsmacht.

Der Hinweis auf den Sog und Druck der Sozialisationskohorten und Aktionsgemeinschaften beseitigt nicht die Verantwortung des Einzelnen für das, was er in solchen Situationen lehrt, schreibt und tut. Die Verantwortung für das Mittun bei *schwerem Unrecht* liegt beim *Einzelnen selbst*.

Der Rückblick als Ausblick

Was also bleibt? Meine Fünfzehnte Hypothese lautet: Die beiden Rechtsperversionen in Deutschland hatten viele Gesichter. Deutsche Juristen können aus der Geschichte, speziell aus der Geschichte der deutschen Systemwechsel, allerlei lernen, ganz nach *Cicero*: „Historia magistra vitae est."[24]

Ich habe zu zeigen versucht, dass der Strukturvergleich mehrerer Systemwechsel die Erkenntnishorizonte erweitern und das Verständnis der dramatischen Vorgänge, in welche Juristen bei Systemwechseln geraten, vertiefen kann. Wir kennen das aus der Rechtsvergleichung. Vergleiche sind die primären Erkenntnisquellen aller Wissenschaft. *Vergleichsverbote sind getarnte Denkverbote.*

Was die Juristen ferner aus ihrer Disziplingeschichte lernen könnten, ist Bescheidenheit und Skepsis gegenüber der Objektivität und „Gerechtigkeit" sowohl ihrer eigenen Entscheidungen als auch ihrer Urteile über frühere Epochen.

Jede moralische Überheblichkeit der Nachgeborenen, der mit der unverdienten Gnade der späten Geburt oder des richtigen Wohnorts Beschenkten, erscheint unangebracht; sie beruht auf Selbsttäuschung oder Heuchelei. Es geht vor allem darum, Rahmenbedingungen zu schaffen, die Wiederholungen des Unheils erschweren.

Es gilt die Erfahrung: „Vernünftig ist, wer den Ausnahmezustand vermeidet."[25] (*Odo Marquard*)

24 Marcus Tullius Cicero, De oratore, II 36; vgl. schon im Alten Testament, Deuteronomium, 32, 7: „Denk an die Tage der Vergangenheit! Lerne aus den Jahren der Geschichte!"

25 Interview von Stephan Sattler mit Odo Marquard. In: Focus-Online vom 7.11.1994 (https://www.focus.de/kultur/medien/kultur-mut-zur-buergerlichkeit_aid_148915.html; 17.5.2019).

Recht, Gesetz und „Sittlichkeit“: Die ideologische Moralisierung des Rechts im Nationalsozialismus

*Herlinde Pauer-Studer**

I. Die Einheit von Recht und Moral in der NS-Rechtstheorie

In seinem berühmten im Jahre 1946 publizierten Artikel „Gesetzliches Unrecht und übergesetzliches Recht“ schreibt Gustav Radbruch: „Der Positivismus hat in der Tat mit seiner Überzeugung ‚Gesetz ist Gesetz‘ den deutschen Juristenstand wehrlos gemacht gegen Gesetze willkürlichen und verbrecherischen Inhalts.“[1]

Das positivistische Rechtsdenken orientiere sich, so der Kern dieser Kritik, zu ausschließlich an faktisch geltenden Rechtsnormen und differenziere nicht genügend zwischen faktischer Geltung und normativer Gültigkeit. Als besondere Schwachstelle des Rechtspositivismus gilt den an Radbruchs Urteil anknüpfenden Theoretikern die Trennung der Sphären von Recht einerseits und Gerechtigkeit und sittlichen Werten andererseits. Da der Positivismus eine ganze Generation von Juristen im Geiste der Separierung von Recht und Moral erzogen habe, leistete er demnach die intellektuelle Vorarbeit für das NS-System.

Ein genauerer Blick auf die Originaltexte der NS-Juristen relativiert diese Pauschalverurteilung erheblich. Denn unter den nationalsozialistischen Rechtstheoretikern war die Ablehnung des Rechtspositivismus gleichsam Axiom. Diese machen den Rechtspositivismus infolge eines „formalistischen“ Rechtsbegriffs

* Der stark gekürzte und geringfügig verbesserte Beitrag von Herlinde Pauer-Studer ist unter dem Titel „Einleitung: Rechtfertigungen des Unrechts. Das Rechtsdenken im Nationalsozialismus“ zuerst erschienen in: Herlinde Pauer-Studer/Julian Fink (Hg.), „Rechtfertigungen des Unrechts. Das Rechtsdenken im Nationalsozialismus in Originaltexten“, Berlin 2014, S. 15–135, hier 20–24, 27 f., 31, 118–135, © Suhrkamp Verlag Berlin 2014.

1 Gustav Radbruch, Gesetzliches Unrecht und übergesetzliches Recht, Baden-Baden 2002, S. 10 (Wiederabdruck von Gustav Radbruch, „Gesetzliches Unrecht und übergesetzliches Recht“. In: Süddeutsche Juristen-Zeitung, 1 [1946], S. 105–108). Radbruchs Kritik gipfelte bekanntlich in der als „Radbruch'sche Formel“ bekannt gewordenen These, Konflikte zwischen Gerechtigkeit und Rechtssicherheit dahingehend zu lösen, „dass das positive, durch Satzung und Macht gesicherte Recht auch dann den Vorrang hat, wenn es inhaltlich ungerecht und unzweckmäßig ist, es sei denn, dass der Widerspruch des positiven Gesetzes zur Gerechtigkeit ein so unerträgliches Maß erreicht, dass das Gesetz als ‚unrichtiges Recht‘ der Gerechtigkeit zu weichen hat.“ Radbruch, Gesetzliches Unrecht und übergesetzliches Recht, S. 11.

und der Trennung von Recht und Moral für die ethische Richtungslosigkeit des Deutschlands der 1920er-Jahre verantwortlich.[2] Die NS-Juristen sprechen sich für ein materiales Rechtsverständnis und für die Zurückweisung von Individualismus und Positivismus aus.

Konsequent anti-positivistisch fordern die NS-Juristen die Synthese von Recht und Sittlichkeit.[3] Die Ausführungen des Kieler Strafrechtstheoretikers Georg Dahm sind paradigmatisch für die Neuorientierung: „Wir erkennen heute die Verselbstständigung und Neutralisierung des Rechts, die Trennung und Entgegensetzung von Recht und Staat, Recht und Politik, Recht und Volksanschauung, Recht und Sittlichkeit als Kern des Übels. Die Überwindung dieser Gegensätze und die Herstellung der Einheit innerhalb des Rechts ist geradezu die Voraussetzung für eine wirkliche Erneuerung unseres Rechtslebens."[4]

Neben den Grundwerten des Nationalsozialismus wird das Rechts- und Sittlichkeitsempfinden der Volksgemeinschaft tragend. Die „gesunde Volksanschauung" bestimmt, was als anständig und rechtens gilt und was zu ahnden und bestrafen ist. In Roland Freislers anschaulichen Worten besagt dies: „Eine Kluft kann sich zwischen Rechtsgebot und Sittengebot nicht auftun. Denn Ge-

2 Siehe etwa Ernst Forsthoff, Der totale Staat, Hamburg 1933, S. 13 f. Forsthoff publizierte 1934 eine 2. revidierte Auflage dieses Textes. Zum Stellenwert von Forsthoffs Schrift, die ein Auftragswerk der Hanseatischen Verlagsanstalt war und sich stark an Carl Schmitts Schriften anlehnte, siehe auch Florian Meinel, Der Jurist in der industriellen Gesellschaft. Ernst Forsthoff und seine Zeit, Berlin 2011, S. 71–81. Zu den Unterschieden von 1. und 2. Auflage siehe ders., Der Jurist in der industriellen Gesellschaft. Ernst Forsthoff und seine Zeit, S. 89–92. Nach Meinel reagierte Forsthoff in der 2. Auflage auf die inzwischen geänderten politischen Bedingungen (u. a. die gesetzliche Festlegung der Einheit von Staat und Partei, die sich abzeichnende Zusammenlegung des Amtes von Reichskanzler und Reichspräsident, die Entlassung von Juden aus dem öffentlichen Dienst) mit einer verstärkten Anpassung an das NS-Regime.

3 Um Missverständnisse zu vermeiden: Wenn sich die Ausdrücke „Ethik" und „ethisch" auf die Ethik-Konzeption der Nationalsozialisten beziehen, so ist damit in einem rein deskriptiven Sinne das partikulare Ethikverständnis der Nationalsozialisten gemeint. Davon zu trennen ist ein universalistisches Ethik- und Moralverständnis, das universell gültige Kriterien des Richtigen und Falschen zu begründen versucht. Manche Autoren trennen zwischen den Begriffen „Ethik" und „Moral". Die Ausdrücke „Ethik" und „ethisch" beziehen sich demnach auf erstpersonale Haltungen, Gesinnungen und Tugenden; „Moral" bezieht sich auf die Sozialmoral, also moralische Konzeptionen des Rechten und der Gerechtigkeit. Zu beachten ist, dass der von den NS-Juristen gewählte Terminus „Sittlichkeit" sowohl Ethik (im erstpersonalen Sinn) als auch Moral im Sinne der Sozialmoral abdeckt. Aus diesem Grunde wird „Sittlichkeit" von mir im folgenden Text als gleichbedeutend mit „Ethik" bzw. „Moral" verwendet. Wenn im Folgenden von der Aufhebung der Trennung von Recht und Moral gesprochen wird, so bezieht sich der Begriff „Moral" im Gegensatz zum Recht sowohl auf personale ethische Haltungen als auch auf die Prinzipien der Sozialmoral bzw. der Gerechtigkeit. Aus Gründen der terminologischen Einfachheit wird aber nur von der Trennung von Recht und Moral gesprochen, nicht von der Trennung von Recht und Ethik.

4 Georg Dahm, „Die Erneuerung der Ehrenstrafe". In: Deutsche Juristen-Zeitung, 39 (1934) 13, S. 822–832, hier 826.

bote des Rechtes sind Gebote der Anständigkeit; was anständig ist, sagt aber das Gewissen des Volkes wie des Volksgliedes."[5]

Das NS-Programm einer Vereinheitlichung von Recht und Moral bedingt, dass im Nationalsozialismus, wie Walter Hamel in einer Publikation zum NS-Polizeirecht schreibt, „ein Unterschied zwischen moralischer Pflicht und Rechtspflicht zum Handeln [...] nicht mehr gemacht werden" könne.[6]

Der Rechtspositivismus verteidigt in der Tat die Separierung von Recht und Moral. Nach der Meinung jener Rechtspositivisten, die moralische Prinzipien für intersubjektiv begründbar halten, setzt die Moral externe Standards zur Bewertung von Rechtssystemen und Rechtsnormen.[7]

Die NS-Rechtstheoretiker setzen sich entschieden von einer solchen Bestimmung des Verhältnisses von Recht und Ethik ab. Ihr Programm ist es, den Unterschied von Recht und Moral aufzuheben. Moralische Grundsätze sind nach den NS-Juristen also mit Rechtsprinzipien gleichzusetzen.

Die ideologisch motivierte Ethisierung des Rechts bedingt, dass der Gemeinschaftsgedanken zum konstitutiven Element des Rechts erklärt wird. Wie der NS-Theoretiker Höhn schreibt, *„ist die Gemeinschaft nach der neuen deutschen Rechtsauffassung nicht nur eine soziale Tatsache, sondern auch Rechtsprinzip"*.[8] Damit finden auch die für die nationalsozialistische Konzeption der Volksgemeinschaft maßgeblichen Werte, nämlich „Ehre und Treue, Rasse und Boden", Eingang ins Recht.[9]

5 Roland Freisler, Nationalsozialistisches Recht und Rechtsdenken, Berlin 1938, S. 56.

6 Walter Hamel, „Wesen und Rechtsgrundlagen der Polizei im nationalsozialistischen Staate". In: Hans Frank (Hg.), Deutsches Verwaltungsrecht, München 1937, S. 381–398, hier 384.

7 Dies gilt insbesondere für den Rechtspositivismus von H. L. A. Hart/Joseph Raz. Siehe H. L. A. Hart, The Concept of Law. In: Penelope A. Bulloch/Joseph Raz (Hg.), 2. Auflag, mit einem Postscript Oxford 1994; Joseph Raz, The Authority of Law. Essays on Law and Morality, Oxford 1979; 2. Auflage 2009. Hart spricht zwar davon, dass ein intaktes Rechtssystem einen Minimalgehalt von Naturrechtsprinzipien („minimal content of natural law") aufweisen sollte, aber die von Hart erwähnten naturrechtlichen Minimalprinzipien (Verletzbarkeit, eine annähernde Gleichheit an Stärke, begrenzter Altruismus, begrenzte Ressourcen, begrenztes Wissen und begrenzte Willensstärke) stellen Fakten über die menschliche Natur dar, die von einem intakten Rechtssystem zu berücksichtigen sind, aber nicht genuin moralische Grundsätze. Ethische Überlegungen in der Rechtsprechung werden nach dem Positivismus Harts insbesondere in schwierigen Fällen („hard cases") direkt relevant, also in solchen Fällen, in denen die Entscheidungen gesetzlich nicht eindeutig vorgegeben sind, sondern weitgehend im Ermessen des Richters liegen. Bei Hans Kelsen ist die Rolle der Moral komplizierter, da Kelsen einen moralischen Subjektivismus und Relativismus vertritt. Siehe ders., Reine Rechtslehre. Mit einem Anhang: Das Problem der Gerechtigkeit, 2. vollständig neu bearbeitete und erweiterte Auflage Wien 1960, S. 65–68.

8 Reinhard Höhn, Volk, Staat und Recht. In: Reinhard Höhn/Theodor Maunz/Ernst Swoboda, Grundfragen der Rechtsauffassung, München 1938, S. 1–27, hier 9 (Hervorhebung im Original).

9 Höhn, Volk, Staat und Recht, S. 9.

Die von den NS-Juristen emphatisch geforderte Vereinheitlichung von Recht und Sittlichkeit beseitigt die Differenz zwischen rechtlichen Normen und ethischen Normen und erweitert somit das Betätigungs- und Zuständigkeitsfeld des Staates. Die für liberale Staaten konstitutive Neutralität gegenüber divergierenden persönlichen Werthaltungen und weltanschaulichen Prinzipien entfällt.[10] Der individuelle Freiraum weicht einer umfassenden normativen Strukturierung durch die weltanschaulichen, politischen und sittlichen Vorgaben des Staates.

Die Aufhebung der Unterscheidung von Recht und Moral stärkt die Macht des Regimes. Eine Haltung der inneren Bindung und Loyalität dient den Zielen des Führerstaates erheblich mehr als die erzwungene Einhaltung von Gesetzen und Normen. Gerade die „ethische Anerkennung" von Führerbefehlen war, wie Historiker argumentierten, wesentlich für die beachtliche innere Stabilität des Dritten Reiches in den Jahren vor dem Krieg.[11]

Es ist also nicht die positivistische Trennung von Recht und Moral für den ideologischen Sündenfall der Juristen verantwortlich, sondern die innere, durch moralisierendes Pathos verstärkte Bindung an die politisch-weltanschaulich durchsetzten Normen und Prinzipien des NS-Staates.

II. Philosophische Grundlagen: Gemeinwille und Volksgeist

Was ist aus der Perspektive der politischen Philosophie zum NS-Staat zu sagen? Die hinter dem NS-Staat stehende Konzeption des Politischen entspricht in ihren normativen Ambitionen dem, was John Rawls eine unvernünftige „umfassende moralische und politische Lehre" („comprehensive moral and political doctrine") genannt hat. Eine umfassende moralisch-politische Doktrin erhebt zum einen den Anspruch, als richtig bzw. wahr gelten zu können, und untermauert zum anderen ein Staatsverständnis, das darauf abzielt, alle Lebensbereiche der Bürgerinnen und Bürger zu durchdringen und zu regeln.[12]

10 Diese Neutralitätsbedingung erlaubt selbstredend nicht beliebige weltanschauliche Hintergrundkonzeptionen, sondern nur solche, die den grundlegenden Prinzipien einer demokratischen Verfassung, etwa jenem der Garantie grundlegender Rechte und Freiheiten der Person, nicht eklatant widersprechen. Es war gerade eine Strategie der Nationalsozialisten, dieses für liberal-demokratische Staaten konstitutive Neutralitätsprinzip im Sinne völliger Indifferenz allen politischen Anschauungen gegenüber zu interpretieren, womit sie der Demokratie strukturelle Richtungslosigkeit zu unterstellen suchten.

11 Siehe dazu etwa Hans Mommsen, Beamtentum im Dritten Reich. Mit ausgewählten Quellen zur nationalsozialistischen Beamtenpolitik, Stuttgart 1966, S. 13.

12 Siehe John Rawls, Politischer Liberalismus, S. 12, 13, 76–79. Zu beachten ist, dass der Nationalsozialismus wegen seiner irrationalen Elemente und seiner Negierung allgemeiner Menschenrechte eindeutig nicht zu den von Rawls mit einer „Idee der öffentlichen Vernunft" verknüpften politischen Konzeptionen zählt, sondern zu den „unvernünftigen umfassenden Lehren". Zu den nach Rawls unvernünftigen politischen Konzeptionen vgl. auch ders., Das Recht der Völker, Berlin 2002, § 6.

Beide dieser Bedingungen treffen auf die Konzeption des NS-Staates und dessen Fundierung zu. Die Grundlagen des NS-Staates gelten als unantastbar und nicht hinterfragbar. Die Autorität des Führers wird zum einen politisch-pragmatisch damit gerechtfertigt, dass nach den Jahren der Instabilität in der Weimarer Republik ein starker staatlicher Souverän wieder notwendig sei. Zum anderen - und dies ist wesentlich für den „Führerkult" - wird diese Machtzuschreibung mit einer platonischen Argumentationsfigur gestützt. Dem Führer wird die epistemische Kompetenz zugesprochen, das Wohl der Volksgemeinschaft nicht nur am besten zu kennen, sondern sich auch gemessen an seinen charakterlichen Dispositionen bedingungslos in den Dienst der Volksgemeinschaft zu stellen und seine Macht nicht zu missbrauchen. Die Relation der Volksgenossen zum Führer ist somit über Vertrauen und nicht über politische Repräsentation definiert.

Auch die zweite Komponente einer umfassenden moralischen und politischen Doktrin ist gegeben. Partei und Staat versuchen im Nationalsozialismus, das Leben der Bürgerinnen und Bürger in seiner Gesamtheit zu kontrollieren. Abgesehen von den gravierenden Beschränkungen bürgerlicher Grundfreiheiten ist die Einmischung in vordem als privat geltende und dem staatlichen Zugriff entzogene Bereiche des Lebens - Freizeitverhalten, Gesundheits- und Körperkult, Wahl der Ehepartnerin oder des Ehepartners, Kinderanzahl, Dienst an der Volksgemeinschaft - offensichtlich.

Der NS-Staat hat die Züge eines totalitären Staates. Doch den NS-Rechtstheoretikern ging es darum, den NS-Staat gerade nicht mit einer alle Lebensbereiche durchdringenden Staatsmacht, wie sie den totalitären Staat charakterisiert, in Verbindung zu bringen. Deshalb wird der Führerstaat von manchen NS-Juristen als lediglich „autoritärer Staat" bestimmt; manche NS-Denker sehen den Führerstaat als „totalen Staat" im Sinne der Notwendigkeit einer einheitlichen politischen Autorität. Einer totalitären Staatsform stehen aber so gut wie alle NS-Rechtstheoretiker ablehnend gegenüber - wohl mit der Überlegung, dass ein jede Form privater Autonomie bedrohender Staat mit der Rhetorik vom Volkswohl und der sittlichen Selbstperfektionierung der Volksgenossen nicht zu vereinbaren sei. Ein nur die Maske der blanken Macht zeigender Leviathan ist, das wissen die NS-Denker, ganz und gar nicht auf der Linie eines auf sittlichen Grundlagen und höheren Rechtsprinzipien basierenden Staates, dem die solidarische Einheit der Volksgemeinschaft angeblich heilig ist.[13] Die Beschwörung der Schrecken des totalitären Staates war vielmehr Teil der „anti-bolschewistischen"

13 Gerade darum sind die Bezugnahmen auf Thomas Hobbes, abgesehen von Carl Schmitts Studie „Der Leviathan in der Staatslehre des Thomas Hobbes" spärlich. Schmitt liest aber Hobbes als Liberalen und wendet sich dagegen, Hobbes eine totalitäre Staatskonzeption zuzuschreiben. Vgl. Carl Schmitt, Der Leviathan in der Staatslehre des Thomas Hobbes. Sinn und Fehlschlag eines politischen Symbols, Hamburg 1938, S. 112. Zu Schmitts Lesart von Hobbes vgl. auch David Dyzenhaus, Now the Machine Runs Itself. Carl Schmitt on Hobbes and Kelsen. In: Cardozo Law Review, 16 (1994) 1, S. 1-19.

Kampfpropaganda des NS-Regimes. Ungeachtet dessen ist die Tendenz zur Regelung aller Lebensbereiche im Dritten Reich unübersehbar.

Auf theoretischer Ebene werden die aus dem Reservoir totalitären Staatsdenkens stammenden Komponenten des NS-Staates vielfach durch die Berufung auf den politischen Gemeinwillen der Volksgemeinschaft verdeckt, wobei immer wieder auf Rousseaus Formel vom Gemeinwillen („volonté générale") zurückgegriffen wird. Dabei kommt den NS-Theoretikern Rousseau in einigen Passagen des Gesellschaftsvertrags leider entgegen, in dem er den Sozialkontrakt so begründet: *„Gemeinsam stellen wir alle, jeder von uns seine Person und seine ganze Kraft unter die oberste Richtschnur des Gemeinwillen; und wir nehmen, als Körper, jedes Glied als untrennbaren Teil des Ganzen auf.*"[14] Auch Rousseaus erklärende Anmerkung, „dieser Akt des Zusammenschlusses schafft augenblicklich anstelle der Einzelperson jedes Vertragspartners eine sittliche Gesamtkörperschaft, die aus ebenso vielen Gliedern besteht, wie die Versammlung Stimmen hat, und die durch eben diesen Akt ihre Einheit, ihr gemeinschaftliches Ich, ihr Leben und ihren Willen erhält",[15] ist - sofern man sich nur an den Wortlaut dieser Zeilen hält und Rousseaus eigentliche Intention, nämlich eine auf der Gleichheit und den politischen Stimmen aller beruhende Konzeption einer Republik zu begründen, ausblendet - keineswegs unproblematisch. Genau diese Idee von einer aus der gemeinsamen Selbstgesetzgebung aller entstehenden sittlichen Vereinigung wussten die NS-Juristen dann für ihre die Deckung von Sittlichkeit und Recht fordernde Volksgemeinschaftsideologie zu nützen.

Aber auch für die philosophisch-theoretische Legitimierung der Führermacht wird Rousseaus Konzept des „allgemeinen Willens" eingesetzt. So betont Ernst Rudolf Huber, dass dem Führer seine umfassende Autorität als dem „Träger des völkischen Willens" gegeben sei.[16] Und er fügt an: Der Führer „bildet in sich den völkischen Gemeinwillen und verkörpert gegenüber allen Einzelwünschen die politische Einheit und Ganzheit des Volkes".[17] Dieser für den völkischen Staat konstitutive Gemeinwille ist nach Huber keine Fiktion wie in der Demokratie, sondern habe eine reale Grundlage in der Seinsordnung und „in der politischen Idee, die einem Volke gegeben ist".[18]

Genau dieses Bestreben, den Gemeinwillen als ein in der Seinsordnung real verankertes politisches Prinzip und nicht bloß als Teil eines hypothetischen Gedankenexperiments zu verstehen, mit dem über die politische Selbstgesetzgebung aller eine republikanische Gesellschafts- und Staatsform als allgemein zustimmungsfähig begründet werden soll, motiviert einige nationalsozialisti-

14 Jean-Jacques Rousseau, Vom Gesellschaftsvertrag oder Grundsätze des Staatsrechts, übers. und hg. von Eva Pietzcker/Hans Brockard, Stuttgart 2003, S. 18 (= Erstes Buch, Kap. 6; Hervorhebung im Original).

15 Rousseau, Vom Gesellschaftsvertrag oder Grundsätze des Staatsrechts, S. 18.

16 Ernst Rudolf Huber, Verfassungsrecht des Großdeutschen Reiches, S. 195.

17 Ebd., S. 196.

18 Ebd.

sche Rechtstheoretiker, an Hegel und dessen Staatskonzeption anzuknüpfen. Wenngleich Rousseau beansprucht, dass der allgemeine Wille mehr ist als die Summe der auf Partikularinteressen bezogenen Willen der Einzelnen, so gilt Rousseaus Konzeption des Gemeinwillens einigen NS-Juristen immer noch als zu individualistisch. Die Gründe dafür dürften sein, dass Rousseau die Stimmen aller Bürger in den Gemeinwillen einbezieht, und vor allem dann im vierten Buch des Gesellschaftsvertrags das Majoritätsprinzip als politische Verfahrens- und Abstimmungsregel einer über den Gesellschaftsvertrag konstituierten Republik hinzufügt.[19]

Karl Larenz grenzt sich von Rousseaus Rechtfertigung staatlicher Souveränität und Autorität im „Contract Social" mit dem Argument ab, der Gemeinwille bei Rousseau, also die „volonté générale", verkörpere nicht mehr als „das verallgemeinerte, auf einen Generalnenner gebrachte Einzelinteresse".[20] Damit übergeht Larenz Rousseaus sorgfältige Trennung zwischen der „volonté de tous", der Summe der auf das partikulare Interesse bezogenen Einzelwillen, und dem allgemeinen Willen, der „volonté générale", der sich auf ein überindividuelles Interesse an der Sicherung der Freiheit aller richtet. Diese tendenziöse Deutung Rousseaus hängt, wie bereits erwähnt, damit zusammen, dass für die NS-Ideologie ein in der Gemeinschaft aufgehendes Selbst und nicht ein sich politisch artikulierendes autonomes Individuum maßgeblich ist.

Larenz sieht in Hegels Philosophie den angemessenen Bezugspunkt für die sich gegen den Utilitarismus und Materialismus wendende NS-Konzeption von Staat und Recht. Für Hegel sei, wie Larenz schreibt, „das Recht ‚etwas Heiliges überhaupt', weil es das Dasein des allgemeinen Willens, d. h. Form und

19 Siehe Rousseau, Vom Gesellschaftsvertrag oder Grundsätze des Staatsrechts, S. 116 f. (= Buch IV, Kap. 2 „Von den Abstimmungen"). So bemerkt auch Huber, der ja begrifflich zunächst bei Rousseau anknüpft, dass Rousseaus „volonté générale" lediglich „ein Kompromiss zwischen den verschiedenen im Widerstreit liegenden gesellschaftlichen Interessen" sei. Huber, Verfassungsrecht des Großdeutschen Reiches, S. 195. Huber bezieht sich dabei auf Hegels entsprechende Kritik an Rousseau im § 258 der Grundlinien der Philosophie des Rechts. Hegel wendet dort gegen Rousseau ein, dieser habe „das Verdienst gehabt, ein Prinzip, das nicht nur seiner Form nach [...], sondern dem Inhalte nach *Gedanke* ist, und zwar das *Denken* selbst ist, nämlich den *Willen* als Prinzip des Staates aufgestellt zu haben. Allein indem er den Willen nur in bestimmter Form des *einzelnen* Willens, (wie nachher auch Fichte) und den allgemeinen Willen nicht als das an und für sich Vernünftige des Willens, sondern nur als das *Gemeinschaftliche,* das aus diesem einzelnen Willen als *bewusstem* hervorgehe, fasste, so wird die Vereinigung der Einzelnen im Staat zu einem *Vertrag,* der somit ihre Willkür, Meinung und beliebige, ausdrückliche Einwilligung zur Grundlage hat, und es folgen die weiteren bloß verständigen, das an und für sich seiende Göttliche und dessen absolute Autorität und Majestät zerstörenden Konsequenzen." G. W. F. Hegel, Grundlinien der Philosophie des Rechts oder Naturrecht und Staatswissenschaft im Grundrisse, hg. von Eva Moldenhauer/Karl Markus Michel, Band 7, Frankfurt a. M. 1986, § 258, S. 400 (Hervorhebung im Original).

20 Karl Larenz, Deutsche Rechtserneuerung und Rechtsphilosophie, Tübingen 1934, S. 7.

Ausdruck der in einem Volke lebendigen objektiven Sittlichkeit ist".[21] In Anlehnung an Hegel assoziiert er den sittlichen Wert des Rechtes mit dem der Lebens- und Sittenordnung innewohnenden objektiven Geist. Das Recht hängt für Larenz „in seiner Wurzel auf das engste mit der Sittlichkeit zusammen [...], und zwar mit einer Sittlichkeit, die nicht Sache des einzelnen Individuums ist, sondern Lebensform der Gemeinschaft, mit Hegel zu sprechen, ‚der wirkliche Geist einer Familie und eines Volkes' ist."[22]

Selbstredend kommt die Inanspruchnahme Hegels für die Zwecke des Nationalsozialismus einem Missbrauch philosophischer Ideen gleich.[23] Doch ähnlich wie bei Rousseau leisten manche von Hegels Thesen leider dieser unheiligen Allianz Vorschub. Hegels Ankündigung in seiner Vorrede zu den Grundlinien der Philosophie des Rechts, dass „diese Abhandlung, insofern sie die Staatswissenschaft enthält, nichts anderes sein [soll] als der Versuch, *den Staat als ein in sich Vernünftiges zu begreifen und darzustellen*",[24] bringt eine für die NS-Rechtstheorie höchst verfängliche Idee ins Spiel. Hegel will sich in der Rechtsphilosophie nicht in normativen Vorgaben ergehen, wie der Staat zu sein habe, sondern sich damit befassen, „wie er [= der Staat], das sittliche Universum, erkannt werden soll".[25] Diese Konzentration auf die reflexive Bloßlegung einer in der Seinsstruktur schon gegebenen Vernunftwirklichkeit ist gleichsam eine Einladung an die NS-Juristen, Hegels die Sittlichkeit als etwas Faktisches umgreifende Staatskonzeption schlichtweg auf den NS-Staat zu übertragen.

Auch Hegels Kritik am Formalismus der kantischen Rechtsphilosophie kommt den NS-Rechtstheoretikern entgegen. Hegel kritisiert das kantische Rechtsprinzip, das bekanntlich die Verträglichkeit meiner Freiheit mit der gleichen Freiheit aller anderen nach einem allgemeinen Gesetz verlangt, wegen seiner angeblichen Unterbestimmtheit. Kants Forderung stelle, so moniert Hegel, lediglich eine „negative Bestimmung, die der Beschränkung" dar, lege aber kein

21 Larenz, Deutsche Rechtserneuerung und Rechtsphilosophie, S. 6. Larenz paraphrasiert hier Hegel, der in § 30 der „Grundlinien der Philosophie des Rechts" schreibt: „Das Recht ist etwas *Heiliges überhaupt,* allein weil es das Dasein des absoluten Begriffes, der selbstbewussten Freiheit ist." Hegel, Grundlinien der Philosophie des Rechts, § 30, S. 83 (Hervorhebung im Original).

22 Larenz, Deutsche Rechtserneuerung und Rechtsphilosophie, S. 6. Larenz sieht im Unterschied zur kantischen Rechts- und Staatskonzeption bei Hegel und dessen Berufung auf einen objektiven Geist eine stärkere Betonung des öffentlichen Rechts gegenüber dem Privatrecht gegeben.

23 So kann und sollte wohl auch Hegel anders gelesen werden, vor allem mit Bezug auf seine Theorie der Anerkennung. Eine solche Interpretation und Weiterentwicklung von Hegels Sozialphilosophie leistet vor allem Axel Honneth. Siehe ders., Das Recht der Freiheit. Grundriss einer demokratischen Sittlichkeit, Berlin 2011. Auch Charles Taylor bietet eine von den NS-Theoretikern ferne Lesart Hegels; siehe ders., Hegel, Frankfurt a. M. 1978, bes. 4. Teil.

24 Hegel, Grundlinien der Philosophie des Rechts, Vorrede, S. 26 (Hervorhebung im Original).

25 Ebd.

inhaltlich positives Kriterium für die Sphäre des Rechts fest.[26] Hegel vermisst eine moralisch substanzielle Bestimmung des Rechts bei Kant und bemerkt zu „dieser Seichtigkeit der Gedanken“:

„Die angeführte Definition des Rechts enthält die seit *Rousseau* vornehmlich verbreitete Ansicht, nach welcher der Wille nicht als an und für sich seiender, vernünftiger, der Geist nicht als *wahrer* Geist, sondern als *besonderes* Individuum, als Wille des Einzelnen in seiner eigentümlichen Willkür, die substanzielle Grundlage und das Erste sein soll. Nach diesem einmal angenommenen Prinzip kann das Vernünftige freilich nur als beschränkend für diese Freiheit sowie auch nicht als immanent Vernünftiges, sondern nur als ein äußeres, formelles Allgemeines herauskommen.“[27]

Diese Einwände gehen am Kern von Kants Rechtsphilosophie - nämlich einer zu Lasten der Freiheit anderer gehenden individuellen Willkürfreiheit Grenzen zu setzen - vorbei. Dennoch sind sie Auslöser der von einer Reihe von NS-Theoretikern vollzogenen Hinwendung zu Hegel. Und sie sind auch der Anknüpfungspunkt für die von den NS-Juristen stereotyp wiederholten Kritik am substanzlosen Formalismus des Liberalismus.

Auffallend an den Schriften der NS-Theoretiker ist, dass sie Kants politische Philosophie und Rechtsphilosophie im Großen und Ganzen umgehen. Dies ist nicht weiter erstaunlich. Denn Kants klare Unterscheidung von Ethik und Recht, also seine Trennung der Sphären von innerer und äußerer Freiheit und seine Auflage, dass sich der Staat jeder Einmischung in die Gesinnungen der Person, die rein der inneren Freiheit unterliegen, zu enthalten habe, bieten keine Projektionsfläche für die NS-Ideologie. Kants im Gemeinspruch nicht zuletzt an den Staat adressierte Forderung, dass „niemand [...] mich zwingen [kann] auf seine Art [wie er sich das Wohlsein anderer Menschen denkt] glücklich zu sein“ und seine These, dass eine auf dem Prinzip des paternalistischen Wohlwollens gegenüber den „Untertanen“ aufbauende Regierung „der größte denkbare Despotismus“[28] sei, lesen sich geradezu als Verdammungsurteil der Volksgemeinschafts- und Volkswohlprogrammatik der Nationalsozialisten.

26 Hegel, Grundlinien der Philosophie des Rechts, § 29, S. 80 (Hervorhebung im Original). Ein analoges Argument bringt Hegel bekanntlich auch gegen die Kantische Ethik und die mit dem kategorischen Imperativ verknüpfte Verallgemeinerungsfähigkeit als Testkriterium ethisch guter und schlechter Maximen vor. Kant bestimme nicht das Wesen des Sittlichen, sondern reduziere die Sittlichkeit auf den formalen Maßstab einer widerspruchsfrei denkbaren Verallgemeinerung. Wie Hegel kritisiert: „Das sittliche Wesen ist hiermit nicht unmittelbar selbst ein Inhalt, sondern nur ein Maßstab, ob ein Inhalt fähig sei, Gesetz zu sein oder nicht, indem er sich nicht selbst widerspricht. Die gesetzgebende Vernunft ist zu einer nur prüfenden Vernunft herabgesetzt.“ Hegel, Phänomenologie des Geistes, hg. von Eva Moldenhauer/Karl Markus Michel, Band 3, Frankfurt a. M. 1973, S. 316 (Hervorhebung im Original).

27 Hegel, Grundlinien der Philosophie des Rechts, S. 80 f. (Hervorhebung im Original).

28 Immanuel Kant, „Über den Gemeinspruch. Das mag in der Theorie richtig sein, taugt aber nicht für die Praxis“. In: Kant, Gesammelte Schriften, hg. von der Preussischen Akademie der Wissenschaften, Band VIII, Berlin 1900 ff., S. 290 f.

In einer anderen Hinsicht wird aber Kants Philosophie von den NS-Juristen sehr wohl instrumentalisiert. Der Rückgriff auf die gesinnungsethischen Elemente von Kants Ethik ist in vielen Texten der Rechtstheoretiker gegeben, wobei diese Elemente aus dem Gesamtkontext der kantischen praktischen Philosophie herausgelöst und damit verfremdet werden. Die Ideen der Unbedingtheit und kategorischen Verbindlichkeit ethischer Normen dienen den NS-Juristen, um ihre plakativen Formeln von unbedingten Treue- und Ehrverpflichtungen in eine ehrwürdige Denktradition zu stellen.

Abstrahiert wird dabei selbstredend von der Bedingung, dass subjektive Maximen nach Kant nur dann als moralisch akzeptierbar gelten, wenn sie den Verallgemeinerungstest bestehen. Kann ich mir meine Handlungsmaxime als allgemeines Gesetz widerspruchsfrei denken oder wollen? Dies zu prüfen verlangt Kant von dem der ethischen Deliberation fähigen Subjekt, wobei dieser Test freilich eine universelle, den Standpunkt aller Betroffenen berücksichtigende Perspektive verlangt. Aber gerade die Universalität war mit der für die nationalsozialistische Weltanschauung konstitutiven Favorisierung des partikularen Interessenstandpunkts der arischen Volksgemeinschaft unverträglich.[29] Entsprechend polemisierten die NS-Juristen auch gegen den Grundsatz universeller Gleichheit. Artgleichheit, nicht Gleichheit aller Menschen, war das leitende normative Prinzip des Nationalsozialismus.

Ein solcher Missbrauch der Kantischen Ethik ist nicht möglich, wenn diese in Verbindung mit Kants politischer Philosophie gesehen wird. In einem vom Rechtsprinzip strukturierten öffentlichen Bereich, in dem die Freiheit und Gleichheit aller rechtlich gesichert ist, ist die an die Selbstgesetzgebung des autonomen Vernunftsubjekts geknüpfte Ethik Kants weitgehend geschützt vor einer ideologischen Pervertierung, wie sie durch die NS-Denker erfolgte. Denn eine vom Rechtsstatus der anderen Gesellschaftsmitglieder abstrahierende Gesinnung eines Subjekts, selbst wenn sich diese auf „höhere Ideale" beruft, genügt gerade nicht, um dem Denken und Handeln einer Person moralisch-ethischen Wert zuzuschreiben. Die Bedingungen öffentlicher Ethik sind demnach eine unabdingbare Voraussetzung der ethischen Selbstkonstitution und normativen Identität des Subjekts. Die ethisch angemessene private Autonomie kann also nicht ohne die moralisch angemessene öffentliche Autonomie gedacht und

29 Selbst Adolf Eichmann wurde dieser Widerspruch zwischen dem universellen Gehalt des kantischen Prinzips und der strikten Partikularität des Nationalsozialismus zwangsläufig bewusst. Eichmann zitierte, wie Hannah Arendt schreibt, auf Nachfrage eines der Richters im Prozess in Jerusalem Kants kategorischen Imperativ, wobei er auf Nachfrage des Richters eine die Idee universeller Gesetzgebung berücksichtigende Reformulierung gab. Doch Eichmann – ahnend, dass er sich damit in eine argumentativ höchst merkwürdige Position gebracht hatte – fügte an, dass er sich im Zuge der Endlösung nicht mehr an das kantische Gesetz halten konnte. Siehe Hannah Arendt, Eichmann in Jerusalem. Ein Bericht von der Banalität des Bösen, 11. Auflage München 2001, S. 232.

gelebt werden.[30] Diese Bedingungen einer öffentlichen Moral, die an die Freiheit und Gleichheit anderer und damit an deren Menschenrechte geknüpft sind, setzen eine demokratische politische Verfassung voraus und stehen einem autoritären Souveränitätsdenken diametral gegenüber.

III. Jenseits der Willkür des Maßnahmenstaates: Die Kriterien eines intakten Rechtssystems

Die juridischen Schriften aus der NS-Zeit sind eine eindringliche Mahnung, dass Strategien der gezielten Abwertung der Demokratie, die den Schritt zu einer autoritären Staatsform als unvermeidbar, ja sogar als die „einzig denkbare" Lösung behaupten, akademische und öffentliche Akzeptanz finden können. Charakteristisch für die Texte der NS-Juristen ist, dass sie auf etablierte rechtstheoretische Denkformen und auf Konzepte der klassischen politischen Philosophie zurückgreifen, um den normativen Aufbau des NS-Staates zu rechtfertigen.

Zweifellos war die NS-Ideologie eine Mischung unterschiedlichster weltanschaulicher und pseudo-wissenschaftlicher Inhalte und Dogmen. Trotz der vielfach widersprüchlichen, ja abstrusen Thesen und Forderungen, die Hitler in „Mein Kampf" und seinen Reden entwickelte und in ständig neuen politischen Formeln variierte, wäre es aber verfehlt, den Nationalsozialismus nur unter dem Blickwinkel von Irrationalität und Wahnwitz zu sehen.[31] Das NS-System hatte auch eine rationale und normative Logik. Gerade die mit dem NS-Regime sympathisierenden Rechtstheoretiker trugen zur Entwicklung und Stärkung einer Fassade der Normativität, also einer Struktur des Sollens, auf der Ebene der öffentlichen und auch der privaten Moral bei.

In seiner berühmten Studie „Der Doppelstaat" beschreibt Ernst Fraenkel das Dritte Reich als eine aus Maßnahmenstaat und aus Normenstaat bestehende doppelbödige Staatsform. Auf der einen Seite stehen politische Maßnahmen, etwa Führerbefehle und dem Parteiprogramm der NSDAP geschuldete normative Setzungen, auf der anderen Seite gelten für eine Reihe von Bereichen

30 Eben deshalb betont Jürgen Habermas in seiner praktischen Philosophie die Gleichwertigkeit von privater und öffentlicher Autonomie. Siehe dazu Jürgen Habermas, Faktizität und Geltung. Beiträge zur Diskurstheorie des Rechts und des demokratischen Rechtsstaats, Frankfurt a. M. 1992, S. 109–165, bes. 151–155. Man kann aber auch der personalen Autonomie Vorrang einräumen und die Bedingungen der öffentlichen Moral mit Bezug auf den Grundwert personaler Autonomie rechtfertigen. Vgl. dazu Herlinde Pauer-Studer, Autonom leben. Reflexionen über Freiheit und Gleichheit, Frankfurt a. M. 2000, Kap. 1. Für eine detaillierte Diskussion der Rolle der öffentlichen Moral für die Konstituierung des Selbst vgl. Christoph Hanisch, Why the Law Matters to You. Citizenship, Agency, and Public Identity, Berlin 2013.

31 Solche Einschätzungen sind gerade im Kontext der NS-Rassenlehre naheliegend. Siehe dazu Gerhard Schreiber, Hitler Interpretationen 1923–1983. Ergebnisse, Methoden und Probleme der Forschung, Darmstadt 1984, S. 103–127.

die bisherigen Regelungen und Gesetze. Gerade die Vermischung von blanker Willkür und Residualformen von Rechtsstaatlichkeit sorgt für die komplexe und teils schwer durchschaubare Verfasstheit des NS-Staates.

Die Doppelstaatlichkeit manifestiert sich auch in der Parallelstruktur von Partei und Staat. Sehr viele Institutionen der Administration wurden im NS-Staat zwei- oder gar mehrfach eingerichtet und personell besetzt: zum einen als Amt der Partei und zum anderen als staatliche Einrichtung.[32] Dies führte zu der bekannt polykratischen Herrschaftsstruktur des Dritten Reiches, die in ihrer Unübersichtlichkeit gerade die Machtausstrahlung des Staates gegenüber dem Einzelnen intensivierte.

Die interne Perspektive der NS-Rechtstheoretiker ist freilich eine andere als die des externen kritischen Betrachters, die Fraenkels Studie zugrunde liegt. Die Darlegungen und Rechtfertigungen der NS-Juristen umfassen sowohl den Maßnahmenstaat als auch den Normenstaat. Den Rechtstheoretikern geht es darum, das neue Staatengebilde mit seiner autoritären Führerstruktur in seiner Gesamtheit zu legitimieren. Dass Führerbefehle Gesetzescharakter haben und nicht einfach nur Hitlers persönlichen Willen verkörpern, bedeutet für die Juristen gerade nicht, dass nun ein rechtsstaatlich illegitimer Maßnahmenstaat in Konkurrenz zum tradierten Normenstaat tritt. Die von ihnen gelieferten Begründungen zielen auf die Legitimierung der neuen Rechtsquellen, zu denen neben dem Volksgemeinschaftsprinzip auch das Führerprinzip zählt. Die Maßnahmen des Führers werden als positivrechtlich legal und normativ legitim akzeptiert.

Dabei berufen sich die NS-Denker, wie ausgeführt, auf die angeblich notwendige Einheit von Moral und Recht, um den neuen Staat nicht nur positivrechtlich zu begründen, sondern diesem auch moralische Legitimität zuzuschreiben. Die Vereinheitlichung von Moral und Recht, die in der nationalsozialistischen Rechtslehre durchwegs bejaht wird, bringt uns zurück zu der Frage, welche Schlussfolgerungen wir aus der scharfen Kritik der NS-Theoretiker am Rechtspositivismus ziehen sollen und wie wir das Verhältnis von Recht und Moral angemessen definieren sollten.

In Hinblick auf die Bewertung der pauschalen Verurteilung des Rechtspositivismus durch die NS-Denker verdienen vor allem zwei Überlegungen genauere Beachtung. Zum einen müssen wir uns fragen: Was ist genau gewonnen, wenn man einem Rechtssystem, das faktisch Geltung hat, aus moralischen Gründen abspricht, Recht zu sein? Zum anderen ist zu klären: Was genau bedeutet es, die Trennung von Moral und Recht aufzuheben? Ist die Forderung nach einer Synthese dieser beiden Bereiche eine wirklich überzeugende Lösung?

Das mit der ersten Fragestellung verknüpfte Problem ist, dass eine die Kategorien „Recht" und „Nicht-Recht" nach Kriterien der Gerechtigkeit verteilende Rechtstheorie die Autorität aus dem Blick verliert, die auch schlechte und

32 Ein Beispiel ist das Nebeneinander von Reichskanzlei, Parteikanzlei und Kanzlei des Führers.

moralisch abzulehnende Rechtssysteme haben und ausüben. Ein ungerechtes Rechtssystem ist und bleibt de facto Recht und hat Macht über die ihm unterstehenden Personen.[33] Es prägt und leitet entscheidend das Handeln der von einem Rechtssystem betroffenen Personen.

Das in der zweiten Fragestellung angesprochene Problem betrifft die Schattenseiten der Aufhebung der Trennung von Moral und Recht – konkret: die Gefahr einer sich in blanke Moralisierung verkehrenden Ethisierung des Rechts. Und genau dies, nämlich eine ideologisch verzerrte Ethisierung des Rechts war eines der Hauptprobleme des NS-Rechtssystems.

Drei wichtige Gründe sprechen dafür, Moral und Recht als zwei getrennte normative Sphären zu behandeln. Ein erstes Argument ist begriffslogischer Natur. Um überhaupt von einem „intakten" oder „schlechten" Rechtssystem sprechen zu können, müssen Recht und Moral getrennte Sphären bilden.

Ein zweites Argument basiert auf der Idee der Rechtsverbesserung und Rechtsreform. Die moralische Rechtfertigung bestimmter Rechtsnormen verlangt nach einer klaren Unterscheidung zwischen Moral und Recht. Gerade die Differenz zwischen einem De-facto-Sollen und einem moralisch legitimierten Sollen ist im Kontext eines für Revisionen offenen Rechtssystems wichtig. Wenn aber – ein Punkt, den Hans Kelsen immer wieder betont – das Recht bereits seiner Natur nach moralisch ist, dann ist die Forderung, dass das Recht moralisch sein sollte, sinnlos.[34]

Ein dritter Grund verdankt sich den normativen Grundlagen des liberalen politischen Denkens. Wie Kant uns lehrt, ist die Trennung von Recht und Moral unabdingbar, um die Autonomie des Subjekts zu garantieren. Die an das Subjekt gestellten rechtlichen Forderungen beschränken sich auf das rechtskonforme äußere Verhalten; dieses ist allerdings erzwingbar, denn hinter dem Recht steht die Zwangsgewalt des Staates. Die persönlichen Motive der Rechtsbefolgung aber müssen für den Staat unerheblich bleiben. Selbstredend kann die Rechtsbefolgung durch Motive der inneren ethischen Bejahung der Normen des Rechts durch das Subjekt erfolgen und abgestützt sein; dies fällt aber in den Bereich der persönlichen ethischen Perfektionierung des Selbst, nicht des staatlich Forderbaren. Der Staat und das Recht regeln die äußeren Freiheitsbeziehungen und die Wege der Legalität. Die Moral ist hingegen ein Standard der inneren Freiheit und Selbstgesetzgebung.

33 Neben Hans Kelsen hat vor allem Joseph Raz diesen Punkt in seinen rechtsphilosophischen Arbeiten nachhaltig betont. Siehe Joseph Raz, The Authority of Law. Essays on Law and Morality, Oxford 1979, 2. Auflage 2009; ders., Between Authority and Interpretation. On the Theory of Law and Practical Reason, Oxford 2009. Nach H. L. A. Hart klingt die Behauptung, ein ungerechtes Gesetz sei nicht Recht (law), ähnlich paradox wie die Aussage „Verfassungsrecht ist nicht Recht". Siehe H. L. A. Hart, The Concept of Law, hg. von Penelope A. Bulloch/Joseph Raz, 2. Auflage (mit einem Postscript) Oxford 1994, S. 8.

34 Siehe dazu Kelsen, Reine Rechtslehre, S. 68.

Wenn man diese Funktionsteilung zwischen äußerer und innerer Freiheit ernst nimmt – und eine akzeptable Rechtstheorie sollte dies tun – dann kann das Bestreben in einem liberal-demokratischen politischen Rahmen nicht dahingehen, Recht und Moral zur Deckung zu bringen. So gesehen ist H. L. A. Harts ironische Bemerkung verständlich, dass Radbruch „die geistige Botschaft des Liberalismus" nicht richtig verstanden und sich nur zur Hälfte angeeignet habe.[35]

Das bedeutet: Die Trennung von Recht und Moral ist unverzichtbar. Moral ist ein relevanter Standard, um Recht zu hinterfragen und zu prüfen und eine gerechte positive Rechtsordnung aufzubauen. Moralische Überlegungen und Prinzipien sind Gradmesser dafür, ob Rechtsnormen die Menschen vor unzulässigen Eingriffen und vor Willkür schützen, sie aber auch ermächtigen, die ihnen zustehenden Freiheitsräume und Chancen zu nützen. Moral kann aber nur dann ein Parameter zum Testen von Rechtssystemen sein, wenn moralische Standards für sich genommen, unabhängig vom Recht, normative Kraft haben.

Was folgt aus dem Umstand, dass die NS-Rechtsdenker die Vereinheitlichung von Recht und Moral bejahen? Eine mögliche Antwort lautet: nichts weiter Aufregendes außer der Einsicht, dass die NS-Theoretiker die falsche Moral hatten, nämlich eine ideologisch pervertierte Moral. Anders gesagt: Wenn wir dem Programm einer umfassenden Ethisierung des Rechts die „richtige", also die „wahre Moral" unterlegen, sind wir vor unzulässigen politischen Instrumentalisierungen der Moral gefeit.

Die Schwierigkeit aber ist, dass Gesellschaften nicht immer das im Blick haben, was die Moralphilosophie oft so unhinterfragt und anmaßend als die „wahre Moral" ausgibt, die a priori klar über die Vernunft erkennbar und einsichtig ist. Moral, will sie handlungsrelevant sein, kann sich nicht auf die Postulierung von abstrakten, a priori als wahr geltenden Prinzipien beschränken. Moralische Wahrheiten, sofern wir von solchen sprechen wollen, brauchen eine Interpretation, ihre Bedeutung muss über soziale Praktiken und soziale Kontexte ausbuchstabiert werden. A-priori-Prinzipien bedürfen der sozialen Interpretation und Artikulation – und genau auf dieser Ebene stellen sich in einem Kontext wie dem Dritten Reich die Verzerrungen, ja Pervertierungen des Moralischen ein.[36]

Eine besondere Gefahr liegt in der Nähe, ja Überschneidung der normativen Kategorien einer politisch deformierten Sicht von Moral mit jenen einer nicht von Ideologie besetzten Konzeption von Moral. Ehrlichkeit, Aufrichtigkeit, Selbstverpflichtung und Immunität gegenüber Korruption, also jene Tu-

35 H. L. A. Hart, Positivism and the Separation of Law and Morals. In: Harvard Law Review, 71 (1958) 4, S. 563–623, hier 618.

36 Siehe dazu Herlinde Pauer-Studer/J. David Velleman, Distortions of Normativity. In: Ethical Theory and Moral Practice, 14 (2011) 3, S. 329–356; Herlinde Pauer-Studer, Law and Morality under Evil Conditions. The Case of SS Judge Konrad Morgen. In: Jurisprudence, 3 (2012) 2, S. 367–390. Vgl. auch dies./J. David Velleman, „Weil ich nun mal ein Gerechtigkeitsfanatiker bin". Der Fall des SS-Richters Konrad Morgen, Berlin 2017.

genden, die viele Nationalsozialisten so betonten, begegnen uns auch in einem vom NS-Kontext abgelösten Moralverständnis. Für sich genommen, abstrahiert von ihrer sozialen und politischen Einbettung, erlauben uns diese moralischen Begrifflichkeiten nicht, zwischen einer intakten und gültigen Moral und einer pervertierten Moral zu trennen. Erst in der inhaltlichen und praxisbezogenen Ausbuchstabierung dieser moralischen Formeln und Begriffe, die gelöst vom sozialen und politischen Hintergrund reinen Schemata gleichkommen, werden die Unterschiede sichtbar und benennbar.

Das NS-Regime entwickelte seine eigene Interpretation moralischer Prinzipien, Regeln und Tugenden. Insbesondere Heinrich Himmler propagierte seine spezifische Lesart von Tugenden „der Ehrlichkeit und Aufrichtigkeit", „der Tapferkeit, Treue und des Muts" und davon, wie das Prinzip der „Heiligkeit des Eigentums" und die „Regeln der Manneszucht" zu verstehen und in soziale Praktiken zu übersetzen sind.[37]

Das Recht sollte ein Mittel und Instrument sein, um moralische Probleme und Konflikte lösen zu helfen, nicht aber selbst zum vorrangigen moralischen Problem zu werden. Wie aber können wir erreichen, dass Moral ihre kritische Funktion behält und als normativer Teststandard für das Recht fungieren kann, ohne in eine ideologisch pervertierte Moral abzugleiten? Der angemessene Weg scheint, konstitutive Bedingungen für eine intakte Rechtsordnung zu formulieren, dabei aber kontroversen moralischen oder gar moralisierenden Boden zu vermeiden. Solche normativen Adäquatheitsbedingungen für intaktes Recht lassen sich aus der Reflexion auf die unausweichlichen politischen Konsequenzen gewinnen, die sich einstellen, falls solche Bedingungen grob verletzt und nicht erfüllt werden.

Wie ein Blick auf das NS-System lehrt, waren es geheime Führerbefehle, mündlich geäußerte Befehle und in Briefform gekleidete Anordnungen, die neben rückwirkender Gesetzgebung das größte Unheil anrichteten. So gab es nie einen schriftlichen Befehl zur sogenannten „Endlösung der Judenfrage"[38] und die „legistische Grundlage" des Euthanasieprogramms der Nationalsozialisten, dem nach vorsichtigen Schätzungen mehr als 70 000 Menschen zum Opfer fielen, war ein von Hitler an den Leiter der Kanzlei des Führers, Philipp Bouhler,

37 Siehe Heinrich Himmler, Rede vor den Reichs- und Gauleitern in Posen am 6.10.1943. In: Bradley Smith/Agnes F. Peterson (Hg.), Heinrich Himmler Geheimreden 1933 bis 1945, Frankfurt a. M. 1974, S. 162–183. Vgl. auch Raphael Gross, Anständig Geblieben. Nationalsozialistische Moral, Frankfurt a. M. 2010; vgl. auch Wolfgang Bialas, Moralische Ordnungen des Nationalsozialismus, Göttingen 2014; vgl. auch ders./Lothar Fritze (Hg.), Ideologie und Moral im Nationalsozialismus, Göttingen 2014; vgl. auch die Beiträge von Wolfgang Bialas, Werner Konitzer, Ernst Tugendhat und Rolf Zimmermann in: Fritz Bauer Institut (Hg.), Moralität des Bösen. Ethik und nationalsozialistische Verbrechen, eingeleitet von Werner Konitzer und Raphael Gross, Frankfurt a. M. 2009.

38 Siehe Peter Longerich, The Unwritten Order. Hitler's Role in the Final Solution, Stroud 2003.

und an seinen Leibarzt Karl Brandt am 1. September 1939 gerichtetes informelles Schreiben, in dem er beide ermächtigte, „namentlich zu bestimmende Ärzte" davon zu informieren, dass „nach menschlichem Ermessen unheilbar Kranken bei kritischster Beurteilung ihres Krankheitszustandes der Gnadentod gewährt werden kann".[39]

Wenn also ein Rechtssystem normative Bedingungen wie Öffentlichkeit, Transparenz, Verstehbarkeit, Verlässlichkeit, Berechenbarkeit, Konsistenz und Kohärenz so wie Vermeidung von Willkür und sachlich unbegründeter rückwirkender Gesetzgebung[40] erfüllt, sind einige der schlimmsten Verbrechensformen, wie sie uns im „Dritten Reich" begegnen, zumindest auf rein rechtlicher Ebene weitgehend unterbunden. Statt also direkt eine Vereinheitlichung von Recht und Moral anzustreben, die gegen ideologisierende Moralisierung weitgehend ungeschützt ist, scheint im Umgang mit totalitären Systemen, die sich durchwegs der Moral zur Durchsetzung ihrer menschenverachtenden Pläne bemächtigen, eine Übersetzung moralischer Einsichten in allgemeine normative Bedingungen, die ein Rechtssystem zu erfüllen hat, ratsam. Die oben erwähnten Angemessenheitskriterien für Rechtssysteme stellen nicht direkt moralische Prinzipien dar; sie sind vielmehr das Ergebnis der Artikulation und Umsetzung moralischer Erkenntnisse in einer anderen normativen Sphäre.

Moral ist eine unverzichtbare Ressource, um unser gesellschaftliches Zusammenleben, sei es im nationalstaatlichen oder transnationalen politischen Kontext, gedeihlich zu gestalten. Doch Moral ist ein leicht verformbarer Standard. Die ideologisch pervertierte, aber von der Berufung auf „höhere sittliche Ideale und höhere Rechtsideen" durchdrungene nationalsozialistische Rechtstheorie sollte Anlass zum Nachdenken darüber sein, wie wir moralische Einsichten jenseits von politischer Instrumentalisierung und pathetischer Inszenierung so in soziale Praktiken, aber auch institutionelle und individuelle Rechtsgarantien übersetzen, dass die Autonomie und Würde der Person unverletzbar bleiben.

39 Adolf Hitler, Schreiben an Reichsleiter Bouhler und Dr. med. Brandt, Berlin 1.9.1939, Dokument NS-630 (http://www.ns-archiv.de/medizin/euthanasie/befehl.php; 14.5.2018).

40 Die hier angeführten normativen Bedingungen decken sich weitgehend mit den Kriterien, die Lon L. Fuller als die Prinzipien der „inneren Moral des Rechts" bezeichnet. Siehe Lon L. Fuller, The Morality of Law, überarbeitete Auflage New Haven 1969, S. 39-41. Doch Fullers Rede von einer „inneren Moral des Rechts" verwischt meines Erachtens die unabdingbare Grenzziehung zwischen Recht und Moral und kommt der oben kritisierten Vereinheitlichung von Recht und Moral gefährlich nahe.

Die „Banalität des Bösen" – Herausforderung für das Strafrecht

*Udo Ebert**

A. „Banalität des Bösen"

I. Eichmann

1. Adolf Eichmann organisierte als Leiter des Judenreferates im Reichssicherheitshauptamt von 1941 bis 1945 im Rahmen der sogenannten Endlösung der Judenfrage die Transporte jüdischer Menschen in die Vernichtungslager. Im Dezember 1961 wurde er vom Jerusalemer Bezirksgericht zum Tode verurteilt und am 1. Juni 1962 hingerichtet. Laut Urteil des Gerichts[1] war er zahlreicher Verbrechen „gegen das jüdische Volk" schuldig, indem er „in der Absicht, das jüdische Volk zu vernichten", unter anderem 1. „die Tötung von Millionen von Juden zum Zwecke der Durchführung ... der ‚Endlösung der Judenfrage' verursacht hat", 2. „für Millionen von Juden solche Lebensverhältnisse herbeigeführt hat, die dazu angetan waren, ihre physische Vernichtung zu verursachen", 3. „ihnen schweren körperlichen und seelischen Schaden zugefügt hat".

Für den Ankläger im Prozess stand fest, dass der Monstrosität der Verbrechen eine Monstrosität des Täters und seiner Motive entsprachen. Eichmann war für ihn ein Ungeheuer, ein „blutrünstiges, alles zerstampfendes Raubtier" und perverses Scheusal, das aus Mordlust und fanatischem Judenhass tötete.[2]

Das Bild, das die Beweisaufnahme von Eichmanns Persönlichkeit und seinen Tatmotiven ergab, war ein völlig anderes. Hannah Arendt hat es in ihrem Buch „Eichmann in Jerusalem", dem „wichtigste[n] philosophische[n] Beitrag

* Überarbeitete Fassung eines Textes, der erstmals in den Sitzungsberichten der Sächsischen Akademie der Wissenschaften zu Leipzig, Philologisch-historische Klasse, Band 140, Heft 6, Stuttgart/Leipzig: S. Hirzel 2010, erschienen ist. Mit freundlicher Genehmigung der Sächsischen Akademie der Wissenschaften zu Leipzig.

1 Vgl. die Zusammenfassung bei Hannah Arendt, Eichmann in Jerusalem. Ein Bericht von der Banalität des Bösen, Reinbek bei Hamburg 1978, S. 290–292.

2 Herbert Jäger, Betrachtungen zum Eichmann-Prozeß. In: Monatsschrift für Kriminologie und Strafrechtsreform, 45 (1962), S. 73–83, hier 81, sowie auch im vorliegenden Band abgedruckt auf S. 27–31, Zitat S. 28. Ebenso das Berufungsgericht; Arendt, Eichmann in Jerusalem, S. 296.

zum Problem des Bösen im 20. Jahrhundert",[3] beschrieben.[4] Zum teuflisch-dämonischen Scheusal fehlte Eichmann als Person alles. Und seinen Taten lagen, wie trotz gewisser Bedenken und Einschränkungen gesagt werden kann, nicht fanatischer Antisemitismus oder Judenhass zugrunde. Die Psychiater, die ihn untersuchten, beurteilten Eichmann als normalen, durchschnittlichen Menschen mit vorbildlicher Einstellung zu Familie und Freunden. Gegen die Juden hatte er nach seinen eigenen, weitgehend glaubhaften Bekundungen persönlich nichts gehabt und gegen seine Opfer keine Feindseligkeit empfunden. Was seine Taten leitete, war allein der Wille, die ihm gestellte Aufgabe so gut wie möglich zu erfüllen. Dies zum einen seines beruflichen Fortkommens wegen, zum anderen aus Pflichtgefühl. Eigene Gedanken außer solchen, die unmittelbar mit seiner Arbeit, mit deren technischen oder administrativen Aspekten, zusammenhingen, machte sich Eichmann nicht, insbesondere nicht über seine Opfer. In diesem Sinne beging Eichmann seine Taten aus „Gedankenlosigkeit". Mit seiner Gedankenlosigkeit hing zusammen, dass er sich in seinem gesamten beruflichen Tun auf Befehle und Anweisungen angewiesen fühlte. Diesen zu gehorchen, war er unbedingt bereit. Sein Befehlsgehorsam wurde allenfalls von seiner Gesetzestreue übertroffen. Eichmann maß den Worten des Führers Adolf Hitler Gesetzeskraft zu. Gesetz war für ihn somit auch der Führerbefehl zur sogenannten Endlösung der Judenfrage vom Sommer 1941. Daher empörte es ihn, dass Himmler gegen Ende des Krieges die „Endlösung" stoppte; dies war gegen den Befehl des Führers und damit gegen das Gesetz. Auch über seinen Befehls- und Gesetzesgehorsam hinaus ordnete Eichmann seinen Willen von ihm anerkannten Autoritäten unter. Dies wurde besonders bei seiner Teilnahme an der Wannseekonferenz vom Januar 1942 deutlich. Hatte er an der gewaltsamen Lösung der Judenfrage zuvor noch Zweifel gehegt, so wurden sie auf dieser Konferenz, auf der die Prominenten des Reiches im Zuge der „Endlösung" die Maßnahmen zur Vernichtung der europäischen Juden festlegten, zerstreut. „In dem Augenblick", so äußerte Eichmann später, habe er „eine Art Pilatusscher Zufriedenheit" in sich gespürt, „denn ich fühlte mich bar jeder Schuld". „Was soll ich als kleiner Mann mir Gedanken darüber machen?"[5] Bei aller Gedankenlosigkeit im Übrigen war Eichmanns Gesetzesgehorsam in gewisser Weise ein denkender Gehorsam. Im Sinne der Pflichtenlehre Immanuel Kants, dessen Kritik der praktischen Vernunft er gelesen hatte und dessen Definition des kategorischen Imperativs er im Prozess hersagen konnte, war Eichmann darauf bedacht, nicht nur dem Buchstaben, sondern dem Geist des Gesetzes gemäß zu handeln. Der Geist, aus dem das Gesetz entsprang, war für ihn freilich nicht, wie für Kant, die Vernunft, sondern der Wille des Führers. Den kategorischen

3 So Susan Neiman, Das Böse denken. Eine andere Geschichte der Philosophie, Frankfurt a. M. 2006, S. 397.

4 Vgl. zum Folgenden Arendt, Eichmann in Jerusalem, S. 15f., 53f., 57f., 67–71, 77f., 83, 173–176, 184–189, 294, 325–329 und passim. Vgl. auch Neiman, Das Böse denken, S. 396.

5 Zit. nach Arendt, Eichmann in Jerusalem, S. 150.

Imperativ verstand Eichmann dementsprechend in dem Sinne, in dem der Reichsjustizkommissar Hans Frank ihn für das Dritte Reich formuliert hatte: „Handle so, dass der Führer, wenn er von deinem Handeln Kenntnis hätte, dieses Handeln billigen würde."[6] Von dem, was Eichmann nach alledem als seine Pflicht betrachtete, waren seine sämtlichen Handlungen einschließlich seiner Verbrechen geleitet. Er folgte dieser vermeintlichen Pflicht ohne Ausnahme und ohne Kompromisse und hielt sich noch im Prozess etwas darauf zugute, dass er gegen die Pflicht niemals seiner Neigung, seinen Gefühlen oder seinen eigenen Interessen nachgegeben hatte. Nicht ideologischer Eifer, nicht fanatischer Judenhass oder Freude am Töten war es also, was Eichmann veranlasste, an der sogenannten Endlösung mitzuwirken, sondern sein Wille, das zu befolgen, was er für seine Pflicht, seine moralische und rechtliche Pflicht hielt.

2. David Cesarani charakterisiert in seiner Eichmann-Biografie – Hannah Arendt teils widersprechend, teils mit ihr übereinstimmend – Adolf Eichmanns Persönlichkeit, Verhalten und Motivation so:[7] Eichmann handelte sehr wohl mit Eifer, Entschlossenheit und aus eigener Initiative. Neben nationalsozialistischer Überzeugung bestimmte freilich auch Gehorsam sein Handeln; doch ging dieser nicht bis zur Selbstverleugnung. Eichmann unterstellte sein Tun ethischen Kriterien, die am Wohl der NSDAP und des Deutschen Reichs orientiert waren. Anfangs nicht judenfeindlich eingestellt, entwickelte er im Laufe seiner Karriere einen ideologisch-rassistischen Antisemitismus. Er sah in den Juden mächtige und gefährliche Reichsfeinde, die einen Krieg auf Leben und Tod gegen das deutsche Volk führten und deshalb vernichtet werden müssten. Hiermit rechtfertigte er seine Beteiligung an der Ermordung der Juden. Und insofern blieb ihm die Verwerflichkeit seines Verhaltens verschlossen.

II. Das entsubjektivierte Böse

1. Wenn das persönliche Bewusstsein vom moralischen Wert oder Unwert des eigenen Verhaltens „Gewissen" heißt, dann handelte Eichmann bei seinen Verbrechen mit gutem Gewissen. Wenn man die objektive und die subjektive Seite seiner Taten nach den moralischen Kategorien von Gut und Böse bemisst, so tat Eichmann objektiv Böses ohne das Bewusstsein und ohne den Willen, böse zu handeln. Eben dies war nach Hannah Arendt das Beunruhigende an Eichmanns Person: dass er „weder pervers noch sadistisch, sondern schrecklich und erschreckend normal" war. Und dies das Verstörende an seinen Taten: dass sie monströs und gigantisch böse waren und doch ohne böse Absicht begangen wurden. „Viel erschreckender als all die Gräuel zusammengenommen" fand Hannah Arendt diesen Befund, denn er impliziert, „dass dieser neue Verbrechertypus, der nun wirklich *hostis generis humani* ist, unter Bedingungen

6 Ebd., S. 174.
7 Zum Folgenden vgl. David Cesarani, Adolf Eichmann. Bürokrat und Massenmörder, Augsburg 2005, S. 502–518 und passim.

handelt, die es ihm beinahe unmöglich machen, sich seiner Untaten bewusst zu werden".[8] Die Gedankenlosigkeit und das gute Gewissen, aus denen das Böse hier getan wurde, die Normalität des Täters und das völlige Fehlen eines teuflisch-dämonischen Charakters seiner Person – dies alles meinte Hannah Arendt mit dem Begriff der „Banalität", durch den sie im Untertitel ihres Buches das von Eichmann begangene Böse charakterisierte („Eichmann in Jerusalem. Ein Bericht von der Banalität des Bösen").[9] Die „Lektion, die man in Jerusalem lernen konnte," war für Hannah Arendt eben diese, dass solche banalen Motive „mehr Unheil anrichten können als alle die dem Menschen vielleicht innewohnenden bösen Triebe zusammengenommen".[10]

Das zu Eichmann Gesagte kann mutatis mutandis weitgehend verallgemeinert werden. „Banale" Motive der geschilderten oder ähnlicher Art lagen den nationalsozialistischen Gewaltverbrechen, namentlich den Massentötungen, vielfach zugrunde, und zwar auf allen Ebenen der Hierarchie. „Mörderisch" motivierte Taten, solche aus Sadismus, Mordlust oder fanatischem Hass, gab es nicht selten, sie waren aber nicht die Regel.[11]

2. Eichmann und Auschwitz brachen mit dem Begriff des Bösen, wie dieser bis dahin verstanden worden war.[12] Das wesentliche Merkmal des moralisch Bösen hatte man bislang darin gesehen, dass es von einem bösen Willen oder einer bösen Absicht getragen wurde. Die böse Handlung war Produkt eines bösen Willens und mit diesem untrennbar verbunden. Damit, dass dem Bösen nun das subjektive Element fehlte, wurde Auschwitz, so die amerikanische Philosophin Susan Neiman, „zu einem Sinnbild für das zeitgenössische Böse".[13] Zum Sinnbild damit auch für die neueren und gegenwärtigen Massenverbrechen in der Welt. Denn bei aller Einzigartigkeit des Holocaust im Übrigen, darin stimmen diese zeitgenössischen Verbrechen mit Auschwitz überein: dass sie vielfach von normalen Menschen aus banalen Motiven begangen werden und das Ausmaß des objektiv Bösen zu den subjektiven Absichten der Handelnden außer Verhältnis steht.[14]

8 Arendt, Eichmann in Jerusalem, S. 326. Vgl. auch Cesarani, Adolf Eichmann, S. 517.

9 Vgl. auch Arendt, Eichmann in Jerusalem, S. 16, 300. Der Begriff und die ihm zugrunde liegende Diagnose wurden seinerzeit kontrovers diskutiert; vgl. Peter Krause, Der Eichmann-Prozess in der deutschen Presse, Frankfurt a. M. 2002, S. 135–141, 166–190; Cesarani, Adolf Eichmann, S. 455–501. Zustimmend in jüngerer Zeit Neiman, Das Böse denken, S. 399; Richard J. Bernstein, Sind Hannah Arendts Reflexionen über das Böse noch relevant? In: Deutsche Zeitschrift für Philosophie, 55 (2007) 4, S. 573–585, hier 573 f., 580–583.

10 Arendt, Eichmann in Jerusalem, S. 16. Ähnlich Neiman, Das Böse denken, S. 396, 399 f.

11 Vgl. Jäger, Betrachtungen, S. 81; Arendt, Eichmann in Jerusalem, S. 140; Christopher R. Browning, Ganz normale Männer. Das Reserve-Polizeibataillon 101 und die „Endlösung" in Polen, 5. Auflage Reinbek bei Hamburg 2002, S. 281, 290 und passim; Neiman, Das Böse denken, S. 396.

12 Zum Folgenden vgl. Neiman, ebd., S. 392, 396 f., 409–411; Bernstein, Hannah Arendts Reflexionen, S. 579–584.

13 Neiman, Das Böse denken, S. 399.

14 Vgl. ebd., S. 399 f.; Bernstein, Hannah Arendts Reflexionen, S. 580–583.

3. Objektiv Böses solchen Ausmaßes ohne entsprechende individuelle Absichten wirft Verständnisprobleme auf. Es legt Deutungen nahe wie die, bei systematischen und organisierten Großverbrechen wie dem Holocaust handele es sich im Grunde gar nicht mehr um menschliche kriminelle Taten, sondern um eine historische Katastrophe, um das Werk unpersönlicher gesellschaftlicher oder politischer Kräfte, um das Erzeugnis eines anonymen kollektiven Willens oder eines bürokratischen Systems oder Apparats, in dem Funktionszusammenhänge an die Stelle menschlicher Handlungen treten und der Einzelne mit seiner Tat allenfalls noch im Bild des Rädchens im Getriebe fassbar ist.[15]

Doch die Verbrechen wurden nicht von abstrakten oder kollektiven Mächten begangen, sondern von leibhaftigen Menschen. Um die Verantwortlichkeit dieser Menschen für ihre Taten muss es daher gehen, bei aller Schwierigkeit, den individuellen Anteil des Einzelnen am Gesamtgeschehen zu ermitteln, und ungeachtet der Suche nach den historischen Gründen für die betreffenden Ereignisse im Übrigen.[16] Das im Jahre 1998 vereinbarte und am 1. Juli 2002 in Kraft getretene Römische Statut des Internationalen Strafgerichtshofs, der für die Aburteilung von Verbrechen der hier in Rede stehenden Art zuständig ist, sagt es in Artikel 25 Absatz 2 mit aller Klarheit: „Wer ein der Gerichtsbarkeit des Gerichtshofs unterliegendes Verbrechen begeht, ist dafür in Übereinstimmung mit diesem Statut individuell verantwortlich und strafbar."

B. Herausforderung für das Strafrecht

I. Problem

Doch wie ist Verantwortlichkeit zu verstehen und Strafbarkeit zu begründen, wenn das subjektive Element fehlt? Um das Problem zu verdeutlichen, müssen wir die moralische Rede von Gut und Böse in die entsprechenden strafrechtlichen Begriffe übersetzen. Eichmann bewirkte objektiv Böses. Das heißt strafrechtlich: Er tat Unrecht. Eichmann handelte dabei mit gutem Gewissen. In der Begrifflichkeit des Strafrechts bedeutet das: Er war sich des Unrechts seiner Taten nicht bewusst, ihm fehlte das Unrechtsbewusstsein. Unrechtsbewusstsein ist notwendiger Bestandteil der Schuld.[17] Ohne Schuld aber keine Strafbarkeit. Nulla poena sine culpa. Dieser Grundsatz, das Schuldprinzip, ist in unserer Verfassung verankert.[18]

Ausgerechnet das schwerste Unrecht geht, so scheint es, mit zweifelhafter Schuld einher.

15 Vgl. Jäger, Betrachtungen, S. 73f., 76–81; Neiman, Das Böse denken, S. 410.

16 Vgl. Arendt, Eichmann in Jerusalem, S. 17f., 45–47; Jäger, Betrachtungen, S. 77f., 80, 83.

17 Vgl. Entscheidungen des Bundesgerichtshofes in Strafsachen (BGHSt), 2. Band, S. 194 (200–202).

18 Vgl. Udo Ebert, Strafrecht Allgemeiner Teil, 3. Auflage Heidelberg 2001, S. 92.

II. Extremlösungen

1. Hannah Arendt war sich dieses Problems bewusst und hat es in ihrem Eichmann-Buch thematisiert. Sie meinte, es dahin lösen zu sollen, dass Eichmanns gutes Gewissen und fehlendes Unrechtsbewusstsein, sein Mangel an bösem Willen und an verbrecherischen Absichten, gleichwohl seine strafrechtliche Verantwortlichkeit nicht hinderten. Dass bei so gigantischen Verbrechen „die Erde selbst nach Vergeltung schreit", dass ein so großes Böses „eine naturgegebene Harmonie zerstört, die nur durch Sühne wiederhergestellt werden kann" – derartige Vorstellungen erklärte Hannah Arendt zwar selbst für antiquiert und barbarisch. Dennoch glaubte sie, dass eben solche Vorstellungen angesichts der Besonderheit und Ungeheuerlichkeit der Verbrechen Eichmanns die Todesstrafe gegen ihn letztlich rechtfertigten.[19] Auf der anderen Seite verkannte sie nicht, dass nach modernen Rechtsvorstellungen „ein Unrechtsbewusstsein zum Wesen strafrechtlicher Delikte gehört" und dass es „der Stolz zivilisierter Rechtsprechung [ist], den subjektiven Faktor immer mit in Rechnung zu stellen".[20]

In der Tat: Den einzelnen Täter, mag seine Tat noch so fürchterlich sein, nach Maßgabe nicht allein des von ihm verursachten Unrechts, sondern auch seiner Schuld und nur in deren Rahmen zur Verantwortung zu ziehen, gehört zu den Grundsätzen eines modernen zivilisierten Strafrechts und zu den Standards, an denen – und an deren unbedingter Einhaltung – sich der Rechtsstaat als solcher erweist.

Die strafrechtliche Verantwortlichkeit des Täters unabhängig von der subjektiven Seite allein an das von ihm bewirkte objektive Böse anzuknüpfen, wie Hannah Arendt es im Fall Eichmann befürwortete, kann daher nach heutigen, nicht hintergehbaren Maßstäben nicht in Betracht kommen.

2. Erwägen wir kurz die extreme Gegenposition: die Beurteilung der Tat nach Maßgabe allein der subjektiven Seite. In moralischer Hinsicht bedeutet dies: Der sittliche Wert einer Handlung liegt allein im guten Willen. Wer seinem Gewissen gemäß handelt, wer überzeugt ist, seine Pflicht zu erfüllen, handelt moralisch einwandfrei. Die Haltbarkeit einer solchen reinen Gesinnungsethik sei dahingestellt.[21] Ihre rechtliche, namentlich strafrechtliche Entsprechung wäre jedenfalls nicht akzeptabel. Schuld und Verantwortlichkeit im Sinne des Strafrechts können nicht allein vom Bewusstsein des Täters, das heißt von seiner Einschätzung des eigenen Verhaltens als rechtmäßig oder rechtswidrig, abhängig gemacht werden. Zur rechtlichen Beurteilung menschlicher Handlungen bedarf es objektiver Maßstäbe.

19 Arendt, Eichmann in Jerusalem, S. 327.
20 Ebd.
21 Verneinend Hans Welzel, Vom irrenden Gewissen. Eine rechtsphilosophische Studie, Tübingen 1949, S. 21. Auch Kant, der auf die subjektiv-moralische Seite der Sittlichkeit abstellte und entscheidenden Wert auf den guten Willen und die integre Gesinnung legte, hat eine reine Gesinnungsethik nicht vertreten. Vgl. ebd., S. 13–20.

III. Objektives und Subjektives im rechtsstaatlichen Strafrecht

Das Recht erfüllt seine Aufgabe, ein friedliches und geordnetes Zusammenleben der Menschen zu ermöglichen, durch die Aufstellung von Geboten und Verboten sowie dadurch, dass der Verstoß gegen diese, also das objektive Unrecht als solches, festgestellt und geahndet wird. Dies ist die objektive Seite der strafrechtlichen Verantwortlichkeit.

Andererseits setzt im Rechtsstaat die strafrechtliche Ahndung einer Unrechtstat auch Schuld voraus. Rechtsstaatliches Strafrecht ist Schuldstrafrecht. Als solches hat es neben der objektiven auch der subjektiven Seite der Unrechtstat Rechnung zu tragen. Zur subjektiven Seite gehört das Unrechtsbewusstsein. Dieses kann im Einzelfall fehlen, der Täter also sein objektiv unrechtmäßiges, verbotenes Verhalten subjektiv irrtümlich für rechtmäßig, nicht verboten halten. In strafrechtlicher Terminologie heißt dieser Irrtum Verbotsirrtum. Er schließt nach dem Strafgesetzbuch die Schuld aus, wenn der Täter ihn nicht vermeiden konnte; konnte der Täter den Verbotsirrtum vermeiden, so kann die Strafe gemildert werden.[22]

C. Unrechtseinsichtsfähigkeit (Verbotsirrtum)

I. Objektives Unrecht und Unrechtsirrtum

Eichmann handelte ohne Unrechtsbewusstsein. Befand er sich damit im Irrtum, im Verbotsirrtum? Mit anderen Worten: War sein Verhalten objektiv verboten, Unrecht?

Diese Frage auch nur zu stellen, erscheint absurd. Und doch lässt sie sich nicht ganz umstandslos bejahen.

Wenn Eichmann glaubte, indem er den Willen und die Befehle des „Führers“ befolgte, handele er rechtmäßig, so lag er damit insofern richtig, als in der Staatsrechtslehre des Dritten Reichs in der Tat die Ansicht vertreten wurde, Hitler sei Träger der gesetzgebenden Gewalt, sein Wille die oberste Rechtsquelle, und seinen Anordnungen, selbst den mündlichen, komme Gesetzeskraft zu. Gesetzeskraft hatte demnach auch Hitlers Befehl zur Vernichtung der Juden vom Sommer 1941.[23] Angenommen, dass dies die Rechts- und Verfassungslage zur Zeit des Dritten Reichs war,[24] stellt sich die Frage, wie nach dem Untergang des

22 § 17 Satz 1 und Satz 2 Strafgesetzbuch (StGB).
23 Vgl. Jürgen Baumann, Gedanken zum Eichmann-Urteil. In: Juristenzeitung, 18 (1963), S. 110–121, hier 120; Arendt, Eichmann in Jerusalem, S. 52, 186; Hinrich Rüping, Zur Praxis der Strafjustiz im „Dritten Reich“. In: Ralf Dreier/Wolfgang Sellert (Hg.), Recht und Justiz im „Dritten Reich“, Frankfurt a. M. 1989, S. 180–193, hier 181 f., 184.
24 Zweifelnd Baumann, Gedanken, S. 120.

Dritten Reichs mit diesem Befund umzugehen ist; dem Befund also, dass ein positives Recht existierte, das der Gerechtigkeit in extremem Maße widersprach, was übrigens nicht nur für Befehle Hitlers, sondern auch für förmlich zustande gekommene Gesetze wie etwa die Nürnberger Rassengesetze gilt.

Die Frage ist eine rechtsphilosophische; die Schlagworte Naturrechtslehre und Rechtspositivismus bezeichnen die zu ihrer Beantwortung vertretenen entgegengesetzten Positionen. Ich gehe auf den Streit zwischen diesen Positionen, der vom Thema wegführen würde, nicht näher ein, sondern bekenne kurzerhand, dass ich jener Kompromissformel zuneige, die für den Fall des Widerspruchs zwischen positivem Recht und Gerechtigkeit der Rechtsphilosoph Gustav Radbruch entwickelt hat und die als „Radbruch'sche Formel" bei der Beurteilung nicht nur des nationalsozialistischen, sondern auch des DDR-sozialistischen Unrechts praktische und, wie ich meine, gute Dienste geleistet hat. Die Formel lautet: „Der Konflikt zwischen der Gerechtigkeit und der Rechtssicherheit dürfte dahin zu lösen sein, dass das positive, durch Satzung und Macht gesicherte Recht auch dann den Vorrang hat, wenn es inhaltlich ungerecht und unzweckmäßig ist, es sei denn, dass der Widerspruch des positiven Gesetzes zur Gerechtigkeit ein so unerträgliches Maß erreicht, dass das Gesetz als ‚unrichtiges Recht' der Gerechtigkeit zu weichen hat."[25] Der Bundesgerichtshof hat dies konkretisiert: „Anordnungen, die die Gerechtigkeit nicht einmal anstreben, den Gedanken der Gleichheit bewusst verleugnen und die allen Kulturvölkern gemeinsame Rechtsüberzeugungen, die sich auf den Wert und die Würde der menschlichen Persönlichkeit beziehen, deutlich missachten, schaffen kein Recht, und ein ihnen entsprechendes Verhalten bleibt Unrecht."[26]

Einen derart unerträglichen Widerspruch zur Gerechtigkeit, dass sie nach diesen Kriterien als nichtig anzusehen sind, muss man ohne Zweifel denjenigen Normen des Dritten Reichs – Führerbefehlen, aber auch rechtsförmig erlassenen Normen – attestieren, welche aus ideologischen, rassistischen, menschenverachtenden Gründen Tötungen, Körperverletzungen, Freiheitsberaubungen oder sonstige Zwangseingriffe in die persönliche Sphäre anordneten, die Betroffenen ihrer Würde entkleideten und ihrer fundamentalen Rechte beraubten. Solche – namentlich von der SS befolgten – Normen waren „reine Machtnormen [...], organisatorische Normen zur Steuerung des Terrors, denen der Charakter von Rechtssätzen fehlte".[27] Die ihnen entsprechenden Taten waren folglich nicht rechtens, sie waren Unrecht.

Wenn Täter solcher Taten ihr Verhalten nicht für Unrecht hielten, so befanden sie sich demnach im Irrtum, im Verbotsirrtum.

25 Gustav Radbruch, Rechtsphilosophie. Studienausgabe. Hg. von Ralf Dreier und Stanley L. Paulson, Heidelberg 1999, S. 216.
26 BGHSt, 2. Band, S. 234 (238f.).
27 Herbert Jäger, Verbrechen unter totalitärer Herrschaft. Studien zur nationalsozialistischen Gewaltkriminalität. Mit einem Nachwort zur Neuauflage von Adalbert Rückert, Frankfurt a. M. 1982, S. 181.

II. Irrtum über schwerstes Unrecht?

Wie aber ist im Bereich von Tötungen und sonstigen schweren Angriffen gegen Personen ein Verbotsirrtum überhaupt möglich? Sind das Tötungsverbot, das Verbot der Körperverletzung, der Freiheitsberaubung usw. nicht jedermann bekannt? Handelt es sich bei ihnen nicht um die - mit den Worten des Bundesgerichtshofs - „wenigen für das menschliche Zusammenleben unentbehrlichen Grundsätze [...], die zu jenem unantastbaren Grundstock und Kernbereich des Rechts gehören, wie er im Rechtsbewusstsein aller Kulturvölker lebt"[28] und eigentlich von niemandem verkannt werden kann? Wie soll ein Täter, der gegen ein solches Verbot verstößt, über die Verbotenheit seiner Tat irren können?

In der Tat ist die Achtung vor dem Leben, der Freiheit, dem Eigentum anderer Personen universell. Mord und Totschlag, erhebliche Körperverletzungen, sexuelle Angriffe, Raub, Diebstahl und Betrug werden von allen Menschen zu allen Zeiten, sogar in den unterschiedlichsten Kulturen, als Unrecht angesehen. Dies jedoch nur, soweit es um die Geltung der betreffenden Werte und Normen im Allgemeinen und Abstrakten geht. In concreto, im besonderen Fall, können Taten, die grundsätzlich verboten sind, ausnahmsweise erlaubt, gerechtfertigt sein. Tötung oder Körperverletzung in Notwehr, medizinisch indizierter Schwangerschaftsabbruch, erlaubte Sterbehilfe, Meineid zur Rettung eines Menschenlebens, Eingriffe in Körper und Freiheit aufgrund polizei- oder strafprozessgesetzlicher Vorschriften: Das sind Beispiele für die Rechtfertigung grundsätzlich verbotener Taten. Und insofern können auch im Bereich von Tötungen, Körperverletzungen usw. Irrtümer entstehen. Irrtümer also von der Art, dass der Täter die grundsätzliche Verbotenheit seiner Tat kennt, aber der irrigen Meinung ist, sie sei ausnahmsweise erlaubt. Die Strafrechtler sprechen bei diesem Irrtum, der sich nicht direkt auf das prinzipielle Verbot, sondern auf die ausnahmsweise Erlaubtheit bezieht, von indirektem Verbotsirrtum.[29]

III. Unrechtsneutralisierungen

1. Totalitäre Systeme produzieren indirekte Verbotsirrtümer in großem Stil.

Von einer Gruppe solcher Irrtümer im Dritten Reich war soeben schon die Rede: Staatliche Gesetze, Verordnungen, Führerbefehle legalisieren Verbrechen. Diejenigen, die auf der Grundlage solcher in Wahrheit ungültigen Normen handeln, halten diese unter Umständen irrtümlich für rechtsgültig und ihre Taten daher für gerechtfertigt. In diesen Zusammenhang gehört auch der Glaube an die Verbindlichkeit und somit rechtfertigende Kraft eines

28 BGHSt, 2. Band, S. 234 (239).

29 Das Gesagte steht in einer alten moralphilosophischen, moraltheologischen und kirchenrechtlichen Tradition, die unter anderem mit den Namen Aristoteles und Thomas v. Aquin verbunden ist. Vgl. Welzel, Vom irrenden Gewissen, S. 7-13.

rechtswidrigen und daher objektiv unverbindlichen militärischen oder polizeilichen Befehls. Dieser Fall hat bei Massentötungen im Zweiten Weltkrieg nicht selten eine Rolle gespielt.[30]

Neben vermeintlichen Legalisierungen durch Normen und Befehle sind eine wichtige Quelle indirekter Verbotsirrtümer staatliche Ideologie und Propaganda.[31] Sie neutralisieren vermeintlich das Unrecht, indem sie eine Rechtfertigung der Verbrechen aus notwehr- oder notstandsähnlichen Gründen, aus dem Strafgedanken oder aus übergeordneter Gerechtigkeit suggerieren. Das Dritte Reich liefert auch hierfür zahlreiche Beispiele. Die Tötung von Juden und Fremdvölkischen wurde als lebensnotwendig für das eigene Volk hingestellt, sie erfolgte angeblich in Notwehr gegen gefährliche Feinde, für die Sicherheit der Truppe, zur Rettung des deutschen Volkes in seinem Schicksalskampf. Neben dem Notwehr- oder Notstands- wurde der Strafgedanke zur Rechtfertigung herangezogen. Von der „gerechten Sühne am jüdischen Untermenschentum" war die Rede und davon, „Feinde des deutschen Volkes der gerechten Todesstrafe zuzuführen". Schließlich wurden zur Rechtfertigung übergeordnete Gründe angeführt: Die Tötungen erfolgten in Erfüllung einer geschichtlichen Mission, zum Wohle des Ganzen, im Namen einer höheren Gerechtigkeit.[32]

2. Nicht immer führt der Glaube an solche Rechtfertigungsparolen zum Ausschluss des Unrechtsbewusstseins. Statt eines Verbotsirrtums kann in derartigen Fällen Überzeugungstäterschaft vorliegen. Überzeugungstäter ist, wer die rechtliche Verbotenheit seines Verhaltens kennt, also mit Unrechtsbewusstsein handelt, aber sein Verhalten aus politischer, weltanschaulicher oder religiöser Überzeugung in einem höheren Sinne für notwendig oder richtig (legitim) hält. Für viele ideologisch verblendete Täter, sei es im Dritten Reich, sei es in anderen totalitären Systemen, dürfte das zutreffen. Wer sich etwa im Zweiten Weltkrieg als Mitglied einer SS-Einsatzgruppe oder eines Polizeibataillons hinter der Ostfront an Massentötungen beteiligte, tat dies aus Überzeugung, wenn er an die Rassen- und Untermenschenideologie der Nazis glaubte. Er kann sich dabei

30 Vgl. Ernst-Walter Hanack, Zur Problematik der gerechten Bestrafung nationalsozialistischer Gewaltverbrecher, Tübingen 1967, S. 24 f., 55–57.

31 Zum Folgenden vgl. ebd., S. 11; Arendt, Eichmann in Jerusalem, S. 81, 139; Herbert Jäger, Individuelle Zurechnung kollektiven Verhaltens. Zur strafrechtlich-kriminologischen Bedeutung der Gruppendynamik, Frankfurt a. M. 1985, S. 31; Raul Hilberg, Die Quellen des Holocaust. Entschlüsseln und Interpretieren, 2. Auflage Frankfurt a. M. 2003, S. 131 ff.

32 Um die Akzeptanz solcher Rechtfertigungen und Unrechtsneutralisierungen sowohl bei den Tätern als auch bei der übrigen Bevölkerung richtig einzuschätzen, muss man berücksichtigen, dass die meisten nationalsozialistischen Tötungsverbrechen, so die Gaskammermorde in den Konzentrationslagern und die Erschießungen durch die Einsatzgruppen, während des Zweiten Weltkriegs geschahen, also in einer Situation, in der hinsichtlich der Tötung von Menschen weithin besondere Gesetze galten, und in einem Klima von Gewalt und Tod, das die allgemeine Einstellung zu diesen Dingen nicht unbeeinflusst lassen konnte. Vgl. auch Jäger, Betrachtungen, S. 82; Browning, Ganz normale Männer, S. 208–211.

aber doch bewusst gewesen sein, dass sein Tun Unrecht ist, für das er nach dem Untergang des Dritten Reichs zur Verantwortung gezogen wird.

Überzeugungstäterschaft schließt Schuld und Strafbarkeit nicht aus. Allenfalls kommt bei sozialethisch achtenswerter Überzeugung, von der hier nicht die Rede sein kann, eine Strafmilderung in Betracht.[33]

3. Auf einer wiederum anderen juristischen Ebene liegt eine weitere Form ideologisch-propagandistischer Unrechtsneutralisierung. Es handelt sich um jene soeben mit der Erwähnung der Rassen- und Untermenschenideologie bereits angeklungene Propaganda, welche im Wege manipulativer Sprachregelung die Opfer der Tötungsverbrechen ihres Status als Personen, ja ihrer Eigenschaft als Menschen beraubt oder den Handlungen ihren Charakter als Tötung nimmt.[34] Solche Sprachmanipulation soll das Bewusstsein der Täter beeinflussen, der Belastung ihres Gewissens entgegenwirken und ihnen auf diese Weise ihre Taten erleichtern. So wurden im Dritten Reich die Juden als „Parasiten", „Ungeziefer", „Gift im deutschen Volkskörper", die Slawen als „Untermenschen" bezeichnet. Der Feind wurde nicht getötet, sondern „ausgemerzt". Sprachregelungen für die massenhafte Tötung von Juden waren „Evakuierung", „Aussiedlung", „Umsiedlung", „Sonderbehandlung", „Arbeitseinsatz", „Lösung" („Endlösung der Judenfrage"), „Säuberung", „Entjudung" oder im Falle von Massenerschießungen „Aktionen nach Kriegsbrauch". Für Verbrechen in den Konzentrationslagern wie Gastötungen und Sterilisationen gebrauchte noch im Jerusalemer Prozess gegen Eichmann dessen Verteidiger den Ausdruck „medizinische Angelegenheiten".[35] In der Gegenwart erleben wir die Verharmlosung verbrecherischer Handlungen gegen Volksgruppen - Tötungen und Vertreibungen - durch Begriffe wie „ethnische Säuberung".

Die sprachliche Entpersönlichung und Dehumanisierung der Opfer, die euphemistische Umdefinition der Taten, all dies soll den Tätern nicht nur suggerieren, gerechtfertigt zu töten, sondern darüber hinaus bei ihnen das Bewusstsein erzeugen, überhaupt nicht zu töten. Ein Täter, der die Entwertung der Opfer und die Verharmlosung der Taten verinnerlicht, glaubt nicht nur, dass das, was er tut, kein Unrecht ist, sondern er ist sich schon in tatsächlicher Hinsicht nicht voll darüber im Klaren, was er tut. Das heißt: Ihm fehlt nicht erst das Unrechtsbewusstsein, sondern - mehr oder weniger - bereits der Vorsatz. Denn

33 Vgl. Udo Ebert, Der Überzeugungstäter in der neueren Rechtsentwicklung. Zugleich ein Versuch zu seiner Beurteilung de lege lata, Berlin 1975, S. 74-84.

34 Zum Folgenden vgl. Jäger, Betrachtungen, S. 76, 80; Arendt, Eichmann in Jerusalem, S. 100f., 117-119; Jäger, Individuelle Zurechnung kollektiven Verhaltens, S. 40; Browning, Ganz normale Männer, S. 211, 283; Hilberg, Die Quellen des Holocaust, S. 131ff.; Avraham Burg, Hitler besiegen. Warum Israel sich endlich vom Holocaust lösen muss, Frankfurt a. M. 2009, S. 69-85.

35 Euphemismen waren auch die Ausdrücke „Euthanasie" und „Aktion Gnadentod" für die Vernichtung angeblich lebensunwerten Lebens. Diese Sprachregelung im Rahmen der „Euthanasie"-Aktion (1939-1943) hat sich noch auf die Einstellung der an der sogenannten Endlösung der Judenfrage Beteiligten ausgewirkt. Vgl. Arendt, Eichmann in Jerusalem, S. 142ff.

zum Vorsatz, wie ihn das deutsche und das internationale Strafrecht für die Strafbarkeit wegen Totschlags, Mordes und Völkermordes fordern,[36] gehört das Wissen um die Tatsachen, die den Verbotstatbestand erfüllen; im Fall der genannten Verbrechen also das Wissen, dass es sich bei den Opfern um Menschen und bei der Handlung um Tötung handelt. Dieses Wissen wird durch die genannten sprachlichen Bewusstseinsmanipulationen getrübt und im Extremfall beseitigt.[37]

IV. Verbotsirrtum und seine Vermeidbarkeit

Wenn oben (I–III) in Bezug auf Täter nationalsozialistischer Verbrechen von fehlendem Unrechtsbewusstsein bzw. von Verbotsirrtum die Rede war, so bedarf dies der Präzisierung und Vertiefung. Wann lag wirklich ein Verbotsirrtum vor? Wann war dieser vermeidbar, wann unvermeidbar? Diese Fragen sind strafrechtlich entscheidend, weil Schuld und damit Strafbarkeit davon abhängen, dass der Täter die Rechtswidrigkeit seines Verhaltens kannte (Unrechtsbewusstsein) oder wenigstens erkennen konnte (Vermeidbarkeit des Verbotsirrtums).[38]

Eine Antwort auf die genannten Fragen kann letztlich nur von Fall zu Fall nach jeweiliger individueller Sachlage gegeben werden. Immerhin sind einige allgemeinere Aussagen möglich.

1. Sah der Täter sein Verhalten von einer positiven Rechtsnorm – einem Gesetz oder Führerbefehl – gedeckt, so schloss dieses Legalitätsbewusstsein sein Unrechtsbewusstsein nicht notwendig aus. Denn entsprechend der objektiven Rechtslage sind für das Unrechtsbewusstsein neben formellen Kriterien der Positivität und Gesetzesförmigkeit auch überpositive materielle Gerechtigkeitskriterien maßgebend. Entbehrte also im genannten Fall die Rechtsnorm wegen extremer Ungerechtigkeit objektiv der Gültigkeit, so handelte der Täter mit Unrechtsbewusstsein, wenn er dies – wenigstens laienhaft – erkannte. Dass letzteres zumindest bei extrem schweren Verbrechen wie Massentötungen nicht der Fall gewesen sein sollte, ist schwer vorstellbar. Dies zumal, wenn die An-

36 §§ 16, 211, 212 StGB; §§ 2, 6 Völkerstrafgesetzbuch; Art. 6, 30, 32 Römisches Statut des Internationalen Strafgerichtshofs.

37 Freilich dienten die sprachlichen Verharmlosungen und Umdeutungen der Tötungsverbrechen im Nazireich nicht allein dem Zweck, den Tätern ihre Verbrechen zu erleichtern. Beabsichtigt war mit ihnen auch, den Opfern, der Bevölkerung und dem Ausland die Taten zu verschleiern und somit keine Unruhe aufkommen zu lassen. Zudem sollten die Sprachregelungen das reibungslose Funktionieren der SS-Bürokratie gewährleisten. Vgl. Jäger, Betrachtungen, S. 80; Arendt, Eichmann in Jerusalem, S. 119.

38 § 17 StGB. Nach dem zur Zeit der NS-Taten – auch für Angehörige der SS und der Polizeiverbände im besonderen Einsatz – geltenden § 47 des Militärstrafgesetzbuchs mussten die Befehlsempfänger, um strafrechtlich verantwortlich zu sein, sogar positiv wissen, dass der Befehl „eine Handlung betraf, welche ein allgemeines oder militärisches Verbrechen oder Vergehen bezweckte". Zum Sinn und (begrenzten) Anwendungsbereich dieser Vorschrift Jäger, Verbrechen unter totalitärer Herrschaft, S. 166f.

sicht[39] zutrifft, dass der Radbruch'sche Gedanke, staatliche Anordnungen, die der Gerechtigkeit krass widersprechen und Wert und Würde der menschlichen Persönlichkeit verleugnen, könnten kein Recht schaffen, dem Rechtsempfinden unmittelbarer entspricht als die Vorstellung von der Recht schaffenden Kraft des Führerwillens. Es liegt deshalb nahe, jedenfalls bei schwersten Verbrechen, ein Unrechtsbewusstsein in der Regel anzunehmen. Gleichwohl ist dies nicht unproblematisch.[40] Zumindest ist einzuräumen, dass die Annahme eines Unrechtsbewusstseins sich bei der hier in Rede stehenden Fallkonstellation vielfach nicht verifizieren lassen wird und dann einer Fiktion gleichkommt.[41]

Die Suggestion von Rechtfertigungsgründen führte ihrerseits nicht notwendig zum Ausschluss des Unrechtsbewusstseins. Die Parole, es handele sich bei Tötungsmaßnahmen um Notwehr oder überlebensnotwendigen Krieg, rechtfertigte auch in den Augen derer, die an sie glaubten, nicht jede Grausamkeit, sondern allenfalls solche Taten, die in Notwehr oder Krieg zulässig waren.[42] Die Annahme, mit den Taten eine geschichtliche Mission zu erfüllen oder einer höheren Gerechtigkeit zu dienen, schloss das Bewusstsein, gegen geltendes Recht zu verstoßen, nicht eo ipso aus. Allerdings können diejenigen, die an solche höhere Legitimation glaubten, sich insoweit von der Bindung an das Recht befreit gefühlt haben. Dies war ohne Zweifel eine inakzeptable Anmaßung. Doch kann bei einer derartigen Haltung von Unrechtsbewusstsein gesprochen werden?

2. Fehlte das Unrechtsbewusstsein und lag ein Verbotsirrtum vor, kommt es auf dessen Vermeidbarkeit an. Auch mit dieser verhält es sich nicht einfach. Wenn Hannah Arendt meinte, dass der Typus des nationalsozialistischen Gewaltverbrechers „unter Bedingungen handelt, die es ihm beinahe unmöglich machen, sich seiner Untaten bewusst zu werden“ (oben A II 1), so erklärte sie damit Verbotsirrtümer bei diesem Tätertyp für nahezu unvermeidbar. In der Tat fehlte es zur Zeit der nationalsozialistischen Verbrechen weithin an Maßstäben und Regulativen, die normalerweise der Orientierung über Recht und Unrecht dienen und so Verbotsirrtümer zu vermeiden helfen. Die staatliche Rechtsordnung, ihrerseits pervertiert und von verbrecherischen Prinzipien bestimmt, fiel als solche Orientierungsinstanz aus. Gleiches galt für die Gesellschaft, die weithin und zumal in den Kreisen, in denen die Täter handelten, der nationalsozialistischen Ideologie verfallen war und auch im Übrigen, mit wenigen Ausnahmen, zu den Verbrechen schwieg.[43] Was die Orientierung am eigenen Gewissen bei Tätern

39 Vgl. Jäger, ebd., S. 180.
40 Vgl. auch Welzel, Vom irrenden Gewissen, S. 5: Mit der Beantwortung der Frage nach den materialen Prinzipien, die das positive Gesetz zu einem ungerechten machen, das keine Verbindlichkeit besitzt, „ist nur die eine Hälfte des überpositiven Rechtsproblems gelöst; die andere noch schwierigere Hälfte betrifft die Frage, wieweit dem Täter das gesetzliche Unrecht als solches erkennbar war. Zum Problem des überpositiven Unrechts tritt das Problem der überpositiven Schuld.“
41 Vgl. Jäger, Verbrechen unter totalitärer Herrschaft, S. 168–170, 182f.
42 Vgl. ebd., S. 168.
43 Arendt, Eichmann in Jerusalem, S. 163–172.

wie Eichmann vermochte, wurde bereits (A I-II) dargestellt. Normale Gewissensregungen galten zudem als Schwäche und wurden als überholte Humanität diffamiert. Nimmt man all das zusammen, so erscheint die auf den ersten Blick plausible Annahme, bei der Ungeheuerlichkeit der Taten habe jeder Täter deren Rechtswidrigkeit erkennen können, wiederum nicht frei von fiktiven Elementen.

3. Die Annahme, den Tätern so schwerer Verbrechen habe das Unrechtsbewusstsein nicht fehlen können, jedenfalls sei ihr Verbotsirrtum vermeidbar gewesen, stellt nach alledem eine in dieser Allgemeinheit nicht unproblematische Unterstellung dar. Angesichts dessen meint Herbert Jäger, dass es in gewissen Fällen „aufrichtiger, d. h. psychologisch angemessener wäre, die Frage des Unrechtsbewusstseins und damit auch die schwierige Frage der Vermeidbarkeit des Irrtums offenzulassen, ohne damit gleichzeitig die Strafbarkeit zu verneinen". Die bei Kollektivverbrechen vorkommenden „Divergenzen zwischen objektivem Recht und massenpsychologisch entstelltem Wertbewusstsein" müssten „zu Lasten derer gehen [...], die in solchen Zuständen schwerste Verbrechen verüben".[44]

Das ist die Position, die uns (siehe B II 1) bereits bei Hannah Arendt begegnete. Bevor man sich indessen zum Verzicht auf die strenge Beachtung des Schuldgrundsatzes entschließt, sollte man nach Möglichkeiten suchen, die konstatierte Schuldlücke, statt sie zu überspringen, auf rechtsstaatlich akzeptable Weise zu überbrücken. Das soll im letzten Abschnitt (E) geschehen.

D. Steuerungsfähigkeit (Handlungsdruck, Hemmungsabbau)

Zunächst gehe ich auf das andere Element ein, das neben der Unrechtseinsichtsfähigkeit die Schuld konstituiert. Schuldhaft handelt ein Täter nämlich nicht schon, wenn er imstande ist, das Unrecht der Tat einzusehen. Hinzu kommen muss, dass er imstande ist, nach dieser Einsicht zu handeln.[45] In strafrechtlicher Terminologie wird dies als Steuerungsfähigkeit bezeichnet.[46]

I. Notstand und Putativnotstand

1. Ausgeschlossen wird die Steuerungsfähigkeit besonders durch den übermächtigen Selbsterhaltungstrieb. Deshalb bestimmen das deutsche Strafgesetzbuch und ähnlich das Römische Statut des Internationalen Strafgerichtshofs, dass der Täter für seine Tat mangels Schuld dann nicht verantwortlich ist, wenn er die Tat zur Abwendung einer „gegenwärtigen, nicht anders abwendbaren Gefahr für Leben, Leib oder Freiheit" der eigenen oder einer ihm nahestehenden Person

44 Jäger, Verbrechen unter totalitärer Herrschaft, S. 183-185.
45 § 20 StGB.
46 Vgl. Ebert, Strafrecht, S. 96.

begangen hat; sogenannter entschuldigender Notstand.[47] Die Gefahr kann, wie das Römische Statut ausdrücklich klarstellt, auch von einer anderen Person ausgehen. Damit ist insbesondere der Befehlsnotstand gemeint.

Auf diesen haben sich in den Strafverfahren wegen nationalsozialistischer Gewaltverbrechen Angeklagte, die als Mitglieder von Einsatzgruppen im Osten an Erschießungen teilgenommen hatten, nicht selten berufen. Es ist allerdings kein Fall dokumentiert, in dem ein Einsatzgruppenangehöriger wegen Verweigerung eines Erschießungsbefehls selbst erschossen worden wäre; ebenso wenig ist belegt, dass Befehlsverweigerern mit kriegsgerichtlichem Verfahren oder Konzentrationslager gedroht wurde.[48] SS- und Polizeiführern sowie Mitgliedern ihrer Einheiten, die sich weigerten, an Mordaktionen teilzunehmen, ist nichts passiert; sie wurden nur versetzt bzw. verlegt.[49] Auch der Referent im Reichssicherheitshauptamt Adolf Eichmann hätte sich ohne Gefahr für Leib, Leben oder Freiheit seinen verbrecherischen Aufgaben entziehen können.[50]

Für die nationalsozialistischen Gewaltverbrechen lässt sich also insgesamt feststellen, dass sich der mit Befehlsabhängigkeit verbundene Zwang objektiv unterhalb der Schwelle des entschuldigenden Notstands hielt.[51]

2. Allerdings können Täter im Einzelfall irrtümlich angenommen haben, dass ihnen bei Verweigerung des Tötungsbefehls Gefahr für Leben, Leib oder Freiheit drohe. Angesichts des Schicksals etwa von Deserteuren lag eine solche Annahme nicht fern. Das deutsche Strafgesetzbuch trägt dem Motivationsdruck, der auch von einer bloß vermeintlichen Notstandslage (sogenannter Putativnotstand) ausgeübt wird, durch eine besondere Vorschrift Rechnung. Nach ihr sind bei Unvermeidbarkeit des Irrtums Schuld und Strafbarkeit ausgeschlossen; bei Vermeidbarkeit ist die Strafe zu mildern.[52]

3. Diesseits der Schwelle zum entschuldigenden Notstand gab es, und zwar innerhalb wie außerhalb förmlicher Befehlsstrukturen, zahlreiche Einflüsse, welche die Freiheit des Einzelnen, sich gemäß den traditionellen Normen zu verhalten, mehr oder weniger stark einschränkten. Sie reichten vom Abbau natürlicher Hemmungen bis zum Aufbau von Handlungsmotiven. In sozialpsychologischen Studien und Experimenten sind diese Einflüsse sowie ihre Wirkungsweisen in den vergangenen Jahrzehnten vielfältig erforscht worden. Ich kann die Ergebnisse dieser Forschungen, die zum Verständnis der Verbrechen im Dritten Reich, aber auch von Massenverbrechen in totalitären Systemen überhaupt beitragen, hier nicht im Einzelnen darstellen. Einige für die Schuldfrage relevante Schlaglichter müssen genügen.

47 § 35 Absatz 1 Satz 1 StGB; Art. 31 Absatz 1d Römisches Statut.
48 Vgl. Jäger, Betrachtungen, S. 79; Arendt, Eichmann in Jerusalem, S. 126; Browning, Ganz normale Männer, S. 222f.
49 Vgl. Jäger, Betrachtungen, S. 79; Baumann, Gedanken, S. 120; Arendt, Eichmann in Jerusalem, S. 126.
50 Vgl. Baumann, Gedanken, S. 120; Arendt, Eichmann in Jerusalem, S. 125–127.
51 Vgl. Jäger, Individuelle Zurechnung kollektiven Verhaltens, S. 35.
52 § 35 Absatz 2 StGB.

II. Autorität und Gehorsam

Berühmt geworden ist das Milgram-Experiment.[53] Es hat gezeigt, wie leicht Menschen, deren Persönlichkeit keinerlei aggressive Disposition aufweist und die auch in der konkreten Situation keine Feindseligkeit empfinden, unter dem Einfluss einer Autorität bereit sind, gegen andere Menschen grausame Gewalt zu verüben. Die Versuchspersonen sollten den (eingeweihten) Opfern auf Anweisung eines Versuchsleiters vermeintlich schmerzhafte elektrische Stromschläge verabreichen. Nur 15 Prozent der Probanden verweigerten der Autoritätsperson den Gehorsam bereits, als die Opfer erstmals den Abbruch des Experiments forderten; 22,5 Prozent hatten keine durchgreifenden Skrupel, den Opfern auch gegen ihre Proteste Schmerzen zuzufügen; und 62,5 Prozent erwiesen sich als unbegrenzt gehorsam, indem sie auf Anordnung der Autoritätsperson bereit waren, den Opfern lebensgefährliche Stromschläge beizubringen. Die Ergebnisse des Experiments, das in die Zeit des ersten Auschwitz-Prozesses fiel (Anfang der 1960er-Jahre), sind von Experten auf Verbrechen in totalitären Systemen und speziell im Dritten Reich bezogen worden. Ja, man hat mit Bezug auf Adolf Eichmann als den „Prototyp eines Gehorsamen um jeden Preis" das Experiment auch „Eichmann-Experiment" genannt.[54]

III. Anpassung

Einen Beitrag zur Erklärung der Verbrechen namentlich Eichmanns liefert auch die Bedeutung, welche die Zugehörigkeit zu Gruppen für ihn hatte. Aus Gründen, die in seiner Biografie und seinem Charakter lagen, fühlte Eichmann sich nur in Vereinen, Bünden und Organisationen wohl, wie der NSDAP und der SS, denen er 1932 beitrat.[55] Hier fand er, was er sonst entbehrte: Beachtung, Anerkennung und Bestätigung. Das Verlangen nach Befriedigung emotionaler Bedürfnisse solcher Art ist nach Erkenntnissen der Gruppendynamik ein starkes Motiv, sich Gruppen anzuschließen und sich gruppenkonform zu verhalten, dies erforderlichenfalls auch gegen eigenes inneres Widerstreben.[56] „Je labiler das Selbstwertgefühl, desto größer ist der Einfluss der Gruppe" und desto grö-

53 Zum Folgenden vgl. Stanley Milgram, Einige Bedingungen von Gehorsam und Ungehorsam gegenüber Autoritäten. In: Frank Neubacher/Michael Walter (Hg.), Sozialpsychologische Experimente in der Kriminologie. Milgram, Zimbardo und Rosenhan kriminologisch gedeutet, mit einem Seitenblick auf Dürrenmatt, 2. Auflage Münster 2005, S. 15–41; Browning, Ganz normale Männer, S. 224–227, 282; Frank Neubacher, Kriminologische Grundlagen einer internationalen Strafgerichtsbarkeit. Politische Ideen- und Dogmengeschichte, kriminalwissenschaftliche Legitimation, strafrechtliche Perspektiven, Tübingen 2005, S. 216–222.

54 Neubacher, ebd., S. 216 f.

55 Vgl. Arendt, Eichmann in Jerusalem, S. 54–63.

56 Vgl. Jäger, Individuelle Zurechnung kollektiven Verhaltens, S. 25–27.

ßer die Bereitschaft, von der Gruppe verlangte Handlungen selbst dann zu begehen, wenn sie riskant oder kriminell sind.[57] Auch der Aufstieg in hohe Ämter, die Erlangung von Machtpositionen und die Beteiligung an historisch bedeutsamen Ereignissen, wie sie Eichmann schließlich gelangen bzw. zuteil wurden, bieten als Ausweg aus der eigenen Bedeutungslosigkeit Anreiz zu dementsprechend konformem, wenn es sein muss verbrecherischem Verhalten.[58]

IV. Räumliche Distanz, Professionalität und Routine

1. Das Milgram-Experiment, auf das ich jetzt noch einmal zurückkomme, zeigte auch, dass die Gehorsamsbereitschaft mit Vergrößerung des räumlicher Abstandes zum Opfer zunahm und dass sie besonders drastisch dann zunahm, wenn die Versuchsperson durch Arbeitsteilung in größere Distanz zur eigentlichen Tatausführung gerückt wurde, indem nicht mehr sie selbst, sondern auf ihre Anweisung ein anderer den Elektroschockgenerator betätigte. Im letzteren Fall stieg der Anteil der unbegrenzt Gehorsamen auf 92,5 Prozent.[59] Es ist dies die Situation des Schreibtischtäters, also auch Eichmanns, dessen ungehemmte Tötungsbereitschaft nicht zuletzt auf diese Weise zu erklären ist. Und auf dieselbe Weise erklärt sich Eichmanns eigentlich unbegreifliche Behauptung vor dem Jerusalemer Bezirksgericht, er habe „mit der Tötung der Juden nichts zu tun" gehabt, er habe „niemals einen Juden getötet"[60] – während er doch zugleich gestand, dass er jüdische Menschen in den Tod transportiert hatte in vollem Bewusstsein dessen, was er tat.[61] Als Eichmann gelegentlich dann doch vor Ort mit dem Tötungsgeschehen in Berührung kam, schockierte ihn dies und erschütterte ihn zutiefst.[62] Der Fall zeigt deutlich, wie viel leichter das Töten am Schreibtisch fällt als das Töten mit der Waffe in der Hand im Angesicht des Opfers. Moralische Hemmungen nehmen offenbar proportional zur Entfernung vom unmittelbaren Geschehen ab.[63]

2. In die gleiche Richtung wie die räumliche Distanz wirkt ein Faktor, für den ebenfalls Adolf Eichmann ein Beispiel liefert. Wie eingangs (A I) bemerkt, hatte Eichmann für seine Opfer kaum Gedanken übrig, weil er vollkommen auf die technischen und administrativen Aspekte seiner Aufgabe fixiert war. Hier

57 Ebd., S. 26.
58 Vgl. Arendt, Eichmann in Jerusalem, S. 61; Jäger, Individuelle Zurechnung kollektiven Verhaltens, S. 26 f.
59 Vgl. Milgram, Einige Bedingungen von Gehorsam und Ungehorsam, S. 21–26; Neubacher, Kriminologische Grundlagen, S. 218 f.
60 Arendt, Eichmann in Jerusalem, S. 49, 259. Weitere derartige Äußerungen Eichmanns bei Jäger, Betrachtungen, S. 80. Dort auch der zutreffende Hinweis, dass man das Problem verfehlt, wenn man diese Äußerungen nur aus der Verteidigungssituation erklärt.
61 Vgl. Arendt, Eichmann in Jerusalem, S. 124 f.
62 Vgl. ebd., S. 119–124.
63 Vgl. Jäger, Betrachtungen, S. 79 f.; ders., Individuelle Zurechnung kollektiven Verhaltens, S. 38; Browning, Ganz normale Männer, S. 128, 171, 211–213, 230.

zeigt sich etwas für staatlich organisierte Verbrechen Typisches.[64] Der in dem arbeitsteiligen Geschehen für eine bestimmte Aufgabe zuständige Funktionär wird in seinem Bereich, zumal wenn dieser einen gewissen Komplexitäts- und Schwierigkeitsgrad aufweist (was von der logistisch anspruchsvollen Organisation der Judentransporte gesagt werden kann), zum Spezialisten und Experten. Ursprünglich als Mittel zum Zweck gedacht, wird seine Tätigkeit dem Funktionär nun zum Selbstzweck, mit dem er sich völlig identifiziert, der seine ganze Aufmerksamkeit beansprucht und das eigentliche Ziel, die Tötung von Menschen, aus dem Blick geraten lässt. Auch bei einfacheren Tätigkeiten findet solche sich verselbstständigende und blickverengende Professionalisierung statt. Bernhard Schlink hat dies in seinem Roman „Der Vorleser" am Beispiel einer KZ-Aufseherin eindrucksvoll dargestellt.[65]

Neben der Professionalisierung trägt auch Routinisierung dazu bei, Fragen nach der moralischen Verantwortung nicht aufkommen zu lassen. Je häufiger die Handlungen wiederholt werden, desto leichter fallen sie[66] und desto schwieriger wird es dem Handelnden, deren Fragwürdigkeit sich selbst einzugestehen und gegenüber den Erwartungen anderer zu vertreten.[67]

V. Soziale Distanz und Gewissenspervertierung

1. Womöglich noch wirksamer als die räumliche ist für den Hemmungsabbau die soziale Distanz. Ausgrenzung und Diskriminierung bestimmter Menschengruppen, wie sie zum nationalsozialistischen Programm gehörten, schaffen zu den Angehörigen dieser Gruppen inneren Abstand, der Einfühlung verhindert und Gewissenshemmungen abbaut. Dass dadurch nicht nur Hass und Aggression, sondern auch die skrupellose Beteiligung an systematischen Massentötungen ermöglicht werden, hat sich im Nationalsozialismus gezeigt.[68]

2. Der durch soziale Distanz bewirkte Hemmungsabbau wurde im Dritten Reich noch weiter gefördert durch gezielte Pervertierung der Gewissen. Normalerweise gelten Menschlichkeit, Empathie, Barmherzigkeit gegenüber allen Mitmenschen als Tugenden. Die nationalsozialistische Ideologie forderte jedoch Unbarmherzigkeit, Gefühllosigkeit und Unmenschlichkeit gegenüber den Gegnern.[69] Diese Forderung musste sich insbesondere an diejenigen rich-

64 Zum Folgenden vgl. Jäger, Individuelle Zurechnung kollektiven Verhaltens, S. 34; Browning, Ganz normale Männer, S. 211 f.
65 Vgl. Bernhard Schlink, Der Vorleser. Roman, Taschenbuchausgabe, Zürich 1997, S. 103, 119–124.
66 Vgl. Browning, Ganz normale Männer, S. 122 f., 172 f., 211.
67 Vgl. Neubacher, Kriminologische Grundlagen, S. 221.
68 Vgl. Jäger, Individuelle Zurechnung kollektiven Verhaltens, S. 38–40; Browning, Ganz normale Männer, S. 211.
69 Vgl. Hans Buchheim, Die SS – das Herrschaftsinstrument. Befehl und Gehorsam, 3. Auflage München 1982, S. 247.

ten, die das Tötungsgeschäft betrieben. Denn Menschlichkeit und Mitleid mit den Opfern konnten hier nur stören. Das reibungslose Funktionieren der Tötungsmaschinerie erforderte, sämtliche die Tötungsbereitschaft hemmenden Gefühle zu unterdrücken. Das Mittel hierfür war Härte. Diese wurde als Tugend ausgegeben, Menschlichkeit war Schwäche. Von einer „Apotheose der Härte“ als Wesenszug der SS-Mentalität spricht Hans Buchheim.[70] Zahlreiche Reden Hitlers und Himmlers vor SS-Gruppenführern, Wehrmachtsoffizieren usw. dokumentieren die mit sozialdarwinistischer Ausmerzungsideologie unterlegte Propagierung und Verherrlichung von Inhumanität und grausamer Härte.[71]

Wieweit es gelang, diese Umwertung der Werte, die Abwertung der Menschlichkeit und Aufwertung der Unmenschlichkeit, den Köpfen der mit dem Töten Beauftragten einzupflanzen, mag offenbleiben. Zur Zerstörung des Gewissens wird es im Regelfall nicht gekommen sein, immerhin aber zu seiner Überlagerung durch dic „Gegen-Ethik“ der SS.[72] Soweit infolgedessen das Gewissen als Hemmungsinstanz ausfiel, entfielen Mitleid und Menschlichkeit als hemmende Faktoren, wirkte im Gegenteil das Ideal der Härte als Anreiz und Motiv, umso erbarmungsloser zu töten.

E. Lösung des strafrechtlichen Problems

Überblicken wir die unter C und D dargestellten Befunde, so scheinen sie die Zweifel an der Schuldhaftigkeit der hier diskutierten Taten zu bestätigen. Die Fähigkeit zur Unrechtseinsicht und die Fähigkeit, nach dieser Einsicht zu handeln, beide Komponenten der Schuld also, können durch eine Reihe von Faktoren ausgeschlossen oder erheblich vermindert sein. Die Frage, was dies für die Strafbarkeit bedeutet, muss nun beantwortet werden. Gegen eine der denkbaren Antworten habe ich mich bereits ausgesprochen (siehe B II 1): Aufgrund zwingender rechtsstaatlicher Vorgaben geht es nicht an, die Täter ohne Rücksicht auf die Frage der Schuld allein wegen der enormen Größe des von ihnen begangenen Unrechts zu bestrafen.[73] Ist die Alternative womöglich Straflosigkeit? Wäre Eichmann, wie man in der Tat gemutmaßt hat,[74] in der Bundesrepublik mangels Schuld, namentlich wegen fehlenden Unrechtsbewusstseins, freigesprochen worden?

70 Ebd.
71 Beispiele ebd., S. 247–253.
72 Jäger, Betrachtungen, S. 82.
73 Ebenso Hanack, Problematik, S. 44.
74 Nachweis bei Arendt, Eichmann in Jerusalem, S. 43.

I. Funktionalistischer Schuldbegriff

Das unbefriedigende Ergebnis einer Exkulpation der Täter lässt sich von vornherein vermeiden mithilfe und auf der Basis eines Schuldbegriffs, der im Unterschied zur herrschenden Schuldkonzeption Schuld nicht individualpsychologisch nach dem Können des Täters – seiner Fähigkeit zur Unrechtseinsicht und zum einsichtsgemäßen Verhalten – bemisst, sondern nach gesellschaftlichen Bedürfnissen. Ein solcher sozialfunktionalistischer Schuldbegriff wird in der gegenwärtigen deutschen Strafrechtsdogmatik vereinzelt vertreten.[75] Schuld orientiert sich demnach am Zweck der Strafe. Der Zweck der Strafe aber ist Stabilisierung der sozialen Ordnung durch Erhaltung allgemeiner Normanerkennung; sogenannte positive Generalprävention. Die Notwendigkeit, die allgemeine Geltung der Normen in der Gesellschaft zu garantieren, bildet folglich auch den Maßstab und die Grenze für die Entlastung von Schuld. Diese muss im genannten Sinne sozial akzeptabel sein. Im hier diskutierten Zusammenhang führt das dazu, dass eine völlige oder teilweise Exkulpation ausscheidet.[76]

Eine genauere Darstellung dieser Ansicht und eine nähere Auseinandersetzung mit ihr sind hier nicht möglich.[77] Ich beschränke mich auf einige grundsätzliche Einwände. Die Umorientierung der Schuld auf gesellschaftliche Bedürfnisse ist weder mit dem positiven Recht vereinbar noch gerecht oder sachgerecht. Das geltende Strafrecht bindet die Schuld eindeutig an individualpsychische Befunde und Fähigkeiten.[78] Gegen die Ableitung der Schuld aus generalpräventiven Strafzwecken ist darauf zu insistieren, dass Schuld und Generalprävention in Gegensatz zueinander stehen.[79] Als individuelle Verantwortlichkeit bildet die Schuld eine Schranke für die Verwirklichung kollektiver Zwecke im Strafrecht. Die Interessen des Individuums ausgerechnet im Bereich persönlicher strafrechtlicher Verantwortung einseitig zugunsten gesellschaftlicher Interessen aufzuopfern, ist ungerecht.[80] Eine solche Konzeption birgt zudem die Gefahr von Vielstraferei und Strafexzessen.[81]

75 Vgl. Günther Jakobs, Strafrecht Allgemeiner Teil. Die Grundlagen und die Zurechnungslehre, 2. Auflage Berlin 1991, S. 476ff.

76 Vgl. ebd., S. 482f.

77 Verwiesen sei insoweit auf Jäger, Individuelle Zurechnung kollektiven Verhaltens, S. 43–46; Franz Streng, Vergleichende Betrachtungen zu den Potentialen verschiedener Schuldverständnisse. In: B. Sharon Byrd/Jan C. Joerden (Hg.), Philosophia Practica Universalis. Festschrift für Joachim Hruschka zum 70. Geburtstag, Berlin 2005, S. 697–718, hier 705–710; Hans Joachim Hirsch, Über Irrungen und Wirrungen in der gegenwärtigen Schuldlehre. In: Gerhard Dannecker/Winrich Langer/Otfried Ranft/Roland Schmitz/Joerg Brammsen (Hg.), Festschrift für Harro Otto zum 70. Geburtstag, Köln 2007, S. 307–329, hier 322–326; jeweils mit weiteren Nachweisen.

78 §§ 17, 20, 35 StGB.

79 Vgl. Hirsch, Über Irrungen und Wirrungen, S. 322f., 325.

80 Ähnlich Jäger, Individuelle Zurechnung kollektiven Verhaltens, S. 45; Streng, Vergleichende Betrachtungen, S. 709.

81 Vgl. Streng, ebd., S. 708 f.

II. Lebensführungsschuld

Mangelt es zum Tatzeitpunkt an der Schuld, so kann daran gedacht werden, die Strafbarkeit mit einer „Lebensführungsschuld“ des Täters zu begründen. Mit dieser wird nicht die einzelne Tat ins Auge gefasst, sondern die gesamte Lebensführung des Täters, die ihn zu dem gemacht hat, der die Tat begehen konnte. Einem nationalsozialistischen Gewaltverbrecher würde in diesem Sinne vorgeworfen, dass er sich schuldhaft auf den Nationalsozialismus, seine Ideologie, seine Organisationen und sein Milieu eingelassen, sich damit aus seinen bisherigen sittlichen Bindungen und rechtlichen Orientierungen gelöst und durch diese verfehlte Lebensführung den Grund für seine Taten gelegt hat. Namentlich ein Verbotsirrtum, in dem sich der Täter zum Tatzeitpunkt befand und den er zu diesem Zeitpunkt nicht vermeiden konnte, würde mit einer solchen Begründung als verschuldet angesehen werden können.[82]

Die früher zuweilen vertretene Lehre von der Lebensführungsschuld wird indessen von der heutigen Strafrechtswissenschaft aus guten Gründen überwiegend abgelehnt.[83] Schwierig erscheint es bereits, im Lebenslauf und in der Entwicklung eines Menschen verschuldete und schicksalhaft unverschuldete Elemente voneinander zu unterscheiden. Vor allem aber ist das heutige Strafrecht von Gesetzes wegen Tatstrafrecht, strafrechtliche Schuld dementsprechend Einzeltatschuld. Eine verfehlte Lebensführung erfüllt keinen gesetzlichen Straftatbestand, und die geltenden Schuldnormen[84] stellen auf die Schuld zum Zeitpunkt der einzelnen Tat ab. Das hat seinen guten Sinn; denn mit der Aufgabe der Einzeltatbezogenheit würden das Strafrecht und das strafrechtliche Schuldprinzip ihre rechtsstaatlich gebotenen festen Strukturen verlieren. Namentlich auch die Vermeidbarkeit eines Verbotsirrtums kann demnach nicht mit dem Gedanken der Lebensführungsschuld begründet werden.

III. Exkulpation

In der Diskussion um die gerechte Bestrafung nationalsozialistischer Gewaltverbrecher ist die Ansicht vertreten worden, der Verstrickung der Täter in die Ideologie und den staatlichen Machtapparat des Dritten Reichs müsse durch Anerkennung einer übergesetzlichen Schuldminderung Rechnung getragen werden. Einer solchen bedürfe es, um die „so vielfältigen Faktoren in ihrem charakteristischen Zusammenwirken einzufangen: den Teufelskreis der ideologischen Verhetzung und der allgemeinen Verrohung, der aufgepeitschten Affekte, der

82 Vgl. BGHSt, 2. Band, S. 194 (208 f.).
83 Zum Folgenden vgl. Claus Roxin, Strafrecht Allgemeiner Teil. Band I. Grundlagen. Der Aufbau der Verbrechenslehre, 4. Auflage München 2006, S. 182 f., 880, 949 f.
84 Z. B. § 20 StGB.

hoffnungslosen Verwischung zwischen Normativem und Außernormativem, der Entartung von Befehl und Gehorsam, aber auch der missverstandenen ‚Gefolgschaftstreue' [...]".[85]

Gegen diese Ansicht hat man eingewendet, dass zum einen die für die Schuldminderung angegebenen Kriterien unklar seien und dass zum anderen der vorgeschlagene Schuldminderungsgrund „einer generellen Exkulpation Tür und Tor öffnen würde".[86]

Den entscheidenden Einwand gegen die genannte Ansicht sehe ich darin, dass der Schluss, den sie aus empirisch-kriminologischen Befunden auf deren strafrechtliche Relevanz zieht (Schuldminderung), ein Fehlschluss ist. Dies aus zwei Gründen, mit denen ich zugleich zu einem eigenen Lösungsvorschlag überleite.

IV. Eigener Vorschlag

Der erste Grund: Verbrechensursachen bedeuten nicht eo ipso Verantwortungsminderung. Wäre es anders, könnte kaum ein Täter strafrechtlich zur Verantwortung gezogen werden. Denn stets lassen sich Verbrechen mehr oder weniger restlos mit äußeren oder inneren Faktoren kausal erklären. Der kriminalätiologische Befund ist für die strafrechtliche Beurteilung nicht unmittelbar präjudiziell, sondern muss von ihr, namentlich von der Exkulpationsfrage, prinzipiell getrennt werden.[87]

Der zweite Grund: Richtet man den Blick auf kollektive Kräfte und Gruppeneinflüsse, die zu den Verbrechen ursächlich beigetragen haben, so kann der Befund, dass es ohne sie zu den Verbrechen nicht gekommen und die Täter nicht einmal zu ihnen fähig gewesen wären, dazu verführen, die Taten allein jenen Kräften und Einflüssen zuzuschreiben. Aus dem Blick gerät damit, dass der Täter als Individuum mit eigener Urteilskraft, eigenen Motiven und Antrieben den kollektiven Einflüssen nicht wehrlos ausgeliefert war. Aus dem Blick geraten auch die individuellen Unterschiede zwischen Personen hinsichtlich ihrer Beeinflussbarkeit, Anpassungsbereitschaft und Nachgiebigkeit, andererseits ihrer Selbstständigkeit und Resistenz gegenüber Gruppeneinflüssen und Autoritäten.[88] Und nicht zuletzt gerät so aus dem Blick die Pflicht des Einzelnen, jenen äußeren Kräften und Einflüssen Widerstand entgegenzusetzen.

Die entscheidende Frage ist, wonach diese Pflicht, den verbrechensverursachenden Kräften zu widerstehen, sich bemisst. Kommt es nur auf das Können des jeweiligen Täters an, wie es nach meinen bisherigen Ausführungen

85 Hanack, Problematik, S. 44 f.
86 Herbert Jäger, Besprechung von Ernst-Walter Hanack, Zur Problematik der gerechten Bestrafung nationalsozialistischer Gewaltverbrecher, Tübingen 1967. In: Monatsschrift für Kriminologie und Strafrechtsreform, 52 (1969), S. 173–175, hier 175.
87 Zutreffend Browning, Ganz normale Männer, S. 16 f.
88 Vgl. Jäger, Individuelle Zurechnung kollektiven Verhaltens, S. 21–23, 32, 36, 50 f.

scheint? Die Regelung der Schuld im geltenden Strafrecht zeigt, dass die Vermeidung eigener Unrechtstaten dem Einzelnen in gewissem Maße auch über sein individuelles Können hinaus zugemutet wird. So erkennt das Strafrecht Steuerungsunfähigkeit als Schuld ausschließend - abgesehen vom Fall pathologischer Schuldunfähigkeit[89] - allein im bereits erwähnten Fall des Notstands an;[90] also nur bei Gefahr für Leben, Leib und Freiheit; nicht aber in sonstigen Fällen, in denen es dem Täter wegen anderweitigen emotionalen Drucks ebenfalls unmöglich sein mag, sich normgemäß zu verhalten.[91] Und selbst im Fall des Notstands wird Entschuldigung dem Täter nach geltendem Strafrecht nicht gewährt, wenn ihm, weil er „in einem besonderen Rechtsverhältnis stand" - etwa als Polizeibeamter oder Feuerwehrmann -, „zugemutet werden konnte, die Gefahr hinzunehmen".[92]

Dem Schuldbegriff wohnt also ein normatives Element der Zumutbarkeit inne, welches zum empirisch-psychologischen Element des Andershandelnkönnens hinzutritt und es überformt.[93] Wie dieses normative Element konkret aufzufassen ist, dafür kann die gesteigerte Zumutung an den, der in einem besonderen Rechtsverhältnis steht, einen Anhaltspunkt geben. Offenbar geht es um die objektiven Pflichtstandards in dem betreffenden Rechts- und Lebensbereich. Man kann dies auf den allgemeinen Rechts- und Lebensbereich des Bürgers übertragen. Die Pflicht des Bürgers besteht darin, Unrechtshandlungen auch gegen äußere und innere Einflüsse zu vermeiden. Den Maßstab dafür, was ihm insofern vernünftigerweise zugemutet werden kann, bilden diejenigen (wenn auch nicht vielen), die sich etwa im Dritten Reich nicht in das Unrechtssystem haben verstricken lassen. An ihnen zeigt sich, dass es möglich war, die propagandistischen Lügen zu durchschauen und dem Sog des Unrechts zu widerstehen. An diesem Standard müssen sich alle messen lassen.

Im Sinne solcher Zumutung wäre dann insbesondere auch die Frage der Vermeidbarkeit von Verbotsirrtümern zu beantworten. Zwar mag es schwierig sein, in einem totalitären System die sittliche Autonomie der eigenen Person zu behaupten und die eigenen Wertvorstellungen gegen ideologische Indoktrination und Propaganda zu bewahren. Noch schwerer mag es dem einmal der Ideologie Verfallenen werden, sich aus seiner Verblendung und inneren Verstrickung zu befreien. Rechtfertigt eine positive Rechtsnorm das verbrecherische Verhalten, so ist unter Umständen nicht leicht zu erkennen, dass die Norm wegen Verstoßes gegen Gerechtigkeitsprinzipien nichtig ist. Indessen tendiert gerade bei staatlich angeordneten Verbrechen die Rechtsentwicklung dahin, die individuelle Unrechtseinsichtsfähigkeit des Täters normativ zu überformen. Dies zeigt

89 § 20 StGB.
90 § 35 Absatz 1 Satz 1 StGB. Ob auch § 33 StGB hierher gehört, ist umstritten.
91 Es gibt also keinen allgemeinen Entschuldigungsgrund der Unzumutbarkeit. Vgl. Ebert, Strafrecht, S. 106.
92 § 35 Absatz 1 Satz 2 StGB.
93 Vgl. Ebert, Der Überzeugungstäter in der neueren Rechtsentwicklung, S. 62f.

Artikel 33 des Römischen Statuts des Internationalen Strafgerichtshofs, der in den Fällen von Völkermord oder Verbrechen gegen die Menschlichkeit dem Täter jede Berufung auf seinen Glauben an die Rechtmäßigkeit abschneidet, indem er in Absatz 2 jene Verbrechen für „offensichtlich rechtswidrig" erklärt. Auch darüber hinaus sollte zumindest bei Verletzung elementarer Grundsätze des menschlichen Zusammenlebens der Täter nicht damit gehört werden können, es sei ihm unmöglich gewesen, gegen die Tat seine intellektuellen und moralischen Kräfte zu mobilisieren und das Verbrecherische seiner Handlung zu erkennen.[94]

Die hier vertretene Ansicht mag zu teilweise ähnlichen Ergebnissen führen wie der sozialfunktionalistische Schuldbegriff (siehe I). Indessen läuft sie keineswegs auf diesen hinaus. Vielmehr bleibt sie dem individualpsychologischen Schuldbegriff prinzipiell verpflichtet. Mit dem das individuelle Können überformenden und modifizierenden Element der normativen Zumutung wird lediglich ein Gedanke aufgegriffen und weiterentwickelt, der in den geltenden Kodifikationen des Strafrechts und des Völkerstrafrechts bereits enthalten ist.

Im Übrigen steht das normative Element der gesteigerten Zumutung zum psychologischen Element des Andershandelnkönnens nicht unbedingt in Gegensatz. Zwischen beiden Elementen gibt es gegenseitige Wechselwirkungen. Nicht nur bestimmt das Maß des Könnens das Maß des Sollens. Auch umgekehrt wirkt sich gesteigertes Sollen auf das Können aus. Mit den Anforderungen wachsen die Kräfte.

Ein Schuldminderungs- oder gar Schuldausschlussgrund der Verstrickung in ein Unrechtssystem ist, folgt man diesen Erwägungen, grundsätzlich nicht anzuerkennen.

94 Vgl. auch Jäger, Verbrechen unter totalitärer Herrschaft, S. 178.

V.
Verstrickung und Widerstand

Die Ambiguität des Bösen und der Gerechtigkeit. Beispiele aus der Geschichte der chemischen Industrie

*Peter Hayes**

Nach Jahrzehnten intensiver Forschung schätzen Historiker die Rolle der großen Unternehmen im Dritten Reich im Allgemeinen etwas anders ein als früher. Die Magnaten aus Industrie und Finanzwirtschaft werden nicht länger per se als nationalsozialistisch und antisemitisch orientierte Hauptakteure von Hitlers Inthronisierung in den ersten Jahren des Regimes oder als Wegbereiter der Innen- und Außenpolitik der Jahre 1933 bis 1945 eingestuft. Auch die einstmals übereinstimmende Behauptung, dass die deutschen Großunternehmen die Enteignung der Juden und ihre Ausbeutung als Zwangsarbeiter gewollt hätten, um zusätzliche Profite zu realisieren, wird zunehmend infrage gestellt. Das heißt freilich nicht, dass die deutsche Wirtschaftselite von der Verantwortung für die in der Zeit des Nationalsozialismus begangenen Verbrechen freigesprochen werden kann. Die heute vorherrschende Sichtweise stellt eher die Verantwortung der Mitglieder der Wirtschaftselite in ihrer Anpassung an das Hitler-Regime in den Mittelpunkt, weniger ihrer Übereinstimmung mit dessen Ziele. Versuche der Wirtschaftsführer, die Nationalsozialisten zu bändigen oder in ihre Angriffe auf Freiheit und Moral auszunutzen, verschlimmerten die Situation fast immer. Im Ergebnis machten sich die Führer der deutschen Industrie und Finanzwirtschaft zutiefst mitschuldig an dem Horror, den ihr Land über Europa und insbesondere über die Juden zwischen 1933 und 1945 gebracht hat.

Neuere Bemühungen, Kompensationen für die Opfer dieser Komplizenschaft zu organisieren, zeigen wenig von diesem historiografischen Fortschritt. Anwälte von Klägern, die entsetzt wären von Laien, die nach der Lektüre von ein paar populär aufbereiteten Fällen über Steuergesetze fachsimpeln, finden offenbar nichts dabei, auf der Grundlage von populärem Halbwissen amateurhafte Urteile über die Geschichte von Wirtschaft und Unternehmen während der Nazi-Zeit zu fällen. Da ist zum Beispiel das Fantasiegemälde, welches Burt Neuborne am 14. September 1999 vor dem Komitee für Banken und Finanzdienstleistungen des US-Repräsentantenhauses entwarf: „Stellen Sie sich den ökonomischen Nutzen für eine Kriegswirtschaft vor, die für fünfzig Prozent ihrer Arbeitskräfte keine Löhne mehr zahlen muss. Durch die unbezahlte Zwangsarbeit wurden

* Aus dem Englischen übersetzt von Wolfgang Bialas.

enorme Profite realisiert, von denen das meiste an große Anteilseigner als Dividende ausgeschüttet wurde. Ein großer Teil davon wurde reinvestiert in Kapital und Ausrüstungen, wodurch der Weg bereitet wurde für die Profitabilität der deutschen Nachkriegswirtschaft."[1]

Obwohl an Neubornes Bemerkung über Kapital und Ausrüstungen etwas dran ist, sind alle anderen historischen Behauptungen in diesem Passus weit übertrieben. Arbeitgeber von Zwangsarbeitern und Zwangsarbeiterinnen - das heißt der nicht-jüdischen Europäer, die geködert oder gedrängt wurden, 80 bis 90 Prozent der nichtdeutschen Arbeitsbevölkerung in Deutschland zwischen 1939 und 1945 auszumachen- waren keineswegs „davon befreit ... diesen Leuten Löhne zu zahlen". Tatsächlich wurden sie bezahlt, wenn auch nicht ohne Diskriminierung, und die potenziellen „Ersparnisse" für die Firmen im Verhältnis zu den heimischen Standards wurden häufig erheblich reduziert durch Kosten für Unterkunft, Verpflegung und Beaufsichtigung. Die Sklavenarbeiter - das heißt die Juden aus den Ghettos und Lagern, die die restlichen 10 bis 20 Prozent der Ausländer ausmachten, die für das Dritte Reich arbeiteten, bekamen freilich keine Vergütung. Dennoch wurde für sie bezahlt und das, was die SS für sie pro Kopf verlangte, einschließlich der Aufwendungen für Barracken und Wachleute, summierte sich zu erheblichen Kosten.[2] Mehr noch, bis zur Mitte des Jahres 1944 wurde die Mehrheit dieser Zwangsarbeiter von deutschen staatlichen Stellen und nicht von der Privatwirtschaft ausgebeutet. Von denen, die schon früher privaten Firmen zugeteilt wurden, arbeiteten die meisten an Bauprojekten mit, die nie fertiggestellt wurden bzw. nie Profite abwarfen. Schließlich wurde der größte Teil der „enormen Profite" der deutschen Industrie während des Zweiten Weltkrieges nicht an Anteilseigner ausgezahlt, da die Dividenden durch nationalsozialistische Gesetze auf sechs bis acht Prozent des Gewinns begrenzt waren. Die Gewinne wurden entweder reinvestiert in Fabriken und Maschinen, die oft von den Kämpfen zerstört wurden, oder sie wurden als Reserven angelegt, die später durch Kriegsschäden oder Wertverlust von Staatsanleihen aufgebraucht wurden.

Kurz, die auffallendste der jüngeren Diskussionen über die industrielle Komplizenschaft im Holocaust ist in jenen reduktionistischen Schwarz-Weiß-Begriffen geführt worden, die Gerichtsverhandlungen auszeichnet, aber Nuancierungen oder „Grauzonen" der Geschichte nicht beachtet. Weder der Beitrag der Zwangs- und Sklavenarbeit zur Profitabilität der Kriegsindustrie in Deutschland

1 Zitiert in Michael J. Bayzler, Holocaust Justice: The Battle for Restitution in America's Courts, New York 2003, S. 59.

2 Wichtige Arbeiten zu diesem Thema sind Edward L. Homze, Foreign Labor in Nazi Germany, Princeton 1967; Ulrich Herbert, Fremdarbeiter. Politik und Praxis des „Ausländer-Einsatzes" in der Kriegswirtschaft des Dritten Reiches, Bonn 1999; sowie Mark Spoerer, Zwangsarbeit unter dem Hakenkreuz: Ausländische Zivilarbeiter, Kriegsgefangene und Häftlinge im Deutschen Reich und im besetzten Europa, 1939-1945, Stuttgart 2001.

noch diese Profitabilität selbst erreichten jemals das von vielen Kläger-Anwälten behauptete Niveau.

Eine sehr gute Illustration der Kluft zwischen dem historischen und dem juristischen Herangehen an die Bewertung der Beteiligung von Unternehmen an Sklavenarbeit ist die Geschichte einer oberschlesischen Fabrik des Degussa-Konzerns, ihres aufstrebenden jungen Managers und der jüdischen Zwangsarbeiter und -arbeiterinnen, die 1942 bis 1944 zunehmend herangezogen wurden. Diese Geschichte ist voll von Ironie, eine Geschichte darüber, wie eine Einrichtung, die die Firma nicht wollte, sie mit Auschwitz in Verbindung brachte; darüber, wie die selbstbezogene, aber wachsende Besorgnis eines Managers wegen seiner Arbeiter dazu beitrug, deren Situation zu verschlimmern; und darüber, wie die Versessenheit von Anwälten auf vermeintliche Gewinne darin fehlschlug, die richtigen Argumente für Degussas Verantwortung gegenüber den Opfern vorzubringen. Kurz, die Geschichte der Deutschen Garusswerke in Gleiwitz während der zweiten Hälfte des Zweiten Weltkrieges zeigt nicht nur eine, sondern drei Grauzonen von Verhalten (unternehmerisches, persönliches, juristisches) im Kontext des Holocaust und der Folgezeit.[3]

Manipulierte Märkte und Moral: Degussa im Dritten Reich

Zu den am meisten beunruhigenden Zügen der Nazi-Herrschaft gehört ihr Erfolg im Hinblick auf die Manipulation von Marktmechanismen und die Pervertierung moralischer Werte, ohne diese vollständig aufzugeben. Zwischen Adolf Hitlers Machtantritt 1933 und der Entfesselung des Zweiten Weltkrieges 1939 errichtete sein Regime ein ausgeklügeltes System von Kontrollen und Anreizen, welches den Wettbewerb der Unternehmen in Deutschland zugleich anspornte und zügelte und welches der Behauptung seiner Partei, einen wirkungsvollen „dritten Weg" zwischen Kapitalismus und Sozialismus gefunden zu haben, Glaubwürdigkeit verlieh.[4] Gleichzeitig förderte das selbst ernannte „Dritte Reich" ein „transmoralisches Gewissen" wie es der Theologe Paul Tillich genannt hat.[5] Es wertete Handeln, das früher als unmoralisch oder kriminell galt, nun als Ausdruck eines neuen und höheren moralischen Codes und stellte auf diese Weise die Leidenschaft einer Generation in den Dienst von Verfolgung und Ausbeutung. Dieser Aufsatz untersucht die korrumpierenden

3 Weitere Details in Peter Hayes, The Ambiguities of Evil and Justice: Degussa, Robert Pross, and the Jewish Slave Laborers at Gleiwitz. In: Jonathan Petropoulos/John K. Roth (Hg.), Gray Zones: Ambiguity and Compromise in the Holocaust and Its Aftermath, New York 2005, S. 9–25; und Peter Hayes, Die Degussa im Dritten Reich: Von der Zusammenarbeit zur Mittäterschaft, München 2004, S. 268–282.

4 Vgl. Peter Hayes, Industry and Ideology: IG Farben in the Nazi Era, New York 1987, S. 71–80.

5 Vgl. Paul Tillich, Beyond Morality: Christian Ethics and the Transmoral Conscience, London 1963.

Effekte beider Transformationen auf ein Unternehmen der Chemieindustrie in Deutschland, bekannt während der Nazi-Zeit als Deutsche Gold- und Silber-Scheideanstalt, vormals Roessler, in Frankfurt a. M., später Degussa, ein Akronym seines ursprünglichen deutschen Namens,[6] aber auch auf einen ihrer Partnerfirmen, die IG Farbenindustrie.

Am Beginn der Hitler-Diktatur hatte Degussa den Ruf eines politisch moderaten, fortschrittlichen Unternehmens. Es nahm eine lukrative, wenn auch gefährdete, Nischenposition in der deutschen Chemieindustrie ein und hatte kaum engere Verbindungen zur nationalsozialistischen Bewegung. Die führenden Manager des Unternehmens, die meist (wenn auch mit sinkender Tendenz) aus der Roessler-Familie kamen, waren Vorreiter des Acht-Stunden-Tages gewesen und hatten vielfältige Versicherungen und Bonusprogramme für die Belegschaft eingeführt. Sie waren prominente Figuren in der deutschen linksliberalen Politik in den Jahrzehnten vor Hitlers Machtergreifung. Juden gehörten zu den ersten wichtigsten Investoren, waren Führer eines Partnerunternehmens (der Metallgesellschaft) und stellten Mitglieder des Aufsichtsrates, in welchem sechs von ihnen noch 1933 saßen. Drei hauptsächliche Tätigkeitsfelder – Handel, Veredlung und Erzeugung von Edelmetallen; Herstellung von anorganischen Chemikalien, insbesondere Natriumperborat (des wichtigen aktiven Wirkstoffs des Waschmittels Persil), und der Vertrieb von Holzverkohlung-Derivaten hatten die Firma bis 1927 nicht nur zum zehntgrößten Chemieunternehmen in Deutschland und zum vierundsechzigst größten Wirtschaftsunternehmen im Land (gemessen am Kapitalstock) gemacht, sondern hielt sie auch während der folgenden Depression profitabel. Jedoch wuchs der Edelmetallsektor langsam, der holzbasierte Sektor drohte aufgrund von Durchbrüchen in der chemischen Synthese zu veralten und der anorganische Sektor hing in prekärer Weise von einem einzigen Kunden ab, dem Henkel-Konzern in Düsseldorf, der jederzeit entscheiden konnte, Perborat selbst herzustellen. Degussa hatte jedoch bereits begonnen, sich breiter aufzustellen. Das Unternehmen nutzte die Zahlungen von Henkel, um Hersteller von Hydrogenperoxid, wetterfester Materialien, Lampenruß, Kunstleder und wasserabweisender Kleidung zu kaufen, um so Verluste des Kerngeschäfts auszugleichen.

Sowohl die Traditionen des Unternehmens als auch eine relative wirtschaftliche Sicherheit trugen bei zur Distanz der Unternehmensführung zum Nationalsozialismus vor Hitlers Machtantritt. Zum Beispiel war keines der neun Mitglieder des Vorstands der NSDAP beigetreten. Das Unternehmen schaltete auch keine Werbeanzeigen in nationalsozialistischen Publikationsorganen. Eine Handvoll von Parteimitgliedern im mittleren Management hielten es für besser, ihre politische Zugehörigkeit zu verbergen, mit Ausnahme eines eifrigen jungen

6 Wenn nicht anders vermerkt, handelt es sich in diesem und nächstem Teil dieses Aufsatzes um eine Zusammenfassung der einschlägigen Erkenntnisse aus Hayes, Die Degussa im Dritten Reich. Ich verzichte auf weitere Anmerkungen, es sei denn bezüglich Zitate und Zahlen.

Mitgliedes der Roessler-Familie, der offenbar dachte, dass seine familiären Wurzeln ihn vor möglichen Nachteilen schützen würden.

Als die Niederlage des Dritten Reiches 1944 näher rückte, hatte Degussa sich in einer Weise entwickelt, die nur wenige Beobachter elf Jahre zuvor vorausgesehen hätten. Bis auf drei der zwölf Mitglieder des Vorstandes waren jetzt alle Parteimitglieder, einschließlich des pflichtbewussten Vorsitzenden, der gleichzeitig als Vorsitzender der Nationalen Wirtschaftsgruppe der Chemischen Industrie dafür arbeitete, die Produktion für Hitlers Kriegsaktivitäten zu steigern. Degussas jüdische Direktoren, Manager und Angestellte waren unter wachsendem politischem Druck entfernt worden. Das einstige Streben nach Vielfalt hatte sich verwandelt in ein ausgedehntes Programm sogenannter Arisierung, für das die Firma eine Summe ausgab, die der Kapitalbasis von 1933 entsprach. Sie erwarb 25 ehemals jüdische Firmen, Grundstücke und Patente - in zunehmendem Maß auf erpresserischem Wege. Das Unternehmen leistete zugleich seinen Beitrag zur Aufrüstung und Autarkie durch die Substituierung von Importen. Die Gewinne verdoppelten Degussas Anlagevermögen, seinen Bilanzwert sowie den Wert seines Aktienportfolios; verdreifachten seinen Umsatz sowie die Brutto- und Nettoprofite und machten es zum viertgrößten deutschen Chemieunternehmen. Die SS benutzte das Hauptprodukt der Tochtergesellschaft Degesch, ein Begasungsmittel namens Zyklon, als Mittel für den Massenmord in den Konzentrationslagern in Auschwitz und Majdanek. Am verhängnisvollsten waren zwei kriminelle Entscheidungen von Unternehmensführern: Sie stellten ihre Edelmetallbetriebe für die Verarbeitung eines großen Teils des Goldes, Silbers und Platins zur Verfügung, welches in den besetzten Ländern, insbesondere von Juden in den Ghettos und Konzentrationslagern, einschließlich von Leichen, geplündert worden war. Sie waren ebenfalls beteiligt an der Ausbeutung von 6000 bis 9000 Zwangsarbeitern, die in den besetzten Ländern zusammengetrieben und zur Arbeit in Deutschland zu diskriminierenden Löhnen gezwungen wurden, und 3000 bis 4000 Zwangsarbeitern, die aus Konzentrationslagern von der SS für zahlreiche Fabriken sowohl der Muttergesellschaft als auch der Tochterunternehmen „gemietet" wurden.[7]

Ist die Kombination von wirtschaftlichem Aufstieg und moralischem Abstieg, die die Geschichte der Degussa von 1933 bis 1944 charakterisiert, selbsterklärend? Haben nur gierige Wirtschaftsführer im Nationalsozialismus eine Chance gesehen, die sie nicht verpassen wollten? Nicht ganz. Die Korrumpierbarkeit des Unternehmens im Dritten Reich lässt sich am besten durch zwei bestimmte Produktionsbereiche veranschaulichen. Dabei geht es um die Edelmetallverarbeitung, ein Wirtschaftsbereich, in dem die Nationalsozialisten den Markt begrenzten, sowie die Rußproduktion, für die sie den Markt erst schufen. In beiden Fällen zogen fortgesetzte implizite und explizite Drohungen der Regierung, den Markt zu verändern, sowie die tatsächliche Manipulation von Angebot, Nachfrage und Preisen Degussa in die Kollaboration bei Raub

7 Vgl. Hayes, Die Degussa im Dritten Reich, S. 248-282.

und Mord. Zur gleichen Zeit blockierten bzw. transformierten Veränderungen im moralischen Wertesystem die Auffassung davon, was kriminell ist. Markt und Moral, so legen diese Fallstudien nahe, sind zumindest auf kurze Sicht sehr dehnbare Begriffe.

Edelmetalle für das Reich

Degussas Verstrickung in die Ausplünderung der europäischen Juden resultierte aus der Spannung zwischen der führenden Rolle des Unternehmens in der deutschen Edelmetallindustrie und der abnehmendem Rohstoffversorgung im Ergebnis der nationalsozialistischen Handelspolitik. Da das Regime nach 1935 keine Ausdehnung der knappen Lieferungen von Gold und Silber aus dem Ausland erlaubte, hatten die einheimischen Produzenten und Konsumenten von Produkten, die diese Materialien enthielten, sich mit limitierten einheimischen Erzen und Reserven zu begnügen. Hans Schneider, der damals amtierende Direktor der Edelmetallsparte von Degussa, stellte der Regierung seine Expertise zur Verfügung, um eine Anpassung der Nachfrage der Branche an das Angebot zu erreichen und so die offizielle Rationierung zu verhindern. 1938 war er mit Letzterem gescheitert, blieb jedoch Berater und hielt dadurch den Schaden für Degussa in Grenzen. Während die jährlichen Aufwendungen in Deutschland von 1934/35 bis 1938/39 von 12 bis 13 Tonnen Feingold und 500 Tonnen Feinsilber auf 6 bzw. 290 Tonnen fielen, ging Degussas Produktion noch stärker zurück (um 67 bzw. 50 Prozent). Trotzdem stieg der Profit der Edelmetallsparte der Firma um 40 Prozent, da die Kürzungen die weniger profitablen Aktivitäten betrafen (Handel und Verhüttung), aber die Einnahmen von profitablen Aktivitäten (Fabrikanlagen und Halbfertigprodukte) erhöhten.[8] Die Sache hatte allerdings einen Haken. Degussas wichtigste, nun nicht ausgelastete, Raffinerie in Frankfurt stand vor der Schließung, was Schneider eigentlich abwenden wollte.

Der einstmals freie Markt für Edelmetalle in Deutschland war also ersetzt worden durch einen staatlich regulierten Markt. Drei Erwägungen – die Gefährdung der Frankfurter Schmelze, Schneiders Wunsch, die Reste seines Einflusses auf die Verteilung zu erhalten, und Degussas allgemeines Interesse an steigendem Angebot für sich und seine Kunden – veranlassten das Degussa-Management 1939, eine verhängnisvolle geschäftliche Gelegenheit zu ergreifen. Es ging um die Beschlagnahme von Edelmetallen deutscher und österreichischer Juden, die das Regime angeordnet hatte. Diese mussten nach der „Kristallnacht" gegen eine kleine Entschädigung an staatliche Pfandleiher abgeliefert werden, wofür die Juden zwischen der Hälfte und einem Drittel der aktuell festgesetzten Preise für Edelmetalle bekamen, ohne dass dabei deren Verarbeitung, oder ob es sich um Antiquitäten handelte, berücksichtigt wurde. Das Geld wurde auf gesperr-

8 Vgl. ebd., S. 174 f.

te Konten eingezahlt, die das Regime beschlagnahmte, wenn die Eigentümer später emigrierten oder deportiert wurden. Das Regime beabsichtigte, geeignete Stücke im In- oder Ausland weiterzuverkaufen und den Rest an deutsche metallverarbeitende Betriebe weiterzuleiten, die daraus reines Gold und Silber gewinnen sollten, welches heimischen Unternehmen zu Festpreisen angeboten wurde. In beiden Fällen sollte der Erlös in die Staatskasse gehen, bis auf eine Servicegebühr von 10 Prozent für die Pfandleiher und geringe Gebühren für das Schmelzen und den Weiterverkauf an die Metallverarbeiter. Die Einschmelzrate für Gold betrug 15,90 Reichsmark (RM) pro Kilogramm Bruttogewicht und der Verkaufsgewinn variierte je nach Kategorie der Käufer zwischen 130 und 200 RM pro Kilogramm Feingold: Für Silber wurden Gebühren von 3 RM pro produziertes Kilogramm.

Obwohl diese Gebühren nur wenig Gewinn ermöglichten, beeilte sich Degussa, so viel wie möglich vom Verarbeitungsgeschäft abzubekommen. Das sollte die Raffinerie in Frankfurt erhalten, Konkurrenten von der Erweiterung ihres Marktanteils abhalten und Degussas und Schneiders Bedeutung für die Regierung unterstreichen. Die Firma ging davon aus, dass die Metalle schnell gekauft und wachsende Erlöse bringen würden. Als aber die Regierung die bestehenden Verteilungsraten von profitableren Metallen kürzte, um den neuen Zustrom auszugleichen, und den erlaubten Weiterverkauf verlangsamte, stand Degussa vor Einnahme-Ausfällen und hohen Lagerkosten. Im Ergebnis hatte das Unternehmen zu der Zeit, als die sogenannte Pfandleihaktion mit der Auszahlung des letzten von den deutschen und österreichischen Juden erpressten Metalls endete, mehr als 72 der so bezogenen schätzungsweise 130 Tonnen Feinsilber (56 %) und 1,2 der 1,5 Tonnen Gold (80 %) veredelt. Die Einnahmen von 490 000 RM hatten jedoch nur einen Bruttoprofit von ca. 60 000 RM und damit keinen Nettoprofit erbracht. Das Regime nahm auf der anderen Seite mindestens 20 Millionen RM durch den Verkauf von Gold und Schmuck aus den Zwangsabgaben ein.[9]

Die strategischen Erwägungen der Degussa gingen jedoch auf: Die Sicherung der Vorherrschaft der Firma in der Edelmetallindustrie und ihre nachgewiesene Nützlichkeit für das Regime führten in den darauffolgenden Jahren zu zahlreichen lukrativen Privilegien und Staatsgarantien. Seit Oktober 1941 sicherte das Regime die Produktion von silberhaltigen Gütern, indem es 25 Tonnen Münzsilber pro Monat aus der Staatsreserve freigab und die Aufbereitung des Metalls und seinen Verkauf in Kommission exklusiv an Degussa übertrug. Während des gesamten Jahres 1942 führten die Bemühungen, Arbeitskräfte und Ressourcen für den Krieg freizusetzen, zu einer ständigen Reduktion der Anzahl der konkurrierenden edelmetallverarbeitenden Unternehmen. Der Geschäftsanteil von Degussa vergrößerte sich. Dieser Trend zur Konzentration erhielt einen weiteren Schub im April 1943, als das Regime dem Unternehmen ein nationales

9 Vgl. ebd., S. 182–185.

Monopol auf die Produktion halbfertiger Silbererzeugnisse gewährte, für die eine große Nachfrage für militärisch wichtige Produkte wie Hochfrequenz-Kommunikationsausrüstungen und Radios bestand. Teilweise durch diese Bevorzugung wuchsen die Profite des einst langsam wachsenden Edelmetallsektors der Firma schneller als die der Firma als Ganzes: zwischen dem letzten Friedensjahr 1938/39 und 1943/44 um 62 Prozent gegenüber 50 Prozent.[10]

Degussas Leistungsfähigkeit und seine Nützlichkeit bei der Bedienung der Bedürfnisse des Regimes sicherten dem Unternehmen auch privilegierten Zugang zu jenen Edelmetallen, die Nazi-Deutschland in den besetzen Gebieten in Europa geplündert hatte. Da der nationalsozialistische Staat zur einzigen Rohstoffquelle geworden war, machten sich die Firmenverantwortlichen wenig Gedanken über die Herkunft des zur Verfügung gestellten Materials. Nahezu das gesamte Gold, das zwischen 1941 und 1945 der Firma zufloss (fast 27 Tonnen) und die Hälfte des Silbers (mehr als 1453 Tonnen) waren in den besetzten Gebieten gestohlen oder beschlagnahmt worden. Davon waren etwa fünf Tonnen Gold und 100 Tonnen Silber von Juden konfisziert worden, einschließlich fast zweier Tonnen Gold und bis zu 24 Tonnen Silber aus den berüchtigten Melmer Transporten, eingezogen von SS-Männern in Konzentrationslagern, weitergeleitet an die Reichsbank und dann an Degussa zur Verarbeitung.[11] Degussas Management war der zweifelhafte Charakter dieser Lieferungen bekannt. Viele waren als „Kriegsbeute" gekennzeichnet oder als aus besetzten Gebieten stammend, wenn sie in den Raffinerien eintrafen; andere waren bezogen worden von Organisationen wie der Rohstoffhandelsgesellschaft mbH (Roges), die das Regime für den einzigen (und bekannten) Zweck des Absatzes konfiszierter Güter gegründet hatte. Die Rohstoff-Manager der Firma bezogen sich schriftlich auf das „Juden-Gold und -Silber", welches im Degussa-Büro in Berlin über das dortige zentrale Leihhaus-Büro aus Gebieten wie dem Protektorat Böhmen-Mähren und Litauen eintraf. Jahrzehnte später erinnerte sich eine ehemalige Praktikantin im Schmelzbereich in einem Interview für das deutsche Fernsehen an die Inhalte solcher Lieferungen: „Die Kronen und Brücken, das waren ja die, wo die Zähne noch dran waren. Das war so, wie es wahrscheinlich aus dem Mund herausgebrochen war. Die Zähne waren noch drin, und zum Teil war es noch blutig und Fleischreste waren auch noch dran."[12] Kein Wunder, dass der Direktor des Berliner Betriebes im Februar 1945 alle Akten vernichtete, als die Rote Armee sich der Stadt näherte.

Profitstreben allein kann Degussas Verhalten nicht erklären. Der Ertrag an Metallen, geplündert aus den Staatsreserven der okkupierten Nationen und Zentralbanken, scheint beträchtlich gewesen zu sein: mindestens 14,6 Mio. RM.

10 Vgl. ebd., S. 186.
11 Vgl. ebd., S. 203–206.
12 Eric Fiedler/Oliver Merz, Zeugen des Grauens, Teil 2 „Der SS-Buchhalter Melmer", Report Mainz vom 12.10.1998.

Das Gold und Silber von den Juden, etwa 6 Prozent der Einnahmen der Edelmetallsparte während des Krieges und 1 Prozent der Einnahmen des Gesamtunternehmens, brachte nur Gewinne von etwa 2 Mio. RM.[13] Es hätte an der Firmenbilanz kaum etwas geändert, wenn man darauf verzichtet hätte. Aber die noch vorhandenen Unterlagen, einschließlich retrospektiver Berichte, enthalten keinen Hinweis darauf, dass einer der Manager einen solchen Weg auch nur erwogen oder gar gewagt hätte, ihn im zugegeben bedrohlichen Kontext der nationalsozialistischen Diktatur zu gehen. 1941 hingen Angebot und Nachfrage für Degussas Edelmetallgeschäft ausschließlich von Regierungsentscheidungen ab, nicht von Marktkräften. Die Firma hätte von einer Weigerung, das zu tun, was das Regime von ihr als dem führenden Unternehmen der Branche forderte, keinen Vorteil gehabt, dafür aber einige Nachteile. Vor allem hätte sie ihre Führungsposition verloren. Außerdem wäre eine mangelnde wirtschaftliche Unterstützung des Regimes nach den damaligen Standards unmoralisch und illegal gewesen - ein verantwortungsloses Verhalten der Firma sowohl ihren Anteilseignern als auch der Nation im Krieg gegenüber. Daher war eine Weigerung, Komplize der Verbrechen des Nazi-Regimes zu werden, undenkbar für die Führungskräfte der Edelmetallsparte Degussas von 1939 bis 1945.

Innerhalb des engen Rahmens der nationalsozialistischen Ökonomie verfolgten die Degussa-Manager das Ziel, ihre dominierende Marktposition in lukrativen Geschäftsfeldern zu erhalten. Als das Regime die Versorgung mit Material und Arbeitskräften immer mehr kontrollierte und zudem die Produktionsmengen diktierte, passte sich das Unternehmen an. Defensive Erwägungen und hohe Einnahmen ließen Bedenken, Hehler für gestohlene Güter und Abnehmer für Zwangsarbeit zu werden, nicht aufkommen. Persönliche Ambitionen verbanden sich mit dem Wunsch, das Wohlwollen der Behörden zu erlangen, und verdrängten Zweifel an der Moralität dieser Praktiken. Das übergreifende Ziel war es, Rohstoffe und Arbeitskräfte zu sichern, um den Wert des Unternehmens im Kampf Deutschlands „auf Leben und Tod“ mit seinen vermeintlichen und tatsächlichen Feinden weiterhin nachweisen zu können. Wären diese Manager damals mit ihren Taten konfrontiert worden, hätten sie sich zweifellos mit ihrer unmittelbaren Verantwortung gegenüber den Anteilseignern des Unternehmens, den deutschen Arbeitnehmern und den Investoren sowie mit ihrer Verantwortung gegenüber den nationalen Kriegsanstrengungen und der Erhaltung der privaten Wirtschaft gerechtfertigt. Das jedenfalls taten sie, wann immer sie zur Rechenschaft gezogen wurden. Sie ließen Markt und Moral des Dritten Reiches ihr Verhalten und ihr Gewissen prägen, wie es für eine ganze Generation deutscher Geschäftsleute der Fall war.

13 Vgl. Hayes, Die Degussa im Dritten Reich, S. 206.

Die Beziehungen zwischen Unternehmen und Staat im Dritten Reich

Die Beziehungen zwischen Staat und Wirtschaft im Nationalsozialismus waren geprägt durch die jeweilige Bedeutung, die eine Branche für die wichtigsten ökonomischen Ziele des Nationalsozialismus, nämlich Autarkie und Aufrüstung, hatte. Um die Abhängigkeit Deutschlands von Rohstoffimporten zu verringern und ein modernes, gut ausgerüstetes Militär aufzubauen, brauchte das Hitler-Regime die Innovationskraft und die Produktionskapazitäten der nationalen Chemieunternehmen. Um sie zu überzeugen, ihre Bemühungen in diese Richtung zu lenken, hieß für diese Unternehmen jedoch, traditionelle Marktüberlegungen außer Acht zu lassen, denn Produkte aus heimischen Rohstoffen konnten oft in Preis und Qualität nicht mit ausländischen konkurrieren, und die Abhängigkeit von staatlicher Ressourcenbeschaffung oder Subventionierung bedeutete hohe politische Risiken. Das Regime begegnete der Industrie daher sowohl mit der Aussicht auf hohe Profite als auch mit erheblichem Druck. Die Kombination aus beidem erwies sich nach wirtschaftlicher Depression und im Kontext einer Diktatur als wirksam.

Im September 1936 beendete Degussa sein profitabelstes Geschäftsjahr seit dem Ersten Weltkrieg. Aus dem Geschäftsbericht geht hervor, dass zum ersten Mal in der Firmengeschichte die Edelmetallsparte und die Natriumperborat-Produktion nur etwa die Hälfte des Unternehmensprofits erbrachten.[14] Drei Jahre später war der Wert des Unternehmens seit 1932/33 – gemessen an der Kapitalertragssteuer – um 29 Prozent gestiegen, gemessen am Vermögensüberschuss gegenüber den Verbindlichkeiten um 100 Prozent und gemessen am Reinprofit um 140 Prozent.[15] Die IG Farben wuchsen zunächst langsam, dann aber immer schneller. 1939 hatten sowohl Umsatz als auch Brutto- und Nettoprofit sowie die Belegschaft um das zwei- bis zweieinhalbfache gegenüber 1933 zugenommen, die jährlichen Investitionen in neue Produktionsstätten hatten sich etwa verzehnfacht.[16]

So lukrativ diese Trends waren, so widersprachen sie zumindest teilweise den Einschätzungen der Unternehmensführung, die die Depression noch zu gut erinnerte, als dass diese Erinnerung durch das Wachstum im Nationalsozialismus hätte verdrängt werden können. Im Gegenteil, die Beschleunigung des Wirtschaftswachstums sowie die Tatsache, dass er nicht begleitet war von einer Wiederbelebung der überseeischen Verkäufe, die über lange Zeit das Rückgrat der Profitabilität von IG Farben und Degussa waren, beschwor die Befürch-

14 Vgl. dazu Dr. Fritz Roessler, Zur Geschichte der Scheideanstalt (Degussa Unternehmensarchiv, Biographische Unterlagen [BU], Abschrift), S. 102, 116–120, 125; Abschluss vom 30.9.1936 (Degussa Unternehmensarchiv, RFI 4.2/74).

15 Vgl. Hayes, Degussa im Dritten Reich, Anhang B; Bilanz vom 30.9.1934 (Degussa Unternehmensarchiv, RFI 4.8/5, Anlage 2) und Bilanzen vom 30.9.1939 (ebd.).

16 Peter Hayes, Industry and Ideology. IG Farben in the Nazi Era, New York 2000, S. 17, 42, 158, 180.

tung zu hoher Investitionen in Fabriken und Anlagen, ähnlich dem der späten 1920er-Jahre, herauf. Damals hatte es sich als desaströs für die deutsche Industrie erwiesen, dass die Nachfrage von 1930 bis 1932 ins Bodenlose fiel. Mehr noch, das Regime insistierte derart auf noch mehr Produktion in noch kürzerer Zeit, dass sich Firmen, die von der Autarkie- und Aufrüstungspolitik profitierten, letztlich im Kreise drehten. 1937/38 waren sowohl Degussa als auch die IG Farben aufgrund regierungsgestützter Investmentplanungen, die die verfügbaren Reserven des Unternehmens weit überschritten, mit Liquiditätskrisen konfrontiert. Die Anstrengungen der IG Farben, ihre Expansion bei synthetischem Gummi mehr an „normalen" Marktaussichten auszurichten, war jedoch nur von kurzer Dauer und nur zum Teil erfolgreich. Degussas Bemühungen, die Ruß-Produktion zu begrenzen und das Wachstum der zunehmend verschuldeten Niederlassung Auer, deren Geschäfte zu vier Fünfteln mit dem deutschen Militär liefen, einzudämmen, bewirkten nichts.[17]

Wann immer eines der Unternehmen gegenüber den Vertretern der Waffenabteilung der Armee oder dem Vierjahresplan zur Besonnenheit mahnte, die Antwort war früher oder später stets eine Zurechtweisung, die jede Diskussion beendete: Was die Wirtschaft nicht schaffen würde, würde der Staat tun, denn private Unternehmen waren nur ein Mittel zum Zweck; in den Worten des Führers: „Es gibt keine kommerzielle Bilanz von Ausgaben und Profiten ... nur eine nationale Bilanz von Sein und Nicht-Sein."[18] Lange bevor das Regime diese Verlautbarungen bekräftigte, indem es wichtige Unternehmen der deutschen Stahlindustrie im Sommer 1937 zwang, die Reichswerke Hermann Göring zu unterstützen, waren die meisten großen Unternehmen bereits in ein Verteilungssystem verstrickt, welches es ihnen buchstäblich unmöglich machte, ihre eigenen Interessen gegen die des Staates zu behaupten, ohne den Zugang zu notwendigen Ressourcen zu verlieren und mitansehen zu müssen, wie willfährige Konkurrenten belohnt wurden.[19] Schon Monate zuvor hatte der Vorsitzende des Aufsichtsrates von Degussa die Natur der gelenkten Wirtschaft im Nationalsozialismus erfasst. Es sei „ein Euphemismus, wenn man das Ganze die ‚Selbstverwaltung der Wirtschaft' nennt [...] Eine Sozialisierung der Industrie weist man von sich. Die Unternehmungslust des individuellen Unternehmers soll nicht gehemmt und leitende Leute sollen auch gut bezahlt werden, aber ... der Unternehmer arbeitet also in Zukunft im wahrsten Sinne für den ‚Preußischen König', heute sagt man: für die ‚Volksgemeinschaft'."[20]

17 Vgl. ebd., S. 88-93, 205f.; sowie Hayes, Die Degussa im Dritten Reich, S. 127-163.
18 Vgl. Hayes, Industry and Ideology, S. 163-169, 171f. Das Zitat Hitlers findet sich in Joseph Peter Stern, Hitler: The Führer and the People, Berkeley 1975, S. 134.
19 Vgl. Richard J. Overy, War and Economy in the Third Reich, Oxford 1994, S. 93-118; und Avraham Barkai, Nazi Economics, New Haven 1990.
20 Dr. Fritz Roessler, Zur Geschichte der Scheideanstalt (Degussa Unternehmensarchiv, BU, Abschrift), S. 100, 128f.

Die daraus resultierende Situation, in welcher sich Wirtschaftsführer zunehmend gezwungen sahen, privates Unternehmertum (und sich selbst) zu rechtfertigen, indem sie dessen (und ihren eigenen) Wert für das Regime demonstrierten, hatte zwei schicksalhafte Konsequenzen für Degussa und die IG Farben: die Militarisierung ihrer Produkte und ihre Verwicklung in die Judenverfolgung.

Profitabilität und die Perfidie des Regimes bei der Verwischung der Grenzen zwischen Regierung- und Unternehmensfunktionen (Übertragung von Aufgaben der Regierung auf private Firmen bei gleichzeitiger Drohung, private Firmen, wenn nötig, zu übernehmen) trugen viel dazu bei, dass Degussa und die IG Farben zunehmend zu Komplizen des Nationalsozialismus im Holocaust wurden. Beide Unternehmen wurden in die Ausplünderung und Ausbeutung der Juden vor allem durch ihre Bemühungen, wichtige Monopolstellungen aufrechtzuerhalten, verstrickt. Insbesondere nach der Wende von 1937 bis 1938, als das Programm zur Enteignung der Juden offiziellen Charakter erhielt, wurde die, wenn auch hauptsächlich defensive, Teilnahme von Degussa und IG Farben an der sogenannten Arisierung deutlich. Die zu arisierenden Firmen waren fast ausschließlich in den beiden traditionellen Kernsphären von Degussa und IG Farben aktiv. Sie waren entweder innerhalb der sich erweiternden Grenzen des Reiches oder im Protektorat Böhmen und Mähren zu finden, wo sie zur Konkurrenz hätten werden können. Wenn es um solche Interessen ging, erwies sich Degussa als besonders rücksichtslos; in einem Fall instruierte die Firma die Gestapo geradezu, wie sie auf legalem Weg die Kontrolle über die begehrte Firma erlangen konnte. Genauso auffällig ist jedoch auch die Seltenheit solcher Raubgier. Im Allgemeinen versuchten Degussa und die IG Farben sich Firmen aus jüdischem Besitz anzueignen, wenn anders zu handeln ihre eigene Wettbewerbsposition oder ihre Profitabilität gefährdet hätte. Um unmittelbare Gewinne ging es dabei weniger.[21]

Dieses reaktive, jedoch zukunftsorientierte Muster steht auch hinter der Einbindung von Degussa und IG Farben in zwei weitere Aspekte des Holocaust: dem Verkauf von Zyklon B, jenem Begasungsmittel, das in Auschwitz und Majdanek verwendet wurde, um die Opfer in den Gaskammern zu ersticken; und die brutale Ausbeutung von Zwangsarbeitern in den Produktionsstätten des Unternehmens. Auch in diesen Fällen sprach der Erhalt lukrativer Monopolstellungen gegen die Wahrnehmung der Konsequenzen solchen unternehmerischen Handelns, geschweige denn dessen Änderung. Degesch, die gemeinsame Tochter von Degussa und IG Farben, die das Patent für Zyklon B besaß, war vor 1939 kein besonders profitables Unternehmen gewesen, aber es war führend bei der Verdampfung von Pestiziden. Die Profite daraus wuchsen nach dem Beginn des Krieges mit der Zunahme der Barracken und U-Boote, die Entlau-

21 Vgl. Hayes, Die Degussa im Dritten Reich, S. 94–126; ders., Die Arisierungen der Degussa AG. In: Ders./Irmtrud Wojak (Hg.), „Arisierung" im Nationalsozialismus. Volksgemeinschaft, Raub und Gedächtnis, Frankfurt a. M. 2000, S. 85–123; und ders., Industry and Ideology, S. 219–226, 244–248.

sungsmittel brauchten, außerordentlich.[22] Mit den Verkäufen dieser Substanz, die fast gänzlich an das Militär gingen und 1942 bis 1943 3,6 Mio. RM erreichten, die rund zwei Drittel von Degeschs jährlichen Profiten ausmachten, stand für die Führungskräfte des Unternehmens zu viel auf dem Spiel, um sich zu sehr um den Gebrauch des Material mit einem Gesamtwert von 105 000 RM zu kümmern, das 1942 bis 1944 nach Auschwitz geliefert wurde.[23] Obwohl der Geschäftsführer von Degesch, ein Degussa-Angestellter namens Gerhard Peters, Mitte 1943 von SS-Obersturmführer Kurt Gerstein davon unterrichtet wurde, dass das Zyklon B dazu verwendet wurde, „minderwertige" Menschen zu töten, machte er keine Anstalten, diesen Informationen nachzugehen.[24] Hätte er das getan oder die Lieferung untersagt, wäre er mit Bruno Tesch kollidiert, dem glühenden und gut vernetzten Nazi, der Tesch & Stabenow besaß und der von seinem Einkommen als Degeschs exklusiver Verkaufsmanager an die SS und das deutsche Militär lebte.[25] Die Vorsicht gebot, nichts zu wissen, aus Furcht, die Zukunft der Firma zu gefährden, oder Peters eigene Position in ihr.

Was die KZ-Insassen betrifft, sahen sich die Führungskräfte sowohl von Degussa als auch der IG Farben vor die Wahl gestellt zwischen ihrem Einsatz und dem Nichterreichen der vom Regime vorgegebenen Produktionsziele für synthetischen Gummi und Ruß. Die Firmen betrachteten diese Produkte als unabdingbar für die Perspektiven nach dem Krieg. Dementsprechend akzeptierten die Firmen auch 1940/41 das staatliche Mandat, neue Produktionsstätten in Oberschlesien zu finden, obwohl die zunehmende Knappheit an Arbeitskräften dort und andere widrige Faktoren dies ursprünglich unattraktiv erscheinen ließ. Der Eifer, die Akzeptanz dieser neuen, vom Regime gewünschten Projekte zu unterstreichen, beseitigte die letzte vorhandene Zurückhaltung bezüglich der Verwendung von Arbeitskräften, die die SS bereitstellte, nachdem die Standorte der neuen Fabriken (IG Farben in Auschwitz und ein Degussa-Ableger in Gleiwitz) ausgewählt waren.[26] Danach verstärkte die Tatsache, dass die Arbeiter pro

22 Vgl. Hayes, Die Degussa im Dritten Reich, S. 248–282.

23 Gewinn- und Verlustrechung, Heerdt & Lingler (Degussa Unternehmensarchiv, BET 9/43); Anlagen zum Geschäftsbericht der Degesch für 1943 (ebd.); Bericht über die Prüfung des Jahresabschlusses vom 31. Dezember 1943 vom 10.8.1944 (ebd.); und Beantwortung der Fragen in der Anweisung der amer. Militärregierung für Deutschland betr. Dekartellisierung, Anlage zu 6a (ebd.); Aufteilung des Brutto-Erlöses 1930–1944 (Degussa Unternehmensarchiv, BET 10/7); Gewinn- und Verlustrechnung für 1944 (Degussa Unternehmensarchiv, BET 10/7); sowie Scherf an den Oberstaatsanwalt beim Landgericht Frankfurt vom 1.3.1948, der eine Lieferung von 23 053,50 Kilogramm Zyklon B nach Auschwitz für 1942–1944 ausweist (Degussa Unternehmensarchiv, SCH 1/44).

24 Vgl. besonders das dritte Urteil des Schwurgerichts Frankfurt am Main vom 27.5.1955 (Degussa Unternehmensarchiv, BU, Dr. Gerhard Peters).

25 Zu Tesch und seiner Firma vgl. Jürgen Kalthoff/Martin Werner, Die Händler des Zyklon B: Tesch & Stabenow: eine Firmengeschichte zwischen Hamburg und Auschwitz, Hamburg 1998.

26 Dazu und zum Folgenden vgl. Hayes, Industry and Ideology, S. xii–xvi, 347–353; Peter Hayes, Degussa AG and the Holocaust. In: Ronald Smelser (Hg.), Lessons and Legacies V, Evanston 2002, S. 158–163; und Hayes, Die Degussa im Dritten Reich, S. 211–247.

Tag und vorrangig zu dem Zweck, die Fabriken zu bauen, gemietet wurden, die ausschließlich instrumentelle Einstellung der örtlichen Manager zu den Gefangenen. In Gleiwitz legt die sehr geringe Sterberate bei weiblichen Arbeitern in der eigentlichen Produktion nahe, dass das Unternehmen sie besser behandelte. Der Anteil der männlichen Bauarbeiter, die während der Bauarbeiten starben oder die zurück ins KZ mussten, nachdem sie stark durch die Arbeit geschwächt waren, war viel höher. In den riesigen Anlagen der IG Farben in Auschwitz (Monowitz) und in den nahen Kohleminen des Konzerns, wurden 25 000 bis 30 000 Personen auf diese Weise „verbraucht“, was einer Mortalitätsrate von 70 bis 85 Prozent entspricht.

Entgegen der weitverbreiteten Meinung waren es jedoch nicht die vermeintlich geringeren Kosten, die KZ-Insassen für die beiden Firmen attraktiv machten. Die schlechte Behandlung vor und nach ihrer Ankunft in den Fabriken sorgte dafür, dass sie selten genug Rendite erarbeiten konnten, um die Pro-Kopf-Gebühren, die an die SS gezahlt wurden sowie die Kosten für Barracken, Zäune und Bewachung, die den Arbeitgebern in Rechnung gestellt wurden, auszugleichen. Tatsächlich kam eine gründliche Studie über Monowitz zu dem Schluss, dass diese Arbeiter nicht nur für IG Farben unprofitabel waren, sondern dass sie lediglich 15 Prozent der Arbeiten auf der Baustelle erledigten, die ohnehin nie fertig wurde und die ohne sie wahrscheinlich schneller vorangekommen wäre.[27] IG Farben und Degussa beschäftigten sie wegen ihres politischen Wertes, wobei sie andere Arbeiter zu dieser Zeit auch nicht bekommen konnten. Zwangsarbeiter zu beschäftigen diente als Beweis, dass die Firmen ihr Möglichstes taten, um die vom Regime vorgegebenen Produktionsziele zu erreichen. Beide Unternehmen wollten damit zeigen, dass sie es verdienten, mit der Herstellung dieser Güter beauftragt zu werden, die essenziell waren sowohl für die „Volksgemeinschaft“ als auch für ihre betriebliche Zukunft. Um ihre Position innerhalb des nationalsozialistischen Wirtschaftssystems aufrechtzuerhalten, bewiesen IG Farben und Degussa, dass sie bereit waren, buchstäblich „über Leichen zu gehen“.

Für die deutsche Industrie unter dem Nazi-Regime, und besonders für die chemische Industrie, die so stark in Kontakt und in Konflikt mit diesem kam, wurden die Verhaltensleitlinien zwischen 1933 und 1945 prägnant zusammengefasst von zwei erfolgreichen Vorstandsvorsitzenden von Degussa. Ernst Busemann, der dem Unternehmen vorstand, bis er zu Beginn des Zweiten Weltkrieges an Krebs starb, formulierte seine wesentlichen Prinzipien stereotyp, schlau und pragmatisch selbst entschuldigend. Da er früh das Machtungleichgewicht zwischen der Wirtschaft und dem Staat im Dritten Reich erkannt hatte, schlussfolgerte er wie die meisten seiner Zeitgenossen in den 1930er-Jahren, dass es sinnlos sei, gegen den Strom zu schwimmen.[28] Sein Nachfolger Hermann

27 Bernd C. Wagner, IG Auschwitz: Zwangsarbeit und Vernichtung von Häftlingen des Lagers Monowitz 1941–1945, München 2000, S. 265–275, 290 f.
28 Busemann an Herzog vom 30.7.1937 (Degussa Unternehmensarchiv, IW 22.5/4–5).

Schlosser führte zwei andere Rechtfertigungen dafür an, dass er stets das tat, was Berlin verlangte. Diese Rechtfertigungen waren weitverbreitet: die Pflicht zur „Kameradschaft" in Kriegszeiten und die Wahrscheinlichkeit, dass „die Tendenz der Hermann-Göring-Werke wird sich nur wieder verstärken, wenn die Privatwirtschaft ihre Chancen nicht nutzt".[29] Kurz: Beide Männer artikulierten die vorherrschende Version der „schlaffen Loyalität", die nach Pierre Ayçoberry charakteristisch war für die deutschen Eliten während der Nazizeit, die Sichtweise, dass geschäftliche Entscheidungen diktiert waren durch politische Pflichten und ökonomische Notwendigkeiten, die wenig Raum für freie Entscheidungen ließen.[30]

Der Fairness halber muss gesagt werden, dass die Zwänge, denen die Führungskräfte der chemischen Industrie zwischen 1933 und 1945 unterlagen, beträchtlich waren. Die nationalsozialistische Ökonomie und das politische System wendeten in raffinierter Weise das Prinzip von Zuckerbrot und Peitsche an, welches, wie David Schönbaum bemerkte, „faktisch die verfassungsmäßige Voraussetzung für das Dritte Reich war". In diesem Kontext war „Unterwerfung die Voraussetzung für Erfolg".[31] Tatsächlich hatten die Entscheider in den Unternehmen nur einen geringen Spielraum, so lange Profitabilität ihr Ziel blieb. Eine aufschlussreiche und gut recherchierte Studie von Daimler-Benz geht davon aus, dass „andere Manager keine wesentlich anderen Entscheidungen getroffen hätten". Ihre Optionen waren durch die nationalsozialistische Politik und die Erfordernisse wirtschaftlicher Rationalität bestimmt.[32]

Auch wenn dieser Aufsatz die Sichtweise von Zeitgenossen und Wissenschaftlern bestätigt, dass sich die Beziehungen zwischen Staat und Wirtschaft im Dritten Reich innerhalb eines engen, politisch festgelegten Rahmens bewegten, spielten die konkreten Personen an der Spitze von IG Farben und Degussa zwischen 1933 und 1945 doch eine wichtige Rolle. Insbesondere der Führungskräftewechsel bei der IG Farben 1935 und bei Degussa 1939 veränderte das gemeinsame Vorgehen beider Firmen gegenüber den Forderungen des Staates. Weder das Finanzgenie Hermann Schmitz, der die IG Farben übernahm,

29 Vgl. dazu z.B. die Ansprache anlässlich des Richtfestes des Degussa-Betriebs in Stierstadt vom 5.9.1944 (Degussa Unternehmensarchiv, BU, Hermann Schlosser); bzw. Schlossers Memo Großwirtschaftsraum Deutschland vom 6.7.1940 (Degussa Unternehmensarchiv, TLE 1/23, S. 3). Dass diese Sicht in seiner Generation deutscher Industrieller verbreitet war, legt nahe Cornelia Rauh-Kühne, Hans Constantin Paulssen: Sozialpartnerschaft aus dem Geiste der Kriegskameradschaft. In: Paul Erker/Toni Pierenkemper (Hg.), Deutsche Unternehmer zwischen Kriegswirtschaft und Wiederaufbau, München 1999, S. 109-192.

30 Pierre Ayçoberry, The Social History of the Third Reich, 1933-1945, New York 1999, S. 137.

31 David Schoenbaum, Hitler's Social Revolution: Class and Status in Nazi Germany, 1933-1939, New York 1967, S. 116, 277. Vgl. auch Peter Hayes, Industry Under the Swastika. In: Harold James/Jakob Tanner (Hg.), Enterprise in the Period of Fascism in Europe, Aldershot 2002, S. 26-37.

32 Neil Gregor, Daimler-Benz in the Third Reich, New Haven 1998, S. 14f.

noch Hermann Schlosser, der Meister des Marketing, der an die Spitze von Degussa gelangte, besaßen die Autorität ihrer Vorgänger gegenüber ihren eher technisch-wissenschaftlich ausgebildeten Kollegen. Deshalb hatten beide Männer große Probleme, Untergebene vom Verfolgen eigener (Lieblings-)Projekte abzuhalten. Das, was den Aufstieg beider Männer gesichert hatte, Schmitz' Fähigkeit, die enorme Nachfrage nach Kapital angesichts des Wachstums der IG Farben zu befriedigen, und Schlossers politische Verbindungen in Frankfurt, reichte nicht aus, ihnen die nötige Durchsetzungskraft im Unternehmen zu verschaffen. Das Ergebnis war eine für die nationalsozialistische Regierung charakteristische polykratische Herrschaft auch innerhalb der Firmen.

Mehr noch, die Männer, die diese beiden Firmen während des Krieges leiteten, beschleunigten die Degradierung der Manager, um einen einprägsamen Vergleich zu benutzen, von Fahrern des Unternehmensbusses zu Schaffnern, die das Fahrgeld einsammelten.[33] Unfähig und von seinem Wesen her eher abgeneigt, sich gegen seine ehrgeizigeren Kollegen durchzusetzen, konzentrierte sich Schmitz eher auf das Wie als auf das Was der Firmenpolitik und versank zunehmend in einem Fatalismus, der seine Nerven während der letzten, turbulenten Jahre des nationalsozialistische Regimes ruinierte. In seinem Prozess, in dem er als Kriegsverbrecher angeklagt wurde, machte er einen hilflosen Eindruck. Nach dem Krieg war er nur noch ein Schatten seines früheren Selbst.[34] Schlosser auf der anderen Seite verstand im Nachhinein seine Rolle als bloße zivile Plattform zur Ausübung soldatischer Tugenden, die er an der Front während des Ersten Weltkrieges erworben hatte. Er rechtfertigte jede Anforderung aus Berlin als Befehl von ganz oben, betrachtete die Tatsache, dass das Reich „überrannt" wurde, als „unglücklichen" Ausgang der Kämpfe, zeigte nie die geringste Reue oder Distanz in Bezug auf das, wozu er verpflichtet war oder meinte verpflichtet zu sein, und hatte daher ein reines Gewissen, als er während der frühen Jahre der Bundesrepublik Deutschland in die Führungsspitze des Unternehmens zurückkehrte.[35]

Auf ihre je eigene Weise illustrieren Schmitz und Schlosser wie nahezu eine gesamte Generation deutscher Wirtschaftsführer angesichts der Herausforderungen des nationalsozialistischen Systems moralisch versagte und ihrer politischen Verantwortung nicht gerecht wurde. Später stellten sie sich als passiv dar und betonten, dass sie selbst machtlos gewesen seien und in ihrem Handeln nur ihre Pflicht getan hätten. Sie seien lediglich ihrer nationalen Verantwortung nachgekommen und hätten Anweisungen befolgt. Diese Haltung war ein Ergebnis der Geschichte, vor allem von Militärnostalgie und nationalistischem Ressentiment, die sich in den 1920er-Jahren in diesen Kreisen ausgebreitet hatten. Es

33 Vgl. Richard Grunberger, The 12-Year Reich: A Social History of Nazi Germany, 1933-1945, New York 1971, S. 184.
34 Vgl. Hayes, Industry and Ideology, S. 368-372.
35 Vgl. ders., Die Degussa und das Dritte Reich, S. 283-314.

war ebenso ein Effekt der wirtschaftlichen Depression auf ihr Selbstvertrauen, der Unbarmherzigkeit des Regimes und des stets präsenten Drucks, der auf ihnen lastete, des Klimas des „Arbeitens dem Führer entgegen", den die Nationalsozialisten kultivierten, und der Selbstbezogenheit, zu der die meisten Menschen zu allen Zeiten und überall auf der Welt neigen. Ihr Weltbild war vor allem geprägt von dem, was sie selbst erlebten. Was immer die Ursachen waren, die Unangemessenheit von Schmitz' und Schlossers Haltung im Nationalsozialismus, ihr Versagen, ist beispielhaft für die Beziehungen zwischen chemischer Industrie und Staat im Dritten Reich, in denen die Initiative immer vom nationalsozialistischen Regime ausging.

Moralische Entscheidung während des Holocaust. Ein Vergleich der ethischen Systeme von Nazis, Mitläufern und Judenrettern

*Kristen Monroe**

Können wir vom Holocaust etwas lernen? Hilft uns die Analyse menschlichen Verhaltens in dieser düsteren Zeit, besser zu verstehen, warum manche Menschen in einer Weise mit Vorurteilen, Wut und Hass umgingen, die den Holocaust erst ermöglichten? Ausgehend von Interviews werde ich das politische und moralische Verhalten von Menschen während des Völkermords untersuchen, die während der Nazizeit entweder als Täter den Nationalsozialismus unterstützt haben oder die als Mitläufer nichts getan haben, um den Völkermord zu verhindern, während andere ihr eigenes und das Leben anderer riskierten, um Juden zu retten (Retter).

Meines Erachtens können wir die verschiedenen Verhaltensweisen von Menschen, die in der Nazizeit lebten, am besten verstehen, wenn wir ihre Identität kennen. Insbesondere müssen wir verstehen, wie Menschen sich im Verhältnis zu anderen begreifen. Das ist nicht nur für die Nazizeit von Relevanz, sondern auch für die fortgesetzten Völkermorde, mit denen die Welt auch heute noch konfrontiert ist. Unser Selbstverständnis, wer wir im Verhältnis zu anderen sind, bestimmt, welche Handlungsmöglichkeiten wir sehen, nicht nur moralisch-ethisch, sondern auch empirisch-praktisch.

Es gab Retter von Juden, die ihre heroischen Taten als „nichts Besonderes" bezeichnen, als etwas, das „jeder getan hätte", wenn die Möglichkeit dazu da gewesen wäre. Das stimmt so offensichtlich nicht, sonst hätte es die Nazibarbarei nie gegeben. Für die Retter jedoch war es undenkbar, sich von den Juden abzuwenden. „Was hätte ich sonst tun sollen", wiederholten sie immer wieder leicht irritiert, wenn ich in den über 100 Interviews mit Menschen aus dieser Zeit nachfragte. „Sie [die Juden] waren Menschen wie du und ich."[1]

Die Mitläufer, die ich interviewte, hatten ein anderes Selbstverständnis. Sie sahen sich selbst als Menschen mit wenig Kraft und Einfluss. „Was konnte ich

* Aus dem Englischen übersetzt von Wolfgang Bialas. Der hier überarbeitete Beitrag ist zuerst erschienen unter dem Titel „Ethics in an Age of Terror and Genocide: Identity and Moral Choice" in: PS: Political Science and Politics, 44 (Juli 2011) 3, S. 503-507.

1 Vgl. Kristen Monroe, The Heart of Altruism: Perceptions of a Common Humanity, Princeton 1996.

tun? Ein einzelner Mensch gegen die Nazis?“ Unterschiedliche Selbstwahrnehmung, grundverschiedenes Handeln. Die von mir interviewten Anhänger des Nationalsozialismus hatten ein völlig anderes Selbstbild. Sie sahen sich als vom Strom der Geschichte mitgerissen. Sie folgten dem Zeitgeist und bezeichneten sich ironischerweise als Opfer, als Teil eines Volkes, das von Feinden des Dritten Reiches angegriffen worden war – Feinden, die wie Schädlinge den gesunden Volkskörper des Dritten Reiches vergiften wollten. Diese Opferhaltung ist auch unter den Tätern anderer Genozide zu finden. So zum Beispiel, wenn der Ruandische Rundfunk verbreitete, dass die „Kakerlaken“ die Leute holen würden und sie aufforderte, etwas gegen diese zu unternehmen, damit sie nicht das ruandische Volk überwältigten und verseuchten.[2]

Im Folgenden möchte ich mich dem Problem der moralischen Entscheidung zuwenden, wobei ich argumentieren werde, dass es die jeweilige Identität war, die die Entscheidungen aller von mir über ihr Verhalten während des Holocaust und des Zweiten Weltkrieges interviewten Personen bestimmte – egal, ob es sich dabei um Nazis, Mitläufer oder Judenretter handelte. Dabei fasse ich Überlegungen zur moralischen Entscheidung zusammen, die ich in meinen Büchern zum Thema entwickelt habe, die sowohl die Nazizeit als auch andere Varianten von Vorurteil, ethnischem Hasses und Völkermord einbeziehen.[3]

Empirische Arbeit als Grundlage für Theorie

„The Heart of Altruism: Portraits of a Common Humanity“ beinhaltete Umfrageergebnisse und Interviews mit Menschen, die während des Holocaust Unternehmer, Philanthropen und Judenretter waren. Die Befunde legen nahe, dass Altruismus weder mit traditionellen Faktoren wie Religion, Bildung, Geschlecht oder soziodemografischen Merkmalen, noch mit Theorien, die auf Selbstinteresse gründen wie der Kosten-Nutzen-Analyse, der Rational-Choice-Theorie oder evolutionären, biologischen Erklärungen, die verwandtschaftliche oder gruppenbezogene Selektionsmechanismen betonen, begriffen werden kann. Stattdessen erwiesen sich psychologische Faktoren, insbesondere Identität und Selbstwahrnehmung in Bezug auf andere, als entscheidend. Die Auswertung der Interviews konzentriert sich auf die innere ‚politische Psychologie‘ und dabei insbesondere auf die Frage, wie wir uns selbst im Verhältnis zu anderen sehen und wie wir diese in der Konsequenz dieses Selbstbildes behandeln.

2 Vgl. Milo Rau, Hate Radio, Berlin 2014.
3 In diesem kurzen, zusammenfassenden Text kann ich natürlich weder die Reichhaltigkeit der Daten noch die Einzelheiten der Theorie reproduzieren. Deshalb ermutige ich interessierte Leser, das Original zu konsultieren: Kristen Monroe, The Heart of Altruism: Portraits of a Common Humanity, Princeton, NJ 1996; dies., The Hand of Compassion: Moral Choice during the Holoaust, Princeton 2006; dies., Ethics in an Age of Terror and Genocide, Princeton 2012.

„The Hand of Compassion: Moral Choice during the Holocaust“[4] nahm die Retter von Juden stärker in den Blick, um mehr über das Wesen des psychologischen Prozesses herauszubekommen, der dem Altruismus zugrunde liegt. Altruismus wurde als analytischer Fokus benutzt, um in das Innere von Moral und ethischen Fragen vorzudringen. Identität erwies sich dabei als wichtiger als Entscheidung. Wie wir uns selbst im Verhältnis zu anderen sehen, bestimmt das Handlungsspektrum, welches wir für möglich halten - nicht nur moralisch, sondern auch praktisch. In „Ethics in an Age of Terror and Genocide“[5] wurde danach gefragt, ob der ethische Rahmen, der für Retter von Juden charakteristisch ist, sich auch bei anderen Menschen findet. Sind also alle Menschen in der Weise durch ihre Identität bestimmt wie die Judenretter und wenn ja, was sind die ethischen Rahmenbedingungen, in denen wir uns möglicherweise alle bewegen?

Identität bestimmt und begrenzt Wahlmöglichkeiten

Ich habe mehr als 100 Personen interviewt, die während des Zweiten Weltkrieges lebten und diese in Retter, Mitläufer und Unterstützer des Nationalsozialismus unterteilt. Manche Interviews dienten nur als Hintergrund, wenn die Interviewten darum baten, nicht beschrieben zu werden; andere Interviews waren formal, wurden transkribiert und dienten als Grundlage für die Analyse durch unabhängige Auswerter. Die Ergebnisse dieser Interviews legten nahe, dass Selbstbild und Identität, insbesondere unsere Selbstwahrnehmung im Verhältnis zu anderen und die Art und Weise, in der wir uns selbst im Verhältnis zur Welt sehen, nicht nur moralisch, sondern auch kognitiv das Spektrum an Handlungsmöglichkeiten bestimmen, welches wir für verfügbar halten. Ihre Sicht auf die Welt bestimmte, ob die Interviewten sich als Menschen sahen, die helfen konnten oder als hilflose Beobachter der politischen Ereignisse, von diesen bedroht und um ihre pure Existenz kämpfend. Wesentliche Werte, die in das Selbstbild der Person integriert waren, formten die Auffassungen darüber, welche Verhaltensweisen als normal und angemessen betrachtet wurden. Eine Art moralischer Impetus bewirkte bei den Rettern, über das reine Mitleid mit dem Leiden anderer hinaus einen moralischen Imperativ des Handelns zu entwickeln. Es war das kognitive Kategorisierungssystem des Interviewten, welches ein kritisches Verhältnis zu „dem Anderen“ etablierte. Hilfebedürftige Menschen wurden klassifiziert als unseresgleichen oder als anders und bedrohlich wahrgenommene Fremde oder sogar als Menschen jenseits der Grenzen einer Gemeinschaft gegenseitiger Anteilnahme. Insgesamt legen die Befunde nahe, dass psychologische Entmenschlichung eine Voraussetzung für genozidale

4 Vgl. dies., The Hand of Compassion.
5 Vgl. dies., Ethics in an Age of Terror and Genocide, Princeton 2012.

Aggression ist. Sie zeigen, wie die moralische Psychologie durch Klassifikation „des Anderen" unsere Reaktion auf das Leiden anderer bestimmt.

Im Folgenden möchte ich einige Beispiele für diese Befunde geben und erläutern, was diese zum Verständnis der Psychologie des Genozid sowie der moralischen Entscheidung beigetragen haben und fragen, ob diese Untersuchungen auch anwendbar sind auf andere Formen von ethnischen, religiösen und gruppenspezifischen Vorurteilen, von Aggressionen und Gewalt.

Unterschiede zwischen Rettern, Mitläufern und Unterstützern des Nationalsozialismus: Kognitive Kategorisierung, Idealisierte kognitive Modelle und Handlungsfähigkeit

Interessanterweise betonten alle Interviewteilnehmer die Bedeutung von Identität, während niemand von irgendeiner Art unbestimmter Wahl sprach. Sogar die Entscheidungen über Leben und Tod ergaben sich quasi natürlich aus der Identität; da war kein innerer Dialog, kein Hadern und Zaudern, kein Mit-Sich-Ringen. Die verschiedenen ‚moralischen Typen' handelten einfach entsprechend ihres Selbstverständnisses. Diese Erklärung wird Tugendethikern gefallen. Die meisten zeitgenössischen anglo-amerikanischen Ethiker werden damit nichts anfangen können. Sowohl einem bestimmten Utilitarismus, als auch der kantischen Ethik steht dieser Befund direkt entgegen.

Überlebende sagten über Retter: „Das waren keine Menschen, die Entscheidungen aufgrund von Überlegungen trafen. Sie mussten es einfach tun, weil sie so waren, wie sie waren."[6] Auch Retter selbst erklärten ihr Verhalten mit Bezug auf ihre Identität und offenbarten dabei ein auffallend ähnliches Selbstverständnis in ihrem Verhältnis zu anderen. Alle folgten einem ähnlichen Leitmotiv. „Was hätte ich sonst tun können?", antworteten sie auf die Fragen, warum sie ihr Leben für Fremde riskierten. „Sie waren Menschen wie du und ich." Dieses Verbinden von Identität und Entscheidung war auffallend und basierte auf einem Kategoriensystem, in dem alle Menschen, Judenretter, Nazis und Opfer der Nazis als menschliche Wesen betrachtet wurden, die weniger verschieden als ähnlich waren.

Von den einhundert Menschen, die ich interviewt habe, habe ich fünf gründlicher analysiert und einem Prototyp zugeordnet. Tony war ein typischer Retter von Juden. Als verwöhntes Einzelkind eines niederländischen Zahnarztes und seiner sozial aufgestiegenen Frau diente er in einer militärischen Eliteeinheit, die die königliche Familie beschützte, als die Nazis einmarschierten. Tonys Einheit kämpfte tapfer und erfüllte ihre Aufgabe, aber die Holländer verloren dennoch den Krieg. Seine Gruppe wusste, dass die Nazis ihre militärische Ausrüstung

6 Aussage von Emanuel Tanay, o.T. In: Carol Rittner/Sondra Myers (Hg.), The Courage to Care: Rescuers of Jews During the Holocaust, New York 1986, S. 52–57.

übernehmen würden. Daher überschütteten sie diese mit Benzin und warfen eine Granate hinein, sodass sie den Nazis nicht in die Hände fallen konnte. Dafür wurden Tony und seine Männer festgenommen und sechs Monate gefangen gehalten, während die anderen niederländischen Soldaten aus dem Dienst entlassen wurden. Während dieser sechs Monate bauten Tonys Landsleute einen kleinen Spionagering auf, um für die königliche Familie und die Exilregierung Informationen über die Aktivitäten der Nazis zu erlangen. Einer der Männer in Tonys Einheit hatte eine Freundin, deren Mitbewohnerin sich mit einem Nazi traf. Der Soldat erzählte dem Mädchen von ihren Vorhaben. Diese erzählte es ihrer Mitbewohnerin und diese wiederum ihrem Freund. Alle Männer von Tonys Einheit wurden verhaftet, zum Tode verurteilt und hingerichtet. Tony hatte zufällig die Nacht bei seiner Freundin verbracht, als die Nazis kamen, um ihn zu holen, deshalb überlebte er. Über die gesamte Kriegszeit hinweg musste er sich jedoch verstecken, wobei er ständig die Quartiere wechselte, um der Entdeckung und damit dem sicheren Tod zu entgehen. Trotzdem rettete Tony fast einhundert Juden und alliierte Luftwaffenangehörige. Er war zugleich Oberst in der niederländischen Widerstandsbewegung.

Tonys Cousine Beatrix repräsentiert die Mitläufer. Nachdem ihre eigene Mutter gestorben war, wuchs sie bei Tonys Eltern auf. Sie hatte einen niederländischen Arzt geheiratet und lebte in einer großen Wohnung über seiner Praxis in Utrecht. Sie erzählte, dass sie über die Situation der Juden während des Krieges Bescheid wusste, aber zu dieser Zeit ihres Lebens nicht in der Lage gewesen sei, anderen zu helfen, weil man „allein gegen die Nazis" stand. Im Gegensatz dazu meinte ihr Cousin, dass trotz mangelnder Ressourcen, einschließlich einer Zuflucht, es immer etwas gibt, das man tun kann, um zu helfen. Tony war Fotograf und sah es als seine Aufgabe an, die Aktivitäten der Nazis während des Zweiten Weltkrieges zu dokumentieren. Die meisten heute vorhandenen Kriegsfotos sind von Tony und seinen Freunden, die ihre Fotos dem niederländischen Institut für Kriegsdokumentation überließen. Über diese Kontakte stellte Tony mich einem deutschen Journalisten namens Fritz vor, einem ehemaligen Parteimitglied, der für die Nazis aus ganz Europa berichtet hatte. Er beschrieb diese Zeit seines Lebens als eine gute, ohne körperliche Entbehrungen. Spät im Krieg heiratete Fritz die Tochter eines Nazis und verbrachte die schwierigen Nachkriegsjahre in Deutschland. Er kehrte in die Niederlande zurück, weil er Vergeltungsmaßnahmen befürchtete. Später in seinem Leben las er über den Krieg und sagte, dass er nicht mehr völlig an die Naziideologie glaube, aber meine, dass vieles davon vernünftig war. Ich klassifizierte ihn als Nazisympathisanten, der nach dem Krieg zum Teil anders dachte.

Kurt traf ich durch einen Studienfreund, der erfahren hatte, dass ich Menschen über den Zweiten Weltkrieg interviewte. Kurt war ein sehr attraktiver, hoch kultivierter Mann Ende siebzig, als ich ihn interviewte. Er war Deutscher, aber ähnelte Tony in Bezug auf viele soziodemografische Merkmale. Obwohl er nicht zugab, ein Nazi gewesen zu sein – ich fragte ihn nicht ausdrücklich danach und er selbst äußertet sich nicht dazu, vertrat er rassische Vorurteile und andere

Ansichten der Naziideologie. Er sagte, dass man keine andere Wahl hatte, als sich an Kriegshandlungen zu beteiligen, wenn man nicht ausgeschlossen sein wollte, was für ihn furchtbar gewesen wäre. Ich klassifizierte Kurt als Mitläufer und Sympathisanten, ohne die das Naziregime nicht hätte funktionieren können.

Florentine war eine Anhängerin des Nationalsozialismus, die das auch später nicht bereute. Verheiratet mit einem führenden niederländischen Nazi, hatte sie vor ihrer Heirat eine nationalsozialistische Jugendgruppe für Mädchen geleitet. Als bedingungslosem Unterstützer Hitlers und des Nationalsozialismus war Florentines Mann die Leitung der Gestapo in Holland angeboten worden. Er lehnte ab und Florentines Bruder nahm den Posten an. Ihr Ehemann wurde einer der beiden führenden Nazis in Holland, der Sache derartig ergeben, dass er und Florentine nach dem Krieg blieben und Angebote, ihnen zur Flucht nach Argentinien zu verhelfen, ablehnten, um „den Leuten die Wahrheit" über den Krieg zu sagen. Die Wahrheit war für Florentine, dass die Nazis sich lediglich gewehrt hatten, da sie umzingelt waren. Sie hätten Churchill und die Engländer „dreimal freundlich" gebeten, nicht in Europa einzudringen, aber da die Engländer es trotzdem taten, waren die Nazis gezwungen, in Holland einzumarschieren und das holländische Volk gegen die englischen Aggressoren zu verteidigen. Außerdem, so sagte sie, hätten die Nazis die Juden nicht abgelehnt. Vielmehr seien es die Juden gewesen, die die Nazis angegriffen hätten, so wie Ungeziefer ein Haus verseucht. Ihre Weltanschauung, ihre Überzeugungen, Einstellungen und Werte waren typisch für die Nazimentalität. Noch in den frühen 1990er-Jahren, als ich sie in ihrem Haus nahe der deutsch-holländischen Grenze besuchte, gleich neben dem königlichen Landsitz, besaß Florentine viele Nazisouvenirs und -memorabilia. Tatsächlich brannte die ganze Zeit während unseres Besuchs eine Kerze vor einem Hitler-Schrein. Mit einer Ausnahme sind alle diese Leute Niederländer. Ich hatte diese Wahl absichtlich getroffen, weil ich meine Analyse nicht auf Deutschland beschränken wollte. Es ist zu einfach zu sagen, dass die Deutschen den Krieg verursacht haben. Die genozidale Mentalität der Naziideologie existiert jedoch nicht nur in Deutschland. Es ist ein schädlicher Teil unserer menschlichen Natur, Zugehörige und Außenseiter von Gruppen zu unterscheiden, der mit verantwortlich ist für fortgesetzte Kriege und Konflikte ebenso wie für antireligiöse, rassistische, gegen bestimmte Ethnien und Frauen gerichtete Einstellungen und Vorurteile,. Es ist wichtig, die Psychologie hinter solchen Einstellungen und Verhaltensweisen zu verstehen.

Tony (niederländischer Retter): *Wir alle sind wie Zellen einer Gemeinschaft, die sehr wichtig ist. Damit meine ich nicht Amerika, sondern die menschliche Rasse ... jeder andere Mensch ist im Grunde genommen du selbst. Das gilt für üble Nazis genauso wie für jüdische Freunde, die in Schwierigkeiten sind.*[7]

7 Monroe, The Hand of Compassion, S. 244.

Für Retter wie Tony gehören alle Menschen, sogar ‚üble Nazis', derselben Kategorie an. Alle Retter sahen sich als Menschen, die durch ihr Mensch-Sein mit anderen verbunden waren. Zu ihnen entwickelten sie Bindungen und eine moralische Haltung. Sie fühlten sich vom Leiden anderer betroffen und dazu aufgefordert, ihnen aktiv zu helfen, statt lediglich Sympathie und Mitleid für sie zu empfinden. Diese moralische Haltung schloss andere Optionen aus. Nicht zu helfen war für die Retter einfach nicht vorstellbar. Die moralische Haltung der Retter war komplex. Während manche einfach ihrem Pflichtgefühl folgten, waren andere von konkreten Vorbildern beeinflusst oder von ihrer Sozialisation und ihrem Glauben geprägt. In manchen Fällen fand ich sogar eine innere Disposition, Gutes zu tun. Alle diese Faktoren wurden von verschiedenen Rettern als Gründe für ihr Verhalten genannt. Nicht erwähnt wurde hingegen, dass sie sich bewusst für dieses Handeln entschieden hätten.

Mitläufer brachten ein Nichtentscheiden in ähnlicher Weise zum Ausdruck, nicht jedoch die moralische Haltung der Retter. Tonys Cousine Beatrix bringt das Selbstverständnis der Mitläufer zum Ausdruck: passiv, machtlos, hilflos, wirkungslos, fatalistisch. Beatrix hatte keine Wahl, weil sie nicht die Fähigkeit zum Helfen hatte. Die Mitläuferfloskel war: „Was hätte ich tun können? Ich stand allein gegen die Nazis." Diese Behauptung der Nichtexistenz von Entscheidungsmöglichkeiten, einem völlig anderen Verständnis der eigenen Beziehung zu anderen und einem völlig anderen Verhalten fand ich bemerkenswert. Die Verbindung zwischen Machtlosigkeit und Entscheidung kam klar zum Ausdruck in der Behauptung der Mitläufer, dass sie überhaupt nicht wussten, was im Krieg vor sich ging. Im folgenden Dialog mit Tonys Cousine, der Mitläuferin, wird das deutlich:

Frage: *Wussten Sie während des Krieges etwas über die Konzentrationslager?*

Beatrix: *Ja.*

Frage: *Wussten Sie, dass die Juden vergast wurden?*

Beatrix: *Ja, ich weiß nicht, wer das erzählte, aber mein Mann hörte viel ...*

Frage: *Wie haben Sie reagiert?*

Beatrix: *Man konnte nichts tun.*

Frage: *Sie konnten nichts tun?*

Beatrix: *Nein. Nein. ... [lange Pause] Man konnte überhaupt nichts tun.*[8]

8 Ebd., S. 247.

Der Mitläufer Kurt war eingezogen worden und behauptete, die Nazis nicht gemocht zu haben, aber trotzdem gezwungen gewesen zu sein, für sie zu kämpfen. Warum? Weil er keine Wahl hatte.

Frage: *Haben Sie das Gefühl, in der Geschichte gefangen gewesen zu sein? Sie erwähnen bestimmte Dinge immer wieder ...* [Kurt wurde unruhig und unterbrach]

Kurt: *Ja, warum machen wir das hier eigentlich?*

Frage: *Ich höre eine Art von Vergeblichkeit heraus und Sie machten trotzdem weiter. Ist es Ihnen niemals in den Sinn gekommen...?* [Kurt unterbrach mit einiger Vehemenz]

Kurt: *Ja, kann ich es ändern? Ich habe keine Macht, das zu ändern.*

Sicher gibt es eine Reihe von Gründen, dass Kurt für das Vaterland kämpfen musste, aber bemerkenswerterweise erwähnte Kurt diese nicht. Stattdessen bemühte er Kräfte jenseits seines Einflusses, wie die historischen Umstände. Er erwähnte weder die Gestapo noch bestimmte Strafmaßnahmen oder gar Angst. Diese Sichtweise teilt er mit Naziunterstützern, darunter einem Niederländer, der Nazipropaganda verfasste und während des Krieges ein begeistertes Parteimitglied war.

Frage: *Wussten Sie viel darüber, was mit den Juden geschah?*

Fritz (Nazipropagandist): *Nicht viel ... Ich wusste, dass es Konzentrationslager gab. Aber ich wusste nicht, was dort geschah. Man steckt seinen Kopf in den Sand, wie Vogel Strauß.*

Frage: *Sie steckten Ihren Kopf in den Sand?*

Fritz: *Ja, heute muss ich das so sagen.*

Frage: *Sie wollten nicht wirklich etwas darüber wissen.*

Fritz: *Nein.*

Frage: *Dachten Sie niemals daran, jemandem zu helfen oder jemanden zu verstecken?*

Fritz: *Ich hatte keine Möglichkeit, Leuten zu helfen. Ich sah damals dafür auch keine Notwendigkeit. Ich wusste nicht, was vor sich ging.*

Die Verbindung zwischen bewusst gewolltem oder unbewusstem Nichtwissen und Nichthelfen war typisch für viele Naziunterstützer und Mitläufer, die ich interviewt habe. Die Bedeutung dieser Verbindung ist schon früher betont worden, unter anderem vom Holocaustüberlebenden Primo Levi: „Indem er sich Mund, Augen und Ohren zuhielt, schuf er [der typische deutsche Bürger] sich die Illusion, nicht Bescheid zu wissen und somit nicht mitschuldig an dem zu sein, was vor seiner Tür geschah."[9] Die niederländische Mitläuferin Beatrix

9 Primo Levi, Ist das ein Mensch, Die Atempause, München 2011, S. 478.

macht klar, wie diese Verbindung psychologisch funktionierte, indem sie beschrieb, wie sie ihr schönes Haus von einem Arzt bekam, der seine Praxis verkaufte und die Niederlande aus einem ihr ‚unbekannten' Grund verließ.

Beatrix: *Es war ein altmodisches Haus, deshalb hatten wir in der Mansarde ... wir richteten einen Teil ein, wohin man sich zurückziehen und verstecken konnte.*

Frage: *Gab es jemanden, den Sie versteckten?*

Beatrix: *Mein Mann wurde einmal für einen Tag abgeholt. Das passierte allen medizinischen Spezialisten, weil sie ihre Namensschilder von den Türen entfernt hatten. Nach einem Tag konnte er zurückkehren.*

Frage: *Sie hatten also ein Versteck für ihren Mann.*

Beatrix: *Er war nicht da, aber unser Nachbar von gegenüber musste sich einmal verstecken.*

Frage: *Warum musste er sich verstecken?*

Beatrix: *Ich weiß nicht mehr, warum.*

Frage: *War er Jude?*

Beatrix: *Nein, er war kein Jude. Wenn man Jude war, war man sofort weg oder man war nach Afrika gereist. Als mein Mann diese Reise nach Afrika machte, waren eine Menge Juden im Ausland. Wir sahen es kommen.*

Frage: *Aber Sie versteckten keine Juden in der Mansarde?*

Beatrix: *Nein.*

Frage: *Kannten Sie damals Juden?*

Beatrix: *Ja.*

Frage: *Aber niemand wandte sich an Sie ...*

Beatrix: *Nein, denn es gab eine Menge Juden, die blieben und sich nicht verstecken wollten. Nach einiger Zeit wurden sie auch abgeholt, denn viele Juden lebten normal, sie mussten nur den Judenstern tragen. Ja. Er wusste das vom Krankenhaus, weil mehrere Juden dort untergekommen waren, so dass niemand wusste ...*

Frage: *Sie wurden im Krankenhaus versteckt ...*

Beatrix: *Ja.*

Frage: *Und Ihr Mann wusste das.*

Beatrix: *Er wusste davon, ja ...*

Frage: *Wie war es während des Krieges? Waren Sie in irgendeiner Weise berührt von politischen Ereignissen während des Krieges?*

Beatrix: *Nein. Es gab keine ... alle waren gegen die Deutschen. Ich bin eine so furchtbare Frau, dass ich es immer noch nicht gutheißen würde, wenn eines meiner Kinder einen Deutschen heiraten würde. Ich hatte immer etwas gegen die Deutschen ...*

Frage: *Wegen des Krieges ...*

Beatrix: *Ja, deswegen. Es gab eine Menge deutscher Jungs, die es überhaupt nicht mochten und es trotzdem tun mussten.*

Frage: *Aber Sie haben an keinen antideutschen Aktivitäten während des Krieges teilgenommen?*

Beatrix: *Nein.*

Frage: *Sie waren so eine Art ... normale Durchschnittsperson, wenn man so will. Wussten Sie, was vor sich ging? Was war Ihr Eindruck von dem, was vor sich ging? Haben Sie ...?*

Beatrix: *Ob ich etwas gewusst habe?*

Frage: *Ja. Was dachten Sie, wie die Situation für Juden war? Sie sagten, dass viele von denen, die Sie kannten, nach Afrika gingen ... der Mann, der Ihrem Mann das Haus ...*

Beatrix: *Und sie gingen in ein Lager in der Nachbarschaft. Ich weiß den Namen nicht mehr. Ich wusste ihn ...*

Frage: *Was für ein Lager war das?*

Beatrix: *Diese Lager. Dort gab es kein Gas, aber sie hatten ein sehr schlimmes Leben.*

Frage: *Also ein Arbeitslager?*

Beatrix: *Ja.*

Frage: *Wussten Sie während des Krieges von den Konzentrationslagern?*

Beatrix: *Ja.*

Frage: *Wussten Sie, dass die Juden vergast wurden?*

Beatrix: *Ja. Ich kann Ihnen nicht mehr sagen, wer es erzählte, aber mein Mann hörte eine Menge, als er im Krankenhaus arbeitete ...*

Frage: *Wie haben Sie darauf reagiert?*

Beatrix: *Man konnte nichts tun.*

Frage: *Es gab nichts, was Sie tun konnten.*

Beatrix: *Nein. Nein. Alle Juden, die ich kannte, waren schon weg. Nein.*

Frage: *Also, niemand, den Sie kannten, war noch da. Alle waren weg.*

Beatrix: *Im Grunde genommen, ja. Ich kannte niemanden, aber es gab noch Juden, und sie trugen ihr Zeichen. Aber [Pause] nein.*

Frage: *Haben Sie sich einfach irgendwie hilflos gefühlt in dieser Situation, hilflos etwas zu tun, um das, was vor sich ging, zu stoppen?*

Beatrix: *Man konnte nichts tun. Man hätte sie verstecken können. Aber man hatte Hauspersonal. Wir hatten zu viele Leute hier, weil wir die Praxis im Haus hatten. ... Man konnte nichts tun.*

Frage: *Sie haben also versucht, unauffällig zu sein und durchzukommen und die Deutschen so gut es ging zu vermeiden.*

Beatrix: *Ich muss Ihnen ehrlich sagen, dass ich alles auf die Minute genau wusste ...*

Frage: *Also wollten Sie nichts wissen ...*

Beatrix: *Nein.*

Dieser Dialog zeigt, wie der psychologische Prozess von Verleugnung und Verdrängung kognitive Widersprüche in Mitläufern wie Beatrix erzeugt. Ihre Unfähigkeit zu helfen ist eng verbunden mit ihren starren Erwartungen in Bezug auf das, was ein ‚gutes Leben' ausmacht, in Beatrix' Fall die freie Zeit, die sie durch die Haushaltshilfen gewinnt. (Beatrix ignoriert die Tatsache, dass viele Retter mit ihren Haushaltshilfen beim Verstecken von Juden zusammenarbeiteten.) Eine andere wichtige Erklärung für das jeweilige Verhalten waren bestimmte idealisierte Vorstellungen, die die Leute im Kopf hatten. In diesem Fall können wir beobachten, wie Beatrix' Vorstellung davon, was es heißt ein menschliches Wesen zu sein und ein gutes Leben zu haben, in ihre politische Psychologie eindringt. Für Beatrix ist ein gutes Leben vorrangig materiell, zum Beispiel genügend Freizeit zu haben, um Squash und Tennis zu spielen. Im Gegensatz dazu sprachen Retter von einem guten Leben als einem, das Hilfe für andere einschließt. Für Retter resultiert Glück nicht aus Freizeit oder materiellem Besitz, sondern daraus, mit anderem Menschen zu teilen.

Die politische Psychologie von Mitläufern ist komplex, diejenige von Nazis ähnelt ‚Alice im Wunderland'. Florentine, die Frau von einem der beiden führenden Nationalsozialisten in den Niederlanden und selbst aktive Nationalsozialistin vor ihrer Ehe, zeigte keinerlei Reue. Sie war immer noch zutiefst von ihren nationalsozialistischen Idealen überzeugt, selbst nachdem ihr Mann von Kanadiern gefangen genommen und getötet worden war. Sie widmete den Rest ihres Lebens dem Reisen rund um die Welt, dem Werben für die Sache des Nationalsozialismus, um „den Leuten die Wahrheit zu sagen" darüber, was im Zweiten Weltkrieg geschehen war. Für sie waren die Nationalsozialisten einfache, vertrauensvolle Leute, die von den Juden betrogen und bedroht worden waren. In dieser bizarren Weltsicht waren die Nazis Opfer jüdischer Komplotte.

Das folgende Zitat ist aus meinem Interview mit Florentine, an dem auch ein Neonazi teilnahm, der lange nach dem Krieg geboren wurde, aber sich der Naziideologie verschrieben hatte. Er wollte Florentines Schrein besuchen an dem

Tag, als ich sie interviewte und behandelte sie wie ein Groupie einen Rockstar behandelt. Er wollte bei dem Interview mitmachen. Ich kennzeichne seine Kommentare mit „Neonazi".

Frage: *Sie glauben also, dass die Christen die Juden in der Geschichte zu gut behandelt haben? Ist es das, was Sie meinen?*

Florentine: *Ich denke, wir sind zu nett. Wir sind wehrlos gegen sie.*

Frage: *Warum sagen Sie das? Was meinen Sie damit? Ich versuche, Ihre Sicht der Dinge zu verstehen... Meinen Sie, dass der Holocaust erfunden ist? Dass er nicht real war? Ist es das, was Sie meinen?*

Florentine: *Es ist das größte Geschäft der Welt.*

Frage: *Das größte was?*

Neonazi: *Geschäft. Die Juden selbst nennen den Holocaust Shoah. Show-a. There's no business like Sho-ah-business. Das sagen die Juden selbst. Und so ist es.*

Florentine: *Ja, das stimmt.*

Das vielleicht Auffallendste ist, dass für alle diese Personen Identität, nicht bewusste Entscheidung, ihr Verhalten im Nationalsozialismus erklärt. Charakter zählte mehr als jene Einflüsse, die traditionellerweise hinter moralischem Handeln vermutet werden (Religion, Bildung, Gender etc.). Emotionen und Gefühle waren stärker als kühl kalkulierende Vernunft. Diese Befunde untermauern wissenschaftliche Auffassungen über die Tugendethik sowie unser allgemeines Verständnis davon, warum es so wichtig ist, einen guten moralischen Charakter zu entwickeln. Charakter ist jedoch nicht alles. Entscheidend war das Selbstverständnis im Verhältnis zu anderen Menschen; nicht einfach Identität, sondern die Sichtweise auf die Beziehung zwischen den Rettern und den ‚Anderen'.

Darüber hinaus unterscheiden sich Retter, Mitläufer und Nazis wesentlich in ihren Weltanschauungen und ihren Idealvorstellungen von einem guten Leben. Für Mitläufer wie Beatrix bedeutet es Zeit, Personal und Geld zu haben, um die Zeit angenehm zu verbringen. Ihr Cousin Tony und andere Retter haben wesentlich andere Vorstellungen vom guten Leben, Glück bedeutet für sie, andere glücklich zu machen. Ein niederländischer Retter, der auf der Gestapo-Liste der am meisten gesuchten Personen stand, beschreibt seine Sicht.

Frage: *Sie sprechen jetzt über praktische Aspekte des Lebens. Davor haben Sie nach meinem Eindruck in gewisser Weise über den Sinn des Lebens gesprochen. Sie sprachen darüber, wenn mir der Ausdruck gestattet ist, was es heißt, ein Mensch zu sein. Was heißt es für Sie ein Mensch zu sein?*

John (niederländischer Retter): *Ich habe einige Privilegien, damit gehen Verantwortlichkeiten einher. Die Fähigkeit zu sprechen, zu hören. Ich kann gehen. Ich bin dankbar für das, was ich habe. Es ist meine Verantwortung, mit anderen zu teilen. Sonst wäre Leben für uns nicht möglich. Ich habe in meinem Leben egoistische Menschen gesehen, die nicht glücklich waren. Menschen, die Macht und Geld und alles haben und trotzdem nicht genug. Nie genug. Sie sind nicht glücklich. Ich habe selbstlose Menschen gesehen, die glücklich waren, Menschen, die nicht viel besitzen und glücklich damit sind, was sie haben. Mein Ziel ist es, glücklich zu sein. Sie fragen, wie ich glücklich sein kann. Indem ich egoistisch bin?* [John schüttelt seinen Kopf.]

Frage: *Sie wären nicht glücklicher gewesen, wenn Sie mit Ihrer Familie den Krieg in der Schweiz abgewartet hätten? Nach dem Krieg hätten Sie sagen können ‚Wenigstens meine Familie ist unversehrt. Ich liebe sie. Ich bin gut gewesen. Ich habe nichts falsch gemacht'. Wären Sie damit nicht glücklicher gewesen?*

John: *Man muss das Richtige tun. Man muss nicht nur an sich selbst denken. Sicher muss man auch an sich selbst denken. Man muss essen, ein Zuhause haben. Aber man muss sich nicht darauf beschränken. Es ist nicht mein Ziel, nicht meine Devise, zu sagen, ich, ich, ich. Ich habe andere um mich herum gesehen, Leute von der Heilsarmee, sie sind sehr glücklich. Warum? Weil sie helfen. Ich sehe viele sehr reiche Leute, aber sie haben nicht genug. Ich denke, man wird glücklich, indem man anderen hilft. Davon bin ich überzeugt. Ich sehe es um mich herum. Ich sehe es an mir. Ich bin wirklich glücklich. Ich kann andere glücklich machen.*

Frage: *Als Sie davon sprachen, dass sie mit bestimmten Gaben ausgestattet sind und dass diese Gaben bestimmte Verpflichtungen bedeuten, erwähnten Sie nicht den Umstand, in eine reiche Familie oder in die niederländische Tradition zu helfen hineingeboren zu sein. Stattdessen erwähnten Sie als Gaben die Fähigkeit zu sprechen und zu hören, Dinge, mit denen jeder Mensch – bis auf wenige Ausnahmen – geboren wird. Trotzdem sprechen Sie davon als Gaben. Meinen Sie damit, dass allein die Gabe des Lebens bestimmte Verantwortung mit sich bringt?*

John: *Ja, das denke ich. Und ich bin glücklich darüber, dass ich meiner Verantwortung nachkommen kann.* [...][10]

Dagegen waren bei den Anhängern des Nationalsozialismus Glück und Selbstverständnis über die Gemeinschaft vermittelt. Ihr Hauptanliegen schien nicht persönliches Wohlergehen zu sein, sondern das Bedürfnis, die Gemeinschaft zu schützen.

10 Kristen Monroe, The Hand of Compassion, S. 114 f.

Identität ist wichtiger als Entscheidung – Konsequenzen aus den Befunden

Ich habe versucht, die empirischen Befunde zu nutzen, um zwei Fragen zu beantworten: (1) Wodurch werden Völkermorde wie der Holocaust verursacht? (2) Gibt es einen psychologischen Prozess, durch den universelle und möglicherweise angeborene menschliche Bedürfnisse nach Konsistenz und Selbstachtung zur Grundlage für moralisches Handeln werden, welches nicht auf Religion, Vernunft oder von außen aufgezwungenen Regeln und Gesetzen beruht?

Ich ging der Frage nach, was normale Menschen dazu bringt, zu Mördern zu werden und fand die Kategorisierung der ‚Anderen', die durch politischen Einstellungen unterstützte emotionale Distanzierung von ihnen als wichtigsten Faktor. Ich ging ebenso der Frage nach, was manche Menschen dazu bringt, ihr Leben und das ihrer Familien für Fremde zu riskieren. Hier war die moralische Haltung, die moralische Kraft des Individuums, besonders wichtig.

Was bedeuten diese Befunde in einem weiteren Sinn? Hat jeder Mensch eine moralische Haltung? Ja, und die psychologischen Unterschiede innerhalb des grundlegenden kognitiven Rahmens sind entscheidend dafür, wie wir uns gegenüber anderen verhalten. Ein Sinn für Moral mag angeboren sein, aber entscheidend ist, was durch Sozialisation und Lebenserfahrung dazu kommt.

Im Folgenden möchte ich das empirische Material in den größeren Zusammenhang moralischer Entscheidungen stellen und mich dabei auf die psychologische Dimension des Ethischen konzentrieren. Dabei geht es um eines der zentralen Themen der normativen politischen Wissenschaften, nämlich darum zu erhellen, warum wir andere so behandeln wie wir sie behandeln. Wenn wir Politik auffassen als diejenigen Handlungen, die sich auf andere auswirken, oder wenn wir über normative politische Handlungen sprechen, sind solche Überlegungen sicher auch relevant für eine Theorie der politischen Entscheidung.

Unsere moralischen Entscheidungen spiegeln unser grundlegendes Verständnis davon wider, wer wir im Verhältnis zu anderen sind. Identität begrenzt die moralische Entscheidung dadurch, dass sie eine Auswahl an Optionen nicht nur moralisch, sondern auch kognitiv definiert, die wir für möglich bzw. machbar halten. Identität wirkt, indem sie das Selbstverständnis des Handelnden im Verhältnis zu anderen durch seine Weltanschauung filtert, seinen Sinn für ontologische Sicherheit und seine idealtypischen Erkenntnismodelle. All das führt zu einem kognitiven Klassifikations- bzw. Kategorisierungssystem, welches eine bestimmte ethische Perspektive darstellt, durch die der Handelnde die Welt, die anderen und die moralische Entscheidungen erfordernden Situationen sieht. Dieser Prozess findet deshalb statt, weil Identität grundlegender ist als bewusstes Entscheiden. Ein großer Teil moralischen Verhaltens entspringt einem psychologischen Prozess, der spontan und intuitiv ist und Emotionen widerspiegelt, die bestimmen, wie wir uns selbst im Verhältnis zu anderen zum Zeitpunkt unseres Handelns sehen. Moralisches Verhalten beruht nicht allein auf bewusster Überlegung, obwohl diese dazu kommen kann. Aber wie wir unsere Entscheidungen reflektieren, mag mehr darüber aussagen, wer wir sind, als bewusste Begründungen auf der Basis logischen Denkens. Dieses dynamische Modell stellt Identität in den Mittelpunkt moralischer Entscheidungen. Um moralische Entscheidungen voraussagen zu können, müssen wir die politische Haltung des Handelnden zum Zeitpunkt der Handlung kennen. Es ist die ethische Einstellung, die die Verbindung zwischen den sozialen und den individuellen Einflüssen auf das Verhalten konstituiert. Um moralische Entscheidungen nachvollziehen zu können, müssen wir verstehen, welche Verbindung zwischen diesen Einflüssen und der entscheidenden Rolle von Identitätswahrnehmungen bei der Ableitung moralischen Verhaltens und moralischer Entscheidung besteht. Werden Helfen und friedliche Kooperation befördert oder Stereotype und Vorurteile, die zu ethnischen, religiösen, rassischer oder sektiererischen Konflikten und Gewalt führen?

Schlussfolgerung

Ich habe versucht, das unterschiedliche Verhalten von Menschen während der Nazizeit zu erklären, indem ich meine empirische Analyse des Altruismus und des Genozid nutzte, um daraus Überlegungen zur Frage moralischer Entscheidungen abzuleiten. Empirische Forschungen zum Verhalten im Zweiten Weltkrieg und während des Holocaust unterstreichen die Bedeutung von Identität und politischer Psychologie, von Charakter und Selbstbild, als entscheidenden Komponenten moralischer Entscheidungen. Das Verständnis davon, wer wir im Verhältnis zu anderen sind, ermöglicht eine Klassifizierung bzw. Kategorisierung anderer. Unsere Wahrnehmung Anderer wird gefiltert durch abstrakte kognitive Modelle, Weltanschauungen und das Gefühl ontologischer Sicherheit. Diese Einflussfaktoren bewirken die Klassifizierung Anderer und wirken sich auch auf normative politische Haltungen aus, mit denen wir die Formulierung unserer Ansprüche in Abgrenzung von Anderen begründen und dabei zwischen denen unterscheiden, denen wir uns moralisch verpflichtet fühlen im Unterschied zu denen, für die das nicht der Fall ist. Das erzeugt eine moralische Haltung, ein Gefühl, welches über das Mitleid mit der Not anderer hinaus geht und uns stattdessen handeln lässt, um das Leiden anderer zu mildern. All das mündet in ein normatives politisches Handeln, das Handeln danach differenziert, ob es moralisch empfehlenswert, neutral oder negativ ist. Es zeigt sich, dass die Kategorisierung und Klassifizierung anderer beeinflusst, wie wir diese behandeln. Jeder möchte gut behandelt werden. Die Anerkennung, dass andere ähnliche Bedürfnisse haben, begründet das universelle Recht auf gegenseitige Ansprüche: Wir behandeln andere so, wie wir selbst behandelt werden wollen. Da diese ethische Gegenseitigkeit ein wesentliches Element unserer menschlichen Fähigkeit zur intersubjektiven Kommunikation und des Bedürfnisses zur Grenzsetzung durch Kategorisierung ist, ist sie grundlegender als intellektuell begründetes Pflichtgefühl oder Religion. Tatsächlich scheint die Macht religiöser wie auch philosophischer Gebote daher zu rühren, dass sie die grundlegende Psychologie der Moral ansprechen.

Die in den politischen und sozialen Wissenschaften dominierende Dichotomie, welche das Individuum neben die Gruppe und sein Eigeninteresse neben oder gegen das Gemeinschaftsinteresse stellt, spiegelt sicher nicht die Art und Weise wider, wie unser Gehirn funktioniert. Sie wirft jedoch interessante Fragen auf, die unsere Beziehungen zu anderen und das, was wir für unser Wohlergehen als Individuen brauchen, betreffen. Die Frage der Identität aus dieser Perspektive zu betrachten, regt uns dazu an, unser grundlegendes Bedürfnis nach menschlichen Beziehungen und menschlicher Entfaltung zu überdenken. Insbesondere die Analyse der mentalen und kognitiven Verfassung der Retter legt nahe, dass das Bedürfnis nach anderen mehr ist als unser Bedarf an Kooperation bei eigenen individuellen Unternehmungen oder an Hilfe bei der Sicherung unseres Überlebens. Es ist ein wesentlicher Teil unserer menschlichen Natur, Akzeptanz und Bestätigung von anderen zu suchen. Wir können Selbstachtung und Selbstbewusstsein nur durch andere erlangen, die wir nur dann für uns beanspruchen können, wenn wir sie auch anderen zugestehen.

VI.

Verantwortung und Vergebung

Grenzen der Verantwortung

*Marc Lee Fellman**

Unsere Verantwortung im Rahmen des Holocaust zu verstehen und wahrzunehmen, ist ein gewaltiges Projekt, zu dem ich mit diesem Text beitragen möchte. An anderer Stelle habe ich einen Ansatz zur Frage der Verantwortung gegenüber der Erfahrung des Holocaust entwickelt, der moralische Verantwortung an der Schnittstelle der Ungeheuerlichkeit und Komplexität des Holocaust verortet.[1] Dabei bin ich von einem „Gewebe der Verantwortung" ausgegangen, das Praktiken einbezieht, die unterscheiden zwischen unserer moralischen Auseinandersetzung mit der Welt, moralischer Integrität als Interpretation von Verantwortung, unserer spezifischen Verantwortung gegenüber bestimmten Personen und der Rolle individueller Dispositionen. Ein weiterer Schwerpunkt lag auf der individuellen Handlungsfähigkeit und den Einflüssen, die diese im Zusammenhang der Holocausterfahrung bestimmen.

In diesem Text möchte ich dagegen den Schwerpunkt darauf legen, dass der Holocaust nicht etwas war, für das irgendetwas oder irgendjemand anders verantwortlich war. Dabei geht es mir um die Bedeutung von Verantwortung für den Holocaust, die über die geopolitischen Grenzen des nationalsozialistischen Deutschland hinausgeht. In diesem Verständnis ist der Holocaust in der europäischen Kultur und Zivilisation verankert. Oder, um es noch deutlicher zu sagen, das Nachdenken über Fragen der Verantwortung operiert mit dezidierten Annahmen über die Natur des Westens. An anderer Stelle habe ich das so formuliert: „Obwohl es stimmt, dass der Holocaust unsere stärksten Annahmen über den Charakter des Bösen bestätigt, ist es auch wahr, dass der Holocaust nicht in einer ganz anderen Welt stattfand ebenso wenig wie die Täter Monster waren."[2] Der Holocaust ist in Europa und durch Europäer passiert. Das ist gerade in ihrer vermeintlichen Klarheit eine durchaus provozierende Feststellung. Sie ist auf jeden Fall historisch zutreffend, birgt jedoch auch die Gefahr, das Verständnis der Verantwortung unscharf zu machen. Dieses Verständnis der Verantwortung

* Aus dem Englischen übersetzt von Wolfgang Bialas. Dieser hier überarbeitete Beitrag ist zuerst erschienen unter dem Titel „Borderlines of Responsibility" in: Marc Lee Fellman, Moral Complexity and the Holocaust, Lanham: University Press of America, 2009, S. 115–148.

1 Ebd.

2 Ebd., S. 2.

ist nicht neu. So benutze ich zur Unterstützung meiner Argumentation die Arbeiten von Peter Haas, Berel Lang und Zygmunt Bauman.[3]

Zunächst möchte ich jedoch Jacques Derridas Argumentation aus seinem Buch „Vom Geist: Heidegger und die Frage“[4] rekonstruieren, und hier insbesondere seine Behauptung einer geografischen, thematischen und ethischen Nähe von Nationalsozialismus und Holocaust zum Westen. Mit seiner Metapher vom Wald unterstreicht er eindringlich, dass sich der Nationalsozialismus nicht nur wegen des Schweigens und der Indifferenz des europäischen politischen, sozialen und ökonomischen Lebens entwickeln konnte, sondern, dass er auch in einer europäischen intellektuellen Tradition stand.

Im Anschluss an Derridas Überlegungen möchte ich wie folgt vorgehen: Zunächst werde ich zeigen, dass der Holocaust europäische Wurzeln hat und kein spezifisch deutsches Phänomen ist. Ich werde weiterhin argumentieren, dass diese europäischen Wurzeln es nahelegen, einen weiteren Referenzrahmen zum Verständnis der historischen Bedingungen des Holocaust und ein differenziertes Verstehen der moralischen Dimensionen dieser komplexen Ereignisse zu benutzen. Wenn es beispielsweise stimmt, dass der Holocaust ein europäisches Ereignis war, dann ist es problematisch, ihn im Rahmen des von der Aufklärung bestimmten Diskurses erklären zu wollen, der auch zur Rechtfertigung des Völkermords an den Juden benutzt wurde. Es ist unfassbar und absurd, dass Adolf Eichmann die philosophischen Prinzipien Kants zu seiner Verteidigung in Anspruch nehmen konnte,[5] wenn sein entsprechender Versuch auch nicht einer gewissen Ironie entbehrt. Eichmann war deshalb in der Lage, sich auf Kant zu beziehen, da dessen Sprache die der Moderne und insbesondere der modernen europäischen Moralphilosophie ist. In einem anderen Zusammenhang hat Hugo Ott[6] argumentiert, dass es Martin Heidegger, der vielleicht wichtigste deutsche Denker des 20. Jahrhunderts, war, der die deutsche Nation als Wiege und Retter der europäischen Zivilisation gesehen hatte. Ott schreibt, dass vor allem dieses Verständnis Heideggers von Deutschland als Retter des Westens dazu beigetragen hat, dass sich dieser zeitweise im Dunstkreis der nationalsozialistischen Propagandamaschine bewegt habe. Aus dieser Perspektive kann Eichmanns Bezug auf Kants Philosophie eine gewisse Logik nicht abgesprochen werden. Zu seiner Verteidigung stellte er sich in dieselbe intellektuelle Tradition wie Kant und später Heidegger. Eichmann war in der Lage, in der

3 Peter Haas, Morality After Auschwitz: The Radical Challenge of the Nazi Ethic, Philadelphia 1988; Berel Lang, Act and Idea in the Nazi Genocide, Chicago 1991; Zygmunt Bauman, Dialektik der Ordnung. Die Moderne und der Holocaust, Hamburg 1994.

4 Vgl. Jacques Derrida, Vom Geist: Heidegger und die Frage, Frankfurt a. M. 1988.

5 Vgl. Hannah Arendt, Eichmann in Jerusalem, München 1991, S. 174 f., wo sie beschreibt, wie Eichmann während seines Prozesses in einem Verhör durch Richter Raveh erwähnt, dass er Kants Kritik der reinen Vernunft gelesen habe und auf Nachfrage dann eine durchaus stimmige Definition des kategorischen Imperativs geben kann.

6 Vgl. Hugo Ott, Martin Heidegger. Unterwegs zu seiner Biographie, Frankfurt a. M. 1988.

Sprache der Moderne zu suggerieren, dass sich einige der wichtigsten Elemente des Nationalsozialismus auf Grundlagen der Moderne beziehen konnten. Auch wenn Eichmann die Tradition der Moderne zu seiner Rechtfertigung benutzen konnte, heißt das nicht, dass seine Interpretation der Moderne zutreffend ist. Obwohl die Moderne Ausgangspunkt unterschiedlicher und sogar gegensätzlicher Interpretationen war, bleibt doch ein Unbehagen angesichts dessen, dass sich Eichmann entschloss, zu seiner Verteidigung Elemente der westlichen philosophischen Tradition zu bemühen - um etwas zu verteidigen, von dem er offensichtlich überzeugt war.

Die Annahme, dass sich die moralische Verantwortung für den Holocaust nur im Kontext der Geschichte, Politik, Kultur und des intellektuellen Denkens Europas begreifen lässt, konkretisiert das Verständnis moralischer Verantwortung als eines komplexen Geflechts unterschiedlicher Aspekte. Die Verantwortung für den Holocaust lässt sich nur angemessen begreifen in Bezug auf eine Vielzahl von Ereignissen der Geschichte Europas, aus deren Zusammenspiel sie sich rekonstruieren lässt.

In seiner beeindruckenden Ideengeschichte des nazistischen Völkermords hat Lang sehr grundsätzlich das Problem der Verantwortung für den Holocaust diskutiert: „Ein Völkermord ist nicht wegen der Einzigartigkeit des Ereignisses etwas Besonderes, wie oft argumentiert wird, sondern wegen des Zusammenspiels der Verbrechen und ihrer Rechtfertigung.“[7] Es gab viele Völkermorde, und es wird sie wohl auch weiterhin geben.

Dabei sieht Lang selbst die Schwierigkeit, diese These zu begründen, wenn er den relativierenden Effekt kultureller und historischer Umstände auf die Art und Weise einräumt, in der Ideen einschließlich des moralischen Verstehens geprägt werden und zur Begründung des Handelns dienen. So schreibt er beispielsweise in seiner Einleitung: „Der Sinn für individuelle Handlungsfähigkeit oder Identität, der eine Bedingung des moralischen Bewusstseins ist, kann nicht von außen erzeugt werden. Niemand handelt oder spricht in moralischen Begriffen eines universellen Bewusstseins. Wenn sich aus der Geschichte der Ethik etwas lernen lässt, dann das, dass der Status moralischer Subjekte durch ihren Platz in Zeit und Raum bestimmt ist. Sie handeln immer als Individuen in einem bestimmten Kontext.“[8] An anderer Stelle schreibt Lang von der Bedeutung des historisch Spezifischen: „Es ist weder überraschend noch problematisch, dass wir wissen, was das Gute oder Böse ist, wenn wir ihm zum ersten Mal in der Geschichte begegnen und hier seine Veränderungen und Konsequenzen sehen. [...] Damit unterstelle ich nicht, dass Völkermord oder seine Beurteilung durch kulturelle Normen bestimmt sind, sondern nur, dass solche Normen unser moralisches Urteil beeinflussen.“[9]

7 Lang, Act and Idea in the Nazi Genocide, S. 4.
8 Ebd., S. XIV
9 Ebd., S. 29.

Die problematischen Seiten von Langs Position finden sich in diesen Zitaten. Einerseits sagt Lang, dass die Individuen immer in einem bestimmten Kontext handeln, ihr moralisches Leben also aus den Intuitionen, Entscheidungen und Handlungen der Individuen in konkreten Situationen folgt. Das moralische Bewusstsein oder die Fähigkeit der Handelnden, moralisch relevante Situationen zu verstehen, beruht auf der Verschmelzung von Entscheidungen und Urteilen über einen längeren Zeitraum und ist das direkte Ergebnis unserer Interaktionen und Erfahrungen mit anderen Menschen in dieser Welt.

Andererseits unterstellt Lang, dass wir wissen, dass Völkermord und seine Rechtfertigung verbrecherisch sind. In Langs Argumentation ist der nazistische Völkermord an den Juden sowohl als Ereignis als auch in seiner Rechtfertigung verbrecherisch. Mit anderen Worten, die Vernichtung der Juden war ein genuines Verbrechen. Wenn das stimmt, stellt sich jedoch die Frage, was Menschen dazu veranlasst, in der einen oder anderen Weise zu handeln. Wenn Menschen die moralischen Kriterien für ihr Handeln aus einer Quelle beziehen, die über die Singularität der Situation, in der sie handeln, hinausweist, dann könnte argumentiert werden, dass die Beurteilung des Holocaust lediglich die Anwendung bestimmter moralischer Prinzipien erfordert. Wenn tatsächlich die Entscheidungen und Handlungen der Individuen darin begründet sind, wie sie ihre besondere Situation verstehen, dann muss sich das Verstehen der moralischen Elemente ihres Handelns ebenfalls auf die Besonderheiten dieser Situation konzentrieren. Meiner Meinung nach lässt sich nicht nur beiden Interpretationen etwas abgewinnen, sondern sie ergänzen sich sogar, wobei die Schwierigkeit darin besteht, angemessen zu bestimmen, worin ihre Komplementarität besteht. Es ist wichtig, wie der Kontext interpretiert wird, da die moralische Perspektive entscheidend durch unsere individuellen Geschichten bestimmt werden, die ihrerseits moralisches Handeln erst ermöglichen.

Die Relevanz dieser Unterscheidungen für moralisches Handeln bezieht sich auf Langs These, dass der nazistische Völkermord an den Juden „das Paradigma moralischer Ungeheuerlichkeit“[10] darstellt. Diese Akzentuierung, so wichtig sie auch sein mag, kann zur Verschleierung der Tatsache führen, dass das Verstehen der moralischen Dimensionen des Holocaust über die Betonung seiner moralischen Ungeheuerlichkeit hinausgeht, die nur eine der Facetten seiner moralischen Komplexität ist. Gerade angesichts der Interpretation des Holocaust als Inkarnation des Bösen ist es wichtig, diese These zu formulieren. In seinem Buch „Morality after Auschwitz“ hat Haas gegen die Interpretation des Holocaust als Idealisierung des Bösen argumentiert. Mit Blick darauf, dass die moderne Welt klassische kosmologische Standards von richtig und falsch behauptet, schreibt Haas: „Den Holocaust und seine Akteure weiterhin in Begriffen von Schuld und Unschuld zu beschreiben, macht es unmöglich, diese

10 Ebd., S. 8.

modernen Einsichten zu berücksichtigen. Vielmehr erscheint der Holocaust dann als eine Art mittelalterliches Stück über die Moral, in der sich Engel und Teufel bekämpfen. Auch wenn das emotional befriedigend sein mag, vereinfachen solche Beschreibungen doch die Natur des Bösen und verhindern jedes tiefere Verständnis dessen, was in Europa geschehen ist."[11]

Auch wenn Lang solche Überlegungen nicht fremd sind, verfolgt er doch eine Argumentation, die die Ungeheuerlichkeit des Holocaust auf Kosten seiner Komplexität herausstellt, was zugleich bestimmte moralische Schlussfolgerungen einschließt. Zum Beispiel behauptet Lang, dass im nazistischen Völkermord an den Juden „die Täter sich bewusst dafür entschieden haben, aus Prinzip verbrecherisch zu handeln, was selbst nach ihren eigenen Standards verbrecherisch war".[12] Langs Ansatz berücksichtigt nicht hinreichend, dass sich moralisch komplexe Ereignisse wie der Holocaust solchen Verallgemeinerungen verweigern. Eine solche Verallgemeinerung setzt bereits voraus, was die Untersuchung erst zeigen soll, dass nämlich die Täter des Holocaust einschließlich der Augenzeugen in Haas' Worten „wussten, was vor sich ging, es wenigstens moralisch akzeptabel fanden und bewusst entsprechend handelten".[13] Haas' differenziertere Herangehensweise zum Verstehen moralischer Verantwortung der Ereignisse des Holocaust ermöglicht es, besser zu verstehen, was es heißt, moralisch zu handeln.

Lang dagegen scheint ein eingeschränktes Konzept moralischer Verantwortung zu verfolgen, wenn er schreibt: „Vorausgesetzt, wir haben die erforderlichen Erkenntnisse, um die verschiedenen Momente des Völkermords zu erfassen und sind immer noch überzeugt davon, dass die Täter nur das getan haben, was sie für richtig hielten, wobei wir zudem unterstellen, dass Ignoranz noch nicht strafbar ist, so haben wir jede Hoffnung aufgegeben, moralisches Urteil und moralisches Handeln von dem unterscheiden zu können, was Menschen nun einmal zu einem gegebenen Zeitpunkt tun."[14]

Ich denke nicht, dass es plausibel ist, Langs Schlussfolgerung zu folgen, wir müssten unsere Fähigkeit, moralische Urteile zu formulieren, dann aufgeben, wenn wir annehmen, dass die Täter des Holocaust geglaubt haben, ihr Handeln sei moralisch gerechtfertigt. Die Möglichkeit, dass viele Europäer, die am Holocaust beteiligt waren, egal ob im Zentrum oder an der Peripherie des Geschehens, tatsächlich glaubten, dass ihr Handeln im Rahmen der geltenden Moral vertretbar war, verweist zumindest darauf, dass wir in unserer Analyse über die zeitgenössischen moralischen Urteile hinausgehen müssen. Die Beziehung zwischen Schuld und dem Wissen von richtig und falsch ist nicht immer

11 Haas, Morality After Auschwitz, S. 2.
12 Lang, Act and Idea in the Nazi Genocide, S. 22.
13 Haas, Morality after Auschwitz, S. 2.
14 Lang, Act and Idea in the Nazi Genocide, S. 28.

so eindeutig wie von Lang unterstellt. In einigen Fällen mag es möglich sein, Verantwortung unter Berücksichtigung der Ignoranz und moralischen Überzeugungen der Handelnden eindeutig zu bestimmen. Es gibt jedoch auch Beispiele, bei denen das nicht so eindeutig möglich ist. Ein Beispiel dafür sind die Führer der Alliierten, die, obwohl sie vom Schicksal der Juden wussten, nicht einmal versuchten, die Maschinerie des Völkermords an den Juden zu stoppen. Obwohl sich dieses Beispiel von den Situationen unterscheidet, die Lang untersucht, verweist es meiner Meinung nach doch auf die Grenzen einer reduktionistischen Betrachtung dieser Probleme. Mehr noch, wie von John L. Mackie herausgestellt, müssen insbesondere Fälle unter „Bedingungen des Unrechts" berücksichtigt werden, die „Situationen beschreiben, in denen sich Menschen extrem inhuman verhalten, gleichzeitig aber jeder einzelne Schritt hin zu einem solchen Verhalten vernünftig und unvermeidbar erscheint".[15]

Mein genereller Einwand betrifft die Annahme, dass viele Europäer auf unterschiedlichen Ebenen ihrer Beteiligung am Holocaust geglaubt haben, dass die Ereignisse des Holocaust im Rahmen des bestehenden Wertesystems einer komplexen moralischen Topografie guten Gewissens unterstützt werden konnten. Wenn ich zum Beispiel argumentiere, dass viele Menschen glaubten, dass die über einen längeren Zeitraum eingeführte Politik der Diffamierung, des Ausschlusses und der Deportation der Juden, die schließlich zu ihrer Vernichtung führte, Unterstützung verdienten, benutze ich mit Absicht die Formulierung „geglaubt haben", um die verschiedenen Modi des Wissens dieser Ereignisse einzubeziehen, die den Holocaust konstituiert haben, ebenso wie die Möglichkeiten, ein solches Wissen zu erlangen, es zu verinnerlichen und ihm eine bestimmte Bedeutung in Übereinstimmung mit dem damals vorherrschenden Antisemitismus zuzuschreiben.

Abgesehen von den Fragen, die diejenigen betreffen, die direkt am Massenmord an den europäischen Juden beteiligt waren, gibt es noch zahlreiche andere Dimensionen des Holocaust, die von Langs Ansatz nicht hinreichend erfasst werden. Zum Beispiel gibt es außer der deutschen auch Mitglieder verschiedener anderer europäischer Regierungen, die aus eigener Initiative ihre eigenen Lösungen der Judenfrage einführten. Es gab Verantwortliche in den Ländern der Alliierten, die, obwohl sie von der Existenz der Vernichtungslager wussten, sich dagegen entschieden, etwas gegen den Massenmord an den Juden zu unternehmen. Es gab andere Regierungsmitglieder, die bestenfalls indifferent blieben oder die sogar mit den Nationalsozialisten in ihrem Versuch, Europa judenfrei zu machen, kollaborierten. Es gab eine große Anzahl von Menschen in allen europäischen Ländern, die dem Holocaust zustimmten. Und es gab Millionen von Menschen, die Augenzeugen der Deportationen und auch der Ermordung

15 John L. Mackie, The Miracle of Theism: Arguments for and against the Existence of God, Oxford 1982, S. 162.

der Juden in den Dörfern und Städten Europas waren, die aus Angst schwiegen. Alle diese Menschen haben dabei eine moralische Position eingenommen, die sie mit dem Völkermord an den europäischen Juden in Verbindung brachte.

Bedenken habe ich auch gegenüber einem anderen Ansatz Langs, nämlich dem von ihm behaupteten Zusammenhang zwischen dem Völkermord und seiner Rechtfertigung einerseits und den vorsätzlich verübten Verbrechen andererseits. Langs Begründung dieses Zusammenhangs möchte ich im Folgenden genauer betrachten. Er bedenkt die Idee einer nazistischen Rechtfertigung der Politik des Völkermords aufgrund seiner Zweckmäßigkeit und seines Nutzens, weist diese Idee wegen ihrer inneren Widersprüche jedoch zurück. Lang argumentiert, dass die Behauptung der Nazis, die Juden seien eine Bedrohung des deutschen Volkskörpers, jeder Plausibilität entbehre. Die Verwendung medizinischer und biologischer Metaphern durch nationalsozialistische Ideologen zitiert Lang als Beispiel dafür, dass diese mit ihrem Versuch, Prinzipien des Utilitarismus anzuwenden, gescheitert seien.[16] Lang sagt zu Recht, dass die nazistische Politik des Völkermords bei einer Reihe von Gelegenheiten mit den Erfordernissen der Selbsterhaltung in Konflikt geriet, woraus er die Schlussfolgerung zieht, dass Selbsterhaltung und das Nutzenkalkül für die Nazis offensichtlich nicht entscheidend waren. Lang kommt dann zu der allgemeineren Schlussfolgerung, dass „die Nazis bewusst das Risiko eingingen, den Krieg zu verlieren, ungeachtet der Konsequenzen, die das für ihr persönliches Überleben und das der Nation hatte, um den Krieg gegen die Juden erfolgreich führen zu können".[17]

Für Lang sind die Widersprüche zwischen dem Programm zur Vernichtung der Juden und dem Wert der Selbsterhaltung nirgends so gut sichtbar wie im Verhältnis zwischen dem Krieg gegen die Alliierten und dem Krieg gegen die Juden. Lang nutzt diesen Widerspruch, um eine utilitaristische Erklärung des Völkermords als problematisch nachzuweisen. Dabei sollten wir bedenken, dass diese beiden sogenannten Kriege in vieler Hinsicht sehr unterschiedlich waren und deshalb, wenig überraschend, in Konflikt mit den immer knapper werdenden Ressourcen kamen. In der Tat ist es wenig überraschend, dass sich der Ressourcenkonflikt, den Lang am Beispiel der Eisenbahntransporte diskutiert, selbst zwischen verschiedenen Abteilungen des Militärs zeigte, je knapper die Ressourcen wurden. Langs Argument hebt mehr auf die Bedeutung ab, die der Judenfrage als wichtigem Bestandteil der nationalsozialistischen Ideologie beigemessen wurde, als auf die moralischen Dimensionen des Holocaust. Man könnte sogar sagen, dass Langs Beschreibung des Konflikts zwischen dem Krieg gegen die Juden und dem Krieg gegen die Alliierten mehr über die Logistik der Verteilung knapper Ressourcen sagt (in diesem Fall der Eisenbahntransporte) als über die moralische Ungeheuerlichkeit des Holocaust.

16 Als Beispiele der Verwendung solcher Metaphern zitiert Lang „Krebs", „Pest" und „Tuberkulose"; vgl. Lang, Act and Idea in the Nazi Genocide, S. 16.

17 Ebd.

Noch wichtiger ist die Frage nach der Evidenz, die Lang für seine Annahme bewusst verübter Verbrechen gibt. Nimmt man die von ihm angeführten Primärquellen, sind die auf ihrer Grundlage gezogenen Schlussfolgerungen bestenfalls widersprüchlich. Ein Beispiel ist hier Langs Zitat aus Heinrich Himmlers Rede vom 10. Juni 1943 vor SS-Offizieren und hohen Parteifunktionären in Posen, in der er sagte: „Es musste der schwere Entschluss gefasst werden, dieses Volk von der Erde verschwinden zu lassen. ... Man wird vielleicht in ganz später Zeit sich einmal überlegen können, ob man dem deutschen Volke etwas mehr darüber sagt. Ich glaube, es ist besser, wir – wir insgesamt – haben das für unser Volk getragen, haben die Verantwortung auf uns genommen (die Verantwortung für eine Tat, nicht für eine Idee) und nehmen dann das Geheimnis mit in unser Grab.“[18]

Auch wenn Lang eher beiläufig auf dieses Zitat im Zusammenhang der Geheimhaltung des Holocaust verweist, ist sein Anliegen dennoch, die Aufmerksamkeit auf Himmlers Verständnis moralischer Verantwortung zu lenken. Auch wenn das Problem der Geheimhaltung hier zweifellos eine wichtige Rolle spielt, ist für mich nicht ersichtlich, dass sich Himmler in dieser Rede bewusst ist, von einem Verbrechen zu reden. Um das zu illustrieren, möchte ich aus einer weiteren Rede Himmlers vor SS-Gruppenführern vom 4. Oktober 1943 in Posen zitieren:

„Ich will hier vor Ihnen in aller Offenheit, auch ein ganz schweres Kapitel erwähnen. Unter uns soll es einmal ganz offen ausgesprochen sein, und trotzdem werden wir in der Öffentlichkeit nie darüber reden. [...] Ich meine jetzt die Judenevakuierung, die Ausrottung des jüdischen Volkes. Es gehört zu den Dingen, die man leicht ausspricht. – ‚Das jüdische Volk wird ausgerottet‘, sagt ein jeder Parteigenosse, ganz klar, steht in unserem Programm ‚Ausschaltung der Juden, Ausrottung, machen wir‘. Und dann kommen sie alle an, die braven 80 Millionen Deutschen, und jeder hat seinen anständigen Juden. Es ist ja klar, die anderen sind Schweine, aber dieser eine ist ein prima Jude. Von allen, die so reden, hat keiner zugesehen, keiner hat es durchgestanden. Von Euch werden die meisten wissen, was es heißt, wenn 100 Leichen beisammen liegen, wenn 500 daliegen oder wenn 1 000 daliegen. Dies durchgehalten zu haben, und dabei – abgesehen von Ausnahmen menschlicher Schwächen – anständig geblieben zu sein, das hat uns hart gemacht. Dies ist ein niemals geschriebenes und niemals zu schreibendes Ruhmesblatt unserer Geschichte, denn wir wissen, wie schwer wir uns täten, wenn wir heute noch in jeder Stadt – bei den Bombenangriffen, bei den Lasten und bei den Entbehrungen des Krieges – noch die Juden als Geheimsaboteure, Agitatoren und Hetzer hätten. Wir würden wahrscheinlich jetzt in das Stadium des Jahres 1916/17 gekommen sein, wenn die Juden noch im deutschen Volkskörper säßen.

Die Reichtümer, die sie hatten, haben wir ihnen abgenommen. Ich habe einen strikten Befehl gegeben, den SS-Obergruppenführer Pohl durchgeführt hat, dass diese Reichtümer selbstverständlich restlos an das Reich abgeführt wurden. Wir haben uns nichts davon genommen. Einzelne, die sich verfehlt haben, werden gemäß einem von mir zu Anfang gegebenen Befehl bestraft, der androhte: Wer sich auch nur eine Mark davon nimmt, der ist des Todes. Eine Anzahl SS-Männer – es sind nicht sehr viele – haben sich dagegen verfehlt und sie werden des Todes sein, gnadenlos. Wir hatten das moralische Recht, wir hatten die Pflicht gegenüber unserem Volk, dieses Volk, das uns umbringen wollte, umzubringen. Wir haben aber nicht das Recht, uns auch nur mit einem Pelz, mit

18 Lang, Act and Idea in the Nazi Genocide, S. 3.

einer Uhr, mit einer Mark oder mit einer Zigarette oder mit sonst etwas zu bereichern. Wir wollen nicht am Schluss, weil wir einen Bazillus ausrotteten, an dem Bazillus krank werden und sterben. Ich werde niemals zusehen, dass hier auch nur eine kleine Fäulnisstelle entsteht oder sich festsetzt. Wo sie sich bilden sollte, werden wir sie gemeinsam ausbrennen. Insgesamt aber können wir sagen, dass wir diese schwerste Aufgabe in Liebe zu unserem Volk erfüllt haben. Und wir haben keinen Schaden in unserem Inneren, in unserer Seele, in unserem Charakter daran genommen."[19]

In diesem ebenso wie in dem vorigen Zitat ist die Rede von moralischer Verantwortung, die hier am Konzept moralischer Stärke entwickelt wird. Entscheidend ist in Himmlers Rede die Verwendung der Begriffe Recht und Pflicht. Himmler legt dabei großen Wert auf die Feststellung, dass das moralische Universum der nationalsozialistischen Ideologie in strikter Übereinstimmung mit dem Buchstaben des Gesetzes steht. Hier sollte zumindest das von Himmler unterstellte Wissen des Unrechtshandelns hinterfragt werden. Egal, ob man Himmlers Anspruch auf Offenheit wörtlich nimmt, legt es der Zusammenhang, in dem er diese Rede gehalten hat, doch nahe, dass sowohl Himmler als auch seine Zuhörer an das geglaubt haben, was da gesagt wurde.

In einem anderen Abschnitt der gleichen Rede geht Himmler so weit, die Vernichtung der Juden als moralisches Dilemma darzustellen, wenn er schreibt:

„Es musste der schwere Entschluss gefasst werden, dieses Volk von der Erde verschwinden zu lassen. Für die Organisation, die den Auftrag durchführen musste, war es der schwerste, den wir bisher hatten. Er ist durchgeführt worden, ohne dass – wie ich glaube sagen zu können – unsere Männer und unsere Führer einen Schaden an Geist und Seele erlitten hätten. Diese Gefahr lag sehr nahe. Der Weg zwischen den beiden hier bestehenden Möglichkeiten, entweder zu roh zu werden, herzlos zu werden und menschliches Leben nicht mehr zu achten oder weich zu werden und durchzudrehen bis zu Nervenzusammenbrüchen – der Weg zwischen dieser Scylla und Charybdis ist entsetzlich schmal."[20]

In diesem Zitat scheint Himmlers Verweis auf die schwerste Aufgabe, die seine Organisation jemals durchführen musste, so abwegig diese auch heute erscheinen mag, den Bezug auf ein wirkliches moralisches Problem nahezulegen. Basierend auf seinem Verständnis der Situation stellt Himmler fest, dass diese Aufgabe in bewundernswerter Weise gelöst wurde, ohne dass die Täter dieser Verbrechen dabei ihre Menschlichkeit verloren hätten.

Himmlers Annahme, dass er persönlich durch den Führer, und damit auch das deutsche Volk, mit der moralisch begründeten Mission der Judenvernichtung betraut war, muss ebenfalls im zeitgenössischen Kontext betrachtet

19 Rede des Reichsführers-SS bei der SS-Gruppenführertagung in Posen vom 4. Oktober 1943, S. 25 (http://www.1000dokumente.de/index.html?c=dokument_de&dokument=0008_pos&object=pdf&st=REDE%20DES%20REICHSF%C3%BCHRERS%20SS&l=de; 14.2.2017). Vgl. auch Smith/Peterson, Heinrich Himmler. Geheimreden, S. 169–171.

20 Bradley F. Smith/Agnes F. Peterson (Hg.), Heinrich Himmler. Geheimreden 1933 bis 1945 und andere Ansprachen, Frankfurt a. M. 1974, S. 169–171, hier 169f.

werden. Himmler glaubte des Weiteren, dass diese Mission nur unter moralischen Rahmenbedingungen erfüllt werden konnte, die die Probleme derjenigen, die den Massenmord an den Juden auszuführen hatten, befriedigend beantworten würden. Diese Fragen sowie die wichtige Frage der Geheimhaltung sind in Himmlers Rede anlässlich eines Treffens von Generälen und Mitgliedern des Führerhauptquartiers im Mai 1944 angesprochen:

„Die Judenfrage ist in Deutschland und im Allgemeinen in den von Deutschland besetzten Gebieten gelöst. [...] Sie mögen mir nachfühlen, wie schwer die Erfüllung dieses mir gegebenen soldatischen Befehls war, den ich befolgt und durchgeführt habe aus Gehorsam und aus vollster Überzeugung. Wenn Sie sagen: ‚Bei Männern sehen wir das ein, nicht aber bei Kindern', dann darf ich an das erinnern, was ich in meinen ersten Ausführungen sagte. [...] Wir sind m. E. auch als Deutsche bei allen so tief aus unserer aller Herzen kommenden Gemütsregungen nicht berechtigt, die hasserfüllten Rächer groß werden zu lassen, damit dann unsere Kinder und unsere Enkel sich mit denen auseinandersetzen müssen, weil wir, die Väter und Großväter, zu schwach und zu feige waren und ihnen das überließen."[21]

Dieses Zitat lässt sich auf verschiedene Weise interpretieren. Ich argumentiere, dass Himmler vor einem größeren Publikum hier moralische Grundregeln mit Blick auf die Vernichtung der Juden behauptet, die sich von dem unterscheiden, was wir bisher gehört haben. Himmler scheint vor einem Kreis von Zuhören, der über den engen Zirkel überzeugter Anhänger der Partei hinausgeht, für ein neues Verständnis der Behandlung der Juden zu plädieren. Diese Feststellung ist wichtig, da sie nahelegt, dass Himmler selbst überzeugt war von dem, was er sagte, und es ihm hier darum ging, seine Zuhörer davon zu überzeugen, entsprechend ihre Pflicht zu tun. Dabei bin ich mir natürlich dessen bewusst, dass es angesichts der Umstände schwierig ist, sicher zu sagen, was Himmler wirklich glaubte.

Ich komme nun auf die Frage der Geheimhaltung zurück, insofern diese von Bedeutung für das größere Problem bewussten Unrechtshandelns ist. Peter Padfield argumentiert, dass Himmler in dieser Rede vor Zuhörern, die nicht den engeren Parteizirkeln angehören, die Bedeutung der Endlösung zu erklären versucht, womit er probiert haben könnte, diese auf ihre Mittäterschaft zu verpflichten, zugleich aber den berechtigten Stolz darüber auszudrücken, die Vernichtung eines Großteils der europäischen Juden unter Überwindung beträchtlicher moralischer und praktischer Probleme erreicht zu haben.[22] Ich möchte darauf verweisen, dass noch weniger als ein Jahr früher Himmler seine Posener Zuhörer darauf eingeschworen hatte, die Judenvernichtung geheim zu halten und dieses Geheimnis mit ins Grab zu nehmen. Diese Enthüllungen des Jahres 1944 relativieren die Ernsthaftigkeit, mit der Himmler auf der Geheimhaltung der Judenvernichtung bestand. Das trifft auch für die Notwendigkeit zu, keine Verbindung zwischen der Judenvernichtung und einem entsprechenden

21 Himmlers Rede vom 5. Mai 1944. In: Smith/Peterson, Heinrich Himmler. Geheimreden, S. 202.

22 Peter Padfield, Himmler. Reichsführer SS, London 1990.

Führerbefehl herzustellen. In dem gerade zitierten Abschnitt legt die Formulierung „die Erfüllung dieses mir gegebenen soldatischen Befehls" einen von Hitler selbst gegebenen Befehl zur Vernichtung der Juden nahe.

In seinem Buch „Das Dritte Reich und die Juden"[23] untersucht Saul Friedländer Aspekte von Himmlers berüchtigter Posener Rede. In seinem Versuch, das Warum und nicht das Wie der Endlösung zu verstehen, verweist Friedländer auf die extreme Dissonanz zwischen dem Völkermord an den Juden und der Vorstellung, diese könne in einer moralisch befriedigenden Weise durchgeführt werden, wobei er berücksichtigt, dass sich Himmler selbst der moralischen Ungeheuerlichkeit seiner Worte bewusst war, was in seinem Schlüsselsatz „Dies ist ein niemals geschriebenes und niemals zu schreibendes Ruhmesblatt unserer Geschichte"[24] deutlich wird. Wie Friedländer schreibt, deutet dieser Satz Himmlers Überzeugung an, dass auch künftige Generationen die Bedeutung der Judenvernichtung nicht verstehen würden. Zusammen mit Himmlers Schwur der Geheimhaltung lege dieser Satz nahe, dass Himmler selbst hier Zweifel gehabt haben könnte. Friedländer scheint zu argumentieren, dass mit der Eskalierung moralischer Ungeheuerlichkeit die Notwendigkeit der Geheimhaltung der moralischen Grenzüberschreitung einhergeht.

Es gibt gewichtige Gründe, Langs Argument einer inneren Verbindung des Holocaust und seiner Rechtfertigung mit dem Wissen des verbrecherischen Charakters des eigenen Handelns und dem Problem der Geheimhaltung zu problematisieren. Entsprechende Belege finden sich in dem Band mit Primärquellen „Schöne Zeiten - Judenmord aus der Sicht der Täter und Gaffer", in dessen Einleitung die Herausgeber darauf verweisen, dass es sich bei den veröffentlichten eindringlichen Dokumenten auch „um authentische Texte (Tagebücher, Briefe und Berichte), aber auch um (Geständnis-)Protokolle und Verhörprotokoll [handelt], in denen die Mörder, Mittäter und Gaffer in der Rückschau ungeschminkt vor den ermittelnden Behörden schildern, wie der Massenmord an den Juden organisiert und bis zum bitteren Ende durchgeführt wurde."[25]

Das Buch enthält auch eine Reihe von Fotos, die nichtfanatische Mörder oder Bestien zeigen, die unsere Abscheu provozieren würden, sondern Täter (angefeuert von Zuschauern), die ihre Arbeit verrichten, und danach erschöpft und zufrieden ein paar Bier genießen. Diese Bilder zeigen Menschen, die nicht den Eindruck vermitteln, dass sie sich bewusst waren, aktiv an ungerechtfertigten Morden beteiligt zu sein. Zu sehen sind eher willige Erfüllungsgehilfen in der Maschinerie des Holocaust. Das explizite Material zeigt klar das Ausmaß, in dem die nationalsozialistische Weltanschauung im öffentlichen Bewusstsein

23 Vgl. dazu Saul Friedländer, Das Dritte Reich und die Juden, München 2006.

24 Rede des Reichsführers-SS bei der SS-Gruppenführertagung in Posen am 4.10.1943, S. 25 (https://www.1000dokumente.de/index.html?c=dokument_de&dokument=0008_pos&object=translation&st=POSEN&l=de; 14.2.2017). Vgl. auch Smith/Peterson, Heinrich Himmler. Geheimreden, S. 169–171.

25 Ernst Klee/Willi Dreßen/Volker Rieß (Hg.), Schöne Zeiten – Judenmord aus der Sicht der Täter und Gaffer, Frankfurt a. M. 1997, Vortitelblatt.

der Deutschen als Teil des Zeitgeistes verankert war und von großen Teilen der Bevölkerung offensichtlich als normal angesehen wurde. Auf Bildern aus Auschwitz, die 2006 gefunden wurden, dem sogenannten Hoecker-Album, sieht man Täter, die sich in einer Villa in der Nähe von Auschwitz erholen.[26] Diese Bilder unterstützen den Eindruck der von Ernst Klee, Willi Dreßen und Volker Rieß in ihrem Buch veröffentlichten Fotos.

Klee, Dreßen und Rieß behaupten, dass diese Bilder belegen, was für alle Gesellschaften und nicht nur das Naziregime der Fall zu sein scheint, dass nämlich die Werte, die das Verhalten der Täter des Holocaust bestimmt haben, diese auch dazu befähigt hätten, ihr Verhalten entsprechend moralisch zu rechtfertigen. Die nationalsozialistische Ethik wurde von ihren Anhängern als angemessenes ethisches System zur Unterscheidung von richtigem und falschem Verhalten gesehen. Oder, um es anders zu formulieren, der Zusammenhalt sozialer Gemeinschaften verdankt sich einer gemeinsamen Ethik, die diesen Zusammenhalt stiftet: Ethische Systeme bestimmen das Verhalten der Menschen. Dagegen erscheint es wenig plausibel anzunehmen, dass die Täter und Augenzeugen des Holocaust nicht in der Lage waren, zwischen richtigem und falschem Verhalten zu unterscheiden. Sicher gab es hier auch Menschen, die das, was sie taten, für falsch hielten. Worauf ich hinaus will ist, dass ein möglicher Effekt nationalsozialistischer Politik darin bestanden haben könnte, das Unterscheidungsvermögen der am Holocaust Beteiligten zwischen moralischem und unmoralischem Verhalten zu schwächen. Wenn das stimmt, dann ist es auch möglich, dass der Holocaust ein schockierendes Beispiel dafür ist, wie eine bestimmte Weltsicht, die der Nazis, die Haltung und das Verhalten großer Teile der Bevölkerung systematisch dehumanisieren und die Ermordung großer Teile der eigenen Bevölkerung als moralische Routine erscheinen lassen konnte. Erreicht wurde die Zersetzung des moralischen Lebens durch Propaganda.

Ich denke, dass einiges für dieses Argument spricht, auch wenn es noch weiter ausgeführt werden muss. Die Beispiele täglicher Routine der Täter, die Klee, Dreßen und Rieß vorlegen, legen nahe, dass diesen moralisches Unbehagen fremd war. Natürlich kann auch hier der Schein trügen. Es widerspricht unserer Intuition zu glauben, dass die Täter des Holocaust agierten, ohne dabei einen moralischen Konflikt zu verspüren. Noch schwerer fällt es uns zu glauben, dass die nationalsozialistische Ideologie von großen Teilen der Bevölkerung akzeptiert wurde. Auch die weniger starke Aussage, dass die Täter des Holocaust ihre Arbeit für moralisch unbedenklich hielten, ist nicht eindeutig zu belegen. Klee, Dreßen und Rieß selbst zitieren zahlreiche Beispiele aus Tagebüchern, Berichten und Aussagen derjenigen, die mit der Umsetzung der Endlösung betraut waren, die belegen, dass diese angesichts des Massenmordes mit schwerwiegenden psychischen Problemen zu kämpfen hatten. Himmler selbst hat in seiner

26 United States Holocaust Memorial Museum (http://collections.ushmm.org/search/catalog?utf8=✓&q=hoecker+album&search_field=all_fields&f[record_type_facet][]=Photograph&commit=search; 27.3.2016).

Posener Rede vom 4. Oktober 1943 die moralische und psychische Stresssituation der Täter des Holocaust zugestanden. Von Himmler wird berichtet, dass er, als er bei einem Besuch in Minsk Zeuge von Massenhinrichtungen durch die SS wurde, physisch zusammengebrochen sei. SS-General Karl Wolff, Himmlers Verbindungsoffizier zum Führerhauptquartier, berichtet dazu Folgendes:

> „Ein Grab war ausgehoben worden, in das sie hineinspringen und mit dem Gesicht nach unten legen mussten. Himmler hatte noch nie zuvor Tote gesehen und stellte sich deshalb neugierig direkt an den Rand des offenen Grabes. Während er hineinschaute, hatte er das Pech, dass das Gehirn eines derjenigen, der gerade per Kopfschuss getötet worden war, ihm auf den Mantel und ich glaube sogar ins Gesicht spritzte, woraufhin er grün und bleich wurde. Er musste sich nicht übergeben, schwankte jedoch, sodass ich ihn festhalten und vom Grab wegführen musste."[27]

Es ist anzunehmen, dass die Auswirkungen auf den moralischen Charakter derjenigen, die den Holocaust ausführen oder aber wahrnehmen mussten, enorm waren. Sicher ist auch, dass ein solches Trauma nicht vereinzelt auftrat. Klees, Dreßens und Rieß' Annahme, dass die deutsche Bevölkerung insgesamt die letztendliche Entscheidung der Nazis guthieß, alle Juden Europas zu ermorden, lässt sich jedoch kaum belegen. Es ist nicht möglich, die Überzeugungen der Gesamtbevölkerung aus den Überzeugungen eines Teils der Bevölkerung zu extrapolieren, so repräsentativ dieser Teil auch sein mag. Schließlich, um meine ausführliche Diskussion von Langs Argumentation zusammenzufassen, schwächen die Belege von Klee, Dreßen und Rieß meiner Meinung nach Langs zu stark verallgemeinerten Anspruch, dass die Ereignisse des Holocaust notwendig mit dem Wissen der Täter um das Verbrecherische ihres Tuns verbunden waren.

Es spricht viel dafür, moralische Verantwortung zu erweitern und auch die alltägliche Entfremdung, Brutalisierung und Ghettoisierung der europäischen Juden einzubeziehen. Mit Blick auf diesen allgemeineren Sinn moralischer Verantwortung wird ein größeres Feld antisemitischer Maßnahmen europäischer Regierungen erfasst, einschließlich der Verbreitung rassistischer Propaganda, der Enteignung jüdischen Eigentums, ökonomischer und rechtlicher Ausgrenzung und abschließender Deportation und Ghettoisierung, deren Geheimhaltung nicht möglich war.

Einige meinen, dass es eine stillschweigende Übereinstimmung nicht nur hinsichtlich weniger extremer Manifestationen des Antisemitismus gab, sondern auch hinsichtlich der Politik des Massenmords. So schreibt Padfield: „Himmlers und Heydrichs Lösungen des Bevölkerungsproblems in den besetzten Gebieten und des biologischen Problems der Juden und Zigeuner waren zweifellos radikal. Dennoch wurden diese Lösungen von allen, die zur Führung der Partei gehörten, unterstützt, ebenso wie von den Ärzten, Richtern, Akademikern, Industriellen und Führungskräften, die der Partei und der SS dienten. Sie erhielten ebenfalls beträchtliche Zustimmung von denen, die dieser Gruppe nicht angehörten."[28]

27 Zit. nach Martin Gilbert, The Holocaust: The Jewish Tragedy, London 1987, S. 191.
28 Padfield, Himmler, S. 348.

Zugegeben, Padfield zitiert nur Beispiele der Zustimmung der militärischen Führung als Beleg für eine breite Zustimmung der Bevölkerung zur nationalsozialistischen Ideologie, die zur Endlösung führte. Entscheidend ist hier jedoch, dass die Verpflichtung auf die Idee der Vernichtung aller Juden innerhalb des sich vergrößernden Reichs für mehr als nur einen engen Kreis von Fanatikern verbindlich war.

Einen detaillierten Überblick über die formalen Prozeduren innerhalb der SS hinsichtlich der Geheimhaltung und ihres Verständnisses der Unterscheidung zwischen moralisch akzeptablem und moralisch inakzeptablem Verhalten findet sich in der von Klee, Dreßen und Rieß herausgegebenen Sammlung von Dokumenten. So gibt es ein geheimes Urteil des Obersten SS- und Polizeigerichts München zum Fall des SS-Untersturmführers Max Taubner, der angeklagt wurde, Juden ohne Befehl und in einer eines SS-Offiziers unwürdigen Weise getötet zu haben. Weiterhin wurde ihm vorgeworfen, die Erschießungen fotografiert und den Film ohne Rücksicht auf die notwendige Geheimhaltung in deutschen Geschäften entwickelt und die Fotos dann seiner Frau und seinen Freunden gezeigt zu haben. Dieses Beispiel wirft einige Fragen auf. Zunächst einmal sieht das SS-Gericht in diesem Fall den Antisemitismus als hinreichenden Grund zur Ermordung von Juden an, ohne dass es einer vorherigen militärischen Autorisierung bedurft hätte. Mit anderen Worten, obwohl der Angeklagte ohne Autorisierung handelte, schätzte das Gericht ein, dass er aus nachvollziehbaren und akzeptablen Gründen gehandelt habe. Hätte der Angeklagte stattdessen aus Gründen gehandelt, die der Staat nicht als legitim anerkannt hätte, wäre der Ausgang des Prozesses mit hoher Wahrscheinlichkeit anders gewesen. Die Entscheidung des Gerichts kommt also einer offiziellen Anerkennung des staatlich sanktionierten Antisemitismus gleich. Es scheint, als wäre das wirkliche Problem nicht die Tötung der Juden ohne Autorität gewesen, sondern die offensichtlich unwürdige Art, in der diese Menschen ermordet wurden. Das SS-Gericht fand es moralisch inakzeptabel für einen SS-Offizier, auf würdelose Weise zu töten. Es scheint, als wäre es nicht moralisch problematisch gewesen, unschuldige Menschen aus dem einfachen Grunde getötet zu haben, dass sie Juden waren, sondern dass die Art und Weise der Tötungen die Disziplin der Männer unter dem Kommando des Angeklagten gefährdete. Aus der Sicht des SS-Gerichts hatte der Angeklagte nicht in Übereinstimmung mit dem Verhaltenskodex eines SS-Offiziers gehandelt. Vorrangig von Belang waren die wahrgenommene Verletzung militärischer Disziplin und das für einen SS-Offizier unangemessene Verhalten des Angeklagten. Der Mord an den Juden wird vom Gericht als moralisch akzeptables, und auch unter den gegebenen Umständen, korrektes Verhalten gesehen.

Weiterhin berührt das Urteil des SS-Gerichts die Frage der Geheimhaltung. Offensichtlich fürchtet das Gericht die Möglichkeit, dass der fotografische Beleg der Erschießungen die Außenwelt erreichen könnte. Eine mögliche Interpretation dieser Befürchtung ist, dass die Außenwelt diese Bilder moralisch verwerflich finden könnte, was sich allerdings nicht mit Sicherheit aus der Gerichtsverhandlung begründen lässt. Es könnte zum Beispiel genauso gut sein, dass das Gericht die möglichen Auswirkungen der Bilder für die deutsche Bevölkerung im Blick hatte. Das Gericht könnte also befürchtet haben, dass ein weiches Publikum, deutsch oder nicht, angesichts solcher Fotos in der für die Arbeit an der Vernichtung der Juden nötigen Entschlusskraft geschwächt werden könnte. Eine Möglichkeit wäre also, dass das SS-Gericht von der ethischen Begründung und Legitimität der Endlösung überzeugt war. Ein bemerkenswerter Nachtrag zu diesem Beispiel ist die Tatsache, dass Himmler persönlich in den Fall eingriff, um die Handlungen des Angeklagten zu entschuldigen und sicherzustellen, dass die Anklage fallengelassen und der Angeklagte freigesprochen wurde.

Ich behaupte also, dass, obwohl die Frage der Geheimhaltung des Holocaust von zentraler Bedeutung war, der Beleg dafür nicht einfach zu erbringen ist. Einiges spricht dafür, dass Geheimhaltung mit dem Wissen um den verbrecherischen Charakter des Holocaust verbunden war. Die Anstrengungen derjenigen, die in den Lagern dafür zuständig waren, die Tötungen im Verborgenen stattfinden zu lassen, belegen solche Versuche der Geheimhaltung. Was die Frage des Wissens um den verbrecherischen Charakter des Holocaust betrifft, haben Brownings Forschungen klar belegt, dass den Tätern bewusst war, dass ihre Handlungen keineswegs moralisch unbedenklich waren. Dennoch sind die Belege für eine solche Interpretation unsicher und zwiespältig, sodass sich ein Bild außerordentlicher Komplexität ergibt. Schon die große Zahl derjenigen, die als Opfer, Täter oder Zuschauer beteiligt waren, ebenso wie die notwendige gewaltige organisatorische Maschinerie sprechen dagegen, dass die Ermordung so vieler Menschen im Geheimen stattfinden konnte. Außerdem gibt es umfangreiche Belege nicht nur für die fehlende Geheimhaltung, sondern auch für das umfangreiche Wissen vom Holocaust bereits zu dem Zeitpunkt, als er stattfand.

Schließlich war der Holocaust, wie Lang festgestellt hat, ein komplexes Geschehen von überwältigender moralischer Tragweite. Dennoch sollte dieser Aspekt des Holocaust nicht die außergewöhnliche moralische Komplexität des Geschehens überdecken.

In ihrem Buch „Wickedness" hat Mary Midgley die Frage aufgeworfen, ob Verbrecher nicht einer eigenen Moral folgen. Dabei legt sie nahe, dass die Möglichkeit einer alternativen Moral „Menschen dazu geführt hat anzunehmen, dass die Nazis zum Beispiel einer unabhängigen, in sich konsistenten und durchdachten Moral gefolgt sein könnten - eine Ansicht, die durch ihre Karrieren und Veröffentlichungen nicht belegbar sei".[29]

Mit Blick auf die Abwesenheit einer moralischen Verteidigung in den Nürnberger Prozessen behauptet Midgley weiter, „dass es hier nicht wirklich eine

29 Mary Midgley, Wickedness, London 1985, S. 61.

kohärente Ideologie gegeben habe, die hätte verteidigt werden können".[30] Ich meine, dass Midgley hier vorschnell wichtige Elemente der These verwirft, dass die Nazis einem in sich stimmigen, wenn auch anderen ethischen Weltbild gefolgt sind.

Es muss betont werden, dass die These, die Nazis seien einer alternativen Ethik gefolgt, nicht identisch ist mit der Annahme, sie hätten eine alternative Moral besessen, der sie folgten oder hätten folgen können, obwohl sich das für die nazistische Politik des Antisemitismus sicher belegen lässt. Es ist in einer solchen Situation kaum überraschend, dass jemand seine Ideologie nicht verteidigt, wenn das einem Schuldeingeständnis gleichkommt. Die These, wonach die Nazis glaubten, dass ihr Handeln durch eine eigene Ethik gerechtfertigt war, mag problematisch sein, aber sie ist komplex genug, um nicht gleich von der Hand gewiesen zu werden. Einer derjenigen, die die Idee einer Nazi-Ethik ernst nahmen, ist Haas. In seinem anspruchsvollen Buch „Moral nach Auschwitz: Die radikale Herausforderung der Nazi-Ethik" vertritt er die These, dass „jedes formale System, das Bewertungen ermöglicht [...] eine Ethik ist, unabhängig von ihren Urteilen und Inhalten. Daher kann ich die Standards der Nazis von richtig oder falsch als Ethik bezeichnen – ohne damit zu behaupten, sie wären angemessen oder normal."[31]

Nach Haas gab es eine Nazi-Ethik in dem Sinn, dass der Nationalsozialismus in der Lage war, ein Verhaltensmodell zu etablieren und aufrechtzuerhalten, das von einem großen Teil der Gesellschaft als akzeptables oder sogar korrektes Verhalten angesehen wurde. Er schreibt: „Die Annahme in dieser Studie ist, dass der Holocaust in Europa möglich wurde, weil eine neue Ethik etabliert worden war, die die Verhaftung und Deportation der Juden nicht als falsch definierte."[32]

Das sind gewichtige Behauptungen und es ist fraglich, in welchem Maß es Belege dafür gibt. Es scheint, dass zumindest unterschieden werden muss zwischen dem Tolerieren solcher Maßnahmen wie der Begrenzung bestimmter Rechte oder Deportationen und ihrer Erweiterung zur ethischen Rechtfertigung des Völkermords an den europäischen Juden. Ein wichtiger Aspekt von Haas' Argument ist die These, dass der Holocaust ein Produkt der „Nazi-Ethik" war und dass diese Ethik auf Traditionen zurückging, die bis ins 15. Jahrhundert reichten. Haas schreibt: „Die Naziideologie beförderte eine Reihe von politischen, religiösen und sozialen Themen, die Bestandteile des europäischen Denkens seit Jahrhunderten waren. Der Holocaust war möglich, weil so vieles von seiner intellektuellen und somit ethischen Gestalt bereits bekannt war."[33]

An Haas' These ist insbesondere die Aussage bemerkenswert, dass die (Re-) Konstruktion der Juden als der anderen durch die Nationalsozialisten so er-

30 Ebd.
31 Haas, Morality after Auschwitz, S. 4.
32 Ebd., S. 7.
33 Ebd., S. 13.

folgreich gewirkt habe wegen bereits verwurzelter, jahrhundertealter Ideen von Rasse und Antisemitismus sowie der Fähigkeit, die bereits vorhandenen rechtlichen, moralischen, bürokratischen und technologischen Rahmenbedingungen der modernen Gesellschaft zu nutzen. Das ist wichtig, weil es zu einem Verständnis der moralischen Dimension des Holocaust führt, das über die Konzeptualisierung von Verantwortung innerhalb der Grenzen der deutschen Nation hinausweist.

In der Erläuterung seines Arguments zeigt Haas überzeugend, wie sich die Nazi-Ethik das traditionelle moralische Konzept des Krieges zunutze machte und dabei die Definition des legitimen „Feindes" verschoben wird. Haas argumentiert weiter, dass dieser Prozess dadurch erleichtert wurde, dass die Kategorie „des Juden" in das europäische historische Paradigma des ultimativen „Feindes" passte. Diese Sichtweise ist in der Literatur von Autoren wie Richard Rubenstein, Martin Gilbert und Raul Hilberg vielfach unterstützt worden.[34] Alle diese Autoren haben gezeigt, dass die Konstruktion des Juden als des mythischen „anderen" bereits im 16. Jahrhundert entstand. Die theologischen Diskurse im 19. und 20. Jahrhundert, in denen das Judentum dem Bösen gleichgesetzt wurde, wurden durch neue quasi-wissenschaftliche Rassentheorien unterstützt. All diese Entwicklungen des letzten Jahrtausends führten zur sozialen Konstruktion der Juden als Parias. Nach seiner Darstellung des historischen Hintergrunds der Kategorie des Juden als Feind des christlichen Westens interpretiert Haas den Erfolg des Nationalsozialismus als Ergebnis seiner Kombination sozialistischer Kritik an der europäischen wirtschaftlichen Entwicklung mit dem vorherrschenden Nachkriegsnationalismus und -rassismus. Als diese historischen Elemente verschmolzen, so Haas, formten sie eine machtvolle Weltanschauung, die Deutschlands Probleme erklärte.

Eine andere Darstellung, die einen weiteren Bezugsrahmen hinsichtlich der Ursprünge des Nazismus und des Holocaust aufspannt, ist Zygmunt Baumans Text „Die Moderne und der Holocaust". Er ist nicht weit entfernt von Haas, wenn er schreibt, „dass die Moderne produktiv und nicht aus Schwäche oder Unzulänglichkeit zum Holocaust beigetragen hat. Die moderne Zivilisation spielte demzufolge eine *aktive* Rolle bei der Konzeption und Durchführung des Holocaust. In gleichem Maße wie der Holocaust ein Versagen der modernen Zivilisation war, war er deren Hervorbringung."[35] Bauman argumentiert, dass es beim Holocaust nicht nur um nationalsozialistische Ideologie, um Deutschland und das Deutschsein geht. Der Holocaust ist viel verstörender für jene, die behaupten möchten, dass er nur eine temporäre Abweichung auf der moralischen, historischen, sozialen und politischen Landkarte Europas im 20. Jahrhundert

34 Vgl. dazu Richard Rubenstein/John K. Roth, Approaches to Auschwitz: The Holocaust and its Legacy, New York 1987; Gilbert, The Holocaust: The Jewish Tragedy; und Raul Hilberg, Die Vernichtung der europäischen Juden, 3 Bände, Frankfurt a. M. 1999.

35 Zygmunt Bauman, Dialektik der Ordnung. Die Moderne und der Holocaust, Hamburg 1994. S. 103 (Hervorhebung im Original).

war. Stattdessen, so Bauman weiter, geht es im Holocaust vor allem um unsere moderne Welt. Aus seiner Sicht müsse der Holocaust gesehen werden als „charakteristisches modernes Phänomen [...], dessen Erklärung innerhalb des Kontextes moderner kultureller Tendenzen und technischer Entwicklungen zu suchen ist".[36]

In seiner Erklärung des Holocaust als „legitimes Produkt"[37] unserer modernen Zivilisation zeigt Bauman die Verbindung zwischen dem Holocaust und der deutschen Moderne auf, und zwar insbesondere die Verbindungen zwischen erstens dem Holocaust und der modernen Industrie, zweitens dem Holocaust und modernen Formen der Rationalität, drittens dem Holocaust und den mächtigen Methoden und Apparaten modernen Regierens, insbesondere der Bürokratie, viertens, und vielleicht am wichtigsten, zwischen dem Holocaust und dem Verschwinden dessen, was vorher als akzeptiertes moralisches Verhalten gegolten hatte. Im Vergleich zwischen dem Holocaust und der modernen Industrie zitiert Bauman Feingolds Beschreibung von Auschwitz als lediglich ultimativen Ausdruck organisierter Industrie, übersetzt in die organisierte Maschinerie der Zerstörung. Das, was durch das bloße Wort Auschwitz symbolisiert wird, ist eine vormals nicht verfügbare technologische Kapazität zur Reduzierung menschlicher Wesen zu Staub, der in den Fluss Sola entsorgt wird. Technologisch war Auschwitz vielleicht verkörpert durch die kleinen Pellets von „Zyklon B", jener Chemikalie, die für die Vergasung der Juden eingesetzt wurde. Zusammen mit solch wesentlicher „industrieller" Expertise beruhte das System zur Vernichtung der Juden auf einer komplexen Maschinerie für die Bewegung von Millionen von Menschen, welches orchestriert wurde von einem modernen System bürokratischer Steuerung und Kontrolle. Gestützt wurde dieses System, dieses technologische und bürokratische Regime, durch die zentralen Prinzipien der Rationalität, Effizienz und optimalen Zielführung. Bauman behauptet, dass diese Prinzipien wesentlich waren für die erfolgreiche Verwaltung und Durchführung der „Endlösung".

Der vielleicht wichtigste Aspekt von Baumans Analyse ist die Verbindung zwischen dem Holocaust und der Verarmung der vormaligen Wertestrukturen. Bauman sieht den Holocaust als das furchtbarste Beispiel für die „soziale Erzeugung moralischer Indifferenz"[38] in der modernen Geschichte. Er schreibt: „Die wichtigste Lehre aus dem Holocaust muss sein, diese Kritik ernst zu nehmen und das Modell des Zivilisationsprozesses derart zu erweitern, dass dessen Tendenz zur Entkräftung ethischer Motive für soziales Handeln deutlich wird. Man muss der Tatsache Rechnung tragen, dass *der Zivilisationsprozess unter anderem den Einsatz von Gewalt aus dem Bereich moralischen Entscheidens herausgelöst und die Anforderungen der Rationalität von ethischen Normen und moralischen Skrupeln befreit hat.*"[39]

36 Ebd., S. 12.
37 Ebd., S. 11.
38 Ebd., S. 32.
39 Ebd., S. 42 (Hervorhebung im Original).

Ich würde Bauman darin zustimmen, dass der Holocaust zeigte, wie die Prinzipien und Imperative der Rationalität ethische Überlegungen verschüttet haben. Ich akzeptiere, dass es Belege für Baumans Behauptung der Spaltung des „zivilisatorischen Prozesses" und der Priorität des Rationalen über das Ethische gibt. Zugleich bin ich der Ansicht, dass diese Belege ebenso die Kernaussage meines Buches „Moral Complexity and the Holocaust" bestätigen: die Spannung zwischen Ungeheuerlichkeit und Komplexität. Es ist diese Spannung, welche die „Lehren", von denen Bauman spricht, trotz ihrer Bedeutung so schwierig macht.

Bauman behauptet, dass für das Verstehen des Holocaust vor allem zwei Elemente wesentlich sind: Einzigartigkeit und Normalität. Er vermutet, dass „zwei dieser Faktoren [Antisemitismus wie er sich mit dem aufkommenden Nationalsozialismus entfaltete und die Überführung dieses Antisemitismus in praktische Politik eines mächtigen Zentralstaates] [...] als zufällige [...] anzusehen [sind], es handelt sich nicht um charakteristische Merkmale der modernen Gesellschaft, wenngleich sie als Möglichkeit nicht auszuschließen sind. Die anderen Faktoren hingegen [staatliche Kontrolle riesiger, effizienter Bürokratien, Kriegsbedingungen und eine weitgehend passive Bevölkerung] sind ‚normal'."[40]

Nach Bauman belegen die von ihm aufgelisteten Faktoren die Seite der Normalität. Wenn sie vorhanden sind, dann sind die normalen Vorbedingungen für Ereignisse wie den Holocaust gegeben. Für ihn trug die Einzigartigkeit des Holocaust dazu bei, ihn als unvermeidbar erscheinen zu lassen. Er schreibt: „Wenn modernes Gedankengut und eine totalitäre Macht, die das moderne Instrumentarium rationalen Handelns unter ihre Herrschaft bringt, aufeinandertreffen und wenn diese Macht sozialer Kontrolle entzogen ist, ist der Genozid möglich, und das in seiner modernen Form – wie der Holocaust."[41]

Ich halte es jedoch für problematisch, von einer Situation „einzigartiger Normalität" überzugehen zur Erklärung der gesellschaftsweiten Aufhebung moralischer Mechanismen, die Menschen vom „Widerstand gegen das Böse"[42] zurückhalten. Baumans Erklärung, wie „die spezifisch modernen, technisch-bürokratischen Handlungsmuster und [die] sie bedingende [...] Mentalität",[43] die entscheidenden Faktoren der Überwindung und des Zum-Schweigen-Bringens ethischer Erwägungen konstituieren, ist eine wichtige Komponente in der Entwicklung eines Verständnisses der Vorbedingungen des Holocaust. Sein Argument, dass die Ideologie der Technologie ein wichtiger Faktor in der Implementierung des Holocaust war und dass diese Ideologie gebunden war an die Moderne, ist überzeugend. Es ist interessant, dass die Ideologie bedeutend, die eigentliche Technologie selbst aber offenbar zum Teil wenig effizient war.

Zurück zu Haas und seinem Argument bezüglich der Idee der Nazi-Ethik: Haas behauptet, dass die Nazi-Partei über eine Ethik im Sinne eines klaren und kohärenten Sets von Werten und Ideen als Grundlage von Handeln und

40 Ebd., S. 109 f.
41 Ebd., S. 108 f.
42 Ebd., S. 110.
43 Ebd.

Verhalten verfügte und dass die Verwirklichung der Nazi-Ethik in der relativ kurzen Periode zwischen Hitlers Machtergreifung und dem Bau und Betrieb der Todesfabriken stattfand. Haas schreibt: „Diese Jahre [...] sind ein Lehrstück dafür, wie Menschen die Wirklichkeit in ein Gitter von Bedeutungen einpassten, hervorgebracht von einem formalen ethischen Diskurs. In den Krematorien von Auschwitz sehen wir klar, wie ethische Diskurse wirkliche Welten schaffen.“[44]

Eine der Stärken von Haas' Analyse besteht in seiner Anerkennung der graduellen Entwicklung der Nazi-Ethik. Haas zufolge war es nicht die unmittelbare Anwendung einer Idee, sondern eher ein stufenweiser Prozess der Gleichschaltung, wobei die Judenfrage innerhalb der Entwicklung dieser Ethik eine immer größere Bedeutung annahm. Dies entspricht der Idee, dass eine Ethik als ein Set von Praktiken habitualisiert und nicht aufgezwungen wird. Überzeugend argumentiert Haas, dass die Propagandisten der Nazi-Ethik in der Lage waren, eine bedeutende Anzahl von Menschen davon zu überzeugen, dass das sich entwickelnde ethische System eng verbunden war mit traditionell anerkannten Werten sowie mit der Idee, dass die Juden eine Gefahr für diese Kernwerte darstellten. Mit anderen Worten, in ihren Augen war es kein unethisches Verhalten, sondern, wie Haas es ausdrückt, ein bestimmtes Handeln wurde nach einem anderen Verständnis von ethischem Verhalten beurteilt. Haas behauptet, dass, wenn dies nicht der Fall gewesen wäre, oder wenn die Nazi-Ethik „nicht der Intuition in diesem Sinn entsprochen hätte“,[45] sie sich nicht in der Weise hätte etablieren können, wie sie es getan hat.

Das wirkliche Problem für Haas ist jedoch, zu erklären, wie diese Ethik so schnell über die Grenzen Deutschlands hinaus nach Europa exportiert werden konnte. Er ist sich der Komplexität jeder angemessenen Beantwortung dieser Frage wohl bewusst. Dabei untersucht er zum Beispiel den Einfluss der Kriegsbedingungen und ihre Sanktionierung eines Verhaltens, das in anderen Situationen nicht toleriert worden wäre. Weiterhin analysiert er das Maß, in dem die Nazi-Ethik in Satellitenstaaten, denen Deutschland seine eigenen Marionetten-Regime aufzwang, oktroyiert werden konnte sowie die wichtige Tatsache, dass viele europäische Staaten bereits eine eigene Geschichte des Antisemitismus hatten, die nur auf einen Auslöser wartete, um das in Bewegung zu setzen, was normalerweise nur gelegentlich und beschränkt zum Ausdruck kam.

Haas ist sich der Schwierigkeiten des Exports der Nazi-Ethik bewusst und er betont die besondere Relevanz der deutschen Besonderheiten für den Holocaust. Es ist wahr, dass die Ethik, die hinter dem Holocaust stand, in Deutschland entstanden ist. In anderen nationalen bzw. kulturellen Kontexten war die Nazi-Ethik nicht dominant bzw. zum Teil nicht einmal relevant. Es ist andererseits gut dokumentiert, dass in einigen von diesen anderen Kontexten der Massenmord an den Juden mit einer Hartnäckigkeit und einem Eifer ausgeführt wurde, der selbst die Nazis erstaunte.

44 Haas, Morality after Auschwitz, S. 59.
45 Ebd., S. 7.

Haas beschreibt Erfolge der Nazi-Ethik außerhalb Deutschlands. Die Vernichtung der ungarischen Juden ist ein Beispiel dafür. Er schreibt:

„Trotz eines klaren Wissens davon, was vor sich ging, trotz des unversehrten Überlebens der jüdischen Gemeindestrukturen und trotz der bevorstehenden Niederlage Deutschlands, wurde die gesamte Gemeinde verhaftet, deportiert und vergast. [...] Die Tatsache, dass dieses so gründlich, offen und schnell vollzogen werden konnte in einem Land, das kein Verbündeter Deutschlands war, verübt an einer Gemeinde, die sich im Klaren darüber war, was geschehen würde, und unter den Augen der Welt, zeigt, wie übermächtig und überzeugend diese Ethik geworden war."[46]

Ungarn war zu dieser Zeit immer noch militärisch mit Nazideutschland verbunden. Tatsächlich war Admiral Horthy das letzte Staatsoberhaupt, dem die zweifelhafte Ehre einer Audienz bei Hitler zuteilwurde, als dieser verzweifelt versuchte, den schnellen Zerfall des Reiches aufzuhalten.

In seinem Buch über die Politik des Völkermordes in Ungarn vertieft und erweitert Randolph Braham Haas' Erkenntnisse mit Belegen dafür, dass es in Ungarn, das sich vor dem Frühjahr 1944 nicht an der Judenvernichtung beteiligt hatte, sowohl eine spezifische Geschichte des Antisemitismus als auch eine nicht unbedeutende politische Fraktion extremer Antisemiten gab.[47] Es ist sehr wahrscheinlich, dass hauptsächlich auf der Grundlage der tödlichen Kombination dieser beiden Faktoren die Vernichtung der jüdischen Gemeinden in Ungarn möglich wurde. Ohne die bereits existierende „Kultur" des Antisemitismus und verstärkt durch sporadische Pogrome und die spätere Einbindung der gut organisierten paramilitärischen Maschinerie der faschistischen Partei der Pfeilkreuzler[48] wären Eichmann und seine Leute nicht in der Lage gewesen, so leicht jene schreckliche Massendeportation der ungarischen Juden nach Auschwitz in Gang zu setzen. Eichmann und die Ethik, die er repräsentierte, waren nur ein Element unter anderen.

Vor dem Hintergrund dieser Berichte führen Haas' Thesen zu einer Reihe anderer wichtiger Einsichten. Dazu gehört seine Bestimmung derjenigen Faktoren, die für den Holocaust verantwortlich waren. Der Holocaust war ein europäisches Phänomen im Hinblick auf seinen Ursprung und seine Ausführung. Dazu gehört weiterhin, dass sich das moralische Universum, in dem das Verbrechen des Holocaust begangen wurde, nicht zwingend zum Schrecken entwickeln musste. Zu diesen beiden grundlegenden Punkten schreibt Haas: „Europäer begingen schreckliche Verbrechen unter den Nazis, nicht weil es ihnen an moralischer Vernunft fehlte und nicht weil sie in ihrem Wesen böse und brutale Menschen waren, sondern weil sie tatsächlich moralisch sensible Menschen waren. Sie waren sich vollständig darüber im Klaren, was sie taten, sahen diese Taten jedoch nicht länger als unmoralisch an."[49]

46 Ebd., S. 108.
47 Vgl. Randolph Braham, The Politics of Genocide in Hungary, New York 1981, S. 1–38.
48 Die Beteiligung der Pfeilkreuzler an der Deportation der Juden begann im September 1944.
49 Haas, Morality After Auschwitz, S. 2.

Haas' Argument, wenngleich umstritten, wird von den Fakten weitgehend bestätigt, wobei er keineswegs behauptet, dass wir nicht berechtigt wären, das Handeln der nationalsozialistischen Täter als verbrecherisch und unmoralisch zu bezeichnen. Seine Analyse erweitert unser Verständnis davon, warum Menschen Dinge tun, von denen sie wussten, dass sie verbrecherisch waren. Sie hilft uns auch, das Wesen der Naziideologie und die Natur des Ethischen besser zu verstehen.

Abschließend möchte ich auf meine Idee eines Geflechts von Verantwortlichkeit zurückkommen. Mein Ziel war es zunächst, von den Fasern des Gewebes zurückzutreten, um einen Blick auf das generelle Muster des moralischen Stoffes des Holocaust zu bekommen. Die Möglichkeit, bewusst Unrecht zu tun, die Existenz der Nazi-Ethik, die Rolle von Modernität und Geheimhaltung und ähnliche Probleme erweitern den Horizont unserer konzeptionellen Erfassung des Geschehens und bestätigen, dass hinter den Ereignissen des Holocaust moralisch komplexe Sachverhalte stehen. Aus einer weiteren Perspektive, wie etwa der von Lang, Bauman, Haas oder auch Philipp Burrin[50], ist es möglich, den Holocaust als ein komplexes moralisches Phänomen zu verstehen. Auch wenn unsere moralische Beziehung zur Welt der Kern individueller Verantwortung ist, sind doch konzeptionell breiter angelegte Untersuchungen, die individuelles Verhalten in den Zusammenhang seiner Bedingungen stellen, von entscheidender Bedeutung, um seine Komplexität zu begreifen.

50 Philippe Burrin, Hitler and the Jews, the Genesis of the Holocaust, London 1994.

Das Nichtvergebbare vergeben? Moralische Verantwortung und ideologisch motiviertes Unrechtshandeln

*Geoffrey Scarre**

Kann das Handeln von Menschen, die schreckliche Taten begangen haben, entschuldigt werden, wenn sie aus ideologischer Überzeugung gehandelt haben? Was können wir denen vorwerfen, die auf der Grundlage einer schlechten Ideologie, die sie für gut gehalten haben, verwerflich gehandelt haben? Kann selbst ein solches Verbrechen wie der Holocaust der Nationalsozialisten ganz oder zumindest teilweise entschuldigt werden durch die verzerrten, aber offensichtlich authentischen rassistischen Überzeugungen, die ihn unterstützt haben?

Über diese Fragen haben moderne Autoren zur Ethik gegensätzliche Auffassungen. Einige bestehen darauf, dass es keine Entschuldigung für die Täter des Holocaust geben kann, und zwar unabhängig von der Stellung der Täter in der nationalsozialistischen Befehlshierarchie. Das anders zu sehen, ist aus ihrer Sicht Zeichen einer gestörten moralischen Sensibilität. Sie stimmen Daniel Goldhagen zu, dass der Holocaust als eines der schrecklichsten Verbrechen der Menschheitsgeschichte gesehen werden sollte, und zwar unabhängig davon, welche Überzeugungen von den Juden und vom Judentum die Deutschen zu der Zeit hatten, die den Holocaust unterstützt haben.[1] Sie sind der Überzeugung, dass nichts die Schuld der Verantwortlichen für den Völkermord mildern kann, auch nicht moralisch oder faktisch falsche Überzeugungen und Annahmen. So argumentiert Peter French, dass die Täter selbst dann für ihre Taten voll verantwortlich waren, wenn sie kulturell dazu konditioniert wurden, sie zu begehen.[2]

Dem stehen Autoren gegenüber, die meinen, dass der Glaube daran, dass das eigene Handeln richtig oder zumindest nicht falsch sei, in einem bestimmten Umfang dieses Handeln entschuldigt, unabhängig davon, wie verbrecherisch es war. Sie behaupten, dass man vernünftigerweise von Menschen erwarten kann, dass sie ihrem Gewissen folgen oder zumindest nichts tun, was ihnen

* Überarbeitet und aus dem Englischen übersetzt von Wolfgang Bialas. Dieser Beitrag ist zuerst veröffentlicht unter dem Titel „Excusing the inexcusable? Moral responsibility and ideologically-motivated wrongdoing“ in: Journal of Social Philosophy, 36 (2005) 4, S. 457–472.

1 Vgl. Daniel Goldhagen, Hitlers willige Vollstrecker, Berlin 1996, S. 580, Anm. 24.

2 Vgl. Peter A. French, Unchosen evil and moral responsibility. In: Aleksander Jokić (Hg.), War Crimes and Collective Wrongdoing: A Reader, Oxford 2001, S. 29–47, hier 44 f.

ihr Gewissen verbietet, was die Möglichkeit einschließt, dass Menschen mit eingeschränktem Vermögen zur Empathie überhaupt kein Gewissen haben. Leider ist das Gewissen einiger Menschen, um Richard Arnesons anschauliche Formulierung zu benutzen, wie ein zerbrochenes Thermometer, das unfähig dazu ist, die moralische Temperatur korrekt zu bestimmen. Arneson ist der Auffassung, dass es anständig und bewundernswert ist zu versuchen, das Richtige zu tun, selbst dann, wenn das, was man für das Richtige hält, falsch ist.[3]

Es fällt schwer, diese Idee zu akzeptieren, dass an solchen Verbrechen, die durch die zerbrochenen moralischen Thermometer nationalsozialistischer Ideologen gerechtfertigt wurden, irgendetwas Bewundernswertes war. Selbst der schwächere Vorschlag, dass eine bestimmte Entschuldigung für den Holocaust in der ihm zugrunde liegenden halluzinatorischen Ideologie gefunden werden könne, ist nicht überzeugend angesichts der Tatsache, „dass die Widerwärtigkeit des Holocaust für die meisten von uns ein unerschütterlicher Fixpunkt ihres moralischen Kompasses ist".[4]

Jemand, der den Holocaust nicht als unmoralisch und abstoßend sieht, muss einen unzulänglichen oder gar keinen moralischen Kompass haben. Dennoch heißt das nicht, dass alle Männer und Frauen, die an der Planung, Unterstützung oder Ausführung des Völkermords beteiligt waren, moralische Monster gewesen sein müssen, die darauf aus waren, das zu tun, wovon sie wussten, dass es grausam und falsch war. Mark Danner hat im Zusammenhang mit den Kriegsverbrechen im ehemaligen Jugoslawien angemerkt, „dass die Täter große Schwierigkeiten damit haben, zur Normalität zurückzukehren, nachdem sie die Leichen hinter sich gelassen haben".[5] Wahrscheinlich würden nur wenige der Täter das als zutreffende Beschreibung ihrer Taten akzeptieren.

Nehmen wir zum Beispiel den Kommandanten eines nationalsozialistischen Konzentrationslagers Joseph Kramer, der behauptete, bei der Tötung jüdischer Gefangener angemessen gehandelt zu haben. Oder sehen wir uns Rudolf Höß an, den schlimmsten der Kommandanten von Auschwitz, der bis zu seinem Tode behauptete, dass das Vernichtungsprogramm gerechtfertigt war.[6] Nehmen wir die Aussagen dieser Männer ernst, so scheint es naheliegend, sie für

3 Richard Arneson, What, if anything, renders all humans morally equal? In: Dale Jamieson (Hg.), Singer and His Critics, Oxford 1999, S. 120f.

4 Hillel Steiner, Persons of Lesser Value: Moral Argument and the "Final Solution". In: Eve Garrard/Geoffrey Scarre (Hg.), Moral Philosophy and the Holocaust, Aldershot 2003, S. 76. Die Formulierung halluzinatorische Ideologie wird einige Male von Goldhagen, Vollstrecker, genutzt.

5 Mark Danner, What are you going to do with that? In: The New York Review of Books, 52 (2005), S. 11. Vgl. auch Primo Levi: „Ich sah kein einziges Monster während meiner Zeit im Lager [Auschwitz]. Stattdessen sah ich Menschen wie du und ich, die sich so verhalten haben, weil in Deutschland der Faschismus, der Nationalsozialismus an der Macht war." Zit. nach Adam Morton, On Evil, London 2004, S. 81.

6 Vgl. Tom Segev, Soldiers of Evil: the Commandants of the Nazi Concentration Camps, London 2000, S. 73 und 263; sowie Martin Broszat (Hg.), Rudolf Höß: Kommandant in Auschwitz, München 1994.

weniger schuldig zu halten, als wenn sie ihre Pflicht mit sadistischer Freude und im vollen Bewusstsein ihres Unrechtshandelns ausgeübt hätten. Zumindest haben Kramer und Höß tatsächlich in Übereinstimmung mit ihren moralischen Überzeugungen gehandelt, so unheilvoll diese auch gewesen sein mögen. Es ist jedoch etwas anderes, aus leidenschaftlicher Hingabe an schlechte Ideale zu handeln, die man für gut hält, als ein moralischer Mitläufer zu sein, der aus Trägheit und Bequemlichkeit oder weil er auf seinen eigenen Vorteil bedacht ist, damit zufrieden ist, innerhalb des moralischen Rahmens zu denken, der von seinen Vorgesetzten oder den Angehörigen seiner Gruppe bevorzugt wird. Von beiden Typen von Akteuren lässt sich sagen, dass sie in Übereinstimmung mit ihren moralischen Überzeugungen gehandelt haben, als sie Böses taten. Dennoch ist nichts Edles oder Bewundernswertes an Menschen, die aus egoistischer Gleichgültigkeit oder Trägheit schuldig wurden. Hannah Arendts klassische Studie zu Adolf Eichmann hat den Typus des einfallslosen, unreflektierten Übeltäters herausgestellt, der wie ein Schwamm vorherrschende Überzeugungen und Werte insbesondere dann, wenn sie von höheren Autoritäten kommen, aufsaugt.[7] Egal, ob Kramer und Höß oder Eichmann selbst wirklich zu diesem Typus gehören, viele Protagonisten des nationalsozialistischen Staates scheinen tatsächlich die wichtigen moralischen Fragen nicht gestellt zu haben. Was Arendt als „Banalität des Bösen" bezeichnet hat, bezieht sich auf die absurde Diskrepanz zwischen der Gewichtigkeit ihrer Handlungen und der Ärmlichkeit der Reflexionen der Täter.

Wie einfach ist es für normale Männer und Frauen, die richtigen moralischen Fragen zu stellen, wenn sie sich selbst in außergewöhnlichen Situationen befinden? Marc Lee Fellman hat den Holocaust als eine Reihe von Ereignissen von überwältigender Komplexität beschrieben,[8] als ein moralisches Labyrinth, in dem sich konventionelle Methoden der Orientierung nicht mehr ohne Weiteres anwenden ließen. Viele heutige Wissenschaftler haben hervorgehoben, dass diese Ereignisse von durchschnittlichen deutschen Soldaten und Angehörigen der Lagerwachmannschaften vor allem als Routine täglicher Aufgaben wahrgenommen wurden, auch wenn zu diesen das Töten Unschuldiger gehörte. Darüber hinaus waren es die Erwartungen von Vorgesetzten oder Kameraden, die sie vor allem beschäftigten. Nach Neitzel und Welzer ist „bis auf eine regelmäßig verschwindend kleine Gruppe von wirklichen ‚Weltanschauungskriegern' [...] das zentrale Merkmal des Soldaten seine Abgeklärtheit und Gleichgültigkeit gegenüber den Ursachen seiner Lage".[9] Soldaten machen das, was ihnen gesagt wird, ohne groß darüber nachzudenken, ob das, was sie tun, gerechtfertigt ist.

Für die Soldaten des Dritten Reichs erleichterte jedoch das Vertrauen in Hitler und sein Regime, das aus seinem spektakulären Erfolg der Erneuerung

7 Vgl. Hannah Arendt, Eichmann in Jerusalem: Ein Bericht von der Banalität des Bösen, München 1986.

8 Vgl. Marc Lee Fellman, Moral Complexity and the Holocaust, Maryland 2009, S. 119.

9 Sönke Neitzel/Harald Welzer (Hg.), Soldaten: Protokolle vom Kämpfen, Töten und Sterben, Frankfurt a. M. 2011, S. 415f.

Deutschlands als Supermacht und seinem militärischen Erfolg über die offensichtlich verweichlichten Demokratien Europas entstanden war, die Annahme, dass alles, was ihnen befohlen wurde, richtig sein musste. In dem vorherrschenden intellektuellen und emotionalen Klima und während eines Krieges, in dem es um Deutschlands Überleben ging, erschien jede Kritik an der Regierung als illoyal und überheblich. Selbst wenn man moralische Bedenken gegenüber den Befehlen hatte, konnten diese als unbegründet erscheinen, wenn man bedachte, von wem diese Befehle kamen. Einiges von dem, was auf dem ersten Blick als ideologische Gleichgültigkeit derjenigen erscheint, die die Politik des nationalsozialistischen Regimes auf dem Schlachtfeld oder in den Lagern umsetzten, mag stattdessen für die Haltung stehen, die von oben nach unten durchgestellten moralischen und politischen Anordnungen einfach zu akzeptieren. Die Grundlagen der nationalsozialistischen Ideologie wurden verinnerlicht, ohne hinterfragt zu werden. So hat Christopher Browning neben anderen Autoren festgestellt, dass die Mitwirkung am Holocaust für die „Schreibtischtäter", die mit der bürokratischen Verwaltung des Vernichtungsprozesses beschäftigt waren, zweifellos am einfachsten war, da sie von den schlimmsten Grausamkeiten der Tötungsstätten und Lager nichts sahen. Aber selbst diejenigen, die unmittelbar an der Erschießung jüdischer Männer, Frauen und Kinder beteiligt waren oder diese in die Gaskammern brachten, konnten sich damit herausreden, dass sie nur unbedeutende Befehlsempfänger waren, die mit einer unappetitlichen, jedoch notwendigen Aufgabe betraut waren.[10]

Die für mich wichtigste Frage, die ich in diesem Text verfolge, ist die der möglichen Entlastung der Täter durch falsche Überzeugungen wie etwa die nationalsozialistische Rassenideologie. Sollten wir wirklich so weit gehen wie Michael J. Zimmerman, der einen Artikel mit der folgenden unverblümten Aussage beginnt: „Dem Auschwitzkommandanten Rudolf Höß, der für die Tötung von mehr als zwei Millionen Menschen verantwortlich war, ist daraus kein Vorwurf zu machen"? Zimmerman gesteht zu, dass das eine bittere Wahrheit sei, aber eben die Wahrheit. Dabei argumentiert er damit, dass Gleichgültigkeit gegenüber dem Unrecht den Übeltäter dann entschuldigt, wenn dieser nicht glaubte, dass seine Handlungen falsch waren. Solange Höß also nicht glaubte, dass das, was er tat, falsch war, können ihm seine Übeltaten auch nicht vorgeworfen werden, so Zimmerman.[11]

Diese Position provoziert folgende Kritik: Wir müssen natürlich zwischen unschuldiger und verantwortlicher Gleichgültigkeit unterscheiden. Rudolf Höß mag nicht gewusst haben, dass sein Handeln falsch war, er hätte es aber wissen können und sollen. Menschen mögen durch die Normen und Werte ihrer Gesellschaft tief beeinflusst sein. Sie sind deshalb jedoch nicht unfähig, selbst zu

10 Vgl. Christopher Browning, Ganz normale Männer: Das Reserve-Polizeibataillon 101 und die „Endlösung" in Polen, Hamburg 1999, S. 211–213.

11 Vgl. Michael J. Zimmerman, Controlling ignorance: a bitter truth. In: Journal of Social Philosophy, 33 (2002) 3, S. 483–490, hier 483.

denken und die geltenden Überzeugungen und üblichen Praktiken kritisch zu hinterfragen und die Dinge aus einer anderen Perspektive zu betrachten. Man muss kein tiefgründiger Denker sein, um einzusehen, dass die Hinterfragung der eigenen Überzeugungen aus praktischen Gründen wünschenswert ist. Steven Lukes hat angemerkt, dass allen, die denken können, Gründe ihres Handelns zugänglich sind, die also nicht ausschließlich als einer bestimmten Lebensweise oder Kultur inhärent und dadurch fraglos gültig akzeptiert werden müssen.[12] Selbst Menschen, die andere Varianten zu leben und zu denken nicht kennen, sollten so viel gesunden Menschenverstand haben, um die Gründe zu hinterfragen, die ihnen für das ihnen abverlangte Handeln benannt werden, und dabei die vernünftigen von den nicht gerechtfertigten unterscheiden. So widerspricht etwa Michele M. Moody-Adams der Idee, dass das Leben in einem bestimmten Milieu das kritische Urteilsvermögen der Menschen beeinträchtigt. Dabei gesteht sie zu, dass es einer ernsthaften Anstrengung bedarf, die vorherrschenden kulturellen Annahmen infrage zu stellen, bezweifelt jedoch die These, dass Individuen unausweichlich in den monolithischen Rahmenbedingungen ihrer Ideen, Haltungen und Werte gefangen sind. Zwar werden Kulturen durch Menschen geschaffen und an andere Menschen weitergegeben, jedoch nicht so, wie ein Virus übertragen wird: „Eine Kultur hat man nicht als physische Realität, so wie man eine Krankheit hat."[13] Um die Metapher abzuwandeln: Kulturen sind keine begrifflichen Gefängnisse, in denen wir lebenslängliche Strafen absitzen. Kulturelle Normen verändern und entwickeln sich, wobei ein wichtiges Element der Veränderung die Anwendung rationalen Denkens ist. Die Nationalsozialisten hätten mehr Fragen stellen können und sollen, als sie es tatsächlich taten. Sie hätten alternative Möglichkeiten bedenken sollen. Ihnen zu unterstellen, sie seien rationalen Überlegungen nicht zugänglich gewesen, bestreitet ihnen implizit ihr Menschsein.

Woher wissen wir, dass sich fanatische Nazis wie Höß solche Fragen überhaupt stellten? Und wenn sie sich solche Fragen stellten, sind sie ja vielleicht zu ganz anderen Antworten gekommen als wir. Höß' Autobiografie zeigt, dass er über moralische und politische Fragen nachdachte, auch wenn seine Überlegungen eher oberflächlich waren.[14] Fellman schreibt, „dass es zumindest möglich ist, dass die Politik des nationalsozialistischen Regimes mit ausdrücklichem Blick auf die Vernichtung der europäischen Juden das Unterscheidungsvermögen der Menschen zwischen moralischem und unmoralischem Verhalten eingeschränkt hat". Das Ergebnis, so legt er nahe, „war die Deformierung der Moral durch Propaganda".[15]

12 Vgl. Steven Lukes, Liberals and Cannibals: the Implications of Diversity, London 2003, S. 7.

13 Michele M. Moody-Adams, Culture, responsibility, and affected ignorance. In: Ethics, 104 (1944) 2, S. 291–309, hier 303 f.

14 Vgl. Broszat, Kommandant.

15 Fellman, Moral Complexity, S. 130.

Auch wenn ich dieser Analyse durchaus folge, denke ich doch, dass sie in zweierlei Hinsicht modifiziert werden muss.

Erstens denke ich, es wäre falsch anzunehmen, dass eine klare Unterscheidung zwischen den Machern und den Konsumenten der antijüdischen Propaganda möglich wäre. In der Regel stehen vor allem die Schöpfer und Verbreiter von Ideologie unter ihrem Bann. Weiterhin nehmen Ideologien ein Eigenleben an und entwickeln sich in einer Weise, die ihre Schöpfer so nicht vorhergesehen haben. So entwickeln sie Feedbackschleifen und andere Verstärkermechanismen, die weitestgehend unabhängig von ihren ursprünglichen Produzenten sind. Deshalb ist es im Falle der Nationalsozialisten eine scharfe Trennung zwischen den zynischen Verwaltern oder Drahtziehern der Ideologie und denjenigen, deren Denken durch sie manipuliert wurde, unrealistisch.

Zweitens müssen wir anerkennen, dass die nationalsozialistische Ideologie, so schrecklich sie auch war, auf komplexen intellektuellen Grundlagen beruhte. Die völkischen Ursprünge des Nationalsozialismus sind überzeugend, wenn auch kontrovers von George L. Mosse und anderen Wissenschaftlern entwickelt worden.[16] Neuere Forschungen haben hervorgehoben, wie tief die deutsche Medizin schon vor den Nationalsozialisten dem Prinzip der Rassenhygiene verpflichtet war, nach dem deutsches Blut vor der Vergiftung durch das Blut minderwertiger nichtarischer Rassen geschützt werden sollte.

Die Theorie der Rassenhygiene war weit über die Grenzen Deutschlands hinaus außerordentlich populär, insbesondere bei Denkern, die sich selbst als Anhänger Darwins sahen. Sie war besonders in den Vereinigten Staaten verbreitet, wo Schriften wie Madison Grants „The Passing of the Great Race" (1916) und Lothrop Stoddards „The Rising Tide of Colour against White World-Supremacy" (1920) vielfach gelesen wurden und weitverbreitet waren. Robert Proctor beschreibt, wie deutsche Rassenhygieniker seit dem Ende des 19. Jahrhunderts die Führungsrolle der Vereinigten Staaten in der Rassenhygiene anerkannten. In der Tat wurde das nationalsozialistische Gesetz zur Sterilisierung von 1933 nach ähnlichen Gesetzen in den Vereinigten Staaten entworfen. Proctor merkt an, dass „viele Intellektuelle umfassend an nationalsozialistischen Rassenprogrammen mitarbeiteten und viele der gesellschaftlichen und intellektuellen Grundlagen dieser Programme lange vor Hitlers Machtergreifung gelegt wurden".[17]

Es ist eine unangenehme Wahrheit, dass die nationalsozialistische Rassenideologie aus Gründen unterstützt wurde, die viele Wissenschaftler, Intellektuelle und Politiker plausibel fanden, bevor ihre schrecklichen Konsequenzen deutlich wurden. Rassenhygiene war nicht die Domäne einiger opportunistischer nationalsozialistischer Pseudowissenschaftler. In jüngster Zeit wurde darauf verwiesen, dass die Rassenhygiene deshalb in entwickelten Ländern so

16 Vgl. George L. Mosse, The Crisis of German Ideology: Intellectual Origins of the Third Reich, New York 1964, und zur Kritik David E. Cooper, Ideology, Moral Complicity and the Holocaust. In: Garrard/Scarre, Moral Philosophy, S. 9–24.

17 Robert N. Proctor, Racial Hygiene: Medicine under the Nazis, Cambridge 1988, S. 6.

verbreitet war, weil sie eine natürliche Konsequenz der Moderne sei. Aus Paul Gilroys Sicht ist die Rassenlehre „mit ihrer Betonung von Rationalität und Kategorisierung, Ordnung, Fortschritt und (westlicher) Perfektionierung des Menschen der Kern der Moderne".[18] Einer der Gründe dafür, dass das Rassendenken in Deutschland eine so tödliche Form angenommen hat, mag sein, dass die Verbindung der modernistischen Strömung mit einem starken Antisemitismus seit dem Mittelalter ein Leitmotiv deutschen Lebens war.

Moody-Adams und Lukes warnen davor, die Fähigkeit des Menschen zum kritischen Denken zu unterschätzen. Selbst fehlerfreies Denken kann jedoch keine wahren Überzeugungen und Ideen garantieren, wenn die Prämissen der Schlussfolgerung falsch sind. Diejenigen, die vom Dogma ungleicher Rassenentwicklung und der Notwendigkeit überzeugt waren, dass sich überlegene Rassen gegen minderwertige verteidigen mussten, erlagen sowohl moralisch als auch erkenntnistheoretisch einem gefährlichen Irrtum, unabhängig davon, wie stimmig ihre Logik war. Der Ernst dieser möglichen Konsequenzen hätte bei ihnen moralische Alarmglocken läuten lassen müssen, sollte man denken.

Um Missverständnisse zu vermeiden, möchte ich an dieser Stelle betonen, dass ich nicht meine, dass der einzige folgenschwere moralische Irrtum mit Blick auf den Holocaust darin bestanden hätte, bestimmte Fakten und Theorien nicht angemessen geprüft zu haben. Das wäre eine auf absurde Weise reduzierte und in ihrer Diagnose moralischer Schuld sehr eingeengte Analyse des Bösen, das in Wirklichkeit in seinen Ursprüngen und seiner Natur hochkomplex war. Die Täter des nationalsozialistischen Völkermords folgten sehr verschiedenen Motiven. Die Verabschiedung des alten Stereotyps, dass alle Nazis Dämonen oder Monster waren, sollte uns nicht blind machen für die Tatsache, dass es unter ihnen auch sadistische, grausame, gierige und neidische Menschen gab. Es gab diejenigen, die von Krieg und Gewalt fasziniert waren oder solche, die es genossen, anderen Menschen, die schwächer waren als sie, Leid zuzufügen. Andere fanden sich in ihrer eigenen Bedeutung bestärkt dadurch, dass sie wehrlose Männer, Frauen und Kinder kontrollieren und terrorisieren konnten. Einige waren eifrig damit beschäftigt, sich jüdisches Eigentum anzueignen oder Arbeitsplätze und Ämter von Juden zu übernehmen. Für all diese scheußlichen oder unangemessenen Charaktere bot der Holocaust eine einzigartige Gelegenheit uneingeschränkter Zügellosigkeit, ohne mit Strafe rechnen zu müssen.

Außerdem gab es diejenigen, die glaubten, dass es ihre Pflicht sei, Befehle zu befolgen, die sie nicht verweigern konnten. Sie mögen nicht der Ideologie des Antisemitismus gefolgt sein, aber auch das war eine Ideologie. Stanley Milgrams bekannte psychologische Experimente zeigen, wie schwer es sein kann, die Befehle von Autoritäten zu verweigern. Wir sollten auch nicht vergessen, dass viele Deutsche vom Führer fasziniert waren. So hat Gitta Sereny argumentiert,

18 Paul Gilroy, Between Camps: Nature, Culture and the Allure of Race, London 2000, S. 217f.

„dass Gehorsam gegenüber Autoritäten dem Charakter der Deutschen schon vor Hitler und noch lange nach ihm eigen war“.[19] Diejenigen, die Befehle befolgten, überschneiden sich mit denen, die schon Vorurteile gegenüber den Juden und Angst vor ihnen hatten und deshalb vom Regime davon überzeugt werden konnten, dass der jüdischen Bedrohung energisch entgegengetreten werden musste. Dann gab es noch die große Gruppe der Mitläufer, die das, was geschah, akzeptierten, da sie sich mehr um sich selbst als um andere kümmerten, und die deshalb wenig sahen, weil sie beschlossen hatten, nicht hinzusehen. Sie unterstützten den Holocaust, indem sie nichts taten, um ihn zu verhindern, wobei einige vielleicht deshalb nichts taten, weil sie meinten, dass sie nichts tun konnten.

Auch wenn ich nicht die zahlreichen Gründe für den Holocaust zu sehr vereinfachen möchte, liegt der Schwerpunkt dieses Textes doch auf der moralischen Bedeutung falscher Überzeugungen, die eine der entscheidenden Faktoren waren, die den Völkermord unterstützt haben. Zimmerman behauptet, dass Rudolf Höß’ falsche Annahme einer von den Juden ausgehenden Gefahr ihn vom Vorwurf der Tötung von zwei Millionen Menschen freispricht. Wie aber ist Höß zu dieser Annahme gekommen? Wie sorgfältig oder leichtsinnig war er bei der Ausbildung der entsprechenden Überzeugungen? Sah er eine moralische Verantwortung für seine Überzeugungen und überprüfte er diese ausreichend?

Wir sagen oft, dass jemand es hätte besser wissen können. John Locke hat das prägnant formuliert: „Wenn die Zustimmung oder Ablehnung bedeutsame Folgen nach sich zieht, dass Glück oder Unglück davon abhänge, ob man die richtige Seite wählt oder ablehnt, dann nimmt der Geist ernstlich die Aufgabe in die Hand, die Wahrscheinlichkeit zu ermitteln und zu prüfen.“[20] Aber wie weit reicht unsere Macht, uns zu kümmern? Zimmerman schreibt, „dass die Abwesenheit von Ignoranz mit Blick auf das Unrechtshandeln eine entscheidende Bedingung der Verantwortung ist“.[21] Was aber, wenn ein Mensch, der Unrecht tut, ohne es zu wissen, das Vermögen hat, seinen Irrtum zu erkennen? Sollten wir für diesen Fall nicht annehmen, dass er Verantwortung für sein Unrechtshandeln trägt, da er dessen Charakter hätte erkennen können? Zimmerman ist anderer Meinung. Er legt nahe, dass sich normalerweise ein leichtfertiger und gleichgültiger Mensch nicht bewusst ist, dass er aufmerksamer oder besser informiert hätte sein sollen. Wegen dieser zweiten Schicht der Ignoranz, so Zimmerman, können wir einen solchen Menschen nicht verantwortlich für sein Handeln machen. Um Schuld differenziert bestimmen zu können, so Zim-

19 Vgl. Stanley Milgram, Obedience to Authority: An Experimental View, New York 1983, und Gitta Sereny, The German Trauma: Experiences and Reflections, 1938–2000, London 2000, S. 346.

20 John Locke, Versuch über den menschlichen Verstand, 3. Auflage in zwei Bänden, Hamburg 1988, Band 2, S. 434.

21 Michael Zimmerman, Moral responsibility and ignorance. In: Ethics, 107 (1997) 3, S. 410–426, hier 426.

merman, müssten wir eine schlechte Tat bestimmen, für die der Täter direkt und wissentlich verantwortlich ist, ohne dass diese Tat etwas an seiner Ignoranz und Indifferenz geändert hätte. Eine solche Handlung ist jedoch höchst unwahrscheinlich.[22]

Ich stimme James A. Montmarquet zu, dass dieses Argument nicht überzeugend ist. Die oberflächliche Attraktion von Zimmermans Argument, so Montmarquet, liegt darin, dass „man nur dann für einen bestimmten mentalen Zustand unmittelbar verantwortlich ist, wenn man sich bewusst ist, dass dieser Zustand fragwürdig und problematisch ist".[23] Montmarquet erinnert uns daran, dass es viele Situationen gibt, in denen wir, ohne zu zögern, anderen Menschen vorwerfen, schändliche Handlungen in leichtfertiger Ignoranz begangen zu haben. Häufig ist es offensichtlich, dass sich jemand über etwas hätte informieren können und sollen, dass er nicht wusste. Ignoranz rechtfertigt keine Ignoranz. Um jemandem etwas vorwerfen zu können, ist es nicht erforderlich, dass dieser bewusst etwas getan hat, von dem er wusste, dass es seiner Ignoranz geschuldet war, dass er handelte, wie er handelte. Montmarquet bemerkt, dass wir von Menschen eine bestimmte Offenheit für Überlegungen erwarten, die sich auf Werte und die Wahrheit beziehen. Wenn sie solche Überlegungen nicht anstellen, sind sie auch für die entsprechenden Konsequenzen verantwortlich.[24] Jeder sollte eine intellektuell verantwortliche Haltung entwickeln, die ihn davor bewahrt, einer für andere schädlichen Ignoranz zu verfallen.[25]

Da Offenheit eine der wichtigsten Tugenden liberaler Gesellschaften ist, neigen wir dazu, diejenigen zu kritisieren, die an bestimmten Ideen festhalten. Selbst dann, wenn man zu diesen Ideen durch richtige Erkenntnisprozesse gekommen ist und sie also streng genommen keine Vorurteile sind, ist die Weigerung, diese Ideen zu überprüfen, nicht nur unklug, da sowohl ihre Evidenz als auch die Art, wie wir diese verstehen, sich ändern können, sondern auch moralisch unverantwortlich. Irren ist menschlich, aber die Möglichkeit, dass man sich geirrt haben könnte, zurückzuweisen, zeigt einen ernsthaften Mangel an Selbsterkenntnis.

22 Vgl. ebd., S. 412–418 (Kapitel 3).
23 Vgl. James A. Montmarquet, Zimmerman on culpable ignorance. In: Ethics, 109 (1999) 4, S. 842–845, hier 844.
24 Vgl. ebd., S. 845.
25 Vgl. Montmarquet, Culpable ignorance and excuses. In: Philosophical Studies, 80 (1995) 1, S. 41–49, hier 43. In seinem Text kritisiert Montmarquet Holly Smiths Idee, dass Ignoranz strafbar sei, wenn sie aus Unwissenheit oder einer Unterlassung folgt, deren Schädlichkeit und Falschheit den Handelnden nicht bewusst war. Meiner Meinung nach bestreitet Montmarquet zu Recht Smiths Behauptung, dass es besonderer Handlungen oder Unterlassungen bedarf, bevor Ignoranz schuldhaft und damit strafbar ist. Dagegen meint er, dass es dafür ausreicht, wenn ein Subjekt in erkenntnismäßiger Hinsicht Defizite aufweist. Ich möchte ergänzen: hinsichtlich des Gegenstandes, um den es geht, da eine Person in mancher Hinsicht epistemisch sorgfältig und umsichtig sein mag, in anderer Hinsicht dagegen nicht. Vgl. Holly Smith, Culpable ignorance. In: The Philosophical Review, 92 (1983) 4, S. 543–571.

Wir machen uns etwas vor, wenn wir denken, dass wirkliche Offenheit leicht zu haben ist. Offenheit heißt, unsere Vorurteile und fixen Ideen zu identifizieren und zu überwinden sowie unparteiisch nach Evidenz zu suchen. Das Problem besteht darin, dass sich unsere Vorurteile im Sinne unserer unbewiesenen Überzeugungen und Ideen nicht ohne Weiteres als solche zu erkennen geben. Es ist fast genau so paradox zu sagen: „Ich glaube, dass p, und mein Glaube ist ein Vorurteil“, wie zu sagen, „Ich glaube, dass p, und mein Glaube ist falsch.“ Logiker kennen das als Moores Paradox. Einen Glauben als Vorurteil anzuerkennen, gesteht zu, dass man kein Recht hat, ohne Evidenz an diesem Glauben festzuhalten. Diese Stufe zu erreichen, ist insbesondere dann nicht einfach, wenn die fragliche Überzeugung andere uns wichtige Überzeugungen stützt. Man mag in dem schwachen Sinn vorurteilslos sein, dass man jeder Evidenz das Gewicht geben möchte, welches sie verdient, ohne dadurch in dem strengen Sinn unvoreingenommen zu sein, dass man das auch erreicht. Möglich ist auch, dass es einem leichter fällt, die Evidenz bestimmter Themen festzustellen, als die anderer.

Viele Menschen sehen Offenheit als eine Tugend, die sie zu kultivieren versuchen. Ich vermute, selbst viele Nationalsozialisten hätten sich für vorurteilslos gehalten, und das nicht nur im schwachen Sinn, sondern als völlig offen für Evidenz und Argumente. Die Absicht also, bestimmte Tugenden zu entwickeln, sichert noch nicht, dass man damit auch erfolgreich ist. Menschen, die es eigentlich gewohnt sind, Evidenz zu bewerten, können dennoch durch vorherrschende ideologische oder intellektuelle Paradigmen fehlgeleitet werden oder aber durch Paradigmen, die in ihren Kreisen vorherrschen. Montmarquet merkt an, dass wir uns nicht von Menschen beeindrucken lassen sollen, die ernsthaft behaupten, dass sie in der Unvoreingenommenheit gegenüber Wahrheits- und Wertfragen keinen Sinn sehen.[26] Dennoch ist es praktisch unwahrscheinlich, dass jemand von sich behaupten würde, dass er immun dagegen sei, sich durch zwingende Evidenz und stimmige Logik überzeugen zu lassen, da das dem Eingeständnis gleichkäme, gegenüber der Wahrheit gleichgültig zu sein.

Das wirkliche Problem ist nicht, dass sich Menschen in diesem Sinne dagegen sträuben, vorurteilslos zu sein, sondern dass eine solche Unvoreingenommenheit nicht das erkenntnistheoretische Allheilmittel ist, das es auf dem ersten Blick zu sein scheint. Dafür gibt es drei Gründe:

1. Einige Menschen denken, dass sie sehr viel unvoreingenommener sind, als das tatsächlich der Fall ist. Das mag aus einer Selbsttäuschung resultieren, die besonders dann auftritt, wenn die unvoreingenommene Anerkennung der Wahrheit nicht in ihrem Interesse ist oder es ihnen an Selbsterkenntnis mangelt.
2. Oft gibt es unterschiedliche Ansichten darüber, in welcher Hinsicht eine unvoreingenommene Person vorurteilslos sein sollte. Zum Beispiel warf in der

26 Vgl. Montmarquet, Zimmerman, S. 845.

lang anhaltenden Auseinandersetzung zwischen Anhängern der Evolutionstheorie und Kreationisten jede Seite der anderen vor, nicht hinreichend Belege oder Autoritäten zu berücksichtigen, die sie vorurteilslos hätten zur Kenntnis nehmen sollen, also je nach Position entweder wissenschaftliche Erkenntnisse oder die Bibel.

3. Selbst Menschen, die im starken Sinne vorurteilslos sind, sind anfällig für Irrtümer, wenn ihnen das Unwahre mit vermeintlich plausiblen Beweisen vorgetragen wird. Vorurteilslosigkeit, so wünschenswert und in der Tat wesentlich sie auch ist, ist nicht der Königsweg zu wahren Überzeugungen und Ideen, und selbst der unvoreingenommenste Mensch kann hier vollkommen daneben liegen.

Mit deprimierender Regelmäßigkeit konfrontiert uns die Geschichte mit Ideologien, die sich öffentliche Anerkennung verschaffen, in denen Individuen oder ganze Bevölkerungsgruppen als gefährlich oder „anders" isoliert werden. Manchmal wird suggeriert, dass wir solche Unterscheidungen zwischen uns und den anderen beruhigend finden, da dadurch die gesellschaftlichen Konturen schärfer werden und uns einen stärkeren Sinn für unsere Identität und Zugehörigkeiten geben. Unsere Zugehörigkeit zu einer Gruppe verschafft uns die Befriedigung, auf andere herabzusehen, die nicht zu unserer Gruppe gehören. Die Leichtigkeit, mit der sich Theorien durchsetzen, die fremde Gruppen definieren und abwerten, zeigt die bewussten und unbewussten Ängste und Wünsche, die eine große Rolle bei der Bestimmung dessen spielen können, was wir plausibel finden.

Wie John Benson ausgeführt hat, gründen unsere Ideen und Überzeugungen häufig auf Vertrauen, da wir dazu keine Alternative haben: Uns fehlen die Zeit und die Möglichkeiten, das Wissen und die Gelegenheit, alle unsere Ideen und Meinungen zu überprüfen. Auch wenn man zu sehr von den Ideen anderer abhängig sein kann, wäre es unsinnig, ausschließlich sich selbst zu vertrauen, anstatt den Rat oder das Zeugnis anderer zu berücksichtigen.[27] Es gibt sowohl die Tugend intellektueller Bescheidenheit als auch die Untugend intellektueller Feigheit. Beide auseinanderzuhalten ist nicht immer einfach.

Sind wir aber wirklich in unserem moralischen Urteil so sehr von anderen abhängig? Benson meint, dass wir in unseren moralischen Urteilen autonomer sind als in unseren faktischen Urteilen, da unsere moralischen Überzeugungen vor allem von unseren Gefühlen abhängen. Nachdem er David Humes Ansicht zitiert, dass Moral angemessener gefühlt als bewertet wird, argumentiert er, dass wir in moralischen Dingen die Belehrung anderer Menschen nicht brauchen, da uns unsere Gefühle schon auf den richtigen moralischen Weg führen. Es wäre merkwürdig, so sein Argument, wenn jemand den Rat eines anderen darüber

27 Vgl. John Benson, Who is the autonomous man? In: Robert B. Kruschwitz/Robert C. Robert (Hg.), The Virtues: Contemporary Essays on Moral Character, Belmont 1987, S. 215.

suchen würde, ob es richtig oder falsch ist, einen Gefangenen zu foltern, um Informationen von ihm zu bekommen. Bei solchen Problemen fühlen sich die meisten von uns in der Lage, sich selbst ein Urteil zu bilden.[28] Das wurde vor dem 11. September 2001 und vor den Kriegen in Afghanistan und Irak und auch vor Guantanamo Bay geschrieben. Wenn Benson recht hat, dann hätte ein Mensch unabhängig davon, in welchem Maße er der Indoktrinierung durch Propaganda über die Bösartigkeit der Juden ausgesetzt war, dennoch in der Lage gewesen sein müssen, ihnen gegenüber menschliche Gefühle zu entwickeln und angemessene moralische Urteile zu bilden.

Ich bin weniger optimistisch als Benson, was die Robustheit moralischer Autonomie betrifft. Nächstenliebe, Mitleid und ähnliche Gefühle können eine starke moralische Orientierung geben, insbesondere dann, wenn sie von der Fähigkeit begleitet sind, uns in die Situation anderer Menschen zu versetzen. Gefühle müssen jedoch angeregt werden, um wirksam zu sein, und sie können blockiert werden, wenn wir davon überzeugt sind, dass bestimmte Menschen unser Vertrauen nicht verdienen. Es ist schwierig, Angehörigen einer gefürchteten oder ungeliebten Gruppe gegenüber Gefühle der Sympathie zu entwickeln, insbesondere dann, wenn wir in einem finsteren gesellschaftlichen Klima leben, „in dem unsere intuitiven moralischen Gefühle entwertet oder für bestimmte Objekte nicht zugelassen werden",[29] wie Kathie Jenni das genannt hat. Viele Menschen haben das dringende Bedürfnis nach Orientierung durch eine Autorität, die moralische Prinzipien in einer komplexen und verwirrenden Welt bereitstellt. Leider funktionieren unsere Gefühle nicht wie Leuchttürme, die die moralische Wahrheit in korrupten faktischen Überzeugungen aufscheinen lassen.

Kulturen sind keine begrifflichen Gefängnisse, deren Insassen von der Kommunikation mit der Außenwelt abgeschnitten und gezwungen sind, in einer bestimmten Weise zu denken. Viele zeitgenössische Autoren widersprechen dem ehemals verbreiteten Herderschen Konzept der Kultur als einer Ansammlung von Ideen, Werten und Erwartungen sowie intellektuellen, religiösen und künstlerischen Tendenzen, einer cultura animi, einer Geistesbildung, die eine Gemeinschaft als Einheit von Denken und Fühlen verbindet und von äußeren Einflüssen abgeschlossen ist.[30] Kulturen werden vielmehr zunehmend als offene und flexible und nicht als monolithische und unbewegliche Strukturen gesehen. Es gibt, in Lukes' Worten, einen wachsenden Konsens darüber, dass „Kulturen niemals kohärent oder gegenüber der Außenwelt abgeschlossen sind, dass sie nicht nur lokal und weder von innen noch von außen infrage gestellt werden, obwohl natürlich der Grad, in dem das zutrifft, von Fall zu Fall variiert".[31]

28 Vgl. Benson, Autonomous man, S. 211 f.

29 Kathie Jenni, Vices of Inattention. In: Journal of Applied Philosophy, 20 (2003) 3, S. 279–295, hier 287.

30 Herder übernahm die Idee einer cultura animi von Cicero. Vgl. zu einer ausführlichen Diskussion Adam Kuper, Culture: The Anthropologist's Account, Cambridge 1999, S. 31.

Die Frage ist, in welchem Umfang schädliches Handeln entschuldigt werden kann, wenn es durch die ernsthafte Überzeugung von einer falschen Ideologie begründet ist. Gibt es Mörder, die guten Glaubens morden? Antworten auf diese Frage reichen von Zimmermans Ansicht, dass die ehrliche Überzeugung von einer Ideologie das Handeln eines Menschen vollkommen entlasten kann, bis zu der Gegenthese von Moody-Adams, dass eine solche Überzeugung überhaupt keine Entschuldung für falsches Handeln bietet. Ich denke, dass die Wahrheit zwischen diesen beiden Extremen liegt, und werde diese ziemlich nichtssagende Annahme später modifizieren. Ich möchte hier noch einmal an die Ablehnung des Herder'schen Kulturkonzepts erinnern. Wenn Kulturen nicht in sich widerspruchsfrei und immun gegen äußere Einflüsse sind, sondern stattdessen in der Regel selbstkritisch und durchlässig, sollten wir vielleicht vorsichtiger sein mit der Behauptung, dass die Deutschen des Dritten Reichs nicht in der Lage waren zu verstehen, was sie taten.

Natürlich kann man bezweifeln, ob der Nationalsozialismus eine eigene Kultur war oder nicht doch nur ein Krebsgeschwulst der deutschen Kultur. Angesichts der unbestimmten Grenzen des Kulturkonzepts denke ich jedoch, dass es sinnvoll ist, den Nationalsozialismus als Kultur zu beschreiben, insofern er eine bestimmte Lebensweise darstellt, die durch ein spezifisches Netz von Erzählungen unterstützt wurde. Das wichtigere Problem ist der Umfang, in dem diejenigen, die die nationalsozialistische Ideologie akzeptierten, konkurrierenden Narrativen ausgesetzt waren.

Wenn Kulturen offener sind, als man früher angenommen hat, so sind einige von ihnen sicher offener als andere. Die moderne amerikanische Kultur ist viel durchlässiger und pluralistischer als zum Beispiel die japanische Kultur der Edo-Periode, als sich das Land für zwei Jahrhunderte gegen Ausländer abgeschottet hatte. Es mag keine hermetisch abgeschlossenen Kulturen geben. Dennoch waren einige Gesellschaften erfolgreicher als andere darin zu sichern, dass ihre Bürger linientreu waren. Der technologische Fortschritt hat das in bestimmter Hinsicht durch effektive Kontroll- und Überwachungsmechanismen einfacher gemacht, in anderer Hinsicht mit Blick auf die weitreichende und schnelle Verbreitung von Informationen aber auch schwieriger. Wenn die Zustimmung zur herrschenden Ideologie eine Bedingung individuellen Erfolgs und Überlebens ist, ist es unwahrscheinlicher, dass die Menschen unangenehme Fragen stellen, nicht einmal sich selbst. Das kann so weit gehen, dass sie sich nicht einmal mehr trauen, Zweifel an den herrschenden Ideen zu haben.

Das nationalsozialistische Deutschland war sicher nicht wie Japan zur Edo-Zeit. Das Land war lange führend in den Wissenschaften, der Medizin und Philosophie, der Geschichtsschreibung, Religion, den Sozialwissenschaften und Künsten. Und seine Schriftsteller und Wissenschaftler standen in schöpferischem Austausch mit Kollegen der ganzen Welt. Deutschland war immer

31 Vgl. Lukes, Liberals, S. 34; vgl. auch Seyla Benhabib, The Claims of Culture: Equality and Diversity in the Global Era, Princeton 2002.

noch ein christliches Land, dessen Bewohner mit der Botschaft des Evangeliums vertraut waren, die Frieden auf Erden und den guten Willen aller Menschen verkündete, obwohl es auch eine dunklere Strömung des christlichen Antisemitismus gab. Hitlers Deutsche bewohnten keinen intellektuell und gesellschaftlich abgeschlossenen Raum, in dem der Humanismus der Aufklärung keine Rolle mehr spielte und die nationalsozialistische Weltanschauung alle gegnerischen Ideen auf dem Müllhaufen der Geschichte entsorgt hatte. Die Nationalsozialisten verbrannten Bücher, konnten jedoch nicht alles auslöschen, was sie ablehnten. Sie konnten auch nicht das Eindringen subversiver Ideen aus dem Ausland verhindern. Es gab immer noch viele Deutsche, die lieber Goethe, Kant und Schiller lasen als „Mein Kampf", und deren Sekundärtugenden denen des Regimes konträr entgegenstanden.

Dennoch grassierten antisemitische Vorurteile, die die Wirkung der Kritik liberaler Denker innerhalb und außerhalb Deutschlands erschwerten. Benjamin Valentino hat beobachtet, dass „die nationalsozialistische Propaganda wahrscheinlich wirkungslos gewesen wäre, wenn sie nicht auf bereits existierende Vorurteile und negative Stereotype gegenüber den Juden hätte zurückgreifen können, die in der deutschen Gesellschaft schon vor der nationalsozialistischen Machtergreifung vorherrschten".[32] Es stimmt, dass die Weimarer Republik der Schauplatz heftiger Kämpfe war, an denen die extreme Linke und Rechte, aber auch die Sozialdemokratie beteiligt waren. In einer solchen extrem zerrissenen und gespaltenen Gesellschaft war es selbst für Menschen, die der Politik fern standen, schwer, neutral zu bleiben. Da aber nichts so erfolgreich ist wie der Erfolg selbst und da die meisten Menschen Stabilität der Unsicherheit vorziehen, verhinderte der politische Erfolg des Nationalsozialismus bei allen, außer den unabhängigsten Geister, abweichende Ideen. Dass ein Intellektueller wie Thomas Mann die Ideen der Nationalsozialisten als Fantasien abtun konnte, heißt nicht, dass das für einfache Deutsche, die Goldhagens Buch behandelt, oder die von Christopher Browning untersuchten gewöhnlichen Deutschen des Reservepolizeibataillons 101, die in Polen Juden ermordeten, ebenso leicht war. Selbst Primo Levi würde zustimmen, dass charismatische Führer wie Hitler und Mussolini eine geheime Kraft der Verführung besaßen.

Ich möchte nun genauer auf die Frage eingehen, ob der ernsthafte Glaube an eine schlechte Ideologie die unmoralischen Handlungen eines Menschen entschuldigen kann. Dabei möchte ich eine Position vertreten, die zwischen der Ansicht Zimmermans, der hier eine völlige Entschuldung solcher Menschen sieht, und der von Moody-Adams, die darin keinerlei Entlastung der Akteure sieht, liegt. Wenn wir genauer fragen, wo genau zwischen diesen Extremen die Wahrheit liegt, werden wir sehen, dass es hier genauso viele Antworten wie individuelle Zwangslagen gibt. Der Grad moralischer Verantwortung eines Menschen hängt neben der Situation von einer Reihe persönlicher Faktoren ab, die

32 Benjamin Valentino, Final Solutions: Mass Killing and Genocide in the 20th Century, Ithaka 2004, S. 51.

er nur bedingt kontrollieren kann. Einige derjenigen, die damit beschäftigt waren, Hitlers Vorgaben zu erfüllen, waren offensichtlich besser ausgerüstet oder in einer für sie günstigeren Situation als andere, was es ihnen ermöglichte, die Ansprüche und Forderungen des Regimes kritisch zu hinterfragen. Zweifellos nahmen einige Deutsche, die zu einer kritischen Haltung in der Lage gewesen wären, eine solche Haltung deshalb nicht ein, weil sie in der Verfolgung der vorgegebenen Linie der Partei eine Gelegenheit persönlichen Vorwärtskommens sahen. Andere mögen aus reiner Trägheit oder Faulheit oder weil sie ein ruhiges Leben bevorzugten, auf eine kritische Haltung verzichtet haben. Vielleicht waren sie auch überzeugt, dass ihre Vorgesetzten klüger waren als sie. Das grundlegende moralische Prinzip ist hier, dass von denjenigen, die fähiger sind als andere, auch mehr gefordert und erwartet werden kann.

Sicher gab es in Deutschland eigensinnige und mutige Menschen, die von Beginn an gegen die nationalsozialistische Politik und die Ideen rassischer Reinheit protestiert haben. Wir sollten jedoch vorsichtig damit sein, welche Schlüsse wir daraus ziehen, dass einige Menschen in der Lage waren zu erkennen, was vor sich ging und der Parteilinie zu widerstehen. Die seit 1945 in Deutschland laufende Gewissensprüfung legt nahe, dass viele derjenigen, die dem Regime dienten und das später bedauerten, persönliche Verantwortung für ihr Handeln übernahmen. Sie hatten das moralische Pech, um eine Formulierung von Thomas Nagel zu benutzen, in einer Gesellschaft zu leben, in der die Mächtigen unter Nutzung traditioneller Ängste und Vorurteile einen aggressiven Antisemitismus verkündeten.[33] Nicht-Juden, die jüdische Freunde, Kollegen oder Bekannte hatten, hatten zumindest eine Möglichkeit, den abstoßenden Antisemitismus des Regimes an ihren persönlichen Erfahrungen zu überprüfen. Einige von ihnen bewahrten sich einen Sinn für die Realität: Schließlich hatten die Juden lange in Deutschland gelebt und waren keine Wesen von einem anderen Stern. Viele gerieten jedoch ins Wanken angesichts des durch politische Führer, die Kirchen, zahlreiche Mediziner sowie viele angesehene Historiker und Philosophen unterstützten vorherrschenden Antisemitismus.

Ich habe mich auf die Beziehung zwischen falschem Glauben und schädlichem Handeln konzentriert und dabei argumentiert, dass ein solcher Glauben für unsere moralische Beurteilung menschlichen Handelns berücksichtigt werden sollte. Es sollte jedoch daran erinnert werden, dass der Holocaust nicht einfach als ein gigantischer intellektueller Irrtum gesehen werden kann, was moralische Schuldzuweisungen nur dann rechtfertigen würde, wenn man Menschen Fahrlässigkeit im Umgang mit den Tatsachen nachweisen könnte. Eine solche hygienische Sicht der Tragödie würde deren Grausamkeit, den Sadismus, den abgründigen Hass und den Eigennutz dieser Menschen unberücksichtigt lassen. Einige, jedoch nicht allzu viele, der Täter des Holocaust mögen anstän-

33 Vgl. Thomas Nagel, Moral luck. In: ders. (Hg.), Mortal Questions, Cambridge 1979, S. 24–38.

dige und fehlgeleitete Menschen gewesen sein. Es ist ein großer Schritt von der Akzeptanz der Rassenhygiene zur Teilnahme am Völkermord und es wäre leichtfertig anzunehmen, dass alle, die diesen Schritt gingen, davon überzeugt waren, das Richtige zu tun. Natürlich können Hass und Feindschaft aus falschen Überzeugungen folgen und es wäre sicher falsch, intellektuelle und emotionale Ursachen des Holocaust voneinander getrennt zu behandeln. Einen Juden in Auschwitz oder in einem polnischen Ghetto zu ermorden, erforderte jedoch eine Brutalität, die sich nicht durch eine falsche, nur vermeintlich richtige Sicht der Tatsachen erklären lässt.

In ihrem Buch über den Holocaust haben Bloxham und Kushner den verstörenden Schluss aus dem Völkermord des 20. Jahrhunderts gezogen, dass „unabhängig von Bildung, Sozialisierung und vorherigen Beziehungen zu den Opfern und auch unabhängig von der Zugehörigkeit zur Verwaltung, zum Militär oder paramilitärischen Verbänden oder auch einfach nur der allgemeinen Öffentlichkeit, Menschen unter bestimmten Umständen bereit sind zu töten".[34] Sie schlagen vor, dass „das Wissen von der Universalität des Tötungspotenzials der Ausgangspunkt zur Untersuchung des Völkermords sein sollte".[35] Während wir mit Primo Levi wünschen mögen, der Idee zu widerstehen, dass in Abwesenheit bürgerlicher Institutionen der Mensch abgrundtief brutal, egoistisch und beschränkt in seinem Verhalten ist, sind wir dennoch gezwungen zu akzeptieren, dass in extremen Situationen viele gesellschaftliche Haltungen und Konventionen außer Kraft gesetzt werden.

34 Donald Bloxham/Tony Kushner (Hg.), The Holocaust, Critical historical approaches, Glasgow 2004, S. 159.
35 Ebd.

Moral, Vergebung und das Nichtverggebbare nach Auschwitz

*Didier Pollefeyt**

In seinem Buch „Die Sonnenblume" erzählt der Nazijäger Wiesenthal von einer schmerzlichen Erfahrung, die er als Gefangener eines Konzentrationslagers während des Zweiten Weltkriegs hatte. Ich möchte dieses Ereignis an den Beginn meiner Analyse setzen, da es die Fragen des Bösen, der Moral und der Vergebung sehr eindringlich aufwirft, aber auch deshalb, weil diese Geschichte den ganzen Menschen betrifft. Als Lagerhäftling wurde Wiesenthal unerwartet von einer deutschen Krankenschwester zu einem tödlich verwundeten jungen SS-Mann gebracht. Der sterbende junge Mann erzählte ihm seine Geschichte und auch von seiner Beteiligung an der Ermordung einer Gruppe von Juden. „Ich weiß, was ich ihnen erzählt habe, ist furchtbar. In den langen Nächten, in denen ich auf den Tod warten musste, hatte ich immer wieder das Bedürfnis, mit einem Juden darüber zu sprechen [...] ihn um Vergebung zu bitten. Ich wusste nur nicht, ob es überhaupt noch Juden gibt", so der Deutsche. Es folgte eine beängstigende Stille. Wiesenthal schreibt: „Ich habe mich entschieden. Ohne ein Wort verlasse ich das Zimmer."[1] Seine Beschreibung dieser überwältigenden Erfahrung endet mit der offenen Frage: „Hätte ich, hätte überhaupt jemand, ihm verzeihen sollen, verzeihen dürfen?"[2] Die Begegnung zwischen diesem jüdischen Opfer und einem sterbenden Verbrecher wirft eine Frage auf, deren Bedeutung über diesen historischen Fall weit hinausgeht, nämlich die nach der Spannung und dem Gegensatz zwischen dem Wunsch und der Pflicht, den Verbrecher zu bestrafen oder ihm eine neue Chance zu geben. Dabei stehen zwei Gebote gegeneinander, dass der Gerechtigkeit, das eine unnachsichtige Bestrafung fordert, und das der Liebe, das ebenso nachdrücklich fordert, Menschen eine neue Chance zu geben. Diese Gebote sind unvereinbar, jedes für sich ist

* Aus dem Englischen übersetzt von Wolfgang Bialas. Dieser Text ist bereits erschienen unter dem Titel „Ethics, Forgiveness and the Unforgivable after Auschwitz" in: Didier Pollefeyt (Hg.), Incredible Forgiveness. Christian Ethics between Fanaticism and Reconciliation, Leuven: Peeters 2004, p. 121–159.

1 Simon Wiesenthal, Die Sonnenblume. Über die Möglichkeiten und Grenzen von Vergebung, Berlin 2015, S. 69f.

2 Ebd., S. 115.

jedoch legitim.[3] Eine Haltung der Barmherzigkeit und des Mitleids kann jedoch leicht in billige Toleranz umschlagen, aus Schwäche oder falschem Mitleid, die das Böse unterstützen. Vergebung ohne Gerechtigkeit trivialisiert die Verantwortung und führt möglicherweise zur Wiederholung des Verbrechens. Das Recht auf menschliche Freiheit wahrzunehmen, ist eine gewichtige und manchmal buchstäblich eine tödliche Angelegenheit, da es von Anfang an die Last der Verantwortung einschließt. „Eine Welt, in der die Vergebung allmächtig ist, wird unmenschlich",[4] sagt Lévinas. Auf der anderen Seite kann Gerechtigkeit ohne Barmherzigkeit leicht in eine von Rachegelüsten getriebene Zurschaustellung der Macht umschlagen, die den anderen auf einen Moment seiner Existenz reduziert. Wenn Menschen in ihrer Verantwortung scheitern, bitten sie oftmals um Vergebung, um sich nicht mit ihrer Schuld auseinandersetzen zu müssen. Die Ethik kann keine Antwort auf dieses Flehen geben, ohne sich dabei selbst infrage zu stellen. Hier ist die Ethik mit ihrer eigenen Unbarmherzigkeit konfrontiert.

In meinem Beitrag möchte ich die erwähnte Spannung zwischen der Ethik und der Vergebung untersuchen, indem ich das abgrundtief Böse der nationalsozialistischen „Verbrechen gegen die Menschlichkeit"[5] näher betrachten werde. Diese Verbrechen haben die Humanität in einem solchen Maß beschädigt, dass wir in ihnen ein klares Beispiel des nicht vergebbaren Bösen vor uns haben. Für Theologen sind die nationalsozialistischen Verbrechen häufig der Grund, weshalb sie die ethische Dimension der jüdischen und christlichen Religion herausstellen oder sogar die Religion auf die Moral reduzieren. So schrieb der christliche Holocaustforscher James Moore: „Für Christen stellt sich die Frage, ob wir selbst in alltäglichen Situationen weiter über Vergebung in der gleichen Weise reden können, nachdem wir gesehen haben, wie Vergebung im Angesicht des ungeheuerlichen Verbrechens gegenstandslos werden kann. [...] In jedem Falle liegt der Schatten von Auschwitz über dieser zentralen Kategorie der christlichen Theologie."[6] In diesem Zusammenhang wird Vergebung äußerst problematisch selbst außerhalb des nationalsozialistischen Völkermords. Ist die

3 Vgl. Edward Schillebeeckx, Glaube und Moral. In: Dietmar Mieth/Francesco Compagnoni (Hg.), Ethik im Kontext des Glaubens: Probleme, Grundsätze und Methoden, Freiburg i. Brsg. 1978, S. 17–45.

4 Emmanuel Lévinas, Eine Religion für Erwachsene. In: ders., Schwierige Freiheit. Versuch über der Judentum, Frankfurt a. M. 1992, S. 21–37, hier 32f.

5 Marion Mushkat, Crimes against Humanity. In: Yisrael Gutman (Hg.), Encyclopedia of the Holocaust, New York 1990, S. 320–323; Alain Finkielkraut, La mémoire vaine. Du crime contre l'humanité, Paris 1989.

6 James F. Moore, Christian Theology after the Shoah, Lanham 1993, S. 140. Im jüdischen Denken ist die Betonung der Ethik sogar noch größer. Für den jüdischen Denker Lévinas ist selbst Erbarmen ohne Ethik billige Vergebung, die dem Menschen nichts abverlangt und die Würde freier und verantwortlicher Wesen negiert. Für den jüdischen Philosophen Jankélévitch ist Auschwitz eine Situation, in der unser Gefühl für das Akzeptable so grundlegend gestört ist, dass wir einfach nicht in der Lage sind zu vergeben. Vgl. Vladimir Jankélévitch, Das Verzeihen. Essays zur Moral und Kulturphilosophie, Frankfurt a. M. 2003.

Reduktion der Religion auf die Ethik angesichts des extremen Bösen gerechtfertigt? Ist menschliche Verantwortung seit Auschwitz so heilig geworden, dass wir uns im Namen von Auschwitz prinzipiell weigern müssen zu vergeben, da der Mensch hier gescheitert ist? Ist Vergebung heute immer noch möglich und wünschenswert?

Meine starke Überzeugung, dass unser Verständnis von Vergebung durch unsere Sicht auf das Böse bestimmt ist, liegt diesem Beitrag zugrunde. Verschiedene ethische Sichtweisen auf das Böse führen zu unterschiedlichen Sichten der Möglichkeiten und Grenzen von Vergebung nach Auschwitz. Ich werde drei vorherrschende Paradigmen des Bösen diskutieren, die im Zusammenhang von Auschwitz entwickelt wurden, und ihre Konsequenzen für unsere Auffassung von Vergebung und der Unmöglichkeit des Vergebens untersuchen. Paradigmen sind unterschiedliche, oft gegensätzliche Interpretationen, Konstruktionen oder Lesarten des Holocaust, gegründet auf verschiedenen historischen, anthropologischen, psychologischen und philosophischen Annahmen.

Zunächst gibt es das Paradigma, das den Verbrecher als teuflische Bestie sieht. Danach werden wir uns mit der Trivialisierung des Bösen zu einer Banalität beschäftigen und schließlich mit der Perspektive, die den Verbrecher von einem ethischen Standpunkt betrachtet. In diesem Zusammenhang werden wir uns entsprechend mit der Rückkehr der Rache beschäftigen, danach mit dem Versuch, das Böse von der Frage der Schuld zu separieren und schließlich mit der Entschuldung des Bösen. Beginnend mit einer Kritik dieser Paradigmen werde ich meine eigene Sicht auf das Böse entwickeln, um eine neue Interpretation und Konzeption der Unmöglichkeit des Vergebens zu entwickeln. Eine letzte Vorbemerkung: Die Unterscheidung zwischen dem Unmoralischen, dem Amoralischen und dem moralischen Charakter der Übeltäter als verschiedene Paradigmen ist eine idealtypische Konstruktion. Häufig treten diese drei Paradigmen zusammen auf. So werde ich das erste Paradigma auf die Lagerwachen anwenden, das zweite auf die nationalsozialistischen Bürokraten und das dritte auf die Mitläufer.

Das erste Paradigma: Die Verteufelung der Übeltäter und die Rückkehr der Rache

Menschen sind nicht gleichgültig gegenüber dem Guten und Bösen. Die Erfahrung des extremen Bösen ist normalerweise eine schockierende Erfahrung, die sie tief erschüttert. Wenn Menschen etwa aus rassistischen Gründen verfolgt werden, widerspricht das in einem Maße unserem Verständnis von gut und böse, dass wir das Bedürfnis verspüren, unsere Ablehnung sofort und energisch auszudrücken. Wir sind wütend auf das Böse. Wenn wir auf diese Weise unsere moralische Empörung ausdrücken, wird uns unsere Sensibilität, unser Vermögen, uns von gut und böse berühren zu lassen, geradezu physisch bewusst. Die ethische Erfahrung des Gegensatzes drückt den Konflikt zwischen dem, was ist (dem Bösen), und dem, was sein soll (dem Guten), aus. Menschen nehmen spontan Abstand von der Idee, dass die Wirklichkeit verständlich und verlässlich ist. In ihrer moralischen Wut zeigt sich der Schmerz, der aus der dramatischen Infragestellung ihres grundsätzlichen Verständnisses des Bösen kommt. In ihrer moralischen Empörung formulieren sie ein unbedingtes Nein zu der attraktiven und täuschenden Gestalt, die das Böse häufig annimmt und bestehen unmissverständlich auf dem unerträglichen Charakter des Bösen („Es reicht!").

Dennoch enthält diese ehrliche Empörung auch ein Risiko. Es kann passieren, dass wir über die Komplexität oder den Kontext einer Situation unzureichend informiert sind und deshalb auf eine unreife, einseitige oder unfaire Weise empört sind. Wenn wir auf der Grundlage dieser Empörung unüberlegt, wenn auch in bester Absicht das Böse bekämpfen wollen, handeln wir vielleicht falsch oder schaffen sogar neues Übel. Moralische Wut garantiert nicht, dass wir angemessen mit unfairen Situationen umgehen, sondern sie kann uns sogar blind machen.

So kann man zum Beispiel im Kampf gegen den Faschismus selbst zum Faschisten werden, da das schockierte, verletzte und moralisch empörte Individuum intuitiv und unkritisch an einem sich vermeintlich von selbst verstehenden Verständnis des Bösen festhalten mag. Eines dieser Muster, auf das Menschen in unreflektierter moralischer Empörung häufig zurückfallen, ist die Verteufelung.

Wenn man jemanden verteufelt, ist man in einem Maße überwältigt und verletzt vom Bösen, dass man nicht länger in der Lage ist, den Übeltäter aus einer anderen Perspektive als der des Verbrechens, das er begangen hat, zu sehen. Voller Entsetzen angesichts des Bösen sieht man den Übeltäter nicht mehr als Menschen an, sondern als eine vom Bösen besessene moralisch völlig pervertierte Kreatur oder sogar als Verkörperung des Bösen. Diese Verteufelung, die den Verbrecher auf die Bösartigkeit seines Verbrechens reduziert, lässt sich an einer weit verbreiteten Weise der Darstellung des Nazismus aufzeigen, geht jedoch über diesen hinaus. Auch in unserem eigenen Leben sehen wir Menschen, die versagt haben oder von denen wir annehmen, dass sie uns schaden wollen, als Teufel an.

In der Literatur wird ein Nationalsozialist häufig in der Begrifflichkeit moralischer Monstrosität als Sadist oder barbarische, moralisch korrupte Kreatur bezeichnet, als moralische Bestie oder Inkarnation des Satans.[7] Er ist seiner menschlichen Merkmale beraubt und zu einem Unmenschen mit nahezu teuflischen Zügen reduziert. Deshalb wurden führende Nationalsozialisten wie Eichmann während seines Prozesses 1962 in Jerusalem von Staatsanwalt Hausner als Monster und Personifizierung satanischer Prinzipien bezeichnet.[8] In seinem

7 Vgl. George Steiner, In Blaubarts Burg. Anmerkungen zur Neudefinition der Kultur, Frankfurt a. M. 2014. Vgl. auch ders., The Portage to San Cristobal of A. H., London 1981.

8 Gideon Hausner, Justice in Jerusalem. The Trial of Adolf Eichmann, London 1966, S. 13.

Schlussplädoyer fasste Hausner das Böse des nationalsozialistischen Völkermords in einem spektakulären Bild zusammen, das diesen auf perverse Absicht eines einzelnen Monsters bezog, ohne die gesellschaftlich-historischen Umstände und den alltäglichen Kontext seines Handelns zu berücksichtigen.

Dieser Darstellung liegt eine pessimistische Anthropologie zugrunde: In jedem Menschen ruht eine gewalttätige Bestie, die jederzeit aufwachen kann, wenn die schwache Schicht der kulturellen Oberfläche verschlissen ist. Das Wesen des Menschen ist böse und die Moral ist eine unnatürliche Macht, die dem Menschen durch die Kultur aufgezwungen wurde. Außerdem wird die Verteufelung unterstützt durch eine manichäische oder dualistische Darstellung, in der die Unterscheidung zwischen gut und böse zur absoluten Entgegensetzung erweitert wird. Wie im historischen Manichäismus sind hier zwei gegensätzliche unvereinbare Mächte am Werk: das absolut Gute und das absolut Böse. Der Staatsanwalt sah den Eichmann-Prozess als Konfrontation zweier Welten: der Welt des Lichts und der Humanität und der Gegenwelt der Finsternis. Nach Hausners Überzeugung handelte Eichmann „aus dem sadistischen Wunsch, 2 000 Jahre jüdischer Zivilisation und Rationalität zu beenden und zu einer instinktgesteuerten Menschheit zurückzukehren".[9] In dieser Vision wird ein gängiger Zivilisationsmythos benutzt, nach dem Auschwitz nicht das logische Ende in der Entwicklung moderner Zivilisation ist, sondern vielmehr ihr tragischer (typisch deutscher)[10] Rückfall in die Barbarei, eine bedauerliche Abweichung von der Höherentwicklung der Zivilisation. Auschwitz zwingt uns nicht dazu, unsere moderne Lebensweise zu überdenken. Ganz im Gegenteil ist unsere Zivilisation auf dem richtigen Weg: Wir brauchen mehr von dieser modernen Zivilisation.

Weshalb wird die Verteufelung so sehr unterstützt, und zwar sowohl innerhalb als auch außerhalb des Holocaust-Zusammenhangs? Die Entgegensetzung von gut und schlecht erlaubt es nicht nur den verwundeten Opfern und den empörten Zuschauern, das Böse in starker Weise anzusprechen. Sie ist auch von einem ästhetischen Standpunkt interessant. Die menschliche Komplexität, Gutes und Böses zu tun, ist reduziert auf die faszinierende Konfrontation zwischen der Schönen und dem Biest. Eine solche geordnete dualistische Sicht von gut und schlecht ist sehr beruhigend. Die Vorstellung, dass Menschen, die extrem Böses tun, sich nicht grundsätzlich von uns unterscheiden, ist außerordentlich bedrohlich für unsere Identität. Deshalb bevorzugen die Menschen eine Dämonisierung der Nazis, was im Zusammenhang des Holocaust sehr beruhigend ist. Wir wollen nichts mit den Monstern, die Gräueltaten verüben, gemein haben. Schließlich kennen wir uns. Wir streben nach dem Guten und suchen nach der Wahrheit. Der Übeltäter ist jemand anders. Auf diese Weise verorten wir das Böse außerhalb unserer selbst (im Nazi, aber auch im Fremden, dem

9 Ebd., S. 17.

10 Vgl. auch Daniel Goldhagen, Hitlers willige Vollstrecker. Ganz gewöhnliche Deutsche und der Holocaust, München 1996.

Homosexuellen und dem Psychiatriepatienten, dem Gastarbeiter, dem Juden und dem Zigeuner, dem Arbcitslosen und dem Ungläubigen usw.), sodass wir das Böse im anderen in einer moralisierenden Weise verurteilen können. Wenn ich keine Ähnlichkeit mit dem Übeltäter habe, muss ich mich auch nicht beunruhigen, ob ich selbst unmoralisch handle. Der ethische Dualismus kreiert einen radikalen Unterschied zwischen gut (mir) und schlecht (dem anderen). Dadurch ist das Böse vollständig im anderen verortet und jede persönliche Identifizierung mit dem Bösen strategisch ausgeschlossen. In der Konsequenz kann man seine eigene Identität auf eine moralische Haltung beschränken.

Die Menschen neigen gern dazu, Darstellungen von gut und böse zu verallgemeinern, und sind davon überzeugt, dass sie niemals wie Eichmann werden. Dennoch verdecken Beschreibungen des Übeltäters als teuflische Kreatur das Problem, da sie nur in Extremen denken und die Nuancen ignorieren, die gut und böse trennen, aber auch verbinden. Wenn gut und schlecht auf dualistische Weise behandelt werden, führt ihre moralische Empörung Menschen dazu, historische, psychologische und ethische Nuancen zugunsten einer einfachen und extremen Darstellung aufzugeben. Dabei trifft der ethische Dualismus auf das fundamentale und sehr alte menschliche Bedürfnis, die Menschheit in gut und böse, uns und sie oder schwarz und weiß aufzuteilen (Athener und Spartaner, Hutus und Tutsis, Serben und Kroaten, Einheimische und Fremde, Männer und Frauen usw.).[11]

Welche Konsequenzen hat die Verteufelung für die Frage der Vergebung? Meiner Meinung nach ist die Verteufelung politisch wie individuell die Grundlage des Rachedenkens, dessen innere Logik nur schwer aufzubrechen ist. In der Tat, wenn jemand durch und durch böse ist, hat er jeglichen moralischen Kredit und das Recht der Entwicklung verspielt. Verteufelung macht Vergebung überflüssig. Das Einzige, was uns gegenüber einem moralisch pervertierten Menschen zu tun übrig bleibt, ist seine erbarmungslose Verdammung. In einem solchen Fall kann Vergebung im Namen des Guten prinzipiell verweigert werden. Mit dem Teufel schließt man keine Kompromisse. Verteufelung kann sogar einen ethischen Legitimationsrahmen für Hassgefühle bereitstellen.

Verteufelung und die grundsätzliche Unmöglichkeit der Vergebung, die aus ihr folgt, birgt die Gefahr, dass wir das Böse nur im anderen erkennen und bekämpfen, sodass wir selbst grausam und bösartig werden können. Die Trennung zwischen gut (ich) und schlecht (der andere) mag zu einer besseren, jedoch nicht zwingend zu einer verlässlichen Sicht führen.[12] Wir schauen uns die Landkarte menschlichen Handelns an und denken, dass da, wo das Land des bösen

11 Um die Bedeutung menschlicher Durchschnittlichkeit für das Verbrechen aufzuzeigen, hat der italienische Schriftsteller und Holocaust-Überlebende Primo Levi den Begriff der Grauzone entwickelt. Primo Levi, Die Untergegangen und die Geretteten, München 1990, S. 33–41.

12 Jet Isarin, Het kwaad en de gedachteloosheid. Een beschouwing over de Holocaust, Baarn 1994, S. 12.

Feindes endet, unser Königreich des Guten beginnt. Dabei vergessen wir, dass das Böse sein Gift wie ein unterirdischer Fluss auch in unser Land gebracht haben kann. Diese Art des Vergessens ist gefährlich, da wir dazu neigen, das Böse nur im anderen zu hassen, während wir selbst davon überzeugt sind, auf der Seite des Guten zu stehen. Der Ansatz, das Böse nur im anderen zu sehen, nimmt uns die Chance, es als universelle Möglichkeit des Menschen zu sehen. Anstatt jene menschlichen Eigenschaften zu untersuchen, die ein Nährboden des Bösen sein können, beschuldigen wir nur die anderen (z. B. die Nazis, die Deutschen usw.). Indem ich von vornherein jeden Verdacht des Bösen in mir zurückweise, droht das Böse in meinem Hass von mir Besitz zu ergreifen. Wenn jeder dieser Logik folgt und niemand das Böse in sich selbst infrage stellt, kann sich das Böse leicht reproduzieren und wir enden in einer Abwärtsspirale von Rache und Vergeltung. In der Tat entsteht das Böse zumeist aus dem Hass des Bösen im anderen.

Die Verteufelung, die energisch das Böse zu bekämpfen sucht, macht es paradoxerweise wahrscheinlicher, dass es sich erhält und fortsetzt. So riskiert die Verteufelung des Nazismus, die Struktur der nazistischen Dämonologie unter umgekehrten Vorzeichen nachzuahmen. Nationalsozialistische Antisemiten beschuldigten die Juden, Eigenschaften zu haben, die sie in sich selbst am meisten fürchteten und verachteten: Der Jude ist verantwortlich für die Rassenmischung. Er ist eine unzuverlässige, sexuell perverse Kreatur und der Mörder Gottes. Nachdem der Jude mit solchen teuflischen Begriffen beschrieben war, konnte man ihn im Namen der Moral verfolgen und sogar vernichten. Genau wie in Hausners Redeweise war auch hier in der Auseinandersetzung mit dem Nazismus kein Raum für subtile Unterscheidungen oder Zweifel, kein Grund dafür, das Für und Wider sorgfältig abzuwägen. Es gab nur die eindeutige, gut verortete Polarität von gut und schlecht, von Gott und dem Teufel. Diese Polarisierung ermöglichte es dem deutschen Übermenschen das ultimativ Böse, den Untermenschen, mit gutem Gewissen zu bekämpfen. „Wer den Juden kennt, kennt den Teufel" (Hitler). Hitler kannte „kein Paktieren [mit den Juden], sondern nur das harte Entweder-Oder".[13] Das Paradox ist so faktisch nichts anderes als die Nachahmung der Logik des Bösen, auf die es ethisch zu reagieren sucht. In der Vergeltung, die aus dieser Haltung resultieren kann, wird man zerfressen von dem, was man am meisten verabscheut. Wenn wir damit beginnen, das Böse im Nazi als einen teuflisch gefährlichen Menschen zu veräußerlichen, laufen wir Gefahr, uns im gleichen ethischen Rahmen zu bewegen, den die Nazis gegenüber den Juden benutzt haben. Wenn wir das Böse nur im anderen bekämpfen, riskieren wir, es damit in uns selbst fortzusetzen und zu reproduzieren. Anstatt das Übel tatsächlich auszumerzen, wiederholen wir nur seine Dynamik. Das Problem der Menschheit ist, dass wir das Böse immer nur im anderen anklagen

13 Adolf Hitler, Mein Kampf, München 1930, S. 225. Zit. in Eberhard Jäckel, Hitlers Weltanschauung, Stuttgart 1991, S. 63.

und bekämpfen wollen. Auch die Nationalsozialisten dachten, dass sie im Juden als dem anderen das Böse bekämpfen und ausmerzen würden. Für sie war der Jude das absolut Böse. Jude zu sein war unverzeihlich. Und da man aus der Sicht der nazistischen Rassenideologie der jüdischen Identität nicht entkommen konnte, war Vernichtung die einzige ultimative Lösung des Judenproblems.

Natürlich heißt das nicht, dass nach dieser Interpretation die ethischen Dualisten den Nationalsozialisten gleichgesetzt sind. Vor allem waren die Menschen, die die Nationalsozialisten als nicht entschuldbare Monster behandelten (Juden, Zigeuner usw.) unschuldig. Die Nationalsozialisten ebenso zu behandeln, war schon deshalb etwas anderes, weil diese schuldig waren. Zum anderen ist die Weigerung, ihnen zu vergeben, weit entfernt davon, sie zu foltern oder physisch zu vernichten. Dennoch wird man durch die Verteufelung empfänglich für die gleiche manichäische Logik und ihre möglichen Konsequenzen, die die Nazis benutzten. Das heißt nicht, dass es nicht mehr möglich wäre, den Gebrauch einer falschen Logik von unmoralischem Handeln zu unterscheiden. Man sollte zwischen der Möglichkeit zu handeln und dem tatsächlichen Handeln unterscheiden. Andernfalls verwechseln wir die Anthropologie oder die menschlichen Möglichkeiten mit dem Rechtsdenken oder dem tatsächlichen menschlichen Handeln.

Die moralische Empörung birgt nicht nur die wirkliche Gefahr, dass wir das Böse auf Abstand von uns halten und unsere moralische Aufmerksamkeit ausschließlich auf den anderen richten. Es kann auch passieren, dass wir dadurch die Logik der Verteufelung, die dem Bösen zugrunde liegt, nachahmen. Die Propheten unserer Zeit werden mit hoher Wahrscheinlichkeit jene Menschen sein, die es verstehen, in die Reproduktionsmechanismen des Bösen einzudringen, und es wagen, diese öffentlich zu kritisieren, und die dabei, wenn nötig, auch ihr eigenes Leben riskieren.[14] Sie weigern sich, im anderen das zu hassen, dem sie sich in sich selbst nicht gestellt haben.

Im Folgenden möchte ich zeigen, dass das jedoch der einzige Weg ist, eine Situation aufzubrechen, in der die Menschen so verblendet sind, sich gegenseitig als Dämonen einer zerstörerischen Spirale von Gewalt und Rache zu sehen. Nur auf diese Weise können sich Menschen und Gemeinschaften in einem konstruktiven Geist begegnen. Die Entdämonisierung ist die Bedingung überhaupt dafür, von Vergebung zu sprechen. Oder einfacher gesagt, die Anerkennung des Strebens nach dem Guten im anderen ist die Conditio sine qua non dafür, zu wirklichem Frieden und Vergebung zu kommen. Aber führt diese Entdämonisierung der Nazis nicht zur Banalisierung ihrer Verbrechen?

14 Vgl. Etty Hillesum, De nagelaten geschriften van Etty Hillesum (1941–1943), Amsterdam 1986, S. 254.

Das zweite Paradigma: Banalisierung – Die Trivialisierung des Übeltäters und die Schuldunfähigkeit des Bösen

Die jüdische Philosophin Hannah Arendt war die Erste, die die Hypothese der Verteufelung systematisch im Kontext des nationalsozialistischen Völkermords kritisiert hat.[15] Sie ging von der Überlegung aus, dass der ethische Dualismus nicht erklären konnte, weshalb Tausende Menschen länger als ein Jahrzehnt am Völkermord beteiligt waren, ohne auch nur einen Moment daran zu zweifeln, dass sie als moralische Wesen handelten. Arendt war sich zwar sicher, dass es unter den Nazis auch Monster gegeben hatte, die jedoch nicht zahlreich genug waren, um wirklich gefährlich zu werden. Es schien, als wären normale Menschen in solchen extremen Umständen gefährlicher. In Jerusalem war sie von dem Kontrast zwischen Eichmann als Mensch und der Art, in der er von Gideon Hausner dargestellt wurde, erstaunt. Es stellte sich heraus, dass Adolf Eichmann kein perverses Monster war, sondern ein erschreckend normaler Bürokrat. Deshalb sprach sie von der „Banalität des Bösen".

Gerade seine Mittelmäßigkeit machte Eichmann besonders geeignet für seine Aufgabe. Seine Bösartigkeit war nicht das Ergebnis eines teuflischen Gesetzesbruchs, sondern seines blinden Gehorsams gegenüber dem Gesetz. Nach Arendts Überzeugung gehört der Verlust der Autonomie zum Wesen moderner Bürokratie, die den Menschen zum winzigen Teil einer gigantischen Maschine macht, in der niemand die Oberherrschaft hat. Das Netz bürokratischer Regeln macht den Menschen zu einem gedankenlosen Roboter, der die Gesetze automatisch befolgt. Gedankenlosigkeit ist der ideale Nährboden für das Böse in der Moderne, der Schwachpunkt (Ricœur) in der Verfassung des Menschen.[16] Aus Arendts Sicht war es schwierig für Eichmann, sich von seinem Schreibtisch aus in die Situation des anderen zu versetzen. Ansonsten wäre er vielleicht seinen menschlichen Gefühlen etwas mehr und den Regeln etwas weniger gefolgt.

Sofort nach der Veröffentlichung von Arendts provozierender Studie wurde ihre Interpretation des Bösen Gegenstand einer heftigen Debatte.[17] Ihr Verständnis von Banalität war provokativ, da es eine viele Jahrhunderte zurückreichende Tradition kritisierte, die das Böse ausnahmslos als Neid, Hass, Verführung und reine Bösartigkeit gesehen hatte. Arendt dagegen glaubte, dass das Böse diese Eigenschaften im modernen totalitären Staat verloren hatte, an denen es die Menschen immer erkannt hatten.[18]

15 Vgl. Hannah Arendt, Eichmann in Jerusalem. Ein Bericht von der Banalität des Bösen, München 1986.

16 Vgl. Hannah Arendt, Vom Leben des Geistes, München 1979; sowie Paul Ricœur, Die Fehlbarkeit des Menschen. Phänomenologie der Schuld, Band 1, Freiburg i. Brsg. 2002.

17 Vgl. Maurice Weyembergh, Hannah Arendts levensweg. In: Jacques De Visscher/Marc Van den Bossche/Maurice Weyembergh, Hannah Arendt en de moderniteit, Kampen 1992, S. 11–22.

18 Vgl. Arendt, Eichmann in Jerusalem, S. 190–192.

Die Frage war nun nicht mehr, warum Menschen Böses tun, sondern warum sie in einer schrecklichen Situation indifferent gegenüber menschlichem Leiden werden, wo doch eigentlich nahezu jeder Mensch zunächst einmal Empathie zeigt. Im Allgemeinen ist das Böse in diesem zweiten Paradigma nicht die Konsequenz des ausdrücklichen Strebens nach dem Bösen, sondern das Ergebnis einer Einschränkung der menschlichen Verpflichtung auf das Gute. Diesem Paradigma liegt eine optimistischere Anthropologie zugrunde, nämlich der Glaube, dass der Mensch strukturell ein Wesen mit einem moralischen Impuls ist und dass die Gemeinschaft das Vermögen des Menschen, sich moralisch berühren zu lassen, zum Guten oder Schlechten manipulieren kann.

Angesichts des unsäglichen Leidens in den Lagern ist die Neutralisierung der Verpflichtung des Menschen auf das Gute nicht unbedingt naheliegend. Um die inneren Gefühle moralischen Widerstands auszuschalten, die man unausweichlich haben muss, wenn man sieht, wie Menschen in Nicht-Menschen verwandelt werden, benutzten die Nazis im Paradigma der Banalisierung eine Reihe von Techniken der Entmenschlichung (Todorov)[19] wie etwa die, die Opfer ihrer Kleidung und ihres Namens zu berauben. Auf diese Weise wurden die Opfer gesichtslos. Diese Entmenschlichung ist nicht typisch deutsch, sondern ein allgemeines Merkmal moderner Kriegführung oder sogar der modernen Gesellschaft als solcher. Die Lager illustrierten lediglich die schlechtestmöglichen Konsequenzen dieser allgemeinen Tatsache der Moderne.

Damit stellt das zweite Paradigma den Zivilisationsmythos des ersten Paradigmas infrage: Auschwitz ist keine Abweichung von der westlichen Gesellschaft, sondern eine ihrer logischen Konsequenzen. Dadurch zeigt sich das wahre Gesicht der modernen Welt mit seiner Rationalität der Manipulation.[20] So zwingt uns Arendts Analyse, schmerzhafte Fragen über unsere moderne Lebensweise und unsere westliche Zivilisation zu stellen. Damit bricht es die beruhigende dualistische Unterscheidung zwischen uns (den Guten) und denen (den Schlechten) auf. Dieses zweite Paradigma ermöglicht eine Erkenntnis, die das Paradigma der Verteufelung tunlichst zu vermeiden sucht, nämlich die der Anwesenheit des Bösen in unserer alltäglichen Existenz. Diese Sichtweise macht deutlich, dass die Unterscheidung zwischen gut und schlecht keine Unterscheidung zwischen den Deutschen (denen) und den Nicht-Deutschen (uns) ist, sondern dass sie durch das Herz jedes Menschen und der Menschheit insgesamt geht.

Während Arendt Hausner vorwirft, die Person Eichmanns an die Ungeheuerlichkeit seiner Verbrechen anzugleichen, wurde sie selbst beschuldigt, die Ungeheuerlichkeit der Verbrechen an die Banalität des Verbrechers angepasst zu haben. Meiner Meinung nach ist diese Kritik verfehlt. Arendt wollte zeigen, dass das Böse, gerade weil es auf so banale Weise geschieht und keiner besonderen

19 Tzvetan Todorov, Angesichts des Äußersten, München 1993, S. 196–218.
20 Vgl. Zygmunt Bauman, Dialektik der Ordnung. Die Moderne und der Holocaust, Hamburg 2002.

menschlichen Eigenschaften bedarf, niemals trivialisiert, sondern als universelle menschliche Möglichkeit ernst genommen werden sollte. Die Banalität des Bösen war jedoch nicht unbedingt eine ideale Bezeichnung, da in ihr das Böse und der Übeltäter vermischt werden. Arendts Absicht war es nicht, das Böse banal zu nennen, sondern denjenigen, der schreckliche Verbrechen begeht.

Welche Folgen hat diese Interpretation des Bösen für unsere Untersuchung der Vergebung? Während das erste Paradigma die freie Wahl des Bösen hervorhob, ohne den psychosozialen und historischen Hintergrund des Verbrechers zu berücksichtigen, betont das Paradigma der Banalität eine Reihe von Faktoren, die es erlauben, das Böse und bis zu einem bestimmten Grad auch die Schuldunfähigkeit der Täter zu erklären. Durch seine Entmenschlichung wusste der Verbrecher letztlich nicht, was er tat. Er war eine gedankenlose Kreatur. In diesem Zusammenhang ist oft darauf verwiesen worden, dass das totalitäre Regime nicht nur das Opfer, sondern auch den Täter entpersonalisiert hat, den es nicht länger als Menschen ansah, sondern als jemanden, der Befehle von oben auszuführen hatte, als Teil eines Projektes, das weit über ihn selbst hinauswies.

Da auch der einzelne Nationalsozialist damit einverstanden war, ein Mittel und nicht länger Selbstzweck zu sein, war auch er ein Opfer. Häufig realisierte er erst nach Kriegsende, wenn er sich auf das Gehorsamsprinzip zur Entlastung von seinen Verbrechen berief, dass seine Unterordnung unter eine totalitäre Ordnung bedeutete, dass er als Person nicht mehr zählte.

In der gegenwärtigen Rechtsprechung sehen wir, wie das Opfer ganz oder teilweise auf der Grundlage genetischer, psychologischer und/oder gesellschaftspolitischer Befunde von jeglicher Schuld freigesprochen wird. Dabei wird klar, dass das Böse niemals etwas sein kann, dass der Mensch unzweideutig selbst wählt. Diese auf dem Schicksal als einer Dimension menschlicher Existenz gegründete Entschuldung hat durchaus eine Berechtigung. Die Verhaltenswissenschaften können den Ethiker auf Umstände verweisen, unter denen Individuen oder Gruppen als juristisch nicht zurechnungsfähig erklärt werden müssen. Wenn wir uns aus Prinzip weigern, das anzuerkennen, wird die Schuldfrage in einer Weise überfrachtet, dass wir möglicherweise zu viel vom Menschen verlangen und das Phänomen der „Schuld des Unschuldigen" nicht länger im Blick haben.

Dennoch birgt die Entschuldung auch die Gefahr, dass wir in einen Determinismus verfallen. Praktisch droht die vorschnelle Benutzung der tragischen Dimension des Bösen zu einer feigen Entschuldigung für verübte Verbrechen zu werden. Heutzutage beruft man sich sehr schnell auf die Übermacht der menschlichen Natur oder die Umstände, um den Übeltäter von jeglicher Schuld freizusprechen. Entschuldung wird dann zur Entmoralisierung: Verantwortung wird undenkbar und der Mensch wird zum Spielball außermenschlicher Mächte.[21] In unserer Epoche wird das Böse psychologisiert und soziologisiert. Der

21 Diese Kritik trifft Hannah Arendt nicht, die dachte, dass Eichmann selbst verantwortlich für seine Unfähigkeit zu denken war. Vgl. Hannah Arendt, Vom Leben des Geistes, S. 193–212.

Verbrecher, der eine schwere Jugend hatte oder sozial marginalisiert wurde, wird dann nicht länger als Täter, sondern als Opfer gesehen. Dieses Verständnis hat zu einer Humanisierung der Rechtsprechung geführt, macht es jedoch zugleich zunehmend schwierig, menschliches Versagen böse zu nennen. Der versagende Mensch ist eine tragische Figur, die unser Erbarmen hervorruft, anstatt eine kritische moralische Haltung – eine Gedankenfigur, der durch den zunehmend technologischen Charakter unserer modernen Welt noch mehr Gewicht verliehen wird.

Während das erste Paradigma die böse Natur des Übeltäters zu überschätzen droht, läuft das zweite Paradigma Gefahr, diese durch die Benennung einer Reihe von Entschuldungsgründen zu unterschätzen. Tatsächlich unterliegt die Entmoralisierung einem Irrtum: Die notwendige Bedingung der Möglichkeit wird verwechselt mit hinreichenden Gründen.[22] Das Böse entsteht nicht wegen einer Reihe psychosozialer Umstände, sodass es aus diesen Umständen vollständig erklärt (hinreichender Grund) oder vollständig auf sie zurückgeführt werden kann. Eine solche Argumentation ist reduktionistisch. Man beschränkt sich auf die Untersuchung notwendiger Bedingungen, nämlich der psychosozialen und historischen Grundlagen moralischen Lebens, als ob die Realität des Bösen auf dieser Grundlage erklärt werden könnte. Ein solches reduktionistisches Herangehen übergeht das Moment der ethischen Wahl oder reduziert es auf das niedrigere Niveau menschlicher Organisation oder den vorherrschenden soziokulturellen und historischen Kontext als der Grundlage moralischen Lebens.

Die Unabhängigkeit moralischen Lebens zu ignorieren, ist nicht nur ein theoretischer Fehler, sondern auch ein grundsätzliches Missverständnis der von uns als wichtiger menschlicher Eigenschaft so gefeierten Freiheit. Ohne Moral und damit ohne die Möglichkeit, dass Menschen scheitern können, wäre der Mensch nichts weiter als ein perfektionierter Schimpanse, also überzeugend fähig, auf alle möglichen Reize zu reagieren. Seine Freiheit wäre dann nichts weiter als eine Illusion. Die Möglichkeit des Bösen ist die Bedingung für die Existenz menschlicher Freiheit. Es gibt keine Freiheit ohne die Möglichkeit menschlichen Scheiterns. Wenn wir den Menschen nicht zu einer erbarmungswürdigen Kreatur reduzieren wollen, dann müssen wir ihn im Namen der menschlichen Würde nicht nur als mögliches Opfer, sondern auch als Täter anerkennen. Das „Wir haben es nicht gewusst" darf nicht vorschnell als Rechtfertigung akzeptiert werden. Menschen verstecken sich gern hinter ihrer Pflicht und dem System, sodass sie sich ihrer eigenen Unmoralität nicht stellen müssen, sondern diese fortsetzen können. Einige Varianten des Bösen erscheinen von außen als gedankenlos, sind aber im Inneren von einer anderen Dynamik getrieben.

22 Vgl. Jacques De Visscher, De immorele mens. Een ethicologie van het kwaad, Bilthoven 1975, S. 45f.

Das heißt nicht, dass wir die notwendigen psychosozialen Bedingungen vernachlässigen sollten, ganz im Gegenteil. Es ist notwendig, in der Interpretation des Bösen sowohl das Element der Schuld als auch das des Schicksals hinreichend zu berücksichtigen und den Übeltäter nicht nur als Täter, sondern auch als Opfer zu sehen.

Drittes Paradigma: Die Moralisierung des Übeltäters und die Verteidigung des Bösen

Mit dem Konzept des Gehorsams kann das zweite Paradigma nicht erklären, weshalb Menschen im Angesicht des Bösen außerordentlich kreativ sein können. Der Historiker Paul Hilberg hat darauf verwiesen, dass die Befehle der Nationalsozialisten, die aus Berlin kamen, häufig nicht sehr klar waren und die Schwierigkeiten nicht berücksichtigten, die häufig mit der Ausführung dieser Befehle verbunden waren.[23] Ohne den Erfindungsreichtum der deutschen Bürokratie wäre der Führerbefehl ohne Ergebnis geblieben. Die Bürokraten konkretisierten beflissen die Befehle, fanden Lösungen für unvorhergesehene Probleme und entwickelten von sich aus eigene Initiativen zu ihrer Umsetzung. Es hätte wahrscheinlich genügt, wenn jeder von ihnen auf Anordnungen gewartet hätte, und nichts wäre passiert. Während es objektiv so aussieht, als hätte der nationalsozialistische Beamte nur seine Pflicht getan, ging er subjektiv weit darüber hinaus. Bei genauerem Hinsehen war Eichmann mehr als eine kalte Maschine, der gegen seinen inneren Impuls zum Hauptverantwortlichen des nationalsozialistischen Völkermordes wurde. Er war ein engagierter Funktionär, der leidenschaftlich und gewissenhaft die ihm übertragene Mission ausführte. Auch wenn das Element der Pflicht zweifellos eine Rolle im Vernichtungsapparat gespielt hat, kann es schwerlich als Motiv für den Völkermord angesehen werden. Vielmehr müssen wir fragen, weshalb viele geradezu fanatisch gehorchten. Nach dem dritten Paradigma ist die Verpflichtung auf das Böse häufig durch den Wunsch motiviert, ein gutes Mitglied seines Volkes zu sein und entsprechend der vorherrschenden Ethik zu handeln, wie das der Moralphilosoph Peter Haas in seinem bahnbrechenden Buch „Morality after Auschwitz"[24] genannt hat.

Die Zahl der Verbrechen in der Geschichte, die aus persönlichen Motiven begangen wurden, ist wahrscheinlich viel geringer, als die der schrecklichen Verbrechen, die aus altruistischen Motiven verübt wurden wie etwa dem Glauben

23 Raul Hilberg, La bureaucratie de la solution finale. In: François Furet/Raymond Aron (Hg.), L'Allemagne nazie et le génocide juif, Paris 1985, S. 219–235, hier 220.

24 Vgl. Peter Haas, Morality after Auschwitz: the Radical Challenge of the Nazi Ethic, Philadelphia 1992. Siehe auch die bedeutende Kritik von Richard Rubenstein, Review of Morality after Auschwitz. In: Journal of the American Academy of Religion, 60 (1992), S. 158–161; Emil Fackenheim, Nazi "ethic", Nazi Weltanschauung and the Holocaust. A review essay. In: The Jewish Quarterly Review, 83 (1992), S. 167–172.

an eine höhere Moral oder ein politisches Prinzip, Treue zu einem Land oder einem intoleranten Gott. In seinen „Tischgesprächen" sagte Hitler, dass „nur die deutsche Rasse das moralische Gesetz zum leitenden Prinzip ihres Handelns gemacht habe".[25] Hitler glaubte, dass der Niedergang Deutschlands die Folge der Sittenlosigkeit gewesen sei und die deutsche Rasse vor dem Verfall nur durch eine moralische Aufrüstung gerettet werden könne. Der Nationalsozialismus vermittelte den Eindruck, dass er der Moral der Deutschen durch die Erweiterung einer Reihe von Werten wie etwa Gehorsam, ein Sinn für Verantwortung gegenüber der Öffentlichkeit, Askese, Pflichtgefühl und Arbeitsethos zugrunde lag.

Die entscheidende Idee dieses dritten Paradigmas ist, dass sich Menschen voller guter Absichten rücksichtslos an verbrecherischen Praktiken beteiligen, wenn das Böse als etwas dargestellt wird, das aus guten Gründen getan werden muss. In dieser Interpretation waren die meisten Menschen, die am nationalsozialistischen Völkermord beteiligt waren, freundliche, moralisch motivierte Menschen. Sie wurden nicht plötzlich 1941 zu Bestien, um dann 1945 einfach zur Humanität zurückzukehren. Während der ganzen Zeit des Krieges blieben sie die gleichen Menschen, die mit Hingabe ihre Pflicht erfüllten, die sich um ihre Familien kümmerten und normal in ihrer Gesellschaft funktionierten. Nach diesem dritten Paradigma handelten sie nicht aus Hass (erstes Paradigma) oder Gedankenlosigkeit (zweites Paradigma), sondern waren motiviert durch das, was sie als Errungenschaft einer alternativen Utopie sowohl für sich selbst als auch für ihr Land sahen, ein vielversprechendes Goldenes Zeitalter der Ausweitung deutschen Lebensraums oder die Wiedergeburt der deutschen Ökonomie und Kultur, für das sie sich in bester Absicht einsetzen. Die Nationalsozialisten haben ihre Grausamkeiten nicht deshalb verübt, weil sie unmoralisch oder moralisch indifferent waren, sondern weil die Deutschen durch ihre ethischen Argumente erreichbar waren.

Die Frage ist deshalb hier nicht länger, warum die Nationalsozialisten ihre Verbrechen verübt haben, sondern warum sie diese nicht als solche erkannten. Haas' Antwort auf diese Frage ist, dass gut und böse in Deutschland neu interpretiert wurden, was Millionen Deutsche und Nicht-Deutsche so überzeugend fanden, dass sie nicht länger in der Lage waren, das Böse auch als böse zu sehen. Die Deutschen verloren nicht ihr moralisches Urteilsvermögen, sondern beurteilten die Dinge auf eine neue Weise, die für sie nicht weniger konsistent oder intuitiv richtig war. Ihnen war sehr wohl bewusst, was mit den sogenannten Volksfeinden geschah, fanden das moralisch in Ordnung und handelten bewusst und enthusiastisch in Übereinstimmung mit dieser neuen Moral. Die moralische Logik der Nazis ist verantwortlich dafür, dass der Holocaust ohne nennenswerten Widerstand politischer, juristischer, medizinischer oder religiöser Führer über Jahre stattfinden konnte.

25 Hugh Redwald Trevor-Roper (Hg.), Hitler's Secret Conversations 1941–1944, New York 1961, S. 6.

Anstatt den Nationalsozialismus einfach zu verdammen, möchte ich mir seine innere Dynamik anschauen. Dabei zeigt sich, dass er eine neue ethische Konstruktion einführte, auch wenn diese auf Bestandteilen aus der Geschichte westlicher Ethik aufbaute. Das ist der Grund dafür, warum diese neue Konstruktion sowohl denjenigen, die den Holocaust ausführten als auch denen, die tatenlos zusahen, bekannt vorkam und akzeptabel war. Der Nationalsozialismus verband bekannte moralische Konzepte, die weithin akzeptiert oder wenigstens in der Diskussion waren, wie z. B. die Idee des gerechten Krieges, den Patriotismus, die Pflichtethik, die Arbeitsethik oder den Nationalismus. Diese ethische Konstruktion berief sich auch auf den weit verbreiteten, tief verwurzelten religiösen Antisemitismus, der die Juden als das absolut Böse identifizierte. Diese Konzepte wurden durch wissenschaftliche Argumente aus Rassentheorien des 19. Jahrhunderts begründet. Nachdem der Jude als tödliche Bedrohung der deutschen Kultur eingeführt war, konnte die Ethik gerechtfertigter Selbstverteidigung zur Rechtfertigung des Völkermordes benutzt werden.

Damit steht das dritte Paradigma in Widerspruch zur Denkfigur der Abweichung, die den Holocaust als plötzlichen Bruch mit den Ideen der letzten Jahrhunderte begreift. Im Gegenteil: Der Holocaust war nur möglich, weil er aus der Perspektive unserer europäischen Geschichte moralisch akzeptabel war. Diese Kontinuität ermöglichte es den Deutschen, den nationalsozialistischen Völkermord länger als zwölf Jahre zu akzeptieren und sich dabei immer noch als moralische Wesen zu sehen. Die nationalsozialistische Ethik mobilisierte darüber hinaus die Besten ihrer Anhänger dazu, enthusiastisch zur Ausbreitung der neuen Ordnung beizutragen.

Deshalb kann man nicht von der bewussten Absicht, Böses zu tun, sprechen, sondern von dem Versuch, das Gute im Nationalsozialismus zu verwirklichen. Dass man die Grausamkeiten der Lager akzeptierte, lässt sich nicht aus einem sadistischen Hang zum Bösen erklären (erstes Paradigma), auch nicht durch die Entpersönlichung, die diese Verbrechen verdeckte (zweites Paradigma), sondern als zu zahlenden notwendigen Preis für die Durchsetzung der höheren Ziele des Nationalsozialismus. Tatsache ist, dass alle Ethiken Menschen an einem bestimmten Punkt dazu auffordern, menschliche Gefühle aufzugeben. Deshalb pries die nationalsozialistische Ethik Unbarmherzigkeit als moralische Tugend.

Was bedeutet dieses dritte Paradigma für unser Problem von Schuld und Vergebung? Tatsächlich führt die Moralisierung direkt zu einer Apologie des Bösen. Nach dem Bösen, nach Schuld und Vergebung wird nicht länger gefragt, da die Übeltäter ja nach dem Guten gestrebt haben, denen man lediglich vorwerfen kann, das moralisch Gute verkannt zu haben (was wiederum die Frage der Schuld minimiert), auch wenn die meisten Nazis an ihren Moralvorstellungen noch nach dem Ende des Krieges festgehalten haben.

Wir werden sehen, ob die Naziverbrecher tatsächlich an ihre eigene moralische Geschichte glaubten. In vielen Fällen wurde das Böse erst während der Verbrechen oder danach in einen ethischen Zusammenhang gestellt, sodass diese während des Krieges oder danach gerechtfertigt werden konnten. Wenn es nicht mehr möglich ist, zwischen der Moral und ihrem ideologischen Missbrauch zur Rechtfertigung des Bösen zu unterscheiden, führt das zur totalen Relativierung der Moral. Und wenn jeder, selbst der Nazi, seine eigene Geschichte hat, dann ist es sinnlos und sogar lächerlich, nach Moral und Vergebung zu fragen.

Der Nationalsozialismus hat die klassischen Werte unserer modernen Tradition nicht einfach umgestellt, sondern diese ethischen Prinzipien korrumpiert. Damit ist er ein Beispiel für die ideologische Inbesitznahme der Ethik. Die nationalsozialistische Ethik hat die Grundannahmen der westlichen Ethik verletzt, nämlich die Anerkennung der Würde eines jeden Menschen als Ebenbild Gottes und Selbstzweck. Während die Theorie der Verteufelung zweifellos die Diskontinuität zwischen der Geschichte des Westens und dem Holocaust zu stark betont hat, akzeptiert die Moralisierung den nationalsozialistischen Völkermord vorschnell als natürliche Konsequenz unserer christlichen und westlichen Zivilisation. Der Nationalsozialismus ist jedoch eher eine Manipulation als eine Fortsetzung der westlichen Ethik. Die entscheidende Frage ist, welcher Ethik die Nationalsozialisten folgten. Sollte man die Ethik nicht als etwas anderes sehen als das Mittel zur Rechtfertigung des Bösen in der eigenen Geschichte? Was ist der Unterschied zwischen Ethik und Ideologie? Gibt es einen Maßstab für unsere moralischen Entscheidungen?

Jenseits von Horror und Entschuldung: Der Selbstbetrug des Übeltäters und die Bedeutung von Vergebung

Die entscheidende Frage ist, wie wir ein Konzept des Bösen entwickeln können, in dem der Übeltäter sowohl als Täter als auch als Opfer vorkommt. Wie können wir das Böse verdammen, ohne den Übeltäter in einen Teufel zu verwandeln? Und wie können wir ihn verstehen, ohne Verständnis für das von ihm verübte Böse aufzubringen? Und wie können wir dabei den ethischen Manichäismus des ersten Paradigmas ebenso wie die ethische Relativierung des zweiten vermeiden? Oder noch mehr auf den Punkt gebracht: Wie können wir erklären, dass gute Menschen Böses tun? Es bietet sich an, mit der These zu beginnen, dass das Böse nicht mit einem bestimmten Typ von Menschen verbunden ist, sondern durch eine Reihe normaler menschlicher Eigenschaften wie der Entpersönlichung möglich wird, die in Völkermorden eine herausragende Rolle spielen. Ein wichtiger täglicher Mangel (Todorov) ist die Fragmentierung,[26] durch die der Mensch eine innere Barriere zwischen dem Bösen, das er verübt oder dem er tatenlos zusieht, und seinem Privatleben errichtet. Durch Fragmentierung ist es uns möglich, das Böse auf Distanz zu dem Bereich zu halten, den wir am meisten schätzen – die Familie, die Nation, die Kirche.

26 Todorov, Angesichts des Äußersten, S. 177–195; Robert J. Lifton, Ärzte im Dritten Reich, Stuttgart 1996, S. 260–273.

Tagsüber waren die Wachmannschaften der Lager mit abscheulichen Grausamkeiten beschäftigt, am Abend haben sie Liebesbriefe nach Hause geschrieben. Dabei sind sie zwei verschiedenen Ethiken gefolgt, einer, die ihre Arbeit betraf, und einer anderen für ihre Familien, wobei sie Wert darauf legten, beide nicht miteinander zu vermischen. Dadurch kam ihre private Moral nicht mit ihrer nazistischen Arbeitsethik in Berührung und ihre auf der christlichen oder humanistischen Ethik der Vorkriegszeit gegründete persönliche Identität blieb intakt. Manchmal wird die Fragmentierung unter Hinweis auf den Einfluss der protestantischen Unterscheidung zwischen religiösem und praktischem Leben als typisch deutsch bezeichnet. Diese defensive Denkweise leugnet, dass die Fragmentierung ein Merkmal unserer modernen Gesellschaft ist, der heute wahrscheinlich niemand entgeht. Das Böse kann aus der Fragmentierung folgen, ist selbst jedoch nicht das Böse. Manchmal ist Fragmentierung sogar notwendig, um von Verantwortung und Schuld nicht überwältigt zu werden und zu überleben, um Gutes zu tun.

In der Fragmentierung wirkt ein bemerkenswerter Mechanismus. Wenn ich dem Bösen gegenüberstehe, fragmentiere ich mich genau deshalb, um nicht von dem Bösen infiziert zu werden. Um meine moralische Selbstachtung zu erhalten, ziehe ich eine scharfe Linie zwischen mir und dem Bösen, obwohl paradoxerweise dadurch dem Bösen erst Raum eröffnet wird. Dieser Prozess ist nicht selbst verwerflich, sondern eine Verteidigung gegen das Böse. Man kann nur dann so tun, als ob man nichts Verwerfliches gesehen hat, wenn man es eigentlich besser weiß und das Böse tatsächlich gesehen hat. Das Wissen um die eigene Einbindung in das Böse ist die Voraussetzung für die Entstehung der Fragmentierung und ihre Aufrechterhaltung. Nur wenn er sich des Bösen bewusst ist, fühlt der Mensch das Bedürfnis, sich gegen das Böse abzuschirmen. Das Wissen, was gut und was böse ist, ist unverzichtbar für diese Doppelstrategie. Jede Form der Verdopplung gründet auf Selbsttäuschung.[27] Dieses Schutzschild der Fragmentierung ist jedoch niemals völlig sicher. Es gibt immer Verbindungen zwischen dem privaten und dem öffentlichen Leben, die die Fragmentierung teilweise ad absurdum führen.

Häufig wird Selbsttäuschung als paradoxe unmögliche Idee verstanden. So wie ich einen anderen Menschen nur dann täuschen kann, wenn ich die Wahrheit kenne und bewusst vor ihm verberge, so kann ich auch mich selbst nur täuschen, wenn ich diese Wahrheit kenne und bewusst vor mir selbst verberge. Damit ist das Paradox angesprochen, dass ich die Wahrheit sowohl kenne als auch nicht kenne. Das sieht nach einer sehr frustrierenden Erklärung des Bösen aus, da unklar ist, wie dieses Paradox möglich oder auch nur denkbar ist. Wie

27 Vgl. Herbert Fingarette, Self-Deception, Londen 1969; Sidney Callahan, In Good Conscience: Reason and Emotion in Moral Decision Making, San Francisco 1991, S. 143-170.

können wir Böses tun und dieses gleichzeitig vor uns verbergen? Moralphilosophen und Theologen haben dieses Paradoxon untersucht.[28]

In seiner klassischen Studie über Selbsttäuschung,[29] verdeutlicht Herbert Fingarette den paradoxen Charakter der Selbsttäuschung, indem er ihn auf den ebenso paradoxen Akt des Schlafengehens bezieht. Wenn wir schlafen gehen, tun wir zwar etwas, sind aber nicht in der Lage, über das, was wir da tun, nachzudenken, da das Nachdenken über das Schlafen gerade das Schlafen verhindern würde. Beim Schlafengehen handeln wir zwar bewusst, aber Teil dieses Handelns ist es, nicht über seinen Zweck nachzudenken. Entsprechend ist Selbsttäuschung nur möglich, wenn wir uns von dem Bösen in uns entfremden und nicht länger bewusst über es nachdenken. Nach Fingarette benutzt Selbsttäuschung schwarze Löcher im Prozess menschlicher Informationsverarbeitung. In ihrer Analyse der Selbsttäuschung argumentiert Sidney Callahan mit diesen vor- und unbewussten sowie manipulativen Aspekten der Selbsttäuschung. Unser hellwaches, aufmerksames und fokussiertes Bewusstsein ist nur einer von vier persönlichen Operationsmodi. Unser innerer Bewusstseinsstrom fließt durch die Zeit mit vielen verschiedenen Gedanken, Bildern und Gefühlen ebenso wie mit vielen verschiedenen Stadien der Erregung, der Wachsamkeit und Fokussierung. Dieser Bewusstseinsstrom wird von vielen vor- und unbewussten Informationsprozessen unterstützt, die filtern und auswählen, was schließlich bewusst wahrgenommen wird. Der Bewusstseinsstrom eines Menschen ist das Ergebnis umfassender vorbewusster Selektion aus der überwältigenden Masse von Eindrücken, die das Bewusstsein von innen und außen überfallen.[30]

Während Fingarette die Intentionalität der Selbsttäuschung als minimal einschätzt, führt Jean-Paul Sartre in seiner Analyse der Böswilligkeit aus, dass man in einer Situation der Selbsttäuschung immer von dem Bösen wissen muss, das man dabei ist zu tun.[31] Das Böse kann niemals unschuldig oder banal sein, in welcher subtilen oder trivialen Form es auch auftritt. In jeder Situation, in der der Mensch dem Bösen gegenübersteht, versucht er sich selbst von verwerflichem Handeln abzutrennen, ein klarer Fall von Selbsttäuschung. In solchen Situationen werden die Wahrheit und persönliche Integrität auf diese oder jene Weise verletzt. In der Selbsttäuschung weiß der Mensch, dass er sich auf das Böse eingelassen hat. Im Ergebnis aller möglichen subtilen, gewöhnlichen und scheinbar banalen Prozesse scheint das Böse nicht mehr wirklich böse zu sein.

In der Selbsttäuschung manipuliert der Mensch den moralischen Dialog mit sich selbst, was es ihm ermöglicht, das Böse mit gutem Gewissen zu tun. Im

28 Vgl. Bruce S. Alton, The Morality of Self-deception. In: Albert B. Anderson, The annual. Society of Christian Ethics, Vancouver 1986, S. 123–155; Mike W. Martin, Self-deception and Morality, Kansas 1986.

29 Vg. Fingarette, Self-Deception, S. 99f.

30 Vgl. Sidney Callahan, In Good Conscience: Reason and Emotion in Moral Decision Making, San Francisco 1991, S. 156.

31 Jean-Paul Sartre, Das Sein und das Nichts Versuch einer phänomenologischen Ontologie. Herausgegeben von Traugott König, Reinbek bei Hamburg 1991, S. 119–160.

Ergebnis der sich selbst täuschenden Unmoral ist das Böse nicht mehr das Ergebnis eines klaren Strebens nach dem Bösen als einer Art äußerer Realität. Diese sich selbst täuschende Unmoral übernimmt nicht in dem Moment jegliche Kontrolle über den Menschen, in dem er das Böse um des Bösen willen tun möchte. Im Gegenteil distanziert sich das Individuum in der Selbsttäuschung vom bösen Charakter seines Handelns im Namen eines vermeintlich Guten. Wie der Theologe Darrell Fasching in seiner ausgezeichneten Studie über den Holocaust zeigt, ist das Böse hier ein sekundäres, parasitäres Handeln, das vom bereits bestehenden Mangel moralischen Selbstwissens abhängt.[32] Das Böse in der Selbsttäuschung ist nicht so sehr das, was getan wird (commissio), als vielmehr das, was ungetan bleibt (omissio).[33] Das scheint offensichtlich, wenn man etwa die folgende Aussage eines Nazis liest: „Wie kann ich verantwortlich sein? Ich habe doch nichts getan."

Während im ersten Paradigma der Übeltäter nach dem Bösen strebt und er im dritten Paradigma vom Guten geleitet ist, kann das Böse nur in der Dynamik der Selbsttäuschung wachsen, wenn sich der Übeltäter über sich selbst mit allen möglichen guten Gründen über den unmoralischen Charakter seines Handelns täuscht. In der Selbsttäuschung weigert man sich anzuerkennen, dass man gegen seine eigenen moralischen Prinzipien handelt, wenn man Böses tut. Eben das ist der Grund, weshalb es geschehen kann. Deshalb ist das neuplatonische Verständnis des Bösen als Abwesenheit des Guten (privatio boni) gar kein so schlechter Ansatz, wie man häufig in ethischen Reflexionen über den Holocaust gedacht hat.[34] Diese Sicht leugnet die Realität des Bösen keineswegs, sondern verweist lediglich darauf, dass das Böse immer parasitär ist. Es hängt immer ab von einer vorhergehenden, größeren und fundamentaleren Realität des Guten. Das gilt auch für die Selbsttäuschung, wie Fasching zeigt.[35] Wir können das mit den zwei Selbst (Lifton) verdeutlichen, die in der selbst täuschenden Verdopplung aktiv sind. Das zweite Selbst hängt immer vom ersten ab, das auf das Wahre und Gute zielt. Das zweite Selbst verfügt über keine dieser Tugenden, sondern akzeptiert deren Abwesenheit mithilfe der Selbsttäuschung, die alle möglichen guten Gründe erfindet. Die unmoralische Selbsttäuschung nutzt die Tugendaspekte des ersten Selbst aus, um ihr eigenes positives Selbstbild aufrechtzuerhalten. Zugleich lehnt das erste Selbst das zweite als etwas ab, das es in der Wirklichkeit nicht gibt. Die Selbsttäuschung ist eine Art kosmetisches Mittel, um die Abwesenheit des Guten zu verbergen. Das Böse kann gerade in den Bereichen zuschlagen, wo der gute Wille abwesend bleibt.

32 Callahan, In Good Conscience, S. 145.

33 Vgl. die hervorragende Arbeit von Darrell J. Fasching, The Ethical Challenge of Auschwitz and Hiroshima. Apocalyps or Utopia?, Albany 1993, S. 91.

34 Vgl. Arthur A. Cohen, The Tremendum: A Theological Interpretation of the Holocaust, New York 1981, S. 27–58.

35 Vgl. Darrell J. Fasching, Narrative Theology after Auschwitz. From Alienation to Ethics, Philadelphia 1992, S. 97–105; ders., The Ethical Challenge, S. 91.

Ebenso wie die Figur Eichmanns oft im zweiten Paradigma als Beispiel für die Banalität des Naziverbrechers herangezogen wird, so kann Albert Speer benutzt werden, um die These zu stützen, dass nationalsozialistische Täter zum Typus der Selbsttäuschung gehörten. Indirekt hat Speer sich tatsächlich auf die Selbsttäuschung bezogen, als er die persönliche Verantwortung für Auschwitz akzeptierte. Während des Krieges hatte ihn sein Freund Karl Hanke davor gewarnt, jemals Auschwitz zu besuchen. Speer hat ihn ganz bewusst nie gefragt, warum nicht, ebenso wenig wie er später von Hitler oder Himmler die Wahrheit verlangte, die er doch so einfach hätte erfahren können. Speer schrieb in seiner Autobiografie:

„Ich wollte nicht wissen, was dort geschah. Es muss sich um Auschwitz gehandelt haben. In diesen Sekunden als Hanke mich warnte, war die ganze Verantwortung erneut Wirklichkeit geworden. [...] Denn ich war von diesem Augenblick an mit diesen Verbrechen moralisch unentrinnbar verhaftet, weil ich, aus Angst, etwas zu entdecken, was mich zu Konsequenzen hätte veranlassen können, die Augen schloss. Diese gewollte Blindheit wiegt alles Positive, was ich vielleicht in der letzten Periode des Krieges tun sollte und wollte, auf. Vor ihr schrumpft diese Tätigkeit zu einem Nichts zusammen. Gerade weil ich damals versagte, fühle ich mich noch heute für Auschwitz ganz persönlich verantwortlich.“[36]

Indem er schwierige und schmerzliche Fragen vermied, versuchte Speer seinen komfortablen Platz im totalitären System zu halten. „Immer hielt ich es für eine der erstrebenswerten Eigenschaften, die Realität zu erkennen und Wahnvorstellungen nicht zu folgen. Wenn ich jedoch mein Leben bis in die Jahre der Gefangenschaft überdenke, blieb ich in keiner Periode frei von Trugbildern.“[37] Dennoch wusste Speer sehr wohl, dass er nicht nur Opfer seiner Fragmentierung und Selbsttäuschung war, sondern diese selbst auch aktiv betrieben hatte. „Der Judenhass Hitlers schien mir damals so selbstverständlich, dass er mich nicht beeindruckte. [...] Zwar war ich als Günstling und später als einer der einflussreichen Minister Hitlers isoliert; zwar hatte das Denken in Zuständigkeit dem Architekten wie dem Rüstungsminister zahlreiche Ausfluchtmöglichkeiten verschafft [...] Aber das Maß meiner Isolierung, meiner Ausflüchte und den Grad meiner Unwissenheit bestimme am Ende doch immer ich selbst.“[38]

Mit Blick auf Auschwitz muss das Böse nicht metaphysisch erklärt werden. Auschwitz ist das Ergebnis menschlichen Handelns. Das Böse kann in dem Vakuum (omissio), das durch die Selbsttäuschung entstanden ist, Fuß fassen. In der Selbsttäuschung hängt die Existenz des Bösen vom Guten ab, das es gleichzeitig aufsaugt und korrumpiert. Das Böse kann nur dadurch Gestalt annehmen und sich ausbreiten, wenn es sich wie ein Parasit vom Menschlichen ernährt, oder genauer, durch die Konstruktion eines zweiten unmenschlichen Selbst, das die Menschlichkeit verschleiert und korrumpiert, von der das erste Selbst lebt.

36 Albert Speer, Erinnerungen, Frankfurt a. M. 1969, S. 385f.
37 Ebd., S. 303.
38 Ebd., S. 126f.

Da die beiden Selbst jedoch niemals völlig getrennt sind und weil sie innerhalb der Selbsttäuschung nur verschiedene Ausdrucksformen des einen ungeteilten Selbst sind, bleibt der Mensch, der die Selbsttäuschung dem moralischen Selbstwissen und der menschlichen Integrität vorzieht, mehr oder weniger immer selbst für das Böse verantwortlich.[39]

Die Selbsttäuschung ist etwas Besonderes, da sich der Mensch selbst deshalb täuscht, weil ihn die Wahrheit und die Moral nicht gleichgültig lassen. Wenn der Mensch nicht grundsätzlich dem Guten verpflichtet wäre, würde er nicht das Bedürfnis verspüren, sich im Angesicht des Bösen selbst zu täuschen. Deshalb enthält die Selbsttäuschung sowohl Gutes als auch Schlechtes. Diese Bedeutung zeigt auch, dass der Mensch im Angesicht des Bösen immer gleichzeitig Verräter (aktiv) und derjenige, der getäuscht wird (passiv), ist.[40] Die Interpretation des Bösen als Selbsttäuschung ermöglicht es, die Frage der Verantwortung auf neue Weise anzugehen und der Grauzone zwischen gut und schlecht gerecht zu werden. In dem Maße, in dem jeder Mensch angesichts des Bösen immer zumindest teilweise auch Täter ist, können wir ihn in die Verantwortung nehmen. Das Böse, das aus der Verdopplung entsteht, ist tatsächlich böse. Es ist Schuld aus Ignoranz. Da der Mensch in einer solchen Situation auch Opfer ist, und nicht nur völlig korrumpiert durch das Böse, fühlt man sich immer versucht, den Täter als weniger schuldig zu sehen.

Selbst angesichts der extremsten Formen des Bösen geben die meisten einfachen Menschen ihre Verpflichtung auf das Gute nicht auf. Auch der Nazi wollte noch inmitten des extremen Bösen, in das er verwickelt war, ein ethisches Wesen bleiben. Unter solchen Umständen werden die Bemühungen, Gefühle von Schuld und Scham zu vermeiden, noch stärker, da sich ein normal sozialisierter moralischer Mensch bedroht fühlt, wenn er seine moralischen Prinzipien permanent verletzt. Das menschliche Bedürfnis, gut, beständig und ehrlich zu sein, ist sehr stark.[41] Innere Widersprüche und Ambivalenzen sind oft sehr schmerzlich für den Menschen.

39 Diese Interpretation kann neue Perspektiven in der Debatte um die Einzigartigkeit des Holocaust eröffnen. Man kann von unterschiedlichen Graden von omissio und damit des Bösen sprechen. Die Mutter, die sich selbst betrügt, wenn sie das gute Benehmen ihres kriminellen Sohns betont, realisiert aus moralischer Sicht eine geringere omissio als der Nazibürokrat, der nicht fragt, was hinter den Fahrplänen steckt, die er organisiert. In diesem Sinne kann das Böse von Auschwitz das größere, einzigartigere Böse genannt werden, als z. B. das Verbrechen des Diebstahls. Vgl. dazu weiter meine unveröffentlichte Dissertation: Didier Pollefeyt, Voorbij afschuw en verschoning. Een antropologisch, wijsgerig en ethisch onderzoek naar verschillende paradigmatische benaderingen van het kwaad van Auschwitz als aanzet tot een 'be-vreemdende' theologie van het heilige, Leuven 1995, Band 3, S. 469-472.

40 Vgl. Fasching, Narrative Theology after Auschwitz, S. 97-105.

41 Vgl. Paul Moyaert, De mens en zijn onmenselijke drang naar zelfrechtvaardiging. In: Guido Kongs (Hg.), Psychiatrie tussen mode en model: liber amicorum professor G. Buyse, Leuven 1989, S. 77-100.

Das Gefühl einer bedrohlichen moralischen Auflösung fügt den schmerzlichen Schuld- und Schamgefühlen eine existenzielle Angst hinzu. Der Mensch kann diesem Schmerz dadurch entkommen, dass er die Wirklichkeit psychologisch durch Selbsttäuschung manipuliert. Der Grund der Selbsttäuschung ist das menschliche Bedürfnis nach einer stimmigen Rechtfertigung seiner selbst.[42] Der Mensch braucht eine Verteidigungsstruktur, die seinem Leben Einheit und den vielen Seiten seiner Existenz fundamentalen Sinn gibt. Manchmal ist es notwendig, bestimmte Seiten dieser Existenz nicht zu entwickeln, da sie dem Zusammenspiel der verschiedenen Verpflichtungen, die der Mensch eingeht, widersprechen. Dann beginnt der Mensch, sich zu fragmentieren und selbst zu täuschen, eben um den inneren Schmerz zu vermeiden, der durch die Konfrontation mit der Wahrheit ausgelöst werden würde. In der Selbsttäuschung betrügen wir uns, um unsere Lebensgeschichte, die das Fundament unserer Identität ist, stimmig erzählen zu können. Ein Verbrecher, der sich selbst betrügt, ist nicht so sehr ein Mensch ohne ehrliche moralische Prinzipien, sondern jemand, der nicht den Mut hat, sich der Wirklichkeit seines Handelns zu stellen und die Grenzen der Möglichkeit, sich selbst zu rechtfertigen zu akzeptieren. Seine Angst, von den anderen und sich selbst zurückgewiesen zu werden, ist der Grund jeder Selbsttäuschung.

In der Selbsttäuschung wird die Verletzlichkeit der Moral offensichtlich. Diejenigen, die sich selbst betrügen, missbrauchen ethische Argumente, um sich mit einem guten Gewissen bei der Ausübung des Bösen zu versehen. Diese Entschuldungsargumente sind meist nicht besonders dämonisch, sondern gewöhnlich und offensichtlich banal. Sie sichern, dass man sich – ungeachtet der eigenen Verstrickung in das Böse – immer noch als moralisches und gesellschaftliches Wesen ansehen kann, obwohl man sich durchaus bewusst ist, dass man sich damit selbst betrügt und moralisch Verwerfliches tut. Da wir uns von unserem moralischen Wesen durch Argumente abgelöst haben, kann das Böse übernehmen, und sei es auf Kosten unserer Integrität. Und je mehr man für das eigene unmoralische Verhalten verteufelnde Verteidiger der Moral kritisiert wird, desto stärker ist das Bedürfnis, dieses Verhalten mit besseren Argumenten zu verteidigen.

Der Zwang, das Böse in uns beflissen zu verbergen, wird durch alle möglichen Schwarz-Weiß-Darstellungen, die das Bösen im anderen lokalisieren, das dadurch sogar verdammt werden kann, unterstützt. Da keine Nuancen zwischen gut und böse zugelassen werden, gibt es keinen Grund abzuwägen oder den selbst betrügerischen Gebrauch dieser Nuancen kritisch und sorgfältig zu hinterfragen. Wenn es kein Böses im Guten (mir) gibt, dann gibt es auch kein Gutes im Bösen (dem anderen), das eine Chance hätte zu wachsen. In einem

42 Zur Kritik von Paulus an der Selbstgerechtigkeit im Lichte von Auschwitz vgl. Pollefeyt, Voorbij afschuw en verschoning, Band 3, S. 500–508.

rigiden und geschlossenen narzistischen ethischen System ist Vergebung überflüssig. In einer solchen Darstellung wird der leidende Fremde nur als jemand gesehen, der den Frieden des Systems stört, in dem man sich durch Selbsttäuschung sicher eingerichtet hat und das man mit ethischen Argumenten zu verteidigen sucht. In der Tat mag die Öffnung für das Ethische eine gefährliche Revision meiner komfortablen Existenz und ihrer Legitimierung durch Selbsttäuschung erfordern.

Was bedeutet diese Sicht des Bösen als Selbsttäuschung für unsere Frage der Vergebung? Zunächst möchte ich zwischen der Vergebung a priori und a posteriori unterscheiden. Wenn wir das Böse als Selbsttäuschung sehen, scheint es bedenklich, die Religion auf die Ethik zu reduzieren, wenn wir Vergebung prinzipiell als problematisch sehen (a priori). Wenn wir die Option der Vergebung nicht zulassen, handeln wir wie die Nazis und verwandeln die Ethik in ein erbarmungsloses geschlossenes System, in dem die Menschen peinlich bemüht sind, sich mit dem Guten zu verbünden, wenn nötig auch, indem sie sich dabei selbst betrügen. Wenn er mit seinen bösen Taten konfrontiert wird, ist der Mensch in ein System der Fragmentierung und Selbsttäuschung und damit zur Fortsetzung des Bösen gezwungen. In einem solchen unnachgiebigen erbarmungslosen ethischen Diskurs ist Reform unmöglich, da das Bekenntnis zum Bösen zur Vorwegnahme der absoluten Verdammung des Übeltäters wird. Wenn wir nur eine rigorose moralisierende Sprache sprechen, in der Vergebung nicht vorkommt, verstärken wir nur die Angst der Menschen abgewiesen zu werden und zwingen sie, ihre Übeltaten durch Selbsttäuschung in Übereinstimmung mit dem Guten zu bringen. Der Mensch wird sich nur dann verändern können, das heißt, den Selbstbetrug über das Böse aufgeben und sich für das Ethische öffnen (Lévinas), wenn Vergebung möglich bleibt. Wenn Vergebung a priori ausgeschlossen ist, weiß der Verbrecher, dass wenn er ein Verbrechen begangen hat, er auch dann keine Chance eines Neubeginns hat, wenn er seine Verbrechen gesteht und sich verändert. In diesem Falle ist es für ihn sicherer, so wie die Nazis auch sich selbst gegenüber dieses Verbrechen nicht einzugestehen, auf ethische Appelle nicht zu reagieren und das Böse jemand anderem vorzuwerfen. Da der Prozess der Selbsttäuschung eine der Bedingungen war, die den Holocaust erst möglich gemacht haben, scheint es überhaupt nicht gerechtfertigt, schon gar nicht in Alltagssituationen, im Namen von Auschwitz eine mögliche Vergebung als problematisch zu sehen. Der Ausschluss der Vergebung aus dem ethischen und theologischen Diskurs würde Hitler einen Sieg im Nachhinein bescheren.

Wenn wir jedoch a posteriori mit der unleugbaren Tatsache konfrontiert werden, dass es das menschliche Böse tatsächlich gibt, wird sofort klar, dass wir Vergebung einfach so anbieten können. Vergebung ist kein automatisch angebotenes magisches Ritual der Reinigung, das dem Täter jegliche Beteiligung erspart. Das wäre eine Vergebung, die den Verbrecher von außen reinigt, ohne dass er sich innerlich ändern müsste. Eine solche nur äußerliche Vergebung, die das psychosoziale und ethische Funktionieren des Täters außer Acht lässt, muss als voluntaristisch sowohl von einem anthropologischen als auch einem theologischen Standpunkt zurückgewiesen werden. Echte Vergebung dagegen ist etwas ganz anderes als menschliche oder göttliche Willkür. Ethisch begründete Vergebung erwartet vom Täter ebenso wie vom Opfer einen Moment oder Prozess der Veränderung. Dabei verstehen wir Veränderung als Aufbrechen der Selbsttäuschung als der Grundlage des Bösen. Das offene Bekenntnis zum Bösen entgegen aller Abgeschlossenheit der Selbstverteidigung eröffnet die Möglichkeit der Vergebung. Wenn Veränderung die gegeneinander abgeschlossenen Bereiche seiner Existenz aufbricht, kann der Mensch auf einen Neuanfang in seiner wichtigsten Verbindung zum Guten hoffen. Und wenn die fundamentale ethische Dynamik seiner Existenz freigesetzt wird, wird er dazu bereit sein und wünschen, die wesentlichen Bedingungen für eine echte Vergebung zu erfüllen: ernsthafte Reue, den Willen, wenn möglich den Schaden wiedergutzumachen, den er angerichtet hat, und sich einer konstruktiven Bestrafung zu stellen, die Absicht, nicht den gleichen Fehler noch einmal zu begehen, und die Erinnerung an das, was passiert ist, lebendig zu halten (Erinnerungsarbeit).[43]

Eine Interpretation des Nichtvergebbaren nach dem Holocaust

Verbrechen gegen die Menschlichkeit werfen die weiterreichende Frage auf, ob in solchen Fällen unser Sinn für das, was erlaubt ist, so tief verletzt wurde, dass selbst dann, wenn sich die Täter ändern würden, es uns immer noch nicht möglich wäre, ihnen zu vergeben.[44] Der nationalsozialistische Völkermord wird häufig als ein herausragendes Beispiel einer ungeheuren Schändung der Menschheit gesehen, die niemals wieder gutgemacht werden kann, ein beschämendes Ereignis, das keine Form der Relativierung zulässt und uns mit der grundsätzlichen Unmöglichkeit der Vergebung konfrontiert.

Die Begründung einer solchen Konzeption des Nichtvergebbaren (Jankélévitch) bezieht sich häufig auf die Unterstellungen im Konzept der Verteufelung, in dem der Übeltäter als derart korrumpiert durch das Böse gesehen wird, dass nicht nur seine Handlungen, sondern auch er als Person ein für allemal verurteilt werden.[45] Wenn der Nazi zur Inkarnation des Bösen wird, kann man von ihm nichts Gutes erwarten. Er wird sich sicher nicht ändern und er und seine Handlungen müssen als nicht vergebbar angesehen werden. Die Idee des Nichtvergebbaren folgt zwingend aus der nationalsozialistischen Logik. Sie wird zum Bestandteil eines geschlossenen, sich selbst verteidigenden und un-

43 Vgl. Alexander Mitscherlich/Margarete Mitscherlich, Die Unfähigkeit zu Trauern. Grundlagen kollektiven Verhaltens, Stuttgart 1967

44 Vgl. Michaël De Saint Cheron, Le pardon et l'impardonnable. In: ders./Xavier de Chalendar/Nagib Mahfouz, Le pardon. Trois voix monothéistes, Paris 1992, S. 19–62; sowie Armand Abécassis, L'acte de mémoire. In: Olivier Abel (Hg.), Le pardon. Briser la dette et l'oubli, Paris 1991, S. 137–155.

45 Vgl. Berel Lang, Act and Idea in the Nazi Genocide, Chicago 1990, S. 58–70.

barmherzigen ethischen Systems. Mehr noch, sie wird zum Inbegriff und Fazit dieser Geschlossenheit. Wie im Nazismus selbst funktioniert diese Idee als Mittel, um Menschen nach dualistischen Kriterien einzuteilen und auf dieser Grundlage ein ethisches System von Terror und Angst zu errichten. Auf diese Weise ist das Nichtvergebbare kein Mittel zur Bekämpfung der nationalsozialistischen Weltanschauung, sondern es wird faktisch zu einer Nachahmung ihres dualistischen ethischen Charakters und führt dadurch zu einer Fortsetzung des Bösen. Wie bei den Nazis werden die Opfer dadurch zur Verkörperung des Bösen schlechthin.

Da der Täter nur zum Bösen fähig war, verdient er nicht die Chance, sich zu ändern, und kann für immer mit seinem Verbrechen identifiziert werden. Diese Haltung enthält einen Widerspruch. Auf der eine Seite klagt sie den Verbrecher an, weil er falsch gehandelt hat, auf der anderen weigert sie sich prinzipiell, ihm zu vergeben, um ihn auf sein Verbrechen festzulegen. Mit anderen Worten, nicht nur ist der Täter ein Verbrecher, sondern wie die Dinge liegen, muss er ein Verbrecher sein.[46] Es bleibt jedoch die Frage, ob man noch vom Bösen als einer Wirklichkeit, die moralisch bestimmt werden kann, sprechen kann, wenn die Person, die dieses Verbrechen begangen hat, nicht gleichzeitig auch Gutes hätte tun können.

Die Idee des Nichtvergebbaren ist selbst problematisch. Der Begriff „das Nichtvergebbare" legt nahe, das die Frage der möglichen Vergebung das Böse als solches betrifft. Das Böse selbst ist jedoch niemals Gegenstand der Vergebung. Die Frage der Vergebung betrifft auch nicht den Übeltäter als Person, sondern die Bedingungen, unter denen er gehandelt hat. Im Gegensatz zur Verteufelung kann dem Täter immer vergeben werden, da er selbst im Bösen immer mit dem Guten verbunden bleibt, was offensichtlich im Widerspruch zur Selbsttäuschung steht. Die Idee des Nichtvergebbaren bezieht sich auch nicht auf das Verbrechen selbst. Was passiert ist, ist passiert und kann von niemandem ungeschehen gemacht werden. In diesem Sinne ist jedes Verbrechen nicht vergebbar, da es unumkehrbar zu einer bestimmten Zeit an einem bestimmten Ort geschehen ist.

Durch Fragmentierung und Selbsttäuschung verschließt sich der Mensch, was es ihm unmöglich macht, anderen gegenüber aufmerksam zu sein. Seine Humanisierung kommt zum Stillstand und das Böse kann sich frei durchsetzen. Nun verstehen wir die Idee der Unmöglichkeit zu vergeben als Konsequenz der ethischen Abgeschlossenheit, in der sich das sich selbst täuschende Subjekt vorfindet. Das Nichtvergebbare ist die aktuelle Situation, in der die Abgeschlossenheit stärker ist als die prinzipielle existenzielle Dynamik der Offenheit für den anderen. Das Nichtvergebbare bezieht sich auf die akute menschliche Undurchdringlichkeit, die es unmöglich macht, dass sich die Orientierung am an-

46 Jacques De Visscher, Over het vergeven van het nooit te rechtvaardigen kwaad. In: Wijsgerig perspectief op mens en maatschappij, 33 (1992–1993), S. 113–117, hier 116.

deren durchsetzt. Wenn sich der Übeltäter gegen andere verschließt, kann ihm nicht vergeben werden, da Vergebung eine positive Haltung und Öffnung gegenüber dem anderen voraussetzen würde. Vergebung ist so lange ausgeschlossen, wie sich der Übeltäter verschließt. Das Nichtvergebbare bezieht sich weder auf den Übeltäter noch die verwerfliche Handlung selbst, sondern auf die Situation, in der er sich befindet. Hypothetisch kann dem Übeltäter immer vergeben werden, da es immer die grundsätzliche Möglichkeit gibt, dass er sich dem anderen öffnet. Das Nichtvergebbare ist eine Situation, in der Menschen nicht zulassen, dass ihnen vergeben wird, da sie dafür nicht offen genug sind. Das ist eine schmerzliche Diagnose, in der eine Prognose immer unklar und vage bleiben muss. Das Nichtvergebbare sagt mehr aus über die Gegenwart als über die Zukunft. Seine dramatische Konsequenz ist niemals eine A-priori-, sondern immer eine provisorische A-posteriori-Erklärung, nämlich die Schlussfolgerung, dass eine bestimmte Situation undurchdringlich und undurchschaubar ist. Nur der Tod des Übeltäters, das Ende seiner Existenz,[47] beendet diese Situation der Undurchdringlichkeit, ethischen Abgeschlossenheit und also Unmöglichkeit der Vergebung.

In diesem Text werden Naziverbrechen als nicht vergebbar bestimmt, jedoch nicht wie üblich wegen des total korrumpierten Charakters des Verbrechers, sondern wegen der in sich geschlossenen Situation, in der sich diese Verbrecher befanden und manchmal noch heute befinden. Schließlich sind die nationalsozialistischen Verbrecher nicht durch Selbstkritik oder Kommunikation untereinander zu dem Schluss gekommen, ihre Verbrechen zu beenden, die vielmehr nur mit Gewalt durch die militärische Gegenoffensive der Alliierten gestoppt wurden. Selbst nach dem Krieg hatten die meisten der an diesen Verbrechen Beteiligten keinerlei Schuldgefühle, weshalb sie auch nicht um Vergebung baten.

Die Mitscherlichs, die beide Psychoanalytiker waren, verwiesen darauf, dass die Unfähigkeit zur Reform mit der Unfähigkeit Nachkriegsdeutschlands zu trauern im Zusammenhang steht.[48] Für sie ist der Trauerprozess die drastische und langsame Verinnerlichung des Verlustes von etwas oder jemanden wie dem Führer, um eine normale Beziehung zur Gegenwart wiederherzustellen. Ohne Offenheit für die eigene Lebensgeschichte ist Trauern unmöglich. Nach dem Zusammenbruch des Dritten Reichs wurden alle möglichen Formen der Verdrängung entwickelt wie Fragmentierung, Leugnung oder Projektion, um Gefühle von Schuld, Scham oder Verantwortung zu vermeiden, Formen, die auch die Gräuel des Nazismus erst möglich gemacht hatten. Auch nach dem Krieg war das tiefste Motiv dieser Verteidigungsmechanismen die Angst, seine Identität im Angesicht der beängstigenden Vergangenheit, die alles infrage stellte,

47 In diesem Beitrag beschränke ich mich auf die Situation, in der wir keine Hoffnung mehr haben. Für Gläubige ist die Ethik in einer eschatologischen Perspektive der Befreiung und des Erbarmens verortet.

48 Vgl. Mitscherlich/Mitscherlich, Die Unfähigkeit zu Trauern.

zu verlieren. Dadurch konnte man die Frage vermeiden, warum man Hitlers brutalen Rassismus toleriert und aktiv oder passiv durch die Selbsttäuschung des eigenen Gewissens unterstützt hatte. Durch die Einnahme einer solchen Verteidigungshaltung wird die Humanisierung nach einer solchen Katastrophe schwierig. Einige Deutsche verschoben das Trauern und stürzten sich stattdessen fanatisch in den Wiederaufbau Deutschlands. Nachdem dieser vollbracht war, kam die Angst wieder. Nachdem die Gastarbeiter, die zum Wiederaufbau des Landes gebraucht wurden, überflüssig zu sein schienen, entstand wieder ein herzloser und geschlossener Dualismus, der als Ausländerfeindlichkeit den vormaligen Antisemitismus mehr oder weniger ersetzte.

Da der Mangel an Offenheit an der Schnittstelle von Unfähigkeit und Unwilligkeit liegt, schließt die Idee des Nichtvergebbaren immer auch die Verpflichtung desjenigen ein, der dieses Label benutzt. Das Nichtvergebbare wird niemals die Endlösung für den Täter sein, da eine solche die Wiederholung dessen wäre, das man bekämpfen will. In gewisser Weise ist die Situation, in der etwas nicht vergebbar ist, auch eine Anklage der Gesellschaft, die solche Menschen oder Gruppen von Menschen hervorgebracht hat, die an sich selbst gescheitert sind. Meiner Meinung nach ist das Nichtvergebbare kein Mittel, um Menschen abschließend nach dualistischen Kriterien einzuteilen, sondern genau das Gegenteil, nämlich der gegenüber den Autoritäten, die Menschen zu beurteilen haben, erhobene Anspruch, betroffene Menschen oder Gruppen aus ihrer Abgeschlossenheit herauszuführen und ihnen eine Chance zur Veränderung zu geben.[49] Es ist nicht nur notwendig, aufmerksam gegenüber dieser Abgeschlossenheit zu sein und uns gegen sie mit allen rechtlichen Mitteln zu schützen. Wir müssen diese Geschlossenheit auch herausfordern und Bedingungen dafür schaffen, dass die Täter diese mithilfe anderer aufbrechen können. Es reicht also nicht aus, die Möglichkeit zur Änderung immer offenzuhalten, sondern wir müssen diese Möglichkeit auch aktiv unterstützen. Das heißt nicht, das Übel zu akzeptieren, ganz im Gegenteil muss es uneingeschränkt verurteilt werden. Diejenigen, die Böses getan haben, können jedoch nicht ebenso rigoros und absolut zurückgewiesen werden. Für eine gute Anthropologie nach dem Holocaust ist die Unterscheidung zwischen dem Bösen und dem Übeltäter entscheidend.

Im Ergebnis dieser Analyse macht es keinen Sinn, Menschen nur mit einer strengen und verurteilenden Ethik zu konfrontieren. Eine solche Ethik treibt nur einen dualistischen Keil zwischen die Menschen: die schlechten, die zu einem guten Gewissen gezwungen werden müssen, und die guten, die dazu gezwungen werden, ihr schlechtes Gewissen auf andere zu projizieren und dadurch zu verdecken. Anstatt eine rigide und normative ethische Haltung einzunehmen, sollte sich eine Ethik nach Auschwitz dem verletzlichen und gebrochenen

49 Vgl. Roger Burggraeve, Une éthique de miséricorde. In: Lumen vitae. Revue internationale de catéchèse et de pastorale, 49 (1994), S. 281–296.

Menschen zuwenden und auf das heilende und befreiende Leben und die Authentizität setzen. Die Ethik sollte nicht so sehr auf ein moralisierendes und unterdrückendes Gesetz zielen, sondern auf das menschliche Streben nach Ganzheitlichkeit und Tiefe, das sich vollständig von der postmodernen Vergötterung oberflächlicher und narzistischer Gefühle unterscheidet. Die Aufgabe der Ethik nach dem Holocaust ist nicht in erster Linie die Ausarbeitung einer strengen Gesetzesmoral, sondern die Aufdeckung des tiefen menschlichen Bedürfnisses nach Ganzheit, Heilung und Erlösung. Ein Gesetz kann bestenfalls dessen abgeleiteter, sekundärer und instrumenteller Ausdruck sein.

Nach Auschwitz sollten Ethiker nicht in erster Linie eine Art moralische Kreuzritter sein, sondern Menschen, die die täglichen Sünden und Laster kritisieren, die sich hinter den scheinheiligen Fassaden unserer Zeit verbergen und die häufig auf subtile oder manifeste Weise im Namen des Guten so viel Schaden anrichten. Sie sollten sich dafür einsetzen, die Ausgestoßenen unserer Zeit aus den geschlossenen normativen ethischen Systemen zu befreien, die sie nur unterdrücken, und sie aus ihrer misslichen Lage herausführen. Auch wenn die von Platon entwickelte große Idee des Humanismus hier nicht zur Debatte steht, geht es hier doch um das konkrete tägliche Wohl der Menschen, die diskriminiert, marginalisiert und sogar exkommuniziert werden.

Jede Fragmentierung des Bösen ist gekennzeichnet durch einen bestimmten Grad der Selbsttäuschung und deshalb immer zum Scheitern verurteilt. Da Selbsttäuschung eine merkwürdige Mischung aus Geschlossenheit und Offenheit ist, besteht immer auch die Möglichkeit, dass sich die Offenheit in der Zukunft durchsetzen wird. Das Nichtvergebbare kann niemals zweifelsfrei bestimmt werden. Andernfalls müssten wir jegliche Hoffnung auf Wachstum und Erneuerung aufgeben. Ich benutze das Konzept des Nichtvergebbaren als ein Mittel des Zweifels, um es im Namen der Vergebung zum Verschwinden zu bringen, also so weit möglich zu verhindern, dass etwas nicht vergeben werden kann. Es kann bestimmte geschlossene Situationen infrage stellen und wenn nötig aufbrechen. Deshalb sollte dieser Begriff immer mit einem Fragezeichen versehen sein – etwa in dem Sinne: „Kann das wirklich nicht vergeben werden?" Auf diese Weise kann das Konzept als Instrument der Aufdeckung funktionieren, das uns vor dem vorschnellen Gebrauch dualistischer Begriffe schützt. Es ist eine Art negativer Utopie im doppelten Sinne: Das Nichtvergebbare ist einerseits ein schlechter Ort, nämlich geschlossen und gewalttätig, und andererseits eine Art Unmöglichkeit, an die wir nur mit Furcht denken, da sie faktisch etwas wäre, das keinen Ort hätte.

Wenn man diese Kategorie vorschnell anwendet, riskiert man, sich selbst zu verschließen. In der Geschlossenheit einer Situation oder Person muss man immer nach Freiheitsräumen Ausschau halten und diese so weit wie möglich erweitern. Der Begriff des Nichtvergebbaren ist ein marginaler Begriff, der dennoch a posteriori als wirklich in bestimmten Situationen angesehen werden muss. Es ist niemals ein Endpunkt, obwohl es in der Geschichte von Menschen oder einer Gruppe von Menschen faktisch ein dramatischer Endpunkt sein kann.

Selbst wenn dem Täter, der sich ändert, vergeben werden kann, ist es immer noch möglich, dass die faktische Situation des Nichtvergebbaren bestehen bleibt. Vergebung ist per Definition etwas, das in Beziehungen passiert. Deshalb ist es möglich, dass nicht nur der Tod des Täters, sondern auch der Tod des Opfers die tragische Quintessenz der Situation des Nichtvergebbaren zwischen Menschen sein kann. Wenn das Opfer ermordet wurde, haben wir eine Situation des Nichtvergebbaren, da es dann niemanden mehr gibt, der Vergebung gewähren könnte. Wenn z. B. zwei Kinder von einem betrunkenen Fahrer getötet werden, kann weder die Mutter der Kinder noch sonst jemand dem Fahrer im Namen der Kinder vergeben. Beim Tod des Opfers wird die grundsätzliche Frage der Vergebung an diejenigen weitergegeben, die von dem begangenen Verbrechen betroffen sind, im weiteren Sinne an die Menschheit. Deshalb kann die Mutter der toten Kinder dem Fahrer für den Schmerz, den er ihr zugefügt hat, vergeben, auch wenn der Täter weiter mit der Erfahrung von etwas, das unumkehrbar ist und nicht vergeben werden kann, weiterleben muss.

Auch wenn das Opfer noch lebt und der Täter geläutert ist, kann es passieren, dass die Situation des Nichtvergebbaren weiterbesteht, dass das Opfer nicht vergeben kann. Die Unfähigkeit, dem anderen zu vergeben, wird dann auch zum Problem desjenigen, der zögert zu vergeben oder nicht vergeben kann. Das Opfer mag so sehr gelitten haben, dass ihm Vergebung nicht möglich ist. Sein Grundvertrauen mag durch das an ihm begangene Verbrechen so sehr verletzt sein, dass er, um sich vor dem ethischen Dualismus zu schützen, dem er zum Opfer gefallen ist, einen eigenen ethischen Dualismus entwickelt, um zu überleben. Vergebung ist manchmal einfach zu schwierig für Menschen, die verletzt wurden. Auch das ist eine menschliche Tragödie. Wenn das Opfer dem Täter nicht vergeben kann, hat das Böse gesiegt und die Erinnerung an das Böse wird das weitere Leben des Opfers bestimmen.

Wissenschaftler müssen sich bewusst sein, was für ein Segen es ist, Nicht-Opfer zu sein, wenn sie sich theoretisch mit dem Problem der Vergebung auseinandersetzen. Wenn das Opfer nicht in der Lage ist, sich seinem eigenen ethischen Dualismus zu stellen, gibt es üblicherweise genügend psychosoziale Gründe, die angeführt werden können, damit es sich weniger schuldig angesichts seiner Unfähigkeit fühlt. Dennoch müssen die Opfer dazu aufgefordert und dabei unterstützt werden, ihre eigene Verschlossenheit aufzubrechen, um die Verteufelung in den Griff zu bekommen, der sie selbst zum Opfer gefallen sind und ihrem Grundvertrauen die Chance der Erneuerung zu geben. Vergebung heißt: den Verletzungen durch das Böse nicht das letzte Wort zu überlassen in der Überzeugung, dass der Mensch nicht geschaffen wurde, um verletzt, sondern um geliebt, geheilt und vollständig zu werden. Versöhnung gibt den Verletzungen der Täter und Opfer die Chance, durch Symbole und Rituale zu heilen, sodass beide gemeinsam ihre Menschlichkeit wiederfinden und teilen können.

Zusammenfassung

Zum Schluss möchte ich kurz zu der Geschichte zurückkehren, mit der dieser Text begonnen hat. Hätte Wiesenthal dem SS-Soldaten vergeben sollen? Hätte er das Konzept der Verteufelung benutzt, wäre ihm der Soldat als Verkörperung alles Bösen, das Wiesenthal erlebt hatte, erschienen. Dann wäre nur die totale Zurückweisung des Soldaten und seines Anliegens angemessen gewesen. Wiesenthal sagt jedoch kein Wort, sondern verlässt schweigend den Raum.[50] Diese Haltung verweigert auch das Paradigma der Banalisierung. Auch wenn er vom Hintergrund des Mannes weiß, benutzt er keine entschuldenden Begriffe, um das Böse auf Distanz zu halten. Sein Schweigen schafft den Raum, in dem das volle Ausmaß des Bösen deutlich wird. Auch im dritten Paradigma kann die Geschichte nicht verortet werden. Der SS-Soldat hält nicht länger an der nazistischen Rhetorik der Entschuldung fest. Seine Selbsttäuschung ist aufgebrochen. Er ist sich des Bösen voll bewusst. Er hat sich verändert, auch wenn die Ergebnisse dieser Änderung wie die Erinnerungsarbeit nicht zum Tragen kommen konnten. Vielleicht hätte der Soldat zunächst seine Kameraden ans Totenbett rufen sollen, um sie von der Unmoralität des Völkermords zu überzeugen. Wiesenthals Schweigen zeigt seine Ignoranz ebenso wie seine Unfähigkeit zur Vergebung. Einerseits kann er nicht im Namen der Millionen Opfer vergeben. Im durch den jungen Mann verübten Bösen gibt es ein tragisches Element, das Vergebung faktisch unmöglich macht. Die Toten können nicht zurückkehren. Andererseits ist Wiesenthal so sehr verletzt worden, dass er wahrscheinlich nicht in der Lage war und ist, sich selbst zu vergeben. In diesem Sinne ist sein Schweigen umfassend und kann aus zwei Perspektiven erklärt werden. Als Wiesenthal dem deutschen Soldaten gegenüberstand, der Reue zeigte, hätte er bestenfalls, ohne sein bedeutungsvolles Schweigen zu brechen, durch eine Geste zeigen können, dass er sich dem unzerstörbaren menschlichen Anteil dieses sterbenden Verbrechers selbst noch in der tragischen Unmöglichkeit des Vergebens verbunden fühlte. Für durch das unbeschreibliche Grauen traumatisierte Menschen ist jedoch auch das normalerweise eine unmögliche Option.

50 Nach dem Krieg wurde klar, dass Wiesenthal in seiner Verfolgung ehemaliger Nazis das Konzept der Verteufelung nicht benutzte. Vgl. dazu sein Buch: Simon Wiesenthal, Recht, nicht Rache, Berlin 1991. Das zeigt sich auch darin, dass ihn die Geschichte des sterbenden Soldaten noch lange nach dem Krieg beschäftigte.

VII.

Erinnern und Lernen

Das Versagen der Ethik im Angesicht des Holocaust

*John K. Roth**

„Wir sind in dieser Welt, um Gutes zu tun."
(Lorenzo Perrone, ein Freund Primo Levis)

Bestimmt durch ihre Absicht, moralisches Handeln zu ermutigen, ist die Ethik sicher der Grundpfeiler menschlicher Zivilisation. Dabei hebt sie die Notwendigkeit sorgfältiger Überlegungen über den Unterschied von richtig und falsch hervor und ermutigt dazu, nicht gleichgültig gegenüber dieser Unterscheidung zu sein. Darüber hinaus kultiviert sie einen tugendhaften Charakter und unterstützt Handeln, dass das Richtige verteidigt und dem Falschen widersteht. Ohne die Außerkraftsetzung und Überschreibung moralischer Intuitionen, wenn nicht den Zusammenbruch oder die Zuarbeit ethischer Traditionen, hätten der Holocaust und andere Völker- und Massenmorde nicht stattfinden können.

In meiner mehr als 40-jährigen Beschäftigung mit solchen Katastrophen habe ich den roten Faden verfolgt, der sich durch dieses Scheitern der Moral zieht.[1] Die Freilegung von Verwerfungen in der Natur und Mängeln in der Wirklichkeit selbst zeigt, dass dieses Scheitern in Defiziten des Denkens, des Charakters, der Entscheidung und des Handelns angelegt sind, die Menschen dazu verleiten, das Gute, Richtige, Tugendhafte und Gerechte zu verraten, und sie dazu bringen, anderen unermessliches Leid zuzufügen. Im Zusammenhang dieser Themen und in einer Welt, die durch den Holocaust und andere Völker- und Massenmorde gezeichnet ist, möchte ich die Annahme diskutieren, dass wir in dieser Welt sind, um Gutes zu tun. In meiner Auseinandersetzung mit dem Holocaust möchte ich zugleich das Versagen der Ethik thematisieren.

Ohne die Außerkraftsetzung moralischer Gefühle, wenn nicht des Zusammenbruchs oder der Korrumpierung ethischer Traditionen, hätte der Holocaust nicht geschehen können. Auch wenn die Shoah nicht das Ende der Moral bedeutet, zeigte sie doch, dass diese verwundbar war und zum Gegenstand von

* Aus dem Englischen übersetzt von Wolfgang Bialas. Der hier gekürzte Text ist zuerst erschienen unter dem Titel „Ethics", in: Peter Hayes/John K. Roth (Hg.), The Oxford Handbook of Holocaust Studies, Oxford: Oxford University Press 2010, S. 722–736.

1 Vgl. dazu John K. Roth, The Failures of Ethics: Confronting the Holocaust, Genocide, and other Mass Atrocities, Oxford 2015.

Missbrauch und Pervertierung werden konnte. Zugleich wurde klar, dass es keine einfache Rückkehr zur Ethik vor dem Holocaust geben konnte, so, als ob nichts Schreckliches geschehen wäre. Zunächst jedoch möchte ich den Begriff der Ethik diskutieren.

Die Bedeutung von Ethik

Die Fähigkeiten zu denken, zu urteilen und sich zu erinnern gehören zu den wichtigsten Merkmalen menschlichen Lebens. Menschen sind auch durch ihre Beziehungen, etwa zu ihrer Familie und Gesellschaft, in ihrer Identität geprägt. Durch die Geschichte sind wir Teil politischer und religiöser Traditionen und Bürger bestimmter Staaten. Beeinflusst und kompliziert durch Umweltfaktoren und Überlebensbedürfnisse sowie die Erinnerung an vergangene Handlungen und ihre Folgen müssen Menschen werten und wählen. Die Menschen beschäftigen sich ständig mit tatsächlichen Dingen, geben aber auch Werturteile und normative Bewertungen ab, liefern Beschreibungen und zielen darauf, Entscheidungen zu treffen und entsprechend zu handeln. Kurz, wir versuchen herauszufinden, was wir tun sollen, da nur wenige von uns immer und vollständig mit dem Ausgang der Ereignisse zufrieden sind. Die menschliche Existenz beruht auf Unterscheidungen zwischen richtig und falsch, gerecht und ungerecht, gut und böse.

Die bestimmenden Konzepte der Ethik sind die vom Sein und Sollen, vom Richtigen und Falschen, von Gerechtigkeit und Ungerechtigkeit, von Gut und Böse. Wenn diese Konzepte benutzt werden, erscheint die Ethik in mindestens drei Varianten. In die Bewertungen der Menschen gehen viele Faktoren ein, und zwar unter anderen der kulturelle Hintergrund, die politischen und ökonomischen Umstände, ihre Religiosität oder deren Fehlen, die Einflüsse von Eltern, Lehrern und Freunden. Die Ethik kann so zunächst auf die Werturteile der Menschen und ihren individuellen und kollektiven Glauben verweisen – darauf, was getan oder aber nicht getan werden sollte, was richtig und gerecht oder falsch und ungerecht ist, was gut und was böse ist. Aus dieser beschreibenden Perspektive kann argumentiert werden, dass jeder Mensch, jede Gemeinschaft und jede Nation ethische Wesen sind. Sie haben normative Überzeugungen, geben Werturteile ab, versuchen entsprechend zu handeln und übernehmen die Verantwortung für ihr eventuelles Scheitern.

Die Ethik ist jedoch mehr als die Beschreibung moralischen oder unmoralischen Verhaltens. Eine zweite Ebene der Ethik beinhaltet die Analyse von Werturteilen und die Art und Weise, in der diese Institutionen beeinflussen oder von diesen geprägt sind. Eine solche Analyse hat historische Elemente, indem sie sich z. B. darauf konzentriert, wie sich die in einer Gesellschaft geltenden Werte mit der Zeit verändert und entwickelt haben. Sie wurzelt in der frühen Menschheitserfahrung, dass Gruppen und Individuen nicht identisch sind, dass sie unterschiedlich denken und handeln.

So wichtig sie auch sind, bilden jedoch weder die Beschreibung noch die historische Analyse menschlicher Überzeugungen und Handlungen den Kern der Ethik. Ihre dritte und wichtigste Ebene ist die kritische Untersuchung der Werte der Menschen sowie ihrer fortgesetzten Bemühungen und Handlungen, die eine solche Untersuchung reflektieren und unterstützen. Die Menschen geben Werturteile ab, wenn sie etwa sagen, dass Abtreibung falsch oder dass die Todesstrafe richtig ist. Bedeutet das, dass die Vielzahl von Werten - und insbesondere der Argumente, der Politiken und Handlungen, die widersprüchliche Werturteile verursachen können -, dass Werturteile relativ mit Bezug auf eine Kultur und subjektiv individuell sind? Oder sind wenigstens einige Werturteile, wie zum Beispiel „Der Holocaust war falsch" oder „Völkermord sollte niemals geschehen", objektiv begründet und wahr für jede Zeit und jeden Ort?

Jahrhundertelang ist es in der Debatte um Fragen dieser Art gegangen. Es gibt keine allgemeine Übereinstimmung in der Beantwortung solcher Fragen. Die Ethik wäre jedoch keine Ethik, wenn sie nicht die Bedeutung der kritischen Untersuchung der Werte herausstellen würde, von denen sich Menschen in ihrem Handeln leiten lassen. Die Notwendigkeit einer solchen Untersuchung ergibt sich daraus, dass die Werturteile der Menschen falsch sein können - nichts ist allein deshalb wirklich gut oder richtig, weil sich jemand das wünscht oder etwas entsprechend wertet. Menschen kommen häufig zu falschen Urteilen, fügen anderen unverdientes Leid zu, schaden dem Guten, sind brutal zueinander, stehlen, vergewaltigen und morden. Deshalb geht die Ethik über die Ebene des Intellekts und der Analyse hinaus und versucht, zerstörerische Tendenzen der Menschheit aufzuzeigen und zu korrigieren, indem sie darauf verweist, dass das menschliche Leben gerechter und hoffnungsvoller sein kann, als es ist, und uns dazu auffordert und ermutigt, menschlicher und fürsorglicher zu leben.

Die Ethik versucht, den menschlichen Willen in Übereinstimmung mit vernünftigen ethischen Urteilen zu bringen. Leider ist es genau diese Verbindung zwischen Denken und Handeln sowie zwischen Theorie und Praxis, an der die Fehler der Ethik besonders deutlich und folgenreich werden. Auf den Trümmern der Ethik stellt sich die Frage, was diese noch nach dem Holocaust sein und leisten kann.

Gute und schlechte Tage

Nach dem Zweiten Weltkrieg und dem Holocaust waren der 9. und 10. Dezember 1948 sicher gute Tage für die Moral, als die Generalversammlung der Vereinten Nationen das „Übereinkommen über die Verhütung und Bestrafung des Völkermordes" sowie die „Allgemeine Erklärung der Menschenrechte" verabschiedete. Dieses Übereinkommen verbietet Handlungen, die mit der Absicht begangen werden, eine nationale, ethnische, rassische oder religiöse Gruppe im Ganzen oder teilweise zu vernichten, und verpflichtet die Vertragsstaaten des Übereinkommens darauf, Völkermord zu verhindern oder zu ahnden. Indem sie erklärte, dass „die Anerkennung der angeborenen Würde und dergleichen und unveräußerlichen Rechte aller Mitglieder der Gemeinschaft der Menschen die Grundlage von Freiheit, Gerechtigkeit und Frieden in der Welt bildet", formulierte die allgemeine Erklärung der Menschenrechte „das von allen Völkern und Nationen zu erreichende gemeinsame Ideal", wodurch das Recht jedes Menschen „auf Leben, Freiheit und Sicherheit der Person" gesichert werden sollte und Sklaverei, Folter und andere Formen „grausamer, unmenschlicher oder erniedrigender Behandlung oder Strafe" zurückgewiesen wurden.[2] Diese zwei guten Tage für die Ethik im Dezember 1948 waren vielversprechend. Der Holocaust markiert insofern einen Bruch in der Bedeutung der Menschenrechte, als die Vernichtungspolitik des „Dritten Reichs" die Juden und andere Opfergruppen in eine ausweglose tödliche Situation brachte.[3] Jean Améry (1912–1978), ein jüdischer Philosoph, der der Nazifolter ausgesetzt war und Auschwitz überlebte, bevor er sich schließlich das Leben nahm, hat diesen Bruch erfahren und reflektiert. Er legte nahe, dass der schlimmste durch den Holocaust verursachte Verlust in der Zerstörung des „Weltvertrauens" bestanden habe, der „Gewissheit, dass der andere aufgrund von geschriebenen oder ungeschriebenen Sozialkontrakten mich schont, genauer gesagt, dass er meinen physischen und damit auch metaphysischen Bestand respektiert".[4] So sehr er sich nach dem Recht zu leben sehnte, dass für ihn gleichbedeutend mit der menschlichen Würde war, schrieb er dennoch: „Würde, sei es eine beliebige Amtswürde, sei es Berufs- oder ganz allgemeine Bürgerwürde, kann nur von der Gesellschaft verliehen werden, und der bloß im individuellen Innenraum erhobene Anspruch (‚Ich bin ein Mensch und habe als solcher meine Würde, was immer ihr tun und sagen mögt!') ist leere Denkspielerei und Wahn."[5] Jeden Morgen sah Améry die tätowierte Nummer von Auschwitz auf seinem Arm, die es für ihn unmöglich machte, sich in dieser Welt zu Hause zu fühlen. Er schrieb: „Menschenrechtserklärungen, demokratische Konstitutionen, die freie Welt und die freie Presse. Nichts kann mich wieder einwiegen in einen Sicherheitsschlaf, aus dem ich 1935 erwachte."[6] Amérys Philosophie ist nicht zwingend die Bankrotterklärung der Menschenrechte, sondern ihre Bekräftigung in der Bewährungsprobe.

2 Resolution der Generalversammlung. 217 A (III). Allgemeine Erklärung der Menschenrechte, 10.12.1948 (http://www.un.org/depts/german/menschenrechte/aemr.pdf; 19.3.2019).

3 Vgl. Christopher R. Browning, Remembering Survival: Inside a Nazi Slave-labor Camp, New York 2010; Lawrence L. Langer, The Dilemma of Choice in the Death Camps. In: Centerpoint, (1980) 4, S. 53–59; ders., Holocaust Testimonies: The Ruins of Memory, New Haven 1991; Irving J. Rosenbaum, The Holocaust and Halakhah, New York 1976.

4 Jean Améry, Jenseits von Schuld und Sühne, Bewältigungsversuche eines Überwältigten, 3. Auflage Stuttgart 1997, S. 56.

5 Ebd., S. 139.

6 Ebd., S. 148.

Mit der „Endlösung“ wurde der wichtigste moralische Imperativ, das sechste der biblischen Zehn Gebote, „Du sollst nicht töten“, überschrieben und durch eine Nazi-Ethik ersetzt, deren antisemitisches und rassistisches Verständnis von Fortschritt die Zerstörung jüdischen Lebens und anderer „minderwertiger“ Gruppen als moralisch richtig und gut bestimmte.[7] Mit den Opfern der Erschießungskommandos und Gaskammern erwiesen sich die ethischen Traditionen, die Menschen dazu veranlassten, anderen in Not zu helfen und dem Unrecht zu widerstehen, als unzureichend, um den Gruppenzwang unter einfachen Soldaten zu brechen; die Geschäftsinteressen deutscher Unternehmen, die Zwangsarbeit nutzten, zu stören oder Mitläufer und Opportunisten zu stoppen.[8]

Nach dem Holocaust wurden einige der Haupttäter in den Kriegsverbrecherprozessen verurteilt und bestraft, wobei viele der Schuldigen mit milden Urteilen davonkamen.[9] Zahlreiche wichtige Holocaustmuseen, Gedenkstätten und Bildungsprogramme entstanden, aber die „Lehren aus dem Holocaust“ konnten dennoch das Wiederaufleben von Antisemitismus und Holocaustleugnung nicht verhindern, ganz zu schweigen von den neuen Massenverbrechen wie den ethnischen Säuberungen und Völkermorden in Kambodscha, auf dem Balkan, in Ruanda und Darfur, die die Frage nach der Einordnung des Holocaust in vergleichender Völkermordforschung aufwarfen und die Losung „Nie wieder“ ad absurdum führten.[10] Mit dem Ende des 20. Jahrhunderts gab es verspätete Versuche, während des Holocaust geplündertes und gestohlenes Eigentum zurückzugeben sowie Initiativen, Entschädigungszahlungen für die Überlebenden

7 Vgl. Peter J. Haas, Morality after Auschwitz: The Radical Challenge of the Nazi Ethic, Philadelphia 1988; Claudia Koonz, The Nazi Conscience, Cambridge (MA) 2003; John K. Roth, What Have You Done? In: Roger L. Van Harn, The Ten Commandments for Jews, Christians, and Others, Grand Rapids 2007, S. 113–126; James Waller, Becoming Evil: How Ordinary People Commit Genocide and Mass Killing, 2. Auflage New York 2007; Richard Weikart, Hitler's Ethic: The Nazi Pursuit of Evolutionary Progress, New York 2009.

8 Vgl. Victoria J. Barnett, Bystanders: Conscience and Complicity during the Holocaust, Westport 2000; Christopher R. Browning, Ordinary Men: Reserve Police Battalion 101 and the Final Solution in Poland, New York 1992; David P. Gushee, Righteous Gentiles of the Holocaust: Genocide and Moral Obligation, 2. Auflage St. Paul 2003; Peter Hayes, From Cooperation to Complicity: Degussa in the Third Reich, Cambridge 2004; David H. Jones, Moral Responsibility in the Holocaust: A Study in the Ethics of Character, Lanham 1999.

9 Vgl. Hilary Earl, The Nuremberg SS-Einsatzgruppen Trial, 1945–1958, Cambridge 2009; Michael R. Marrus, The Nuremberg War Crimes Trial, 1945–46: A Documentary History, Boston 1997; Rebecca Wittmann, Beyond Justice: The Auschwitz Trial, Cambridge (MA) 2005.

10 Vgl. Michael Berenbaum (Hg.), Not Your Father's Antisemitism: Hatred of Jews in the Twenty-first Century, St. Paul 2008; Ben Kiernan, Blood and Soil: A World History of Genocide and Extermination from Sparta to Darfur, New Haven 2007; Deborah E. Lipstadt, History on Trial: My Day in Court with David Irving, New York 2005; Samuel Totten/William S. Parsons (Hg.), Century of Genocide: Critical Essays and Eyewitness Accounts, New York 2009; Benjamin A. Valentino, Final Solutions: Mass Killing and Genocide in the Twentieth Century, Ithaca 2004.

nazistischer Zwangsarbeit und der Konzentrationslager auszuweiten.[11] Juristische und politische Querelen über Eigentumsrechte, die Verteilung der Gelder und Anwaltsgebühren verhinderten, dass dieses Kapitel der Zeit nach dem Holocaust einen zufriedenstellenden Abschluss finden konnte.

Eine Ethik erfordert philosophische Überlegungen, die immer dann intensiver werden, wenn etwas Schreckliches geschieht. 40 Jahre nach dem Zweiten Weltkrieg stellte der jüdische Philosoph Emil Fackenheim (1916–2003) zutreffend, wenn auch vielleicht übertrieben, fest, dass die meisten Philosophen den Holocaust in ihrer Arbeit ignoriert haben.[12] Fackenheim, der aus Nazideutschland fliehen musste, ist einer der wenigen Ausnahmen, auf den diese Feststellung nicht zutrifft.[13] Dennoch stimmt es, dass der Holocaust niemals die einem Ereignis von solchen verheerenden Dimensionen angemessene philosophische und insbesondere ethische Aufmerksamkeit in entsprechenden Untersuchungen gefunden hat. Noch einmal, es gibt hier natürlich bemerkenswerte Ausnahmen gerade in jüngster Zeit, die noch zunehmen mögen.[14] Wahrscheinlich die einfluss-

11 Vgl. Michael J. Bayzler, Holocaust Justice: The Battle for Restitution in America's Courts, New York 2003; Stuart Eizenstat, Imperfect Justice: Looted Assets, Slave Labor, and the Unfinished Business of World War II, New York 2003; Marilyn Henry, Confronting the Perpetrators: A History of the Claims Conference, London 2007; Marrus, The Nuremberg War Crimes Trial.

12 Vgl. Emil L. Fackenheim, The Holocaust and Philosophy. In: The Journal of Philosophy, 82 (1985), S. 505–514, hier 505.

13 Des Weiteren Theodor W. Adorno, Prismen. Kulturkritik und Gesellschaft, Berlin 1955; ders., Negative Dialektik, Frankfurt a. M. 1966; Améry, Jenseits von Schuld und Sühne; Hannah Arendt, Elemente und Ursprünge totalitärer Herrschaft, Frankfurt a. M.; dies., Eichmann in Jerusalem. Ein Bericht von der Banalität des Bösen, München 1964; Martin Buber, On Judaism, hg. von Nahum N. Glazer, New York 1967; Albert Camus, The Plague, New York 1948; Emil L. Fackenheim, God's Presence in History: Jewish Affirmations and Philosophical Reflections, New York 1970; Karl Jaspers, Die Schuldfrage, Heidelberg 1946; Abraham Joshua Heschel, Man Is Not Alone: A Philosophy of Religion, New York 1951; Emmanuel Levinas, Totality and Infinity: An Essay on Exteriority, Pittsburgh 1969.

14 Vgl. Giorgio Agamben, Remnants of Auschwitz: The Witness and the Archive, New York 1999; Alain Badiou, Ethics: An Essay on the Understanding of Evil, London 2001; Zygmunt Bauman, Modernity and the Holocaust, Ithaca, NY 1989; Richard J. Bernstein, Radical Evil: A Philosophical Interrogation, Cambridge 2002; Maurice Blanchot, The Writing of the Disaster, Lincoln 1986; Norman Geras, The Contract of Mutual Indifference: Political Philosophy after the Holocaust, London 1998; Jonathan Glover, Humanity: A Moral History of the Twentieth Century, New Haven 2000; Philip Hallie, Tales of Good and Evil, Help and Harm, New York 1997; Hans Jonas, Mortality and Morality: A Search for the Good after Auschwitz, Evanston 1996; Berel Lang, Philosophical Witnessing: The Holocaust as Presence, Hanover (NH) 2009; Avishai Margalit, The Ethics of Memory, Cambridge (MA) 2002; Michael Morgan, On Shame, New York 2008; Jennifer L. Geddes/John K. Roth/Jules Simon (Hg.), The Double Binds of Ethics after the Holocaust: Salvaging the Fragments, New York 2009; Susan Neiman, Evil in Modern Thought: An Alternative History of Philosophy, Princeton 2002; Gilian Rose, Mourning Becomes the Law: Philosophy and Representation, Cambridge 1996; John K. Roth, Ethics During and After the Holocaust: In the Shadow of Birkenau, New York 2005.

reichsten Beiträge kamen von dem jüdischen Philosophen Emmanuel Levinas (1906–1995), der die meisten Angehörigen seiner Familie im Holocaust verloren hat. Er entwickelte eine wichtige ethische Perspektive nach dem Holocaust, indem er argumentierte, dass die bisherige ethische Theorie es versäumt habe, sich mit etwas offensichtlich Substanziellem wie dem menschlichen Antlitz zu beschäftigen. Konzentrierte Aufmerksamkeit auf das Gesicht des anderen Menschen, so Levinas, könne nicht nur eine Umorientierung der Ethik, sondern des menschlichen Lebens insgesamt herbeiführen, da unsere intensive Betrachtung des Antlitzes der anderen Person uns die Einsicht vermitteln könne, wie eng die Menschen verbunden und füreinander verantwortlich sind.[15] Leider haben weder Levinas noch andere Ethiker der Zeit nach dem Holocaust die Welt entscheidend zum Besseren verändert.

Die Grauzone

Besonders in seinem Buch „Die Untergegangenen und die Geretteten" hat Primo Levi untersucht, was er die Grauzone genannt hat, die in Auschwitz eine Welt offenbarte, die „nicht nur grauenvoll, sondern darüber hinaus auch noch unentzifferbar [war]: sie entsprach keinem der bekannten Modelle".[16] Levi machte deutlich, dass der Holocaust das Übel schlechthin verkörperte, und das insbesondere, so sein Urteil, als die Deutschen Sonderkommandos einrichteten, die vorwiegend aus jüdischen Gefangenen bestanden, deren Aufgabe es war, die Krematorien von Auschwitz zu füllen. „Die Erfindung und Aufstellung der Sonderkommandos", so Levi, „ist das dämonischste Verbrechen des Nationalsozialismus gewesen."[17] Diese klare und entschiedene Wertung enthält moralisch zwei weitere Dimensionen des Verstehens.

Zunächst stellte Levi fest, dass das Verhalten in der Grauzone nicht einfach mit den Begriffen richtig oder falsch bewertet werden konnte, jedenfalls nicht so, wie das die meisten ethischen Traditionen versuchen würden. Sicher sind diese Traditionen immer noch geeignet, um die nationalsozialistischen Täter des Holocaust moralisch zu beurteilen. Um diejenigen moralisch zu bewerten, die in den Sonderkommandos gearbeitet haben, ist die Bedeutung dieser Traditionen eher unklar. Ganz zu schweigen davon zu benennen, was diese unglücklichen Menschen hätten tun sollen, deren Schicksal ihnen keine Wahl ließ, bevor auch sie ermordet wurden.

Weiterhin beschrieb Levi, wie die Grauzone eine tragische, mindestens doppelte Dysfunktionalität der Ethik enthüllte. Spuren des idealistischen „Behandle

15 Vgl. Emmanuel Levinas, Ethics and Infinity, Pittsburgh 1985; ders., Entre Nous: On Thinking-of-the-Other, New York 1998.
16 Primo Levi, Die Untergegangenen und die Geretteten, München 1986, S. 35.
17 Ebd., S. 51.

deinen Nachbarn, wie du von ihm behandelt werden möchtest" oder die Weigerung zu stehlen gab es vielleicht auch noch in der Grauzone. Allerdings hatten sie vor dem Hintergrund der Erfahrung in der Grauzone hier ihre Plausibilität verloren. Dazu Levi:

„Nachdem er innerhalb von zwei bis drei Monaten die physiologischen Reserven des Organismus aufgezehrt hatte, waren der Hungertod oder durch Hungertod verursachte Krankheiten das normale Schicksal des Gefangenen. Das konnte nur durch eine größere Nahrungsmenge verhindert werden, und um die zu bekommen, brauchte man ein Privileg, egal, ob groß oder klein. Mit anderen Worten: Man brauchte irgendetwas, das einen über die Norm stellte, ganz gleichgültig, ob das nun aufoktroyiert war oder ergattert, mit Gerissenheit an sich gebracht oder mit Gewalt, rechtmäßig oder unrechtmäßig."[18]

Wenn die wichtigsten ethischen Lehren in der Grauzone ihren Sinn verloren, beförderte das nicht gerade die Gewissheit, damals oder jetzt, dass die Welt eine grundlegende moralische Struktur hatte, der sich vertrauen ließ. Sicher, Levi stellte auch fest, „dass, zumindest manchmal, zumindest teilweise, historische Schuld bestraft wird" und dass die „Mächtigen des Dritten Reichs [...] am Galgen oder durch Selbstmord geendet"[19] sind. Aber Levis Buch „Die Untergegangenen und die Geretteten" war letztlich in einer Molltonart geschrieben und das Kapitel über die Grauzone endete so: „Mit der Macht arrangieren wir uns, ob gerne oder nicht, wobei wir vergessen, dass wir alle im Ghetto eingeschlossen sind, dass das Ghetto umzäunt ist, dass außerhalb der Umzäunung die Herren des Todes stehen und ein wenig weiter der Zug auf uns wartet."[20]

Levi wusste, dass dem Denken der Nationalsozialisten eine Art Logik zugrunde lag, eine Einsicht, die er jedoch nicht weiter verfolgt hat. Das haben andere getan und damit zusätzliche Zweifel und Bedenken an einer Ethik nach dem Holocaust formuliert. So hat Peter Haas 1988 eine „Nazi-Ethik"[21] identifiziert. 15 Jahre später schrieb die Historikerin Claudia Koonz vom „nationalsozialistischen Gewissen". Mit diesem Begriff wollte sie wie Haas zeigen, dass es sich dabei nicht um ein Oxymoron handelte. Ganz im Gegenteil, so argumentierte Koonz überzeugend: „Diejenigen, die den Antisemitismus verbreitet haben und die Planer des Holocaust folgten schlüssigen ethischen Grundsätzen, die sie aus umfassenden philosophischen Konzepten abgeleitet hatten."[22] Sowohl Haas als auch Koonz zeigten, dass moralisches Denken unterschiedliche Formen annehmen kann, die miteinander unvereinbar sind. Dabei bezog sich Koonz auf den deutschen politischen Philosophen Carl Schmitt, der universelle Menschenrechte abgelehnt und im Mai 1933 argumentiert hatte, dass nicht jedes Wesen mit

18 Ebd., S. 38.
19 Ebd., S. 208.
20 Ebd., S. 68.
21 Vgl. Peter J. Haas, Morality after Auschwitz: The Radical Challenge of the Nazi Ethic, Philadelphia 1988; dazu weiterhin John K. Roth (Hg.), Ethics after the Holocaust, St. Paul 1999.
22 Claudia Koonz, The Nazi Conscience, Cambridge 2003, S. 1.

einem menschlichen Antlitz auch menschlich sei.[23] Solche Überlegungen sind zweifellos falsch. Wenn das, was als vernünftig gilt, nicht nur zweifelhaft ist, sondern ein Faktor im Machtkampf um politische Kontrolle, steht der Sieg der Vernunft infrage. Niemand kann sich nach der Zerstörung der Vernunft damit beruhigen zu sagen, dass der Holocaust falsch war.

Der Holocaust als das ethisch Absolute

In unserer pluralen Welt mit ihren vielfältigen kulturellen, religiösen und philosophischen Perspektiven gibt es den verbreiteten Glauben, dass Werte nur relativ zur eigenen Zeit sind, sodass die Wahrheit moralischer Behauptungen vor allem das Ergebnis subjektiver Vorlieben und politischer Macht ist und weniger eine Funktion der objektiven Wirklichkeit und universeller Vernunft. Diese relativistische Sicht wird fragwürdig, wenn sie auf den Holocaust und andere Völker- und Massenmorde angewendet wird. Wie uns die Existenz der Grauzone mahnt, funktioniert es nicht, den Holocaust und andere Völker- und Massenmorde als das negative Absolute zu bestimmen und daraus das Vertrauen in eine universelle Moral zu erneuern. Der Holocaust und andere Völker- und Massenmorde beschädigten die Moral, indem sie zeigten, dass moralische Lehren überschrieben und dysfunktional werden oder dass sie sogar den Völkermord unterstützen können.

Als Angriff nicht nur auf jüdisches Leben, sondern auf das Gute insgesamt, sollte der Holocaust nicht geschehen sein und nichts Ähnliches jemals wieder geschehen. Michael Berenbaum hat das mit seiner Bestimmung des Holocaust als das „negative Absolute" angesprochen.[24] Dieses Absolute bedeutet, dass nicht einmal die Moral selbst vor dem Scheitern gefeit war und manchmal sogar zu den pathologischen Bedingungen beigetragen hat, die jüdisches Leben nahezu ausgelöscht und die Welt für immer moralisch beschädigt haben. Selbst dann, wenn die Menschen zweifeln, dass eine vernünftige Übereinstimmung darüber möglich ist, was als richtig, gerecht und gut gelten soll, scheint der Holocaust doch die Überzeugung erneuert zu haben, dass das, was in Auschwitz und Treblinka geschehen ist, falsch, ungerecht und böse war. Mehr noch, Reichweite und Ausmaß der Verbrechen und des Unrechts sowie das durch den Holocaust angerichtete Unheil sind so radikal, dass es sich die Menschheit gar nicht leisten kann, sich an diesen Ereignissen nicht ethisch zu sensibilisieren und zu orientieren.

Auch wenn sich der Holocaustforscher Raul Hilberg (1926–2007) selbst nicht als Philosoph sah, stimmt seine ethische Perspektive doch mit Berenbaums Verständnis des Holocaust als dem negativ Absoluten überein. Hilberg

23 Vgl. ebd., S. 2.
24 Michael Berenbaum, Who Owns the Holocaust? In: Moment, 25 (2000) 6, S. 60.

bekräftigte, dass die Ethik in der Gegenwart und Vergangenheit immer die gleiche war, woran auch die mörderischen Ereignisse in Auschwitz nichts geändert hätten. Insbesondere mit Blick auf die sinn- und maßlosen Tötungen, so unterstrich er, bleibe die Ethik für jeden an jedem Ort die gleiche. Hilberg ließ keinen Zweifel daran, dass solche Tötungen falsch und ungerecht sind. Tief im Inneren, so sagte er, wissen wir das, da ein solches Wissen die Erbschaft einer langen Zeit ist.[25]

Ich denke, Sarah Kofman würde Hilbergs Behauptung nur zum Teil akzeptieren, jedoch zugestehen, dass seine Erklärung einige der Worte freisetzt, die eine Ethik nach Auschwitz aussprechen muss. Der Holocaust hat das Gefühl für richtig und falsch bekräftigt. Das wusste selbst der SS-Führer Heinrich Himmler. Er und andere Täter des Holocaust waren sich der psychischen Turbulenzen bewusst, die sie mit ihren Tötungsbefehlen auslösten. Sie versuchten alles, um diese Aufgabe leichter und menschlicher zu machen, indem sie die Mörder auf Distanz von ihren Opfern hielten. Deshalb ersetzten sie die Massenerschießungen durch Massenvergasungen. Aber wussten Himmler und die anderen Täter tatsächlich tief im Inneren, dass das, was sie taten, falsch war? Manche Beispiele belegen, dass das der Fall war. So verwischten die Täter die Spuren ihrer Tat, so gut es ging. Einige der Mörder betäubten sich mit Alkohol. Einige Deutsche verweigerten Befehle, Juden zu töten, insbesondere dann, wenn Kinder ermordet werden sollten.

Andererseits sind solche Belege meist von den Umständen geprägt. Nur selten waren sie von Schuldeingeständnissen und dem Ausdruck des Bedauerns begleitet. Häufiger waren Ausflüchte, die sich auf Befehle bezogen, die ausgeführt werden mussten oder auf Angst vor Bestrafung im Falle der Weigerung, diese Befehle zu befolgen. Meistens bereuten die Naziführer und die Täter des Holocaust nichts. Letztlich zeigt ihr Verhalten nicht, dass sie wussten, dass die Ermordung der Juden verbrecherisch, sinnlos und falsch war. Ganz im Gegenteil legt ihr Verhalten eher nahe, dass sie davon überzeugt waren, dass das Morden notwendig, richtig und gut war, wenn auch extrem schwierig und widerlich. Es wäre beruhigend, wenn Hilbergs Überlegungen richtig wären. Der Holocaust befördert jedoch sicher nicht die Gewissheit, dass alle Menschen im Innersten wissen, dass Massen- und Völkermorde falsch sind. Kofman hatte recht: Mit der SS konnte es keine Gemeinschaft geben, da die SS gerade nicht der Meinung war, dass die Vernichtung der europäischen Juden falsch war. Sie wusste auch, dass es, um einzusehen, dass solche Taten falsch waren, eines völlig anderen Wertesystems bedurfte als dem, dass der Nazismus einforderte.

Da moralische Ressentiments die ihnen Monat für Monat, Jahr für Jahr abverlangten Morde für die Täter schwieriger machten, mussten solche moralischen Bedenken ausgeschaltet werden. Himmler und seine Helfershelfer konnten sich dabei auf einen Verbündeten mit großer Autorität verlassen, das menschliche

25 Roth, Ethics During and After the Holocaust, S. 70, 193 f.

Gewissen selbst. Die menschliche Fähigkeit zu denken ist erstaunlich anpassungsfähig, besonders wenn es darum geht zu rechtfertigen, was die Mächtigen einfordern. Die von deutschen Industriellen bemühten Rechtfertigungen dafür, Zwangsarbeit zu nutzen, etwa mit dem Verweis darauf, dass Deutschland in einem Kampf auf Leben und Tod stehe oder, simpler, die rhetorische Frage, was sie denn hätten tun sollen, sind hier nur ein Beispiel eines Netzes von Rationalisierung und Unterdrückung, dass sichern sollte, dass sich etwaige moralische Bedenken den höheren Notwendigkeiten unterordnen würden oder dass sich die Moral sogar in Übereinstimmung mit dem Massenmord bringen lasse. Zwar waren die Nationalsozialisten hier nicht völlig erfolgreich. Wenn wir jedoch bedenken, dass die für den Holocaust Verantwortlichen ein Querschnitt faktisch jeder Berufssparte und sozialen Schicht waren, ist die Beharrlichkeit, mit der die Endlösung ohne nennenswerten moralischen Einspruch verfolgt wurde, umso erstaunlicher. Wenn wir uns nicht darum bemühen, eben das zu verhindern, gibt es keine Sicherheit, dass die Moral nach dem Holocaust nicht erstickt und außer Kraft gesetzt wird.

Hilberg bezeichnete sich selbst als Atheist. Gefragt nach den Grundlagen seiner Ethik, wollte und konnte er diese nicht in einer göttlichen Quelle verorten. Ebenso wenig war Hilberg jedoch ein ethischer Relativist. Er war keineswegs der Überzeugung, dass die Macht alles rechtfertigen würde. Er folgte auch nicht Friedrich Nietzsche (1844-1900), der behauptet hatte, dass allein der menschliche Wille die Quelle aller Werte und Wertungen sei. Wie aber soll man dann die provozierende Idee verstehen, dass moralische Sensibilität wie von Hilberg bestimmt, in unserem Innersten begründet liegt, insbesondere dann, wenn ein sehr weit zurückreichendes Erbe, dass die soziale Formierung des Ethischen unterstellt, dieses Erbe in uns angelegt hat? Und weiter, wie lässt sich eine solche Perspektive mit der Idee vereinbaren, dass die Ethik immer die gleiche war und ist?

Hilbergs Sicht scheint in seiner Überzeugung begründet zu sein, dass die Gesellschaftsgeschichte oder Evolution ein tief verankertes universelles und zeitloses ethisches Bewusstsein entwickelt hat. Moralische Sichtweisen haben eine Geschichte und sind gesellschaftlich geformt. Wenigstens einige dieser Bestandteile können sich zu einer allgemein akzeptierten ethischen Perspektive verbinden, die diese als universell, zeitlos und absolut erscheinen lässt. Solche Entwicklungen scheinen es zu sein, die den Holocaust zum negativ Absoluten machen. Möglich, dass das ethisch Absolute des Holocaust und der daran geknüpfte Anspruch, dass es eine universelle moralische Wahrheit gibt, eine soziale Konstruktion sind.[26]

26 Vgl. Jeffrey C. Alexander/Martin Jay/Bernhard Giesen/Michael Rothberg/Robert Manne/Nathan Glazer/Elihu Katz/Ruth Katz, Remembering the Holocaust: A Debate, New York 2009.

Die soziale Konstruktion einer Ethik kann sehr nachdrücklich sein. Sie mag sogar das Beste sein, was der Ethik passieren konnte. Angesichts des Holocaust und anderer neuer Massenverbrechen, bei denen kein Ende abzusehen ist, ist das jedoch alles andere als beruhigend in moralischer Hinsicht. Der Holocaust mag die Überzeugung verstärkt haben, dass es einen fundamentalen, nichtrelativistischen Unterschied zwischen wahr und falsch gibt. Zugleich hat er das Bewusstsein der Wichtigkeit ethischer Maßstäbe und moralischen Verhaltens bekräftigt. Dennoch wirft der Holocaust auch weiterhin beunruhigende Schatten auf die Frage der Menschenrechte und die Hoffnung, dass Menschen aus der Vergangenheit lernen, sowie auf grundlegende Annahmen dessen, was falsch und richtig ist. Die Bestimmung des Holocaust als des negativ Absoluten, die das Vertrauen in die Existenz eines moralisch Absoluten erneuert hat, ist ein nicht zu unterschätzender Schritt auch deshalb, weil das Denken möglicherweise immer auf sozialen Konstruktionen beruht. Man kann argumentieren, dass ethische Stellungnahmen gegen unnötige und verbrecherische Tötungen eine normative Bedeutung haben, da die kollektive Erfahrung zeigt, dass sie von Nutzen für die Gesellschaft sind. Aus dieser Sicht sind solche Tötungen falsch, da sie das individuelle und gesellschaftliche Wohl bedrohen. Mit der Zeit mag diese Einsicht so nachdrücklich erfahren, gelehrt und vermittelt werden, dass sie schließlich als ethische Norm verinnerlicht wird. Eine solche Entwicklung könnte dadurch befördert werden, dass der Holocaust zur universellen moralischen Norm, zu einem negativ Absoluten oder etwas noch Gewichtigerem wird. Aber was ist, wenn Individuen oder Gruppen verbrecherische und sinnlose Tötungen nicht auf diese Weise verstehen?

Heinrich Himmler (1900–1945) und seine Vertrauten konnten dem zustimmen, dass verbrecherische und sinnlose Tötungen falsch sind, gleichzeitig aber davon überzeugt sein, dass eben diese Beschreibung nicht auf die Vernichtung der europäischen Juden zutraf. Natürlich können und sollen sie für ihr ungeheuerliches moralisches Fehlverhalten verantwortlich gemacht werden. Dennoch kann bezweifelt werden, ob ihre Normverletzung mithilfe der ethischen Begründung, die Hilberg verfolgt zu haben scheint, begriffen werden kann, ganz zu schweigen von Versuchen, die ethische Wahrheit im Göttlichen oder einer universellen Vernunft zu gründen. Keine dieser Begründungen, auch nicht die Annahme einer sozialen Konstruktion der Moral, verhinderte die Endlösung, die weiterging, bis die Anstrengungen der Alliierten das „Dritte Reich“ in die Knie zwangen. Diese Realitäten stellen den Versuch infrage, den Holocaust mit der Konstruktion eines ethisch Absoluten als Zeichen der Hoffnung zu beantworten. „Der deutschen Vernichtungsmaschinerie wurden keinerlei Hindernisse in den Weg gelegt“, so Hilberg. „Kein Problem erwies sich als unüberwindlich. [...] Das sittliche Erbe gelangte nirgendwo zum Durchbruch. Dies ist ein Phänomen von allergrößter Bedeutung.“[27]

27 Raul Hilberg, Die Vernichtung der europäischen Juden, Band 3, Frankfurt a. M. 1994, S. 1080.

Scheitern und Fragmente

Der Holocaust verweist auf das einzigartige Scheitern der Ethik daran, die Menschen besser zu machen, als sie sind. Es gibt kaum einen Grund stolz darauf zu sein, dass wir Menschen sind. Von Menschen verursachter Missbrauch menschlichen Lebens und unserer Welt einschließlich unseres Nichtstuns und unserer Gleichgültigkeit angesichts dieses Missbrauchs sind oft so gewaltig, dass es mehr Grund gibt, sich unseres Menschseins zu schämen als stolz auf es zu sein. Eine Schlussfolgerung daraus ist, dass die Ethik zu fragil und schwach ist, das zu erreichen, worauf wir hoffen.

Eine Zurückweisung dieser Schlussfolgerung könnte darauf verweisen, dass dieses der Ethik angelastete Versagen nicht ihr zugeschrieben werden sollte, sondern den Männern und Frauen, den Gruppen und Gemeinschaften, die vernünftige Einsichten ethischer Reflexion in ihrem Handeln nicht berücksichtigen. Diese Kritik ist jedoch verfehlt, da sie eine nicht zu rechtfertigende Unterscheidung zwischen dem Ethischen und dem Menschlichen unterstellt. Zwar mag die Ethik einer metaphysischen Wirklichkeit korrespondieren oder eine solche verkörpern. Aber selbst wenn das der Fall ist, bleibt sie doch ein menschliches Projekt, wenn nicht eine menschliche Projektion. Die Lücke zwischen Denken und Handeln, zwischen Theorie und Praxis, soweit sie die Ethik betrifft, beschreibt unser Versagen als Teil des Versagens der Ethik, das sich nicht von menschlicher Existenz trennen lässt. Unsere Vernunft und unsere Freiheit übersteigen das Ethische und die in der Regel vergeblichen moralischen Kämpfe, Vernunft und Freiheit der nur bedingt überzeugenden Kraft des Ethischen unterzuordnen.

Die Ethik hat eine lange Geschichte. Allerdings lässt sich nur schwer behaupten, dass die Menschheit dabei moralische Fortschritte gemacht hat. Wahrscheinlich war das 20. Jahrhundert das mörderischste Jahrhundert der Menschheitsgeschichte. Dennoch gibt es keine Sicherheit, dass das 21. Jahrhundert besser werden wird, ungeachtet dessen, dass wir mehr denn je über die Moral und die Notwendigkeit ihrer Verbreitung reden. Das menschliche Leben ist so voller Enttäuschungen, Zynismus und Verzweiflung, verursacht durch Dummheit, Fehleinschätzungen und Verbrechen, dass man schwerlich von einem Erfolg der Moral sprechen kann. Ohne die Moral wären wir sicher noch schlechter dran, was aber angesichts der Schlachtbank, als die sich die Geschichte erwiesen hat, wie es der Philosoph Georg Wilhelm Friedrich Hegel (1770–1831) zutreffend beschrieben hat, kaum ein Grund zur Beruhigung ist.

Die Philosophin Sarah Kofman (1934–1994), eine Holocaustüberlebende, die wie Améry Selbstmord begangen hat, hat ein solches Denken vorweggenommen und provoziert, als sie fragte: „Wie soll man sprechen, wo man [...] einen seltsamen double bind [verspürt]: eine endlose Aufforderung zum Sprechen, ein Unaufhörlich-sprechen-Müssen, das sich mit unwiderstehlicher Gewalt aufdrängt –, und eine gleichsam physische Unmöglichkeit zu sprechen:

ein Erstickt-Werden."[28] Als sie diese Worte 1985 schrieb, konzentrierte sie sich vor allem auf das Dilemma des Überlebenden, der Erfahrungen und Einsichten zu vermitteln versucht, die sich der Sprache entziehen. Ihre Worte beschreiben jedoch auch zutreffend das Dilemma einer Ethik nach dem Holocaust.

Der Holocaust hat insbesondere für die Überlebenden erstickte Worte produziert, wie es Kofman genannt hat. „Das Wort", so legte sie nahe, „ist bereits gebildet und gefordert und zugleich ist es verboten, weil es zu lange zurückgehalten [...] wurde, es erstickt einen und nimmt den Atem und die Möglichkeit, zum Sprechen anzusetzen."[29] Kofman verstand nur zu gut, wovon sie sprach, denn wie andere bedeutende Schriftsteller, wie beispielsweise Primo Levi, die den Holocaust überlebten, nahm auch sie sich das Leben.

Geboren 1934, war Kofman noch nicht einmal acht Jahre alt, als ihr Vater während einer Razzia am 16. und 17. Juli 1942 zusammen mit etwa 13 000 Pariser Juden verhaftet wurde.[30] Sie überlebte als Kind in einem Versteck. Ihren Vater sah sie nie wieder.

Der Tod ihres Vaters erstickte Kofman und ließ sie verstummen. Das war jedoch nicht wegen des Todes ihres Vaters, auch wenn das natürlich schon schrecklich für jeden in ihrer Situation gewesen wäre. „Weil er ein Jude war, starb mein Vater in Auschwitz",[31] so drückte das ihre erstickte Stimme aus. Kofmans Hervorhebung der erstickten Worte zeigt noch einmal, dass ihr Erstickungsgefühl untrennbar verbunden war mit der Erinnerung, dass ihr Vater in Auschwitz ermordet wurde. Sie schrieb:

> „Mein Vater, ein Rabbiner, ist getötet worden, weil er den Sabbat im Todeslager ehren wollte; er ist unter den Hieben der Spitzhacke lebendig begraben worden, weil er – wie Zeugen berichtet haben – sich weigerte, an diesem Tag zu arbeiten, um den Sabbat zu feiern und für sie alle zu Gott zu beten, für die Opfer und für die Henker, und weil er in dieser Situation äußerster Hilflosigkeit und Gewalttätigkeit eine Beziehung wiederherstellen wollte, die sich jeder Macht entzieht. Und das ist ihnen unerträglich gewesen: dass ein Jude, so ein Ungeziefer, selbst im Lager nicht an Gott zweifelte."[32]

„Mein Vater starb in Auschwitz, weil er ein Jude war." Das war nicht einfach der Tod eines Vaters, sondern der besondere Tod eines jüdischen Vaters in Ausch-

28 Sarah Kofman, Erstickte Worte, Wien 2005, S. 51 f.
29 Ebd., S. 52.
30 Kofman gibt diese Informationen über ihren Vater: „Am 16. Juli 1942 wusste mein Vater, dass er ‚abgeholt' werden würde. Es hatte Gerüchte gegeben, dass für diesen Tag eine große Massenverhaftung vorbereitet wurde. Als Rabbiner einer kleinen Synagoge im 18. Arrondissement in der Rue Duc war er sehr früh von zu Hause aufgebrochen, um so viele Juden wie möglich zu alarmieren. Dann kam er nach Hause und wartete. Er versteckte sich nicht selbst aus Angst, dass man dann statt seiner seine Frau und seine sechs kleinen Kinder verhaften würde. Er hatte drei Töchter und drei Söhne im Alter von 2 bis 12 Jahren. Er wartete und betete zu Gott, dass sie kommen würden, um ihn zu holen und seine Frau und seine Kinder gerettet würden." Dies., Rue Ordener, Rue Labat, Tübingen 1995, S. 11 f.
31 Kofman, Erstickte Worte, S. 25.
32 Ebd., S. 47 f.

witz. Das, was Kofman „mein Absolutes“ nannte, machte den entscheidenden, erstickenden Unterschied. Alles, was ihr von ihrem Vater geblieben war, war ein Füllfederhalter. Notdürftig zusammengeflickt mit Klebeband, konnte er keine Worte mehr produzieren, aber, so sagte sie, „er liegt vor meinen Augen auf meinem Schreibtisch und zwingt mich, zu schreiben, zu schreiben“.[33] Als sie zum Beispiel über die Frage des Menschseins nach dem Holocaust nachdachte, schrieb sie, dass der Wert eines geteilten Verständnisses von Humanität, unserer Zugehörigkeit zur menschlichen Gattung, davon abhängt, ob uns diese Zugehörigkeit in gegenseitigem Respekt und Fürsorge verbindet und in einer Gemeinschaft zusammenschließt. Im Versuch, die Situation einzuschätzen, kam sie zu dem Schluss, dass die Beziehung zwischen der Einheit, die durch das Wort Menschsein und dem Sinn für Gemeinschaft zu Recht oder Unrecht nahegelegt wird, unsicher und sogar problematisch ist.

Man mag die Pflicht zu sprechen verspüren, die Verpflichtung, die Moral zu stärken, sodass sie nicht immer wieder außer Kraft gesetzt und marginalisiert wird. Das Bestehen darauf, die Unterscheidung zwischen richtig und falsch dem eigenen Handeln zugrunde zu legen, zielt in die gleiche Richtung. All das kann jedoch zu einem Erstickungsgefühl führen, zu der Ahnung, dass schon zu viel geschehen ist, als dass sich die Moral erneuern könnte, um den Herausforderungen gewachsen zu sein, vor denen sie steht. Das ist eine doppelte Bindung, da das Gefühl moralischer Verantwortung, so real es auch sein mag, hoffnungslos optimistisch und naiv bleibt, solange es sich nicht der Verzweiflung stellt, die bei einer Auseinandersetzung mit dem Holocaust unvermeidlich ist. Von dieser Verzweiflung getroffen zu werden, ermutigt jedoch kaum dazu, an die Durchsetzungskraft moralischer Verantwortung zu glauben. Gefangen auf der einen Seite zwischen der Notwendigkeit, nach dem Holocaust als Fürsprecher der Moral offen und unmissverständlich moralisch zu agieren, und andererseits dem Gefühl, dass wichtige Elemente der Ethik – Worte, Argumente, Vernunftappelle, die Überzeugung durch das Beispiel moralischen Handelns, ja selbst das Recht und seine Anwendung – nicht mehr angemessen sein mögen, verstärkt sich das Bewusstsein der Fragilität der Moral und der Unmöglichkeit, das Gute noch als selbstverständlich vorauszusetzen.

In ihrem Versuch, Bruchstücke der Moral aus den Trümmern des Holocaust zu retten, sprach Kofman von der „Möglichkeit einer neuen Ethik“.[34] Kofmans ethische Fragmente nach dem Holocaust deuten nur an, was sie gemeint haben könnte. Dennoch sind ihre Überlegungen äußerst wichtig. So war sie zum Beispiel davon überzeugt, dass es „keine mögliche Gemeinschaft mit den SS-Männern“[35] geben könne. Ausdrücklich hatte die Naziideologie die Idee einer gemeinsamen Menschheit zurückgewiesen. Ihre Annahme bedrohlicher rassischer Unterschiede und ihr Drang zum Völkermord führten zu Treblinka

33 Kofman, Rue Ordener, Rue Labat, S. 9.
34 Kofman, Erstickte Worte, S. 84.
35 Ebd., S. 81.

und Auschwitz. Nazideutschland war natürlich stolz auf seinen Gemeinschaftssinn, was die Tatsache unterstreicht, dass Gemeinschaft nicht zwangsläufig die Humanität unterstützt, wenn diese als vielfältig und unterschiedlich verstanden wird. Deshalb hob Kofman hervor, wie wichtig es sei, „die Gemeinschaft der Gemeinschaftslosen“[36] zu unterstützen. Diejenigen, die keiner Gemeinschaft angehören, sind Außenseiter. Kofman begnügte sich jedoch nicht mit der Aufforderung, die durch ihre Marginalisierung Bedrohten und Geschädigten zu verteidigen und zu beschützen. Radikaler und grundsätzlicher lehnt sie jedes Verständnis von Gemeinschaft ab, dass auf einem „besonderen Unterschied oder einer gemeinsamen Essenz“[37] gründet. Angemessene Formen von Gemeinschaft, so scheint sie zu sagen, sind nur solche, die bewusst eine Doppelbindung akzeptieren. Diese Bindung erkennt an, dass jede Gemeinschaft besonders, anders, endlich, ja in bestimmter Hinsicht einzigartig ist. Keine Gemeinschaft sollte auf der Annahme unveränderlicher Überlegenheit oder Unterlegenheit beruhen. Im Gegenteil sollte jede Gemeinschaft die Besonderheit auch aller anderen Gemeinschaften anerkennen und ermutigen.

Überzeugend argumentiert Kofman, dass Gemeinschaft abhängt von „einer gemeinsamen Möglichkeit der Wahl, der unvereinbaren, wenn auch korrelativen Optionen zwischen der Tötungsmacht und der Macht, zu respektieren und die unauslotbare Distanz, die beziehungslose Bezeihung zu wahren“.[38] Diese Verweise und Anspielungen zielen auf eine ethische Perspektive, die sich von der des alten Humanismus grundlegend unterscheidet, der an die menschliche Natur, das Wesen der Menschheit oder die Vernunft als die wichtigsten Merkmale der Menschheit appelliert hatte. Stattdessen legt Kofman nahe, dass alltägliche Wirklichkeiten und Handeln unser Menschsein ausmachen, solche Dinge wie Entscheidungen und die Frage, ob wir unsere Versprechen halten oder nicht. Der Holocaust hat bestätigt, dass alle von ihm Betroffenen, die Täter, Opfer und Mitläufer, auch Menschen waren. Die Menschlichkeit hat den Holocaust überlebt, und wenn nur, wie es der Philosoph Maurice Blanchot (1907–2003) formuliert hat, um Zeugnis von der Unzerstörbarkeit des Menschlichen abzulegen und zu zeigen, „dass es keine Grenzen für die Zerstörung des Menschen gibt“.[39] Wenn jedoch die Menschheit mehr ist, nämlich das, was sie aus Kofmans Sicht werden sollte, dann könnte die Zerstörung des alten Humanismus die bewusste Herstellung „eines ‚wir‘ neuer Art, sogar eines neuen ‚Humanismus‘ [...], wenn man dieses verbrauchte und idyllische Wort noch aussprechen dürfte“,[40] sein.

Die Konturen einer Ethik nach dem Holocaust sind noch immer unklar. Man könnte argumentieren, dass der Zusammenbruch Nazideutschlands gezeigt hat,

36 Ebd.
37 Ebd.
38 Ebd.
39 Maurice Blanchot, Das Unzerstörbare. Ein unendliches Gespräch über Sprache, Literatur und Existenz, München 1991, S. 195.
40 Kofman, Erstickte Worte, S. 84.

dass das Recht das Unrecht geschlagen und das Gute das Böse überwunden hat und sich dadurch offenbart habe, dass die Wirklichkeit auf einer Moral gegründet ist. Der Monstrosität des Holocaust würde ein solcher banaler Triumphalismus jedoch nicht gerecht werden. Zwar haben die Nazis nicht gesiegt, sie waren jedoch einem solchen Sieg beunruhigend nahe. Auch wenn das „Dritte Reich" zerstört wurde, wäre es zu einfach, seine Niederlage als klaren und entscheidenden Triumph des Guten, Wahren und Gerechten über das Böse, das Unwahre und Verdorbene zu sehen. Hinzu kommt die Tatsache, dass die Nazis selbst Idealisten waren. Sie hatten klare Vorstellungen davon, was richtig und falsch, gut und böse, Pflicht und Verantwortung waren. Die Endlösung war ein wichtiger Teil dieser Überzeugungen, die sie begeistert und mit apokalyptischen Rachegefühlen in die Tat umsetzten.

Wir würden uns die Sache zu einfach machen, wenn wir annehmen würden, dass die für die nationalsozialistische Ethik typische Vermischung von Loyalität, Glauben, Heroismus und sogar Liebe zum Vaterland und zur Vernunft nur passiver, gedankenloser Gehorsam war. Für die meisten Menschen ist es unwahrscheinlich, dass sie einer Sache bis zum Tode dienen, wenn diese Sache nicht auch überzeugende moralische Begründungen dafür bietet, was das Gute und die eigene Loyalität wert sind. Solche moralischen Begründungen können natürlich blind und falsch und sogar frevelhaft sein, was für die der Nazis sicher der Fall war. Dennoch ist es entscheidend, die überzeugend angenommene moralische Richtigkeit der Überzeugungen, die die nationalsozialistische Ethik konstituierten und die vom der Sache ergebenen SS-Mann am besten verkörpert wurden, zur Kenntnis zu nehmen, wenn wir verstehen wollen, warum so viele Deutsche Hitler bewusst in seiner Kriegführung der Völkervernichtung folgten.

Die Endlösung bedroht immer noch den theoretischen und praktischen Status moralischer Normen, die im Gegensatz zur Nazi-Ethik stehen, deren tödlicher Impuls zwar gescheitert ist, aber lang genug vorgeherrscht hat, um faktisch alle moralischen Annahmen und religiösen Hoffnungen infrage zu stellen. Adolf Hitler (1889–1945) und sein Regime verfolgten die Vernichtung jüdischen Lebens, um damit die Idee einer von allen geteilten Menschheit und Humanität zu zerstören. Jean Améry hat ähnlich wie Sarah Kofman argumentiert, als er schrieb, dass den Nazis das „Wort Humanität [...] verhasst"[41] war. Er verstärkte diesen Punkt noch, als er sagte: „Die Folter war keine Erfindung des deutschen Nationalsozialismus. Aber sie war seine Apotheose."[42] Améry meinte, dass das „Dritte Reich" versuchte, Männer, Frauen und Kinder zu produzieren, deren Härte ihre Humanität zugunsten einer sogenannten rassisch reinen und kulturell überlegenen Lebensform überwinden werde, die man zutreffend „Arier" oder auch Deutsche, aber nicht mehr menschlich nennen konnte. Insofern sich Humanität auf universelle Gleichheit bezieht, eine gemeinsame und sogar

41 Améry, Jenseits von Schuld und Sühne, S. 61.
42 Ebd., S. 59.

göttliche Quelle des Lebens nahelegt oder andere Zeichen von Schwäche und Sentimentalität zeigt, die Hitler und seine Anhänger mit dem Konzept der Humanität verbanden, versuchte der Nationalsozialismus tatsächlich, bewusst die Humanität zu überwinden. Das ging über die Tötung vermeintlich minderwertiger Lebensformen hinaus, denen die Bedrohung der deutschen Überlegenheit unterstellt wurde. Um die Humanität zu überwinden, war es entscheidend, die Folter anzuwenden, und zwar nicht nur, um zu zeigen, dass die Humanität oder das „Untermenschentum" keinerlei Respekt verdienten, sondern auch, um sicherzustellen, dass diejenigen, die die Humanität für sich überwunden hatten und nur noch „Arier" und Deutsche respektierten, tatsächlich diesen Schritt getan hatten. Hitler und seine Anhänger konnten ihren Antisemitismus nicht vollständig durchsetzen, kamen jedoch so weit, „die Herrschaft des Gegenmenschen",[43] wie Améry das zutreffend nannte, einzuführen und damit zu zeigen, dass keine unserer Hoffnungen auf Humanität als selbstverständlich genommen werden können.

Wie Améry und Kofman gezeigt haben, sind moralisches Gespür und religiöse Autorität fragmentiert und geschwächt durch den Verfall der Geschichte und den entpersönlichten Fortschritt der Zivilisation, der uns vom blutigen 20. Jahrhundert in das noch problematischere 21. Jahrhundert geführt hat. Moralische Haltung und religiöse Verpflichtung, die sich trotz der selbstverursachten Zerstörung der Humanität behaupten, sind wesentlich. Dennoch bleibt die Frage, wie wirksam solche Haltungen zur Rettung der Überbleibsel des Moralischen sein können in einer Welt, in der die Macht und insbesondere die Macht der Regierungen der Ausgangspunkt dieser Zerstörung ist. Um Wege zu finden, diese Überbleibsel zu retten, die bestehenden Mächte zu beeinflussen und die Verwüstung menschlichen Lebens in Grenzen zu halten, muss eine Ethik nach Auschwitz jede nur denkbare Möglichkeit nutzen: den Appell an die Menschenrechte, die Aufforderung zu einer Erneuerung religiöser Sensibilität, Respekt und Anerkennung für Menschen, die Leben retten und den Verbrechen widerstehen, und auch Aufmerksamkeit für die Lehren des Holocaust, um nur einige zu nennen. Diese Versuche müssen unterstützt werden durch die Entschlossenheit, solche Überlegungen in Institutionen der Bildung, Religion, Wirtschaft und Politik einzubauen.

Es ist äußerst unwahrscheinlich, dass sich die Menschheit jemals auf eine einzige Weltanschauung einigen wird, in der die Menschenrechte begründet wären. Das heißt jedoch nicht, dass der Appell an die Menschenrechte deshalb zum Scheitern verurteilt wäre. Wenn die Menschen das Bedürfnis haben, die Menschenrechte zu begründen, dann haben sie eine Vielzahl philosophischer und religiöser Optionen, die gleich legitim sind, selbst wenn sie nicht von allen akzeptiert werden. Und noch wichtiger: Insbesondere nach dem Holocaust ist es wahrscheinlich, dass es beträchtliche Übereinstimmung darin gibt, worin

43 Ebd., S. 61.

die fundamentale Bedeutung der Menschenrechte besteht. Auch hier wird die Übereinstimmung nicht allgemein sein, aber der Holocaust hat entscheidend dazu beigetragen klarzustellen, was Menschen einander nicht antun sollten. In Anspielung auf Berenbaums Idee des Holocaust als eines negativen Absoluten: Wenn wir darüber nachdenken, was Menschen nicht passieren sollte, ist weitgehende Übereinstimmung darin, was geschehen sollte, wahrscheinlich.

Zusammenfassung: Moralisches Verhalten ist nicht einfach

Der sprachgewaltige Auschwitzüberlebende Primo Levi (1919–1987) sagte zwar, dass er nichts mit der Philosophie anfangen könne. Seine Untersuchungen der „Grauzone" und anderer Phänomene des Holocaust zeigen jedoch, dass er über einen scharfen philosophischen Verstand verfügte, den er insbesondere in der Behandlung ethischer Fragen immer wieder unter Beweis stellte.[44] Levi, der meinte, dass „jeder von uns eine Mischung aus gut und nicht so gut ist", fehlte das Vertrauen in den „moralischen Instinkt der Menschheit, darin, dass Menschen von Natur aus gut sind".[45] In dem Essay „Nachrichten vom Himmel" zum Beispiel bemerkte er, dass der große deutsche Philosoph Immanuel Kant (1724–1804) zwei Wunder der Schöpfung hervorgehoben habe: den gestirnten Himmel über uns und das moralische Gesetz in uns. „Ich weiß nichts von einem moralischen Gesetz", so Levi, „wohnt es wirklich in allen? [...] Unsere Zweifel werden von Jahr zu Jahr größer."[46] Der gestirnte Himmel scheint etwas anderes zu sein, aber selbst diese Überlegungen Kants ließen Levi innehalten. Die Sterne bleiben. Was aber ist mit dem Himmel, der mit dem Zweiten Weltkrieg, dem Holocaust und ihren Nachwirkungen zum Unheil verheißenden Schauplatz geworden ist, zum Territorium der Bomber, der entführten Flugzeuge und der Raketen, die Terror und Schrecken verbreiten und in der Lage sind, menschliches Leben auszulöschen?

Levi war sich nicht sicher, ob die Moral nach dem Holocaust gerettet werden könne, aber er wusste, dass mit der Unterlassung, es wenigstens zu versuchen, die Menschheit einen zu hohen Preis zahlen würde. „Das Universum ist uns fremd, und wir sind Fremde im Universum", so schrieb er, und weiter, „die Zukunft der Menschheit ist ungewiss."[47] Dennoch war Levi nicht ohne Hoffnung. „Es gibt keine Probleme, die nicht am runden Tisch gelöst werden könnten, sofern nur der gute Wille und gegenseitiges Vertrauen bestehen."[48] Wahrscheinlich war Levi zu optimistisch, da vieles eben von diesem guten Willen und

44 Vgl. Primo Levi, Die Untergegangenen und die Geretteten, München 1990, S. 33–68; sowie ders., Gespräche und Interviews, München 1999, S. 183.
45 Ders., The Voice of Memory: Interviews, 1961–1987, New York 2001, S. 180, 232.
46 Ders., Anderer Leute Berufe, München 2004, S. 107.
47 Ebd., S. 110f.
48 Levi, Die Untergegangenen, S. 206.

gegenseitigen Vertrauen abhängt. Dass es von beidem zu wenig gibt, ist eines der bestürzendsten Ergebnisse des Holocaust.

Als er gefragt wurde, was er von der Holocaustforschung über die Moral gelernt habe, antwortete der Historiker Peter Hayes so einfach wie grundlegend: „Sich moralisch zu verhalten ist schwer."[49] Nationalsozialismus und Holocaust waren ein Angriff auf die Werte, die Menschen normalerweise am wertvollsten sind. Damals kam der Widerstand, der sie zu schützen suchte, zu spät. Deshalb ist Widerstand, der mit vermeintlich unscheinbaren Handlungen und dem Aufwerfen kritischer Fragen beginnt, noch immer dringend geboten.

Der Holocaust musste nicht geschehen. Er entstand im Ergebnis menschlicher Entscheidungen. Das bedeutet, dass es nichts Menschliches, Natürliches oder Göttliches gibt, das die Achtung moralischer Werte und Verpflichtungen garantieren würde, die gegenwärtig am wichtigsten für die menschliche Existenz sind. Dennoch gibt es nichts Wichtigeres als unsere Verpflichtung, diese Werte zu verteidigen, die ebenso grundlegend wie zerbrechlich sind, ebenso wertvoll wie gefährdet. Möglich, dass die Moral nicht ausreicht. Sie mag ein „aussichtsloses Unterfangen"[50] sein, wie es der amerikanische Dichter William Stafford (1914–1993) formuliert hat. Dennoch ist die Moral trotz allen Scheiterns immer noch unsere beste Orientierung.

49 Peter Hayes, Ethics and Corporate History in Nazi Germany. In: Jonathan Petropoulos/Lynn Rapaport/John Roth (Hg.), Lessons and Legacies IX: Memory, History, and Responsibility: Reassessments of the Holocaust, Implications for the Future, Evanston 2010, S. 300–303, hier 302.

50 William Stafford, The Way It Is: New & Selected Poems, St. Paul 1998, S. 85.

Der Nachtod des Holocaust

*Lawrence L. Langer**

"When the exiled and the dead outnumber the living, it is the dead who start talking instead of the living. There are simply not enough of the living left to be able to maintain a whole reality."[1]

Im Sommer 1964 war ich in einem Münchener Gerichtssaal wegen des Prozesses gegen den SS-General Karl Wolff, Adjutant von Heinrich Himmler und Verbindungsmann zu Hitler. Fast 20 Jahre nach dem Krieg sollte er sich verantworten für die Deportation von mehr als 300 000 Juden aus dem Warschauer Ghetto nach Treblinka, wo die meisten von ihnen gleich nach der Ankunft ermordet wurden. Gut angezogen in einem einfachen Nadelstreifenanzug mit weißem Hemd und Krawatte, mit schütterem grauen Haar und einem freundlichen Gesichtsausdruck, zeigte sich in seinem Äußeren nichts, das an ein solch monströses Verbrechen erinnert hätte. Auch seine Zeugenaussage hatte nichts Erhellendes. Als der vorsitzende Richter ihn fragte, ob er jemals im Warschauer Ghetto gewesen war, erwiderte er: „Mein Gott, nein." Als ein junger Anwalt der Anklage, der halb so alt schien wie Wolff mit seinen 64 Jahren, unanfechtbare Beweise dafür vorlegte, dass Wolff log, fragte der Richter den Angeklagten: „Herr Zeuge, was sagen Sie dazu?". Wolff erwiderte ruhig: „Herr Vorsitzender, ich bin ein alter Mann. Ich kann mich nicht an alles gut erinnern." Der Richter lehnte sich vor und sagte: „Wenn ich im Warschauer Ghetto gewesen wäre, ich hätte es nie vergessen!"

Es sollte einen nicht verwundern, dass Leute wie Wolff an Amnesie in Bezug auf ihre Verbrechen leiden. Ein paar Tage später nahm ich am sogenannten Auschwitz-Prozess gegen 21 SS-Wachen und Angehörige des Lagerpersonals teil, und hörte notorische Mörder wie Oswald Kaduk und Josef Klehr leugnen, dass sie irgendetwas mit der Ermordung von Juden zu tun gehabt hätten. Angeklagt des „Abspritzens", der tödlichen Injektion von Phenol in den Herzmuskel hunderter Gefangener, beharrte Klehr darauf, dass er auf Heimaturlaub gewesen sein musste, wenn solche Dinge passierten. Das war kein Fall von versagendem Erinnerungsvermögen, sondern von Unwillen, sich zu erinnern. Seine

* Aus dem Englischen übersetzt von Wolfgang Bialas. Dieser Beitrag ist zuerst veröffentlicht unter dem Titel „The Afterdeath of the Holocaust" in: Henri Lustiger Thaler/ Habbo Knoch (Hg.), Witnessing Unbound. Holocaust Representation and the Origins of Memory, Detroit: Wayne State University Press 2017 S. 15–30.

1 Steve Sem-Sandberg, The Emperor of Lies, New York 2011, S. 621.

Formel „ich möchte mich nicht erinnern" führt von den Behauptungen der Kriegsverbrecher zu denjenigen, die sich unwohl fühlen bei der Reise ins ‚tiefe Gedächtnis', in einen Abgrund des Horrors, den sie lieber vermeiden würden.[2] Jedes Holocaust-Mahnmal, das diese Bezeichnung verdient, muss viele Wege öffnen. Einer müsste das Erinnern dazu bringen, den gewundenen Pfad zum Grauen einzuschlagen. Kaduk und Klehr sowie eine Reihe anderer Angeklagter hörten die Zeugenaussagen von Überlebenden, vor denen sie sich durch eine Mauer „ausweichenden Erinnerns" schützten. Jene, die eine solche Haltung einnahmen, ob schuldig oder nicht - sicherlich eine wichtige Unterscheidung - nutzen sie immer noch, um sich von Auschwitz und andere Orten des Tötens zu distanzieren. Wenn aber der Holocaust in das menschliche Bewusstsein eindringen soll, und als integraler Bestandteil des Narrativs der Moderne muss er das, dann muss dieses Bewusstsein aus freien Stücken das ‚tiefe Gedächtnis' erforschen, egal wohin es führt, wie grausam und düster die Enthüllungen auch sind, welche Angriffe auf die sogenannten moralischen und geistigen Werte der Wahrheitssuche und der Bedeutung des Menschseins auch damit verbunden sind.

Der Ausdruck „tiefes Gedächtnis" („mémoire profonde") wurde von Charlotte Delbo, einer französischen Auschwitz-Überlebenden, in den Holocaust-Diskurs eingeführt.[3] In ihrem Werk „Trilogie",[4] in dem sie über ihre Lagererfahrung schreibt, und in dem schmalen Band „Days and Memory", den sie kurz vor ihrem Tod beendete, versuchte sie, eine Verbindung zwischen ihrem Selbst als Auschwitz-Insassin und dem als Überlebende herzustellen. Weder Logik noch Intuition können erklären, was eine ihrer Mit-Überlebenden meinte, wenn sie zu Delbo sagte: „Ich bin in Auschwitz gestorben, und niemand sieht das."[5] Primo Levi jedoch verstand sehr gut das Paradox eines Lebens, das von der Aura des Todes vereinnahmt wird, auch wenn es weiter existiert, atmet, denkt, und vielleicht, überraschenderweise, hofft. Er war gezwungen, dem Hängen eines Gefangenen beizuwohnen ohne ein Wort oder eine Geste des Protests äußern zu können und konnte später der Bürde dieses Moments der erinnerten Scham nicht entfliehen. Das tiefe Gedächtnis ist am Werk, wenn er schreibt, es „war nicht leicht, es ging auch nicht schnell, aber ihr Deutschen habt das fertiggebracht. [...] Denn auch wir sind zerbrochen, sind besiegt: auch wenn wir verstanden haben, uns anzupassen, auch wenn wir endlich gelernt haben, unsere Nahrung zu finden und Mühsal und Kälte zu widerstehen, selbst wenn wir zurückkehren werden."[6] Anders als Levi spricht Delbo davon, dass sie die

2 Ausführliche Auszüge aus Zeugenaussagen vor Gericht finden sich bei Bernd Naumann, Auschwitz: Bericht über die Strafsache Mulka u. a. vor dem Schwurgericht Frankfurt, Hamburg 2013; zu einer allgemeineren Geschichte des Auschwitz-Prozesses siehe Devin O. Pendas, The Frankfurt Auschwitz Trial, 1963–1965: Genocide, History, and the Limits of the Law, Cambridge 2006.

3 Charlotte Delbo, Days and Memory, translated by Rosette C. Lamont, Malboro 1990, S. 3.

4 Dies., Trilogie: Auschwitz und danach, Frankfurt a. M. 1990.

5 Ebd., S. 373.

6 Primo Levi, Ist das ein Mensch? Die Atempause, München 2011, S. 185.

Qualen des Lagers abgestreift hat wie eine Schlange ihre alte Haut, aber gerade dadurch erinnert sie uns ironischerweise daran, was nicht so leicht zurückgelassen werden kann: „der bleierne Blick eingesunkener Augen, der taumelnde Gang, die schreckhaften Gesten". Schließlich räumt sie ein: „Auch ohne die alte Haut ist es immer noch die selbe Schlange. Ich bin offensichtlich auch dieselbe." In Auschwitz findet sie keinen Trost beim Gedanken an freundlichere Umstände vor oder nach dem Krieg: „Im Lager konnte man nie so tun als ob, nie Zuflucht in der Vorstellung finden ... Das war unmöglich. Man konnte sich nicht vorstellen, jemand anders oder an einem anderen Ort zu sein." Es wäre leicht, Fragmente aus ihrer Erzählung herauszunehmen und sie als Momente des Sieges über den Horror zu bezeichnen – zum Beispiel: „Denken, Erinnern, war ein großer Sieg über den Horror" – sie als Belege für den Triumph des menschlichen Geistes zu interpretieren, aber sie insistierte darauf, dass Denken niemals den Horror minderte: „Die Realität des Tötens war unmittelbar da. Es gab keine Möglichkeit, dem zu entkommen."[7]

Mahnmale, Museen und Erinnerungen, die nicht das Töten im Fokus haben, riskieren, ihr Anliegen zu verfehlen, soweit es ihr Anliegen ist, gegenwärtigen und künftigen Generationen das Ausmaß der Gräuel zu vermitteln. Delbo und viele andere Überlebende beschrieben das Paradox, dass das Leben in Auschwitz und anderen Lagern und Ghettos endete, aber danach weiterging, was zwei Selbst hervorbrachte, deren widersprüchlicher Charakter uns, den Beobachtern, irgendwie vermittelt werden muss. Das Auschwitz-Selbst fasst Delbo eindringlich: „kaum in der Lage mich auf meinen Füßen zu halten, die Kehle zugeschnürt, mein Herz schlägt wild, frierend bis ins Mark, schmutzig, Haut und Knochen; das Leiden ist so unerträglich, so eins mit dem dort ertragenen Schmerz, dass ich es körperlich fühle, ich fühle es mit meinem ganzen Körper, der zu einer Masse des Leidens wird, und ich fühle den Tod nahen, ich fühle, dass ich sterbe." Das andere Selbst beschreibt sie so: „die Person, die du kennst, kann über Auschwitz sprechen ohne jede Angst oder Emotion."[8] „Mémoire profonde", das tiefe Gedächtnis, ist der Zugang zu Ersterem; das, was sie „mémoire ordinaire" nennt, das normale Gedächtnis, reflektiert das Letztere.

Wir sympathisieren heiter und unbefangen mit den Inhalten des normalen Gedächtnisses, da sie unser Wohlergehen, unser Bewusstsein oder die Integrität unserer Person oder Weltanschauung nicht bedrohen. In der Beschäftigung mit dem Holocaust besteht die Herausforderung für uns darin, uns mit dem Ziel des tiefen Erinnerns zu identifizieren, dem intellektuellen und emotionalen Terrain, wo die klaren Grenzen zwischen Leben und Sterben verschwimmen und wir konfrontiert werden mit dem, was ich den Nachtod des Holocaust nenne, ein Territorium, dem wir instinktiv entfliehen, weil es unbewohnbar ist für vernünftige Wesen wie wir es sind. Sprechen über Auschwitz, so argumentiert

7 Charlotte Delbo, Days and Memory, Marlboro 1990, S. 1 f.
8 Ebd., S. 3.

Delbo, basiert auf dem „intellektuellen Gedächtnis, dem Gedächtnis, welches mit dem Denken verbunden ist". Dieses hat seinen Wert, aber auch seine Grenzen: es ruft nicht die „Realität des Tötens" dieses Ortes [Auschwitz] wach. Das ist dem tiefen Gedächtnis vorbehalten, welches „Empfindungen, körperliche Eindrücke, bewahrt. Es ist das Gedächtnis der Sinne." Delbo benutzt das Beispiel des Durstes, der für sie in Auschwitz fast tödlich war, um ihren Gedanken zu verdeutlichen. Für das normale Gedächtnis ist Durst ein Zustand, der verschwindet, wenn man etwas trinkt; das tiefe Gedächtnis beschwört sofort ihr Lager-Selbst herauf, „ausgezehrt, halbverrückt, nahe am Zusammenbruch; ich fühle körperlich, dass wirklicher Durst ein grässlicher Albtraum ist."[9]

Und so angestrengt wir auch versuchen mögen, die Bedeutung der Ermordung der europäischen Juden zu verstehen, sie bleibt ein „grässlicher Albtraum", ein schwarzes Loch im Kosmos des Bewusstseins, so dass jedes Bemühen, Spuren einer breiten Galaxie in seinem Orbit zu finden, nur das Risiko erhöhen, den Versuchungen des ausweichenden Gedächtnisses zu gestatten, diese Bemühungen zu beeinflussen. Das ausweichende Gedächtnis hebt den Horror des Holocaust auf ein erträgliches Niveau, indem es die Betonung von der Grausamkeit der Qualen hin zu den geistigen Rahmenbedingungen des Massenmords verlagert und ein Narrativ von Leiden und Erlösung hervorbringt. Viktor Frankl ist ein gutes Beispiel. Seine Aussagen in „Der Mensch vor der Frage nach dem Sinn" über Auschwitz – wo er lediglich drei Tage verbrachte – täuscht bis heute Leser über das Wesen der Auschwitz-Erfahrung. Frankl scheint grundsätzlich unfähig, die körperliche und moralische Verwüstung zu erkennen, die durch diese Erfahrung hervorgerufen wird. Der Einfluss seines Werkes hält jedoch unvermindert an, vor allem in Amerika, wo neun Millionen Exemplare seiner Bücher verkauft wurden und die Kongressbibliothek es nach einer Umfrage zu den einflussreichsten Werken, die je in den Vereinigten Staaten veröffentlicht wurden, zählt. Wenn es dem tiefen Gedächtnis erlaubt wäre, die ihm angemessene Rolle im Holocaust-Diskurs zu spielen, nämlich die extreme Grausamkeit der Katastrophe herauszulösen und zu zeigen, dann könnten sich sentimentalisierte Versionen seiner Wirkung nie durchsetzen. Ebenso wenig hätten literarische Beispiele falscher Zeugenschaft wie Binjamin Wilkomirskis „„Bruchstücke. Aus einer Kindheit 1939-1948" oder Misha Defonsecas „A Mémoire of the Holocaust Years" (dt. „Überleben unter Wölfen") so populär werden können. So wurde Defonsecas Werk nicht nur ein Bestseller in Frankreich und Italien, sondern auch erfolgreich verfilmt. Im Februar 2008 gab die Autorin schließlich zu, dass die Memoiren nicht echt waren und sie nicht einmal Jüdin war. Nur weit verbreitete Berichte, basierend auf authentischer Zeugenschaft und dem tiefen Gedächtnis, können solche falschen Narrative diskreditieren, bevor sie verbreitet werden.

Doch die gefährlichsten Beispiele ausweichenden Gedächtnisses kommen von den Mördern selbst, authentischen Zeugen, die falsche Zeugenschaft benutzen, um die Aufmerksamkeit von den wahren Gräueln ihrer Verbrechen

9 Ebd., S. 3f.

abzulenken. Ein Beispiel von vielen soll genügen. Ich erwähnte den SS-Mann Josef Klehr, einen Angeklagten im Auschwitz-Prozess, der des Mordes an nicht weniger als 465 Insassen durch unmittelbar tödliche Injektion von Phenol in den Herzmuskel bezichtigt wurde. Klehr wurde 1965 zu lebenslänglich plus 15 Jahren verurteilt, 1988 im Alter von 84 Jahren entlassen und starb einige Monate später. 1978 durfte ein Journalist des deutschen Fernsehens ihn im Gefängnis interviewen. Klehr redete mit roher Unverblümtheit, da er nichts mehr zu verlieren hatte. Dennoch demonstrieren seine Aussagen, dass, wenn das ausweichende Gedächtnis den Holocaust auf ein unverdientes geistiges Niveau hebt, es das Leiden auf ein moralisches Niveau abschwächt, welches uns einen seltenen, aber wertvollen Einblick in die Mentalität der Killer gewähren kann. Ungeachtet von Biografien über Menschen wie Heinrich Himmler und Ernst Kaltenbrunner oder Robert Jay Liftons Porträt von Nazi-Ärzten bleibt diese Mentalität Spekulation, die sich völligem Begreifen entzieht.

Der Interviewer bittet Klehr, den Prozess des „Abspritzens", der Injektion, zu beschreiben, woraufhin der vage erwidert: „Ja, den Vorgang hatte ich meinem Vorgesetzten gemeldet, dass Häftlinge abgespritzt wurden, ohne der Genehmigung vom Lagerarzt." Nein, wendet der Journalist ein, das meinte er nicht, da er Klehr gebeten hatte, die Geschehnisse während der „Injektionen" zu beschreiben, nachdem er selbst aufgefordert worden war, diese auszuführen. „Ja", antwortet Klehr umständlich, und wir bemerken, wie er sich selbst als Handelnden herausnimmt und die Rolle des Zeugen in diesem tödlichen Drama einnimmt:

> „..., da hab ich selbst dazumal meine Beobachtungen gemacht. Da hab ich selbst gestaunt, dass die Häftlinge, die haben ja nicht mal geweint oder sich gewehrt. Die haben sich auf einen Stuhl gesetzt und haben gewartet, bis es soweit war. Ich hab dazumal meine Gedanken gemacht. Mache ich mir heute noch. Da hat sich doch kein Häftling gewehrt oder hat auch kein Häftling geweint. Denn die wussten, das war doch ein offenes Geheimnis: die dort ausgesondert wurden, da wussten sie, wo sie hingingen. Das war klar, das war offenes Geheimnis. Und da hat sich kein Häftling gewehrt, wie es bei dem Prozess vorgekommen ist, dass sich soll ein Häftling gewehrt haben und ich hätte mich ..."[10]

Klehrs Gedanke verliert sich in Schweigen. Das erinnerte mich an den Augenblick im Auschwitz-Prozess in Frankfurt, als einer von Klehrs Assistenten beim „Abspritzen" im Zeugenstand war und aussagte, dass Klehr ihn eines Morgens fragte, warum er am Abend zuvor geweint hatte und dieser antwortete: „der Mann, dem Sie die Injektion gegeben haben, war mein Vater", worauf Klehr geantwortet hatte: „Warum haben Sie mir das nicht gesagt? Ich hätte ihn gehen lassen!" Wie wir alle wissen, werden Mythen geboren durch falsche Zeugenschaft wie die Klehrs, Mythen, welche die Schuld von den Tätern zu den Opfern verschieben, denen vorgeworfen wird, sie hätten nicht genug getan, um sich zu verteidigen oder Widerstand zu leisten. Wie so viele andere missdeutet

10 Ebbo Demant (Hg.), Auschwitz – „Direkt von der Rampe weg..." Kaduk, Erber, Klehr: Drei Täter geben zu Protokoll, Hamburg 1979, S. 100.

Klehr die Lähmung, die ein zum Tod verdammtes Individuum in den letzten Augenblicken seiner Existenz überkommt, als Passivität oder Feigheit, obwohl wir nicht sicher sein können, wie viele seiner Todeskandidaten sich darüber im Klaren waren, was passieren würde.

In seinen Kommentaren im Gefängnis lenkt Klehr permanent die Aufmerksamkeit weg von der „Realität des Tötens", für die er verantwortlich war. Das ausweichende Gedächtnis krankt an abweichender oder widerstrebender Vorstellung und kann verstanden werden als eine Variante des mentalen Zugangs zum Holocaust, die uns von den Enthüllungen des tiefen Gedächtnisses wegführt. Mit kühler Distanz, die ihn von dem Grauen fernhält, das seine Opfer durchlebt haben müssen, erklärt Klehr, dass Phenol-Injektionen dem Tod durch Vergasen vorzuziehen war, weil es schnell ging, während Ersticken durch Gas bis zu zehn Minuten dauern konnte. Er räumt ein, dass Vergasen „grausamer", schrecklicher als Phenol war, aber das ist eher ein vergleichender Kommentar als eine klare Verurteilung.[11] Eine solche Aussage ist wertvoller in Bezug auf das, was nicht ausgesprochen wird, indem sie die Möglichkeit eines Holocaust-Diskurses aufzeigt, der das tiefe Gedächtnis als etwas zu Vermeidendes behandelt.

Zeugenaussagen, die das Überleben, die Rettung oder den Widerstand thematisieren, sind Beispiele für einen solchen Diskurs, und die Versuchung, diesem Weg zu folgen, ist unter allen Zeugen stark. Wir mögen es feierliches Gedächtnis nennen: Es soll den unüberwindbaren Schmerz, den das tiefe Gedächtnis erkundet, ausgleichen. Unter den Dokumenten des Oyneg Shabes Archivs von Emanuel Ringelblum befindet sich eines von einem Journalisten namens Leyb Goldin, der aufschreiben sollte, wie eine Suppenküche im Warschauer Ghetto für einen hungrigen „Kunden" im Oktober 1941 ausgesehen hatte. Um seinen Text zu objektivieren und ihm einen literarischen Anstrich zu geben, erfindet Goldin eine Figur namens „Arke" und beschreibt ihn als jemanden, der versucht, den Wert der Gruppen gegenseitiger Hilfe im Ghetto einzuschätzen, die einen täglichen Teller Suppe für diejenigen bereitstellen, die zu arm sind, sich selbst zu ernähren. Wissend, dass künftige Generationen sich auf solche Berichte stützen werden, spaltet Goldin sich in zwei Personen [gibt Goldin seinem Ich zwei Stimmen], ähnlich wie Charlotte Delbo es getan hatte, indem sie sich aufspaltete in die Auschwitz-Insassin mit einem tiefen Gedächtnis und die Auschwitz-Überlebende, die vergeblich versucht, mit einem „normalen" Gedächtnis zu leben. In Goldins Text werden wir Zeugen der Geburt beider Selbst, indem seine Figur versucht, ihre Integrität zu bewahren ungeachtet des Hungers, der ihren Geist beeinträchtigt und ihre Integrität bedroht.

Goldin nennt seinen Bericht „Chronik eines einzigen Tages". Er protokolliert in ihm jene doppelte Reaktion, die Delbo als das tiefe und das normale Gedächtnis identifiziert hatte. „Früher", so erfahren wir, „war er einmal ein Intellek-

11 Ebd., S. 125f.

tueller mit einer tiefen Wertschätzung für moderne jüdische und europäische Literatur gewesen: Peretz, Mann und Goethe."[12] In den guten alten Tagen hatte er sich Zeit vorstellen können als literarische Reise, so wie Thomas Mann sie im „Zauberberg" beschrieben hatte, wo Hans Castorp für einen kurzen Besuch in die Berge fuhr und sieben Jahre blieb. Soweit zum normalen Gedächtnis. „Jetzt aber", so erfahren wir weiter, „ist er im Ghetto; es ist fünf Uhr morgens und Zeit hat eine völlig andere Bedeutung angenommen. Er kann an nichts anderes denken als an die acht Stunden, die ihn noch von seinem täglichen Schälchen Suppe in der öffentlichen Küche."[13] In Wirklichkeit ist es das Zeugnis eines Toten, denn die meisten Anwärter auf den täglichen Teller Suppe verhungerten oder wurden in die Todeslager deportiert. Ein solcher Bericht macht uns klar, wie wir uns die ‚Realität des Tötens' im Holocaust vorstellen müssen. In einem seiner Essays definiert Elie Wiesel den Menschen in Auschwitz als hungernden Magen. Leyb Goldin stellt es ähnlich dar, wenn er seinen Suppenküchenkunden beschreibt: „jetzt übernimmt sein Magen das Denken". Er verdeutlicht, was Jean Améry meinte, als er schrieb: „Es führte keine Brücke vom Tod in Auschwitz zum ‚Tod in Venedig'."[14] Aber er ist weniger als Améry geneigt, den Hunger über die Kultur siegen zu lassen (wobei Améry Hunger durch Folter ersetzt hätte). Er weiß, dass schriftliche Zeugnisse sowohl Literatur als auch Dokumentation sind und mit überraschender postmoderner Leidenschaft bringt er diese Einsicht in seinen Monolog als Dialog ein.

„Diese Art der Spaltung war einmal in Ordnung, als einer davon voll war. Damals konntest du sagen: ‚Zwei Seelen kämpfen in meiner Brust', und du konntest dazu ein dramatisches Märtyrergesicht aufsetzen. Ja, in der Literatur findet man so etwas ziemlich oft. Aber heute? Rede keinen Unsinn – es sind dein Magen und du. Du und dein Magen. Es sind 90 Prozent dein Magen und ein kleiner Rest du. Ein kleiner, unbedeutender Rest des Arke, den es einmal gab."[15]

Mündliche Zeugnisse des Holocaust sind voll des Widerstreits zwischen dem, was wir zivilisiertes Gedächtnis nennen mögen und der Erinnerung der Gräuel. Ein begnadeter Schriftsteller wie Goldin kann das jedoch in einen inneren Disput übersetzen und das Bedürfnis nach einer Lösung artikulieren.

Auf dem Rückweg von seinem Teller Suppe kommt der ‚einstige Arke' am kleinen Ghetto-Krankenhaus vorbei, wo Chirurgen operieren, um das Leben von Kindern zu retten. Und er fühlt eine plötzliche Welle von Würde: „Jeden Tag nehmen die Profile unserer Kinder, unserer Frauen mehr den trauernden

12 Samuel D. Kassow, Ringelblums Vermächtnis. Das geheime Archiv des Warschauer Ghettos, Reinbek bei Hamburg 2010, S. 222. Der vollständige Text von Goldins Essay „Chronicle of a Single Day" findet sich in David Roskies (Hg.), The Literature of Destruction: Jewish Responses to Catastrophe, Philadelphia 1989, S. 424–434.

13 Kassow, Ringelblums Vermächtnis, S. 222.

14 Jean Améry, Jenseits von Schuld und Sühne. Bewältigungsversuche eines Überwältigten, 3. Auflage Stuttgart 1997, S. 39.

15 Kassow, Ringelblums Vermächtnis, S. 223.

Anblick von Füchsen, Dingos, Kängurus an. Unser Geheul ähnelt dem der Schakale. ... Aber wir sind keine Tiere. Wir operieren unsere Säuglinge. Es mag sinnlos sein oder sogar kriminell. Aber Tiere operieren ihre Jungen nicht!"[16] Er weiß jedoch, dass dies die Stimme der Verzweiflung ist, nicht die des Triumphes, wenn er schließt: „Die Welt steht kopf. Ein Planet zerschmilzt in Tränen. Und ich – ich habe Hunger, Hunger. Ich habe Hunger."[17] Ich sollte erwähnen, dass Leyb Goldin 1942 verhungerte. Das tiefe Erinnern des Holocaust ist ein Angriff auf unsere Vorstellung von Normalität mit einem nicht unterdrückbaren Gefühl dafür, wie wir inmitten des Lebens im Tod sind, in einer Weise, die unbeabsichtigt war von jenen, die diese Wendung formuliert haben. Letztlich musste Ringelblum selbst einräumen, dass das Erinnern des Holocaust eine Exkursion in die Archäologie des Todes ist, wobei spätere Forscher „Tod" durch den korrekten Begriff „Massenmord" ersetzten.

Wenn wir vom Gedenken an den Holocaust sprechen, müssen wir die Frage beantworten, zu welcher Art von Erinnern Studierende, Beobachter, Museumsbesucher und Mahnmal-Betrachter angeregt werden sollen. Es ist einfach, eine Archäologie des Todes in die Freilegung der Wiedergeburt zu transformieren und sich auf die Zukunft zu fokussieren, wie es Steven Spielberg am Ende seines Filmes „Schindlers Liste" getan hat, wenn er uns an die Nachkommen der von Schindler Geretteten erinnert. Er stellt jedoch keine Betrachtungen darüber an, wie viele Nachkommen die Millionen Juden hätten haben können, die nicht gerettet wurden und nicht überlebten. Ringelblum gründete sein Archiv in der Hoffnung, vielfältige Zeugnisse des Lebens in der jüdischen Zwangsgemeinde des Warschauer Ghettos für kommende Generationen zu dokumentieren, zunächst ohne die kommende Katastrophe zu ahnen. Seine Wendung von Hoffnung zu Verzweiflung entspricht unserem Weg vom normalen zum tiefen Erinnern, ein Weg, der in der Konfrontation mit der Herzlosigkeit als dem Kern des Holocaust endet. Wir müssen uns nicht vorstellen, wie der anfangs zuversichtliche Ringelblum diese Erkenntnis aufnahm, denn er sagt es uns selbst: Im Mai 1942 sah er sich gezwungen zuzugeben, dass die Selbsthilfeorganisation ‚Aleynhilf' im Ghetto, die er mitgegründet hatte, das Problem des Hungers nicht löst. Sie „hält Menschen nur für eine kurze Zeit am Leben, dann sterben sie trotzdem. Die [Suppenküchen] verlängern das Leiden, können aber keine Rettung bringen [...]. Es ist absolut sicher, dass die Kunden der Suppenküchen alle sterben werden, wenn ihre einzige Nahrung die Suppe ist, die sie dort bekommen, und das Brot, das sie auf ihre Rationskarten erhalten."[18] Ringelblum konnte nicht wissen, dass die Deutschen der hungernden Ghetto-Bevölkerung nicht einmal zwei Monate später ein schnelles Ende an einem Ort namens Treblinka bereiten würden. Der Wert von Ringelblums Überlebensarchiv ist nicht zu überschätzen. Es ist jedoch nicht die Geschichte des Lebens einer Gemeinschaft,

16 Ebd., S. 224.
17 Ebd.
18 Ebd., S. 226.

sondern ihres Todes. Ringelblum wollte sicher stellen, „dass selbst wenn keiner von ihnen überlebte, die Welt zumindest im Nachhinein etwas von der Vitalität, der Widerstandskraft und dem verzweifelten Überlebenskampf der polnischen Juden erfahren würde. Sie sollte auch etwas über das schwere Ringen um Moral und Menschlichkeit inmitten der Hölle erfahren",[19] wie der Historiker Samuel D. Kassow es formulierte.

Bei einer unvoreingenommenen Analyse des Holocaust erweist sich ein solcher Ansatz jedoch als fruchtlos, denn es ist das ungeordnete Reich, in dem das tiefe Gedächtnis regiert. Wie das jüngste Werk von Pater Patrick Desbois bestätigt, ist es ein Bereich, in dem eine bestimmte Art des Sterbens aufhört, Metapher zu sein und stattdessen Realität wird. Jene Berichte, die er Zeugen abnötigt, die sie Jahrzehnte lang belastet haben, beschreiben eine Landschaft, wo „tief" sowohl eine physische als auch eine metaphorische – um nicht zu sagen metaphysische – Bedeutung hat. Pater Desbois' Nachforschungen über Massengräber in der Ukraine waren inspiriert von den Erfahrungen seines Großvaters, der sich während des Krieges in einem von den Deutschen für französische Kriegsgefangene eingerichteten Arbeitslager aufgehalten hatte. Es war ein Lager für Gefangene, die mehrfache Fluchtversuche von ihren Kriegsgefangenen-Baracken in Deutschland hinter sich hatten. Zufällig war in dem Arbeitslager in Rawa-Ruska auch der französische Autor Pierre Gascar gefangen. Er nutzte es als Hintergrund für sein zu wenig beachtetes Meisterwerk über den Holocaust, der halbautobiografischen Erzählung „The Season of the Dead", 1953 ausgezeichnet mit dem Prix Goncourt.

Beide Werke legen Zeugnis ab von dem, was ich die Archäologie des Todes genannt habe. Gascars „Season of the Dead" und Pater Desbois' „Der vergessene Holocaust. Die Ermordung der ukrainischen Juden. Eine Spurensuche" gleichzeitig zu lesen, eröffnet uns erhellende vergleichende Einblicke in das Funktionieren des tiefen Gedächtnisses in der Literatur und im Leben. Die Ähnlichkeit von Teilen der beiden Werke ist nicht überraschend. Gascars Erzähler ist zuständig für die Pflege eines kleinen Friedhofes für französische Kriegsgefangene, die an Krankheiten oder Unterernährung gestorben sind. Mit deren wachsender Zahl erweitert der Erzähler die Friedhofsgrenze immer mehr in Richtung des benachbarten Waldes, bis eines Tages sein Spaten auf eine merkwürdig verrenkte Leiche stößt. Augenblicklich begreift er den Unterschied zwischen Friedhof und Massengrab, eine Unterscheidung, die für Pater Desbois aufgrund seiner düsteren Nachforschungen bereits klar ist. Der Erzähler hatte unwissentlich den Ort der Ermordung von Mitgliedern der lokalen jüdischen Gemeinde aufgedeckt, deren verwesende Überreste ihn in Entsetzen und Abscheu erstarren lassen. Wir hören das tiefe Gedächtnis, wenn Gascars Erzähler um eine Beschreibung ringt, die seiner Entdeckung gerecht wird: „Ich war überwältigt vom Horror des Anblicks und der Wahrheit dahinter. Das war der

19 Ebd., S. 227.

Tod – diese zerfließenden Muskeln, die halbverwesten Augen, die Zähne wie von toten Schafen; nicht mehr überdeckt von Gras, nicht eingeschlossen in der Kühle einer Gruft, nicht mehr in einer steinernen Grabstätte liegend, sondern hingestreckt in einem Loch voller Knochen, eingehüllt in die Kleider eines Ertränkten, mit den Haaren in der Erde gefangen."[20] Es gibt kaum beeindruckendere Beispiele dafür, wie Literatur des Holocaust eine Stimme für die Archäologie des Todes findet, über den Geschichte meist lediglich berichtet, so lebendig diese Berichte auch sein mögen.

Pater Desbois zeigt jedoch in seinem Werk, dass Geschichte manchmal sogar Literatur übertreffen kann durch die schonungslose Offenheit sogenannter unbeteiligter Zeugen. Die meisten Zeugnisse über den Holocaust, die in Archiven weltweit gesammelt werden, stammen von Überlebenden. Pater Desbois stand vor der schwierigen – von vielen für unlösbar gehaltenen – Aufgabe, Berichte von Zeugen zu sammeln, die sich jahrzehntelang für das ausweichende Erinnern entschieden hatten, um die Narben der Gräuel, die sie gesehen hatten oder an denen sie beteiligt gewesen waren, zu mildern. Er war entschlossen, dem zu folgen, was er die „Spur des Erinnerns" zur „Realität des Tötens" nannte. Er wollte ihr bis zum Ende folgen, zum buchstäblich toten Ende, das tiefe Gedächtnis aufwühlen mit einer sowohl für den Interviewten als auch den Interviewer bedrohlichen Strategie. Er beschreibt das Problem ganz klar: „Es gilt, gewisse Schuldgefühle zu umgehen – weil er das Kleidungsstück eines Juden erhielt, eine Funktion während der Erschießung hatte oder einfach anwesend war. Häufig werden wir im Lauf der Unterhaltung mit schrecklichen Dingen konfrontiert. Wir müssen ertragen, das Unsagbare zu hören. Wir müssen den Abscheu überwinden, der durch die Berichte eines grenzenlosen Sadismus hervorgerufen wird."[21]

Eine solche Nähe zu den Details der Gräuel, die zeitweise sowohl die Urteilskraft der Berichtenden als auch die Abscheu vor dem Berichteten außer Kraft setzt, ist wesentlich für jeden, der Zeugenberichte über den Holocaust in der Hoffnung anhört, zum Kern der Herzlosigkeit vorzustoßen. Eine dauerhafte emotionale Distanz kann nicht erwartet werden, wenn diese Berichte über die Brutalität der Mörder aus dem tiefen Gedächtnis auftauchen, aber es ist ein hilfreicher und vielleicht auch notwendiger Ausgangspunkt. Jedes Holocaust-Mahnmal muss einen Weg des Umgangs mit diesem schwierigen Problem finden, sonst wird es dem ausweichenden Gedächtnis Raum geben. Das Erinnern der Brutalität bleibt jedoch ein schwer zu fassendes Ziel, wie Pater Desbois erfuhr. Er ermöglicht uns klare Sicht auf unserem Weg in die Gräuel, aber wenig Begreifen: alles zu verstehen, heißt alles zu verzeihen – eine Maxime, die auf den Holocaust nicht anwendbar ist. Unglücklicherweise bieten solche

20 Pierre Gascar, Beasts and Men & The Seed: Seven Stories and a Novel, New York 1960, S. 221.

21 Patrick Desbois, Der vergessene Holocaust. Die Ermordung der ukrainischen Juden. Eine Spurensuche, Berlin 2009, S. 135.

Unternehmungen keinen Leitfaden für die Verwirrten, nur weitere Konfusion über die Gründe für den totalen Zusammenbruch des Moralsystems und moralischer Hemmungen. Primo Levi schrieb, dass er nie verstehen konnte, warum die Deutschen zwei Bewohner eines norditalienischen jüdischen Altersheims in ihren Neunzigern nicht einfach an Ort und Stelle exekutierten, statt sie zu zwingen, den Güterwagentransport nach Auschwitz zu durchleiden. Das, was Pater Desbois von seinen Zeugen erfuhr, attackiert unsere Vorstellungskraft mit Schlägen unvorstellbarer Grausamkeit, die alles niederreißen, was uns von solchen Bildern trennt. Sie hinterlassen uns hilflos und geistig orientierungslos.

Es ist nicht notwendig, alle Ausgrabungen von Pater Desbois am tiefen Gedächtnis zu beschreiben, einige genügen. Sie repräsentieren den inneren Kern der Holocaust-Erfahrung, demgegenüber das ausweichende Gedächtnis über Jahrzehnte blind und taub gewesen ist. In gewisser Weise geben sie einem furchtbaren Reich des Schweigens die Sprache wieder, einem Reich, dessen Erkundung die Täter und ihre Unterstützer nach dem Krieg offenbar verweigerten und zu dessen Beschreibung die Opfer nicht fähig waren. Ein früherer Gefangener von Rawa-Ruska, der Pater Desbois auf seinen Reisen begleitete, erinnert sich, dass die Deutschen jüdische Frauen aus einem nahen Dorf als Erntehelferinnen einbestellt hatten, da alle Tiere beschlagnahmt worden waren. „Am Morgen waren sie mit ihren Kindern gekommen", berichtet er. „Der Deutsche, der sie bewachte, konnte ihr Geschrei nicht ertragen. Jedes Mal, wenn es ihm auf die Nerven ging, griff er ein Kleines und schlug es gegen den Wagen. Am Abend gab es nur noch die Frauen, die Wagen und das Getreide."[22] Nach so vielen Jahren erhält der Erzähler die Chance zu sprechen, und wir nennen es Zeugenaussage. Wichtiger aber ist, dass wir die Möglichkeit haben zu hören, und was wir hören, führt uns in die dunkelsten Ecken des tiefen Gedächtnisses, wo sich die grauenhaftesten Dramen des Holocaust abgespielt haben. Solche Zeugen sind selten, da sie uns direkten Zugang zum Blickwinkel jener verschaffen, die, zumindest zeitweilig, immun gegen das Töten waren. Die Episode wirft die schwierige, vielleicht nicht zu beantwortende, Frage auf, ob Zeugenschaft unter bestimmten Umständen selbst eine Form von Komplizenschaft ist. Eine alte, gebeugte Ukrainerin, damals eine junge Braut, erzählt über die Arbeit auf den Feldern, als sie zwei deutsche Lkw, beladen mit jüdischen Frauen, herannahen sah: „In einem der Lastwagen erkannte die Erzählerin plötzlich eine Freundin ihrer Mutter, die ‚Olena, Olena, rette mich!' schrie, als sie die junge Frau erkannte. [...] Je mehr sie schrie, desto tiefer versteckte ich mich im Getreide. Ich war jung und hatte Angst, dass die Deutschen uns töten würden, so wie sie die Juden töteten. Die Frau schrie, bis sie an die Grube geführt wurde. Bis zum letzten Augenblick hörte ich sie schreien: ‚Olena, Olena, rette mich!'"[23] Die Erzählerin macht für uns die Stimme einer Verdammten wieder lebendig, die

22 Ebd., S. 48.
23 Ebd., S. 75f.

nicht sterben will. Zeugen wie diese sind wie moderne Virgils, sie führen uns durch das deutsche Inferno, ihre Erzählung kehrt jedoch Dantes Szenario um, denn hier überlebt der Schuldige und der Unschuldige kommt um. Keine Spur göttlicher Führung ist zu erkennen.

Diese Berichte befreien die Geschichte des Holocaust von der Last des Wagemuts oder des Trostes der heroischen Geste. Ein weiterer Beleg wird von Pater Desbois mit solch brutaler Offenheit dargestellt, dass auch die schonungsloseste Vorstellungskraft intuitiv versucht, die damit verbundene Botschaft historischer Wahrheit zu zensieren. Er hilft uns zu verstehen, was Charlotte Delbo mit ihrem Versuch, zwischen dem „Schlimmsten", das viele kennen, und dem Undenkbaren zu unterscheiden. Vor vielen Jahren interviewte ich einen Überlebenden, der in einem der kleineren Arbeitslager eingesperrt war, die um die größeren Tötungszentren herum entstanden waren. Die Baracken waren nicht weit vom nahen Wald und er erzählt uns von einem Plan zur Massenflucht, den einige Barackenführer gefasst hatten. Im letzten Moment ging etwas schief und der Plan wurde gestoppt, aber einige Gruppenmitglieder widersetzten sich der Entscheidung ihrer Führer und versuchten es trotzdem. Sie wurden gefasst, ins Lager zurückgebracht, eine große Grube wurde ausgehoben, sie wurden getötet und im Massengrab beerdigt. Der Interviewte erzählt, dass er von seiner Baracke aus einen unverstellten Blick auf den Ort des Geschehens hatte. In den darauffolgenden Tagen konnte er sehen, wie sich die Erde dort bewegte, auf und ab, wie er berichtete, auf und ab. Damals dachte ich, dass die Erdbewegungen durch Gase hervorgerufen wurden, die aus den verwesenden Körpern strömten, aber Pater Desbois' Untersuchungen erbrachten überzeugende Belege für eine andere Erklärung. Er macht eine schauderhafte Enthüllung, und hier gelangt der lange Weg des tiefen Erinnerns der „Realität des Tötens" an sein trostloses Ziel.

„Wie soll ich akzeptieren, dass die Zeugen immer wiederholen, die Gräber hätten sich noch drei Tage lang bewegt? Wie verstehen, wenn diese Bauern mir von den Massengräbern wie von etwas Lebendigem berichten? Ich führe das, ohne mir genauere Gedanken zu machen, auf die Verwesung der Leichen zurück. Dann erzählt uns an einem anderen Tag, in einem anderen Dorf jemand, der als Kind dazu herangezogen wurde, eine Grube zuzuschütten, dass eine Hand aus der Erde hervorgekommen sei und sich an seiner Schaufel festgeklammert habe. Da begreife ich, dass alle Zeugen, die uns berichteten, dass noch Bewegung in den Gräbern gewesen sei, und ihre Worte mit wedelnden Handbewegungen begleiteten, damit sagen wollten, dass die Grube drei Tage brauchte, um zu sterben, weil viel Opfer lebend begraben worden waren."[24]

Hier macht das Gedächtnis eine Pause, schlägt die Augen nieder und hat mit den Versuchungen des ausweichenden Erinnerns zu kämpfen. Hier kommt Geschichte an ihre Grenzen. Sie bietet uns keinen Ausweg aus der Falle dieses dunkelsten Geheimnisses des Holocaust. Wir müssen zurückkehren zur Literatur, zu Pierre Gascars „The Season of the Dead". Sie verfolgt das gleiche Ziel, ent-

24 Ebd., S. 83.

hält aber einen kleinen Lichtschimmer in Form einer Frage, die zumindest zum Weiterdenken herausfordert: „Ist das Sterben beendet, wenn der Tod gekommen ist?"[25] Das ist der Nachtod des Holocaust. Gascars Erzähler ist, wie alle, die sich dem Erinnern des Holocaust verschrieben haben, ein Sachwalter der Toten, aber so wie er nach dem Krieg um die Unterscheidung zwischen anständiger Beerdigung und anonymem Massenmord kämpfen musste, stehen auch wir vor der undankbaren Aufgabe, dem tiefen Gedächtnis an Orte zu folgen, an denen wir nicht sein möchten und einen Schrein zur Ehrung ungezählter Juden zu finden an Orten, an denen sie nicht sein wollten und an denen sie starben, wie kein Wesen auf Erden jemals sterben sollte.

25 Gascar, Beasts and Men, S. 198.

VIII.

Der Nationalsozialismus und seine Bedeutung für die Ethik

Der Holocaust. Seine Bedeutung für die heutige Ethik

*John T. Pawlikowski**

Die akademische Disziplin der Ethik hat in den vergangenen Jahrzehnten in Auswertung der Erfahrung des Holocaust eine rasante Entwicklung durchlaufen. Außer den Forschungen zur ethischen Entscheidung während des Holocaust selbst in Büchern wie Rab Bennetts „Under the Shadow of the Swastika. The Moral Dilemmas of Resistance and Collaboration in Hitler's Europe",[1] sind auch zahlreiche allgemeinere Überlegungen über die Bedeutung des Holocaust für die zeitgenössische Ethik sowohl von jüdischen als auch von christlichen Wissenschaftlern erschienen. Darunter gab es auch Autoren wie Herbert Hirsch, die bezweifelt haben, dass sich aus dem Holocaust irgendetwas lernen ließe für unsere gegenwärtigen moralischen Herausforderungen, wenn man die Einzigartigkeit des Ereignisses sowie die ungeheure Komplexität unserer modernen Gesellschaft berücksichtigt.[2] Ich persönlich stimme denen zu, die die Erfahrung des Holocaust für die ethische Reflexion unserer heutigen globalisierten Gesellschaft für wichtig halten. Hirschs Pessimismus erfüllt jedoch den Zweck, uns daran zu erinnern, dass es keinen einfachen Übergang von der *Shoah* zur heutigen komplexen gesellschaftlichen Situation gibt.

Bei jeder Untersuchung der Ethik im Schatten des Holocaust ist immer etwas Vorsicht geboten. Eine akademische Studie kann niemals ein Ersatz für das fortgesetzte Erinnern der Opfer des Nationalsozialismus sein. Elie Wiesels häufig zitierte Aussage, dass das Vergessen der Opfer sie faktisch ein zweites Mal töten

* Aus dem Englischen übersetzt von Wolfgang Bialas. Dieser Text ist eine Zusammenstellung aus zwei bereits veröffentlichten Beiträgen. Das erste Kapitel ist erschienen unter dem Titel „The Holocaust. Does it have a significance for ethics today?" in: Jewish-Christian Relations. Insights and Issues in the ongoing Jewish-Christian Dialogue (http://www.jcrelations.net/The_Holocaust__Does_It_Have_Significance_for_Ethics_Today.2749.0.html; 4.4.2019). Das Kapitel „Göttliche und menschliche Verantwortung angesichts des Holocaust" erschien zuerst unter dem Titel „Divine and Human Responsibility in the Light of the Holocaust" in: Michael A. Signer (Hg.), Humanity at the Limit: The Impact of the Holocaust Experience on Jews and Christians, Bloomington, IN: Indiana University Press 2000, S. 15–26.

1 Rab Bennett, Under the Shadow of the Swastika: The Moral Dilemmas of Resistance and Collaboration in Hitler's Europe, New York 1999.

2 Herbert Hirsch, Reflections on "Ethics", "Morality" and "Responsibility" after the Holocaust. In: John Roth/Elisabeth Maxwell (Hg.), Remembering for the Future: The Holocaust in an Age of Genocide, Vol. 2, Ethics and Religion, Houndmills 2001, S. 123–132.

würde, muss immer unsere persönlichen und gemeinschaftlichen Denkmuster bestimmen. Andernfalls wäre eine solche Studie verzichtbar.

Wenn wir uns den ethischen Herausforderungen unserer heutigen globalen Gesellschaft stellen, sollten drei wichtige Perspektiven unseren Überlegungen zugrunde liegen. Erstens: Der Respekt für die menschliche Würde muss die Annahme ersetzen, dass nur der richtige Glauben einem Menschen grundlegende Rechte sichert. Zweitens: Unser moralisches Universum muss über die Parameter unseres eigenen Glaubens und unserer nationalen Gemeinschaften hinaus erweitert werden. Drittens: Die Anerkennung in der Vergangenheit gemachter Fehler unserer religiösen und nationalen Gemeinschaften ist eine notwendige Voraussetzung für die Entwicklung unserer inneren Integrität, die für die authentische und konsistente moralische Verpflichtung unerlässlich ist.

Ich möchte kurz jede dieser Perspektiven kommentieren. Jahrhundertelang war der korrekte Glauben in meiner eigenen römisch-katholischen Tradition die unverzichtbare Bedingung für die volle Anerkennung der Würde eines Menschen. Nach einer erbitterten Auseinandersetzung mit dem Text über religiöse Freiheit auf dem zweiten Vatikanischen Konzil vollzog der Katholizismus eine entscheidende Kehrtwende in seinem Verständnis. In der Vorstellung des zweiten Vatikanischen Konzils wurde die menschliche Würde, und nicht nur der richtige Glaube, zum grundlegenden Eckpfeiler einer gerechten Gesellschaft. Natürlich bleibt der Glaube wichtig, er ist jedoch nicht länger der absolute Maßstab für die Menschenrechte. In mancher Hinsicht wurde das auch in der säkularen Gesellschaft anerkannt. Gerhart Riegner hat in seinen Memoiren gezeigt, dass die Erfahrung der nationalsozialistischen Ära entscheidend war für die Entwicklung eines internationalen Gesetzes zu den Menschenrechten und dem Völkermord nach dem Ende des Zweiten Weltkriegs.[3]

Das Fehlen einer Menschenrechtsperspektive schränkte die institutionelle Antwort des Katholizismus auf den Nationalsozialismus erheblich ein. Nachdem wir erkannt hatten, dass Angst vor dem Liberalismus und schwindenden öffentlichen Einfluss der Kirche stärkere Motive christlicher Institutionen für die stillschweigende Zustimmung oder sogar Zusammenarbeit mit dem Nationalsozialismus und Faschismus waren als der klassische christliche Antisemitismus, können wir nun ernsthaft fragen, ob die Antwort der Kirchen anders ausgefallen wäre, wenn jene christlichen Stimmen, die für die Aufnahme von Elementen der liberalen Vision ins Christentum einschließlich des liberalen Verständnisses der Menschenrechte plädiert haben, beachtet worden wären. Und was wäre gewesen, wenn Kirchenführer gemeinsame Anstrengungen unternommen hätten, mit der liberalen Opposition zum Nationalsozialismus ungeachtet ihrer breiten Ablehnung des religiösen Glaubens zusammenzuarbeiten? Manche fragen, und ich unterstütze diese Frage, ob die Rückkehr zu fundamenta-

3 Gerhart Riegner, Never Despair: Sixty Years in the Service of the Jewish People and of Human Rights, Chicago 2006.

listischen Perspektiven der Religion in nahezu allen religiösen Traditionen im Ergebnis von ethischen Überlegungen zur Nazizeit im letzten Jahrzehnt die Verpflichtung auf die grundlegende menschliche Würde als Grundlage der globalen Gesellschaft schwächt. Durch die Herausstellung partikularer Identität könnte die sich entwickelnde Fokussierung auf die gemeinsame menschliche Würde verloren gehen. Das wäre ganz klar ein Scheitern des Versuchs, der moralischen Herausforderung des Holocaust mit angemessenem Ernst zu begegnen.

Mir ist klar, dass in der Rückschau die schwierige Herausforderung der Kirchen während der Zeit des Nationalsozialismus nicht angemessen erfasst werden kann. Dennoch möchte ich fragen, ob nicht die Übernahme der grundsätzlichen Betonung der Menschenrechte seitens des Liberalismus durch den Katholizismus und andere christliche Kirchen trotz der liberalen Kritik der Religion eine Koalition der Kirchen und des säkularen Liberalismus gegen den Nationalsozialismus ermöglicht hätte. Natürlich hat die absolute Ablehnung liberaler Werte einschließlich der Herausstellung der Menschenrechte insbesondere durch die katholische Kirche eine solche Koalition unmöglich gemacht. Dabei gab es durchaus katholische Stimmen wie die von Félicité de Lamennais und Henri Lacordaire, die eine solche Übernahme bestimmter liberaler Werte einschließlich der Menschenrechte durch den Katholizismus anregten. Sie wurden jedoch sehr zum Nachteil der Kirche für solche Vorschläge geschmäht.

Ob eine solche Koalition viel mehr Juden, Polen und Roma das Überleben ermöglicht hätte, ist eine offene Frage. Bedeutende Historiker wie Michael Marrus und Guenter Lewy bezweifeln, dass aktiver, öffentlicher Widerstand gegen den Nationalsozialismus seitens der christlichen Führung einen großen Unterschied für das Überleben derjenigen und insbesondere der Juden gemacht hätte, die von den Nationalsozialisten zur Vernichtung bestimmt waren. Für die Aufrechterhaltung der moralischen Integrität der Kirche wäre ein solcher Widerstand allerdings wichtig gewesen. Das habe ich von Edward Gargan gelernt, meinem Lehrer, der mich in seinem Kurs zu moderner deutscher Geschichte an der Loyola Universität in Chicago in das Verhältnis der Kirchen zum Holocaust eingeführt hat. Als bekennender Katholik war er der Überzeugung, dass die Kirche dadurch, dass sie nicht direkt und offen gegen Hitler opponiert hatte, ihre künftige moralische Integrität ernsthaft beschädigt hatte, und zwar ungeachtet des Einflusses und der möglichen Konsequenzen, die ein solcher Widerstand gehabt hätte. Dieser Perspektive fühle ich mich noch heute tief verpflichtet.

Ein anderer Aspekt der Frage der Menschenrechte angesichts des Holocaust ist die Art und Weise, in der wir unseren Glauben bekennen. Michael Berenbaum hat das überzeugend dargelegt.[4] Wenn wir im Bekenntnis zu unserem Glauben eine andere Religion verunglimpfen, wie das über Jahrhunderte mit

4 Vgl. Michael Berenbaum, The Impact of the Holocaust on Contemporary Ethics. In: Judith H. Banki/John T. Pawlikowski (Hg.), Ethics in the Shadow of the Holocaust: Christian and Jewish Reflections, Chicago 2001, S. 235-260, hier 239.

der jüdischen Religion geschehen ist, wird unser Glauben zum Instrument möglicher Gewaltanwendung. Nur zu oft haben wir in der vergangenen Geschichte und auch noch heute gesehen, wie mächtig und zerstörerisch ein solches Verständnis der eigenen Religion sein kann, das soziale Gewalt zu rechtfertigen scheint.

Eine durch Gewalt aufgeladene religiöse Sprache kann beträchtlich dazu beitragen, eine Gesellschaft auf den Völkermord einzustimmen. Genau das hat der christliche Antisemitismus während der Zeit des Nationalsozialismus bewirkt. Die Religion bleibt eine einflussreiche Kraft in vielen heutigen Gesellschaften. Wenn die religiöse Sprache in einer bestimmten Gesellschaft weiterhin so weit geht, Menschen, die das vorherrschende Glaubenssystem nicht teilen, herabzuwürdigen und ihnen sogar volle Bürgerrechte zu verweigern, macht das mit Sicherheit in Zeiten gesellschaftlicher Spannungen auch den Weg frei für körperliche Angriffe auf solche Gruppen. Dagegen kann eine religiöse Sprache, die den *religiös anderen* positiv darstellt, als Barriere gegen solche Angriffe wirken. Das ist besonders in komplexen nationalen Gesellschaften unserer globalen Welt nötig.

Die Herausstellung der Menschenrechte als wichtigsten moralischen Imperativ nach dem Holocaust beeinflusst auch unser Verständnis der Kirchenlehre. Jede Definition der Kirche oder jeglicher religiöser Tradition nach dem Holocaust muss die Menschenrechte einschließen. Es muss sich eine Vorstellung der Kirche durchsetzen, für die das Überleben der Menschen mindestens genauso wichtig ist wie das Überleben der Kirche selbst. Das Bedürfnis nach Selbsterhaltung, so legitim es auch sein mag, kann niemals durch Gleichgültigkeit gegenüber Menschenrechtsverletzungen an den *anderen*, die nicht zu unserer Religion gehören, durchgesetzt werden. Ich habe argumentiert, dass Papst Pius XII. leider von einer solchen eingeschränkten Ekklesiologie beeinflusst war, als er versuchte, die Institution der Kirche in schwierigen politische Zeiten funktionsfähig zu halten.[5]

Das zweite ethische Prinzip, das die Erfahrung des Holocaust bedenkt und unmittelbar aus dem ersten Prinzip folgt, bezieht sich auf die Reichweite unserer moralischen Anteilnahme. Das Wohlbefinden und selbst das Überleben unserer eigenen Gemeinschaft kann niemals auf der Gleichgültigkeit gegenüber dem Leiden anderer gründen. Im Prozess der Selbsterhaltung können wir nicht andere Unglückliche für überflüssig und verzichtbar erklären, so wie viele Kirchenleute es mit den Juden während des Holocaust getan haben. Die Not anderer zu ignorieren mag nicht ein so schlimmes Verbrechen sein wie offener Hass, ist aber dennoch moralisch inakzeptabel. Zu akzeptieren, dass einige Menschen überflüssig werden, fällt auf diejenigen zurück, die eine solche Haltung einnehmen. Wir selbst finden uns vielleicht an einem bestimmten Punkt als überflüssig

5 John T. Pawlikowski, The Papacy of Pius XII: The Known and the Unknown, In: Carol Rittner/John K. Roth (Hg.), Pope Pius XII and the Holocaust, London 2002, S. 56–69.

aus der Sicht einer anderen herrschenden Gruppe wieder, wenn wir eine solche Marginalisierung menschlicher Würde unwidersprochen hinnehmen. Mit anderen Worten, der sicherste Schutz unserer eigenen menschlichen Würde ist das kompromisslose Bemühen, die menschliche Würde aller zu sichern.

Es gibt noch einen anderen Grund, weshalb die moralische Fürsorge als Antwort auf den Holocaust erweitert werden muss, der mit dem zu tun hat, was ich die Neutralisierung von Menschen genannt habe, und zwar insbesondere derjenigen, die wir zu Recht oder Unrecht als unsere Feinde betrachten. Der Holocaustforscher Henry Friedlander hat vor einigen Jahren die sprachlichen Parallelen zwischen den täglichen Berichten über die Zahl der Toten in den nazistischen Vernichtungslagern und den Berichten des amerikanischen Militärs über die täglichen Verluste der Vietnamesen im Vietnamkrieg aufgezeigt, die beide eine solche indifferente Sprache benutzten.[6] Ich selbst habe einige Berichte aus Todeslagern über ihre täglichen Aktionen untersucht. Wüsste man nicht, woher diese Berichte kamen, könnte man ohne Weiteres vermuten, dass es in ihnen um die tägliche Produktion von Radios in einer Fabrik ging und nicht um die tägliche Zahl der Toten von Opfern der Nazis. Die Sprache, in der die Berichte verfasst waren, gab keinerlei Hinweis darauf, dass es sich bei den angeführten *Produktions*zahlen um getötete Menschen handelte.

Der Historiker Peter Hayes hat in seinen Untersuchungen über deutsche Wirtschaftsführer während des Dritten Reichs die Kategorie überflüssiger Menschen weiter erhellt und ist dabei zu dem Schluss gekommen, dass die deutsche Wirtschaft entschlossen war, wenn nötig, auch über Leichen zu gehen. Die Notwendigkeit ökonomischen Erfolgs untergrub Schritt für Schritt jedes Gefühl für die menschliche Würde der für die deutsche Industrie rekrutierten Zwangsarbeiter.

Es gab viele interne Faktoren, die in Deutschland dazu beitrugen, dass die Moral keine Rolle mehr spielte. Am wichtigsten aber war dabei die Tatsache, so Hayes, dass das Dritte Reich eine ökonomische Politik verfolgte, in der die Sicherung des Überlebens und Erfolgs der Unternehmen den Zielen und ideologischen Erfordernissen des Regimes zu folgen hatte.[7] Die Indifferenz deutscher Wirtschaftsführer während des Dritten Reichs, so Hayes weiter, zeigt die in der modernen Welt weit verbreitete Neigung, sich angesichts großer moralischer Herausforderungen hinter sogenannter beruflicher Pflicht und Verantwortung zu verstecken. Die Verpflichtung darauf, bestmögliche Gewinne für das Unternehmen zu erzielen und denen, die für sie tätig waren, ihre Zukunftschancen zu sichern, wäre unter normalen Umständen wohl eine Absicherung gegen persönliche Korruption und leichtsinnige Unternehmensführung gewesen, wurde nun

6 Henry Friedlander, The manipulation of language. In: ders./Sybil Milton (Hg.), The Holocaust: Ideology, bureaucracy and genocide, New York 1980, S. 103–113.

7 Vgl. dazu Peter Hayes, Profits and persecution: German big business and the Holocaust, Washington D.C. 1998; sowie ders., Industry and Ideology. IG Farben in the Nazi Era, New York 1987.

jedoch als Entschuldigung dafür benutzt, sich an grausamen und auch mörderischen Handlungen zu beteiligen. Am beunruhigendsten an dieser Entwicklung war dabei nicht einmal die Mitschuld an Morden durch die unmittelbare Beteiligung am nationalsozialistischen Programm der Zwangsarbeit, sondern das Gefühl ihrer Unschuld, das viele Unternehmer trotz ihrer Teilhabe an diesem Programm hatten. Sie waren in der Lage, eventuelle moralische Bedenken mit der Frage „Was hätte ich denn tun können?“ zu beantworten, wodurch sie die viel gewichtigere Frage aus dem Auge verloren, die nach Hayes darin bestand, sich zu fragen, „Was darf ich auf keinen Fall tun?“. Ganz offensichtlich hatten diese deutschen Unternehmer die Humanität derjenigen, die in das nationalsozialistische Arbeitsprogramm gezwungen wurden, *neutralisiert*.

Hayes’ Untersuchungen bieten eine gute empirische Basis für die Überlegungen einer Reihe jüdischer und christlicher Ethiker, die sich mit der Aushöhlung persönlicher Verantwortung in der nationalsozialistischen Kultur beschäftigen. Das System wurde zur vorherrschenden *Realität*, nicht die menschliche Würde. Leider haben wir diese Lehre aus der Erfahrung des Nationalsozialismus noch immer nicht beherzigt. Auch im Zusammenhang der heutigen Globalisierung finden noch immer ähnliche Prozesse statt. „Was hätte ich denn sonst tun können?“, ist eine Standardwendung im Vokabular des globalen Kapitalismus geworden. Die Dynamik des Marktes hat Vorrang ungeachtet ihrer menschlichen Kosten. So verwies beispielsweise ein Bericht der Europäischen Gemeinschaft vor einigen Jahren darauf, dass weltweit 250 Millionen Kinder dazu benutzt werden, dieses System zu unterstützen, häufig unter Bedingungen faktischer Sklaverei. Sie sind die gegenwärtige Variante nationalsozialistischer Zwangsarbeit. Papst Johannes Paul II. hat in einer prophetischen Stellungnahme davor gewarnt, dass die globale Ideologie des Marktes, die die konkurrierenden Ideologien des Kalten Krieges in den vergangenen Jahren ersetzt hat, den Schutz der menschlichen Würde nicht sichern kann: „Die rasch zunehmende Globalisierung der Wirtschafts- und Finanzsysteme weist ihrerseits darauf hin, dass dringend festgeschrieben werden muss, wer das globale Gemeinwohl und die Anwendung der ökonomischen und sozialen Rechte gewährleisten soll. Der freie Markt allein ist dazu nicht imstande, da es in Wirklichkeit viele menschliche Bedürfnisse gibt, die keinen Zugang zum Markt haben.“[8]

Die sogenannte Nazi-Ethik hat die fraglos entscheidende moralische Frage des letzten Jahrhunderts und darüber hinaus bis in unsere Gegenwart aufgeworfen: Wie kann die menschliche Gemeinschaft ihrer Verantwortung in der globalen Gesellschaft nachkommen? Der Holocaust hat uns gezeigt, wie verheerend es für das Überleben der Menschheit sein kann, wenn wir daran scheitern, diese Frage direkt anzugehen.

8 Botschaft seiner Heiligkeit Johannes Paul II. vom 1. Januar 1999, „In der Achtung der Menschenrechte liegt das Geheimnis des wahren Friedens“ (http://w2.vatican.va/content/john-paul-ii/de/messages/peace/documents/hf_jp-ii_mes_14121998_xxxii-world-day-for-peace.html; 5.12.2017).

Mit Bezug auf das dritte ethische Prinzip, das aus dem Studium des Holocaust folgt, müssen wir die Bedeutung nicht nur persönlicher, sondern auch institutioneller Selbstreflexion darüber anerkennen, wie unsere eigene Religion gegen andere Religionsgemeinschaften im Laufe der Jahrhunderte Gewalt angewendet hat. Wenn religiöse Institutionen etwas aus der Zeit des Holocaust lernen wollen, müssen sie in einer gründlichen Untersuchung ihre Geschichte der Unterstützung von Gewalt aufarbeiten. Das ist die Voraussetzung dafür, eine Rolle in der Auseinandersetzung mit politischer und gesellschaftlicher Gewalt in unserer heutigen globalen Gesellschaft zu spielen. Insbesondere müssen sie dabei ihre Rolle bei der direkten oder indirekten Unterstützung des Nationalsozialismus durch die Fortsetzung des weit zurückreichenden christlichen Antisemitismus ansprechen. Papst Johannes Paul II. verdient es, dafür gewürdigt zu werden, dass er das während seiner Amtszeit versucht hat, wobei ich offen sagen muss, dass ich Probleme mit dem 1998 während seiner Amtszeit veröffentlichten Dokument über den Holocaust „Wir erinnern" habe.[9]

Mit Blick auf die Ursachen des Holocaust haben Papst Benedikts Überlegungen einige bedenkenswerte Fragen aufgeworfen. Er scheint die Shoah vor allem, wenn nicht ausschließlich, als neuheidnisches Ereignis gesehen zu haben, das keinerlei Wurzeln in der christlichen Tradition hatte, sondern im Gegenteil eine fundamentale Herausforderung für alle Religionen einschließlich des Christentums darstellte. Kein ernst zu nehmender Holocaustforscher würde seine neuheidnischen Wurzeln oder seine ideologische Feindseligkeit gegenüber jeder Religion bezweifeln. Diese Forscher würden allerdings auch darauf bestehen, die Verbindungen zwischen dem Holocaust und dem klassischen christlichen Antisemitismus gegenüber der Öffentlichkeit herauszustellen, der ein Nährboden für die nationalsozialistische Ideologie in der europäischen Gesellschaft in der ersten Hälfte des 20. Jahrhunderts war.

Der Holocaust fand in einer Kultur statt, die seit Jahrhunderten von christlichen Werten geprägt war. Ein beträchtlicher Teil der nationalsozialistischen antijüdischen Gesetzgebung knüpfte an Gesetze an, die in den vom Christentum geprägten Gesellschaften seit Jahrhunderten existierten. Es lässt sich nicht leugnen, dass die christliche Tradition verantwortlich war für die weitgehende Unterstützung oder zumindest Duldung der nationalsozialistischen Angriffe auf Juden durch getaufte Christen.

Zur Diskussion einer Ethik nach dem Holocaust möchte ich noch die Frage der Vergebung und Versöhnung ansprechen, die immer mehr zur wichtigsten Frage im christlich-jüdischen Dialog mit Bezug auf den Holocaust wird. Hier scheinen Christen und Juden unterschiedliche Wege zu gehen. Ich sehe einen beträchtlichen Unterschied zwischen jüdischen und christlichen Perspektiven in der Behandlung der Frage von Vergebung und Versöhnung. Die Substanz des

9 Vgl. John T. Pawlikowski, The Vatican and the Holocaust: Putting We Remember in Context. In: Dimensions, 12 (1998) 2, S. 215–226.

Christentums ist durch Jesus' Aufforderung gekennzeichnet, seine Feinde zu lieben und ihnen zu vergeben. Einige Bibelforscher wie Donald Senior und der ältere David Flusser, ein jüdischer Spezialist des Neuen Testaments, haben diese Worte als wichtigste Aussage von Jesus' Lehre bezeichnet. Als Christ fühlt man sich fast hartherzig, wenn man Vergebung und Versöhnung nicht bedenkt, egal, wie schrecklich das Verbrechen war, das jemand begangen hat. Meine Kontakte zu Überlebenden der Shoah, die ich in meiner Tätigkeit für das Holocaust Memorial Museum in Washington und auch für andere Organisationen kennengelernt habe, haben meinen intuitiven christlichen Impuls, immer Vergebung zu gewähren, blockiert. Kann ich gegenüber Menschen, die persönlich Schmerzen und Verluste im Holocaust erfahren haben, tatsächlich für die Notwendigkeit von Vergebung und Versöhnung plädieren? Ganz ehrlich, wenn mir etwas an meiner persönlichen Integrität liegt, kann ich das nicht.

Diese Frage der Vergebung und Versöhnung im Zusammenhang der Shoah bewegt uns schon einige Zeit. Mein langjähriger Partner in diesem Dialog, Rabbi Leon Klenicki, hat sich dieser Frage in einer Reihe von Essays gewidmet. Klenicki hat über die Jahre immer wieder an die Juden appelliert, das, was er den „Triumphalismus des Schmerzes" als Element moderner jüdischer Identität genannt hat, zu überwinden. Trotz dieser Aufforderung fand aber auch er es schwierig, sich mit dieser Frage zu beschäftigen. In einem Artikel sprach er einen Gedanken an, der ihn jedes Jahr zu Jom Kippur wieder beschäftigte.[10] Wie würde er sich als Mitglied einer Familie verhalten, die während der Shoah geliebte Menschen verloren hat, wenn ihn ein SS-Offizier oder ein argentinischer Folterer (Klenicki hat lange in Argentinien gelebt) um Vergebung bitten würde? Auf diese Frage hat er noch immer keine zufriedenstellende Antwort. Die Erfahrung persönlichen oder familiären Schmerzes sollte diese Antwort nicht überlagern. Er kann sich hier aber auch nicht einfach als Individuum verhalten. Vielmehr muss er sich in seiner Antwort vor allem als Angehöriger der jüdischen Gemeinschaft verhalten. Da er selbst weder persönlich in Deutschland während der Shoah noch in Argentinien während der Zeit des Staatsterrors war, war er nicht der Meinung, er könne einem dieser Täter im Namen der Opfer vergeben. Alles was er tun kann, so seine Überzeugung, ist einen Täter dazu zu bringen, zu bereuen.

Klenicki ist überzeugt, dass er mit seinem Ansatz in der jüdischen Tradition steht. Zwar sieht diese Tradition auf jeden Fall die Bedeutung und Möglichkeit von menschlicher Vergebung, so als Vorspiel zur Vergebung, die letztlich nur von Gott kommen kann. Eine solche Vergebung kann jedoch nur gewährt werden für Menschen, die aktiv Reue durch gute Taten gezeigt haben. Die Gemeinschaft muss die Bitte um Vergebung und die guten Taten bezeugen. Nur auf diese Weise kann der Bruch des göttlichen Bundes durch die Sünden der Täter geheilt werden. Da Gott die Grundlage dieses Bundes ist, bedarf es der göttlichen Bestätigung der Vergebung, die zunächst von Menschen angeboten wurde.

10 Vgl. Leon Klenicki, The Catholic Response, o. O., September/Oktober 2005.

Für das Judentum sind Vergebung und Versöhnung komplexer als für das Christentum. Das Christentum sieht hier viel stärker einen Prozess zwischen Menschen oder Menschen und ihrem Gott. Im Judentum dagegen ist die Gemeinschaft entscheidend, wenn auch nur symbolisch in Gestalt einiger Zeugen. Dieser Unterschied führt häufig zu Spannungen im christlich-jüdischen Dialog, wenn Christen nach einer ernst gemeinten Anfrage ziemlich schnell Vergebung gewähren, während Juden hier sichtlich mehr zögern. Die Unfähigkeit von Christen, diesen Unterschied zu verstehen, lässt Juden in ihren Augen manchmal hartherzig erscheinen. Aber, so Klenicki, solange die Täter nicht gezeigt haben, dass sie verlässlich und dauerhaft zu *Werkzeugen des Guten* geworden sind, würde eine Vergebung der Täter, die sich innerlich nicht verändert haben, faktisch auf die Vergebung der Verbrechen und der Verbrecher hinauslaufen.[11]

Schließlich besteht Klenicki darauf, dass er nur dann vergeben kann, wenn die rabbinischen Bedingungen erfüllt sind: ein Gesinnungswandel des Täters, ein mündliches Bekenntnis seiner Sünden und der Nachweis einer neuen Verpflichtung auf Tugend und Güte zum Wohl der Gesellschaft. Weniger als das wäre nicht ausreichend. Klenicki führt weiterhin aus, dass echte Vergebung auch die verständliche Verbitterung und Feindseligkeit gegenüber den Tätern beeinflussen wird, die in einem solchen Zusammenhang immer eine Rolle spielen, selbst wenn wir uns das nicht eingestehen wollen. Solche Gefühle sind einfach da, und es ist besser, sie zuzulassen, als den Eindruck einer falschen Großmut zu vermitteln. Er sagt: „Mit meiner Vergebung reagiere ich auch auf meine eigene Verbitterung. Meine Vergebung des anderen, der seine Sünden gebeichtet hat und bereut, ist der Beginn meiner eigenen Heilung und wenn alles gutgeht, auch desjenigen, der gebeichtet und bereut hat. Vergebung ist gerade dann, wenn sie nicht ohne Weiteres zu gewähren ist, ein Prozess der Überwindung der Feindseligkeit und Bitterkeit und führt zur Heilung."[12]

Klenickis Herangehen ähnelt dem des *Nazijägers* Simon Wiesenthal. In seinem berühmten Buch „Die Sonnenblume"[13] nahm Wiesenthal das Problem der Möglichkeiten und Grenzen von Vergebung und Versöhnung in einer Geschichte über einen sterbenden Nazisoldaten auf, der ihn um Vergebung bat. Diese Geschichte, egal ob authentisch oder fiktiv, ist zum klassischen Text des jüdischen Herangehens an das Problem der Vergebung geworden. Sie zeigt zugleich die offensichtlichen Unterschiede zwischen christlichen und jüdischen Konzepten zum Thema.

Die Handlung der Geschichte geht so: Während seiner Zeit als Häftling in einen nationalsozialistischen Konzentrationslager wurde Wiesenthal eines Tages von der Arbeit an das Bett eines sterbenden SS-Soldaten gebracht. Verfolgt von den Verbrechen, die er begangen hatte, wollte der Soldat beichten und von

11 Vgl. ebd.
12 Ebd.
13 Simon Wiesenthal, Die Sonnenblume. Über die Möglichkeiten und Grenzen der Vergebung, Berlin 1998.

einem Juden Vergebung erlangen. Wiesenthal tat sich schwer mit der ernst gemeinten Bitte des Mannes. Viele der von Klenicki aufgeworfenen Fragen kamen auch ihm mit Blick auf die jüdische Tradition bezüglich des Problems von Vergebung und Versöhnung. Das Ganze wurde noch dadurch kompliziert, dass der Soldat nicht so sehr die persönliche Vergebung Wiesenthals suchte, den er bis dahin nicht kannte, sondern die Vergebung der jüdischen Gemeinschaft. Am Ende wies Wiesenthal die Bitte des Soldaten zurück, da er, wie Klenicki das Gefühl hatte, ihm nicht im Namen des jüdischen Volkes vergeben zu können. Aber das war noch nicht das Ende der Geschichte. Nach dem Tod des Soldaten sorgte er dafür, dass seine persönlichen Sachen zusammen mit einer Mitteilung an dessen Mutter geschickt wurden. Er tat das, wovon er meinte, dass es die jüdische Tradition von ihm verlangte. Persönlich jedoch hätte er dem Wunsch des Soldaten nach Vergebung gern entsprochen. Die Komplexität des Problems von Vergebung und Versöhnung blieb für Wiesenthal bestehen. Er löste es, so gut er konnte. Mehr können wir wohl alle nicht tun.

Ich denke, dass Wiesenthal recht hatte, die erbetene Versöhnung zu verweigern. Wenn er sie dem Soldaten gewährt hätte, wäre das eine *billige Gnade* gewesen, wie Bonhoeffer es formuliert hat.[14] Es ist sicher denkbar, dass Wiesenthal etwas gesagt oder getan hätte, um dem sterbenden Mann in begrenztem Umfang zu vergeben. Die Tatsache, dass der Soldat offensichtlich in Wiesenthal vor allem eine Symbolfigur der jüdischen Gemeinschaft, und nicht so sehr einen einzelnen Menschen sah, kompliziert die Sache allerdings beträchtlich. Hätte Wiesenthal ein besseres Verständnis des Unterschiedes zwischen Vergebung und Versöhnung gehabt, hätte er jedoch womöglich einen Weg gefunden, dem Mann zum einen zu vergeben und ihm gleichzeitig klarzumachen, dass es unter den gegebenen Umständen unmöglich war, sich mit den jüdischen Opfern insgesamt zu versöhnen. Vergebung und Versöhnung sind nicht immer zusammen möglich. Manchmal kann man das eine gewähren, das andere jedoch nicht. Das ist die menschliche Wirklichkeit. Wenn Wiesenthal diesen angedeuteten Weg gegangen wäre, hätte das möglicherweise seine eigene Unsicherheit in dieser Situation verringert, die der Geschichte bis zum Schluss anhaftet. Er hätte positiv auf den Sinn einer gemeinsamen menschlichen Bindung reagiert, zugleich aber das unangemessene Ansinnen einer Versöhnung seitens des Soldaten zurückgewiesen.

Es mag sein, dass es keine Lösung des Problems der Vergebung und Versöhnung in den christlich-jüdischen Beziehungen gibt, die nicht zwiespältig wäre. Persönliche Heilung und neue Bindung können Konflikte und Gewalt auf ei-

14 Dietrich Bonhoeffer (1906–1945) – ein für seinen Widerstand gegen den Nationalsozialismus bekannter deutscher lutherischer Pfarrer und Theologe. Insbesondere kritisierte Bonhoeffer in seinen Predigten und Schriften die Euthanasie und die Verfolgung der Juden durch das Regime. Er wurde im April 1943 verhaftet und ins Konzentrationslager Buchenwald gebracht. Am 9.4.1945, zwei Wochen bevor die Alliierten das Lager befreiten, wurde er erhängt. Vgl. Dietrich Bonhoeffer, Nachfolge, München 1937.

ner zwischenmenschlichen Ebene überwinden, auch wenn bestimmte Konflikte in der theologischen Theorie und der historischen Erfahrung weiter bestehen bleiben. Wir können in menschlicher Solidarität zusammenleben, während wir weiter trauern, reflektieren und kommunizieren.

Es gibt Stimmen, die dazu auffordern, den Holocaust zu vergessen, der vor nun schon langer Zeit geschehen ist. Ein solches Ansinnen müssen Juden und Christen zurückweisen. Das Studium des Holocaust eröffnet Einsichten in einige der wichtigsten moralischen Fragen, denen die religiösen Gemeinschaften heute gegenüberstehen. Deshalb muss der Holocaust ein wichtiger Bestandteil ethischer Forschung und Lehre in der gegenwärtigen Welt bleiben.

Göttliche und menschliche Verantwortung angesichts des Holocaust

Im Folgenden möchte ich mich mit der Natur menschlicher und göttlicher Verantwortung beschäftigen, die meiner Meinung nach zum Verständnis des Bösen in der Welt beiträgt. Lange Zeit war ich davon überzeugt, dass wir, um das Böse zu verstehen, ein neues Verständnis der Schöpfung brauchen, wenn wir die Moral angesichts des herrschenden Chaos verteidigen wollen.

Aus meiner Sicht hat die Shoah ein neues Zeitalter menschlicher Selbsterkenntnis und Möglichkeiten eingeleitet, das sowohl die Möglichkeit unvorstellbarer Zerstörung als auch beispielloser Hoffnung in sich birgt. Mit dem Nazismus wurde die Massenvernichtung menschlichen Lebens denkbar und technologisch machbar, bei der sich die Täter keiner Schuld bewusst waren. Damit wurden leidenschaftslose Folter und die Ermordung von Millionen Menschen nicht aus Angst vor dem Fremden, sondern durch den bewussten Versuch, die Geschichte neu zu bestimmen, möglich, unterstützt durch einige der besten Intellektuellen der Zeit. Das war ein Versuch, so hat es Emil Fackenheim formuliert, das *göttliche Bild* in der Geschichte auszuradieren. „Das Lager der Mörder“, so Fackenheim, „war kein zufälliges Nebenprodukt des Naziregimes, sondern sein Wesen.“[15]

Die wichtigste Herausforderung des Holocaust liegt in unserer veränderten Wahrnehmung der Beziehung zwischen Gott und der Menschheit und den Konsequenzen für die Grundlagen moralischen Verhaltens. Das Studium des Holocaust zeigt die Wirklichkeit einer von religiös begründeten moralischen Rücksichten freien arischen Menschheit, die über faktisch unbegrenzte Macht verfügte, um die Welt und ihre Bewohner zu prägen. Indirekt, jedoch wirkungsmächtig, hatten die Nationalsozialisten den Tod Gottes als Herrscher des Universums verkündet. Bei der Verfolgung ihrer Ziele waren sie überzeugt, dass der „Abschaum der Menschheit“, also vor allem die Juden, aber auch Polen,

15 Emil L. Fackenheim, The Jewish Return Into History. Reflections in the Age of Auschwitz and a New Jerusalem, New York 1980, S. 246.

Zigeuner, Homosexuelle und Behinderte, vernichtet, zumindest aber ihr Einfluss auf Kultur und menschliche Entwicklung entscheidend eingeschränkt werden müsste.[16]

Uriel Tal hat die wichtigste theologische Herausforderung durch den Holocaust formuliert: Aus seiner Sicht ging es in der sogenannten Endlösung vor allem um die totale Veränderung menschlicher Werte, wodurch die Menschheit von allen bisherigen moralischen Idealen und Regeln befreit werden sollte. Nach der Vollendung dieses Befreiungsprozesses würde die Menschheit ein für alle Mal von der Unterordnung unter Gott und den daraus folgenden Konsequenzen für moralische Verantwortung, Erlösung, Sünde und Offenbarung befreit sein. Die nationalsozialistische Ideologie versuchte, theologische Ideen in ausschließlich anthropologische und politische Konzepte zu überführen. Aus Tals Sicht hatten die Nationalsozialisten eine Art „Ideologie des Leibhaftigen" entwickelt, jedoch nicht im neutestamentlichen Sinn des Begriffs. Für sie galt vielmehr: „Gott wird zum Menschen im politischen Sinn als Angehöriger der arischen Rasse, deren höchster Repräsentant auf Erden der Führer ist."[17]

Wenn wir dieser Interpretation der ultimativen Bedeutung des Nationalsozialismus folgen, werden wir mit einer wichtigen theologischen Herausforderung konfrontiert. Wie wendet die menschliche Gemeinschaft die menschliche Befreiung, die im Zentrum der nationalsozialistischen Ideologie stand, in ihrem ursprünglichen Sinne angemessen an, ohne dass ihre Seele dem überwältigend Bösen verfällt? Wie schrecklich das Vermächtnis der Nationalsozialisten auch ist, sie haben zutreffend erkannt, dass wichtige Veränderungen des menschlichen Bewusstseins stattfanden. Der Einfluss von neuer Wissenschaft und Technologie mit seinen Konsequenzen für das Verständnis von Freiheit vermittelte weiten Teilen der Menschheit die prometheische Erfahrung des Zerbrechens ursprünglicher Ketten der Moral. Die Menschen empfanden, wenn auch zunächst nur undeutlich, einen gesteigerten Sinn für Würde und Autonomie, der weit über das hinausging, was die westliche christliche Theologie bereit war zu akzeptieren.

Traditionelle theologische Konzepte, die die christliche moralische Perspektive wesentlich geprägt hatten, wie etwa das göttlicher Bestrafung und göttlichen Zorns oder das der Vorsehung, verloren einen Teil ihrer Bedeutung für moralische Entscheidungen, die sie seit biblischen Zeiten hatten. Die christliche Theologie tendierte dazu, die Allmacht Gottes herauszustellen, die ihrerseits die Ohnmacht des Menschen und die letztlich unbedeutende Rolle der menschlichen Gemeinschaft für die Erhaltung der Schöpfung bekräftigte. Die Nationalsozialisten wiesen diesen traditionellen Zusammenhang energisch zurück und versuchten ihn buchstäblich auf den Kopf zu stellen.

16 Vgl. dazu John T. Pawlikowski, Uniqueness and Universality in the Holocaust: Some Ethical Reflections. In: Linda Bennett Elde/David L. Barr/Elisabeth Struthers Malbon (Hg.), Biblical and Humane, Atlanta 1996, S. 275–289.

17 Uriel Tal, Forms of Pseudo-Religion in the German Kulturbereich prior to the Holocaust. In: Immanuel, 3 (1973–1976), S. 69.

Für Irving Greenberg hat der Holocaust jede weitere Möglichkeit einer von Gott befohlenen Dimension menschlichen Handelns in unserem Verständnis der Beziehung zwischen Gott und dem Menschen zerstört. Er schreibt: „Im Rahmen des Bundes kann man niemandem befehlen zu sterben."[18] Jeder Bund zwischen Gott und der Menschheit kann vonseiten des Menschen nur freiwillig sein, wenn er Sinn machen soll. Die freiwillige Natur einer solchen Beziehung nach dem Holocaust erhöht aus Greenbergs Sicht zweifellos die Verantwortung des Menschen: „Nachdem nach der Zerstörung des Tempels Israel von einem Juniorpartner zu einem wirklichen Partner im Bund mit Gott wurde, ist das jüdische Volk nun dazu aufgefordert, zum aktiven wichtigsten Partner dieses Bundes zu werden. Faktisch hat Gott den Menschen gesagt: Ihr müsst die Shoah stoppen. Ihr müsst für die Erlösung sorgen. Ihr müsst so handeln, dass es nie wieder passieren kann. Ich bin immer bei euch, was auch passiert, aber ihr müsst es tun."[19]

Das Paradigma des allmächtigen Gottes, der eingreifen wird, um der menschlichen Zerstörung der Schöpfung Einhalt zu gebieten, ist nach der Shoah und angesichts unseres modernen Entwicklungsbewusstseins tot. Hier hatten die nationalsozialistischen Ideologen recht. Dagegen waren sie auf verhängnisvolle und menschlich verheerende Weise im Unrecht, als sie den Tod eines eingreifenden Gottes mit der Annahme der „Allmacht für sich selbst"[20] beantwortet haben, wie das der Theologe Michael Ryan genannt hat.

Wenn wir es schaffen, den ausufernden Gebrauch menschlicher Macht zu üblen Zwecken durch das Paradigma gemeinsamer Gestaltung einzuschränken, müssen wir insbesondere in unseren durch die Aufklärung und die Ideologie des globalen Kapitalismus hoch säkularisierten Gesellschaften in das menschliche Bewusstsein wieder einen Sinn für den *fordernden Gott* einführen, wie ich das genannt habe. Diese Erfahrung eines fordernden Gottes, den wir durch eine persönliche und kulturelle symbolische Begegnung erfahren sollten, wird zur Heilung und Stärkung führen. Diese Stärkung wird das Bedürfnis, unser Menschsein durchzusetzen und den Schöpfergott durch den zerstörerischen oder sogar tödlichen Gebrauch menschlicher Macht zu überwältigen, beenden. Dieser Sinn eines fordernden Vatergottes, dem die Menschheit ihre Fähigkeiten zu verdanken hat und dessen Verletzlichkeit sich den Christen am Kreuz gezeigt hat, wie das Jürgen Moltmann eindringlich in seinem Buch „Der gekreuzigte Gott"[21] entwickelt hat, ist die unverzichtbare Grundlage des Paradigmas gemeinsamer Gestaltung in unserer heutigen Zeit.

18 Irving Greenberg, The Voluntary Covenant. In: Perspectives, 1 (1982), S. 15.

19 Ebd., S. 17 f.

20 Michael Ryan, Hitler's Challenge to the Churches: A Theological-Political Analysis of Mein Kampf. In: Franklin Littel/Hubert G. Locke (Hg.), The German Church Struggle and the Holocaust, Detroit 1974, S. 160 f.

21 Jürgen Moltmann, Der gekreuzigte Gott, München 1973.

Moltmanns Überlegungen zum Holocaust begannen nach seinem Besuch des Konzentrationslagers Majdanek in der Nähe von Lublin. Als er sich mit den Folgen dieses Besuchs auseinandersetzte, fand er Kraft in den Worten Elie Wiesels aus seinem Buch „Die Nacht“: „‚Wo ist Gott?‘ Und ich hörte eine Stimme in mir antworten: ‚Wo er ist? Dort – dort hängt er, am Galgen ...‘“[22] Das ist der Ausgangspunkt, von dem aus Moltmann den Holocaust als die bisher dramatischste Offenbarung der grundsätzlichen Bedeutung der Erscheinung Christi interpretiert: Gott kann die Menschen und Völker retten, auch das Volk Israel, da er durch das Kreuz Teil ihres Leidens war. Nach dem Holocaust zu theologisieren, sieht Moltmann als aussichtsloses Unterfangen: „Wären nicht das *Sh'ma Israel* und das Vaterunser in Auschwitz gebetet worden, hätte nicht Gott selbst in Auschwitz mit den Gepeinigten und Ermordeten gelitten, wäre jede andere Antwort eine Gotteslästerung. Ein absoluter Gott würde uns belanglos und überflüssig machen. Der Gott des Handelns und Erfolges würde uns die Toten vergessen lassen, die wir immer noch nicht vergessen können. Der Gott als das Nichts würde die ganze Welt in ein Konzentrationslager verwandeln.“[23] Aus Moltmanns Sicht entsteht aus der Erfahrung des Holocaust eine „Theologie göttlicher Verletzlichkeit“, die mit Abraham Heschels Konzept des „göttlichen Pathos“ verwandt ist.

Meiner Meinung nach waren die Angst und der Paternalismus, die in der Vergangenheit mit dem Verständnis der Gott-Mensch-Beziehung assoziiert waren, zumindest zum Teil mitverantwortlich für den nationalsozialistischen Versuch, die Bedeutung des Menschlichen in ihr Gegenteil zu verkehren. Die Inkarnationschristologie kann dem Menschen helfen zu verstehen, dass er am Leben und der Existenz Gottes teilhat. Der Mensch bleibt eine Kreatur. Die Kluft zwischen dem Menschsein im Menschen und dem Menschsein des göttlichen Wesens bleibt beträchtlich. Es ist jedoch auch klar, dass es zwischen beiden eine Verbindung gibt: Die beiden Humanitäten können sich berühren. Der menschliche Kampf um die eigene Identität im Angesicht des Schöpfergottes, der in der Vergangenheit und insbesondere während des Holocaust die Quelle des Missbrauchs menschlicher Macht war, ist im Prinzip zu Ende. Seine Vollendung muss jedoch erst noch erreicht werden. In diesem Sinne bringt Christus der Menschheit noch immer Erlösung in ihrer grundlegenden Bedeutung: Ganzheitlichkeit.

Die Bedeutung von göttlicher Verletzlichkeit muss von direkten Verbindungen zum jüdischen Leiden ebenso wie dem Leiden anderer Opfer des Nationalsozialismus abgetrennt werden. Aus einer theologischen Perspektive muss Jesus' Leiden als freiwillig und erlösend betrachtet werden. Ein solcher Anspruch kann guten Gewissens nicht für die Opfer des Nationalsozialismus erhoben werden. Und auf der menschlichen Ebene ist es schwierig, das Ausmaß des

22 Elie Wiesel, Die Nacht: Erinnerung und Zeugnis, Freiburg i. Brsg. 2003, S. 95.

23 Jürgen Moltmann, The Crucified God. In: Theology Today, 32 (1974), S. 13. Vgl. auch ders., Wer ist Christus für uns heute?, Gütersloh 2001.

Leidens von Zigeunern, Polen, Menschen mit Behinderungen, Homosexuellen und anderen mit dem Jesus' zu vergleichen, so schmerzhaft sein Leiden ohne Zweifel auch war.

Ich meine, dass der Holocaust gleichzeitig der höchste Ausdruck menschlicher Freiheit wie des Bösen war, beide sind aufs Engste miteinander verbunden. Die ultimative Erringung menschlicher Freiheit von Gott in unserer Zeit, die der Holocaust darstellt, könnte der Beginn der endgültigen Lösung des Konfliktes zwischen der Freiheit und dem Bösen gewesen sein. Wenn die Menschheit schließlich erkennt, welches Ausmaß an Zerstörung sie durch die absolute Zurückweisung jeglicher Abhängigkeit von ihrem Schöpfer produzieren kann, wie das während des Holocaust der Fall war, wenn sie versteht, dass eine solche Zurückweisung eine Pervertierung und keine Verwirklichung menschlicher Freiheit ist, könnte eine neue Stufe in der Entwicklung des menschlichen Bewusstseins beginnen. Vielleicht gelingt es uns ja endlich, das Böse in seinen Wurzeln zu erkennen und die von ihm ausgehende Herausforderung zu bestehen. Die Macht des Bösen wird nur dann schwinden, wenn die Menschheit einen Sinn für die Würde entwickelt, die in ihrer direkten Verbindung zu Gott liegt, und wenn sie im Anschluss daran Demut entwickelt angesichts der möglichen Zerstörung der Schöpfung, wenn diese sich selbst überlassen wird. Eine tiefe Demut durch die Erfahrung der heilenden Kraft, die der höchste Schöpfer menschlicher Macht ist, entscheidet darüber, ob wir die Herausforderung des Bösen angesichts der Shoah bestehen.

Der Holocaust und die jüdische Ethik

*Michael Berenbaum**

„In ihrem Tod geboten sie uns zu leben."
„Nie wieder."
„Lasst es die Welt nie vergessen."[1]

Für eine Untersuchung der jüdischen Ethik nach dem Holocaust sollten wir uns zuerst den Überlebenden zuwenden.

Romana Strochlitz erklärte das Geheimnis ihrer Herkunft:

„Meine Eltern, die sich in Birkenau kurz begegnet waren, wurden beide in Bergen-Belsen befreit. Meine Mutter wog 34 Kilo und hatte Typhus-Fieber; sie verstand kaum, dass sie befreit worden war. Mein Vater wog 40 Kilo. Sie hatten ihre Familien verloren, ihre Gemeinden und ihre Art zu leben. Und dennoch, ich wurde im Bergen-Belsen DP-Lager weniger als 15 Monate nach der Befreiung geboren. Ich wurde in eine lebendige, politisch aktive jüdische Gemeinde mit eigener Zeitung, Theatergruppe, Konzerten, Jugendgruppen und einer explodierenden Geburtenrate hineingeboren."[2]

Dieses Statement ist persönlich und zutiefst ethisch.

Auch wenn Generalisierungen schwierig sein mögen, nach allem, was die Überlebenden durchlitten hatten, gingen sie vier Verpflichtungen ein: Sie beschlossen zu überleben, als Juden zu überleben, ein neues Leben zu schaffen und die jüdische Geschichte fortzusetzen. Keine dieser Entscheidungen war selbstverständlich und die Entschlossenheit, das Leben neu zu schaffen, war ein dramatischer und vielleicht unbegründeter Entschluss, Vertrauen in die Zukunft zu haben. Sie waren, wie Abraham Joshua Heschel es einmal ausdrückte, „Optimisten wider besseren Wissens".[3] Ihre Entscheidung, die jüdische Ge-

* Übersetzt aus dem Englischen von Wolfgang Bialas. Dieser Text basiert großteils auf die bereits veröffentlichten Artikel „Ethical Implications of the Holocaust" in: Elliot N. Dorff/Jonathan K. Crane (Hg.), The Oxford Handbook of Jewish Ethics and Morality, Oxford: Oxford University Press 2012, S. 186-205; und „The Impact of the Holocaust on Contemporary Ethics" in: Judith H. Banki/John T. Pawlikowski (Hg.), Ethics in the Shadow of the Holocaus. Christian and Jewish Perspectives, Chicago 2001: Sheed & Ward, S. 235-260.

1 Das sind Inschriften, die sich häufig an Holocaust-Gedenkstätten finden. „In ihrem Tod geboten sie uns zu leben" wird häufig in Israel verwendet. „Nie wieder" findet sich als Inschrift in verschiedenen Sprachen am Mahnmal in Treblinka, und „Lasst es die Welt nie vergessen" war das Thema eines Abends auf einem Treffen amerikanischer jüdischer Überlebender des Holocaust in Washington vom 11.-13. April 1983.

2 Romana Strochlitz Primus. In: Menachem Rosensaft (Hg.), Life Reborn: Jewish Displaced Persons 1945-1951, Washington, D.C. 2001, S. 21.

3 ABC News Special, „Rabbi Heschel", vom 21.11.1971.

schichte fortzusetzen, belebte die jüdische Zukunft neu und führte zu einer der spannendsten und produktivsten Perioden der jüdischen Geschichte.

Vielleicht waren ihre Motive nicht so erhaben, wie man sich das vorstellen mag; viele heirateten aus Einsamkeit und Verzweiflung. Auch ist es nicht überraschend, dass sie Kinder hatten, oft sehr bald nach ihrer Befreiung. Viele Frauen in den Lagern hatten befürchtet, dass das Ausbleiben der Menstruation, von der sie fälschlicherweise annahmen, dass sie durch eine Beimischung in ihrem Essen hervorgerufen wurde, sie für immer unfruchtbar gemacht hätte. Ein Kind zu haben bedeutete, jemanden lieben zu können und geliebt zu werden – bedingungslos und unschuldig.

Weitaus überraschender und kontroverser ist, dass die Überlebenden instinktiv die Entscheidung trafen, ihre neugeborenen Söhne zu beschneiden, ebenso wie die Söhne, die während des Krieges geboren worden waren, als die Beschneidung potenziell tödlich und fast unmöglich war. Rabbi Arnold Wieder, ein Holocaust-Überlebender und ritueller Beschneider, berichtete, dass er und sein Vater von DP-Lager[4] zu DP-Lager zogen und die Jungen beschnitten.[5] Sechs Jahre lang gefährdete dieses Zeichen der Herkunft alle jüdischen Männer. Nach nur wenigen Monaten, noch bevor ihre Zukunft absehbar oder gar sicher war, und während ihre Lebensumstände immer noch hart und risikoreich waren, wagten sie, ein unauslöschliches Zeichen des Jüdisch-Seins im Körper ihrer Söhne zu setzen. Die meisten Juden beschlossen, Juden zu bleiben, und sie wagten es, den Leib ihrer Söhne entsprechend zu zeichnen.

Die Eltern von Madeleine Albright oder Kati Marton[6] und viele andere hatten jedoch etwas anderes vom Holocaust gelernt, nämlich dass Jüdisch-Sein potenziell tödlich war und dass es angesichts der Situation in der Welt und ihrer eigenen Haltung zum Judentum das Risiko vielleicht nicht wert war. Sie wagten es nicht, Abraham zu sein, der unter Umständen seinen Sohn opfern muss. Stattdessen versteckten sie ihre Identität und assimilierten sich.

Die überwältigende Mehrheit der Überlebenden entschied sich jedoch dafür, ihr Leben als ausdrücklich jüdisches Leben zu leben. Dieses öffentliche jüdische Leben im DP-Camp nahm die Gestalt des Zionismus an. Yehuda Bauer, ein bedeutender israelischer Historiker des Holocaust und des Zionismus,

4 Lager für „Displaced Persons", also Zivilpersonen, welche sich kriegsbedingt außerhalb ihres Heimatstaates aufhielten und ohne Hilfe nicht zurückkehren oder in einem anderen Land neu ansiedeln konnten.

5 Aus einem persönlichen Gespräch mit dem Autor.

6 Erst als Außenministerin hat Madeleine Albright ihre jüdische Herkunft anerkannt, obwohl die Namen ihrer Großeltern an der Mauer der Prager Synagoge unter denjenigen, die deportiert und ermordet wurden, mit aufgelistet waren und ihre eigene Beschreibung ihrer Familie diese nicht nur als tschechoslowakische Patrioten und Sozialdemokraten, sondern auch als Juden in ihrem Heimatland hätte beschreiben können. Obwohl viele davon überrascht waren und annahmen, dass sie lügen würde, fand ich persönlich ihre Geschichte glaubwürdig. Ich glaube, sie wusste einfach intuitiv, dass alles Jüdische gefährlich war, und hat deshalb diesen Teil ihrer Familiengeschichte verdrängt. Kati Marton, die bewegend über den Holocaust und ihre eigene Geschichte geschrieben hat, erfuhr erst als Erwachsene, dass ihre Eltern ungarische Juden waren.

drückte es so aus: „Der Grund, warum Überlebende des Holocaust sich dem Zionismus zuwandten, ist nicht schwer zu verstehen. Die Ermordung der europäischen Juden schien das zionistische Argument zu bestätigen, dass es keine Zukunft für Juden in Europa gab."[7] Nach dem Ersten Weltkrieg konnten Juden sich eine Zukunft als Minderheit innerhalb der Mehrheitskultur vorstellen. Nach dem Zweiten Weltkrieg war eine solche Position nicht mehr vorstellbar. Der politische Zionismus hatte seit Theodor Herzl den Antisemitismus als das Ergebnis der unnormalen Situation des jüdischen Volkes als eines Volkes ohne Gebiet und ohne Staat, ohne Flagge und Armee gesehen. Deshalb warben die Zionisten nach dem Holocaust für die Erschaffung eines jüdischen Staates. Die überlebenden Juden folgten dem und erlaubten auch anderen, ihre Situation als politisches Instrument für die Schaffung dieses Staates zu nutzen.

Israels Unabhängigkeitserklärung teilte Herzls Diagnose und gab sich selbst als Lösung aus:

> „Die Katastrophe, die in unserer Zeit über das jüdische Volk hereinbrach und in Europa Millionen von Juden vernichtete, bewies unwiderleglich aufs Neue, dass das Problem der jüdischen Heimatlosigkeit durch die Wiederherstellung des jüdischen Staates im Lande Israel gelöst werden muss, in einem Staat, dessen Pforten jedem Juden offenstehen, und der dem jüdischen Volk den Rang einer gleichberechtigten Nation in der Völkerfamilie sichert."[8]

Solch eine Vision von Israel hatte ihre rechtliche Grundlage im israelischen Rückkehrgesetz, das alle Juden, die nach Israel kamen, willkommen hieß und ihnen sofortige Staatsbürgerschaft garantierte. Dieses Selbstverständnis Israels als Zuflucht und Heimat aller Juden dauerte an. Es motivierte die Israelis, sich für die Rettung der sowjetischen Juden einzusetzen und die äthiopischen Juden willkommen zu heißen, deren Verbindungen zum jüdischen Volk ein Jahrtausend zuvor getrennt worden waren. Israel bot ihnen eine Heimat und sicherte ihre Rettung. Es war, wie Leon Wieseltier bemerkte, das einzige Mal in der Geschichte, dass schwarze Afrikaner in die Freiheit, nicht in die Sklaverei, gebracht wurden.[9]

Amerikanische Juden waren vielleicht weniger von Israel als jüdischem Heimatland angezogen als von Israel als Zuflucht für Juden, als Ort, wo sie angesiedelt werden konnten, da Einwanderungserlaubnisse in die USA damals wie heute nicht ausreichten, um alle vertriebenen Juden aufzunehmen. Es mag noch andere Gründe gegeben haben, warum westliche Regierungen die Errichtung eines jüdischen Staates unterstützten: Jeder Jude, der nach Palästina ging, war ein Jude weniger auf den Straßen von London, Paris oder New York.

7 Yehuda Bauer. In: Rosensaft (Hg.), Life reborn, S. 25.
8 Die Unabhängigkeitserklärung des Staates Israel vom 14.5.1948 (http://www.hagalil.com/israel/independence/azmauth.htm, 12.2.2018)
9 Leon Wieseltier, Brothers and Keepers: Black Jews and the meaning of Zionism. In: The New Republic vom 11. Februar 1985.

Obwohl ich Israel nicht als die Antwort auf den Holocaust bezeichnen würde, ist die Gründung des Staates Israel die deutlichste jüdische Reaktion auf jene Bedingungen, die den Holocaust hervorbrachten, ein Versuch, die Situation des jüdischen Volkes und die Wahrnehmung der Welt vom jüdischen Volk zu verändern. Sie war auch ein wichtiger Trost für die Juden nach dem Zweiten Weltkrieg. Abgesehen von Staat und Flagge, lernte das jüdische Volk vom Holocaust, dass Machtlosigkeit Viktimisierung befördert.[10]

Deshalb standen Israel und die amerikanische jüdische Gemeinschaft zu ihrem Streben nach Macht. Sie verstanden, dass ein Volk in der Lage sein muss, sich selbst zu verteidigen. Eine Zeit lang, vor allem während der ersten Jahre des Staates Israel und vor dem Jom-Kippur-Krieg von 1973, hielten viele Israelis die Machtlosigkeit des jüdischen Volkes während des Holocaust für eine Schande und sahen sich selbst in der Nachfolge der heroischen Widerstandskämpfer der Ghettos von Warschau, Vilnius und Bialystok, ja sogar der Todeslager von Auschwitz-Birkenau, Sobibor und Treblinka. Nur ein Volk, das willens und in der Lage war, sich selbst zu verteidigen, konnte überleben, vor allem in der Region, in der Israel lag.[11]

Israelis hatten ebenfalls vom Holocaust gelernt, die Abhängigkeit der Juden zu verabscheuen. Sie konnten sich nicht auf die Hilfe anderer verlassen. Abhängige Juden wurden offenbar beliebig getötet, verlassen von der Welt, verraten von Verbündeten und sogar von Nachbarn. Die eindeutige Lösung war, unabhängig zu werden, in der Lage, das eigene Schicksal selbst zu bestimmen.

Säkulare Israelis gingen davon aus, dass Macht und Unabhängigkeit die Lage der Juden und ihre Verletzlichkeit verändern würden. Die Juden würden ein normales Volk werden, eine Nation wie jede andere. Es wurde angenommen, dass Israel dem Antisemitismus ein Ende setzen werde, den der Zionismus als Ergebnis der abnormalen Situation der Juden sah. Religiöse Juden neigten weniger zu dieser Ansicht. Esau hasst Jakob, dieses Sprichwort war verbreitet seit Jahrhunderten, und sie waren weniger hoffnungsvoll, dass sich dies ändern würde. Das Narrativ der jüdischen Geschichte schien einfach: von Auschwitz nach Jerusalem, von der Heimatlosigkeit zum eigenen Heimatland; von Grenzen, die vor fliehenden Juden geschlossen wurden, zu Toren, die für alle Juden geöffnet wurden; von der Machtlosigkeit zu Zahal, den israelischen Streitkräften, die feindliche Armeen vernichten konnten, die sogar Juden in Uganda und Äthiopien retten konnten; von der Abhängigkeit zur Unabhängigkeit, und von der Verletzlichkeit zur Sicherheit. Die Juden der ersten Generation von Israels Unabhängigkeit wurden im Sinne dieser Erwartungen erzogen. Es wurde ihr ethischer Imperativ: Überleben und Würde durch Unabhängigkeit und Stärke.

10 Vgl. Irving Greenberg, Clouds of Smoke, Pillar of Fire. Judaism, Christianity, and Modernity after the Holocaust. In: Eva Fleischner (Hg.), Auschwitz: Beginning of a New Era? Reflections on the Holocaust, New York 1977, S. 7–55.

11 Vgl. Tom Segev, Die siebte Million: Der Holocaust und Israels Politik der Erinnerung, Reinbek bei Hamburg 1995.

Jedoch – das jüdische Narrativ ist niemals simpel. Die jüdische Realität ist sogar noch komplexer. Juden sind es gewohnt, dass die Welt Juden als machtlos und als Opfer sieht. Im Kampf zwischen den Mächtigen und den Machtlosen neigen die Menschen zu dem Glauben, dass die Gerechtigkeit aufseiten der Machtlosen ist. Die Juden sehen sich selbst als David im Kampf gegen Goliath. Von anderen werden sie als Goliath gesehen. Israel ist tatsächlich mächtig, eine regionale militärische Supermacht. Es wird jetzt als Goliath gesehen, so merkwürdig das für jüdische Ohren klingen mag, und wenn Goliath die weniger mächtigen Palästinenser in der Westbank oder in Gaza schikaniert, wird es als Bösewicht wahrgenommen. Mitgefühl wird den Machtlosen entgegengebracht, nicht den Mächtigen. In der Geschichte ist es jedoch, bis auf wenige rätselhafte Ausnahmen, besser, Goliath zu sein als David. Goliath gewinnt weitaus öfter und leichter als der weniger mächtige David.

Israels Schwäche ist seine Stärke

Avraham Burg und Leon Wieseltier beschworen die Israelis anzuerkennen, dass „Hitler tot und der Holocaust vorbei [ist]“.[12] Wir sind nicht länger Opfer; wir bestimmen unser Schicksal selbst. Das Kommen und Gehen von Generationen, die Anhäufung bedeutender politischer, militärischer, kultureller und ökonomischer Macht haben bei großen Teilen des jüdischen Volkes nicht dazu geführt, die Selbstwahrnehmung als Opfer zu überwinden.

Auch wenn die Anhäufung von Macht moralisch notwendig ist, um Viktimisierung zu verhindern, so ist die Anwendung von Macht doch nicht ethisch neutral. Wenn uns der Holocaust eines gelehrt hat, dann, dass der unbegrenzte Gebrauch von Macht moralisch gefährlich ist. Macht bedeutet Verantwortlichkeit, insbesondere der moralische Gebrauch von Macht ist schwierig, wenn es ein deutliches Ungleichgewicht zwischen der eigenen Macht und der relativen Machtlosigkeit des Gegners gibt.

Eine zweite langjährige Reaktion von führenden Holocaust-Überlebenden hat die Shoah in den Vordergrund des gegenwärtigen politischen und ethischen Bewusstseins gerückt. Sie wurde als das absolute Negative zum Prüfstein für Werte. In einer Welt des ethischen Relativismus ist der Holocaust zu einer Art Maßstab des Bösen geworden, der allzu oft von Leuten bemüht wird, die die Aufmerksamkeit für das Negative erhöhen wollen. Holocaust-Überlebende, die eine kleine Minderheit von Opfern waren, wurden mit der Frage des Umgangs mit ihrem zufälligen Überleben konfrontiert: „Warum habe ich überlebt?“ Mit der Zeit fanden sie Sinn in ihrem Leben danach – der Zeugenschaft und Vermittlung ihres

12 Leon Wieseltier, Against the Ethnic Panic of American Jews: Hitler is Dead. In: The New Republic vom 27.5.2002; sowie Avraham Burg, The Holocaust is Over: We Must Rise from Its Ashes, New York 2009. Burg greift polemisch eine Erinnerung des Holocaust an, die die Juden nicht dazu ermutigt wahrzunehmen, wie weit sie seit den schrecklichen Jahren der Zerstörung gekommen sind.

Vermächtnisses. Da sie mit dem Tod konfrontiert gewesen waren, hatten viele gelernt, was das Wichtigste im Leben ist: das Leben selbst, Liebe, Familie und Gemeinschaft. Sie fanden sogar, wie die Überlebende Gerda Weissmann-Klein es formulierte, einen „langweiligen Abend zu Hause“[13] lebenswert.

Für die meisten Holocaust-Überlebenden waren das Bestehen des jüdischen Volkes und die Sicherheit Israels von überragender Bedeutung. Das letzte Bekenntnis der jüdischen Geschichte und des jüdischen Erinnerns muss vom Leben handeln und nicht vom Tod, wie allgegenwärtig der Tod auch sein mag. Die Holocaust-Überlebenden transformierten Viktimisierung in Zeugenschaft, Entmenschlichung in den Appell, Humanität zu vertiefen. In den letzten Jahren, nachdem Jahrzehnte vergangen waren und andere Genozide stattgefunden hatten, erweiterten sie das, was Soziologen „das Universum der moralischen Verpflichtung“ genannt haben, über die Juden hinaus auf andere Opfer von Genozid und Massenmord.

Holocaust-Überlebende verarbeiteten das Überleben in biblischer Weise: in der Erinnerung an das Böse und das Leiden, um das Bewusstsein zu vertiefen, die Erinnerung zu erweitern und Verantwortung zu vergrößern. So haben die alten Israeliten auf Sklaverei und Exodus reagiert. So haben ihre Nachfolger auf die Shoah reagiert.

Jüdische philosophische Ethik nach dem Holocaust

Jüdische Philosophen setzten sich nach dem Holocaust mit dessen ethischen und religiösen Konsequenzen auseinander. Zum Purim-Fest nach dem Sechstagekrieg von 1967 formulierte Emil L. Fackenheim, der wichtigste kanadisch-jüdische Philosoph, folgendes eindringliches Gebot von Auschwitz:

> „Es ist den Juden verboten, Hitler posthume Siege zuzugestehen. Es ist ihnen geboten, als Juden zu überleben, damit das jüdische Volk nicht untergeht. Es ist ihnen geboten, sich an die Opfer von Auschwitz zu erinnern, damit ihr Andenken nicht untergeht. Es ist ihnen verboten, am Menschen und seiner Welt zu verzweifeln und in Zynismus oder in andere Welten zu flüchten, damit sie sich an der Auslieferung der Welt an die Kräfte von Auschwitz nicht beteiligen. Schließlich ist es ihnen verboten, am Gott Israels zu verzweifeln, damit das Judentum überlebt. Ein säkularer Jude kann sich nicht durch einen bloßen Willensakt gläubig machen, noch kann ihm dies befohlen werden. [...] Und ein religiöser Jude, der zu seinem Gott gehalten hat, mag in eine neue, möglicherweise revolutionäre Beziehung zu ihm gezwungen werden. Eine Möglichkeit ist jedoch gänzlich undenkbar. Ein Jude kann nicht auf Hitlers Versuch, das Judentum zu zerstören, reagieren, indem er bei dieser Zerstörung mitwirkt. Im Altertum war die undenkbare jüdische Sünde der Götzendienst. Heute besteht sie darin, auf Hitler zu reagieren, indem man sein Werk ausführt.“[14]

13 Gerda Klein, A Boring Evening at Home, Washington, D.C. 2007. Vgl. auch ihre Rede anlässlich der Oskar-Verleihung 1995 für den besten Dokumentarfilm „One Survivor Remembers“.

14 Emil Fackenheim, On Jewish Values in the Post-Holocaust Future: A Judaism Symposium. In: Judaism, 16 (1967) 3, S. 266–299, hier 266 f. Fackenheim hat diese Fragen

Fackenheim nannte dies das 614. Gebot, hervorgegangen aus der Asche des Todeslagers, welches ein Sinnbild für den Holocaust und die Shoah geworden ist. Er benutzte den Terminus „gebietende Stimme von Auschwitz" in der Absicht, ein theologisches Problem zu lösen. Wie kann man nach Auschwitz von Gott sprechen? Zur Abwesenheit des rettenden Gottes in Auschwitz behauptete er, dass in den beiden paradigmatischen historischen Erfahrungen des jüdischen Volkes - dem Exodus und Sinai - zwei verschiedene Manifestationen des Göttlichen existiert hätten, der rettende Gott des Exodus und der befehlende Gott des Sinai. Fackenheim konnte nicht vom rettenden Gott in Auschwitz sprechen, in der Asche erkannte er jedoch die gebietende Stimme.

Für Fackenheim und viele Juden seiner Generation besteht der zentrale jüdische Imperativ darin, dass Hitler nicht gewinnen darf, die Nazis können nicht das letzte Wort haben. Er definiert das als vierfache Verpflichtung: Überleben, Erinnern, Engagement in der Welt und Aufrechterhaltung des Judentums, wenn auch in einer neuen und transformierten Form.

Fackenheim behauptete nie, dass der Glaube des jüdischen Volkes dem Gott Israels oder der von ihm hervorgebrachten Welt ebenbürtig sei, sondern lediglich, dass die Konsequenzen eines Verlustes des Glaubens - der selbst provozierte Niedergang des Judentums oder die Auslieferung der Welt an die Kräfte von Auschwitz - so verheerend wären, dass dies für ihn und das jüdische Volk kein denkbarer Weg sein konnte. Er schreckte zurück vor der Leere, die den Glauben an Gott und die Schöpfung zerrüttet.[15]

Später war Fackenheim mit dieser Wiedergabe der theologischen und ethischen Implikationen des Holocaust nicht zufrieden. Er schrieb ein grundlegendes Werk über die Aufgabe der Welt nach dem Holocaust, in welchem er argumentierte, dass der Holocaust zwar ein Bruch, aber kein vollständiger Bruch in der westlichen Zivilisation war, da es einzelne heilende Momenten im Holocaust selbst gegeben habe.[16]

Der stärkste Teil eines Gewebes ist dort, wo es ausgebessert wurde. Rabbi Menachem Mendel von Kotzk, der große chassidische Meister, sagte: „Nichts ist so ganz wie ein Herz, das gebrochen und geheilt wurde." Deshalb besteht für Fackenheim die Aufgabe in der Welt nach dem Holocaust darin, diese zu verbessern, hebräisch: „Tikkun". Dieses Konzept wurde in den mystischen Lehren des Rabbi Isaac Luria als eine Antwort auf das Exil und als Wiedervereinigung der durch die Schöpfung verstreuten göttlichen Funken entwickelt. Bei Fackenheim wird „Tikkun" weniger überschwänglich benutzt, verweist aber auf eine nicht weniger dringende Mission.

weiter ausgeführt in: ders., God's presence in history: Jewish affirmations and philosophical reflections, New York 1969, vgl. besonders S. 4.

15 Zur Kritik Fackenheims vgl. Michael Berenbaum, The Vision of the Void: Theological Reflections on the Works of Elie Wiesel, Middletown 1979, S. 154-160.

16 Emil Fackenheim, To Mend the World: Foundations of Future Jewish Thought, New York 1982.

Irving Greenberg präsentierte eine viel radikalere Sicht auf die jüdische Theologie, aber eine ähnliche Sicht auf die jüdische Ethik nach dem Holocaust. In seinem Artikel „Clouds of Fire, Pillar of Smoke", der immer noch als Meilenstein in der jüdischen Theologie gelten kann, begründete er die Prinzipien der Authentizität in der Forschung nach dem Holocaust: „Es kann keine theologische oder andere Aussage gemacht werden, die nicht in der Gegenwart von brennenden Kindern gemacht werden kann."[17] Daher zögerte Greenberg, laut von Gottes Gnade oder Gerechtigkeit zu sprechen, aber er war bereit, solche Gnade und Gerechtigkeit zu schaffen, was Harold Schulweis „predicate theology" nannte. Er benannte klar die Herausforderung, die der Holocaust für die jüdische und christliche Theologie, aber auch für weltliche Werte und das Verhältnis zur Modernität darstellte.

Greenberg argumentierte, dass der Holocaust und der Aufstieg des Staates Israel die dritte große Ära in der jüdischen Geschichte eingeleitet haben. Die Natur der Beziehung zwischen Gott und Mensch ist vor unseren Augen transformiert worden. Obwohl der Inhalt des Vertrages und die Beziehung zwischen Gott und Israel sich verändert haben, auch ein gebrochener Vertrag bindet Gott und Israel auf dem Weg zur Erlösung aneinander.

Greenberg zufolge spielte Gott in der biblischen Ära eine aktivere Rolle in Bezug auf Israel. Die göttliche Intervention umfasste Gebote und historische Belohnung. Die Rolle des Menschen war im Wesentlichen passiv, gehorchend. Das Symbol des Vertrages, die Beschneidung, war „versiegelt in der jüdischen Existenz und daher zum Teil als unfreiwillig erlebt".[18]

In der rabbinischen Ära rief Gott die Juden zu einer neuen Stufe vertraglicher Existenz. „Gott hat sich Selbstbeschränkung auferlegt, um den Juden wahre Partnerschaft im Vertrag zu erlauben." Die direkte Offenbarung endete, so argumentiert Greenberg, „aber selbst als die göttliche Präsenz weniger sichtbar wurde, wurde sie präsenter; die Erweiterung des rituellen Kontaktes mit dem Göttlichen geht Hand in Hand mit wachsender Verborgenheit".[19] Die göttliche Präsenz ist im Studium der Thora und in Taten der Güte und Gnade in einer scheinbar säkularen Umwelt zu finden.

Greenberg schrieb auch über das Zerbrechen des Vertrages im Holocaust. Er folgte dabei Elie Wiesel und dem jüdischen Poeten Jacob Gladstein, der 1946 schrieb, dass „die Thora in Sinai übergeben und in Lublin zurückgegeben wurde"[20] [dem Ort des Todeslagers Majdanek]. Greenberg erkannte, dass der Holocaust unsere Auffassung von Gott und der Menschheit verändert hat.

17 Greenberg, Clouds of Fire, S. 23.
18 Ders., Voluntary Covenant, New York 1982., S. 35.
19 Ebd., S. 23.
20 Jacob Gladstein, Nisht di meysim loybn got from Shtralndike yidn [Dead Men Don't Praise God] trans. Ruth Whitman. In: David Curzon (Hg.): Modern Poems on the Bible, Philadelphia 1994, S. 165–167.

Greenberg argumentiert, dass die Autorität des Vertrages mit Gott im Holocaust beschädigt wurde, aber das jüdische Volk - von seinen Verpflichtungen entbunden - sich freiwillig für die Erneuerung des Vertrages entschied. „Wir sind im Zeitalter der Erneuerung des Vertrages. Gott war nicht mehr in der Position zu gebieten, aber das jüdische Volk liebte den Traum von der Erlösung, sodass es freiwillig die Mission weiter verfolgte."[21] Unser Entschluss, Juden zu bleiben, so Greenberg, ist unsere Antwort auf den Vertrag mit Gott und die Neuformulierung der Antwort auf Sinai: „Wir werden tun und wir werden hören".[22] Die ethische Aufgabe der jüdischen Existenz besteht darin, das Göttliche und das Menschliche, welches während des Holocaust entweiht wurde, neu zu erschaffen, den Tod mit dem Leben zu beantworten und die Reise des jüdischen Volkes in der Geschichte fortzusetzen, kurz: Erlösung zu erreichen.

Er begründete mehrere ethische Imperative, die aus dem Holocaust erwachsen. Erstens: Nicht zu konfrontieren, heißt zu wiederholen. Das bezieht er auf religiöse Antagonismen des Christentums gegenüber dem Judentum und die Leugnung durch säkulare Staaten und Institutionen - Banken, Versicherungen und Industrie. Zweitens, der Holocaust soll nicht triumphierend benutzt werden, denn jene „Juden, die keine Schuld für den Holocaust empfinden, unterliegen der Versuchung moralischer Apathie. Religiöse Juden, die den Holocaust benutzen, um jede religiöse Gruppe außer ihrer eigenen anzugreifen, sind versucht, dem Holocaust anderer gleichgültig gegenüberzustehen [...]. Israelis [...] sind versucht, Israels Stärke rücksichtslos anzuwenden."[23]

Elie Wiesel, der Dichter des Holocaust, ist einzigartig als Zeuge der Überlebenden. Der Friedensnobelpreisträger mit „eigener persönlicher Erfahrung totaler Demütigung und völliger Verachtung in Hitlers Todeslagern" hatte durch seine „praktische Arbeit für den Frieden" eine machtvolle Botschaft „des Friedens, der Sühne und des menschlichen Anstands".[24]

Vor vielen Jahren sprach Steven Schwarzschild, ein Gelehrter, der nicht so leicht Komplimente verteilte, von Wiesel als „dem de facto Hohepriester unserer Generation".[25] Leonard Fein war nicht weniger lobend, als er Wiesel das Gewissen des jüdischen Volkes nannte. Wiesels klassisches Werk „Die Nacht", welches seine Erfahrung als 15-jähriger Junge beschreibt, der von Sighet im von Deutschland okkupierten Ungarn nach Auschwitz transportiert wird, ist heute ein wesentlicher Teil der Holocaustliteratur.[26] Der Schlüssel zu Wiesels Verständnis von Leiden und der Antwort auf das Leiden ist jedoch in seinem

21 Greenberg, Voluntary Covenant, S. 28.
22 Exodus 24:7.
23 Greenberg, Clouds of Smoke, S. 22.
24 So das norwegische Friedensnobelpreiskomitee am 14.10.1986.
25 Steven Schwarzschild, Toward Jewish Religious Unity. In: Judaism, 15 (1966) 2, S. 131-161, hier 157.
26 Elie Wiesel, Die Nacht: Erinnerung und Zeugnis, Freiburg i. Brsg. 2008. Wiesel definiert das Werk als Memoiren und war empört, wenn andere das Buch als Roman bezeichneten.

wichtigsten Roman „Gezeiten des Schweigens" enthalten. Pedro, ein existenzialistischer Spanier (und einer der sehr wenigen nicht-jüdischen Meister in Wiesels Werk), der Mentor des Protagonisten Michael, sagt:

„Du machst mir Angst. [...] Du möchtest das Leiden auslöschen, indem du es auf die Spitze, und das heißt, bis zum Wahnsinn, treibst. Zu sagen: ‚ich leide, daher bin ich', heißt ein Menschenfeind werden. Es muss heißen: ‚ich leide, daher bist du'. Camus sagte irgendwo: man muss Glück schaffen, um damit gegen die Welt des Unglücks zu protestieren. Ein Pfeil zeigt den Weg, den der Mensch einschlagen muss: er führt zum anderen und nicht durchs Absurde."[27]

In Pedros Antwort auf den Tod sind ebenfalls vorläufige Wahrheiten enthalten. „Der Mensch hat vielleicht nicht das letzte Wort, aber den letzten Schrei. Dieser Augenblick bestimmt die Geburt der Kunst."[28] Für Pedro ist das Leben ein Duell zwischen dem Menschen und Gott. Der Mensch trachtet danach, zu erschaffen und zu errichten, Gott gemahnt alles Erschaffene an seine Endlichkeit. Pedro sieht, dass die Kunst vielleicht überdauern wird, aber nur als Herausforderung oder Frage angesichts einer allumfassenden Absurdität.

Michael wendet die Lektionen, die Pedro ihm erteilt hat, im Gefängnis an und entdeckt dabei die Möglichkeit, Sinn zu finden im Leben und in der Hilfe für andere. Sein Monolog mit Menachem („dem, der tröstet"), seinem jungen Zellgenossen, ist eine Lektion in Sachen Leben mit vorläufigen Wahrheiten. Es ist eine Entdeckung, dass die Erinnerung an das Leiden für die Heilung genutzt werden kann, dazu, sich jemand anderem zuzuwenden.

Wiesel zeigt, dass Leiden uns nicht auseinanderreißen muss, sondern uns zusammenbringen kann in der Entdeckung unserer gemeinsamen Menschlichkeit und unserer gemeinsamen Zerbrechlichkeit.

Wiesels gesamte publizistische Laufbahn beruht auf diesem Verständnis des Leidens, darauf, wie das Leiden genutzt werden kann als Warnung, als Lehre und als Mittel der Heilung. Leiden mag nicht sinnvoll sein in einem kosmischen Sinn als integraler Bestandteil von Gottes Gerechtigkeit, aber es kann genutzt werden, um anderen zu helfen und andere zu heilen. Die Antwort auf Absurdität ist, Vernunft zu erschaffen, die Antwort auf Hässlichkeit ist, Schönheit zu erschaffen, Tod muss mit Leben beantwortet werden. Als öffentliche Stimme des Holocaust, insbesondere, nachdem er den Friedensnobelpreis bekommen hatte, strebte Wiesel danach, ausgehend vom Holocaust, die Gesamtheit der menschlichen Erfahrung einzubeziehen. „Nie wieder" wurde für ihn zu einem doppelten Versprechen. Nie wieder dem jüdischen Volk – von den sowjetischen Juden bis Israel – aber auch nie wieder für andere Völker von Kambodscha über Ruanda bis Bosnien und Darfur. Er sieht eine Verwandtschaft zwischen den Leidenden und die Verpflichtung, Zeugnis vom Leiden abzulegen.

27 Ders., Gezeiten des Schweigens, Freiburg i. Brsg. 1987, S. 118.
28 Ebd., S. 97.

Trotz gelegentlicher Fehler, wie seiner als solcher wahrgenommenen Unterstützung des Krieges im Irak oder seinem offenen Brief über Jerusalem, legt er Zeugnis ab vom Leiden und teilt seine Erfahrung mit jenen, die möglicherweise Ähnliches erfahren haben. Wiesel ist der weltweit prominenteste Überlebende und Vorbild für andere Holocaust-Überlebende, etwas aus dem erlebten Grauen und ihrem zufälligen Überleben zu machen.

Ein neues Modell ethischen Verhaltens

Der Holocaust mag uns keine neue Ethik gebracht haben, aber er ist die lebendige Illustration anti-ethischen Verhaltens, und seine Erforschung kann dringend benötigte neue Modelle ethischen Verhaltens aufzeigen.

Als das israelische Parlament, die Knesset, das Gesetz über Yad Vashem verabschiedete, in dem es um Israels und des jüdischen Volkes Gedenken an den Holocaust ging, führte es die Auszeichnung der „Gerechten unter den Völkern" ein. 1962 wurde eine Organisation für seine Umsetzung eingerichtet sowie eine Kommission für die Bestimmung der Gerechten, deren Vorsitz von Beginn an das Oberste Gericht Israels innehatte. Bis heute wurden mehr als 22 000 Personen auf diese Weise von Yad Vashem und dem israelischen Staat geehrt, Menschen aus allen Ländern, die von den Deutschen besetzt waren, von Alliierten Deutschlands sowie aus neutralen Ländern oder den Alliierten.

Yad Vashem verleiht den Titel „Gerechter unter den Völkern" an die Retter. An anderer Stelle habe ich argumentiert,[29] dass dies das Verhalten der Retter in eine religiöse Sphäre transformiert, was die Motivation einiger, wenn nicht der meisten Retter, verfehlt, da sie nicht von religiösen Bestrebungen, sondern von allgemeinem Anstand geleitet waren, dem sie noch in den prekärsten Situationen bereit waren zu folgen. Außerdem kann der Titel nicht für andere Retter gelten, einschließlich solchen von der Statur eines Oskar Schindler, einem Profiteur des Nazi-Krieges, der sich eines Lebens mit Wein, Weib und Gesang erfreute noch als er mit der Rettung der Juden beschäftigt war, die für ihn gearbeitet hatten. Das ist ein falsches Modell dessen, was notwendig ist, um den Bedürftigen und Notleidenden zu helfen. Dennoch unterstützt die Betonung der Retter ein Verhaltensmodell, das moralisch lobenswert ist, insbesondere unter den Bedingungen des Genozid, wenn so viel auf dem Spiel steht.

Seit Yad Vashem auch Nicht-Juden geehrt hat, ist den bedeutenden Anstrengungen jüdischer Selbsthilfe und dem individuellen Erfindungsreichtum Überlebender weniger Aufmerksamkeit gewidmet worden.

Die Rolle des Mitläufers hat in den letzten Jahren beträchtliche Aufmerksamkeit erfahren. „Alles, was nötig ist für den Triumph des Bösen, sind gut meinende

29 Vgl. Berenbaum, The Mystifying Burden of Goodness. Dimensions. Journal of Holocaust Studies, 5 (1990) 3, S. 17-21.

Menschen, die nichts tun."[30] Elie Wiesel hat gesagt: Hass ist menschlich, Gleichgültigkeit ist es nicht. In einer Rede zum Holocaust-Gedenktag vor dem Deutschen Bundestag hat Yehuda Bauer drei Gebote des Holocaust aufgelistet:

„Du, deine Kinder und Kindeskinder sollen niemals Täter werden.
Du, deine Kinder und Kindeskinder dürfen niemals Opfer sein.
Du, deine Kinder und Kindeskinder sollen niemals, aber auch niemals passive Zuschauer sein bei Massenmord, bei Völkermord und – möge es sich nie wiederholen – bei Tragödien wie der Shoah."[31]

An anderer Stelle wurde er noch prägnanter:

„Du sollst kein Täter sein;
du sollst kein Opfer sein;
Und vor allem sollst du kein Mitläufer sein."[32]

Man mag sich über Bauers Betonung des Mitläufers streiten. Schließlich ist der Täter moralisch weitaus schuldiger als der Mitläufer, aber diese Betonung, moralisch richtig oder nicht, lenkt die Aufmerksamkeit auf die Rolle der Mitläufer und für Holocaust-Forscher und Moralisten zunehmend auf die Rolle derjenigen, die sich auflehnten, jenen, die sich erhoben in den Gebieten, wo Tötungen stattfanden, jenen, die ihr Leben und ihre Karriere riskierten, um auf das aufmerksam zu machen, was vor sich ging und etwas zu unternehmen, um zu retten, wie unwahrscheinlich das auch war. Zu denen, die gegen den Genozid aufstanden, gehörten Jan Karski, ein polnischer Kurier, der Berichte über das Schicksal der Juden in den Westen brachte; Randolph Paul, Josiah Dubois und John Pehle, die das berühmte Memorandum schrieben über die „Duldung des Massenmordes an den europäischen Juden durch die amerikanisch Regierung", Informanten, die ihre Karriere riskierten und das State Department der Vertuschung bezichtigten, der Lüge und Missdeutung, die aber ebenso ein konkretes Programm der Rettung mit dem War Refugee Board (Komitee für Kriegsflüchtlinge) erarbeiteten; und Shmuel (Arthur) Zygielbojm, der Repräsentant des Bundes in London. Nachdem dieser vom Aufstand im Warschauer Ghetto gehört hatte und von Arthur J. Goldberg, einem damaligen Manager des in London basierten Office of Stratetic Services und späteren amerikanischen Botschafter bei den Vereinten Nationen sowie Richter am Obersten Gericht der USA, erfahren hatte, dass seitens der USA nichts zur Rettung der Juden getan werden würde, schrieb er:

„Meine Kameraden im Warschauer Ghetto fielen in einem letzten heroischen Kampf mit ihren Waffen in den Händen. Ich hatte nicht die Ehre, mit ihnen zu sterben, aber ich gehöre zu ihnen und ihrem gemeinsamen Grab.
Möge mein Tod ein energischer Aufschrei sein gegen die Gleichgültigkeit der Welt, die Zeuge der Ausrottung des jüdischen Volkes wurde, ohne etwas dagegen zu unterneh-

30 Elie Wiesel in einer Rede im Weißen Haus vom 12.4.1999, „The Perils of Indifference".
31 Yehuda Bauer, Die dunkle Seite der Geschichte. Die Shoah in historischer Sicht. Interpretationen und Re-Interpretationen, Frankfurt a. M. 2001, S. 327.
32 Yehuda Bauer 2012 in einer Rede vor Pädagogen in Yad Vashem.

men. Heutzutage ist das menschliche Leben wenig wert; da ich im Leben erfolglos war, hoffe ich, dass mein Tod die Gleichgültigkeit derer erschüttern kann, die, vielleicht sogar in diesem extremen Moment, die Juden retten können, die in Polen noch am Leben sind."[33]

Diese Aufrechten sind Vorbilder für angemessenes ethisches Verhalten angesichts des Völkermords. Als Antwort auf den Genozid wurden auch Institutionen geschaffen, darunter Genozide Watch und Jewish World Watch, die alle betonen, dass Gleichgültigkeit stille Komplizenschaft mit dem Töten bedeutet.

In seinem Werk „Were We Our Brothers' Keepers? The Public Response of American Jews to the Holocaust, 1938-1944" untersuchte Rabbi Haskel Lookstein die amerikanische jüdische Presse der Jahre des Holocaust und kam zu einer Schlussfolgerung, die vielleicht bedeutender ist als sein Untersuchungsgegenstand.

Die Endlösung mag nicht zu verhindern gewesen sein durch die amerikanischen Juden, aber es hätte für sie unerträglich gewesen sein sollen, und das war es nicht. Das ist nicht nur für unser Verständnis der Vergangenheit wichtig, sondern auch für unser Verständnis von Verantwortung in der Zukunft.[34]

Was versuchten die amerikanischen Juden vom Holocaust zu lernen? Welche Schuld trugen sie? Lassen Sie uns dazu ein Dokument betrachten. Nach dem Martyrium von Jom Kippur veröffentlichte die Konservative Bewegung ein Bekenntnis, geschrieben von Jules Harlow, auf Hebräisch vom jüdischen Theologieprofessor Avraham Holtz, welches eindringlich verbreitete Ansichten über das Versagen des amerikanischen Judentums während der zwölf Jahre der Nazi-Herrschaft aufzeigt.

„Wir haben gesündigt gegen Dich und gegen sie durch unsere Weigerung zu hören.
Und wir haben gesündigt gegen Dich und gegen sie, indem wir sie verrieten.

Wir haben gesündigt gegen Dich und gegen sie, indem wir zögerten.
Und wir haben gesündigt gegen Dich und gegen sie durch nutzlose Konferenzen.

Wir haben gesündigt gegen Dich und gegen sie durch Unvernunft.
Und wir haben gesündigt gegen Dich und gegen sie durch Verzweifeln.

Wir haben gesündigt gegen Dich und gegen sie durch Geduld.
Und wir haben gesündigt gegen Dich und gegen sie durch Leichtsinn in schrecklichen Zeiten.

Wir haben gesündigt gegen Dich und gegen sie durch Beschwichtigen.
Und wir haben gesündigt gegen Dich und gegen sie durch theologische Rationalisierungen.

33 Shmuel (Arthur) Zygielbojm, A Protest Against the Indiffence of the World. In: Michael Berenbaum (Hg.), Witness to the Holocaust: An Illustrated Documentary History of the Holocaust in the Words of Its Victims, Perpetrators and Bystanders, New York 1997, S. 246.

34 Haskel Lookstein, Were We Our Brothers' Keepers: The Public Response of American Jews to the Holocaust, 1938-1944, New York 1983, S. 216.

Wir haben gesündigt gegen Dich und gegen sie durch Selbstgefälligkeit.
Und wir haben gesündigt gegen Dich und gegen sie durch Unfrieden in der Gemeinde."[35]

Dazu einige kommentierende Worte: Es gibt eine verbreitete und nicht ganz falsche Wahrnehmung, wonach die jüdische Gemeinde in Amerika in der Zeit der Nazi-Herrschaft tief gespalten war. Zionisten versuchten einen jüdischen Staat in Palästina zu etablieren. Orthodoxe jüdische Führer waren vorrangig daran interessiert, orthodoxe jüdische Führer und ihre Yeshiva-Schüler zu retten. Mit der Zeit waren sie eher bereit, Gesetze zu übertreten als ihre vorsichtigeren Gegenüber, die um ihren Status der Steuerbefreiung oder sogar die Kriegsbemühungen fürchteten, die von allen Juden unterstützt wurden. Der American Jewish Congress (Amerikanische Jüdische Kongress) setzte insbesondere in den 1930er-Jahren auf politische Demonstrationen, während der American Jewish Committee (Amerikanische Jüdische Ausschuss) auf stille Diplomatie setzte, darauf, hinter den Kulissen jüdischen Einfluss innerhalb der Führungskräfte geltend zu machen. Bald wurde der aktive Amerikanische Jüdische Kongress von manchen als zahm und zögerlich angesehen, als eine Instanz, die sich der proaktiven Taktik von Peter Bergson [Hillel Kook] und Ben Hecht, den Mord an den europäischen Juden weiträumig zu publizieren und Druck auf die Regierung im Hinblick auf direkte Rettungsmaßnahmen auszuüben, verweigerte. Konferenzen wurden einberufen, Beratungen wurden angesetzt, deren Ergebnisse jedoch das Problem verfehlten.

Solange bei den amerikanischen Juden Konsens bezüglich Israel bestand, wurden Solidarität und Einheit als wesentlich für die jüdische Ethik nach dem Holocaust betrachtet. „Wir sind eins" – eine Säkularisierung von Shmas Proklamation von Gottes Einheit – wurde zum Leitslogan des United Jewish Appeal.

Es entstand der Eindruck, dass das amerikanische Judentum Sicherheit bevorzugte und keinen neuen Antisemitismus provozieren wollte, der befürchtet wurde, wenn für jüdische Interessen Druck ausgeübt würde. Historiker haben über die begrenzte Macht der amerikanischen Juden zu dieser Zeit geschrieben. Die meisten waren Immigranten oder die Kinder von Immigranten. Sie gehörten zur Arbeiterklasse oder zur aufstiegsorientierten unteren Mittelklasse. Wir können die Juden von damals nicht bewerten nach ihrer heutigen sozialen, politischen und wirtschaftlichen Macht. Die beiden immer noch einflussreichsten Bücher über die amerikanischen Juden während des Holocaust sind Arthur Morses frühes Werk „While Six Million Died"[36] und Davin Wymans „Das unerwünschte Volk".[37]

Verzweiflung spielte während des Holocaust und danach eine wichtige Rolle. Ich glaube, es war Walter Laqueur, der einst spottete: Die jüdischen Pessi-

35 Julius Harlow (Hg.), Mahzor for Rosh Hashanah and Yom Kippur, New York 1972, S. 580–583.

36 Arthur Morse, While Six Million Died: A Chronicle of American Apathy, New York 1968.

37 Davin Wyman, Das unerwünschte Volk. Amerika und die Vernichtung der europäischen Juden, Frankfurt a. M. 1989.

misten in Deutschland verließen das Land, die Optimisten starben. Jene, die glaubten, die Situation sei schlecht und würde noch schlechter werden, unternahmen Schritte, um Deutschland zu verlassen, während jene, die glaubten, die Situation wäre schwierig, aber aushaltbar, nicht die notwendigen Vorbereitungen trafen und deshalb getötet wurden. Das Umgekehrte war der Fall in Bezug auf Rettung. Laqueur kam zu dem Schluss: „Die Fatalisten mögen immer noch behaupten, dass man nichts tun konnte. Nach allem, was wir wissen, wurde es nicht einmal versucht."[38] Jene, die auf Rettungsversuche drängten, wie aussichtslos auch immer, glaubten zumindest daran, dass etwas getan werden musste und konnte – irgendetwas. Sie überließen sich nicht der Verzweiflung.

Interreligiöse Ethik

Der Holocaust hatte wesentlichen Einfluss auf die jüdisch-christlichen Beziehungen und auf die interreligiöse Ethik. Die römisch-katholische Kirche unter Papst Johannes XXIII. sowie Papst Johannes Paul II. änderte ihre Lehre in Bezug auf die Juden. Papst Johannes XXIII. berief das II. Vatikanische Konzil ein, welches die 2000-jährige römisch-katholische Lehre über die Juden entscheidend revidierte. Die Erklärung „Nostra aetate", „In unserer Zeit", interpretierte die Bibel im Sinne einer Erweiterung der Verantwortung für die Kreuzigung. Sie veränderte die Auslegung der Bibel und die Karfreitags-Liturgie dahingehend, dass die Juden nicht mehr in fortgeschriebener Verantwortung als Christusmörder porträtiert wurden. „Nostra aetate" erkannte die religiöse Legitimität eines fortdauernden jüdischen Lebens an und kehrte auf diese Weise bedeutende anti-jüdische Komponenten der christlichen Lehre um. Diese Erklärung machte die Sünden der gesamten Menschheit für Jesus' Tod verantwortlich, nicht ausschließlich die Juden. Das Wichtigste war vielleicht, dass die Kirche die Juden respektvoll als Söhne Abrahams und Träger der Vereinbarung mit Gott ansprach.

Über Jahrhunderte gab es eine dunkle Seite in der Beziehung der Christen zu den Juden. Die Ablösungstheologie behauptete, dass es dem Christentum bestimmt gewesen sei, den Platz des Judentums einzunehmen, und dem Neuen Testament, das Alte Testament zu erfüllen. Es war theologisch schwierig für gläubige Christen, religiöse Gründe dafür zu finden, warum das Judentum erhalten bleiben sollte, außer als Zeichen der Verbohrtheit eines halsstarrigen Volkes. Und wenn es keinen Grund gab, warum Juden als Juden weiter existieren sollten, bestärkte das die Motivation, sie zu konvertieren oder Pogrome, ihre Ausweisung oder Vernichtung zu rechtfertigen. In seinen Diskussionen

38 Walter Laqueur, Auschwitz. In: Michael J. Neufeld/Michael Berenbaum (Hg.), The Bombing of Auschwitz: Should the Allies Have Attempted It?, New York 2000, S. 186–192, hier 192.

mit dem Vatikan vor der Erklärung über die „Nostra aetate" sagte Abraham Joshua Heschel: „Sprache hat Macht und nur wenige Menschen erkennen, dass Worte nicht vergehen [...]. Was als Wort beginnt, endet als Tat."[39]

Es gibt mindestens zwei wichtige ethische Einsichten, die zurückgehen auf den Einfluss der Schuld der Unschuldigen. Keine religiöse Ethik ist akzeptabel, wenn sie andere Religionen dämonisiert und deren Recht auf ihren Glauben und das Recht anderer Religionen, ihren Gott anzubeten, so wie sie es für richtig halten, herabsetzt. Die Unschuldigen, die sich schuldig fühlten, haben den gegenwärtigen römischen Katholizismus dazu gebracht, dem Antisemitismus zu entsagen und die Integrität des religiösen Lebens der Juden zu akzeptieren. Das sollte Vorbild sein für Juden und Muslime wie auch für andere religiöse Führer mit Blick auf die ethischen Erfordernisse religiöser Lehren.

Die Werkzeuge religiöser Orthodoxie und die Fähigkeit, traditionelle Texte neu zu interpretieren, wurde von den Katholiken genutzt, um eine neue Theologie der Ökumene zu schaffen, die zur vielleicht wichtigsten Ära jüdisch-katholischer Beziehungen seit Gründung der römisch-katholischen Kirche geführt hat. In einer Welt, in der es religiösen Extremismus in verschiedenen Glaubensrichtungen gibt, muss diese wichtige ethische Einsicht immer wieder betont werden. Juden können Christen nicht darum bitten oder die Bemühungen von Christen, dem Antisemitismus innerhalb ihrer eigenen Tradition abzuschwören, feiern, ohne gleichzeitig die Verpflichtung zur Umformulierung der eigenen religiösen Doktrin im Sinne der Beseitigung des Potenzials religiöser Dämonisierung innerhalb ihrer eigenen Tradition zu akzeptieren. Das Gleiche gilt für das Verhalten der Juden gegenüber dem Islam, bei dem politische Spannungen solche Dämonisierung befördern können. Im gegenwärtigen religiösen Diskurs können Juden, Christen und Moslems jeweils unzählige Beispiele von gegenseitiger Dämonisierung und sogar innerkonfessioneller Dämonisierung unter Menschen des gleichen Glaubens benennen. Ziemlich oft, zu oft, gibt es in Israel und in den USA Schlagzeilen von Rabbis, die behaupten, dass die jüdische Lehre bestimmte Akte der Aggression gegen Nicht-Juden erlaubt oder dass die Araber den Status von Amalekitern haben, die von der Erde hinweggefegt werden sollen, als ob die jüdische Lehre unbeeinflusst wäre von der jüdischen Erfahrung und es ohne die Gegenseitigkeit der Erwartungen einer Gemeinschaft an die andere gehen würde. Juden können nur dann respektvolle Behandlung von anderen Religionen erwarten, wenn sie ihren eigenen interreligiösen Verpflichtungen nachkommen.

39 Abraham Joshua Heschel/Susannah Heschel, Moral Grandeur and Spiritual Ausdacity: Essays, New York 1996, S. 299.

Politisch

Vor über 40 Jahren verfasste mein Lehrer Richard L. Rubenstein den schmalen, aber wichtigen Band „The Cunning of History: Mass Death and the American Future".[40] Rubenstein lag bei verschiedenen Aussagen des Buches falsch, insbesondere in Bezug auf einige schreckliche Szenarien für die Zukunft Amerikas. Aber in vielen anderen Dingen hatte er Recht. Rubenstein argumentierte, dass der Holocaust ein extremer Ausdruck der westlichen Zivilisation war. In der Demografie, der politischen Bürokratie und in Bezug auf die Behandlung überflüssiger Bevölkerung war der Holocaust keine Abweichung, sondern eine extreme Manifestation dessen, was in unserer Gesellschaft existiert.

Rubenstein betonte das Thema der überflüssigen Bevölkerung, jener also, die keinen rechtmäßigen Platz in den Gesellschaften, in denen sie leben, haben. Die nationalsozialistische Ideologie definierte die Juden als überflüssige Bevölkerung, als Menschen, die kein Recht hatten, unter ihnen zu leben. Ihr „Vernichtungsantisemitismus" (Daniel Goldhagen) gab die Juden zur ethnischen Säuberung frei. Durch Vernichtung, Auslöschung und Ausrottung versuchten die Nazis, das „Krebsgeschwür" dieser überflüssigen Bevölkerung loszuwerden.[41] Rubenstein zeigt, dass es in unserer Gesellschaft immer eine überflüssige Bevölkerung gab. Was er damals nicht angemessen berücksichtigte, war der Generationenvertrag, der die amerikanische Erfahrung prägte. Danach sind jene, die produktiv sind, verantwortlich für jene, die nicht mehr oder noch nicht produktiv sind bzw. nicht produktiv sein können.

Die Stärkung dieses Vertrages ist wesentlich im Kampf gegen die Ethik, die zur Zerstörung führt, wie Rubenstein in der zweiten Ausgabe von „After Auschwitz",[42] nicht jedoch zwei Jahrzehnte früher, in „The Cunning of History", betonte. Helen Fein ergänzte, dass die Erweiterung des Universums allgemeiner Verpflichtung für Angehörige des Bundes entscheidend sei.[43]

Nie wieder

Es gibt keine Meinungsverschiedenheiten darüber, dass die Erarbeitung einer „Konvention über die Verhütung und Bestrafung des Völkermordes", von der UNO angenommen am 9. Dezember 1948 und vom US-amerikanischen Senat

40 Richard L. Rubenstein, The Cunning of History: Mass Death and the American Future, New York 1972.

41 Vgl. Daniel Jonah Goldhagen, Hitlers willige Vollstrecker. Ganz gewöhnliche Deutsche und der Holocaust, Berlin 1996, S. 319.

42 Richard L. Rubenstein, After Auschwitz: History, Theology and Contemporary Judaism. Second Edition, Baltimore 1992. Der Untertitel der Originalausgabe lautete Radical Theology and Contemporary Judaism. 25 Jahre danach hat Rubenstein zwei wichtige Kapitel „Bund mit Gott" und „Ewigkeit" hinzugefügt.

43 Vgl. Helen Fein, Accounting for Genocide: National Responses and Jewish Victimization during the Holocaust, New York 1979.

fast 40 Jahre später ratifiziert, vor allem auf den Holocaust zurückzuführen war. Raphael Lemkin führte den Begriff „Genozid" 1933 ein, als er vor dem Völkerbund einen Antrag für eine internationale Konvention gegen barbarische Verbrechen und Vandalismus einreichte. Er war führend beteiligt an der Ausarbeitung der Genozid-Konvention, die den Zweck hatte, Behauptungen wie die der Angeklagten von Nürnberg, dass sie keine Gesetze verletzt hätten, für die Zukunft unmöglich zu machen. Die Konvention definiert die verschiedenen Aspekte des nationalsozialistischen Völkermords als kriminell. Sie verbietet das Töten von Personen, die zu einer Gruppe gehören (Endlösung); das Zufügen von körperlichen oder seelischen Leiden gegenüber einer Gruppe; das Aufzwingen bestimmter Lebensbedingungen, die zu vollständiger oder teilweiser Vernichtung führen können (Ghettoisierung oder Hunger); Maßnahmen, um Geburten in der Gruppe zu verhindern (Sterilisation); zwangsweise Entfernung von Kindern von der Gruppe und ihre Zuführung zu anderen Gruppen („Arisierung" von polnischen Kindern).

Diese Konvention formulierte neue Verhaltensstandards für die internationale Gemeinschaft, Standards, die seitdem immer wieder ohne Konsequenzen häufiger verletzt als eingehalten, die aber nach Massenmorden stets wieder beschworen wurden. Die Nürnberger Prozesse dienten als Modell für Kriegsverbrecherprozesse in Ruanda, Bosnien und sogar, wie verspätet auch immer, in Kambodscha.

Amerikanische Präsidenten von Gerald Ford bis Barack Obama erneuerten diese Protokolle der Gleichgültigkeit und gelobten „nie wieder". Vize-Präsident Walter Mondale aktivierte die Erinnerung an die erste Evian-Konferenz, die am damaligen Flüchtlingsproblem gescheitert war, was eine beschönigende Charakterisierung der Not jüdischer Flüchtlinge von 1938 ist. In einer späteren Konferenz in Evian rief er zu „einer weltweiten Lösung für das weltweite Problem der boat people" auf:

> „Diese Woche vor genau vierzig Jahren zog eine andere Konferenz am Genfer See ihre Schlussfolgerungen. [...] In Evian standen sowohl Menschenleben als auch der Anstand und die Selbstachtung der zivilisierten Welt auf dem Spiel. Wenn jede Nation in Evian damals bereit gewesen wäre, 17 000 Juden aufzunehmen, hätten alle Juden des Reiches gerettet werden können. [...] In Evian wurde mit großen Hoffnungen gestartet. Aber der Zivilisationstest wurde nicht bestanden. Lassen Sie uns diesen Fehler nicht wiederholen. Lassen Sie uns nicht die Erben ihrer Schande sein."[44]

Menschen, die sich mit dem Holocaust beschäftigten, haben argumentiert, dass die Welt reagiert hätte, hätte sie nur „gewusst". In den letzten Jahrzehnten haben Forscher aufgedeckt, in welchem Ausmaß Informationen über die „Endlösung" nicht nur für Entscheidungsträger und Journalisten, sondern auch für die allgemeine Öffentlichkeit verfügbar waren. Als dies zum ersten Mal aufgedeckt wurde, waren sowohl die Forscher als auch die Öffentlichkeit schockiert,

44 Rede von Walter Mondale vor der Genfer Konferenz über Bootsflüchtlinge aus Kambodscha und Vietnam vom 20.6.1979.

dass diese Informationen nicht zu konkreten Hilfsaktionen für die Opfer geführt hatten.

Die Betonung des Holocaust setzte sich fort in der Ära der Regierung George W. Bush, die sich direkt an Elie Wiesel wandte und um seine Unterstützung für ihre Irak-Kriegspläne bat. Wiesel sagte: „Ich bin ein Mann des Friedens, ich verabscheue Krieg, alle Kriege, aber dem Bösen muss entgegengetreten werden."[45]

Medizinisch

Nur wenige Nicht-Spezialisten verstehen den Einfluss des Holocaust auf die medizinische Ethik. Im Anschluss an das internationale Militärtribunal in Nürnberg gegen 22 führende Nationalsozialisten gab es eine Serie anderer Prozesse in den USA. 185 Angeklagte wurden in zwölf Gruppen aufgeteilt. Führer mobiler Killerkommandos und Lagerkommandanten, Richter und Wirtschaftsführer wurden vor Gericht gestellt. Ärzte wurden angeklagt für ihre Teilnahme an Selektionen, Tötungen und medizinischen Experimenten. Als Reaktion auf den Prozess gegen deutsche Ärzte erklärten die Richter zehn Prinzipien legitimer medizinischer Experimente, Prinzipien, die sogar denen, die sich nur gelegentlich mit medizinischer Ethik beschäftigen und nur begrenztes Interesse am Holocaust haben, bekannt sein dürften. Sie sind in der heutigen medizinischen Ethik zum Standard geworden.

> „Das freiwillige Einverständnis des menschlichen Subjekts ist absolut unverzichtbar. [...] Das Experiment soll auf Ergebnisse abzielen, die für eine gute Gesellschaft wertvoll und nicht durch andere Methoden erreichbar sind. [...] [D]ie zu erwartenden Ergebnisse rechtfertigen die Durchführung des Experiments. Das Experiment soll so gestaltet sein, dass unnötiges körperliches und mentales Leiden sowie Verletzungen vermieden werden. Es soll kein Experiment durchgeführt werden, wenn es Gründe zu der Annahme gibt, dass Tod oder Behinderung durch Verletzungen die Folge sein können, außer bei Selbstexperimenten von Ärzten. Der Grad des einzugehenden Risikos soll nie größer sein als die humanitäre Bedeutung des Problems, das durch das Experiment gelöst werden soll. Es sollen angemessene Vorbereitungen getroffen und angemessene Ausstattungen bereitgestellt werden, um das Subjekt des Experiments gegen die geringste Möglichkeit von Verletzung, Behinderung oder Tod zu schützen. Das Experiment soll nur von wissenschaftlich qualifizierten Personen vorgenommen werden. Der höchste Grad an Fähigkeiten und Sorgfalt in allen Stadien des Experiments muss von jenen gefordert werden, die das Experiment leiten oder durchführen. Während des Experiments soll es dem menschlichen Subjekt freistehen, das Experiment zu beenden, wenn sein körperlicher oder mentaler Zustand die Fortsetzung des Experiments unmöglich macht. Während des Experiments müssen die zuständigen Wissenschaftler darauf vorbereitet sein, das Experiment zu jedem Zeitpunkt zu beenden, wenn sie Grund haben zu der Annahme, dass nach menschlichem Ermessen die Fortsetzung des Experiments zu Verletzung, Behinderung oder Tod des menschlichen Subjekts führen kann."[46]

45 Elie Wiesel, Peace Isn't Possible in Evil's Face: Rational people must intervene against the likes of Hussein. In: Los Angeles Times vom 11.3.2003 (http://articles.latimes.com/2003/mar/11; 17.10.2017).

46 Zygielbojm, A Protest Against the Indifference of the World, S. 356 f.

Der Holocaust spielt eine große Rolle in der medizinischen Ethik, auch wenn dies oft nicht erkannt wird. Die aus der Verletzung der Ethik im Holocaust resultierenden Grundsätze stellen heute den normativen Konsens medizinischer Praxis dar. Es ist merkwürdig, dass die Teilnahme deutscher Ärzte am T-4-Programm medizinischer Tötungen von geistig und körperlich Behinderten sowie seelisch Kranken, der direkt durch Adolf Hitler angeordneten sogenannten „Euthanasie", in diesem Kontext lange kein Thema war. Dieser Aspekt „medizinischer Praxis" unter den Nazis wird jedoch heute zunehmend untersucht. Das wachsende Interesse von Medizinethikern am Holocaust in den letzten zwei Jahrzehnten gilt weniger den Experimenten in den Lagern, sondern mehr dem früher weniger bekannten „Euthanasie"-Programm sowie den Interventionen des Staates und seiner politischen Ideologie.

Legal

Historiker wollten die Ereignisse verstehen. Juristen dagegen fragen: Was soll mit den Tätern geschehen?

Es ist schwierig, einen Täter aus dem Amt zu entfernen, wenn ihn ein Prozess vor einem internationalen Gerichtshof erwartet. Er oder sie wird es bevorzugen, im Amt zu bleiben und sich an die relative Sicherheit des Amtes klammern, statt aufzugeben und lebenslänglich ins Gefängnis zu gehen. Daher stellt sich die Frage, ob es politisch hilfreich war, Verfahren gegen Muammar al-Gaddafi zu initiieren, als er noch im Amt war und ob Verhandlungen zu seiner Abdankung, auch mit dem Ergebnis einer möglichen Amnestie für ihn, nicht besser für Libyen gewesen wären. Die gleiche Frage steht bezüglich des syrischen Führers. Freilich sollte er sich nicht seiner Verantwortung entziehen können. Das übergreifende Interesse daran, Völkermord zu verhindern, mag Kompromisse nötig machen. Die Israelis befürchten, dass ihr Verhalten in Gaza oder im Libanon sie zum Subjekt internationaler oder nationaler Gerichtsbarkeit machen könnte, ebenso wie US-amerikanische Führer dies für ihre Unternehmungen im Irak oder als mögliche Anklage wegen Folter befürchten.

Der Holocaust selbst war eine Manifestation der Herrschaft des Rechts. Rubenstein und andere haben argumentiert, dass die Nazis keine Verbrechen begingen,[47] sie verletzten keine Gesetze, alles war legal – jedoch müssen uns die den Gesetzen zugrunde liegenden Werte beunruhigen. Wir müssen betonen, dass es Rechte gibt, die der Staat nicht außer Kraft setzen kann. Die Macht des Staates ist beschränkt. Der Schöpfer hat allen Menschen Gleichheit und Menschenrechte gewährt. Diese Rechte sind alles andere als selbstverständlich. Sie sind prekär und daher umso wertvoller. Timothy Snyders „Black Earth"[48] unter-

47 Rubenstein, The Cunning of History, S. 33.
48 Timothy Snyder, Black Earth. Der Holocaust und warum er sich wiederholen kann, München 2015.

streicht die Gefahren der Staatenlosigkeit und die Bedeutung des Zionismus für die Errichtung eines jüdischen Staates.

Der Holocaust als das Absolute

Heute, da wir dem Ende des zweiten Jahrzehntes des neuen Jahrtausends näherkommen, gilt der Holocaust als entscheidendes Ereignis des 20. Jahrhunderts. Durch ihn haben wir etwas über uns selbst als Individuen und über die menschliche Fähigkeit zu Gutem und Bösem gelernt. Wir haben auch etwas gelernt über die Macht von Staaten und Institutionen, die Welt zu formen und sogar Völker zu vernichten. In einer Welt des Relativismus hat der Holocaust den Platz des Absoluten. Wir wissen nicht, was gut ist. Wir wissen nicht, was schlecht ist. Aber wir wissen, dass der Holocaust böse ist, absolut böse. Aus diesem Grund benutzen Menschen dieses Wort, wenn sie versuchen, Aufmerksamkeit für ihr Leiden zu erlangen - der Schwarze Holocaust, der Holocaust der Indianer, der Holocaust in Kosovo, Ruanda, Bosnien. Der Holocaust ist die moralische Atombombe. Es ist ein Ereignis von solcher Tragweite, dass die fortgesetzte Relativierung der Werte den Holocaust als Grundlage für das absolut Negative und Böse umso eindringlicher machte.

Das ist nach meinem Dafürhalten der Grund dafür, dass die Führer der europäischen Nationen die Bedeutung des Holocaust für die heutige moralische Erziehung wiederentdeckt haben. Ebenso ist es der Grund dafür, dass sich päpstliche Besuche in Israel auf den Holocaust fokussieren sowie dafür, dass Holocaust-Leugner ein Ereignis leugnen, welches nach allen Standards der Vernunft und Rationalität nicht geleugnet werden kann. In den kommenden Jahren wird der Holocaust hauptsächlich als das absolut Negative funktionieren.

Für Juden mag die Frage gänzlich anders stehen: Können wir aufhören, unsere gegenwärtige Situation durch das Prisma des Holocaust zu sehen oder ist dieses Ereignis so katastrophisch und dominierend, dass es uns nicht erlaubt, wahrzunehmen, welchen Weg die Welt seit Auschwitz zurückgelegt hat. Können wir uns erinnern und den Lehren aus dieser Erinnerung treu sein und gleichzeitig genug vergessen, um zu verstehen, wo wir waren, wo wir sind und wohin wir gehen müssen?

Die Nazi-Ethik der Vernichtung

*Roger S. Gottlieb**

In diesem Essay versuche ich zu zeigen, dass der Holocaust entscheidende Auswirkungen auf Ethik und Sozialphilosophie hat. Ich werde mich auf vier Punkte konzentrieren: 1. die normative Frage nach einer authentischen Form des Erinnerns an den Holocaust; 2. Fragen zur menschlichen Natur, die sich durch den Holocaust stellen; 3. die Beziehung zwischen Holocaust und der positivistischen Konzeption von Rationalität; 4. Auswirkungen des Holocaust auf Fragen der sozialen Gerechtigkeit.

Erinnern

Die bewusste und systematische Ermordung von sechs Millionen unschuldiger, wehrloser Menschen ist ein Ereignis von solcher Tragweite, dass unser Verhältnis dazu eine moralische Frage darstellt. Während wir jedoch viel über die Fakten des Holocaust wissen, wurde der Unterscheidung zwischen authentischem und nicht authentischem Erinnern dieses Wissens bislang wenig Aufmerksamkeit gewidmet.

Beginnen wir mit der Betrachtung einer üblichen Form des Erinnerns. Wir erstellen eine Liste dessen, was wir über das Wochenende tun müssen. Das Niederschreiben jeder einzelnen Handlung auf Papier lokalisiert diese und begrenzt sie zugleich. Einmal aufgeschrieben, nehmen wir sie wahr als etwas, das bewältigt werden kann: so und so viele Gänge zum Geschäft, Dachkammer sauber machen, Fußboden wischen und Anrufe erledigen. Wenn etwas leicht zu bewältigen ist, kann es auch leicht vergessen werden. Wir erstellen die Liste eigentlich nur, um zu vergessen, an was wir uns gerade erinnert haben. In diesem Erinnern, um zu vergessen, drücken wir unsere Beherrschung des Erinnerten und unsere Sorglosigkeit ihm gegenüber aus.

* Aus dem Englischen übersetzt von Wolfgang Bialas. Dieser Beitrag ist zuerst veröffentlicht unter dem Titel „Some Implications of the Holocaust for Ethics and Social Philosophy", in: Philosophy and Social Criticism, 8 (1981) 3, S. 309-327

Den Holocaust auf diese Weise zu erinnern heißt, dass wir die Bedeutung dieses Ereignisses für unsere Subjektivität bewältigt haben. Mit Subjektivität meine ich jenen Aspekt unserer persönlichen Identität, der geformt ist durch die Konfrontation mit Problemen, deren Lösung sowohl besonders bedeutsam als auch dauerhaft ist. Diese Probleme können nicht „gelöst" werden, weil unsere fortdauernde Auseinandersetzung mit ihnen Teil der Lösung ist. Kierkegaard, dessen Gebrauch des Begriffs ich hier verwende, identifiziert als zwei dieser Probleme, was es heißt zu sterben und was es heißt zu beten.[1]

Eine subjektive Konfrontation mit dem Holocaust kann ernsthafter Anlass zur Reflexion sein. Was heißt es zum Beispiel, zwischen der Rettung des Lebens deiner Schwester und dem deiner Frau, deiner Mutter oder deines Ehemannes, deines Vaters oder deines Sohnes zu entscheiden – wie viele Juden es tun mussten. Was heißt es, Widerstand gegen die Nazis zu leisten, wenn du weißt, dass die Nazi-Politik der kollektiven Bestrafung dazu führen wird, dass andere Juden für deinen Widerstand bestraft, gefoltert oder ermordet werden? Unter welchen Umständen würden wir einem der Mörder verzeihen, wie Simon Wiesenthal in „Die Sonnenblume" fragt? Wenn man sich mit den faktischen Details des Holocaust beschäftigt, stößt man auf moralische Dilemmata, die ein subjektives Verständnis erfordern. Dieses wiederum erfordert, dass wir uns mental aus dem, was unser tägliches Leben zu sein scheint, heraus- und in den Holocaust hineinbegeben, statt ihn in vertraute Begriffe zu fassen, die uns ein achtloses Erinnern ermöglichen.

Die Notwendigkeit und Schwierigkeit eines subjektiven Verständnisses des Holocaust sollten uns nicht dazu veranlassen, dieses Ereignis in der sterilen und verzerrenden Hülle eines Mysteriums abzukapseln. Der Holocaust darf nicht verbannt werden ins Reich des notwendig völlig Unbegreiflichen.[2] Ich denke, dass Elie Wiesel dies tut, wenn er feststellt, dass die Opfer mit der Wahrheit auf ihren Lippen starben, einer Wahrheit, die wir nie kennen werden. Dieses Herangehen an den Holocaust ist lediglich eine andere Form der Trivialisierung. Es vernachlässigt die Tatsache, dass es in Bezug auf den Holocaust eine Wahrheit *für uns* gibt. Vielleicht werden wir tatsächlich niemals jene Wahrheit erfahren, die mit den Opfern umkam. Wir sind jedoch verpflichtet, die Wahrheit für jene aufzudecken, die nicht umkamen.

Diese Wahrheit verlangt wiederum, dass wir den Holocaust verinnerlichen und er daher nicht grundsätzlich mysteriös und äußerlich bleibt, wie ein Schrein oder ein Idol. Wenn der Holocaust grundsätzlich unbegreiflich wäre, dann könnten wir ihn, im wahrsten Sinn des Wortes, nicht denken. Was jedoch nicht gedacht werden kann, kann nicht Teil unseres Selbst werden und ist daher irrelevant für unsere Identität.

1 Sören Kierkegaard, Concluding Unscientific Postscript to Philosophical Fragments, Volume 1, Princeton 1992, S. 125–162.

2 Vgl. Miriam Greenspan, Responses to the Holocaust. In: Jewish Currents, Oktober 1980, S. 20–26.

Die letzte in dieser notwendigerweise unvollständigen Liste von Formen des Erinnerns ist Erinnern als Obsession. Hier gilt das Erinnern ausschließlich dem Ereignis. Alles andere ist vergessen, einschließlich des Selbst. Wir versinken im Holocaust. Gaskammern und Stacheldraht, niedergebrannte Gebäude und brennende Körper werden realer als unser eigenes Leben. Unser Leben wird Holocaust - ein Holocaust, der nicht enden kann, weil er schon stattgefunden hat.

Obsession ist nicht authentisch, weil sie versucht, das Subjekt des Erinnerns auszulöschen. Wir können keine Beziehung zum Holocaust haben, wenn wir mit unserer eigenen Realität - die notwendigerweise die Realität eines Lebens nach dem Holocaust ist - darin aufgehen; wenn die eigene Realität negiert wird, indem wir versuchen, in der Vorstellung zur Vergangenheit zu werden. Ein solcher Versuch selbst zeigt, wer wir sind. Die Obsession mit dem Holocaust kann nur scheinbar die Realität des Nach-Holocaust-Selbst eliminieren. Aber, so Jean-Paul Sartre, jeder Versuch, das Selbst zu eliminieren, ist ein Vorhaben des Selbst, wenn auch eines, das in täuschender Absicht unternommen wird. Wenn nie etwas anderes als der Holocaust stattgefunden hat - wie im Fall des Erinnerns als Obsession - dann existieren weder unsere Gegenwart noch unsere Zukunft wirklich. Und wenn das so ist, gibt es keinen Grund zu handeln - Erinnern genügt dann. Ein solches Erinnern ist jedoch selbst eine Form des Handelns - eines Handelns, dessen Ziel es ist, die moralische Realität des Selbst des Handelnden auszulöschen.

In den deformierten Formen des Erinnerns, die ich beschrieben habe, wird der Holocaust entweder zu einem Ereignis, welches - da in erster Linie vergangen oder unbegreiflich - im Grunde unwirklich und unwichtig ist, oder der Gegenwart wird die Realität entzogen. In beiden Fällen wird die Bedeutung des Holocaust für Gegenwart und Zukunft eines moralisch Handelnden vermindert. Im Gegensatz dazu halte ich es für moralisch angemessen, wenn wir den Holocaust als problematisches und fortdauerndes Ereignis und uns selbst als moralisch Handelnde erinnern. Oder, um es anders auszudrücken: Der Holocaust muss in authentischer Weise erinnert werden, weil er ein problematisches und fortdauerndes Ereignis für uns als moralisch Handelnde ist. Zum Beispiel muss die Tatsache berücksichtigt werden, dass es Überlebende gibt. Was schulden wir, die den Holocaust nicht direkt erlebt haben, den Überlebenden? Wie sollte damit umgegangen werden, wenn in einer Fernsehproduktion die Memoiren der Auschwitz-Überlebenden Fania Fénelon von jemandem dargestellt werden sollen, von dem sie glaubt, dass er ein bekennender Antisemit sei? Was mögen Überlebende in Skokie (Illinois) fühlen, wenn die amerikanische Nazi-Partei vorschlägt, durch ihre Gemeinde zu marschieren? Wie verändert die Realität des Holocaust unsere Auffassung von moralischer Verpflichtung und politischen Rechten in solchen Situationen?

Wenn wir des Holocaust gedacht haben, um ihn zu vergessen, werden wir nicht die nötige Sensibilität haben zu verstehen, dass es in solchen Situationen überhaupt Probleme gibt. Wenn der Holocaust als ein Mysterium oder eine Obsession betrachtet wird, dann werden wir die Fähigkeit verlieren, in der

Gegenwart mit solchen Problemen umzugehen. So oder so, nur ein authentisches Erinnern ermöglicht eine angemessene moralische Identität. Der fortdauernde und problematische Charakter des Holocaust ist jedoch nicht auf unsere Beziehung zu den Überlebenden beschränkt.

Wie wir im Abschnitt „Soziale Gerechtigkeit“ sehen werden, geht es beim Holocaust nicht einfach um eine große Zahl von Individuen, sondern um eine spezifische Gemeinschaft. Diese Gemeinschaft als solche hat den Holocaust überlebt und bleibt Subjekt der Geschichte; aber ihr Schicksal und jene Gemeinschaften, mit denen sie in Kontakt kommt, haben sich durch den Holocaust wesentlich verändert. Der problematische Charakter des Holocaust schließt daher seine fortdauernden historischen Auswirkungen auf die Art der Beziehungen zwischen Juden und anderen Nationalitäten ein. Was heißt Antisemitismus für die Juden als Volk im Gegensatz zu einzelnen Juden, die davon betroffen sind? Welche Handlungen von Juden in Bezug auf ihr Überleben als Volk sind nur verständlich als Handlungen nach dem Holocaust? Wie kann der Holocaust - authentisch und nicht-authentisch - durch Juden und Nicht-Juden gleichermaßen genutzt werden? Und schließlich, in welcher Weise betreffen dem Holocaust ähnliche Ereignisse auch andere Gruppen?

Die menschliche Natur

Die große Mehrheit der Menschen hatte den Holocaust nicht für möglich gehalten. Sogar zionistische Juden, die die Möglichkeit, den Antisemitismus in der Diaspora auszurotten, leugneten, hatten Schwierigkeiten, Augenzeugenberichten über die Vernichtungslager zu glauben. Juden und Nicht-Juden interpretierten dieses Ereignis anfangs in Kategorien der Vergangenheit: als ein weiteres Pogrom oder eine weitere Vertreibung.[3] Der weitverbreitete Charakter dieser Fehleinschätzung bestätigt die fundamentale Neuheit des Holocaust. Diese Neuheit besteht nicht im Massenmord oder der Zerstörung einer bestimmten nationalen Gemeinschaft. Solche Dinge hatte es auch vorher gegeben. Neu waren mindestens zwei Aspekte: Erstens, die Täter versuchten, eine gesamte Gemeinschaft von Menschen zu zerstören, ohne sich auf höhere, über deren Ver-

3 Diese Zeit der Vernichtung erschien den Juden wie eine Katastrophe unvorstellbaren Ausmaßes, eine historisch beispiellose Naturkatastrophe, deren Bedeutung sie nicht verstanden. Lucy Davidowicz, The War against the Jews, Bantam 1975, S. 466. „Eingesperrt in den Ghettos, unter strikter Überwachung und barbarischem Terror ausgesetzt, versuchten die Juden herauszufinden, ob die Berichte aus den Vernichtungslagern im Lichte ihrer Erfahrung und der Logik wahr sein konnten. Der Horror des Versuches, bewusst unschuldige Menschen zu vernichten, war unvorstellbar. Seine Sinnlosigkeit ließ diese Informationen falsch erscheinen. [...] So dachten die meisten der jüdischen Führer wie auch gewöhnliche Juden. Die Informationen über die Todeslager wurden in ganz Europa zurückgewiesen, nicht nur von den Juden.“ Raul Hilberg, Die Vernichtung der europäischen Juden, 3 Bände, Band 2, Frankfurt a. M. 1999, S. 794–797.

nichtung hinausgehende Ziele zu beziehen. Natürlich profitierten verschiedene Bereiche der deutschen Gesellschaft vom politischen Missbrauch der Juden als Sündenböcke und vom wirtschaftlichen Wert enteigneten jüdischen Besitzes sowie jüdischer Sklavenarbeit. Aber der ökonomische Nutzen des Massenmords selbst war gering. Es gibt Belege dafür, dass in späteren Phasen des Krieges das Verfolgen der Endlösung sogar mit militärischen Zielen in Konflikt geriet.[4] Zu dieser Zeit allerdings war der Massenmord zum Selbstzweck geworden.

Zweitens, der Massenmord war keine temporäre Abweichung oder ein plötzlicher Ausbruch. Er wurde ruhig, ordentlich und wissenschaftlich ausgeführt und im Detail protokolliert. Er war ein sorgfältig konzipierter Prozess, in welchem das Töten von Menschen zu einer Industrie wurde und menschliche Körperteile als Rohstoffe dienten. Und er wurde konzipiert und ausgeführt von Deutschlands „besten" administrativen, politischen und wissenschaftlichen Köpfen.

Diese Tatsachen stellen eine Reihe von Theorien über die menschliche Natur infrage, die in sehr allgemeinen Begriffen versuchen, das Handeln von Menschen zu erklären. Theorien über die menschliche Natur können abweichende Formen menschlichen Handelns nicht als gegeben hinnehmen. Eine soziologische Erklärung, die zeigt, wie die deutsche Gesellschaft eine Tendenz entwickelte, sich Autoritäten zu unterwerfen, setzt zum Beispiel die Existenz und den Charakter der deutschen Gesellschaft als gegeben voraus. Eine psychologische Erklärung der Führer-Anbetung mit Bezug auf die deutschen Familienstrukturen ist ähnlich begrenzt, es sei denn, sie schließt eine Begründung und Erklärung dieser Strukturen ein. Ich möchte untersuchen, ob allgemeine Theorien der menschlichen Natur zur Erklärung der Besonderheiten des Holocaust geeignet sind. Ich werde mich auf zwei Typen solcher Theorien beschränken: biologistische Theorien und Theorien der sozialen Umwelt.

Biologistische Theorien behaupten, dass Menschen eine biologische Struktur haben, die bestimmte charakteristische Dynamiken hervorbringt, Intentionen, Instinkte und Bedürfnisse.[5] Es wird angenommen, dass sie aggressive Dynamiken einschließen, die für bestimmte Verhaltensmuster verantwortlich sind. Ungeachtet des moralisch fragwürdigen Charakters biologisch bedingten aggressiven Verhaltens behaupten diese Theorien, dass es unvermeidlich sei, da es auf biologisch bedingten Antrieben beruhe. Die Unterdrückung solchen Verhaltens führe selbst zu körperlichen und psychischen Ungleichgewichten - und daher zu einer Rückkehr eben diesen Verhaltens in einer anderen Form. Für biologistische Theorien liegen die wichtigsten Belege für die Existenz solcher aggressiver Antriebe in den aggressiven Handlungen, die sie hervorrufen sollen. Dennoch

4 Zum Konflikt zwischen militärischen Zielen und der Endlösung vgl. Davidowicz, The War against the Jews, S. 191-197. Für eine Kostenaufstellung, welche die Belastungen für die damalige deutsche Wirtschaft durch die sogenannte Endlösung dokumentiert, vgl. Raul Hilberg, Die Vernichtung der europäischen Juden, Band 3, S. 1071-1076.

5 Dazu u.a. Theorien von Friedrich Nietzsche, Sigmund Freud, Konrad Lorenz und Robert Ardrey.

werden diese Antriebe als unabhängig von den Handlungen selbst existierend gesehen. Sonst könne nicht erklärt werden, was geschieht, wenn aggressives Verhalten behindert wird und aggressive Impulse in irgendeiner Weise unterdrückt werden.

Natürlich kann entgegnet werden, dass das, was unterdrückt wird, im Wesentlichen biologischer Natur ist, ohne „Emotionalität" oder „Moral", eher bloße Energie, keine „Antriebe". Es ist jedoch zweifelhaft, ob es überhaupt sinnvoll ist, von einer „Unterdrückung der biologischen Struktur" zu sprechen. Wir können vielleicht eine körperliche Reaktion hemmen (z. B. ein Augenzwinkern). Wir können sie jedoch nicht unterdrücken, denn der Begriff „Unterdrückung" bezieht sich auf die absichtliche Änderung zielgerichteter Energie. Aber weder biochemische Reaktionen noch körperliche Bewegungen sind an sich intentional im engeren Sinn. Sie sind nicht zielorientiert. Es wäre merkwürdig, davon zu sprechen, dass der Herzschlag, der Blutkreislauf oder bestimmte Nervenreaktionen ein aggressives oder friedliches, feindliches oder freundliches Verhalten hervorrufen. Sogar wenn die körperlichen Bewegungen einer Person den Tod einer anderen Person verursachen, können wir nicht ohne Weiteres davon sprechen, dass der Verursacher aggressiv gehandelt hat. Er könnte einfach einen Fehler gemacht haben. Biochemische Prozesse und körperliche Bewegungen haben keinen emotional-moralischen Charakter, es sei denn, sie bringen Absichten zum Ausdruck. Aggression, Feindseligkeit, Liebe und so weiter können nur einem Bewusstsein zugeordnet werden, einem Set von Absichten. Menschliches Handeln, z. B. aggressives Verhalten, das biologistische Theorien erklären wollen, ist immer bewusstes Handeln.

Dieser Punkt ist von wesentlicher Bedeutung für den Holocaust, weil viele derjenigen, die die Endlösung planten und ausführten, dies nicht aus Aggression oder Feinseligkeit taten. Vielleicht mochten sie Juden nicht oder verachteten sie. Aber Abneigung und Verachtung bestimmten nicht ihr Verhalten. Für viele dieser Leute waren Juden keine Feinde, die vernichtet werden mussten, was immer auch die offizielle Propaganda behauptete. Sie waren Objekte, die verwaltungsmäßig korrekt zu behandeln waren. Sie waren nicht in stärkerem Maß das Ziel von Feindseligkeit als Kohlelieferungen, Wohlfahrtszahlungen oder Munition; jene anderen „Dinge", die die Bürokraten der Nazi-Maschinerie zu organisieren und zu entsorgen hatten. Dieser Aspekt des Holocaust ist in Hannah Arendts Bericht über Adolf Eichmann beschrieben. Eichmanns zentrale Motivation war nicht Aggression, sondern Pflichtergebenheit.[6] Die Vernichtung der Juden bereitete ihm keine Freude, er fühlte sich sogar einmal schuldig, als er den Führer einer jüdischen Gemeinschaft geschlagen hatte. Befriedigung bezog er daraus, seine Pflicht zu erfüllen, vor seinen Vorgesetzten gut dazustehen, Anordnungen „von oben" effektiv umzusetzen und so seine soziale Rolle zu erfüllen.

Ähnliche Einstellungen finden sich in Himmlers Lob der SS dafür, der Versuchung zu widerstehen, ihre jeweiligen „Lieblingsjuden" zu retten – das heißt, ih-

6 Vgl. Hannah Arendt, Eichmann in Jerusalem, München 1986.

ren persönlichen Wünschen zu folgen: „Dies durchgehalten zu haben, und dabei – abgesehen von Ausnahmen menschlicher Schwächen – anständig geblieben zu sein, das hat uns hart gemacht. Dies ist ein niemals geschriebenes und niemals zu schreibendes Ruhmesblatt."[7] Der Historiker Raul Hilberg beschreibt komplexe bürokratische Entscheidungen, deren Ziel darin bestand, „politische" von „persönlichen" Tötungen zu unterscheiden und zu zeigen, dass nur die ersteren „gerechtfertigt" waren. Die hauptsächliche Botschaft war, dass die Vernichtung der Juden nur insofern legitim war, als sie Teil einer legalen, rationalen, ordentlichen Prozedur und nicht Ausdruck eines impulsiven Ausbruchs des Individuums war.[8]

Es könnte argumentiert werden, dass die oberflächliche Ordentlichkeit und Selbstkontrolle der Eichmanns selbst eine Sublimierung von Aggressionen, dass „Pflicht" eine Maske war. Aber welche Belege gibt es dafür, außer dem Ausmaß der aggressiven Handlungen selbst? Und warum sollten solche Handlungen den zitierten Belegen widersprechen? Die Handlungen der Nazis können genauso gut als Beleg gesehen werden für das Ausfüllen intersubjektiv geschaffener sozialer Rollen wie für biologisch begründete Aggression. Oder, um es etwas genauer zu fassen, ein gewisser Sinn sozialer Solidarität mag *selbst* die Ursache aggressiver Impulse gewesen sein. Hass auf die Juden mag in vielen Fällen eher durch den (bewussten oder unbewussten) Wunsch, ein „guter Deutscher" zu sein, hervorgerufen worden sein als von biologischen Antrieben. Außerdem zeigt die Untersuchung des Aufstiegs des Nationalsozialismus, wie viel von der finanziellen Unterstützung der Nazis – und daher ihrer Fähigkeit, die öffentliche Meinung zu strukturieren – vom Wunsch der herrschenden Klasse in Deutschland herrührte, die öffentliche Meinung zu manipulieren.

Eine Theorie, die versucht, menschliches Handeln ausschließlich auf der Basis biologisch bedingter Aggression zu erfassen, kann den Holocaust höchstens teilweise erklären. Sie kann den Heroismus, die Selbstlosigkeit, die Kooperation und Liebe der Opfer nicht erklären. Deren Handeln ist jedoch genauso erklärungsbedürftig wie das der Mörder. An diesem Punkt beginnen biologische Theorien, fundamentale Triebe zu diversifizieren. Menschliches Leben wird zum Kampfplatz zwischen aggressiven und kooperativen Trieben, zwischen Liebe und Tod. Um den Ausgang dieser Kämpfe im Einzelfall zu erklären, müssen wir jedoch über die einzelnen Triebe hinausgehen. Wir müssen uns von den motivationalen Konsequenzen der Biologie abwenden hin zu Theorien, die jene sozialen Strukturen zu ihrem Gegenstand machen, die individuelle Identität formen statt der biologischen Strukturen, die ihnen angeblich zugrunde liegen.

7 Heinrich Himmler, Rede des Reichsführers-SS bei der SS-Gruppenführertagung in Posen am 4.10.1943 (https://www.1000dokumente.de/index.html?c=dokument_de&dokument=0008_pos&object=translation&st=POSEN&l=de; 14.2.2017); vgl. Bradley Smith/Agnes Peterson (Hg.), Heinrich Himmler. Geheimreden 1933 bis 1945 und andere Ansprachen, Frankfurt a. M. 1974, S. 169–171.

8 Hilberg, Die Vernichtung der europäischen Juden, Band 3, S. 1076–1099.

Um als Theorien der menschlichen Natur zu dienen, müssen Theorien der sozialen Umwelt Bezug nehmen auf Geschichte. Sie müssen nicht nur eine bestimmte Gesellschaft erklären, sondern die Entwicklung von Gesellschaft als solcher.

Der Holocaust ist Teil eines historischen Rückschritts, gegen den weder die Vernunft noch die Arbeiterklasse etwas ausrichten konnten. Er begründete eine Krise sowohl für den Liberalismus als auch für den Marxismus. Als Reaktion auf diese Krise fand eine Umarbeitung historischer Theorien im Sinne des Transzendental-Moralischen statt. So hat zum Beispiel Jürgen Habermas versucht, einen entwicklungslogischen Pfad der menschlichen Evolution, basierend auf der fortschreitenden Entwicklung von Normen und zunehmender Rationalität, zu konstruieren; das heißt von Normen zunehmend universellen und reflexiven Charakters.[9] Obwohl Habermas zeigt, wie bestimmte historische Transformationen der von ihm entworfenen Entwicklungsordnung entsprechen, stellt er klar, dass die Zukunft nicht unbedingt zu irgendeiner Art von Fortschritt führen muss. Sein Erklärungsansatz ist, zumindest bezogen auf die Zukunft, eher normativ als prognostisch. Das unterscheidet ihn sowohl vom traditionellen Marxismus als auch vom Liberalismus, die beide sowohl prognostischen als auch normativen Status beanspruchten. Ähnlich begrenzt ist John Rawls politische „Theorie der Gerechtigkeit". Dieses Buch stellt den Versuch einer rationalen Grundierung von Normen der Gerechtigkeit dar. Es liefert keinerlei Argumente dafür, dass solche Normen jemals in die Praxis umgesetzt werden.

Das Scheitern dieser drei Theorien am Holocaust macht ihn zu einem intellektuellen Problem. Oder, anders formuliert: Der Holocaust ist ein Problem nicht nur für unsere Subjektivität, sondern auch für unsere Objektivität. Ein angemessenes Gedenken an den Holocaust erfordert sein angemessenes Verständnis. Ein solches Verständnis kann jedoch nicht auf Theorien der menschlichen Natur gegründet sein, die mit diesem Ereignis inkompatibel sind. Eine wichtige Verbindung zwischen unserer „Objektivität" und unserer Subjektivität besteht in der Überzeugung, dass eine allgemeine Theorie über menschliches Verhalten wichtig ist für die Ausprägung unserer individuellen Moral und unser kollektives politisches Leben. Insbesondere für die prinzipiell optimistischen Theorien des Liberalismus und Marxismus stellt der Holocaust eine fundamentale Barriere für die Wiedererlangung von Vertrauen in künftige menschliche Entwicklung dar. Die Formulierung und Begründung ethischer Prinzipien und moralischer Regeln beruht, unter anderem, auf der Zuversicht, dass diesen Prinzipien und Regeln gefolgt wird. Wenn es möglich ist, dass Menschen Faschismus und Genozid anderen Formen des gesellschaftlichen Lebens vorziehen, wird normative Ethik problematisch. Daher ist das Vertrauen, welches großen Teilen unseres moralischen und politischen Lebens zugrunde liegt, verloren gegangen oder zumindest stark infrage gestellt. Als moralisch und politisch Handelnde mögen wir weiterhin das Gute wollen - aber unsere Erwartung, dass das Gute in irgendeiner anderen, als der beschränktesten, Form erreicht wird, ist nicht mehr begründet.

9 Jürgen Habermas, Communication and Human Evolution, Boston 1979, S. 69-177.

Positivismus und Rationalität

Der Begriff Rationalität bezog sich einst auf eine Fähigkeit von Personen, die höchsten Zwecke des Menschen *als* Mensch zu identifizieren. Seit dem 17. Jahrhundert wurden jedoch sowohl diese Begriffsbestimmung als auch seine philosophische Begründung infrage gestellt. Im 20. Jahrhundert kam der Positivismus als eine gegensätzliche Position auf, für den die Wahl höherer Zwecke rationaler Begründung nicht akzeptabel ist. Rationalität ist danach begrenzt auf das Wissen der theoretischen Gesetze der Naturwissenschaften oder die praktische Anwendung solchen Wissens im Verfolgen frei gewählter Zwecke. Für den Positivismus ist „Rationalität" gleich „instrumentelle Rationalität" - eine Form von Vernunft, für die moralische Werte und politische Normen äußerlich sind. Letztere werden gesehen als Ergebnis von Interessen, Wahlhandlungen, Zwängen oder Kompromissen, nicht jedoch rationaler Begründung.

Der Holocaust könnte gemeinsam mit anderen typisch modernen Ereignissen wie der Entwicklung von Kernwaffen die *reductio ad absurdum* des Positivismus sein. Für den Positivismus ist jedoch Zugang zur Rationalität des Handelns der Nazis unabhängig von jeder Bewertung seines Ziels möglich. Wenn Ziele der rationalen Begründung nicht nachvollziehbar sind, dann gibt es keinen Grund anzunehmen, dass effiziente Nazis nicht rational waren. Die einzige „Irrationalität" nazistischer Unternehmungen wären in dieser Betrachtung Widersprüche oder Ineffektivität.

Diese Schlussfolgerung widerlegt jedoch nicht logisch den Positivismus. Für einen Positivisten ist es möglich, den Nazismus unter Gebrauch von Konzepten wie böse, unmoralisch, brutal oder grausam zu kritisieren, ohne ihn als irrational bezeichnen zu müssen. Ich glaube jedoch, es sollte Parteigänger des Positivismus dazu veranlassen, die Gültigkeit ihrer Positionen zu überdenken, wenn Menschen, die dem Massenmord gedient haben, als rational bezeichnet werden. Je mehr wir sehen, wozu Menschen fähig sind, desto weniger sinnvoll wird es, bestimmte Unternehmungen nicht als irrational zu bezeichnen; oder, umgekehrt, wenn uns bewusst wird, dass sich die Nazis selbst als rational sahen und es im positivistischen Sinne auch waren.

Die nationalsozialistischen Unternehmungen als rational zu bezeichnen, legt bestimmte Arten von Auseinandersetzung mit dem Nationalsozialismus nahe und schließt andere aus. Wir setzen uns mit einer Person, die als wahnsinnig eingestuft wird, nicht in der gleichen Weise auseinander, wie wir es mit jemandem tun, der in seinem grausamen oder brutalen Verhalten als rational gilt. Der Wunsch, eine ganze Rasse zu ermorden, ist an sich der Beleg für an Wahnsinn grenzende Irrationalität. Interaktionen mit Menschen, die solche Wünsche haben, muss dem Umgang mit Menschen entsprechen, die ihren Verstand verloren haben und nicht nur einfach moralisch defizitär sind, obwohl sich beides nicht gegenseitig ausschließt. Natürlich ist der Gebrauch von Begriffen wie irrational oder wahnsinnig in Bezug auf ganze Gesellschaften problematisch. Für das Jahrhundert des Holocaust und des atomaren

Wettrüstens ist es jedoch von entscheidender Bedeutung, was mit „sozialem Wahnsinn" gemeint ist.

Wir sollten auch darüber nachdenken, wie angemessen der Begriff der Rationalität für wichtige beschreibende und wertende Konzepte wie Vernunft bzw. geistige Gesundheit, Intelligenz oder Erwachsensein ist. Für den Positivismus ist das Bekenntnis einer Person zum Massenmord irrelevant für deren geistige Gesundheit, Intelligenz oder Reife. Normalerweise bewerten wir jedoch die geistige Gesundheit, Intelligenz oder Reife einer Person nicht einfach nach ihrer instrumentellen Rationalität und ihrer Fähigkeit, die Erfordernisse wissenschaftlicher, technischer oder administrativer Vernunft zu erfüllen. Wir sollten dies auch nicht tun, denn es würde unsere Fähigkeit zerstören, einander zu beurteilen, zu belehren und zu kritisieren.

Das philosophische Problem bleibt jedoch bestehen: Auch wenn wir das Konzept der Rationalität in traditioneller Weise benutzen, sind wir uns der Grundlage dafür nicht mehr sicher. Wir wissen, dass die Nazis nicht einfach nur moralisch widerwärtig, sondern auch irrational und wahnsinnig waren. Wir wissen jedoch nicht, warum wir das wissen. Unser moralisches Wissen ist sowohl gewiss als auch unbegründet.

Soziale Gerechtigkeit

Der Holocaust als ein Grund für die Entstehung des Staates Israel trug zur Entwicklung eines der moralisch problematischsten sozialen Konflikte des modernen Zeitalters bei. Ohne den Aufstieg der Nationalsozialisten hätte es nicht genügend jüdische Immigration nach Palästina gegeben, um auch nur eine unabhängige jüdische Gemeinde dort zu gründen. Ohne den Holocaust hätte es viel weniger internationale Unterstützung für die Gründung eines jüdischen Staates gegen den Willen von mehr als der Hälfte der Bevölkerung von Palästina (der arabischen Bewohner) und aller umgebenden Länder gegeben. Der Holocaust überzeugte die große Mehrheit der Juden weltweit vom Zionismus. Er diente daher als Motiv und Rechtfertigung für die Gründung Israels. Doch das verursachte – einige behaupten, erforderte – die Entstehung einer staatenlosen Masse palästinensischer Araber. Die Befriedigung des jüdischen Bedürfnisses nach Gerechtigkeit führte zu großem Unrecht an den Palästinensern.

Mit solchen Situationen haben sich meines Erachtens existierende Gerechtigkeitstheorien nicht genügend beschäftigt. Diese Theorien setzen sich gewöhnlich die rationale Begründung von Normen, die eine gerechte Behandlung aller Mitglieder einer gegebenen Gemeinschaft garantieren, zum Ziel. Rawls zum Beispiel versucht, jene Prozeduren herauszuarbeiten, mit denen eine Gemeinschaft soziale Normen als gerecht identifizieren kann oder mit denen Ungerechtigkeit zum Nutzen einer Gruppe oder ihrer am wenigsten fortgeschrittenen Mitglieder wirkt. Er beschäftigt sich nicht mit den Bedingungen, unter denen eine Gruppe Ungerechtigkeit akzeptieren muss, von der andere profitieren. Marx suchte eine *universelle* Klasse, deren Befreiung jede Form der Unterdrückung beenden würde. Ein solcher Universalismus berücksichtigt nicht jene Situationen, in denen die Wiedergutmachung des einer Gruppe widerfahrenen Unrechts ein anderes Unrecht erfordert.

Das Problem eines ethisch Handelnden in einem unvermeidlichen moralischen Konflikt wird Lesern von Kierkegaard und Sartre bekannt sein. Diese Autoren befassten sich jedoch mit individuellen Entscheidungen, nicht mit dem Schicksal von Gemeinschaften in der Geschichte. Solche Dilemmata werden außerdem vom Standpunkt eines Handelnden betrachtet, der gezwungen ist, sich zwischen einander widersprechenden Verpflichtungen zu entscheiden und eine Verpflichtung auf Kosten einer anderen zu erfüllen. Der israelisch-palästinensische Konflikt ist jedoch charakterisiert durch gegensätzliche Standpunkte der beiden Gegner, zweier moralisch Handelnder, bei denen die Erfüllung der Ansprüche des einen die des anderen ausschließt. Ein Kompromiss ist hier extrem schwierig, vielleicht unmöglich: In der Geschichte schloss die Erfüllung minimaler Ansprüche jeder Seite jeweils die der anderen Seite aus. Die zionistische Bewegung forderte einen zumindest binationalen Staat, in welchem sie gleiche Rechte und gleiche Macht haben würden wie die Palästinenser. Die Palästinenser wollten nationale Unabhängigkeit in ihrem Heimatland mit den Juden als bloßer nationaler Minderheit.

Die moralisch verwirrenden Züge dieses Konflikts sollten uns dazu veranlassen, seine eigentümlichen historischen Merkmale zu untersuchen. Die moralisch relevanten Akteure schließen dabei sowohl die allgemeine europäische Tradition des Antisemitismus als auch die besondere Form dieser Tradition, den Nazismus, ein. Zu berücksichtigen sind ebenso die Machenschaften der imperialistischen Mächte und der arabischen Regierungen. Wenn wir die Frage der Wiedergutmachung von Ungerechtigkeit in einen solchen breiten historischen Kontext stellen, ist jene Art von abstrakter Gerechtigkeit, wie sie in den meisten philosophischen Darstellungen zum Thema beschrieben wird, unerreichbar. Wie also kann Wiedergutmachung möglich sein?

Wenn wir Ungerechtigkeit historisch sehen und allgemeine historische Faktoren als ihre Ursachen identifizieren, sind wir mit moralisch verwirrenden Situationen konfrontiert. Zum Beispiel reflektieren moralische Probleme der Gerechtigkeit von positiver Diskriminierung (*affirmative action*) unsere Schwierigkeiten zu verstehen, wie die den Schwarzen von Weißen oder den Frauen von Männern angetane Ungerechtigkeit wiedergutzumachen ist. Der aktuelle Fall ist umso bemerkenswerter, weil behauptet werden kann, dass durch die Gründung Israels den Juden in der Tat eine gewisse *Entschädigung* für den Holocaust im Besonderen und den historischen Antisemitismus im Allgemeinen zuteilwurde. Eine solche Behauptung würde jedoch suggerieren, dass es sinnvoll wäre, überhaupt von einer Wiedergutmachung für ein Ereignis wie dem Holocaust zu sprechen, was stark zu bezweifeln ist. Sie ließe auch die Frage nach der Moralität der Beziehung zwischen israelischen Juden und palästinensischen Arabern unbeantwortet. Die Beschäftigung mit solchen Fragen bleibt eine Aufgabe für die Zukunft der Moraltheorie.

Obwohl ich eine solche Theorie hier nicht entwickeln kann, möchte ich zumindest zwei ihrer Merkmale nennen. Erstens ist festzuhalten, dass unsere moralische Verwirrung über Sachverhalte wie den israelisch-palästinensischen Konflikt oder positive Diskriminierung zum Teil daraus resultieren, dass wir es gewohnt sind, Moralität vom Standpunkt des handelnden Individuums zu denken. Wenig Aufmerksamkeit wurde der Tatsache gewidmet, dass sowohl Gemeinschaften als auch Individuen Subjekt und Objekt moralischer Beziehungen sein können. Das wird deutlich, wenn wir uns daran erinnern, dass das Besondere am Genozid nicht die Ermordung einer großen Anzahl von Individuen, sondern der Versuch der Zerstörung einer gesamten Gemeinschaft ist. Ebenso ist unsere Identität als moralisch Handelnde keine rein individuelle, sondern geformt durch unsere Mitgliedschaft in und Identifikation mit verschiedenen Kollektiven. Ethische Theorie nach dem Holocaust muss diese Tatsachen berücksichtigen.

Zweitens wird eine solche ethische Theorie geformt durch die Erkenntnis, dass eine Welt, in der Moralität existiert, in mancher Hinsicht böse ist. Ethische Theorie wird nicht länger voraussetzen, dass die Umsetzung moralischer Werte möglich ist. In einem Nach-Holocaust-Zeitalter brauchen wir eine Moraltheorie, die menschliches Handeln mit Geschichte verbindet, die uns zum Bösen zwingt, wo (zumindest zeitweise) die Erfüllung der Bedürfnisse einer Gruppe diese unausweichlich in Konflikt mit (einer) anderen führt. Für diese Moraltheorie sind *tragische Wahlhandlungen* nicht die Ausnahme, sondern die Regel moralischen Lebens. Gerechtigkeit ist keine Norm, die erreichbar ist, vielmehr kann Ungerechtigkeit nicht vollständig überwunden, sondern nur vermindert werden. Wir werden nicht länger glauben, dass Gerechtigkeit in einer bestimmten Situation inkompatibel ist mit der gleichzeitigen Herstellung von Ungerechtigkeit. Menschliche Bedürfnisse können nur (wenn überhaupt) durch graduelle Verminderung von Ungerechtigkeit, nicht durch vollständige Gerechtigkeit, befriedigt werden. Die Überarbeitung der Moraltheorie macht traditionelle Moraltheorien nicht überflüssig. Ohne diese gäbe es keine unabhängige Analyse der Bedingungen von Gerechtigkeit. Aber die neue Moraltheorie, die abstrakte moralische Werte in einen historischen Kontext des Bösen stellt, reflektiert die Werte und Probleme eines modernen Zeitalters, welches durch das Bewusstsein des Bösen geprägt ist. Dieses Bewusstsein wiederum ist von keinem Ereignis stärker geprägt als vom Holocaust.

Nationalsozialisten als Täter mit gutem Gewissen. Über ihr moralisches Versagen und ihre Schuld

*Lothar Fritze**

Die nationalsozialistischen Verbrechen haben nicht nur schärfste Kritik und Abscheu hervorgerufen, sondern auch die Frage unabweisbar gemacht, wie es Menschen subjektiv möglich war, Verbrechen dieser Art zu begehen. Diese Frage stellt sich für jeden, der moralische Grundnormen akzeptiert, und sie stellt sich in allen Gesellschaften, die jedem Menschen, auf Basis welcher Begründung auch immer, ein Arsenal von Rechten zubilligen. Die folgenden Thesen sind ihrer Beantwortung gewidmet.

I. Zur Praxis des moralischen Denkens

1. Moralische Normen

(1) Die Frage, ob die Nationalsozialisten überhaupt „eine Moral" hatten, wird nach wie vor kontrovers diskutiert. Sofern man ihnen „eine Moral" zubilligt, geht man davon aus, dass sie im Vergleich zu uns, den Vertretern einer „Menschenrechtsmoral", die universell geltende Menschenrechte anerkennen, eine „andere Moral" hatten.

(2) „Eine Moral haben" heißt, Verhaltensforderungen akzeptieren und gleichzeitig die aufrichtige Verpflichtung verspüren, diesen folgen zu sollen. Forderungen bezüglich des Handelns und Unterlassens werden in Imperativen sprachlich zum Ausdruck gebracht. Man bezeichnet sie als „moralische Normen".

(3) Die Beachtung moralischer Normen dient unmittelbar dem Schutz oder der Realisierung von Interessen anderer, mittelbar dem Schutz eigener Interessen. Die grundsätzliche Gleichheit der existenziell grundlegenden Interessen aller Menschen – das sind diejenigen Interessen, deren Erfüllung Voraussetzung dafür ist, überhaupt ein Mensch bleiben und Interessen haben zu können – garantiert ein gleiches Interesse aller an der gesellschaftlichen Ingeltungsetzung der gleichen grundlegenden Normen. Moralische Normen

* Die folgenden unveröffentlichten Thesen rekapitulieren den Gedankengang meines Buches „Die Moral der Nationalsozialisten", Reinbek 2019.

sind Normen, an deren Beachtung alle (oder fast alle) dasselbe Interesse haben. Damit eine Norm (Verhaltensforderung) als eine Moralnorm gelten kann, muss sie daher bestimmten Anforderungen genügen (III.1).

(4) Ein moralisches Handeln ist ein normgemäßes Handeln aus Pflicht - das heißt, es ist ein Handeln auf Basis der Einsicht in die Begründetheit der Normen und mit dem Willen, den sich daraus ergebenden Verpflichtungen zu genügen. Moralisches Handeln setzt also eine Internalisierung der geltenden moralischen Normen voraus - die Aufnahme der mit ihnen verbundenen Verhaltensforderungen in das eigene Wollen.

(5) Im Falle einer nicht zu rechtfertigenden und vermeidbaren Abweichung des tatsächlichen Handelns vom gesollten Handeln meldet sich eine interne Kontrollinstanz - das Gewissen. Es bestraft den Handelnden mit Schuldgefühlen.

2. Hatten die Nationalsozialisten überhaupt eine Moral?

(1) Nationalsozialisten eine Moral und moralisches Denken zuzusprechen, gilt manchen Interpreten der nationalsozialistischen Gewalttaten als ein Sakrileg. Ihnen zufolge verbietet es sich auch, von einer „nationalsozialistischen Moral" zu sprechen. Manche glauben, dass die nationalsozialistischen Täter moralisch nicht ansprechbar waren; sie halten sie für gewissenlos und amoralisch. Andere führen die Verbrechen der Nationalsozialisten auf pathologische Triebe und Instinkte oder psychische Abnormitäten zurück. Wieder andere halten die Täter für boshaft; sie seien nicht nur böse gewesen, sondern hätten „das Böse" als solches gewollt.

(2) Der moralische Impuls, dem Erklärungen dieser Art entspringen, ist für jeden mitfühlenden Menschen verständlich und nachvollziehbar. In erster Linie jedoch artikulieren sie eine moralische Entrüstung und sind nicht das Ergebnis einer Analyse der Struktur des nationalsozialistischen Denkens und seiner Prämissen. Die Dämonisierung oder Pathologisierung der Nationalsozialisten hat zudem einen psychologischen Nebeneffekt: Sie lässt die bohrende Frage, ob man selbst auch zu ähnlichen Handlungen fähig wäre, in den Hintergrund treten.

(3) Maßgebliche Nationalsozialisten gaben zumindest vor, ein System moralischer Normen zu akzeptieren. Tatsächlich kann kaum ein Zweifel bestehen, dass sich viele von ihnen für verpflichtet hielten, das eigene Handeln moralischen Maßstäben zu unterwerfen, von denen sie annahmen, dass sie nicht subjektiver Willkür entspringen, sondern (in welchem Sinne auch immer) begründet oder vorgegeben sind und insoweit verbindlich gelten. Der Wille, geltende Moralnormen zu befolgen, ist ein moralischer Wille.

(4) Für Hitler, den maßgeblichen Schöpfer der nationalsozialistischen Weltanschauung, waren moralische Normen dem Menschen nicht vorgegeben, sondern dessen (nicht-willkürliche) Schöpfung. Sie waren für ihn interessenfundiert und

hatten instrumentellen Charakter. Insoweit deckt sich Hitlers Auffassung mit einer interessenfundierten Ethik, die die Annahme vorpositiver Normen, die der Erkenntnis zugänglich wären, für unbegründet hält und stattdessen von der rationalen Begründetheit intersubjektiv akzeptierbarer moralischer Normen ausgeht. Dieser Vorstellung entsprechend wird sich eine einzelne Entität zu einer Befolgung solcher Normen durchringen, deren Befolgung sich für die Verwirklichung ihrer eigenen (aufgeklärten) Interessen langfristig als positiv erweist.

(5) Im Falle der Weltanschauung Hitlers handelt es sich bei den in Rede stehenden Entitäten jedoch nicht nur um menschliche Individuen, genauer gesagt um Menschen, sondern ebenso um Völker und Staaten, vielleicht auch (dies ist terminologischen Unklarheiten Hitlers geschuldet) um Rassen.

3. Akzeptanz moralischer Grundnormen

(1) Um herauszufinden, welche Moral einer hat, empfiehlt es sich in einem ersten Schritt, die von ihm akzeptierten moralischen Normen zu ermitteln. Die Frage, ob die Nationalsozialisten eine andere Moral hatten, lässt sich daher zunächst auf die Frage reduzieren, ob sie andere moralische Normen akzeptierten.

(2) Aus Gründen der Einfachheit empfiehlt es sich zudem, die Frage, ob Nationalsozialisten andere Normen akzeptierten, ausschließlich auf moralische Grundnormen zu beziehen. Grundnormen schreiben zwar bestimmte allgemein formulierte Handlungsweisen vor, jedoch keine konkreten Einzelhandlungen. Sie haben in ihrem Wortlaut keinen zeitlichen oder lokalen Bezug und müssen situationsadäquat angewendet werden.

(3) Grundnormen dürfen in Ausnahmesituationen verletzt werden. Ihre Verletzung ist argumentativ zu rechtfertigen. Eine Rechtfertigung muss zeigen, dass die prinzipielle Erlaubnis zur Verletzung der Norm in einer Situation des betreffenden Typs im Interesse aller liegt.

(4) Zu den Grundnormen gehören beispielsweise das Tötungsverbot oder auch die Verbote, andere Menschen zu verletzen, zu vertreiben, ihrer Freiheit zu berauben, zu bestehlen, zu belügen oder zu beleidigen. Zu den Grundnormen gehören des Weiteren Gebote - wie etwa die Gebote, für seine Kinder zu sorgen, in Not geratenen Menschen zu helfen oder Verträge einzuhalten.

(5) Diese - und weitere - Grundnormen dürften in allen oder fast allen Gesellschaften und Kulturen und zu allen Zeiten zu finden sein. Auf der Grundlage dieser empirischen Feststellung kann man definieren: Grundnormen haben überall die gleiche Form und sind gesellschaftlich und kulturell invariant.

(6) An vielen Äußerungen führender Nationalsozialisten ließe sich plausibel machen, dass auch sie eine Orientierung an moralischen Grundnormen für verpflichtend hielten. Wenigstens in diesem Sinne hatten sie keine andere Moral. Dies gilt auch für eine Reihe von Grundwerten (Gerechtigkeit, Freiheit, Sicherheit oder Ehre) sowie für menschliche Grundtugenden (Ehrlichkeit, Treue, Kameradschaftlichkeit, Leistungswille oder Opferbereitschaft), die von

Nationalsozialisten zwar neu interpretiert, in ihrer abstrakt-allgemeinen Form aber in derselben Weise vertreten wurden.

(7) Die situationsadäquate Anwendung schließt die Möglichkeit ein, dass Grundnormen verletzt werden. In der Praxis des moralischen Denkens gilt: Es ist denkbar, dass man Normen verletzt, diese Verletzung aber für moralisch erlaubt oder gar für geboten hält (III.2). Einer solchen Erlaubnis bedarf es nur, wenn die Norm gilt - das heißt, wenn man sie akzeptiert. Der Verletzung einer akzeptierten Norm kann der Handelnde selbst nur dann zustimmen, wenn er dafür eine ihn selbst überzeugende Begründung hat.

II. Nationalsozialistische Täter mit gutem Gewissen

1. Täter mit gutem Gewissen

(1) Unter den nationalsozialistischen Tätern, insbesondere auch unter führenden Nationalsozialisten, befanden sich Täter, die überzeugt waren, dass ihr Handeln moralisch gerechtfertigt ist.

(2) Täter im moralischen Sinne ist, wer eine moralische Norm verletzt, ohne dafür eine allgemein, das heißt auch von den Betroffenen oder Dritten, zu akzeptierende Rechtfertigung vorbringen zu können. Ein Täter in diesem Sinne ist, wer illegitimerweise gegen geltende moralische Normen verstoßen hat. Dies schließt nicht aus, dass der Handelnde selbst die Verletzung der von ihm akzeptierten Moralnorm für moralisch erlaubt hält. Diese Differenz ermöglicht den Verhaltenstyp „Täter mit gutem Gewissen". Die Gruppe derjenigen Täter, die ungeachtet ihrer Handlungen, die in einer Außenperspektive als moralisch illegitim betrachtet werden, ein gutes Gewissen haben, verkörpert eine Teilmenge der Menge der Täter.

(3) Ein gutes Gewissen stellt sich im Ergebnis einer gedanklichen Operation ein, in der ein Handelnder zu der Überzeugung gelangt, in Übereinstimmung mit den moralischen Normen gehandelt zu haben, die er selbst akzeptiert. Zu diesen Normen gehören auch Erlaubnisnormen, die die Übertretung geltender Normen unter bestimmten Voraussetzungen rechtfertigen.

(4) „Täter mit gutem Gewissen" soll ein (einzelner) Handelnder heißen, der in einer Außenperspektive als ein Täter im moralischen Sinne gilt, selbst aber, nämlich in seiner Innenperspektive, sein Handeln für moralisch legitim hält, obwohl ihm bewusst ist, dass er eine geltende, das heißt gesellschaftlich anerkannte, moralische Norm verletzt hat. (Täter, denen nicht bewusst ist, eine geltende Norm verletzt zu haben, und die gerade deshalb ein gutes Gewissen unterhalten, sind im erörterten Zusammenhang moralphilosophisch uninteressant und bleiben außerhalb der Betrachtung.) Wer glaubt, dass die Ausführung seiner Handlung moralisch erlaubt und daher legitim ist, stimmt dem Inhalt seines Tuns innerlich zu. (Zu diesem Begriff des Täters mit gutem Gewissen gehört nicht, dass die Handlung auch aus moralisch richtigen Beweggründen ausgeführt wurde.)

(5) Indem das gute Gewissen eines Täters als ein Überzeugtsein von der Legitimität einer Normenverletzung in Erscheinung tritt, ist es an einen Akt der Reflexion gekoppelt. Ein positiv gutes Gewissen (man ist überzeugt, moralisch im Recht zu sein) ist sowohl psychologisch als auch kognitiv ein anderer Zustand als die Abwesenheit eines schlechten Gewissens (es kommt einem nicht in den Sinn, moralisch im Unrecht sein zu können).

(6) Allein aus dem Umstand, dass das Handeln eines Täters mit gutem Gewissen als moralisch illegitim gilt und sein gutes Gewissen für unberechtigt gehalten wird, folgt nicht, dass ihm auch moralische Schuld zuzuweisen ist. Unter der Voraussetzung nämlich, dass sein moralisch nicht zu rechtfertigendes Verhalten auf unvermeidbaren Irrtümern (VIII.3.1) oder unwiderlegbaren außermoralischen Überzeugungen (VIII.5) beruhte, sind moralische Vorwürfe nicht zu begründen.

2. Täter mit gutem Gewissen als rationale Akteure

(1) Grundnormen gelten gesellschafts- und kulturübergreifend und werden mit bestimmten universalen Ansprüchen vertreten. Von einem rationalen Akteur ist zu erwarten, dass er den sich daraus ergebenden Forderungen genügt. Diesen Forderungen zu genügen heißt, nur solche Normen als moralische Normen zu internalisieren, die allgemeine Geltung beanspruchen dürfen und sich als allgemein zustimmungsfähig erweisen. Darüber hinaus hat ein rationaler Akteur jenen Forderungen zu genügen, die überhaupt an die Akzeptanz sämtlicher Überzeugungen zu stellen sind, die für sein Handeln relevant sind (VIII.4).

(2) Bei der praktischen Einlösung dieser Forderungen können Irrtümer und Unzulänglichkeiten auftreten. Auch wer den Anforderungen an ein rationales Verhalten genügt, kann irren oder nachlässig sein. Rationalität existiert in graduellen Abstufungen. Deshalb kann auch ein rationaler Akteur Täter sein: Er kann Normen internalisieren, die keine Chance haben, als Moralnormen anerkannt zu werden, oder moralische Normen ungerechtfertigterweise verletzen. Nur rationale Akteure können, und zwar unter der Voraussetzung, dass sie Täter sind und ein gutes Gewissen haben, unter die Rubrik „Täter mit gutem Gewissen" fallen.

(3) Als rationale Akteure müssen Täter mit gutem Gewissen erstens den Anspruch erheben, dass jede rationale Person zu denselben handlungsrelevanten Überzeugungen gelangt sein könnte. Und sie müssen zweitens den Anspruch erheben, dass jede rationale Person, die sich vorstellt, sich in einer relevant ähnlichen Handlungssituation zu befinden und mit denselben handlungsrelevanten Überzeugungen ausgestattet zu sein, ihrem Handeln nicht mit guten Gründen widersprechen könnte. Täter mit gutem Gewissen kann nur sein, wer nicht nur schlicht glaubt, für sein Handeln eine Rechtfertigung zu besitzen, sondern darüber hinaus begründet annimmt, dass diese Rechtfertigung rationalerweise zu akzeptieren, jedenfalls nicht zu widerlegen ist.

(4) Damit ein Täter trotz seiner Täterschaft in der Außenperspektive als ein rationaler Akteur gelten und unter den Verhaltenstyp „Täter mit gutem Gewissen" subsumiert werden kann, hat sein gutes Gewissen bestimmten Rationalitätsanforderungen zu genügen. Das heißt nicht, dass das Denken und Handeln rationaler Akteure in jedem Falle dem Idealtyp einer *umfassenden* Rationalität entspricht (VIII.4.5, 8). Eine solche verwirklicht sich in der praktischen Anwendung jener Methoden im Bereich des Erkennens und Entscheidens, die mit der höchsten Wahrscheinlichkeit zu den besten Problemlösungen führen. Täter mit gutem Gewissen sind rationale Akteure, die auf einem *Mindestniveau* an Rationalität operieren – einem Niveau, das jeder gesunde Angehörige der Gattung „Mensch" realisiert. Gleichwohl gelten diese Täter im Allgemeinen nicht als Personen, deren Denken und Handeln als „rational" zu bezeichnen wäre.

3. Das gute Gewissen als Voraussetzung moralischer Selbstermächtigung

(1) Der Verhaltenstyp „Täter mit gutem Gewissen" ist eine begriffliche Konstruktion, deren Merkmale in idealtypischer Ausprägung gedacht werden. Ein gutes Gewissen stellt sich nur in der Reflexion auf die eigenen Überzeugungen ein. Da aber Überzeugungen in unterschiedlicher Stärke existieren, ist der Begriff des guten Gewissens gradualistisch zu konzipieren. Das heißt: Eine Person kann ein mehr oder weniger gutes Gewissen haben. Ein gutes Gewissen kann „angekränkelt" sein.

(2) Lebenspraktisch gesehen werden Täter nur selten während ihres gesamten Lebens ein absolut reines und rundum gutes Gewissen haben. Ein gutes Gewissen kann graduelle Abstufungen aufweisen, sich nicht auf alle Facetten einer Handlung beziehen, also fragmentarisch sein, und in Abhängigkeit von einem Überzeugungswandel selbst Veränderungen unterliegen.

(3) Täter mit gutem Gewissen akzeptieren die Normen, denen sie zustimmen, nicht nur pro forma oder nur angeblich. Auch sind sie tatsächlich überzeugt, dass ihr Handeln mit den von ihnen akzeptierten Normen übereinstimmt oder übereinstimmte. Die Rechtfertigungen, die sie für ihr Handeln anführen, führen sie nicht an, um eine bereits vage empfundene Schuld nicht eingestehen zu müssen. Es geht ihnen nicht um Vernebelung oder Reinwaschung; vielmehr sind sie – im Idealfalle – mit sich selbst im Reinen.

(4) Weil Täter mit gutem Gewissen wissen, dass ihr Handeln prima facie ein moralisches Unrecht in die Welt setzt, sie aber das moralisch Richtige tun wollen, sind sie zwingend daran interessiert, ihr Handeln vor sich selbst zu rechtfertigen – das heißt, die Normenübertretung als durch ihre wohlüberlegten Überzeugungen legitimiert zu erkennen. Darüber hinaus liegt ihnen in der Regel auch daran, dass andere ihr Tun als moralisch richtig anerkennen.

(5) Vertreter dieses Tätertyps dürften am ehesten, vielleicht als die Einzigen, zur Planung und Durchführung totalitärer Groß- und Schwerstverbrechen psychisch in der Lage sein. Das gute Gewissen ist nicht nur, wie es im Volksmund

heißt, ein Ruhekissen; es ist die Voraussetzung moralischer Selbstermächtigung, die Grundlage der Selbstmandatierung für die scheußlichsten Verbrechen.

4. Methodischer Pragmatismus

(1) Weltanschauungen und Religionen können benutzt werden, um in Gestalt von Annahmen, theoretischen Erörterungen sowie Wert- bzw. Zielvorstellungen den gedanklichen Kontext für die Konstruktion von Ausnahmesituationen zu liefern, in denen eine Übertretung von geltenden Grundnormen erlaubt erscheint. Ideensysteme verschiedenster Art können missbraucht werden zur Unterdrückung aufkommender Schuldgefühle, zur Beruhigung des Gewissens.

(2) Die zentralen Argumentationen, Zielformulierungen und Handlungsbegründungen bezogen die Akteure aus der nationalsozialistischen Ideologie. Abgesehen davon, dass einige der Täter Mitschöpfer dieser Ideologie waren, präsentierten sich viele der nationalsozialistischen Haupttäter als ideologisch Überzeugte. Zwar lässt sich nie mit Bestimmtheit sagen, ob die vorgebrachten Rechtfertigungsargumentationen auch geglaubt wurden; allerdings gibt es keinen Grund anzunehmen, dass die nationalsozialistischen Täter ihr Überzeugtsein nur vorgespiegelt hätten. Stattdessen ist der Umstand, dass zentrale Rechtfertigungsargumentationen sowohl in theoretischen Schriften, Parteidokumenten, öffentlichen Reden, im Dienstverkehr, in diplomatischen Unterredungen und privaten Gesprächen als auch in nachträglichen Rechtfertigungen zur eigenen Verteidigung inhaltlich übereinstimmen, ein starkes Indiz dafür, dass sie tatsächlich zum Überzeugungsbestand der Täter gehörten.

(3) Dementsprechend erscheint es sinnvoll, einem methodischen Pragmatismus zu folgen, indem man zunächst prüft, ob und inwieweit sich das verbrecherische Handeln der nationalsozialistischen Haupttäter unter der Annahme verstehen lässt, dass die Handelnden von der moralischen Erlaubtheit ihres Tuns überzeugt, also Täter mit gutem Gewissen waren. Ihrem Status nach handelt es sich bei dieser Annahme nicht um eine empirische Behauptung, sondern eine „Als-ob"-Prämisse, die methodologisch dadurch gerechtfertigt ist, dass sie denjenigen Fall hypothetisch als gegeben unterstellt und der Überprüfung unterwirft, der für die Erklärung der Verbrechen die größte theoretische Herausforderung darstellt.

(4) Es ist plausibel anzunehmen: Führende Nationalsozialisten, unter ihnen Adolf Hitler, Heinrich Himmler, Joseph Goebbels und Adolf Eichmann, waren Täter mit gutem Gewissen. Gleiches dürfte für viele Ideologen und Intellektuelle gelten, die geistige Grundlagen lieferten. Und selbstverständlich werden auch unter den „ausführenden" Nationalsozialisten, Bürokraten, Polizisten, Militärs, KZ-Kommandanten, SS-Wachmännern, viele gewesen sein, die von der Richtigkeit ihres Tuns überzeugt waren.

III. Grundnormen und ihre legitime Übertretung

1. Moralnormen und ihr Geltungsanspruch

(1) Moralnormen sind Normen, die mit dem Anspruch auf allgemeine Geltung und allgemeine Zustimmung vertreten werden. Moralische Forderungen richten sich an einen Adressaten und sie beziehen sich auf bestimmte Entitäten und Anwendungsfälle.

(2) Der Anspruch auf allgemeine Geltung ist nur dann erfüllt, wenn der Normenvertreter die mit einer Moralnorm verbundene Forderung an jedermann in einer relevant ähnlichen Position richtet und sie für alle Entitäten der gleichen Art sowie in jeder relevant ähnlichen Situation erhebt. Damit eine Norm als „Moralnorm" gelten kann, darf ihr Geltungsbereich nicht willkürlich – etwa durch Eigennamen oder Orts- und Zeitangaben – eingeschränkt werden.

(3) Einschränkungen des Geltungsbereichs einer Norm sind nur dann akzeptabel, wenn sie die universale Geltung der Norm nicht zerstören. Selbst eine Forderung, die da lautete, für die Selbsterhaltung des eigenen Volkes zu kämpfen, wäre in diesem Sinne eine moralische Forderung. Sie richtete sich an jeweils alle Mitglieder aller Völker.

(4) Von einer allgemeinen Zustimmung ist allein dann auszugehen, wenn jeder (oder fast jeder) von der Norm Betroffene einen guten Grund hat, für die gesellschaftliche In-Geltung-Setzung dieser Norm zu optieren. Einen solchen Grund hat er dann, wenn die Norm der Realisierung seiner rationalen Interessen dient.

2. Rechtfertigungsargumentationen

(1) Eine Moral der grundlegenden Menschenrechte, die eine Reihe von Grundnormen akzeptiert, weist jedem Menschen Abwehr- oder auch Anspruchsrechte zu, die ohne eine anerkannte Rechtfertigung nicht eingeschränkt werden dürfen. Ungerechtfertigte Verletzungen dieser Rechte gelten als illegitim.

(2) Grundnormen sind konkretisierungsbedürftig. Der universelle Geltungsanspruch einer Moralnorm besagt nur, dass sich die Norm auf alle Fälle gleicher Art beziehen muss; er sagt aber nichts über die Reichweite der Norm aus (IV). Die Norm „Du sollst nicht töten!" verbietet eine Handlungsweise, nämlich das Töten. Insoweit geht aus ihr lediglich hervor, dass sie sich nur auf den Umgang mit Entitäten bezieht, die überhaupt getötet werden können, also auf Lebewesen. Erst mit der Festlegung, welche Lebewesen nicht getötet werden dürfen, ist auch über die Reichweite der Grundnorm und damit darüber entschieden, welche konkreten Handlungen erlaubt oder verboten sind.

(3) Moralische Grundnormen müssen stets in konkreten Handlungssituationen befolgt werden. Da aber Grundnormen unspezifisch formuliert sind, enthalten sie keine Anweisungen, was unter konkreten Bedingungen zu tun oder zu lassen ist. So etwa enthalten Grundnormen keine Verhaltensanweisung für

Gefahren- und Notstandssituationen. Sie enthalten auch keine Verhaltensanweisung für den Fall, dass andere Personen Grundnormen verletzen und damit ihren Pflichten nicht nachkommen. Aus den Formulierungen von Grundnormen geht nicht hervor, dass es Gründe gibt, die ihre Übertretung rechtfertigen - Rechtfertigungsgründe (V). Grundnormen enthalten auch keine Regelung für den Fall, dass sie untereinander in Konflikt geraten - das heißt, dass die Erfüllung einer Grundnorm zugleich die Verletzung einer anderen Grundnorm bedeutet. Wer eine Grundnorm kennt, weiß noch nicht vollständig, welche konkreten Handlungen durch sie verboten oder geboten sind.

(4) Grundnormen werden mitunter nicht direkt befolgt, sondern unter Berücksichtigung der konkreten Umstände in konkrete Normen transformiert (VI). Die (konkrete beziehungsweise abgeleitete) Norm etwa, die fordert, man solle Sterbenden den Wunsch auf Schmerzlinderung erfüllen, ist eine Konkretisierung der Grundnorm, anderen Menschen zu helfen. Aus Grundnormen können unter Berücksichtigung von Merkmalen, die sowohl die Handlungsbedingungen als auch den Handelnden selbst betreffen, konkrete Normen abgeleitet werden.

(5) Das Handeln der Täter mit gutem Gewissen lässt sich zu einem beträchtlichen Teil, wenngleich nicht vollständig, durch die Annahme verstehen, dass sie andere Reichweitenregeln oder andere Rechtfertigungsgründe oder andere abgeleitete Normen akzeptierten. Das Handeln von Personen wird generell erst dann verstehbar, wenn man nicht nur die von ihnen akzeptierten moralischen Grundnormen, sondern auch die von ihnen anerkannten Erlaubnisse kennt, diese Grundnormen zu übertreten.

(6) Die in einer Gesellschaft anerkannten Regeln, die die konkrete Auslegung und Anwendung der moralischen Grundnormen bestimmen, gehören zu den zentralen weltanschaulich-ideologischen Annahmen und Überzeugungen, die selbst zum Teil moralischer, zu einem großen Teil aber außermoralischer Natur sind.

(7) In Abhängigkeit von der jeweiligen „Hintergrundideologie" können formal identische Grundnormen unterschiedlich ausgelegt werden - das heißt, inhaltlich verschiedene Forderungen an das Handeln und Unterlassen stellen. Grundnormen allein weisen keine hinreichend bestimmten Regelungsinhalte auf und verbürgen keine Anwendungen, die von außermoralischen Überzeugungen oder weltanschaulich-ideologischen Ideensystemen unabhängig wären.

3. Außermoralische Überzeugungen

(1) Außermoralische Überzeugungen sind Überzeugungen nicht-moralischer Art. Außermoralische Überzeugungen (Annahmen, Prämissen, Vorstellungen, Glaubenssätze oder Präferenzen), von denen eine Person ausgeht, sind Bestandteile der von ihr akzeptierten Weltanschauung beziehungsweise Ideologie.

(2) Annahmen darüber, wie die Welt beschaffen ist und funktioniert, sind Annahmen außermoralischer beziehungsweise nicht-moralischer Art. Inhalt außermoralischer Überzeugungen können unter anderem Annahmen über kontingente Tatsachen oder Sachverhalte, Theorien über die Beschaffenheit und das Funktionieren der natürlichen und sozialen Welt, Vorstellungen über das Verhalten von Menschen oder Völkern sowie Hypothesen über Kausalverhältnisse sein. Zu den Inhalten außermoralischer Überzeugungen gehören des Weiteren metaphysische Annahmen oder ontologische Prämissen. Schließlich gehören auch die Wert- und Zielvorstellungen einer Person, ihre Meinungen darüber, was bedeutungs- oder wertvoll und deshalb vorzugswürdig ist, zu den Inhalten ihrer außermoralischen Überzeugungen.

(3) Solche nicht-moralischen Annahmen, Prämissen, Vorstellungen, Glaubenssätze, Präferenzen können in moralischen Überlegungen, in Überlegungen, was zu tun oder zu lassen ist, als deskriptive Prämissen, als Aussagen über Tatsachen oder auch als nicht-moralische Werturteile eine nicht unwesentliche Rolle spielen.

(4) Außermoralische Überzeugungen beruhen häufig auf Deutungen von Absichten, von Situationen, von Bedrohungslagen, auf der Identifikation von (tatsächlichen oder vermeintlichen) Handlungszwängen. Wer glaubt, dass dem anderen nicht zu trauen ist, dass er Krieg führen wird, dass man sich nur noch retten kann, wenn man als Erster angreift, hat bestimmte außermoralische Überzeugungen.

(5) Viele außermoralische Überzeugungen sind Interpretationskonstrukte. Außermoralische Annahmen und Überzeugungen verkörpern aber auch die jeweiligen Meinungen, dass ein bestimmtes Mittel prinzipiell ein zweckmäßiges und erforderliches Mittel sein kann und unter den gegebenen Umständen der Einsatz dieses Mittels tatsächlich zweckmäßig und erforderlich ist.

IV. Berufung auf Reichweitenregeln

1. Reichweitenregeln

(1) Adressaten von moralischen Normen können nur Vernunftwesen sein. Die Handlungen oder Unterlassungen, die von moralischen Normen verboten, geboten oder erlaubt werden, beziehen sich aber nicht nur auf Menschen – die einzigen bekannten Vernunftwesen – und nicht notwendigerweise auf alle Menschen. Der Anwendungsbereich von Moralnormen kann außerdem ihren potenziellen Adressatenbereich übersteigen.

(2) Die Anwendungsbereiche von moralischen Normen werden durch Reichweitenregeln festgelegt. Reichweitenregeln bestimmen, auf wen oder was moralische Normen zutreffen, wer oder was durch eine Norm geschützt oder wem geholfen werden soll. Manche Reichweitenregeln bestimmen, welche Wesen Mitglieder der Moralgemeinschaft sind. Andere Reichweitenregeln erfassen so-

gar nicht-biologische Entitäten. Besondere Reichweitenregeln können sich auch aus einer besonderen Schutzwürdigkeit oder Hilfsbedürftigkeit ergeben. Wieder andere Reichweitenregeln ergeben sich aus der Funktion, die bestimmte Mitglieder der Moralgemeinschaft haben, beziehungsweise aus der Rolle, die sie ausfüllen. Sie schränken den Adressatenkreis ein.

(3) Welche Kriterien für die Festlegung der Reichweite einer Norm auch immer in Anschlag gebracht werden, sie müssen innerhalb des betreffenden Überzeugungssystems als moralisch relevant gelten. Das heißt, für die Ungleichbehandlung der betreffenden Wesen oder Entitäten müssen Gründe vorgelegt werden. Ansonsten kollidierten die in Anschlag gebrachten Kriterien mit dem universellen Geltungsanspruch von Moralnormen. Eine Norm gilt eben nur dann als eine Moralnorm, wenn sie sich auf alle Fälle gleicher Art bezieht. Für die Bestimmung von moralischer Relevanz gibt es kein formales Kriterium. Das heißt, für die Zuweisung des Prädikats „moralisch relevant" muss inhaltlich argumentiert werden.

(4) Reichweitenfestlegungen, die die formalen Konsistenzanforderungen erfüllen, berühren nicht die universelle Geltung der Norm. Eine Norm kann allgemein gelten, weist aber eine beschränkte oder sogar sehr enge Reichweite auf. In Abhängigkeit von den akzeptierten Reichweitenregeln kann ein und dieselbe Norm(-formulierung) - etwa „Du sollst nicht töten!" - mit Handlungen vereinbar sein - etwa mit dem Töten leidensfähiger Tiere, der Abtreibung, dem Infantizid, dem Selbstmord, dem Töten Stammes- oder Volksfremder oder dem Töten geistig Behinderter oder nicht lebensfähiger schwerstbehinderter Frühgeburten -, die aus der Perspektive anderer Reichweitenregeln als illegitim gelten.

(5) Reichweitenregeln werden häufig nicht explizit erwähnt, sondern stillschweigend unterstellt und implizit berücksichtigt. Reichweitenregeln sind selbst nur zum Teil moralischer Natur, da in ihre Festlegung auch *außermoralische* Annahmen eingehen und ihre Akzeptanz von solchen Überzeugungen abhängt.

2. Außermoralische Überzeugungen der Nationalsozialisten

(1) Führende nationalsozialistische Ideologen haben zwar dieselben moralischen Grundnormen wie die Anhänger einer Menschenrechtsmoral, aber andere Reichweitenregeln vertreten. Bei der Festlegung der Reichweite einer Moralnorm spielen außermoralische Überzeugungen eine maßgebliche Rolle.

(2) Innerhalb des nationalsozialistischen Diskurses wurden (zumindest) drei nicht-moralische Theoreme vertreten, die für die Festlegung der Reichweite von Grundnormen Bedeutung hatten und insoweit moralische Relevanz erlangen konnten: das Theorem der Nicht-Zugehörigkeit aller Menschen zu ein und derselben Evolutionsstufe, das Theorem der natürlichen Ungleichheit der Völker beziehungsweise Rassen und das Theorem des universellen Lebenskampfes der Völker und Rassen.

(3) Unter Berufung auf (außermoralische) evolutions-, rassen- und kulturtheoretische Annahmen unterstellten Nationalsozialisten eine natürliche Ungleichheit von Völkern, Rassen und Kulturen. Diese Ungleichheit deuteten sie in eine Ungleichwertigkeit von Völkern, Rassen und Kulturen um und lehnten entsprechend das Postulat einer normativen Gleichheit aller Menschen ab.

(4) Zumindest denkbar wurden solche Anschauungen auf dem Boden der Darwin'schen Abstammungslehre. Diese begreift den Menschen als Produkt eines natürlichen Evolutionsprozesses und schließt die gleichzeitige Existenz von menschlichen Wesen verschiedener Evolutionsstufen nicht aus. Unabhängig von evolutionstheoretischen Überlegungen wurden (vermeintliche) Unterschiede zwischen Völkern, Rassen und Kulturen empirisch festgestellt.

(5) In der nationalsozialistischen Ideologie figurierten Angehörige bestimmter Völker oder Rassen als „Untermenschen", als Wesen, die zwar Menschenantlitz trügen, aber geistig tiefer stünden als jedes Tier. Nähme man entsprechende Äußerungen ernst, bedeutete dies, dass ihnen gerade jenes Niveau an Vernunft abgesprochen worden wäre, das ein Wesen zu einem Vertragspartner machen könnte. Wer diese außermoralische Überzeugung teilte, könnte – im Rahmen einer kontraktualistischen Moralbegründung – Wesen dieser Art nicht als gleichberechtigt betrachten und hätte daher im Ergebnis auch keinen Grund, wenigstens deren existenziellen Interessen zu berücksichtigen.

(6) Gleichwohl ist die Deutung, die geistig tonangebenden Nationalsozialisten oder auch andere Tatbeteiligte hätten eine Reichweitenregel akzeptiert, die manchen Völkern oder Rassen aus dem Geltungsbereich der Grundnormen ausgeschlossen hätte, nicht überzeugend. Auch Nationalsozialisten wussten sehr wohl, dass sie, indem sie einen Juden töten, gegen das Verbot verstoßen, einen anderen Menschen zu töten. Ansonsten wäre es überflüssig gewesen, solche Tötungshandlungen vor sich selbst zu rechtfertigen. Führende Nationalsozialisten waren gerade nicht der Meinung, dass sich Juden außerhalb des Geltungsbereichs der moralischen Grundnormen befinden. Was sich für Juden sagen lässt, gilt auch für andere Völker und Rassen. Tötungshandlungen wurden von den führenden Nationalsozialisten in aller Regel nicht unter Berufung auf Reichweitenregeln gerechtfertigt, die anderen das Menschsein absprachen, sondern durch die Angabe von Rechtfertigungsgründen.

3. Überlebenskampf der Völker und Staaten

(1) Zum Kern der Hitler'schen Weltanschauung gehörte die politische Theorie eines universellen Überlebenskampfes von Völkern und Staaten. Als Selbsterhaltungseinheiten kämpfen sie auf einer endlichen Erdoberfläche um knappe Existenzbedingungen. Sie bemühen sich um Selbstbehauptung und Wahrung der eigenen Identität, der eigenen Eigenart. Dieser Umstand bildet die entscheidende Quelle von Konflikten.

(2) Völker und Staaten befinden sich in einem moralisch und rechtlich ungeregelten Naturzustand, der infolge des Fehlens eines globalen Gewaltmonopols letztlich nicht verlassen werden kann. Der Mensch ist Teil der Natur, und wer überleben will, so wurde Hitler nicht müde zu betonen, hat sich deren Gesetzen zu unterwerfen.

(3) Diese (außermoralischen) Annahmen gewannen eine zentrale Bedeutung für das nationalsozialistische Denken und Handeln. Aus dem Postulat eines permanent aktualen Kampfes ums Dasein unter Knappheitsbedingungen - eines Kampfes, der durch vertraglich gestützte Kooperationsbeziehungen zwar punktuell und temporär, nicht aber dauerhaft und niemals auf eine wirklich verlässliche Weise in einen friedlichen Modus überführt werden kann - leitete Hitler eine Permanenz des Ausnahmezustandes in den Beziehungen zu anderen Völkern und Staaten ab.

(4) Eine kollektive Selbstbehauptungseinheit, so war Hitler überzeugt, die den Versuch unternähme, ihre Daseinsbewältigung ohne Rücksicht auf den Nutzen für sie selbst unbeschränkt geltenden moralischen Prinzipien zu unterwerfen, zerstörte letztlich ihre eigene Existenz. Die Tatsache der Auslese, wonach der Stärkere, das heißt der Durchsetzungsfähigere, am Ende das Leben behält, lässt sich nur zum eigenen Schaden einseitig missachten.

(5) Wenn Völker und Staaten den Naturzustand weder verlassen noch eine friedliche Koexistenz dauerhaft gewährleisten können, verbleibt man in einer andauernden Notstandssituation. Rechtssicherheit kann dann nur innerhalb der Volksgemeinschaft, innerhalb des Staates, gewonnen werden. Nur innerhalb der Volksgemeinschaft ist der rechtlich ungeregelte und gewaltsame Kampf ums Dasein suspendiert.

(6) Zudem war Hitler überzeugt, dass eine dauerhafte Vermeidung von Konflikten zwischen Selbsterhaltungskollektiven den menschlichen Fortschritt sabotiert. Der Kampf klärt, wer der Stärkere ist und dementsprechend zu führen hat, und er bewirkt durch die Freisetzung und den Gebrauch der überlebensfördernden Kräfte eine allgemeine Leistungssteigerung. Aus diesen Überzeugungen ergab sich Hitlers antipazifistische Grundeinstellung.

(7) In der Auseinandersetzung konkurrierender Überlebenseinheiten bleibt unter den Bedingungen des Naturzustandes, so Hitlers Auffassung, nur das „Recht des Stärkeren". Hitler huldigte dem „aristokratischen Grundgedanken der Natur" und glaubte, die Unterordnung der „Schlechteren und Schwächeren" gemäß den natürlichen Gesetzmäßigkeiten des Universums verlangen zu dürfen. Volks- oder Rassenfremden gegenüber hat man keine Verpflichtungen. Diese Überzeugung *könnte* man als eine Reichweitenbeschränkung auffassen.

(8) Nimmt man dieses Prinzip wörtlich, dann wäre es nach dieser (stärkeren) Deutung erlaubt, Angehörige anderer Völker und Rassen so zu behandeln, wie es allein den eigenen Interessen, ja selbst willkürlichen Eingebungen entspricht. Unter Zugrundelegung der Hitler'schen Aussagen erscheint es jedoch plausibler, dass er der (schwächeren) Auffassung war, moralisch sei es nur dann erlaubt, Rechte von Volks- oder Rassenfremden zu verletzen, wenn dafür ein

Rechtfertigungsgrund vorliegt und die ergriffenen Maßnahmen geeignet und erforderlich sind. Diese schwächere Auffassung unterstellt, dass auch im Naturzustand moralische Normen gelten.

(9) Unterstellt man, dass die Nationalsozialisten nicht sämtliche Verpflichtungen gegenüber Angehörigen anderer Gruppen leugneten, hätten sie einen *partikularistischen Universalismus* vertreten.

(10) Im Ergebnis haben wohl alle führenden Nationalsozialisten Reichweitenregeln akzeptiert, die sich zum Teil von denen unterschieden, die von den Kritikern der Nationalsozialisten vertreten werden. Die Analyse zeigt, dass es letztlich *außermoralische* Annahmen sind, die zu den spezifischen – moralisch relevanten – Reichweitenregeln zumindest führen können.

4. Universalistischer Partikularismus

(1) Aus nationalsozialistischer Sicht hätte kein Zweifel bestanden, dass man die akzeptierten Grundnormen mit dem Anspruch auf allgemeine Geltung und allgemeine Zustimmung vertritt. Zum einen wurde die Geltung der Normen für alle akzeptiert, die in einem moralisch relevanten Sinne als gleich zu betrachten sind. Zum anderen kam es auf die Zustimmung derer, die in einem moralisch relevanten Sinne nicht als Gleichberechtigte betrachtet wurden, nicht an.

(2) Zudem billigte Hitler das „Recht“, sich zum Zwecke der eigenen Existenzsicherung alles Notwendige auch gewaltsam zu holen, jedem Konkurrenten zu. Er hielt alle Wesen auf dieser Erde für gleich in ihrem Recht zum Leben – das heißt, für ihr eigenes Überleben zu kämpfen; sie alle hätten das „Recht“, dieses Recht zu verfechten. Dieses „Recht zum Leben“ ist freilich kein Recht im rechtlichen Sinne; ihm korrespondiert keine Pflicht aufseiten aller anderen Völker, die entsprechenden Selbstbehauptungsaktivitäten zu tolerieren. Indem vielmehr jede Partei dasselbe „Selbstbehauptungsrecht“ hat, ist eine Charakterisierung der nationalsozialistischen Moral als schlechtweg „partikularistisch“ irreführend. Hitler vertrat einen *universalistischen Partikularismus*.

(3) Faktisch jedoch konfundierte Hitler diese universalistische Lebenskampftheorie mit Annahmen hinsichtlich der Höher- und Minderwertigkeit von Völkern. Indem er das Lebensrecht eines Volkes aus einer zweiten Quelle ableitete, nämlich vom Wert, den es habe, gab er seine universalistische Rechtfertigung des Daseinskampfes in gewisser Weise preis. Trotzdem wäre es Hitler nicht eingefallen, ein Volk moralisch zu kritisieren, weil es um sein Dasein kämpft.

(4) Eine Präferenz für das Eigeninteresse wird allerdings auch von Vertretern einer Menschenrechtsmoral (jedenfalls im lebenspraktischen Verhalten) anerkannt – beispielsweise mit der Hinnahme ungleicher Lebensverhältnisse, der Privilegierung von Verwandten und Bekannten, der Solidarisierung mit der Eigengruppe oder durch die Anerkennung eines individuellen Rechts auf Notwehr. Insofern ist auch die Ethik der Menschenrechte den logisch denkbaren Weg der Universalisierung (bislang) nicht zu Ende gegangen.

(5) Auch das moralische Wollen der Kritiker des Nationalsozialismus genügt in der Regel nicht der Maximalforderung des *moralischen Universalismus,* die Interessen aller anderen so zu berücksichtigen, als wären es die eigenen. Es ist insofern partikularistisch. Die moralische Praxis des Westens steht *in dieser Hinsicht* der Praxis des Nationalsozialismus näher als einer (hypothetischen) christlichen Praxis, in welcher die Forderungen der Nächsten- und Feindesliebe gelebt würden, sowie einer (hypothetischen) kommunistischen Praxis, in der man die Arbeitsergebnisse nach den Bedürfnissen verteilte.

(6) Eine partikularistische Einstellung dieser Form schützt sowohl vor Überforderung als auch vor einer Untergrabung der Motivation und ist insofern rational. Die Forderung, jede Bevorzugung ausgewählter Menschen und Gruppen aufzugeben, ist lebenspraktisch kontraproduktiv und stößt an genetisch geprägte Verhaltensdispositionen, die sich nur im Einzelfall neutralisieren lassen. Aufklärung und moralische Erziehung erweisen sich als nur begrenzt wirksam. Ihr zu folgen förderte zudem die Gegenwartsorientierung und wäre insofern innovationsfeindlich. Deshalb kann der kritischen Distanz zu einem moralischen Universalismus ein *partiell* berechtigtes Anliegen zugrunde liegen.

5. Nationalsozialistische Reichweitenerweiterungen

(1) Gleichzeitig haben manche Nationalsozialisten die übliche Reichweite einer universalistischen Moral ausgedehnt. In Kontraposition zur christlichen Lehre, die allein dem Menschen als Ebenbild Gottes eine unsterbliche Seele zubillige und damit die übrige belebte Natur zu etwas „schlechthin Unterwertigem" mache, haben sie eine Relativierung der Grenze zwischen Tier und Mensch angedacht, die auch in der Gegenwart verstärkt diskutiert wird.

(2) Andere Reichweitenerweiterungen gehen auf Hitler zurück. Er war zum einen der Meinung, dass auch zukünftige Menschen in die Reichweite der moralischen Normen fallen. Er forderte, eine Privilegierung der jeweils existierenden Menschen aufzugeben und auch den Angehörigen zukünftiger Generationen moralische Rechte gegen die aktuell Lebenden zuzuschreiben. Dementsprechend plädierte er für den Grundsatz, in der Gegenwart keine Verhaltensweisen zu dulden, von denen man sagen muss, dass es gut war, dass unsere Vorfahren sie unterlassen haben, oder dass es besser gewesen wäre, wenn sie sie unterlassen hätten. Zum anderen vertrat er die Auffassung, dass es sich bei einer Geburtenverhinderung sowohl durch Abtreibung als auch durch Nicht-Zeugung um Formen der (unerlaubten) Tötung handelt. Er nahm damit an, dass man Menschen vor ihrer Geburt, ja vor ihrer Zeugung töten kann.

(3) Hitlers moralische Überzeugungen waren stets mit Nützlichkeitsüberlegungen hinsichtlich der effektiven Führung des Überlebenskampfes des deutschen Volkes verwoben (denn gezeugt und nicht abgetrieben werden sollten nur arische Föten). Deshalb hielt es Hitler für eine unabweisbare Forderung, eine Zeugung voraussichtlich genetisch defekter Nachkommen zu vermeiden und

auf diese Weise der Volksgemeinschaft sogenannte Ballastexistenzen und den Ungeborenen unverdiente Leiden zu ersparen.

(4) Indem er das Tötungsverbot sowohl als ein Verbot der Abtreibung als auch der künstlichen Empfängnisverhütung interpretierte, war für Hitler der Unterschied zwischen dem Töten eines existierenden Menschen und dem Nicht-Zeugen eines möglichen Menschen beziehungsweise dem Nicht-Gebären eines gezeugten Menschen moralisch irrelevant.

6. Das Postulat einer Pflicht zur Auslese

(1) Seine deskriptive Lebenskampftheorie kombinierte Hitler mit einer Pflicht zur Auslese gemäß dem „aristokratischen Gesetz der Natur". Mit der Postulierung dieses Gesetzes, dem zufolge sich der Stärkste, genauer gesagt der Beste, im Überlebenskampf der Völker und Rassen durchsetzt, sowie der Pflicht, diesem Gesetz zum Durchbruch zu verhelfen, ist die Anerkennung eines (nicht-moralischen) höchsten Wertes verbunden – nämlich der größtmöglichen Fitness und der Herrschaft der höchststehenden, das heißt der nordischen Rasse.

(2) Die Fitness-Steigerung der nordischen Rasse wurde von Hitler als ein rassischer Veredelungsprozess im Dienste des gesamten Menschengeschlechts gedacht. Da sich Vertreter der nordischen Rasse in der Geschichte als die bedeutendsten Kulturschöpfer erwiesen hätten, werde sich die Dominanz dieser Rasse zugleich in einer kulturellen Höherentwicklung der Menschheit niederschlagen. Der maßgebliche Repräsentant dieser Rasse sei trotz seiner rassischen Uneinheitlichkeit das deutsche Volk.

(3) Indem man die Durchsetzung einer Gesetzmäßigkeit zu einer Pflicht erklärt, hat man eingeräumt, dass sie durch zielgerichtetes Handeln realisiert werden muss. In der Tat hatte Hitler mit der Möglichkeit gerechnet, dass sich der Bessere, der rassisch Höherstehende, der Tüchtigere, der Tatkräftigere, der Kulturschöpfer, nicht zugleich als der Stärkere erweist. Die Qualität eines Volkes oder einer Rasse misst sich demnach nicht am Durchsetzungserfolg, sondern an einem davon unabhängigen Wertmaßstab. Deshalb müssten im Lebenskampf, so ist Hitler zu verstehen, jene Kampfformen zum Tragen kommen, derer sich der eigentlich Überlegene als der Lebenstüchtigere und zu wahrem Schöpfertum Befähigte von Natur aus bedient.

(4) Deshalb kommt es nach der Überzeugung Hitlers darauf an, dass die Kämpfe um Daseinssicherung und Selbstbehauptung in einer im Ergebnis lebensfördernden und Fortschritt bewirkenden Art und Weise ausgetragen werden. Die Vertreter hinterlistiger Kampfmethoden, die den Gegner in eine Selbstschädigung zu treiben versuchen, indem man ihm etwa glauben macht, es sei moralisch unvertretbar, Schwache, Kranke oder genetisch Geschädigte von der Fortpflanzung auszuschließen, sind selbst zu bekämpfen.

(5) Die in einem Volk handlungswirksam werdenden moralischen Überzeugungen haben nach Auffassung Hitlers maßgeblichen Einfluss auf die Anpas-

sungs- und Durchsetzungsfähigkeit der jeweiligen Überlebenseinheit - sie sind ein Selektionsfaktor ersten Ranges.

(6) Hitler sah die Gefahr, dass gerade jene (höherwertigen) Völker und Rassen, welche die Träger allen menschlichen Fortschritts seien, einer pazifistischen Verblendung anheimfallen und ihren kulturell unschöpferischen, rücksichtsloseren und brutaleren Gegnern unterlegen sein könnten. Die geistige und ideologische Auseinandersetzung betrachtete er als einen zentralen Kampfplatz, wobei er jene Kampfformen, die darauf hinausliefen, den Kampfeswillen der eigentlich überlegenen Völker zu brechen und deren Vitalität zu zersetzen, vor allem dem Judentum zuschrieb.

(7) Reüssieren hinterlistige Kampfformen, seien gesellschaftliche Dekadenzerscheinungen die Folge. Eine Reihe der Hitler'schen Überlegungen enthält in ihrem Kern die Frage nach den Bedingungen der Möglichkeit einer nachhaltigen Weiterexistenz der Gattung sowie einer Höherentwicklung der Menschheit.

V. Berufung auf Rechtfertigungsgründe

1. Rechtfertigungsgründe

(1) Moralische Normen verpflichten zu bestimmten Handlungen oder Unterlassungen; die Pflichten jedoch, die sich aus ihnen ableiten lassen, gelten in der Regel nur unter bestimmten Bedingungen, nämlich solchen des Normalfalles. Diese Pflichten sind insofern bedingt; sie gelten nicht uneingeschränkt. Anders gesagt: Die auf diese Weise formulierten Verpflichtungen sind zu erfüllen, solange keine außergewöhnlichen Umstände, keine Ausnahmebedingungen, vorliegen, die eine Nichterfüllung der unter Normalbedingungen geltenden Pflicht erlauben oder gar fordern. Derartige Erlaubnisse zur Normenverletzung, die selbst wiederum moralische Regeln verkörpern, nennt man „Rechtfertigungsgründe".

(2) Rechtfertigungsgründe verweisen auf Umstände, bei deren Vorliegen geltende Normen verletzt werden dürfen. Bei diesen Umständen kann es sich um dauerhaft gegebene Probleme der Existenzsicherung handeln, die einen Kampf um knappe überlebenswichtige Ressourcen auslösen. Ebenso kann es sich um situationsbezogene Ausnahmebedingungen handeln, die eine Gefahrenabwehr oder auch eine aggressive Handlung im Notstand erforderlich machen. Es kann sich ferner um Verstöße gegen eine geltende Normenordnung handeln, die von einer Ordnungsmacht zum Zwecke der Abschreckung sanktioniert werden. Auch kann es um die Vermeidung relevanter Übel für die Gemeinschaft gehen. Es kann sich zudem um Pflichtenkollisionen handeln - um Situationen, in denen die Ausführung einer gebotenen Handlung zugleich die Verletzung einer anderen geltenden Norm einschließt. Zudem kann es sich um Opferkalkulationen utilitaristischer Art handeln - also darum, dass der Schutz bestimmter Interessen die Aufopferung anderer Interessen, notfalls auch die Opferung von Menschen, erforderlich macht. Es kann sich um rechtliche Verstöße des Gegners handeln,

die man in Gestalt von Repressalien zu bestrafen oder präventiv zu verhindern trachtet. Und es kann darum gehen, dass man positive beziehungsweise positiv formulierte Ziele unter Verwendung von an sich illegitimen Mitteln zu erreichen sucht. (Diese Aufzählung ist nicht abschließend.)

(3) Rechtfertigungsgründe sind Erlaubnisnormen, die die Voraussetzungen einer legitimen Übertretung von Grundnormen bestimmen. Sie schließen die (moralische) Rechtswidrigkeit einer Normenverletzung aus. Liegt ein moralischer Rechtfertigungsgrund vor, ist die unter Normalbedingungen verbotene Verletzung der Moralnorm nicht unerlaubt. Rechtfertigungsgründe sind Instrumente der Konfliktregulierung. Sie legen fest, wie zum Beispiel in Fällen eines Widerstreits zwischen Interessen unterschiedlicher Parteien zu verfahren ist oder wie eine Wahl zwischen zwei möglichen Weltzuständen getroffen werden soll.

(4) Rechtfertigungsgründe entscheiden über die Legitimität der Verletzung von Fremdinteressen. Die Folgen von Handlungen, die durch Rechtfertigungsgründe gedeckt sind, sind hinzunehmen. Gegen gerechtfertigte Handlungen kann keine (gerechtfertigte) Notwehr geübt werden.

(5) Dies festzustellen ist jedoch nur für Situationen relevant, in denen es nicht um existenzielle Konflikte geht. Hitler hätte der Auffassung zugestimmt, dass es für Akteure, die sich in einem moralischen Rechtszustand befinden, das heißt eine Moralordnung gleichermaßen anerkennen und befolgen, im Falle unlösbarer existenzieller Konflikte rational sein kann, den Kampf aufzunehmen. Auch gegen Notwehrhandlungen würde dann in einem Kampf um Selbstbehauptung „Notwehr" geübt werden.

(6) Rechtfertigungsgründe sind selbst Moralnormen und haben daher deren Legitimitätskriterien zu genügen. Ihre Legitimität hat sich an den Schutzzielen der durch sie eingeschränkten Grundnormen zu messen. Anders gesagt: Die Auslegung von Rechtfertigungsgründen hat sich an den Interessen zu orientieren, deren Schutz die entsprechenden Grundnormen dienen.

(7) An der gesellschaftlichen Ingeltungsetzung und Akzeptanz eines bestimmten Rechtfertigungsgrundes kann selbst derjenige ein langfristiges rationales Interesse haben, dessen Interessen in einem konkreten Fall unter Berufung auf diesen Rechtfertigungsgrund legitimerweise verletzt werden. Erlaubnisse zur Normenverletzung machen die betreffende Norm nicht ungültig. Dass die Normenverletzung nur im Falle des Vorliegens eines gültigen Rechtfertigungsgrundes als legitim gilt, bestätigt die Geltung der Norm.

(8) Die moralische Legitimität oder Illegitimität einer Handlung ist daher nicht allein an ihrer äußeren Form erkennbar. Eine Handlung kann eine moralische Grundnorm verletzen und trotzdem moralisch legitim sein. Diese Möglichkeit besteht, wenn es einen anerkannten Rechtfertigungsgrund gibt und die Voraussetzungen gegeben sind, dass sich der Handelnde auf diesen Rechtfertigungsgrund zu Recht berufen kann.

(9) Aus der bloßen Tatsache, dass ein Grund zur Rechtfertigung einer Normenverletzung angeführt wird, folgt selbstverständlich nicht, dass dieser Grund zu akzeptieren und die entsprechende Handlung als legitim zu betrachten ist.

2. Rechtfertigungen und „Rationalisierungen"

(1) Rechtfertigungen dienen dem Nachweis von Legitimität. Ein Verhalten rechtfertigen heißt einen Grund beibringen, wonach dieses Verhalten, dem eine Grundnorm entgegensteht und das deshalb im Normalfall als illegitim gilt, unter den besonderen Umständen doch erlaubt ist.

(2) Das gute Gewissen, das aus subjektiv überzeugenden Rechtfertigungen hervorgeht, ist in diesem Sinne bedingt – es hängt ab von der Bedingung einer ihren Zweck erreichenden rechtfertigenden Argumentation.

(3) „Rationalisierungen" hingegen sind Rechtfertigungen von Handlungen, bei denen im Ergebnis unterschlagen wird, dass die zu rechtfertigende Handlung aus einem ganz anderen (in der Regel nicht zu rechtfertigenden) Grund ausgeführt wurde. Rationalisierungen, die von Tätern mit gutem Gewissen vorgebracht werden, dienen objektiv betrachtet nie nur der Fremdtäuschung, der Täuschung anderer, sondern immer auch der Selbsttäuschung. Deshalb liegt ihnen keine, jedenfalls keine hinreichend bewusste Täuschungsabsicht zugrunde. Beabsichtigte Täuschungen sind nicht geeignet, sich selbst ein reines Gewissen zu bewahren.

(4) Dass Rechtfertigungsargumentationen auch der „Rationalisierung" dienen können und in der Geschichte immer wieder gedient haben, ist als eine Möglichkeit stets zu bedenken. Gerade die Berufung auf eine notwendige Abwehr von Bedrohungen, insbesondere zum Zwecke der Rettung von Menschenleben, ist die Rechtfertigungsargumentation par excellence. Daraus folgt aber nicht, dass die Rechtfertigungen der Nationalsozialisten nichts weiter waren als Rationalisierungen.

(5) Viele Äußerungen oder Selbstbeschreibungen nationalsozialistischer Täter lassen die Vermutung zu, dass auch sie an einer moralischen Rechtfertigung ihres Handelns interessiert waren. Diese Möglichkeit kann nicht von vornherein ausgeschlossen werden. Andernfalls müsste man pauschal behaupten, dass sämtliche Ausführungen nationalsozialistischer Täter, die von ihrer Struktur her moralische Argumente entwickeln, rein taktischer Natur waren und etwa auf eine Motivierung der versammelten Zuhörer oder eine Kaschierung eigener Bosheit abzielten. Zudem wäre ein Täter, der an keine seiner Rechtfertigungen glaubt, sondern sie in Täuschungsabsicht vorbringt, nicht mehr unter die Rubrik „Täter mit gutem Gewissen" zu zählen. Er stimmte nämlich dem Inhalt seines Tuns innerlich nicht zu. Auf solche Täter wäre das vorgeschlagene Analyseschema nicht anwendbar.

3. Gefahrenabwehr- und Notwehrsituationen

(1) Für die nationalsozialistischen Täter ist es kennzeichnend, dass sie ihr Grundnormen verletzendes Handeln häufig unter Berufung auf Gefahrenabwehr- beziehungsweise Notwehrsituationen gerechtfertigt haben oder auf Nachfrage

gerechtfertigt hätten. Die abzuwehrenden Angriffe oder Gefahren konnten dabei nicht nur von Individuen, sondern auch von Völkern oder Staaten ausgehen.

(2) Die identifizierten Gefahren hatten nicht selten einen verhängnisvollen, katastrophischen, apokalyptischen Charakter, deren Abwehr ein entsprechend radikales Handeln erforderlich zu machen schien. Ein Denken in Katastrophenszenarios stellt vor allem das Abwarten und Nicht-Handeln unter einen verschärften Begründungszwang.

(3) Die Berufung auf derartige Rechtfertigungen erklärt das gute Gewissen der Täter. Ihr gutes Gewissen bedeutet aber nicht, dass sie sich tatsächlich in solchen Situationen befanden und ihr Handeln gerechtfertigt war.

(4) Hitler glaubte, Gefahren identifiziert zu haben, deren Abwehr er eine existenzielle Bedeutung sowohl für das deutsche Volk und die nordische Rasse als auch für die Menschheit insgesamt zuschrieb. Zu solchen Gefahren gehörten: die „Unterversorgung" Deutschlands mit Lebensraum und Rohstoffen, innere Feinde, der Einfluss des „raffenden" Kapitals und des „internationalen Finanzkapitalismus", der bolschewistische Staat Russlands und seine expansiven Bestrebungen, die „jüdische Dominanz" in Gesellschaft, Wirtschaft und Kultur und die davon ausgehende geistige Beeinflussung durch das Judentum, die liberale Demokratie, die Vorrangstellung des Materialismus und der damit in Zusammenhang stehende „kulturelle Verfall". Im Vorfeld und während des Krieges traten weitere Bedrohungen hinzu.

(5) Auf der Basis derartiger Gefahrenanalysen wurden Gefahrenabwehr- beziehungsweise Notwehr- und Nothilfesituationen konstruiert, die zu einem Zwang ausübenden und gewaltsamen Vorgehen (angeblich) berechtigten.

4. Kampf um die Existenzsicherung des Volkes

(1) Im Mittelpunkt des Hitler'schen Denkens stand die Sicherung der Existenz des Volkes. Ein ausreichender Lebensraum ist dafür die Basis. Die Erweiterung des Lebensraumes erhöht die Chancen auf Autarkie, und eine reduzierte Abhängigkeit von unkalkulierbaren Märkten und fremden Mächten bedeutet geringere Erpressbarkeit und damit eine größere nationale Sicherheit. Das Streben nach Existenzsicherung des Volkes und Erweiterung des Lebensraumes sind so gesehen lediglich zwei Aspekte ein und desselben Strebens.

(2) Hitlers Lebenskampftheorie unterstellt, konnte der Vertrag von Versailles nicht nur als eine nationale Schmach, sondern als Angriff auf die Lebenschancen des deutschen Volkes begriffen werden. Deutschland hatte den Verlust von 13 Prozent der Grundfläche und 10 Prozent der Bevölkerung des Deutschen Reiches vor dem Krieg sowie den Verlust der Hälfte seiner Eisenerzförderung, eines Viertels seiner Kohleförderung und eines Siebtels seiner landwirtschaftlichen Produktion zu tragen. Es war mit drückenden Reparationsleistungen und den Folgen einer erzwungenen, (vertragswidrig) einseitig gebliebenen Abrüstung konfrontiert. Dementsprechend wurde der Krieg im Osten (trotz sinken-

der Geburtenraten) auch mit der Notwendigkeit begründet, die eigenen Ressourcen präventiv zu erweitern.

(3) Hinzu kam, dass im Ausland lebende Deutsche sich in ihren Minderheitsrechten vielfach verletzt fühlten, ohne dass Deutschland oder auch der Völkerbund im Stande gewesen wären, für Abhilfe zu sorgen. Gerade ein unzureichender Minderheitenschutz hat es Hitler ermöglicht, sein Vorgehen gegen die Tschechei und Polen auch als eine Art, wie man heute sagen würde, humanitäre Intervention zu rechtfertigen.

(4) Aus dem Recht eines Volkes, sich die für seine Existenz notwendigen Voraussetzungen zu beschaffen, leitete Hitler die Pflicht ab, ungenutzten Lebensraum an bedürftige Völker abzutreten. Im Falle einer pflichtwidrigen Verweigerung der Abtretung, befindet sich der bedürftige Staat, so könnte man formulieren, in einem rechtfertigenden Notstand und darf vom „Recht des Stärkeren" Gebrauch machen.

(5) Diese – moralisch argumentierende – Auffassung ist mit seinen Auffassungen vom Kampf der Völker und Staaten um Selbstbehauptung nicht kompatibel. Denn Machtsteigerung findet keine natürliche Grenze. Ein ungenutzter, ein nicht-benötigter Lebensraum ist unter keinen Umständen ein überflüssiger Lebensraum. Hitler benennt lediglich eine Voraussetzung (die freiwillige Abtretung nicht genutzten Lebensraumes), unter der sich eine Wahrnehmung des „Rechts des Stärkeren" erübrigt.

5. Kommunisten als innerer Hauptfeind

(1) Den führenden Nationalsozialisten mangelte es nicht an der Kenntnis von Grundrechten oder moralischen Grundnormen. Genauso wenig fehlte ihnen der Wille, Grundrechte zu beachten. Ihnen war sehr wohl bewusst, dass der Eingriff in individuelle Grundrechte einer Rechtfertigung bedarf. Die Rechtfertigungen wiederum waren nicht (oder kaum) in ihrer argumentativen Struktur, sondern in ihrem konkreten Inhalt Ausfluss der nationalsozialistischen Ideologie. Jede Feststellung einer Bedrohung beruht ganz wesentlich auf außermoralischen Annahmen.

(2) Als innerer Hauptfeind galten die kommunistischen Vertreter des Marxismus. Sie verkörperten diejenige politische Bewegung, die entweder die Spaltung des Volkes in Klassen zementiert oder im Falle eines Staatsstreiches dem „jüdischen Bolschewismus" an die Macht verhilft und damit den kulturellen Niedergang ganz Europas vorbereitet. Ein solcher Feind durfte nach Überzeugung der Nationalsozialisten auch mit polizeilichen Präventivmaßnahmen (Einweisung in ein Konzentrationslager), die der Unterbindung staatsfeindlicher Bestrebungen sowie der Umerziehung dienten, bekämpft werden.

(3) Der Marxismus war für Hitler und viele Nationalsozialisten eine den wahren Interessen des Volkes zuwiderlaufende Ideologie. Um eine echte soziale Gerechtigkeit herzustellen, durfte man nicht den Klassenkampf verewigen; es

war vielmehr notwendig, ihn in Gestalt einer wahrhaften Volksgemeinschaft, die selbst klassenlos sein würde, zu überwinden. Dazu aber bedurfte es nach Auffassung Hitlers der Wiederherstellung der Einheit und der vormaligen Stärke der Nation. Und dazu war es vor allem erforderlich, nicht die Interessen einer Klasse oder eines Standes, sondern die des gesamten „schaffenden" Volkes zu vertreten.

6. Bedrohung durch den Bolschewismus

(1) Der Kampf gegen Russland galt nicht nur der Generierung von Lebensraum. Zentrale Rechtfertigungen für das eigene Handeln wurden auch aus der (tatsächlichen oder vermeintlichen) Bedrohung durch den Bolschewismus hergeleitet. Er galt als die eigentliche, aktuelle Herausforderung. Führende Nationalsozialisten glaubten – wie auch Stalin – an einen bevorstehenden Vernichtungskampf, der auf Leben und Tod geführt werden würde und dem auszuweichen nicht möglich ist.

(2) Im Bolschewismus sah man den höchst gefährlichen Versuch einer geistig-zivilisatorischen Neuordnung, ja eine Bedrohung der gesamten westlichen Welt. Man begriff das stalinistische System als eine bereits virulent gewordene und in Zukunft bedrohlich größer werdende Gefahr, die die Grundfesten der westlichen Welt erschüttern wird, und mit dem einen Kompromiss zu schließen ausgeschlossen ist.

(3) Man hatte nicht nur Angst vor einem Übergreifen der bolschewistischen Revolution, sondern befürchtete auch ein militärisches Ausgreifen nach Westeuropa. Diesem zu erwartenden Angriff sollte präventiv entgegengetreten werden. Das Motiv einer präventiven Gefahrenabwehr hatte für Hitlers Denken eine herausragende Bedeutung.

(4) Die Idee, erkennbare Gefahren abzuwehren, bevor sie sich manifestieren, lieferte letztlich auch die zentrale Begründung für die Art und Weise der Kriegführung gegen Sowjetrussland sowie insbesondere für den berüchtigten „Kommissarbefehl". Der kommunistische Feind sollte nicht lediglich geschlagen werden, denn dann würde man ihm in Zukunft erneut gegenüberstehen. Urheber der barbarischen asiatischen Kampfmethoden seien zudem die politischen Kommissare. Es ist also der barbarische Feind, der – nach nationalsozialistischer Überzeugung – zu barbarischen Methoden und damit zur Aufkündigung völkerrechtlicher Regeln nötigt.

(5) Nationalsozialisten fühlten sich moralisch berechtigt, diese und andere Probleme durch ein offensives Handeln zu lösen und auf potenzielle Bedrohungen, solche, die noch im Entstehen begriffen sind, präventiv zu reagieren – auch wenn dabei berechtigte Interessen anderer verletzt werden. Hinzu kam, dass die bolschewistischen Verbrechen längst in Westeuropa bekannt geworden waren, sodass auch die Nationalsozialisten einen, was die Tatsache dieser Verbrechen anlangt, durchaus zutreffenden Blick auf den Bolschewismus hatten.

7. Die „jüdische Gefahr"

(1) In der nationalsozialistischen Ideologie erschienen „die Juden" gleich in mehrerer Hinsicht als eine eminente Gefahr, die gleichsam in verschiedenen Gestalten auftritt: zunächst in Gestalt eines nicht-territorialen Volkes, das innerhalb des „deutschen Volkskörpers" ein „parasitäres" Leben führt; des Weiteren in der Führung der Sozialdemokratie und ihrer internationalistischen Ideologie; sodann in Gestalt eines Herdes möglicher „Infizierung" mit den für das Judentum als charakteristisch angenommenen Denk- und Verhaltensweisen; ferner in Gestalt des (angeblich) jüdisch dominierten Finanz- und Medienkapitals sowie schließlich und insbesondere in Gestalt des „jüdischen Bolschewismus".

(2) Juden galten dabei nicht nur als ein mehr oder weniger großes Übel, mit dem man sich vielleicht hätte arrangieren können. Man unterstellte vielmehr, dass von ihnen eine auf Dauer nicht hinnehmbare aktuelle und permanente Bedrohung ausgeht, sodass sich das deutsche Volk, ja die gesamte Zivilisation, in einer Notwehrsituation befindet.

(3) „Der Jude" galt als der Profiteur der beobachtbaren zerstörerischen Konflikte, nämlich der Klassenspaltung sowie der Dekadenzphänomene der modernen Welt, und zugleich als ihr Urheber. Die Juden, so war Hitler überzeugt, arbeiteten zielstrebig daran, die ihnen geweissagte Rolle als „auserwähltes Volk" wahrzunehmen und sich als die „Herren der Welt" zu etablieren. Die Bedrohung durch das Judentum gehe von dessen perfider Welteroberungsstrategie aus.

(4) Vor allem Juden, so dachte Hitler, seien die Verkünder von (universalistischen) Ideen, die darauf gerichtet sind, den natürlichen Lebenskampf der Völker und Rassen und damit die Auslese der Besten zu desavouieren - ihn als unzeitgemäß, verzichtbar oder inhuman erscheinen zu lassen. Er sah darin den Versuch, den Selbstbehauptungswillen der (an ein definiertes Territorium gebundenen) Völker zu untergraben. Die sich im Resultat einer kosmopolitischen Entnationalisierung einstellende Auflösung der Völker werde gerade von jenem Volk betrieben, das verstreut über die gesamte Erde lebt und weder ein Territorium noch einen Staat zu verteidigen habe.

(5) Entscheidend ist: Hitler leitete das So-Sein „des Juden" letztlich weder aus biologischen Eigenschaften noch primär aus Eigenheiten der jüdischen Religion und des sich daraus (angeblich) ergebenden Egoismus ab, sondern aus der nicht-territorialen Existenzweise des jüdischen Volkes. Damit lieferte er gleichsam eine historisch-materialistische Erklärung.

(6) Aus der nicht-territorialen Existenzweise dieses Volkes entspringen nach Auffassung Hitlers spezifische Interessen, die die Juden in allen Ländern mehr oder weniger teilten. Unter diesen Voraussetzungen, so darf man Hitler verstehen, liegt es nahe, dass Juden, auch ohne sich untereinander verabreden zu müssen, übereinstimmende Ziele und Überzeugungen ausbilden und bestimmte Mittel und Methoden präferieren, den Kampf um Selbstbehauptung und Bewahrung ihrer völkischen Identität zu führen.

(7) Deshalb auch war für Hitler die „jüdische Rasse" vor allem eine „Gemeinschaft des Geistes", sodass er das „Judenproblem" als ein Problem drohender ideologischer Vergiftung und mentaler Zersetzung verstand. Im Rahmen dieses Ideensystems ist es folgerichtig, Juden nicht aufgrund ihres individuellen Verhaltens, sondern ihrer gruppenspezifischen Eigenschaften, ihres „Wesens", zu verfolgen. Hitlers Antisemitismus war theoretisch begründet und hatte sich losgelöst vom tradierten Antijudaismus christlicher Prägung – ohne dessen gnostisch-apokalyptische Vorstellungen von einem bevorstehenden Endkampf zwischen den Mächten der Finsternis und des Lichts aufgegeben zu haben.

(8) Der Kern der dem Judentum adäquaten Ideologie ist demnach eine volksfeindliche internationalistische Gesinnung – der Glaube, die „Gesetze der Natur" im Zusammenleben der Menschen überwinden zu können, sowie das Bestreben des Judentums, seinen parasitären Lebensstil zu pflegen und sich selbst in einer entnationalisierten und ethnisch sowie rassisch durchmischten Welt zum Herrenvolk zu machen.

(9) Durch die Auflösung aller (nicht-jüdischen) Nationalstaaten werde die alleinige Weltherrschaft des sich maßgeblich in jüdischer Hand befindlichen internationalen Finanzkapitals vorbereitet. Zugleich sah Hitler im „Juden" die entscheidende Triebkraft der Ökonomisierung aller Lebensverhältnisse, den geistigen Urheber der fortschreitenden Fixiertheit allen menschlichen Strebens auf das individuelle Wohlleben und den Profiteur eines maßgeblich von ihm verursachten Werteverfalls. Das kulturelle Fortschreiten der Menschheit, das auf der Selektion der schöpferischen und sich für die Gemeinschaft aufopfernden Elemente beruht, wäre damit beendet.

(10) Die Entfaltung dieser Bedrohungsszenarien macht deutlich, dass führende Nationalsozialisten Gründe angaben, die die Ausrottung der Juden als angezeigt, zumindest ihre Entfernung aus Europa beziehungsweise dem deutschen Herrschaftsbereich als unvermeidbar erscheinen ließen. Die Vertreibung beziehungsweise Vernichtung der Juden wurde als ein Mittel zur Lösung bestimmter Probleme präsentiert, die man mit ihrer Anwesenheit sowie dem Handeln von Juden in Verbindung brachte.

(11) Damit der Antisemitismus zu einem wirkungsmächtigen Faktor werden konnte, mussten die ihn ausmachenden gedanklichen Inhalte von Teilen der Gesellschaft geglaubt werden. Dazu aber musste das Denkangebot „Antisemitismus" auf eine Bevölkerung treffen, die krisengeschüttelt und verunsichert war, sich betrogen fühlte und einen Sündenbock suchte.

(12) Festzuhalten bleibt: Die Vernichtung des Judentums ist kein End- oder Selbstzweck gewesen. Worum es Hitler ging, ist die Beseitigung der vom Judentum (als einem nicht-territorialen Volk) angeblich ausgehenden Gefahr einer zivilisatorischen Fehlentwicklung.

(13) Der Antisemitismus war ein zentrales Element der nationalsozialistischen Weltanschauung. Er war aber nicht die Leitidee und nicht das prägende Moment der „nationalsozialistischen Revolution". Deshalb taugt er auch nicht als ein letzter Erklärungsgrund des politischen Handelns der Nationalsozialisten.

8. Vermeidung großer Übel

(1) Die Denkfigur der Vermeidung großer Übel dient der Rechtfertigung von Maßnahmen, im Falle deren Unterlassung ein großes Übel für die Volksgemeinschaft nicht vermieden worden wäre, wobei die zu vermeidenden Übel keine akuten Gefahren oder Bedrohungen darstellen.

(2) Rechtfertigungsargumentationen dieser Art haben ein weites Anwendungsfeld. Solche Übel entstehen aus nationalsozialistischer Sicht beispielsweise aus der Völker- und Rassenvermischung, aus rassen- und kulturfremder Einwanderung und der Verschlechterung des Genpools. Der Vermeidung solcher Übel dienen alle Maßnahmen zur Bewahrung der ethnischen und nationalen Identität und der sogenannten Erb- und Rassenpflege.

(3) Im Kampf um die Erbgesundheit des „deutschen Blutes" kann es danach gerechtfertigt sein, Persönlichkeitsrechte sowohl Fremdvölkischer als auch von deutschen Volksgenossen einzuschränken. Die Gültigkeit der Rechtfertigungen für die Eingriffe in das individuelle Selbstbestimmungsrecht qua Ehe- und Sexualstrafrecht hängt auch von der Richtigkeit der zugrundeliegenden Theorien über die Folgen der Rassenvermischung ab.

(4) Die Diskussion der Frage, welche Folgen eine Vermischung von Rassen hat, muss der empirischen Wissenschaft überlassen bleiben. Ebenso wäre die Frage der Integrierbarkeit kulturfremder Einwanderer der soziologischen und kulturwissenschaftlichen Forschung anheimzustellen. Es ist unbegründet, ein Problem schon deshalb für inexistent zu halten, weil Nationalsozialisten inakzeptable Lösungen für dieses Problem praktiziert haben. Eine Frage sollte auch nicht allein deshalb als indiskutabel betrachtet werden, weil sie von Nationalsozialisten auf der Basis einer verworrenen Terminologie und mit wissenschaftlich unhaltbaren Ergebnissen diskutiert wurde.

9. Gesamtgesellschaftliche Nutzenabwägungen

(1) Ähnliche Rechtfertigungen konnten vorgebracht werden für eine Beschneidung der Rechte von Behinderten, für die Verhinderung erbkranken Nachwuchses oder für die Aktionen zur Vernichtung „lebensunwerten Lebens". Die entscheidenden Rechtfertigungen gewannen die Nationalsozialisten aus der Vorstellung, Schaden von deutschen Mitmenschen und überhaupt vom deutschen Volk abzuwenden.

(2) Die Gefahren selbst wurden ihrem Verständnis nach aus erkannten biologischen Lebensgesetzen, den sich daraus ergebenden Erfordernissen einer vernünftigen Lebensgestaltung und den tatsächlichen Verhältnissen abgeleitet. Ihr Handeln sahen sie als pflichtgemäßen Dienst am Volk.

(3) Ziel war es, die Fortpflanzung „erbbelasteter Menschen" einzudämmen und damit sowohl einer Verschlechterung der „erbbiologischen Substanz" entgegenzuwirken als auch unnötiges Leid und Elend für den Einzelnen zu

vermeiden. Diese Ziele sahen sie gefährdet durch die herrschenden Ideologien des Humanismus und Liberalismus, die auch erbkranken Menschen ein Zeugungsrecht und jedem geborenen Menschen ein Lebensrecht gewährten.

(4) Durch solche Überlegungen wurden gesamtgesellschaftliche Nutzenabwägungen höchster moralischer Relevanz ins Spiel gebracht. Die auf ihrer Grundlage legitimierten Einschränkungen von Rechten haben Handlungen für moralisch erlaubt erklärt, die heute für verwerflich gehalten werden.

10. Positiv formulierte Ziele

(1) Das Denken der führenden Nationalsozialisten kreiste vor allem um die Abwehr von Bedrohungen und die Beherrschbarkeit von Notständen. Insoweit war die nationalsozialistische Ideologie ihrer primären Intention nach eine „Unheilvermeidungsideologie".

(2) Der Nationalsozialismus versuchte aber nicht nur, große Übel zu vermeiden, sondern auch positive, das heißt positiv formulierte, Ziele zu realisieren. Abgesehen davon, dass man negativ formulierte Ziele positiv formulieren kann: Im Nationalsozialismus ging es nicht nur um eine Abwehr von Gefahren, sondern auch um weltverändernde Neuerungen. Hitler zielte auf ein germanisches Großreich mit einer „aufgenordeten" rassisch homogenen Bevölkerung. In erster Linie kam es ihm auf Wiederherstellung rassischer Reinheit an; gleichzeitig verfolgte er die Idee einer Freisetzung von Kräften, die eine – wenn auch vor allem als Annäherung an den arischen Idealtyp verstandene – Höherzüchtung des Menschengeschlechts verbürgen sollten. Es ist diese Idee der innerweltlichen Herstellbarkeit einer verbesserten Spezies, die eine Pflicht zum praktischen Handeln nahelegt.

(3) Zudem verfolgte Hitler die Idee einer sozialen Neuordnung. Ohne den Kapitalismus abzuschaffen, sollten extreme Formen der Herrschaft des Kapitals abgelöst werden. Die Formel, der zufolge Gemeinnutz vor Eigennutz gehe, verlieh dieser Idee Ausdruck. Dabei lehnte Hitler universalistische Visionen ab und suchte nach Lösungen innerhalb der Volksgemeinschaft.

(4) Das Prinzip, dem zufolge der gute Zweck die schlechten Mittel heiligt, wurde auch von Nationalsozialisten vor dem Hintergrund der Idee vertreten, es handele sich im vorliegenden Ausnahmefall um den Zweck, einen Weltzustand herzustellen, der ein Ausnahmehandeln, eben die Anwendung schlechter Mittel, in Zukunft überflüssig oder gar unmöglich mache.

(5) Auch Nationalsozialisten zielten auf „Weltverbesserung" und erstrebten die Herstellung eines zukünftigen Heils. Insofern handelte es sich im Falle des Nationalsozialismus auch um ein Projekt innerweltlicher Heilssuche, um eine „Heilsideologie". Und auch ihre Missionare forderten sowohl das Fremd- als auch das Selbstopfer.

11. Pflichtenkollisionen

(1) Ist die Ausführung einer moralisch gebotenen Handlung unweigerlich mit der Verletzung einer anderen Moralnorm verbunden, bedarf es einer Regelung, wie Interessen- beziehungsweise Normenkonflikte dieser Art (Pflichtenkollisionen) aufzulösen sind.

(2) Im Falle von Pflichtenkollisionen ist die Erfüllung höherrangiger Pflichten zulasten einer Verletzung niederrangiger erlaubt. Die Feststellung der Rangfolge von Pflichten beruht auf Entscheidungen über die Bedeutung von Werten und hat insofern normativen Charakter. Ob man eine vorgeschlagene Rangfolge aber tatsächlich akzeptiert, kann auch von außermoralischen Annahmen abhängen. Darüber hinaus können Pflichten kollidieren, die gleichrangig sind oder für die sich keine allgemein zustimmungsfähigen Abwägungsgesichtspunkte finden lassen.

(3) Für die Auflösung von Pflichtenkollisionen im Rahmen der nationalsozialistischen Weltanschauung ist die Erklärung der Erhaltung und Entfaltung des Volkes zum höchsten Wert von ausschlaggebender Bedeutung. In diesem Sinne hatte der Nationalsozialismus in der Tat eine neue „Werteordnung", eine umgekehrte Rangordnung der Werte, etabliert. Der völkische Staat gilt als ein Rechtsstaat, der „dem Ganzen" verpflichtet ist. Normenkonflikte sind in der Weise aufzulösen, dass das Recht der persönlichen Freiheit gegenüber der Pflicht der Erhaltung des Volkes und der Rasse zurücktritt. Dadurch werden individuelle Rechte nicht negiert, sondern in ein - der nationalsozialistischen Weltsicht entsprechendes - Rangverhältnis zu dem übergeordneten kollektiven Lebensrecht des Volkes, der Rasse beziehungsweise der Nation gesetzt.

(4) Der Unterschied zwischen einer individualistischen Menschenrechtsmoral und den moralischen Überzeugungen der Nationalsozialisten kommt vielleicht nirgends so deutlich zum Ausdruck wie in der Auszeichnung des Volkes beziehungsweise seiner Erhaltung als dem höchsten Wert.

12. Opferkalkulationen utilitaristischer Art

(1) Rechtfertigungen ganz eigener Art stellen Argumentationen dar, die die billigende Inkaufnahme von Rechtsverletzungen durch den dadurch gewährleisteten Schutz von Rechtsgütern rechtfertigen. Solche Kalkulationen beruhen in der Regel auf einem utilitaristischen Prinzip, also der moralischen Forderung, Handlungsentscheidungen am „größten Glück der größten Zahl" auszurichten.

(2) Opferkalkulationen utilitaristischer Art folgen der Idee der Opfer- beziehungsweise Leidminimierung. Sie zielen darauf ab, Schäden zu minimieren beziehungsweise den Nutzen zu maximieren. Auf der Basis derartiger Opferkalkulationen hat man versucht, die moralische Erlaubnis zu begründen, Tausenden und gar Millionen von Menschen das Leben zu nehmen, um

anderen Menschen das Leben zu bewahren oder auch Noch-Ungezeugten ins Leben zu verhelfen.

(3) Hitlers Denken folgte einem radikalen Verständnis der utilitaristischen Idee von der Austauschbarkeit und Verrechenbarkeit von Individuen. Diesem Prinzip entsprechend, kann der Verlust des Lebens des einen durch das dadurch möglich gewordene Weiterleben oder die dadurch wirklich werdende Geburt eines anderen aufgewogen werden. Das Individuum gilt diesem Denken als ersetzbar. Das konkrete Individuum ist gleichsam nur ein Platzhalter einer bestimmten Menge von Leben einer bestimmten Art. Jedem Einzelnen kann sein Leben - selbst mit Absicht - genommen werden, wenn dadurch die Gesamtmenge an Leben dieser bestimmten Art steigt. Mit dieser Idee ist die Zubilligung eines unbedingten Rechts auf Leben unvereinbar. Auch der unschuldige Einzelne darf - unter der Voraussetzung seiner Ersetzung - aufgeopfert werden.

13. Anerkennungswürdigkeit von Rechtfertigungsgründen

(1) Rechtfertigungsgründe beschreiben Bedingungen, Situationen und Voraussetzungen, unter denen die Verpflichtung zur Beachtung einer bestimmten moralischen Norm aufgehoben ist. Sie gewährleisten, dass der von ihrer Geltung Überzeugte die jeweilige moralische Grundnorm mit gutem Gewissen verletzen kann. Gleichzeitig nennen sie Kriterien, denen die normverletzenden Handlungen zu genügen haben.

(2) Eine moralisch rechtmäßige Notwehrhandlung beispielsweise liegt nur dann vor, wenn sie intentional der Abwehr eines gegenwärtigen rechtswidrigen Angriffs gilt und erforderlich sowie angemessen ist, diesen Zweck zu realisieren. Die Gültigkeit einer sich auf Notwehr berufenden Rechtfertigungsargumentation hängt daher von Tatsachen ab - nämlich davon, ob zum einen die rechtfertigenden Umstände (ein gegenwärtiger rechtswidriger Angriff) vorlagen und ob zum anderen die Handlung den geforderten Kriterien (die richtige Intention, das mildeste taugliche sowie angemessene Mittel) genügte. Die Akzeptabilität einer Rechtfertigungsargumentation unter Bezugnahme auf Rechtfertigungsgründe hängt also wesentlich von der Akzeptabilität der ihr zugrundeliegenden außermoralischen Annahmen und Überzeugungen ab.

(3) Die Frage der Anerkennungswürdigkeit von Rechtfertigungsgründen hingegen ist eine normative Frage. Ob man Notwehr oder positive Opferbilanzen oder auch die Realisierung guter Ziele als Rechtfertigungsgründe anerkennt, hängt von den moralischen Überzeugungen ab, die man hat - im Falle von Opferkalkulationen davon, ob man ein utilitaristisches Moralprinzip oder eine andere zur selben moralischen Überzeugung führende Argumentation akzeptiert, im Falle des Einsatzes schlechter Mittel zur Erreichung guter Ziele davon, ob man unbedingte Unterlassungspflichten akzeptiert.

(4) Ein wesentliches Kennzeichen des moralischen Denkens von Nationalsozialisten ist – ohne deshalb genuin nationalsozialistisch zu sein – die Ablehnung unbedingter Unterlassungspflichten. Unbedingte Unterlassungspflichten fordern, die Ausführung bestimmter Handlungen unter allen Umständen und unabhängig von dem durch sie zu erreichenden Zweck zu unterlassen. Das heißt, für die Ausführung von Handlungen dieser Art kann es – und zwar gänzlich unabhängig von den Folgen ihrer Unterlassung – keine Rechtfertigung geben.

VI. Berufung auf mutmaßliche Einwilligungen

1. Abgeleitete Normen

(1) Häufig bestimmen erst die konkreten Handlungsbedingungen, was zu tun oder zu lassen ist, um die moralischen Grundnormen zu befolgen. Zu diesem Zweck werden, gestützt auf moralische Grundnormen und den nicht-moralischen Überzeugungen der Handelnden, konkrete Normen abgeleitet, deren Befolgung moralische Grundnormen prima facie verletzen kann.

(2) Das praktische Leben kennt Situationen, in denen eine Befolgung moralischer Grundnormen gerade nicht im Interesse der von der Handlung oder Unterlassung Betroffenen liegt. Eine Befolgung der Norm „Du sollst niemandes Körper verletzen!" führte zum Untergang des Betroffenen, wenn es sich bei diesem um ein bewusstloses Unfallopfer handelt, das eine lebensrettende Bluttransfusion benötigt.

(3) Wenn der Arzt dem bewusstlosen Unfallopfer die Transfusion verabreicht, unterstellt er, im objektiven Interesse des Betroffenen zu handeln; er unterstellt, dass der Betroffene in Kenntnis seiner Lage in die damit verbundene Körperverletzung einwilligen würde. Der handelnde Arzt beruft sich auf eine mutmaßliche Einwilligung. Indem der Arzt die abgeleitete Norm befolgt, bewusstlosen Unfallopfern auch ohne ausdrückliche Einwilligung zu helfen, genügt er der Grundnorm des allgemeinen Hilfegebots und seiner ärztlichen Pflicht zur Lebensrettung.

2. Abgeleitete Normen der Nationalsozialisten

(1) Nationalsozialisten haben in zentralen Fragen ihr Handeln unter Berufung auf mutmaßliche Einwilligungen gerechtfertigt. Derart gerechtfertigte Handlungen werden – im Unterschied zu Berufungen auf Rechtfertigungsgründen – zugunsten der Betroffenen ausgeführt. Die Denkfigur der mutmaßlichen Einwilligung in Verbindung mit der Idee, im objektiven Interesse anderer zu handeln, sorgte in vielen Fällen für das gute Gewissen, das sich der Diktator und seine

Mitstreiter selbst dann bewahrten, wenn sie andere Menschen oder auch ganze Völker unterdrückten, ihnen die Freiheit nahmen oder sich über sie erhoben.

(2) Für Hitler war es widersinnig, dass sich ein kulturell hochstehendes und schöpferisches Volk auf knappem Raum kaum ernähren kann, während die niedrigstehende „russische Masse", die für den kulturellen Fortschritt nichts beitrage, über unendliche Räume und fruchtbarsten Boden verfügt. Eine solche Verteilung der natürlichen Ressourcen sei nicht sinnvoll und könne schon deshalb auch nicht als unabänderlich gelten. Der germanische Kampf um Lebensraum liegt unter diesem Blickwinkel im allgemeinen Interesse der Menschheit.

(3) Neuer Lebensraum eröffnet aber zugleich Chancen für die Vermehrung des Volkes. Auch eine Vermehrung des Germanentums und überhaupt der nordischen Rasse liege, so Hitlers Überzeugung, im Menschheitsinteresse. Von der damit verbundenen Freisetzung schöpferischer Kräfte würden letztlich sogar die im Kampf unterlegenen Völker profitieren.

(4) Das deutsche Volk, so sind die nationalsozialistischen Ideologen überzeugt, führe die unausweichliche Auseinandersetzung mit dem bolschewistischen Weltfeind an vorderster Front und gleichsam stellvertretend für alle zivilisierten Völker. Daher entstehen bei der Durchsetzung des dafür notwendigen deutschen Führungsanspruchs keine Rechts- oder Interessenverletzungen aufseiten derjenigen Völker, die ebenfalls ein Interesse an der Ausschaltung des jüdischen Bolschewismus haben. Die mutmaßliche Einwilligung dieser Völker begründet ein moralisches Recht Deutschlands, das Selbstbestimmungsrecht anderer Völker so weit wie nötig einzuschränken.

(5) Sich für diejenige Rasse einzusetzen, die der Schöpfer und Träger der höchsten Kultur ist, ist nicht nur legitim; es ist eine Verpflichtung von weltgeschichtlicher Bedeutung. Was nicht-nordischen Völkern mangels Einsicht als ein kruder moralischer Partikularismus erscheinen mag, erweist sich, so sind die Nationalsozialisten zu verstehen, als ein *Gattungs-Humanitarismus*, in dessen Zentrum die Menschheit als Gattung selbst steht.

VII. Rechtfertigungsargumentationen und nationalsozialistische Weltanschauung

1. Moralische Selbstlegitimierung

(1) Die Antwort auf die Frage, wie es denkbar ist, Böses mit gutem Gewissen zu tun, lautet: Der Handelnde muss überzeugt sein, moralisch legitim zu handeln. Um diese Überzeugung als Täter ausbilden zu können, obwohl er die kulturübergreifend gültigen Grundnormen anerkennt, gibt es nur zwei Möglichkeiten: Er muss entweder von anderen außermoralischen Annahmen und Überzeugungen ausgehen oder andere, nicht allgemein geteilte, moralische Überzeugungen vertreten – Überzeugungen, die nicht zum Bereich der moralischen Grundnormen gehören. Zu diesen Überzeugungen wiederum gehören

alle normativ relevanten Konkretisierungen von moralischen Grundnormen sowie insbesondere nicht allgemein akzeptierte Rechtfertigungsgründe.

(2) Mit der Überzeugung, zur Verletzung von moralischen Grundnormen berechtigt zu sein, ist die moralische Selbstlegitimation zu einem eingreifenden Handeln gewonnen.

(3) Drei Typen einer rechtfertigenden Argumentation sind zu unterscheiden: Eine rechtfertigende Argumentation kann erstens zeigen, dass die geschädigten Entitäten aufgrund der akzeptierten Reichweitenfestlegungen von den infrage kommenden Grundnormen nicht erfasst werden; sie kann zweitens anerkannte Gründe oder Sachverhalte, also Rechtfertigungsgründe, benennen, die diese Verletzungen rechtfertigen, und sie kann drittens plausibel machen, dass Interessenverletzungen gar nicht stattgefunden haben, weil es sich bei der Befolgung der konkreten Handlungsgrundsätze um eine spezifische Art und Weise handelte, durch Grundnormen geschützte Interessen zu verwirklichen.

(4) Damit sich tatsächlich ein gutes Gewissen einstellen kann, müssen freilich so gewonnene Verhaltensgrundsätze auch korrekt angewendet werden. Eine Handlung, die beispielsweise durch einen Rechtfertigungsgrund im Prinzip gedeckt ist, ist nur dann moralisch legitim, wenn ihre konkrete Ausführung den normativen Kriterien genügt (etwa den Kriterien der Tauglichkeit, Erforderlichkeit, Verhältnismäßigkeit und Angemessenheit), die an eine legitime Handlungsausführung gestellt werden.

(5) Selbstlegitimierungen zur Verletzung von moralischen Grundnormen können auch unter Bezugnahme auf spezielle moralische Überzeugungen gewonnen werden, von denen der Täter irrtümlicherweise annimmt, dass rationale Akteure diese moralischen Überzeugungen teilen. Sehr häufig aber entscheiden außermoralische Annahmen oder Überzeugungen darüber, welche Rechtfertigungen für die Übertretung von geltenden Grundnormen akzeptiert werden. Die Unterschiede im moralischen Denken von nationalsozialistischen Tätern (sofern es sich um Täter mit gutem Gewissen handelt) und ihren Kritikern wurzeln zwar nicht ausschließlich, aber doch in nicht unwesentlichem Maße in unterschiedlichen außermoralischen Annahmen oder Überzeugungen.

(6) Menschliche Regungen müssen den Tätern keineswegs fremd gewesen sein. Eine empathische Einstellung schützt nicht vor illegitimen Verletzungen moralischer Grundnormen. Sich in den anderen hineinversetzen können, mitleiden können mit den Opfern bedeutet nicht, den Verbrechenscharakter der Tat einzusehen. Um ein Täter mit einem guten Gewissen werden zu können, ist die Überzeugung hinreichend, dass das Notwendige getan werden muss, auch wenn es subjektiv schwerfällt. Täter mit gutem Gewissen sind Personen, welche die vom Mitleid errichtete Hemmschwelle durch eine gedanklich fundierte Selbstermächtigung zu einem die Grundnormen verletzenden Handeln überwunden haben.

2. Organizistische Gemeinschaftsauffassung

(1) Nationalsozialisten haben eine organizistische Gemeinschaftsauffassung vertreten. Für sie waren Völker eigenständig existierende Kollektivwesen, in denen der einzelne Mensch als eine Art Zelle fungiert. Diese Annahme geht von der Vorstellung aus, dass eine Gemeinschaft etwas wesensmäßig anderes ist als lediglich eine Ansammlung von selbstständigen Individuen – von Individuen, die erst durch einen Willensentschluss beziehungsweise eine Verfassung oder durch tätige Kooperation sich zu einer sozialen Gesamtheit vereinen.

(2) Nach nationalsozialistischer Vorstellung sind Kollektivwesen wie Völker keine willkürlich aus vereinzelten Individuen zusammengesetzten Einheiten, sondern gegenwartsüberdauernde Abstammungsgemeinschaften mit eigener Geschichte, spezifischer Seinsqualität, Kultur und charakteristischen Entwicklungspotenzialen.

(3) Diesen überpersönlichen, begrifflich alle Generationen der Abstammungsgemeinschaft umfassenden Gesamtwesenheiten wurde ein unbedingt zu schützender Eigenwert zugeschrieben, der zudem den Eigenwert jedes einzelnen Gemeinschaftsmitglieds übersteigt. Diese Wertdifferenz begründet den Vorrang der Gemeinschaft vor jedem Individuum.

(4) Entsprechend dieser ontologischen und axiologischen Auffassungen ist die „Lebenseinheit“, um deren Erhaltung es primär geht, nicht das Individuum, sondern das Volk beziehungsweise die Rasse. Nur mit einem bewussten Leben in der Gemeinschaft und für die Gemeinschaft realisiert der Einzelne seinen eigenen Daseinszweck. Seine individuellen Lebensäußerungen hat er den Erfordernissen des Gemeinwohls unterzuordnen. Im Lichte dieser anti-individualistischen, kollektivistischen Grundauffassung wurden Zugriffsrechte des Staates auf das Leben und Eigentum des Einzelnen begründet. Der Einzelne darf im Interesse des Gemeinwohls als ein Mittel benutzt und notfalls geopfert werden.

(5) Ein wesentlicher Unterschied zwischen Hitlers Staat und den demokratischen Verfassungsstaaten des Westens ist im ontologischen Verständnis des Volkes beziehungsweise der Gemeinschaft zu suchen: Wird das Volk als eine „organische Gesamtwesenheit“ oder als eine jeweilige Menge konkreter Menschen aufgefasst, die ihr kooperatives Zusammenleben mittels des Staates regeln?

(6) Einerseits gilt: In der Hypostasierung des Volkes zu einem Lebewesen eigener Art und Dignität liegen die Gefahren der radikalen Missachtung der Würde des Einzelnen sowie die seiner schrankenlosen Instrumentalisierung. Beide Gefahren haben sich in der Theorie und Praxis des Nationalsozialismus in unvorstellbar unmenschlicher Weise realisiert.

(7) Andererseits gilt ebenso: Die Anerkennung der Würde des Individuums führt nicht zwingend zur Leugnung und Missachtung sämtlicher Formen „organischer“ Gemeinschaftsbindungen – Bindungen des Einzelnen an spezielle Gruppen (Familie, Volk), die nicht auf einer individuellen Entscheidung beruhen, sondern sich im Vollzug des Lebens manifestieren. Die Verkennung der

lebenspraktischen Realität und moralischen Legitimität dieser exklusiven Gruppenbindungen führt in einen selbstzerstörerischen humanitären Universalismus.

3. Normativer Kollektivismus

(1) Nationalsozialisten haben den normativen Individualismus, der die Legitimität politischer Entscheidungen ausschließlich an den Folgen für die davon betroffenen Individuen misst, zugunsten eines normativen Kollektivismus aufgegeben - der Auffassung, wonach sich die Legitimität politischer Handlungen oder die von Herrschaftssystemen letztlich nur daran messen kann, ob und inwieweit sie der Erhaltung und Entfaltung von Kollektiven - Völkern oder Rassen - dient, die ihren Selbstzweck realisieren.

(2) Der Unterschied zu einem liberalen Staatsverständnis liegt in der Überbetonung, der exzentrisch-einseitigen Auslegung der *kollektivistischen Grundauffassung*. Diese mündet in die Postulierung eines absoluten Vorrangs der Gemeinschaft vor dem Individuum und letztlich in einen schrankenlosen Illiberalismus sowie eine massenhafte Verletzung von Grundrechten.

(3) Die entschiedene Ablehnung des normativen Individualismus, des Kerns der *individualistischen Grundauffassung*, ist ein unverzichtbarer Bestandteil der nationalsozialistischen Weltanschauung. Sie sollte als ein notwendiges Merkmal jeder Art von „Nationalsozialismus" betrachtet werden, die diesen Namen verdient. Ein Nationalsozialismus ist denkbar ohne Rassismus und Antisemitismus (etwa für den Fall, dass keine Rassen und Juden in der Welt existierten), nicht aber als Vertreter des normativen Individualismus. Denn ein Staat, der seine gesetzgeberische Tätigkeit sowie seine politischen Entscheidungen ausschließlich oder auch nur vornehmlich unter dem Gesichtspunkt der Folgen für die Individuen - und seien es auch nur die eigenen Gemeinschaftsmitglieder - träfe, unterschiede sich fundamental vom Staate Hitlers, der primär das Überleben des (eigenen) Volkes als einer kollektivistischen Gesamtwesenheit zu garantieren hatte.

(4) Die wertmäßig am höchsten stehende Überlebenseinheit war für Nationalsozialisten das Volk. Daher ist es konsequent gedacht, wenn sie von der Vorrangstellung des Volkes ausgingen und das Individuum sogar als austauschbar beziehungsweise ersetzbar betrachteten. Diese außermoralischen Grundannahmen der nationalsozialistischen Weltanschauung sind von unmittelbarer moralischer Relevanz. Sie legen moralische Überzeugungen nahe, die mit dem 1. Satz des Artikels 1 des Grundgesetzes (GG), „Die Würde des Menschen ist unantastbar", unvereinbar sind. Zugleich jedoch ergeben sich aus derselben politisch-moralischen Grundeinstellung Forderungen nach einem sozial verantwortbaren Handeln des Einzelnen - wie sie etwa hinsichtlich der Ausübung von Eigentumsrechten im Art. 14 Abs. 2 GG, „Eigentum verpflichtet. Sein Gebrauch soll zugleich dem Wohle der Allgemeinheit dienen", in ähnlicher Weise erhoben werden.

(5) Auch der demokratische Verfassungsstaat versteht sich als Interessenwahrer einer sich in der Generationenabfolge konstituierenden Gemeinschaft. Er wird damit der Tatsache gerecht, dass jeder Mensch in eine bereits existierende Gemeinschaft von zusammenlebenden und sich zusammengehörig fühlenden Menschen hineingeboren wird. Als ein solcher Staat ist er zum einen dem Gemeinwohl verpflichtet. Gemeinwohlinteressen können mit den konkreten Interessen Einzelner kollidieren. Zum anderen kämpft er um seine Selbstbehauptung und verfolgt insofern ein abgeleitetes staatliches Eigeninteresse. Staatliche Maßnahmen im Dienste dieses Eigeninteresses können sowohl Interessen einzelner Angehöriger der eigenen Gemeinschaft als auch Interessen fremder Gemeinschaften sowie Interessen von Angehörigen dieser fremden Gemeinschaften verletzen.

(6) Auch der demokratische Verfassungsstaat existiert damit in einem Spannungsverhältnis einerseits von individualistischer und kollektivistischer und andererseits von universalistischer und partikularistischer Grundauffassung. Dieses Spannungsverhältnis ist, lebenspraktisch betrachtet, zugunsten einer ausschließlich individualistischen und universalistischen Orientierung nicht auflösbar. Weder sind ein ontologischer Kollektivismus noch ein moralischer Partikularismus als Konstruktionsprinzipien einer Gesellschaft vollständig aufgebbar. In der impliziten Hervorhebung dieser Lebenstatsache besteht eine partielle Berechtigung der nationalsozialistischen Weltanschauung.

(7) Hitler hat in seinem Denken und Handeln die Botschaft transportiert, dass sich Politik nicht ausschließlich an Grundsätzen einer universalistischen Menschenrechtsmoral orientieren kann. Die Welt befindet sich, so war er überzeugt, in einem Zustand, in dem der Verzicht auf die vordringliche Verwirklichung der eigenen Interessen einen Verzicht auf Selbstbehauptung und die Durchsetzung des eigentlich Schwächeren oder Lebensuntüchtigeren bedeutet. In einem solchen Weltzustand ist strategisches, auf Selbstbehauptung abzielendes Handeln zumindest erlaubt, wenn nicht gar geboten.

VII. Das moralische Versagen der nationalsozialistischen Täter mit gutem Gewissen

1. Die Moral der nationalsozialistischen Täter mit gutem Gewissen

(1) Die Nationalsozialisten haben das kulturübergreifend geltende Minimum an moralischen Grundnormen akzeptiert. Für sie galten das Tötungs- und Verletzungsverbot, das Lügenverbot, das Diebstahlverbot, das Hilfsgebot sowie weitere Ge- und Verbote. In diesem Sinne hatten sie keine andere Moral.

(2) Die Nationalsozialisten haben auch weder neue Werte noch neue Tugenden vertreten. Allerdings sind bestimmte Wert- und Tugendvorstellungen, etwa aus der christlichen Ethik (wie Liebe, Demut, Duldsamkeit, Mitleid), in den Hintergrund getreten, während andere (wie Stolz, Ehre, Mut, Opferbereit-

schaft) stärker betont wurden. Es haben sich Interpretationen, Rangfolgen und Reichweiten verändert.

(3) Die Geschichte des Nationalsozialismus verdeutlicht einmal mehr: Weder eine Kenntnis noch eine Internalisierung der allgemein anerkannten moralischen Grundnormen schützt vor den Verbrechen großen Stils. Jedes die Grundnormen verletzende Handeln kann als legitim ausgewiesen werden, wenn sich ein plausibler Grund anführen lässt, dass eine Normenverletzung unter den gegebenen Umständen moralisch erlaubt ist. Dies führt zu der Erkenntnis: Die „eigentliche Moral" liegt nicht in den Grundnormen (die ohnehin jeder anerkennt), sondern in den anerkannten Regeln, diese Grundnormen übertreten zu dürfen. Deshalb auch besteht die Hauptaufgabe der Moralphilosophie nicht in der Begründung moralischer Grundnormen als vielmehr darin, Regeln ihrer legitimen Verletzung zu begründen. Dies gilt jedenfalls, sofern man unbedingte Unterlassungspflichten ablehnt.

(4) Der Unterschied zwischen nationalsozialistischen Tätern und Vertretern einer Menschenrechtsmoral liegt nicht primär im Bercich der Motivation, der Einstellung, der charakterlichen Verfasstheit oder der Empathiefähigkeit. Diese Faktoren entscheiden mit darüber, ob eine Handlung wirklich ausgeführt wird, ob man es letztlich fertigbringt, moralische Grundnormen, deren Verletzung man unter gegebenen Umständen für erlaubt hält, tatsächlich zu verletzen; sie entscheiden jedoch nicht darüber, ob man eine Verletzung der Grundnorm im betreffenden Fall für gerechtfertigt hält.

(5) Entscheidend für das Verständnis des moralischen Denkens von Nationalsozialisten ist die Erkenntnis, dass sie vor allem andere außermoralische Überzeugungen vertraten und nur zum Teil auch andere moralische Überzeugungen (andere moralische Prinzipien, andere Rechtfertigungsgründe, andere Wertvorstellungen etc.) hatten. Daraus ergab sich, dass Nationalsozialisten zum Teil andere Relevanzkriterien für die Bestimmung der Reichweite moralischer Grundnormen akzeptierten, andere Rechtfertigungen für Normenverletzungen als gültig erachteten und andere konkrete Normen befolgten.

(6) Eine eindeutige Antwort auf die Frage, ob Nationalsozialisten eine andere Moral hatten, scheitert bereits daran, dass auch Angehörige westlicher Demokratien Regeln und Prinzipien akzeptieren, die mit den Grundsätzen einer Menschenrechtsmoral im strengen Sinne nicht vereinbar sind (man denke etwa an die Bereitschaft, notfalls auch Unschuldige zu töten, oder die Üblichkeit, näher stehende Personen bevorzugt zu behandeln). Die westliche Kultur beruht nicht nur auf den regulativen Ideen des moralischen beziehungsweise humanitären Universalismus. Jeder Einzelne und jede Gemeinschaft erstrebt ebenso eine bevorzugte Verwirklichung eigener Interessen.

(7) Zwar werden jedem Menschen auf der Welt allein aufgrund seines Menschseins die gleichen Menschenrechte zugebilligt; auch demokratische Verfassungsstaaten aber gewährleisten diese Rechte teilweise primär, teilweise – vor allem im Hinblick auf Anspruchsrechte – ausschließlich für die Angehörigen ihrer Staaten. Notfalls sind demokratische Regierungen sogar bereit,

fundamentale Menschenrechte von Bürgern anderer Staaten zugunsten des Schutzes der Interessen eigener Bürger aufzuopfern. Zudem muten sie auch eigenen Staatsbürgern zu, in Selbstverteidigungs- oder anderen Notfällen gegebenenfalls sogar mit ihrem Leben für die Interessen des Staates und seiner Bürger einzutreten.

(8) Ein weiterer Grund für die Schwierigkeit, die Frage zu beantworten, ob Nationalsozialisten eine andere Moral hatten, ist der folgende: Nationalsozialisten haben zum Teil moralische Prinzipien vertreten, die zwar keineswegs ausschließlich von ihnen akzeptiert werden, die allerdings für ihr moralisches Denken in besonderer Weise kennzeichnend waren. Dazu gehört vor allem das Prinzip der präventiven Selbstverteidigung beziehungsweise der präventiven Gefahrenabwehr.

(9) Als ein anderes Hauptkennzeichen des moralischen Denkens von Nationalsozialisten ist die Idee der Austauschbarkeit und Verrechenbarkeit des Individuums in ihren verschiedenen Modi anzusehen. Nationalsozialisten nahmen an, dass es moralisch erlaubt ist, Menschen das Leben zu nehmen, um anderen Menschen das Leben zu bewahren oder Ungeborenen das Leben zu ermöglichen. Auf der Basis derartiger Gewinn-und-Verlust-Rechnungen rechtfertigten sie die vorsätzliche Tötung unschuldiger Menschen.

(10) Das Ideensystem der Nationalsozialisten, das heißt die spezifische Kombination ihrer moralischen und außermoralischen Überzeugungen, die ihr moralisches Denken konstituierte, war geeignet, Handlungsweisen zu rechtfertigen, die Vertreter einer Menschenrechtsmoral für verbrecherisch halten. Und in diesem Sinne hatten sie eine andere Moral.

2. Die Bedeutung moralischer und außermoralischer Überzeugungen

(1) Eine Akzeptanz der weltanschaulichen Grundannahmen der Nationalsozialisten sowie ihrer konkreten Tatsachenbehauptungen, Situationsbeschreibungen, Bedrohungsanalysen etc. führte nicht automatisch zu einer Akzeptanz ihrer Handlungen. Dazu wäre es zusätzlich erforderlich, auch diejenigen *moralischen* Überzeugungen zu akzeptieren, die – neben den außermoralischen Überzeugungen – der Rechtfertigung der jeweiligen Handlungen zugrunde lagen.

(2) Nur: Wichtige moralische Überzeugungen, die in Rechtfertigungsargumentationen von Nationalsozialisten eine Rolle spielten – so etwa der Glaube an ein moralisches Notwehrrecht –, werden auch von den Anhängern einer Menschenrechtsmoral akzeptiert. Das wiederum heißt: In den Fällen, in denen sich Rechtfertigungsargumentationen auf allgemein geteilte moralische Überzeugungen (Recht auf Notwehr) stützen, werden unter sonst gleichen Bedingungen Handelnde mit gleichen außermoralischen Überzeugungen auch gleiche Handlungsforderungen akzeptieren. Und das heißt schließlich: Verbrechen, selbst Massenverbrechen, können im Rahmen einer konventionellen Mo-

ral dann mit gutem Gewissen begangen werden, wenn ihre Rechtfertigung auf dazu geeigneten und eben nicht allgemein geteilten, *außermoralischen* Annahmen und Überzeugungen beruht.

(3) Viele der zentralen Auffassungen Hitlers galten unter seinen Anhängern als nachgerade unbezweifelbar. Deshalb dürfte der Vorwurf an die Täter, sie hätten inhumane Ziele verfolgt oder sie seien selbst inhuman gewesen, in der Regel unergiebig sein – und zwar gerade auch im Falle Hitlers. Hitler nämlich hat den Humanitätsgedanken, das Ansinnen, alle Menschen und Völker als gleichberechtigt zu betrachten und gleich zu behandeln, als eine selbstzerstörerische Idee gegeißelt – allerdings unter Hinweis auf die „Tatsachen", die für seine Weltanschauung konstitutiv waren. Hitler hätte seine Positionen in diesen Fragen begründet – zum Beispiel mit dem Argument, dass ein jedes Volk, das sich dem quasi naturgesetzlich stattfindenden Kampf der Völker um Lebensraum zu entziehen gedenkt, früher oder später von der Erde verschwindet; er hätte auf Erfahrungen verwiesen, denen zufolge eine Eliminierung des Lebenskampfes zu einer Art, wie man sagen könnte, „Verhausschweinung" des Menschen führt. Dass die Siegermächte des Krieges die zukünftige Macht und Schlagkraft Deutschlands etwa durch Gebietsabtrennungen und Teilung präventiv beschneiden, hätte Hitler als eine Bestätigung seiner Theorie aufgefasst.

3. Die Natur des moralischen Versagens von nationalsozialistischen Tätern mit gutem Gewissen

(1) Damit ergibt sich Folgendes: Die von Nationalsozialisten vorgebrachten Rechtfertigungen sind für Vertreter einer Menschenrechtsmoral ganz wesentlich deshalb ungültig, weil sie die zugrunde liegenden außermoralischen Annahmen und Überzeugungen für falsch halten. Deshalb betrachten sie deren Selbstzuschreibung, moralisch akzeptabel gehandelt zu haben, als fehlerhaft oder wenigstens rational nicht geboten. Fehler, die zur Verletzung moralischer Rechte führen, sind aber, wenn sie vermeidbar waren und ihre Vermeidung nach allgemeiner Überzeugung verlangt werden kann, moralisch zurechenbar.

(2) Die Möglichkeit der Zuschreibung von Verantwortung beruht auf der Fähigkeit vernünftiger Wesen, ihr Meinen, ihr Urteilen, ihr Wünschen, ihr Wollen, ihr Ablehnen auf Gründe zu stützen, das heißt Wahlentscheidungen bezüglich derartiger Lebensäußerungen vom Abwägen von Gründen, aber auch der Beurteilung von Evidenzen abhängig zu machen. Jeder Einzelne, der als ein vernünftiges Wesen anerkannt werden will, ist auch für seine Urteils- und Willensbildung verantwortlich.

(3) Das moralische Versagen, das den nationalsozialistischen Tätern mit gutem Gewissen attestiert werden muss, ist wesentlich ein moralisch relevantes kognitives Versagen – ein Versagen, das im Bereich des Erkennens und Denkens angesiedelt ist.

(4) Die Täter sind, sofern sie Täter mit gutem Gewissen waren, von falschen Theorien, unzutreffenden Tatsachenbehauptungen oder nicht-existenten Gefahren ausgegangen; sie haben ihren Gegnern Eigenschaften und Absichten unterstellt, die zu unterstellen es keine hinreichenden Gründe gab; sie haben ein Selbstbild entworfen, das durch die Wirklichkeit nicht gedeckt war. Nationalsozialistische Täter sind in ihrem Handeln Prämissen oder Wertvorstellungen gefolgt, ohne diese einer kritischen Reflexion zu unterziehen; sie haben politische Ziele formuliert, ohne die Kosten ihrer Realisierung zu erwägen; sie haben Mittel zur Anwendung gebracht, ohne deren Geeignetheit, Erforderlichkeit, Verhältnismäßigkeit oder Angemessenheit zu prüfen.

(5) Führende Nationalsozialisten, unter ihnen Hitler, Himmler und Eichmann, waren nicht gedankenlos und überließen das Denken auch nicht anderen; ihnen fehlte es weder an Vorstellungskraft, noch waren sie zum Perspektivenwechsel unfähig. Sie stellten sich sehr wohl vor, was ihre Entscheidungen und Handlungen für die Opfer bedeuteten, und glaubten trotzdem, dazu berechtigt zu sein.

(6) Täter haben moralisch versagt, weil sie ihr Handeln auf unhaltbare Überzeugungen stützten, deren Unhaltbarkeit sie hätten erkennen können. Sie haben auf die Richtigkeit von theoretischen Argumentationen vertraut, obwohl sie wussten, dass ihnen in einer gleichgeschalteten Öffentlichkeit nicht widersprochen werden durfte. Täter haben versagt, weil sie von Ressentiments gesteuerten Bedrohungsängsten und überaus vagen Gefahrenanalysen folgten, die, wie sie wissen konnten, ein unmittelbares Abwehrverhalten, geschweige denn gewaltsame Reaktionen, nicht erforderlich machten.

(7) Insoweit das Verhalten von Tätern mit gutem Gewissen fahrlässig war, dürfte ihnen ihre Fahrlässigkeit nicht bewusst gewesen sein. Sie glichen gerade nicht einem Fahrzeugführer, der sich im Bewusstsein, betrunken zu sein, ans Steuer setzt. Obwohl sie vorsätzlich handelten, begingen sie keine vorsätzlichen Pflichtverletzungen.

(8) Nicht wenige wurden Mittäter, weil sie ihre intellektuelle Autonomie aufgaben, Autoritäten unkritisch folgten und ihre Kritikfähigkeit untergruben, obwohl sie wussten, dass diese Autoritäten nicht infrage gestellt werden durften – obwohl sie also wussten, dass deren Verlautbarungen einer kritischen Diskussion entzogen waren und somit die Grundvoraussetzung für eine rationale Selbstunterstellung unter die Führung einer anderen Person nicht gegeben war.

4. Verletzung von kognitiven Pflichten

(1) Eine Überzeugungsbildung kann nur dann als rational und moralisch verantwortbar gelten, wenn sie – in Übereinstimmung mit der Forderung Kants – einer Regel folgt, die „zum allgemeinen Grundsatze" des „Vernunftgebrauchs" erhoben werden könnte. Die Explikation dieser Regel führt zur Beschreibung kognitiver Pflichten.

(2) Täter mit gutem Gewissen haben kognitive Pflichten verletzt. Kognitive Pflichten sind Erkenntnispflichten. Sie entstehen beispielsweise im Prozess der Planung von Handlungen, von denen der Handelnde annimmt, dass sie moralische Grundnormen gerechtfertigterweise verletzen.

(3) Kognitive Pflichten entstehen insbesondere im Prozess der Bildung außermoralischer Überzeugungen - dort, wo darüber „entschieden" wird, welche deskriptiven Prämissen man seiner sonstigen Urteils- und Willensbildung zugrunde legt. Kognitive Pflichten zu erfüllen wird in dem Maße erschwert, in dem die Bildung außermoralischer Überzeugungen Spezialwissen erfordert. Über diese Anforderungen hat man sich bewusst zu werden. Allgemein kann man sagen: Wenn man die Pflicht hat, sich in bestimmter Weise zu verhalten, hat man dadurch auch die Pflicht, sich um die kognitiven Voraussetzungen zu bemühen, die die Wahrnehmung der Verhaltenspflichten ermöglichen.

(4) Inhalt kognitiver Pflichten sind Anforderungen an die Art und Weise der Urteils- und Willensbildung, auf die sich alle vernünftigerweise einigen würden, wenn sie sich vorstellen, dass die so gebildeten Überzeugungen in Handlungen münden, die die Verwirklichung ihrer Interessen betreffen. Alles in allem gilt: Man kann von dem Vermögen der Vernunft einen unvernünftigen Gebrauch machen. Dies ist die Verletzung der kognitiven Pflicht schlechthin.

(5) Zur Rationalität in einem umfassenden Sinne gehört nicht nur die Wahl geeigneter Mittel für vorausgesetzte Zwecke, sondern ebenso eine rationale Kritik von Wünschen und Werten. Rationale Personen, machen sich nicht nur bewusst, was sie im Einzelnen wollen; sie machen sich Gedanken darüber, was sie im Rahmen der Optimierung ihres angemessenen Gesamtinteresses vernünftigerweise wollen sollten.

(6) Kognitive Pflichten wurden verletzt, weil man den Anforderungen an eine annehmbare Überzeugungsbildung nicht genügte. Man unterließ es, sich über bestimmte Dinge Gedanken zu machen, über die man sich pflichtgemäß hätte Gedanken machen müssen. Man unterließ es, sich zureichende Kenntnisse anzueignen, obwohl es möglich und zumutbar war, die nötigen Informationen und das erforderliche Wissen zu beschaffen. Man irrte, obgleich diese Irrtümer vermeidbar waren.

(7) Im Interesse eines Lernens aus Fehlern ergibt sich folgendes methodische Prinzip: Man sollte Täter mit gutem Gewissen so beschreiben, dass sie gezwungen sind, diesen Beschreibungen vernünftigerweise zuzustimmen. Da Täter mit gutem Gewissen ihr Tun für moralisch gerechtfertigt halten, kann es nur darum gehen, diese Überzeugung zu zerstören. Dazu aber bedarf es Argumentationen, die die Haltlosigkeit dieser Überzeugung für jedermann offenbar werden lassen. Über die Erfolgsaussichten eines solchen Vorgehens ist damit nichts ausgesagt.

(8) Kognitive Pflichten zu erfüllen ist moralisch gefordert. Die Erfüllung kognitiver Pflichten in Bezug auf moralisch relevante Fragen ist Bedingung der Möglichkeit rationalen und damit auch verantwortbaren Handelns. Wenn Nationalsozialisten eine Verletzung kognitiver Pflichten attestiert wird, ist damit nicht gesagt, dass das Denken von Nationalsozialisten durchweg irrational

gewesen wäre oder etwa Hitler unter einem Mangel an Denkvermögen gelitten hätte. Ungeachtet dessen ist festzuhalten: Die nationalsozialistischen Täter mit gutem Gewissen sind Maßstäben nicht gerecht geworden, die den Erfordernissen einer umfassenden Rationalität entspringen.

5. Ein Sonderproblem: Unwiderlegbare außermoralische Überzeugungen

(1) Aus dem Umstand, dass sich die Rechtfertigungen der Täter auch auf nicht allgemein akzeptierte metaphysische (mit den Mitteln der empirischen Wissenschaften nicht widerlegbare) Prämissen oder auf (generell nicht wahrheitsfähige) nicht allgemein geteilte, aber moralisch relevante nicht-moralische Werturteile stützen können, ergibt sich ein Sonderproblem.

(2) Wer zum Beispiel Völker oder Staaten als selbstständig existierende und agierende Wesenheiten betrachtet, geht von einer metaphysischen, speziell ontologischen, Annahme aus, die zwar nicht allgemein akzeptiert wird, aber mit Mitteln der Wissenschaft auch nicht widerlegbar ist. Ein moralisch relevantes nicht-moralisches Werturteil akzeptiert, wer etwa den Heldentod, gestorben für das deutsche Volk, für vorzugswürdig gegenüber einem Leben unter Fremdherrschaft hält. Wer unter Berücksichtigung aller relevanten Sachverhalte und einer kritischen Reflexion seiner Interessen zu diesem Urteil gelangt, ist mit Mitteln der Vernunft ebenfalls nicht widerlegbar. Beruhen unterschiedliche und sich widersprechende moralische Überzeugungen auf außermoralischen Annahmen einer solchen Art, können sie hinsichtlich ihrer Gültigkeit, ihrer rationalen Akzeptabilität, inkommensurabel (nicht vergleichbar/nicht mit gleichem Maß messbar) sein. Auffassungsunterschiede über außermoralische Annahmen dieser Art lassen sich auf wissenschaftlichem oder einem logisch-zwingenden Wege nicht aus der Welt schaffen.

(3) Daraus folgt: Die Erfüllung kognitiver Pflichten versetzt eine Person nicht in genau einen inhaltlich bestimmten kognitiven Zustand (hinsichtlich der jeweils zu klärenden Fragen). Das heißt: Akteure mit einer gleichermaßen vernünftigen Überzeugungsbildung können sich in unterschiedlichen kognitiven Zuständen befinden; sie können in Bezug auf bestimmte Fragen unterschiedliche außermoralische Überzeugungen haben, ohne dass dies einen Vorwurf begründete.

(4) Rational nicht auflösbare Meinungsunterschiede sind nicht ausgeschlossen. Solche Unterschiede können nur auf nicht-rationalem Wege aufgelöst werden. Man kann etwa versuchen, durch beispielgebendes Verhalten oder durch Erzählungen, die Nachdenklichkeit oder Mitleid erzeugen, einen Einstellungswandel herbeizuführen. Man kann auch den Umgang mit nicht befriedigten Bedürfnissen oder mit Nichtwissen zu verändern versuchen. Man kann die Folgen der üblichen Reaktionen auf die Tatsache unauflösbarer Auffassungsunterschiede zu Bewusstsein bringen und auf diese Weise eine Verhaltensänderung induzieren. Sind alle Versuche gescheitert, bleibt nur, Andersdenkende im Falle existenzieller Konflikte zu bekämpfen oder selbst den Rückzug anzutreten.

(5) Da moralisch relevantes Handeln auch von außermoralischen Überzeugungen abhängt, ist es möglich, dass sich Menschen in ein und derselben Situation unterschiedlich verhalten, ohne dass diese Handlungsweisen prima facie zu kritisieren wären. Heißt dies, dass einem Täter, der sich auf rational nicht kritisierbare Überzeugungen stützte, auch moralisch nichts vorzuwerfen ist? Das heißt es zumindest nicht automatisch. Es bleibt nämlich zu fragen, ob es rational vertretbar war, ein Handeln, das existenzielle Interessen wirklicher Menschen verletzt und womöglich Leben irreversibel zerstört, auf die jeweiligen außermoralischen Annahmen zu stützen – selbst wenn diese im strengen Sinne als nicht widerlegbar zu gelten haben.

(6) Rationale Akteure reflektieren die Beschränktheit des menschlichen Erkenntnisvermögens und die Unsicherheit des Wissens. Sie machen sich bewusst, dass man über manche Dinge anders denken kann und auch mit Meinungsänderungen zu rechnen ist. Sie gehen mit sich selbst ins Gericht, ob sie – angesichts der Folgen ihres Handelns – ihre Rechtfertigungsargumentationen für die Erlaubnis, moralische Grundnormen zu verletzen, auf eine kognitive Basis stellen wollen, die anzuerkennen man mit rationalen Gründen nicht „gezwungen" werden kann.

(7) Wie diese Selbstprüfung auszusehen hat, ist eine weitergehende Frage. Akteuren allerdings, die sich einer solchen Selbstprüfung – ein objektives Prüfungsverfahren kann es an dieser Stelle nicht mehr geben – ernsthaft unterworfen haben, ist nichts vorzuwerfen. Deshalb macht es auch keinen Sinn, sie als „Täter" (im moralischen Sinne) zu bezeichnen.

(8) Daraus folgt, dass die Definition „Täter im moralischen Sinne" (II.1.2) entsprechend zu modifizieren ist. Dieser Definition zufolge, ist ein Täter im moralischen Sinne auch derjenige, dessen Rechtfertigung nur deshalb nicht anerkannt wird, weil sie außermoralische Überzeugungen involviert, die nicht allgemein anerkannt werden. Diese Definition ist aber zu weit. Handelt es sich um rational vertretbare, außermoralische Überzeugungen, die nur nicht allgemein anerkannt sind, und hat der Handelnde die besagte Selbstprüfung vorgenommen, geht seine Rubrizierung unter die „Täter" (im moralischen Sinne) ins Leere.

6. Eingreifendes Handeln und moralische Pflichten

(1) Kognitive Pflichten sind Rationalitätspflichten. Ihre Erfüllung erfordert eine rationale Überzeugungsbildung. Ihnen nachzukommen ist dann moralisch gefordert, wenn Handlungen negative Folgen für die Verwirklichung berechtigter Interessen der Betroffenen haben können. Kognitive Pflichten sind Sorgfaltspflichten. Sie wachsen sowohl mit der Relevanz der Überzeugungsinhalte für das Handeln als auch der Schadensträchtigkeit des Handelns.

(2) Aus dem Denken allein resultiert kein Handeln. Allein aus unzutreffenden Annahmen über Fakten und Sachverhalte sowie aus einem Überzeugtsein von falschen Theorien folgen keine moralischen Verbrechen. Demzufolge bezieht

sich die Verletzung kognitiver Pflichten auch nicht nur auf Irrtümer oder Fahrlässigkeit bei der Akzeptanz außermoralischer Annahmen und der Bildung außermoralischer Überzeugungen. Als Rationalitätspflichten beziehen sich kognitive Pflichten auch auf die Willensbildung sowie die Entschlussfassung.

(3) Erkennbar ist für jeden Handelnden, dass das in seinen Überzeugungen verkörperte „Wissen" wenigstens zum Teil unsicher ist und damit die Wahrheit der handlungsleitenden außermoralischen Überzeugungen in Zweifel steht – das heißt, dass deren Wahrheit von einem rationalen Akteur in Zweifel gezogen werden müsste. Dies bedeutet, dass die Ursache eines moralischen Fehlverhaltens gegebenenfalls nicht nur in der Falschheit der handlungsrelevanten außermoralischen Annahmen zu suchen ist, sondern in dem rational nicht akzeptablen geistigen Verhältnis, das der einzelne Täter mit einem guten Gewissen zu seinen unsicheren Annahmen und fragwürdigen Überzeugungen unterhielt.

(4) Wer sich unter Berufung auf komplexe theoretische Überlegungen zu einem eingreifenden, moralische Grundnormen verletzenden Handeln versteht, ist verpflichtet, diese Zusammenhänge zu reflektieren. Dies ist keineswegs einfach. Zudem sind kognitive Defizite nicht in allen Fällen behebbar. Im Zweifelsfall mögen Umstände dieser Art die Schuld eines Täters mit gutem Gewissen mildern; sie führen aber nicht zu einer Entschuldigung. Denn: Gerade weil es nicht einfach ist, die geforderten kognitiven Leistungen zu erbringen, und man dies weiß, sind Vorsicht und Zurückhaltung im Handeln geboten.

(5) Nur ein hinreichend klares Bewusstsein darüber, was man anrichten könnte, wenn man tut, was zu tun man erwägt, wird einen gegebenenfalls davor bewahren, es wirklich zu tun. Sich dessen bewusst zu werden ist eine moralische Pflicht, die selbst bei einem sinkenden Vertrauen in Expertenmeinungen erfüllbar bleibt.

7. Moralisches Versagen und Schuld

(1) Insofern Pflichtverletzungen vermeidbar waren, sind sie den Tätern als ein moralisches Versagen zuzurechnen. Ein selbst verschuldeter Mangel an außermoralischem Wissen, vermeidbare Denkfehler und ein Defizit an rationaler Reflexion und Selbstaufklärung über das eigene Nichtwissen und Nicht-wissen-Können befreien nicht von moralischen Vorwürfen. Eine illegitime Verletzung von moralischen Grundnormen ist unentschuldbar, wenn sie auf erkennbar unzulässigen Deduktionen, einem selbst zu verantwortenden Mangel an Selbstaufklärung oder einem moralisch inakzeptablen Umgang mit Wissensdefiziten und der daraus folgenden Insuffizienz der Urteils- und Willensbildung beruht.

(2) Das moralische Versagen der Täter mit gutem Gewissen ist vor allem in Kategorien des Unterlassens, nämlich der Fahrlässigkeit, der Leichtfertigkeit und der Gedankenlosigkeit, aber auch in Kategorien der Anmaßung und der Rücksichtslosigkeit, nämlich der Überheblichkeit, der Selbstherrlichkeit und der Empathielosigkeit, zu beschreiben.

(3) Das moralische Denken Hitlers bewegte sich weithin im Rahmen des Üblichen und Vertrauten. Auch für ihn war es selbstverständlich, dass die Tötung von Menschen einer Rechtfertigung bedarf. Trotzdem wirkt die Kaltblütigkeit seines Denkens emotional verstörend. Viele Rechtfertigungen für sein Handeln waren nicht nur sachlich falsch; sie schockieren durch ihre Monstrosität – eine Monstrosität, die aus der Anmaßung resultiert, er selbst wäre in der Lage, komplexe Abwägungen kognitiv zu bewältigen, wonach etwa Tausende oder Zehntausende getötet werden dürften, um Ziele zu erreichen, die er für „moralisch gut" erklärte.

(4) Das Verhalten vieler Nationalsozialisten war geprägt von Skrupellosigkeit, mit der sie ihre Entscheidungen fällten, sowie von Rücksichtslosigkeit, mit der sie einmal gefasste Entscheidungen umsetzten. Empathie in Bezug auf den konkreten Einzelmenschen hätte manche praktischen Konsequenzen verhindert oder abgemildert. Insofern ist auch ein Mangel an Mitgefühl gegenüber Mitmenschen, also ein moralisches Defizit, zu beklagen.

(5) Einstellungen und Haltungen können Ausdruck charakterlicher Dispositionen sein oder werden durch solche verstärkt; aber auch sie sind ein möglicher Gegenstand der Selbstreflexion. Über das eigene Denken kann man nachdenken, ebenso wie über eigene Vorlieben und Gewohnheiten. Wenn Hitler seine Ideen mit unerschütterlicher Sicherheit für die einzig richtigen hielt, so mag seine narzisstische Persönlichkeitsstruktur dabei eine Rolle gespielt haben. Die durch seinen Charakter beeinflusste Art und Weise, seine Meinung zu bilden und seine Entschlüsse zu fassen, hat sich jedoch nicht seiner Kontrollmöglichkeit entzogen. Die Verletzung kognitiver Pflichten kann eine charakterliche „Komponente" haben; diesbezügliche Defizite zu vermeiden liegt trotzdem in der Kompetenz und damit auch der Verantwortlichkeit jedes Einzelnen, der sich zu einem eingreifenden Handeln aufzuschwingen gedenkt.

(6) Ein fehlerhafter Umgang mit unzulänglichem Wissen und eigenen Defiziten entlastet moralisch ebenso wenig wie vermeidbare Unkenntnis oder ungünstige charakterliche Dispositionen.

(7) Das Bewusstsein eigenen Nichtwissens und Nicht-wissen-Könnens sowie die Einsicht in die eigene Fehlbarkeit befördern eine Kultur des skeptischen Denkens. Skepsis aber führt zu Urteilszurückhaltung und zu konservativem Handeln.

IX. Fazit

1. Inakzeptable Rechtfertigungen

(1) Der Versuch, nationalsozialistische Verbrechen unter dieselben Erklärungsmuster zu subsumieren wie andere Verbrechen auch, hat sich als erfolgreich erwiesen. Er ist zudem in folgendem Sinne vorzugswürdig: Die vorgestellte Erklärung zeigt, wozu Menschen, die keineswegs als bösartig oder psychisch krank

beschrieben werden müssen, fähig sind, wenn es ihnen gelingt, ihr Tun vor sich selbst zu legitimieren und damit ihre persönliche Integrität zu wahren.

(2) Die nationalsozialistischen Verbrechen von vornherein auf die Amoralität oder die Boshaftigkeit oder gar eine psychische Gestörtheit der Täter zurückzuführen hieße, die bequemste Deutung zu wählen. Da sich die meisten der Kritiker für moralisch integer und psychisch gesund halten, würde der Gedanke, man selbst hätte solche Verbrechen begehen können, geradezu undenkbar. Totalitäre Verbrechen erschienen aus diesem Blickwinkel als Verbrechen, die gleichsam einer anderen Welt zugehörten - einer Welt, die zu betreten man gefeit wäre, weil man selbst, seiner Selbstwahrnehmung gemäß, ein guter Mensch ist. Gerade ein Mangel an Skepsis gegenüber den eigenen Überzeugungen gepaart mit der Selbstgewissheit, was man erstrebe, werde sich auch als das Beste erweisen, ist der vielleicht entscheidende Faktor, der in der Geschichte der Menschheit immer wieder Täter mit gutem Gewissen hervorgebracht hat.

(3) Würde man Hitler, Himmler und anderen führenden Nationalsozialisten nicht wenigstens hypothetisch „abkaufen", dass sie von ihren Gefahrenanalysen hinreichend überzeugt waren, würde man bestreiten, dass sie von Fortschrittsideen geleitet wurden und auch diese eine Grundlage ihres Handelns bildeten - würde man also von vornherein annehmen, dass sie nicht von der moralischen Erlaubtheit ihres Handelns ausgingen, hätte man nicht nur den Versuch aufgegeben, sie als Täter mit gutem Gewissen zu begreifen; man verzichtete auch darauf, ihr Handeln unter dem wahrscheinlich einzigen Gesichtspunkt zu betrachten, an den anzuknüpfen wenigstens die Möglichkeit eines Lernprozesses in Aussicht stellt. Nur wenn man es für möglich hält und dementsprechend Handlungen unter dem Gesichtspunkt zu analysieren versucht, dass - zumindest auch - falsch gedacht wurde, kann man hoffen, aus den Verbrechen der Vergangenheit zu lernen.

(4) Wenn selbst diejenigen, die ihrem eigenen Verständnis nach Gutes wollen, indem sie sich aufmachen, dieses „Gute" zu tun, Verbrechen begehen können, dann ist der subjektiv gute Wille allein kein Garant für ein im Ergebnis moralisch akzeptables Verhalten - und auch kein Wert an sich.

(5) Wenn ein humaneres Verhältnis im Umgang der Menschen miteinander Einzug halten soll, dann kommt es darauf an, rational unzureichend begründete Rechtfertigungen für eine Verletzung moralischer Grundnormen nicht zu akzeptieren.

(6) Es ist moralisch falsch - weil nicht universell zustimmungsfähig -, fundamentalen moralischen Verbotsnormen den Status von unbedingten Unterlassungspflichten zuzubilligen. Keine Gesellschaft kann den daraus resultierenden Zumutungen dauerhaft genügen. Nur: Wer die moralische Überzeugung vertritt, dass es unter Voraussetzung strengster Prüfung in extremen Ausnahmesituationen erlaubt sein kann, moralische Grundnormen zu verletzen, übernimmt, sobald er sich auf diese Überzeugung beruft, kognitive Pflichten, deren Erfüllung erhöhte Anforderungen an den Entscheidungsfindungsprozess stellt. Diese

Pflichten erfüllen heißt, sich um möglichst objektive Erkenntnisse und eine rationale Urteils- und Willensbildung zu bemühen.

2. Unverantwortliche Urteils- und Willensbildung

(1) Das Versagen jener nationalsozialistischen Täter, die unter den Verhaltenstyp „Täter mit gutem Gewissen" fallen, bestand primär in einer Verletzung kognitiver Pflichten. Indem die Täter die moralische Illegitimität ihres Tuns nicht erkannten, befanden sie sich in einem Irrtum. Diese Irrtümer waren vermeidbar und ihre Nichtvermeidung ist moralisch vorwerfbar.

(2) Die Kenntlichmachung führender Nationalsozialisten als „Täter mit gutem Gewissen" dient nicht ihrer Verharmlosung und schon gar nicht ihrer Exkulpation. Vielmehr beinhaltet sie einen Hinweis auf die Neigung des Menschen zur epistemischen Selbstüberschätzung, auf die Ambivalenz aller Fortschrittsideen sowie auf die Unkontrollierbarkeit eines eingreifenden Handelns, das auf eine grundsätzliche Neuordnung von Staat oder Gesellschaft gerichtet ist.

(3) Der Gebrauchswert der vorliegenden Analyse besteht in folgender Erkenntnis: Für eine allgemeine Pathologisierung oder Dämonisierung von Tätern besteht kein Grund. Täter müssen weder psychisch gestört noch muss ihr Verhalten intrinsisch destruktiv sein. Ein prinzipielles Verständnis des Handelns der Täter bedarf auch keineswegs der Annahme eines pervertierten Gewissens oder charakterlicher Defekte. Obwohl es im Falle der nationalsozialistischen Täter Defizite aller Art gegeben haben mag, gilt: Auch das Versagen von Tätern mit gutem Gewissen ist ein moralisches Versagen. Dieses Versagen entspringt aber primär nicht einem „Mangel an Moral", das heißt einem Mangel an richtigen moralischen Überzeugungen und dem Willen, ihnen entsprechend zu handeln, sondern einer unverantwortlichen Urteils- und Willensbildung. Dieses Defizit an Rationalität ist nur durch das bewusste und permanente Bemühen zu überwinden, ein vernünftiges, hinreichend skeptisches Verhältnis zu den eigenen außermoralischen Überzeugungen herzustellen.

IX.

Anhang

Abkürzungsverzeichnis

Art.	Artikel
BAG	Bundesarbeitsgericht
BGH	Bundesgerichtshof
BGHSt	Bundesgerichtshof in Strafsachen
BU	Biografische Unterlagen
BVerfG	Bundesverfassungsgericht
DAF	Deutsche Arbeitsfront
DDR	Deutsche Demokratische Republik
Degesch	Deutsche Gesellschaft für Schädlingsbekämpfung
Degussa	Deutsche Gold- und Silberscheideanstalt
d. i.	das ist, das heißt
DP	Displaced Persons
EU	Europäische Union
Gestapo	Geheime Staatspolizei
GG	Grundgesetz
GMS	Grundlegung zur Metaphysik
Gulag	Glawnoje uprawlenije isprawitelno-trudowych lagerej i kolonij (Hauptverwaltung der Besserungsarbeitslager und -kolonien)
HWbPh	Historisches Wörterbuch der Philosophie
IG Farben	Interessengemeinschaft Farbenindustrie AG
Kap.	Kapitel
KZ	Konzentrationslager
NKWD	Narodnyj kommissariat wnutrennich del (Volkskommissariat für innere Angelegenheiten)
Nr.	Nummer
NS	Nationalsozialismus, nationalsozialistisch
NSDAP	Nationalsozialistische Deutsche Arbeiterpartei
SA	Sturmabteilung
SD	Sicherheitsdienst
SED	Sozialistische Einheitspartei Deutschlands
Stasi	Ministerium für Staatssicherheit
SS	Schutzstaffel
US	United States

Personenverzeichnis

Seitenangaben mit Asteriskus beziehen sich auf Fußnoten.

Autorinnen und Autoren

Michael Berenbaum, PhD, geb. 1945 in New Jersey (USA), Professor für Jüdische Studien an der American Jewish University in Los Angeles. Veröffentlichungen u. a.: The World Must Know: The History of the Holocaust as Told in the United States Holocaust Memorial Museum, Baltimoore 2006; (hg. mit Michael Neufeld), The Bombing of Auschwitz: Should the Allies Have Attempted It?, Lawrence 2003; After Tragedy and Triumph: Modern Jewish Thought and the American Experience, New York 1990.

Wolfgang Bialas, PD Dr. phil, geb. 1954 in Gotha, freiberuflicher Dozent und Übersetzer, 2009–2012 wissenschaftlicher Mitarbeiter am Hannah-Arendt-Institut für Totalitarismusforschung e.V. an der TU Dresden mit dem DFG-Forschungsprojekt „Die moralische Ordnung des Nationalsozialismus. Zum Zusammenhang von Philosophie, Ideologie und Moral". Veröffentlichungen u. a.: Moralische Ordnungen des Nationalsozialismus, Göttingen 2014; Politischer Humanismus und „Verspätete Nation": Helmuth Plessners Auseinandersetzung mit Deutschland und dem Nationalsozialismus, Göttingen 2010; (Hg.), Aurel Kolnai, Der Krieg gegen den Westen, Göttingen 2015.

Dietrich Böhler, Prof. Dr. phil., geb. 1942 in Berlin-Karlshorst, emeritierter Professor für Praktische Philosophie/Ethik und Theorie der Sozialwissenschaften an der Freien Universität Berlin. Veröffentlichungen u. a.: Politik und Moral – die Krisenschwelle zur weltbürgerlich republikanischen Moral: deutsche Katastrophe(n) und permanente politische Bildungsaufgabe. In: Kurt Franke (Hg.), Demokratie lernen in Berlin, Opladen 1991, S. 16–35; Warum moralisch sein? Die Verbindlichkeit der dialogbezogenen Selbst- und Mit-Verantwortung. In: Karl-Otto Apel/Holger Burckhart (Hg.), Prinzip Mitverantwortung. Grundlage für Ethik und Pädagogik, Würzburg 2001, S. 15–68 (materialiter zu Hannah Arendt und Eichmann); Verbindlichkeit aus dem Diskurs. Denken und Handeln nach der Wende zur kommunikativen Ethik, 2. Auflage Alber Studienausgabe, Freiburg 2014.

Udo Ebert, Prof. Dr. iur., geb. 1940 in Berlin, emeritierter Professor für Strafrecht, Strafprozessrecht und Strafrechtsgeschichte an der Friedrich-Schiller-Universität Jena.

Marc Lee Fellman, Dr., geb. 1959 in Perth (Australien); Direktor des Research Office an der Universität Notre Dame in Australien. Veröffentlichungen u. a.: Moral Complexity and the Holocaust, Lanham 2009; The Case for Moral Complexity. In: P. Tabensky (Hg.), Judging and Understanding. Essays on Freewill, Justice, Forgiveness and Love, London 2006, S. 123–150; Memories of the events surrounding the fall of Nanking: The debate within Japan and the role of testimony in the framing of national histories. In: Journal of Language, Culture & Communication, 7 (2005) S. 1–13.

Lothar Fritze, Prof. Dr. phil. habil., geb. 1954 in Karl-Marx-Stadt, wissenschaftlicher Mitarbeiter am Hannah-Arendt-Institut für Totalitarismusforschung e.V. an der TU Dresden und lehrt als außerplanmäßiger Professor an der TU Chemnitz Veröffentlichungen u. a.: Anatomie des totalitären Denkens. Kommunistische und nationalsozialistische Weltanschauung im Vergleich, München 2012; Kritik des moralischen Universalismus. Über das Recht auf Selbstbehauptung in der Flüchtlingskrise, Paderborn 2017; Die Moral der Nationalsozialisten, Reinbek 2019.

Roger S. Gottlieb, PhD, geb. 1946 in White Plains (USA); Professor für Philosophie am Worcester Polytechnic Institute. Veröffentlichungen u. a.: The Concept of Resistance: Jewish Resistance During the Holocaust. In: Social Theory and Practice, 9 (April 1983) 1, S. 31–49; Thinking the Unthinkable: Meanings of the Holocaust, New York 1990; A Spirituality of Resistance: Finding a Peaceful Heart and Protecting the Earth. Paperback edition, with a new 'Afterword', Lanham 2003.

Peter J. Haas, PhD, geb. 1947 in Detroit (USA); emeritierter Abba Hillel Professor für Judaistik an der Case Western Reserve University in Cleveland. Veröffentlichungen u. a.: Morality after Auschwitz: The Radical Challenge of the Nazi Ethic, Philadelphia 1988; (als Paperback) Eugene 2014; Nineteenth Century Science and the Formation of Nazi Policy. In: The United Theological Seminary Journal of Theology XCIX (1995), S. 6–30; Ethics in the Post-Shoah Era: Giving up the Search for a Universal Ethic. In Ethical Perspectives: Journal of the European Ethics Network, 8 (2001) 2, S. 105–116.

Peter Hayes, PhD, geb. 1946 in Boston (USA); emeritierter Professor für Geschichte und Holocaust-Studien an der Northwestern University (Evanston). Veröffentlichung u. a.: Warum? Eine Geschichte des Holocaust, Frankfurt a. M. 2017; (gem. mit Eckhard Conze, Norbert Frei und Moshe Zimmermann) Das Amt und die Vergangenheit, München 2010; Die Degussa im Dritten Reich: Von der Zusammenarbeit zur Mittäterschaft, München 2004.

Herbert Jäger (14. Mai 1928 bis 11. Dezember 2014), Rechtswissenschaftler und Kriminologe, lehrte als Professor für Strafrecht an den Universitäten in Gießen und Frankfurt am Main. Veröffentlichung u. a.: „Verbrechen unter totalitärer Herrschaft. Studien zur nationalsozialistischen Gewaltkriminalität", Frankfurt a. M. 1982.

Lawrence L. Langer, PhD, geb. 1929 in New York City (USA); emeritierter Professor für Englisch und Holocaust-Bildung an der Simmons University in Boston. Veröffentlichungen u. a.: The Holocaust and the Literary Imagination, New Haven 1975; Holocaust Testimonies: The Ruins of Memory, New Haven 1991; Using and Abusing the Holocaust, Bloomington 2006.

Lübbe, Hermann, Prof. Dr., geb. 1926 in Aurich/Ostfriesland; emeritierter Professor für Philosophie und Politische Theorie an der Universität Zürich, Staatssekretär a. D. Veröffentlichungen u. a.: Politik nach der Aufklärung: philosophische Aufsätze, München 2001; Modernisierung und Folgelasten: Trends kultureller und politischer Evolution, Berlin 1997; Zivilisationsdynamik: ernüchterter Fortschritt politisch und kulturell, Basel 2014.

Kristen Renwick Monroe, Dr., geb. 1946 in Princeton (USA), Chancellor's Distinguished Professor für Politikwissenschaft und Philosophie an der Universität von Kalifornien. Veröffentlichungen u. a.: Ethics in an Age of Terror and Genocide, Princeton 2012; A Darkling Plain: Stories of Conflict and Humanity during War, New York 2015; When Conscience Calls: Moral Courage in a Time of Confusion and Despair (im Druck).

Herlinde Pauer-Studer, Prof. Dr. phil. habil., geb. 1953 in Bludenz; Professorin für Philosophie an der Universität Wien. Veröffentlichungen u. a: (hg. mit Julian Fink) Rechtfertigungen des Unrechts. Das Rechtsdenken im Nationalsozialismus, Berlin 2014; (gem. mit J. David Velleman) „Weil ich nun mal ein Gerechtigkeitsfanatiker bin." Der Fall des SS-Richters Konrad Morgen, Berlin 2017; „Complicity and Conditions of Agency". In: Journal of Applied Philosophy, 35 (2018) 4, S. 643–660.

John T. Pawlikowski, OSM, PhD, geb. 1940 in Chicago (USA); emeritierter Professor für Sozialethik und ehemaliger Direktor des Katholisch-Jüdischen Studienprogramms an der Catholic Theological Union. Veröffentlichungen u. a.: (hg. mit Judith H. Banki) Ethics in the Shadow of the Holocaust, Chigaco 2001; Catholicism and Human Rights in Light of the Shoah. In: Carol Rittner, RSM (Hg.), Learn, Greensburg 2014, 67–79; (hg. mit Jack Bemporad und Joseph Sievers), Good and Evil After Auschwitz: Ethical Implications for Today, Hoboken 2000.

Didier Pollefeyt, Prof. Dr., geb. 1965 in Menen (Belgien); Professor an der Fakultät für Theologie und Religionswissenschaften der Katholischen Universität Leuven. Veröffentlichungen u. a.: Ethics and Theology after the Holocaust, Leuven 2018; Repentance, Reconciliation and Relationship: The Silence of Jonah and the Boundaries of Forgiveness: Dialoguing with Adele Reinhartz. In: Reimund Bieringer/David Bolton (Hg.), Reconciliation in Interfaith Perspective: Jewish, Christian and Muslim Voices, Leuven 2010, S. 28–39; The Morality of Auschwitz? A Critical Confrontation with Peter J. Haas's Ethical Interpretation of the Holocaust. In: Jack Bemporad/John T. Pawlikowski/Joseph Sievers (Hg.), Good and Evil after Auschwitz. Ethical Implications for Today, New York 2001, S. 119–137.

John K. Roth, PhD, geb. 1940 in Grand Haven (USA); emeritierter Edward J. Sexton Professor für Philosophie am Claremont McKenna College (USA). Veröffentlichungen u. a.: Ethics During and After the Holocaust: In the Shadow of Birkenau, New York 2005; (hg. mit Peter Hayes), The Oxford Handbook of Holocaust Studies, Oxford 2010; The Failures of Ethics, New York 2015.

Bernd Rüthers, Dr. iur. Dres h.c., geb. 1930 in Dortmund; emeritierter Professor für Zivilrecht und Rechtstheorie an der Universität Konstanz. Veröffentlichungen u. a.: Die unbegrenzte Auslegung, 8. Auflage mit einem Nachwort zur Entstehungs- und Wirkungsgeschichte des Buches in 60 Jahren, Tübingen 2017; Deutsche Funktionseliten als Wende-Experten? – Erinnerungskulturen im Wandel der Systeme und Ideologien 1933, 1945/49 und 1989, Konstanz 2017; Die heimliche Revolution vom Rechtsstaat zum Richterstaat, 2. Auflage Tübingen 2016.

Geoffrey Scarre, PhD, geb. 1950 in Darlington (Großbritannien); Professor für Philosophie an der Universität Durham. Veröffentlichungen u. a.: Understanding the Moral Phenomenology of the Third Reich. In: Ethical Theory and Moral Practice, 1 (1998) 4, S. 423–445; (hg. mit Eve Garrard) Moral Philosophy and the Holocaust, Aldershot 2003; After Evil: Responding to Wrongdoing, Aldershot 2004).

Gesine Schwan, Prof. Dr., geb. 1943 in Berlin, von 1999 bis 2008 Präsidentin der Europa-Universität Viadrina. Veröffentlichungen u. a.: Politik und Schuld: Die zerstörerische Macht des Schweigens, Frankfurt a. M. 2015.

Peter Sloterdijk, Prof. Dr., geb. 1947 in Karlsruhe; emeritierter Professor für Philosophie und Ästhetik an der Staatlichen Hochschule für Gestaltung Karlsruhe, bis 2015 auch deren Rektor. Veröffentlichungen u. a.: Was geschah im 20. Jahrhundert? Unterwegs zu einer Kritik der extremistischen Vernunft, Berlin 2016; Die schrecklichen Kinder der Neuzeit, Berlin 2014; Du musst Dein Leben ändern: Über Anthropotechnik, Berlin 2009.

Christian Strub, PD Dr. phil., geb. 1960 in Neuwied/Rh.; Gymnasiallehrer in Berlin. Veröffentlichungen u. a.: „Absonderung des ‚Volks der lebendigen Sprache' in deutscher Rede. Die Performanz von Fichtes ‚Reden an die deutsche Nation'". In: Philosophisches Jahrbuch, 111 (2004), S. 384–415.

Ernst Tugendhat, Prof. Dr., geb. 1930 in Brünn; emeritierter Professor. Veröffentlichungen u. a.: Ethik und Politik, Frankfurt a. M. 1992; Aufsätze 1992–2000, Frankfurt a. M. 2001; Anthropologie statt Metaphysik, München 2010

Michael Wildt, Prof. Dr. phil., geb. 1954 in Essen; Historiker, Professor für Deutsche Geschichte im 20. Jahrhundert mit Schwerpunkt im Nationalsozialismus an der Humboldt-Universität zu Berlin. Veröffentlichungen u. a.: Die Ambivalenz des Volkes. Der Nationalsozialismus als Gesellschaftsgeschichte, Berlin 2019; (hg. mit Marc Buggeln) Arbeit im Nationalsozialismus, München 2014; Volksgemeinschaft als Selbstermächtigung. Gewalt gegen Juden in der deutschen Provinz 1919 bis 1939, Hamburg 2007.

Rolf Zimmermann, Dr. phil. habil., geb. 1944 in Stuttgart; apl. Prof. für Philosophie (i. R.) an der Universität Konstanz. Veröffentlichungen u. a.: Philosophie nach Auschwitz. Eine Neubestimmung von Moral in Politik und Gesellschaft, Reinbek bei Hamburg 2005; Moral als Macht. Eine Philosophie der historischen Erfahrung, Reinbek bei Hamburg 2008; Ankommen in der Republik. Thomas Mann, Nietzsche und die Demokratie, Freiburg 2017.